Poesias De Don Juan Melendez Valdes: Ed. Completa Con El Prólogo Y La V

Juan Meléndez Valdés

Nabu Public Domain Reprints:

You are holding a reproduction of an original work published before 1923 that is in the public domain in the United States of America, and possibly other countries. You may freely copy and distribute this work as no entity (individual or corporate) has a copyright on the body of the work. This book may contain prior copyright references, and library stamps (as most of these works were scanned from library copies). These have been scanned and retained as part of the historical artifact.

This book may have occasional imperfections such as missing or blurred pages, poor pictures, errant marks, etc. that were either part of the original artifact, or were introduced by the scanning process. We believe this work is culturally important, and despite the imperfections, have elected to bring it back into print as part of our continuing commitment to the preservation of printed works worldwide. We appreciate your understanding of the imperfections in the preservation process, and hope you enjoy this valuable book.

UNIVERSITY of MICHIGAN
GENERAL LIBRARY
OCTAVIA WILLIAMS BATES
BEQUEST

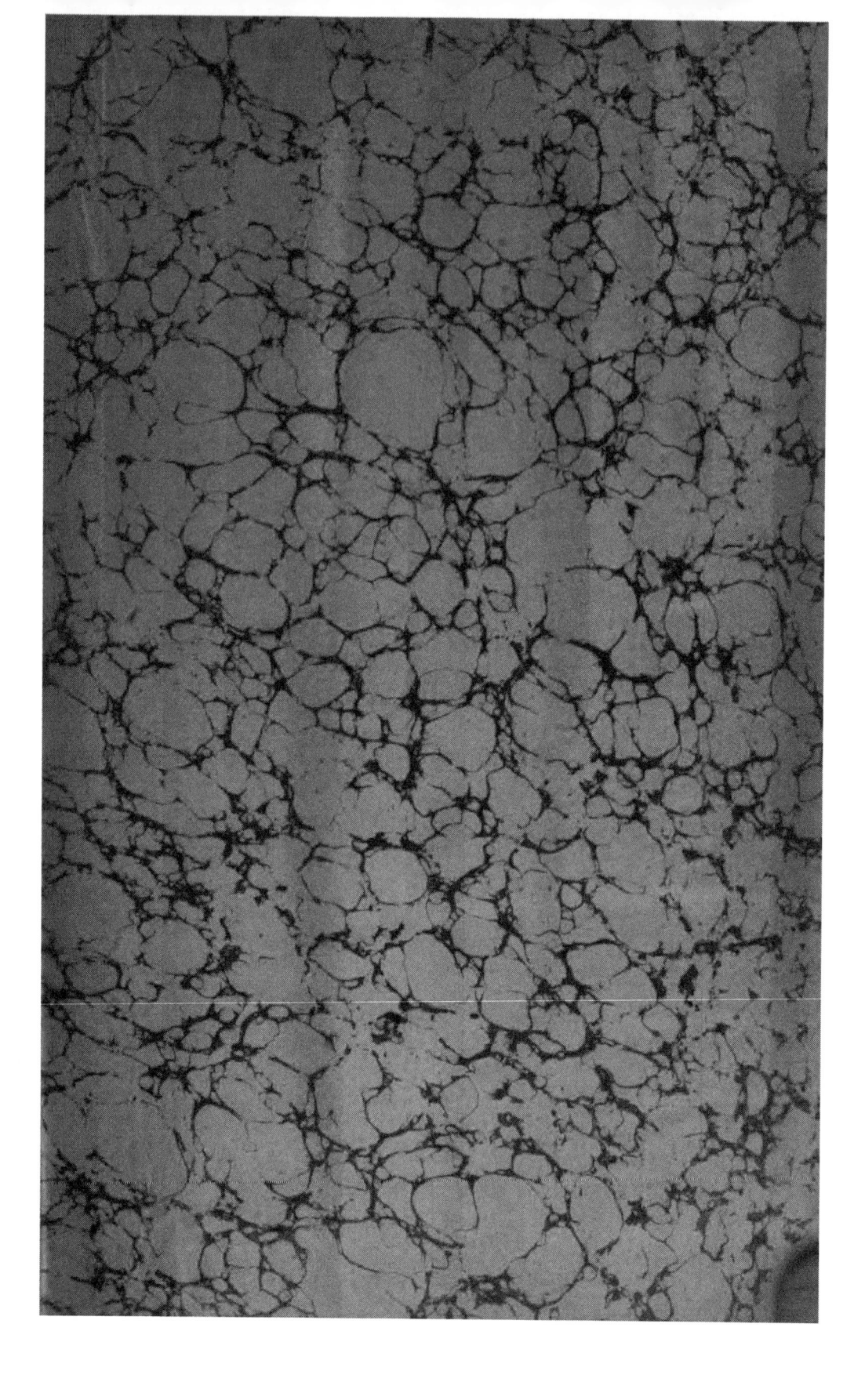

POESIAS

DE

DON JUAN MELENDEZ VALDES,

EDICION COMPLETA

CON EL PRÓLOGO Y LA VIDA DEL AUTOR.

BARCELONA.

IMPRENTA DE DON ANTONIO BERGNES, CALLE DE ESCUDELLERS, N.º 36.

1838.

Prólogo del Autor.

Parece que la suerte se ha declarado siempre contra la edicion de estas mis poesías, queriéndome acaso apartar así de la tentacion de publicarlas. Detenida en prensa muchos meses la primera impresion por haberse el manuscrito estraviado, y apuradas á poco de su anuncio las dos que se hicieron en Valladolid á un mismo tiempo el año de 1797; tratándose ya de otra tercera, tuve que dejar la corte precipitadamente, y vivir retirado muchos años, sin que en ellos fuese posible emprender este trabajo tan agradable como útil; ni la prudencia y mi seguridad me impusiesen otra ley que la del silencio y el olvido, por si á su sombra lograba desarmar á la calumnia y el poder ensangrentado en mi daño.

Cuando cesó este estado, y yo y todos los buenos divisábamos la aurora de otro mas feliz para la nacion y las letras, en el reinado del señor Fernando VII, arrancándole de entre nosotros la mas negra perfidia, nos arrojó en el mar turbulento de una revolucion, toda sangre y horrores, en que se abismaban la patria, las fortunas, las vidas de sus hijos; y yo mismo, á pesar de mis principios y deseos, mi plan ignorado de vida y mis resoluciones, me ví arrastrado y envuelto entre sus olas en el punto de perecer en la borrasca. La necesidad imperiosa y el derecho sagrado de la conservacion me han detenido en ella hasta su fin; pero en todos sus trances, ya entre el horror y peligrosa calma que un victorióso ejército á todos imponia, ó corriendo las penas y zozobras de una emigracion de casi tres años, mi corazon y mis anhelos ni han sido, ni podrán ser otros que los del Español mas honrado, mas fiel y mas amante de su patria y sus reyes. En luces, instruccion y todo lo demás cederé sin dificultad el lugar á cualquiera; pero en estas virtudes jamás consentiré que otro se me anteponga, porque las he mamado con la leche, las consagró mi educacion, las he fortificado con mi reflexion y mis estudios, y hacen y harán constantes la parte mas preciosa de mi triste existencia, y el solo patrimonio que me resta despues de treinta y cinco años de servicios á mi nacion, y el zelo mas ardiente por su felicidad.

Por fortuna en esta emigracion, en que jamás pensé que pisaria otro suelo que el español, á pesar de mis inmensas pérdidas, traje conmigo, sin saberlo, los borradores de las mas de las poesías con que va aumentada esta nueva edicion, y que el ocio y la necesidad de distraerme, y hacer así mas llevaderos mi suerte y mis quebrantos, me han hecho correjir, para darlas al público menos imperfectas que al principio lo estaban. Pero (dígolo con dolor) tan deshecha y horrible tempestad, despues de haberme aniquilado con el robo y la llama cuanto tenia, y la biblioteca mas escojida y varia que ví hasta ahora en ningun particular, en cuya formacion habia gastado gran parte de mi patrimonio y toda mi vida literaria; tambien acabó con las copias en limpio de mis mejores poesías en el jénero sublime y filosófico, un poema didáctico *El majistrado*, una traduccion muy adelantada de la Eneida, y otros trabajos en prosa sobre la lejislacion, la economía civil, las leyes criminales, cárceles, mendiguez y casas de misericordia, que trataba de imprimir, y me hubieran sido de mas honor, y al público de mas provecho, que los versos y encantos de esta coleccion. Los frutos de diez y mas años de aplicacion constante en mi retiro, de vijilias continuas, y la meditacion mas grave y detenida, todo desapareció, y ha perecido para siempre, sin la esperanza aun mas remota de poderlo ni descubrir ni recobrar. Mis libros, mis reflexiones y trabajos me han enseñado á llevar mis desgracias con un ánimo igual, sin abatirme ni desmayar en ellas, y si la lectura y el estudio no me pagasen hoy con este dulce premio, de nada ciertamente hubieran conducido á mi felicidad y mi aprovechamiento.

De los versos publicados antes he suprimido algunos, haciendo en los demás varias enmiendas, cual me ha parecido para mejorarlos. A veces son estas tan lijeras, que se cifran todas en la mudanza de una palabra, un jiro, un consonante ú otra cosa tal para huir de algun defecto leve de estilo ú locucion: á veces son aumentos y mudanzas de estrofas en las composiciones, ó vueltas y correcciones de mas bulto, que en mi entender les dan mas alma y nueva perfeccion. En todas he usado de la libertad de dueño de mis versos: mis lectores, si quieren cotejarlos, juzgarán si se han hecho con gusto y con acierto.

Los ahora añadidos, casi otros tantos como los antes publicados, van escojidos y castigados con la lima que me ha sido posible. Son de todos los jéneros, desde la letrilla delicada y alegre hasta lo sublime de la oda, y lo grave y severo de la epístola, por que en todos ellos me ha parecido hallar en mis borrones composiciones de algun precio, no indignas de la luz. Me hubiera sido fácil aumentar muchas mas, y hacer la coleccion mas abultada; pero aun las publicadas son ya en demasía; y si de todas ellas, con lisonja del amor propio pudiese yo esperar que sobrevivan célebres, y queden al Parnaso pocos centenares de versos, me tendré desde ahora por muy afortunado.

He cuidado de los romances, jénero de poesía todo nuestro, en que siendo tan ricos, y sonando tan gratos al oido español, apenas entre mil hallarémos alguno corriente y sin lunares feos. ¿Por qué no darle á esta composicion los mismos tonos y riqueza que á las de verso endecasílabo? ¿por qué no aplicarla á todos los asuntos, aun los de mas aliento y osadía? ¿por qué no castigarla con esmero, y hacer lucir en ella todas las galas y pompa de la lengua? Yo lo he intentado, no sé si con acierto; pero el camino es tan hermoso como vario y florido; y si los injenios de mi patria lo quieren frecuentar, y se convierten con ardor hácia este jénero, nuestro romance competirá algun dia con lo mas elevado de la oda, mas dulce y florido del idilio y de la anacreóntica, mas severo y acre de la sátira, y acaso mas grandioso y rotundo de la epopeya.

Tal vez se notará que en mis versos hablo mucho de mí: compuestos los mas como distraccion de mis tareas, ó hijos de mis desgracias y mis penas para aliviarme en ellas de mis justos dolores, no es mucho que los pinte, y acaso los pondere. He bebido mucho, sin merecerlo, en la amarga copa del dolor: mis años de sazon y de frutos de utilidad y gloria los sepultó la envidia en un retiro oscuro

NOTICIA
HISTORICA Y LITERARIA
DE MELENDEZ.

*Illum etiam lauri, etiam flevere myricæ;
Pinifer illum etiam solá sub rupe jacentem
Mænalus, et gelidi fleverunt saxa Lycæi.*
　　　　　　　　　　　Virj. egl. X.

El grande interés que necesariamente inspira la muerte de un hombre célebre, se acrecienta mucho mas, cuando se la ve acompañada de penas y de infortunios. La idea de que los hombres son siempre injustos con el mérito eminente que los sirve y los ilustra, se une entonces á la compasion que escitan sus desgracias, y no suelen pesarse con bien exacta equidad todas las circunstancias de la pérdida que se llora. Tal fué la situacion de Meléndez al morir. Nacido en el Guadiana, educado y formado en el Tórmes, arrojado en su vejez por las tormentas políticas á espirar en las orillas del Lez, reunia por sus talentos y por sus trabajos todos los motivos de interés y de compasion. Los que se encargaron en Francia de anunciar su muerte al mundo literario, lo hicieron con destreza y con sensibilidad para con el poeta, con alguna injusticia para con su patria. Ella fué acusada de ingratitud, de abandono, y, lo que no pudiera creerse, hasta de calumnia (*). Pero entónces, propiamente hablando, en España no habia patria. Las Musas castellanas dieron sin embargo cantos y lágrimas á su muerte; y en los diarios se anunció con igual interés y exaltacion: el Gobierno mismo, que entonces no se señalaba ni por su aficion á las letras, ni por su jenerosidad en recompensarlas, ni en fin por su disposicion á olvidar; suavizó algun tanto con Meléndez la aspereza y estrechez de su condicion. Su esposa fué acojida y considerada como viuda de un majistrado español; y la edicion completa de sus obras fué mandada costear por el Estado en la imprenta del Gobierno: monumento sin duda mas grato para el escritor, como mas duradero, que los mármoles y que los bronces.

Esta edicion es la que ahora se publica: nosotros, encargados de ella por amistad y gratitud al inmortal poeta que la nacion ha perdido, hemos creido que debia llevar á su frente una noticia mas estensa y puntual que las que se han publicado hasta ahora. Toda está

(*) En un artículo muy bien hecho que se puso entónces en el «Mercurio de Francia,» se decia: «Jeté sur une rive étrangère, oublié, calomnié probablement par ceux qui ne tarderont pas á reclamer avec emphase l'honneur d'appartenir au ciel qui l'a vu naitre etc.

sacada de documentos auténticos y del testimonio de personas fidedignas, que le trataron íntimamente, y aun viven: así estas pocas líneas que consagramos á su memoria, tendrán por lo menos, á falta de otro mérito, el de la certeza y de la exactitud.

———

Don Juan Meléndez Valdes nació en la villa de Ribera del Fresno, obispado de Badajoz, á 11 de marzo de 1754. Sus padres fueron D. Juan Antonio Meléndez, natural de la villa de Salvaleon, y Doña María de los Anjeles Díaz Cacho, natural de Mérida; personas virtuosas las dos, y pertenecientes á familias nobles y bien acomodadas del pais. Las felices disposiciones que notaron en su hijo, los determinaron á destinarle á la carrera de los estudios, y á proporcionarle la educacion correspondiente para que se aventajase en ella. Aprendió la latinidad en su patria, y la filosofía en Madrid en las escuelas de los padres domínicos de santo Tomás. Ya entónces su jenio apacible y dócil le hacia querer de cuantos le conocian; y su aplicacion y adelantamientos le granjeaban el aprecio de maestros y condiscípulos. Empezaba tambien á traspirar su aficion á la poesía, aunque no todavía su injenio y su buen gusto: el restaurador del Parnaso español hacia romances imitando á Gerardo Lobo, y componia versos á santo Tomás de Aquino, para complacer á sus maestros. El mismo en los tiempos de su gloria recordaba riendo estos primeros ensayos, y repetia pasajes de ellos, en que seguramente no se anunciaba por ningun estilo el cantor de *Batilo*, de las *Artes* y de las *Estrellas*.

Estudiada la filosofía, ó lo que entónces se enseñaba como tal, sus padres le enviaron á Segovia por los años de 1770, para que estuviese en compañía de su hermano D. Estévan, secretario de cámara del obispo de aquella ciudad, D. Alonso de Llánes, deudo tambien suyo, aunque lejano. Allí fué donde, con las buenas obras que le proporcionaban su hermano, algunos canónigos y el conde de Mansilla, adquirió aquella aficion á la lectura, aquella ansia de saber, y aquel gusto de adquirir libros, que puede llamarse la pasion de toda su vida. El mismo prelado, satisfecho de su aplicacion y talento, le envió á Salamanca en 1772, á seguir la carrera de leyes, y le auxilió constantemente para que se sostuviese allí con el decoro y comodidad que convenia. Sus adelantamientos en aquella facultad fueron consiguientes á este esmero y á estas esperanzas. Meléndez siguió todos los cursos, ganó todos los grados escolásticos desde bachiller hasta doctor; y al ver el lucimiento con que desempeñó todas las pruebas y certámenes de su carrera, nadie diria que era el mismo jóven, cuya aficion decidida á la poesía y humanidades iba ya abriéndose camino para ponerse al frente de la bella literatura de su pais.

Hallábase á la sazon en Salamanca, por fortuna de Meléndez, D. José Cadalso. A unos talentos poco comunes para la poesía y las letras, reunia este hombre célebre una erudicion estensa, un despejo que solo se adquiere en el comercio del mundo y en los viajes, en fin un zelo por la gloria y adelantamiento de su patria, aprendido en la escuela y bajo la inspiracion de la virtud. Bondoso y apacible, chistoso y jovial siempre, á veces satírico sin rayar en maligno ni en mordaz, su trato era amable é instructivo, su corazon franco, y sus principios indulgentes y seguros. Era entónces el tiempo en que él se hacia tanto lugar en el mundo literario por sus *Eruditos á la violeta* y por sus *Ocios*, publicados sucesivamente en los años de 72 y 73. Pero puede decirse que de cuantos servicios hizo entonces á nuestra literatura, el mas eminente fué la formacion de Meléndez.

El conoció al instante el valor del jóven poeta; se le llevó á su casa para vivir en su compañía; le enseñó á discernir las bellezas y defectos de nuestros autores antiguos; le adiestró á imitarlos, y le abrió tambien el camino para conocer la literatura de las sabias naciones de Europa. Todavía le proporcionó una instruccion mas preciosa en el hermoso ejemplo que le daba de amar á todos los escritores de mérito, de hacerse superior á la envidia, de cultivar las letras sin degradarlas con bajezas y chocarrerías. Los elojios que Cadalso ha prodigado á sus contemporáneos (*) en sus escritos, son un testimonio público de este noble carácter; y las poesías de Meléndez, donde no hay una sola dirijida á detraer el mérito ajeno, y su carrera literaria, exenta de todo choque y combate, muestran cuánto le aprovecharon en esta parte los documentos de su maestro.

El jénero anacreóntico, en que Cadalso sobresalia, fué tambien el primero que cultivó Melendez; y prendado aquel de los progresos que hacia su alumno, viendo ya en los frutos precoces de su musa tanta pureza y tanta perfeccion, le aclamaba á boca llena por su vencedor, y en prosa y verso le anunciaba como el restaurador del buen gusto y de los buenos estudios en la Universidad. Esta unión íntima y franca entre discípulo y maestro se conservó hasta la muerte de Cadalso, sucedida, como todos saben, en el sitio de Jibraltar; y la bella cancion elejíaca que Meléndez compuso á esta desgracia, será, mientras dure la lengua castellana, un monumento de amor y gratitud, como tambien un ejemplar de alta y bella poesía.

A las instrucciones que recibió nuestro poeta de aquel insigne escritor, ayudaban tambien el ejemplo y los consejos de otros hombres distinguidos, que residian y estudiaban entónces en Salamanca. Empezaba ya á formarse aquella escuela de literatura, de filosofía y de buen gusto que desarrugó de pronto el ceño desabrido y gótico de los estudios escolásticos, y abrió la puerta á la luz que brillaba á la sazon en toda Europa. La aplicacion á las lenguas sabias, así antiguas como modernas; el adelantamiento en las matemáticas y verdadera física; el conocimiento y gusto á las doctrinas políticas y demás buenas bases de una y otra jurisprudencia; el uso de los grandes modelos de la antigüedad, y la observacion de la naturaleza para todas las artes de imajinacion; los buenos libros que salian en todas partes, y que iban á Salamanca como á un centro de aplicacion y de saber; en fin, el ejercicio de una razon fuerte y vigorosa, independiente de los caprichos y tradiciones abusivas de la autoridad y de las redes caprichosas de la sofistería y charlatanismo; todo esto se debió á aquella escuela, que ha producido desde entónces hasta ahora tan distinguidos jurisconsultos, filósofos y humanistas. Señalábanse en ella (y no se hablará aquí mas que de los muertos, para no ofender la modestia de los que aun viven) el Mtro. Zamora, autor de una gramática griega estimada; pero cuyo jenio audaz, alma independiente y carácter franco y resuelto, le hacian todavía mas estimable que su libro; D. Gaspar de Cándamo, catedrático de hebreo, el tierno amigo de Meléndez, á quien está dirijida la bellísima despedida que se lee entre sus Epístolas; los dos agustinos, Alba y Gonzalez, aquel apreciado por su grande instruccion, su gusto delicado y su ática urbanidad; este por la bondad inagotable de su carácter y su talento poético, en que hizo revivir á Luis de Leon; en fin, el festivo Iglesias, cuyos versos corren por las manos de todo el mundo, y que tan desigual á Melendez en la poesía noble y delicada, se ha hecho un nom-

(*) Luzan, Sedano, Moratin padre y otros.

bre tan conocido y tan clásico por sus Epígramas y sus Letrillas.

Estos fueron los principales amigos y compañeros de la juventud de Meléndez, los que con su ejemplo y sus consejos vigorizaron su razon y enriquecieron su talento. Mas el hombre que, aunque ausente, contribuyó tal vez mas que otro alguno á su adelantamiento, fué el insigne Jovellános. Hallábase entonces en Sevilla, y ministro de su audiencia, cultivando las Musas, la filosofía y las letras con el ardor jeneroso que toda la vida empleó en este noble ejercicio, y como preparándose á la carrera que despues siguió con tanta gloria. Llegaron á su noticia los trabajos de los poetas salmantinos por medio del padre Miguel Miras, relijioso de san Agustin y acreditado predicador, quien le puso en comunicacion con el maestro Gonzalez, y despues este con Meléndez.

Consérvase todavía una gran parte de aquella primera correspondencia, monumento precioso, en que se ven retratados al vivo el candor, la modestia y sentimientos virtuosos del poeta, la marcha alternativa de sus estudios, las diferentes tentativas en que ensayaba su talento, y sobre todo el respeto profundo y casi idolatría con que veneraba á su Mecénas. Allí se ve de qué manera empleaba su tiempo, y cómo variaba sus tareas. Aplicóse en un principio á la lengua griega, y empezó á ensayarse á traducir en verso á Homero y á Teócrito; pero conociendo la inmensa dificultad de la empresa, y no estimulado á ella por la inclinacion de su talento, la abandonó muy luego. Despues se dedicó al inglés; lengua y literatura á que decia tener una inclinacion escesiva; añadiendo, *que al* Ensayo sobre el entendimiento humano *deberia toda su vida lo poco que supiese discurrir*. Seguia entre tanto escribiendo y fortificando su injenio con la composicion de sus Anacreónticas y Romances; y como su amigo le exhortase al parecer á empresas mayores, él se escusaba modestamente diciendo: *en lo demás no tiene V. S. que esperar de mí nada bueno. Los poemas épicos, físicos ó morales piden mucha edad, mas estudio y muchísimo jenio, y yo nada tengo de esto, ni podré tenerlo jamás.*

Segun le iban cayendo los buenos libros á la mano, así los iba leyendo y formando su juicio sobre ellos, que al instante dirijia á su amigo. El tratado de educacion de Locke, el *Emilio*, el *Anti-Lucrecio* del cardenal de Polignac, el *Belisario* de Marmontel, la *Teodicea* de Leibnitz, el inmortal *Espíritu de las leyes*, la obra escelente de Wattel, con otros muchos libros igualmente célebres, eran el objeto de esta correspondencia epistolar, que manifiesta la severidad é importancia que ponia en sus lecturas aquel jóven, que al mismo tiempo manejaba tan diestramente el laud de Tíbulo y la lira de Anacreonte. Convencido de la máxima de Horacio, que el principio y fuente del buen decir son la filosofía y el saber, no se saciaba de aprender y de estudiar; y en sus lecturas, en sus cartas, en sus conversaciones, por todos los medios posibles, trataba de adquirir y aumentar aquel caudal de ideas, que tanto contribuye á la perfeccion hasta en los jéneros mas tenues del arte de escribir, y sin el cual los versos mas numerosos no son otra cosa que frívolos sonsonetes.

Estos estudios, unidos á los que le obligaba su carrera escolástica y el grado á que aspiraba, llegaron á minar su salud, produciéndole una destilacion ardiente al pecho, que le hacia á veces arrojar sangre por la boca. Duróle este achaque mas de un año, la calentura empezó á declararse, los médicos adelantaban poco, y sus amigos llegaron ya á desconfiar de su vida. Jovellános le convidaba á Sevilla, á ver si con la templanza y abrigo de aquel clima se atajaban los progresos del mal, y su salud se reponia. El se negó á esta invitacion; pero suspendiendo sus tareas, y tomando un réjimen dietético apropiado á su estado, y observado rigurosamente por mucho tiempo, empezó á ganar terreno. El moderado ejercicio que hacia á las orillas del Tórmes, le acabó al fin de asegurar. Eran estos paseos frecuentemente solitarios: Meléndez, á quien ya habian llegado los escritos de Thompson, de Gésner y de Saint-Lambert, se acostumbró entónces á observar la naturaleza en los campos al modo de estos poetas, y su aficion y talento para la poesía descriptiva se empezaron á desenvolver. Por manera que á esta dolencia y á estos paseos en la soledad se deben las riquezas esquisitas, con que en esta parte engalanó nuestro escritor las Musas castellanas.

Tuvo despues otro contratiempo, que él sintió mas que su enfermedad, y era en efecto mas irreparable. Su hermano D. Estévan adoleció gravemente en Segovia. Muertos como eran ya sus padres, él era su protector, su amigo, su hermano; él podia decirse que le habia criado, y á él debia las primeras semillas de la virtud y de la sabiduría. Voló pues al instante á cumplir con su obligacion, á asistirle, ó á morir, como él decia, de dolor á su lado. Llegó; y á pesar de las esperanzas que al principio dió una falsa mejoría, aquel respetable eclesiástico falleció á pocos dias, (4 de junio de 1777) dejando á su hermano huérfano, desvalido, abandonado á su injenio y á sus recursos. Sintió estremadamente Meléndez este golpe de fortuna, porque, además del entrañable amor que los dos hermanos se tenian, contemplaba el desamparo en que quedaba. El aspecto de la escena del mundo que se abria delante de él, y en que iba á entrar sin guia y sin apoyo, le estremecia de terror. Vinieron los consuelos de sus amigos á aliviarle en su amargura. Jovellános

especialmente volvió á ofrecerle su casa y sus socorros; pero Meléndez, deshaciéndose en espresiones de ternura y de agradecimiento, rehusó segunda vez prestarse á su jenerosidad. La proteccion del obispo de Segovia, las conexiones que tenia ya en Salamanca, la direccion dada á sus estudios en aquella Universidad, todo le separaba de trasladarse á Sevilla; quizá tambien el noble sentimiento de la independencia, poco airosa siempre, cuando se vive á costa de otro, aunque sea un amigo. Su corto patrimonio le bastaba para llegar al fin de sus estudios; y *la ley misma de la amistad*, escribia él entónces á su favorecedor, *que nos manda que nos valgamos del amigo en la necesidad, manda tambien que sin ella no abusemos de su confianza.*

El estudio, á que se volvió á entregar con mas intension que nunca, fué una distraccion poderosa de su amargura; y el tiempo, como suele, acabó al fin de disiparla. Dióse entónces á la lectura y estudios de los poetas ingleses. Pope y Young le encantaban: del primero decia *que valian mas cuatro versos del* Ensayo sobre el hombre, *y mas enseñaban y mas alabanza merecian que todas las composiciones suyas.* Al segundo trató de imitar, y de hecho lo hizo en la cancion intitulada de la *Noche y la Soledad*. Mas su desconfianza era estremada; y al remitir este poema á su amigo, le decia con una modestia, á todas luces escesiva, que aquella cancion al lado de las *Noches* era una composicion lánguida, su moral débil, sus pensamientos vulgares, las pinturas poco vivas y los arrebatamientos frios. El detractor mas encarnizado del poeta no le hubiera tratado con mas rigor; y aunque aquella cancion á la verdad se resiente de la juventud del escritor, cuya musa no tenia aun vigor suficiente para asuntos de esta naturaleza, todavía hay allí bastantes bellezas de espresion, de versificacion y de estilo, para no merecer una censura tan agria como la que su mismo autor hacia de ella.

Entretanto se acercaba la época en que habia de empezar á cojer las palmas debidas á tanta aplicacion y á estudios tan seguidos. Habia la Academia española abierto ya el campo á la emulacion de nuestros injenios, con los premios que anualmente distribuia á las obras mas distinguidas de poesía y de elocuencia, cuyos asuntos proponia ella misma. En el primer concurso no se sintió con bastantes fuerzas para entrar en la palestra: en el segundo le detuvo la aversion que tenia al romance endecasílabo, clase de versificacion que aborrecia, considerándola como producto del mal gusto del siglo anterior, y en que no se creia capaz de componer ni un cuarteto. Mas cuando la Academia, en la tercera concurrencia, propuso por argumento la felicidad de la vida del campo en una égloga, Meléndez, que se vió en su elemento, entró animoso en la lid, con las esperanzas que le daban el carácter de su talento y sus escelentes estudios; y era bien difícil por cierto que sus numerosos rivales le arrancasen el lauro de la victoria.

Descollaba entre ellos un hombre, que por la cortesanía de su trato, por la variedad de sus talentos, por su aplicacion laudable y sus escritos, se habia adquirido un lugar eminente en la sociedad y en las letras. Crítico injenioso y sagaz, escritor puro, urbano y elegante, su juicio era sano y seguro, su erudicion grande y escojida. Si á estos dones se añaden el talento decidido para la música, sus conocimientos profundos en este arte, la gracia y felicidad para la conversacion, sus conexiones con las primeras clases de la sociedad, donde era altamente estimado y acojido; en fin, la celebridad que ya tenia por su poema *sobre la música*, su traduccion del *arte poético* de Horacio y otras obras entónces apreciadas; se vendrá en conocimiento que un concurrente de esta clase debia ser de mucho peso en la balanza, y poner en duda el vencimiento.

Mas Iriarte no podia dar á sus versos aquel colorido y armonía que se llama poesía de estilo, y que es hija necesaria de una fantasía vivaz y de una sensibilidad esquisita y delicada, prendas que absolutamente le faltaban. El hizo una composicion, que tiene mas aire de disertacion que de égloga; mientras que la de su rival, segun la feliz espresion de uno de los jueces del concurso, *olia toda á tomillo* (1). Los pastores de Iriarte controvierten su argumento, y uno de ellos da á su compañero una leccion de economía doméstica, y aun de moral: los de Meléndez sienten, y la espresion de su sentimiento y de su alegría, hecha en versos delicados, fáciles, elegantes y verdaderamente bucólicos, es el mas bello elojio de la naturaleza campestre y de la vida que se disfruta en ella. *Batilo* pues fué coronado por la Academia; y los aplausos del mundo literario que le han seguido hasta ahora, y le seguirán probablemente, mientras dure la poesía castellana, han respondido harto decisivamente á la crítica injusta y lijera que el despecho de ser vencido arrancó entónces á Iriarte.

El año siguiente (2) vino Meléndez á Madrid. Su amigo Jovellános, que habia sido promovido desde la audiencia de Sevilla á alcalde de Casa y Corte, y despues á consejero de Ordenes, hacia ya tres años que se hallaba en esta capital, y Melendez tuvo entonces el gusto de abrazarle y conocerle por primera vez. Presentábase á él adornadas las sienes con una corona poética, y logrado un triunfo en el primer paso que daba en la carrera. Jovellános, que tanta parte tenia en

(1) Don Antonio Tavira.
(2) 1781.

esta gloria, y que vió llenas las esperanzas que se habia prometido en su talento, le recibió con la mayor ternura, le hospedó en su casa, le hizo conocer de todos sus amigos, y le proporcionó al instante la ocasion de cojer otros nuevos laureles.

Era costumbre de la Academia de S. Fernando dar la mayor solemnidad á las juntas trienales que celebraba para la distribucion de sus premios. La elocuencia, la poesía y la música se esmeraban á porfía en obsequiar á las artes del dibujo, dando así aparato y lucimiento á aquellas magníficas concurrencias. Ibase á celebrar entónces junta trienal. Jovellános debia leer un discurso, y Meléndez fué convidado á ejercitar su injenio sobre el mismo argumento. Era esta una especie de prueba no menos ilustre é importante, si no tan empeñada como la primera. Luzan, Montiano, Huerta, D. Juan de Iriarte y otros escritores señalados habian dado allí el tributo de su alabanza poética, cada uno en forma y composiciones diversas, segun la diferencia respectiva de su injenio y de su fuerza. Nadie pudo presumir entonces que el alumno de Gésner y de Garcilaso tuviese resolucion para dejar la avena pastoril, y tomar atrevidamente la lira de Píndaro en sus manos. Mas al verle en aquella hermosa oda cantar la gloria de las Artes, con un entusiasmo tan sostenido y tan igual; describir con tanta inteligencia como elegancia los monumentos clásicos del cincel antiguo; dar en sus bellos versos realce y brillo á los pensamientos de Vinkelman, con quien manifiestamente lucha; ensalzar la nobleza y dignidad del injenio humano, que sabe elevarse á tanta altura; y por último sostenerse en un vuelo tan dilatado sin desmayar, sin decaer, sin que se confundan ni alteren las formas regulares del plan con la enerjía y el desahogo de la ejecucion, y en una poesía de estilo tan perfecta y tan acabada; al ver pues reunidas tantas clases de mérito en una composicion sola; cuantos la oyeron, cuantos la leyeron, quedaron pasmados de admiracion; y tributando al poeta los aplausos debidos á su eminente talento, pusieron en su frente la corona, que nadie ha podido ni antes ni despues disputarle.

En medio de estas satisfacciones tuvo tambien la de obtener la cátedra de prima de humanidades de su Universidad, que habia sustituido algun tiempo y á que tenia hecha oposicion. Al año siguiente de 82 recibió el grado de licenciado en leyes, y el de doctor en el inmediato de 83. En este mismo año, y poco antes de recibir el último grado, habia contraido matrimonio con Doña María Andrea de Coca y Figueroa, señora natural de Salamanca, é hija de una de las familias distinguidas de la ciudad. Pero como la cátedra apenas le daba ocupacion, y de su casamiento no tuvo hijos, el poeta, á pesar de haber tomado estado y colocacion, quedó libre para seguir sus estudios favoritos, y entregarse enteramente á la filosofía y á las letras.

El ajuste definitivo de la paz con Inglaterra y el nacimiento de dos Infantes jemelos, con que se creyó asegurada la sucesion á la corona, malograda en otros dos Infantes que habian muerto anteriormente; dieron ocasion á las magníficas fiestas que preparó la villa de Madrid en el año de 84 para solemnizar estos sucesos. Abrióse concurso á los poetas españoles para que presentasen en el término de sesenta dias composiciones dramáticas, que fuesen orijinales, capaces de pompa y ornato teatral, y apropiadas al objeto de la solemnidad, ofreciendo premiar las dos que mas sobresaliesen. Entre cincuenta y siete dramas de todas clases que se presentaron, obtuvieron el premio *Las bodas de Camacho el rico* de Meléndez, y *Los Menestrales* de D. Cándido María Triguéros, que fueron representadas con toda pompa y aparato, la primera en el teatro de la Cruz, y la segunda en el del Príncipe. Mas el éxito no correspondió al crédito de sus autores, á la decision de los jueces, ni á la espectacion del público. No hablarémos aquí de la obra de Triguéros, condenada desde entónces al olvido, de que no se levantará jamás; pero la pastoral de Meléndez, á pesar de las immensas ventajas que podian dar al escritor su práctica y su talento para esta clase de estilo, tuvo desgraciadamente que luchar con el doble inconveniente del jénero y del asunto.

Estrecho en sus límites, sencillo en sus pasiones y costumbres, uniforme en los objetos en que se emplea, el drama pastoral no puede nunca presentar por sí solo el interés necesario para sostenerse en el teatro. A fuerza de belleza y de elegancia en el estilo, en los versos y en el diálogo, puede interesar y hacerse leer el *Aminta*, primero y único modelo de este jénero de poesía. Guarini, que despues quiso darle mayor fuerza y complicacion en su *Pastor Fido*, le desnaturalizó, y produjo una especie de monstruo, á que dió el nombre de traji-comedia, y cuyos defectos apenas pueden salvarse con el lujo de injenio y galas poéticas que prodigó en él. Los demás que han seguido sus huellas, se han perdido sin poderlos alcanzar; de manera que puede sentarse por máxima, que estos dramas, si han de ser pastoriles, no pueden ser teatrales, y si se les hace teatrales, dejan de ser pastoriles.

Meléndez se perdió tambien como tantos otros, y esta desgracia la debió en mucha parte á la mala eleccion del asunto. Habia ya mucho antes pensado Jovellános que el episodio de Basilio y de Quiteria en el *Quijote* podria ser argumento feliz de una fábula-pastoral, siendo tal su calor en esta parte, que tenia estendido el plan y escitado á sus amigos á ponerle en ejecucion. Meléndez se comprometió á ello, tal vez con demasiada lijereza; y creyó haber llegado el caso, cuando se anunció el concurso por la villa de Madrid. Se ignora hasta qué punto el plan de su pastoral se conformó con el de su amigo: pero es cierto que nada tiene de interesante ni de nuevo. Cervántes, en su episodio, habia pintado unos labradores ricos de la Mancha; y la majistral verdad de su pincel los retrata tan al vivo, que nos parece verlos y tratarlos. De estos personajes y costumbres tan conocidas hacer pastores de Arcadia ó de siglo de oro, como era necesario, para que cuadrasen con ellos las espresiones y los sentimientos que se les prestan, era ya equivocar la semejanza, y desnaturalizar el cuadro. Vienen en fin á acabarle de desentonar las dos figuras grotescas de D. Quijote y Sancho, porque ni sus manías, ni su lenguaje, ni su posicion se ligan en modo alguno con los demás personajes. Si á esto se añade la temeridad de hacerles hablar y obrar, sin tener el injenio y la imajinacion de Cervántes para ello, se verá bien clara la causa de no haber encontrado *Las bodas de Camacho* una buena acojida ante el público, que las oyó entónces friamente, y no las ha vuelto á pedir mas. Este fallo parece justo y sin apelacion. Sin embargo, en los trozos que hay verdaderamente pastoriles, ¡qué pureza no se advierte en la diccion, qué dulzura y fluidez en los versos, qué verdad en las imájenes, qué ternura en los afectos! Los coros solos, por su incomparable belleza y por la riqueza de su poesía, llevarán adelante esta pieza con los demás versos de Meléndez, y atestiguarán á la posteridad, que si el escritor dramático habia sido infeliz en su ensayo, el poeta lírico no habia perdido ninguna de sus ventajas.

Los detractores de Meléndez se

guardaban bien de hacer esta justicia á las prendas poéticas de su estilo; y apoyados en el poco favorable éxito que la pieza habia tenido en el teatro, y de la especie de afectacion que resultaba del continuo uso de arcaismos y formas líricas, á la verdad no muy propias del diálogo teatral, disparaban contra él y contra su compañero el diluvio de epígramas, que el despecho de su desaire les sujeria. La mayor parte habian concurrido al premio, que no habian podido conseguir. Pero de estas satirillas solo se conservan en la memoria de los curiosos algun otro soneto de Iriarte y del marqués de Palacios, cuyo mérito es ya bastante para justificar esta especie de preferencia.

Meléndez dió la mejor respuesta á sus adversarios, publicando el primer tomo de sus poesías en el año inmediato de 1785, con el cual acabó de echar el sello á su reputacion literaria. La aceptacion que logró desde el momento en que se dió á luz, puede decirse que no tenia ejemplo entre nosotros. Cuatro ediciones, una lejítima y las demás furtivas, se consumieron al instante. Hombres y mujeres, jóvenes y ancianos, doctos é indoctos, todos se arrancaban el libro de las manos, todos aprendian sus versos, todos los aplaudian á porfía. Quien preferia la gracia inimitable y la delicadeza de las anacreónticas; quien la sensibilidad y el gusto esquisito de los romances; quien aquel estilo verdaderamente poético, lleno de imajinacion y color, que anima y ennoblece hasta las cosas mas indiferentes. Los amantes de nuestra poesía antigua, que vieron tan felizmente seguidas las huellas de Garcilaso, de Leon y de Herrera, y aun mejoradas en gusto y perfeccion, saludaron al poeta como el restaurador de las Musas castellanas, y vieron con alegría desterrado el gusto prosaico y trivial, que jeneralmente dominaba á la sazon en nuestro Parnaso. Dilatóse el aplauso fuera de los confines del reino, y empezó á oirse tambien en los paises estranjeros: la Italia fué la primera; y mientras que los doctos jesuitas, que sostenian allí el honor y reputacion de nuestras letras, le escribian el parabien, las *Efemérides* de Roma, entre otros muchos elojios, señalaban aquel libro como una reconciliacion con los sanos y verdaderos principios del buen gusto en la bella y amena literatura. Diferentes imitaciones de algunos poemas se hicieron despues en francés y en inglés. En España la juventud estudiosa le habia tomado ya por modelo; de modo que apenas publicado y conocido, se le tuvo por un libro clásico, y un ejemplar esquisito de lengua, de gusto y poesía.

Estos triunfos y esta primacía no fueron conseguidos por Meléndez en un tiempo oscuro, ajeno de aplicacion y de actividad literaria, en que á poco esfuerzo y á poco talento se pudiera ganar una nombradía, que nadie disputa ni controvierte. Era en la época tal vez mas brillante y estudiosa que hemos tenido desde el siglo XVI. Cuando se echa la vista á aquel decenio que medió desde la publicacion del *Batilo* hasta el año de 90, asombra el incremento que habian tomado las luces, y el vigor con que brotaban las buenas semillas esparcidas en los tiempos de Fernando VI y primeros años de Cárlos III. En el sinnúmero de escritos que cada año se publicaban; en las disertaciones de las Academias, en las memorias de las Sociedades, en los establecimientos científicos fundados de nuevo, en los de beneficencia, que por todas partes se erijian y dotaban; en las reformas que se iban introduciendo en las Universidades; en las providencias gubernativas que salian conformes con los buenos principios de administracion; en el aspecto diferente que tomaba el suelo español con los canales, caminos y edificios públicos que se abrian y levantaban; en todo finalmente se veia una fermentacion, que prometia, continuada, los mayores progresos en la riqueza y civilizacion española. Habia tal vez demasiadas guerrillas literarias: tal vez no se seguia en el fomento de los diferentes ramos en que está cifrada la prosperidad social, el órden que la naturaleza prescribe, y se daba al ornato del edificio un cuidado y un esmero, que reclamaban mas imperiosamente sus cimientos. Pero esto nada quita del honor que se merece una época de tanta vida, de tanto ardor, de tanta aplicacion, y cuyos productos disfrutamos todavía al cabo de treinta años, en que hemos estado gastando sin cesar, y puede decirse, que sin reponer.

En esta época pues, fué cuando Meléndez se hizo por sus estudios un lugar tan preferente, y este lugar no se lo daban hombres ineptos ó medianos; eran los Jovellános, los Campománes, los Taviras, los Rodas, los Llagunos, lustre y apoyo unos y otros del estado, de la filosofía y de las letras. Despues de pasar el invierno en los ejercicios de la Universidad y de su cátedra, solia venir á gozar en el verano de las delicias de la Corte, á mostrar á sus amigos sus nuevos trabajos, á recibir sus consejos, y á disfrutar del cariño y aprecio que en todas partes se le tributaba. La dulzura de su jenio y de sus costumbres; un no sé qué de infantil que habia en su conversacion y en sus modales, en que centelleaban á veces unas llamaradas de entusiasmo, y una estension de saber, que por lo mismo sorprendian mas; en fin, la misma facilidad de su trato, y puede decirse que su escesiva docilidad, le adquirian amigos y conexiones, y le hacian parecer el niño mimado de la sociedad y de las Musas.

¡Dichoso él, si hubiera sabido ú podido prolongar aquel agradable período de su vida! Sea que sus negocios particulares lo exijiesen, sea que se cansase de oir á algun necio, que no servia mas que para hacer coplas, sea en fin que quisiese darse una consideracion en el mundo, que rara vez consiguen por sí solos los hombres de letras en España; Meléndez, á muy luego de haber publicado su primer tomo, empezó á solicitar un destino en la majistratura. Las Musas debieron estremecerse al verle tomar esta resolucion, y mucho mas de vérsela cumplir. Provisto en mayo de 1789 para una plaza de alcalde del crímen de la Audiencia de Zaragoza, y tomado posesion de ella en setiembre del mismo año, sus trabajos poéticos, sus estudios literarios, toda aquella amenidad de ocupaciones que antes le llenaba, debió ceder á atenciones mas urjentes, de mayor trascendencia y responsabilidad.

Mostróse empero igual y robusto para la carga que habia echado sobre sus hombros; y el foro español deberá contarle siempre entre sus mas dignos majistrados. Los buenos estudios que habia hecho para instruirse en esta carrera, y los escelentes libros de lejislacion, de política y de economía con que habia vigorizado su primera enseñanza, le ponian á la par con cualquiera de los que se hubiesen dedicado esclusivamente al estudio del derecho. Y si despues se observan su puntual asistencia al tribunal, su zelo en transijir y componer amigablemente las querellas de los litigantes, su afabilidad y franqueza para oirlos, el interés humano y compasivo con que visitaba á los presos, aceleraba sus causas, y les repartia socorros; su vijilancia en el buen órden y policía, en fin su incorruptible integridad, y su inseparable adhesion á la justicia; prendas y virtudes todas que aun recuerdan Zaragoza y Valladolid con aplauso y gratitud; se convendrá fácilmente en que Meléndez no era menos digno de respeto como hombre público, que de admiracion como poeta.

Promovido á oidor de la chancillería de Valladolid en 1791, fué comisionado poco tiempo despues por el Consejo de Castilla para la reunion de cinco hospitales en Avila de los Caballeros. La independencia que cada uno de ellos pretendia, y la repugnancia á sacrificar su interés particular al jeneral que debia resultar de la reunion, hizo embarazoso este encargo, que costó á Meléndez muchas fatigas y disgustos, un viaje á Madrid, y dos enfermedades de que estuvo muy á peligro. Estos contratiempos le hicieron restituirse á Valladolid, donde, alternando las graves ocupaciones de su destino con el trato de sus amigos, y alguna vez con el de las letras, permaneció hasta 1797, en que fué nombrado fiscal de la sala de alcaldes de Casa y Corte.

Habia el poeta guardado silencio desde que publicó el primer tomo de sus obras hasta esta última época. Solas dos veces le habia roto: la primera, enviando una oda á la Academia de san Fernando para la distribucion de premios del año de 87: y la segunda, con una epístola á su amigo D. Eugenio Llaguno, cuando fué hecho ministro de Gracia y Justicia en 1794. En esta segunda oda á las Artes se advirtió una alteracion notable en el estilo; el cual, si bien menos perfecto y esmerado que en la primera, habia adquirido una firmeza, una rapidez y una audacia, no conocidas antes en el autor, ni usadas despues por él. En la epístola es cierto que el incienso prodigado al poder, descontentó á los amantes de la dignidad é independencia literaria. Pero no hubo nadie que no aplaudiese al jeneroso y bellísimo recuerdo hecho allí de Jovellanos, (*) á la censura rigurosa y justa de las Universidades, y á otras enérjicas y grandes lecciones que se daban á la autoridad; todo en una diccion la mas noble y elegante, y en versos majistralmente ejecutados. Así estas muestras, en que ya se veia unida la madurez del talento con la robustez de la razon, hacian desear cada vez mas la continuacion de las poesías, ofrecida cuando dió á luz el primer tomo. Su nueva carrera se lo habia estorbado; pero al fin teniendo algun mas tiempo en Valladolid, obligado en cierto modo por aquella promesa, y estimulado por sus amigos, puso en órden y corrijió sus manuscritos, y reimprimió el tomo primero, añadiéndole otros dos, que fueron publicados en Valladolid en aquel año de 97.

Salió esta edicion enriquecida con un crecido número de poesías de muy diferente gusto y estilo que las primeras; porque el poeta habia levantado su injenio á la altura de su siglo; y los objetos mas grandes de la naturaleza, las verdades mas augustas de la relijion y de la moral eran el argumento de sus cantos. Trozos descriptivos de un órden superior, elejías fuertes y patéticas, odas grandiosas y elevadas, discursos y epístolas filosóficas y morales, en que el escritor toma alternativamente el tono de Píndaro, de Horacio, de Thompson y de Pope, y saca de la lira española acentos no aprendidos antes de ella; ennoblecen esta coleccion, y la recomiendan igualmente á los ojos del filósofo y del político, que del humanista y del poeta.

Dale, y á tí y á sus amigos caros,
Y al carpentano suelo aquel que en noble
Santo ardor encendido noche y dia
Trabaja por la patria; raro ejemplo
De alta virtud y de saber profundo...
Débate mi amistad tan suspirada
Justa demanda, y subiré tu nombre
De nuevo, dulce amigo, al alto cielo.
Tú le conoces; y en sus hombros puedes
No leve parte de la enorme carga
Librar seguro, en que oprimido jimes.

_____
(*) Estaba entónces aquel grande hombre en desgracia de la corte, y desterrado bajo un pretesto honroso á Gijon: era pues bien laudable en tales circunstancias hablar de él, y pedir su vuelta, como lo hizo en los versos siguientes:

Mas á pesar de su relevante mérito, y á pesar tambien de los bien merecidos elojios que de Italia y de Francia se unieron á los de España para congratular al autor, es fuerza confesar que la aceptacion que tuvieron estas poesías, no fué tan grande ni tan jeneral como la que habian logrado las primeras. La época, en primer lugar, no era tan á propósito para esta clase de triunfos literarios: la atencion de los hombres se habia vuelto casi esclusivamente á los sucesos políticos, que, amenazando trastornar la faz de la Europa toda, no dejaban apenas otro interés á la imajinacion que el de los temores ó esperanzas que ellos prometian. Aun cuando esta disposicion de ánimos fuese diferente, no era de esperar tampoco un efecto tan feliz como el de la publicacion primera, mucho mas, habiendo mediado tanto tiempo entre una y otra. Los asuntos á la verdad eran grandes y severos en la mayor parte; pero no análogos al gusto y opiniones dominantes en aquella segunda época. Abstractos y metafísicos, repetidos con alguna prodigalidad, y no siempre con igual acierto, su desempeño, aunque frecuentemente grande y poético, no era con mucho tan perfecto como el de los templados y juveniles. La composicion en ellos no presenta siempre aquel interés progresivo que acrecienta el gusto desde el principio hasta el fin. Se nota aquí esfuerzo, allá declamacion, y en no pocas partes falta de concision y de enerjía: como si la índole del autor no fuese para esta clase de argumentos. Por último, insertó composiciones que no tuvieron aceptacion ninguna: la *Caida de Luzbel*, algunas traducciones, alguna oda, algun discurso demasiado largo y tal vez prosaico, no parecieron ni han parecido nunca dignas de las demás. El mérito de Meléndez es tan grande, su reputacion y su gloria tan afianzadas y reconocidas, que nada pierden sin duda con estas observaciones imparciales, nacidas del amor á la verdad, y que él mismo oyó alguna vez de sus amigos con tanta docilidad como modestia.

En el prólogo que les puso al frente, intentó probar que en nada derogaban los estudios poéticos á la dignidad de majistrado, y que ninguna incompatibilidad tenian con los deberes y talentos de hombre público y de negocios. Seria sin duda mejor que los que reciben del cielo el don divino de pintar la naturaleza en bellos versos, y de inflamar con su entusiasmo la imajinacion ajena, pudieran estar enteramente separados del torbellino de negocios, honores y empleos que ajita á los hombres en la grande escena del mundo. El poeta eminente no debiera ser mas que poeta: así conservaria mejor su independencia y el decoro debido al ministerio de las Musas, sus talentos se desplegarian con toda estension y libertad, y los necios no afectarian señalarle con un nombre que ellos no entienden, y que en su boca es un apodo de frivolidad y de insuficiencia. Mas esto camina ciertamente sobre una suposicion imposible. La fortuna, las circunstancias, el interés de las familias, momentos tambien de error y de flaqueza, sacan á los hombres de su esfera, ya para mas, ya para menos: sobre todo en un pais como el nuestro, en que tan pocos recursos tienen los escritores para subsistir como tales. ¿Qué hacer pues? se dirá: lo que hacia Melendez: ser un grande poeta en sus versos, y un sabio y recto majistrado en su tribunal.

Mas lo que él no debiera haber hecho, es empeñarse tanto en disculparse. Quien estaba siendo un modelo de integridad, aplicacion y capacidad en el foro, no tenia que probar nada, ni necesitaba de apolojía ninguna: á sus detractores tocaba hacerla, si es que podian, de su propia necedad. Esta especie de escusas no sirven para los hombres de razon, porque no las necesitan; ni tampoco para los preocupados, porque no los convencen. Tienen además otro inconveniente, y es, dar al que las hace, el aire de poca seguridad en el crédito y dignidad de su arte; y cierto que un tan gran poeta, en ninguna ocasion, ni por pretesto alguno, debia desdeñarse de su talento. (*)

A poco tiempo despues de publicada esta edicion, fué, como se dijo arriba, nombrado fiscal de la sala de alcaldes de Casa y Corte, de cuya plaza tomó posesion en 23 de octubre de aquel año de 97. Como la avanzada edad y achaques de su antecesor tenian muy atrasados los negocios de la fiscalía, Meléndez se dió á despacharlos por sí mismo con tal actividad y aplicacion, que no solo le faltaba tiempo para otros estudios, mas tambien para el trato con sus amigos. Ofreciéronsele en la corta duracion de su cargo causas graves y curiosas, donde hizo prueba de su juicio y de su talento: entre ellas la de la muerte de Castillo, cuya acusacion fiscal corre en el público como un modelo de saber y de elocuencia. Estas puede decirse fueron las últimas satisfacciones que tuvo en su carrera; y la suerte le preparaba ya el cáliz de afliccion que tiene siempre prevenido á los hombres eminentes, como para cobrarles con usura los pocos dias que les concede de gloria y de alegría. Mas para proceder á contar estos desagradables sucesos, es preciso tomar las cosas de mucho mas arriba.

La revolucion francesa no habia sido mirada al principio por los potentados de Europa, sino como un objeto de risa y pasatiempo. Creció el Coloso, y aquel sentimiento de desprecio pasó en un instante á miedo y aversion. La guerra y las intrigas fuera, la persecucion y el espionaje dentro, fueron los medios á que apelaron para contener aquel gran movimiento, y ahogar unas opiniones, en que creyeron comprometida la estabilidad de sus tronos. El mundo ha visto lo que han conseguido con esos formidables ejércitos, con esas interminables cruzadas, que por espacio de treinta años han desolado la Europa. Ni les han aprovechado mas tampoco las medidas inquisitoriales en el interior de sus estados; pues haciéndolos odiosos, han sufocado en los ánimos el amor y la confianza, bases las mas firmes de la autoridad y del poder. A menos costa sin duda les era fácil conseguir libertarse á sí mismos y á sus pueblos del contajio que temian. Arreglando bien su hacienda, gobernando en el interés jeneral de sus súbditos, y no en el particular de su corte y sus ministros; en una palabra, siendo justos y prudentes, tenian puesta la barrera mas impenetrable á aquellas novedades (*). Pero el poder no se estima sino por el abuso que de él se hace; y así se verificó desgraciadamente en España. Habia coincidido la muerte de nuestro Cárlos III con las alteraciones de Francia; y cuando era necesaria mayor dilijencia en gobernar, mayor circunspeccion en conducirse, entónces se dió la señal entre nosotros á todos los caprichos de la arbitrariedad, á todos los desconciertos de la ignorancia y de la insensatez. El escándalo de poner en circunstancias tan difíciles el timon del estado en manos de un favorito sin educacion

---

(*) El abate D. Juan Andrés era mas franco: en la carta que le escribió entónces, le decia: «¿Y qué pueden decir los mas severos censores contra un majistrado que publica tan apreciables poesias? Yo antes bien creeré, que una mente que con tanta verdad sigue en sus versos lo bello, no se apartará en sus sentencias de lo justo.»

(*) Los pueblos no se alteran nunca, mientras su situacion es agradable, ó á lo menos llevadera. «No basta,» dice un célebre escritor español, «que los pueblos estén quietos: es preciso que estén contentos; y solo en corazones insensibles, ó en cabezas vacías de todo principio de humanidad, y aun de política, puede abrigarse la idea de aspirar á lo primero sin lo segundo.» Jovellános.

política y sin esperiencia, acrecentaba la murmuracion y el descontento; y estos á su vez producian el encono y la persecucion. Y como los primeros y mas nobles pasos de la revolucion francesa eran debidos sin duda á las luces y adelantamiento del siglo, la autoridad se puso en un estado constante de hostilidad con el saber. Ya se habian suprimido los periódicos que mas crédito tenian por las verdades útiles que propagaban (*); se habia retirado poco á poco la proteccion y fomento que se daba á los estudios, se oian delaciones, se sembraban desconfianzas. Dióse en fin la señal á las persecuciones personales con la prision del Conde de Cabarrus en el año de 90; y sus grandes talentos, su incansable actividad, el brillo que acompañaba sus empresas, los establecimientos importantes y benéficos que habia proyectado y erijido, los bienes infinitos que habia hecho á tantos particulares, no le pudieron salvar de un proceso enfadoso, de un encierro cruel y dilatado, y de un éxito al fin que tenia mas apariencia de favor que de justicia. Jovellános, ausente á la sazon en Salamanca, voló á Madrid en socorro de su amigo, y no logró otra cosa que ser envuelto en su ruina. Sucedíanse de tiempo en tiempo y á no mucha distancia estas tristes proscripciones; frecuentemente víctimas de delaciones oscuras, y á veces de su misma imprudencia, venian á herir las cabezas de personas eminentes ó por sus empleos, ó por su crédito, ó por su saber. A la desgracia de Cabarrus y Jovellános siguió la de Floridablanca y su partido: á esta la del conde de Arada: diferentes consejeros de Castilla fueron desterrados despues, por no avenirse bien con su gobernador el conde de la Cañada: este cayó á su vez, víctima de una intriga de palacio; cerrándose entónces aquella serie de miserias con la escandalosa causa sobre la impresion de las *Ruinas* de Volney. Vióse en ella dar á una simple especulacion de contrabando el carácter de una gran conjuracion política, y tratar de envolver como revolucionarios y facciosos á cuantos sabian algo en España. Las cárceles se llenaron de presos, las familias de terror; y no se sabe hasta dónde la rabia y la perversidad hubieran llevado tan abominable trama, si la disciplina ensangrentada de un hombre austero y respetable, y el ultraje atroz que con ocasion de ella se le hizo, no hubieran venido oportunamente á atajar este raudal de iniquidades (*). El escándalo fué tan grande, y el grito de la indignacion pública tan fuerte, que la corte abrió los ojos; y retirando su confianza de aquellos viles maquinadores, la dió, ú aparentó darla, á hombres conocidos en el reino por su sabiduría y su virtud. Entónces fué cuando se nombró á Jovellános Ministro de Gracia y Justicia, á Saavedra de Hacienda, y al conde de Ezpeleta Gobernador del Consejo; tres hombres dignos sin duda, y capaces de restaurar el Estado, si el Estado no hubiese tenido ya una enfermedad incurable, mas poderosa que su capacidad y sus fuerzas.

Vióse entonces Meléndez en el colmo de sus deseos: su amigo en el ministerio, él establecido en Madrid, y el camino llano para llegar al puesto descansado y preeminente que sus servicios y estudios merecian. Individuo de la Academia de S. Fernando desde que recitó en ella su hermosa oda, y

---

(*) «El Censor, el Correo de los ciegos, el Corresponsal» y otros. El Gobierno al parecer habia tomado entónces á su cargo confirmar el dicho injenioso y mordaz de un escritor, que, preguntado porqué los que mandaban aborrecian á los sabios; «por lo mismo,» respondió, «que los malhechores nocturnos aborrecen á los reverberos.»

(*) Para los lectores que no tengan noticia de este acontecimiento singular, no basta la indicacion sumaria que aquí se hace; y quizá seria conveniente, no solo para satisfacer su curiosidad, sino tambien para escarmiento público, entrar en mas largas esplicaciones. Pero el pudor y la decencia no se lo consienten á la historia.

admitido en el seno de la española en el año de 98, reunia en sí los honores literarios que podia desear; y era considerado y respetado dentro y fuera de España, como el primer talento de su tiempo y su nacion. Mas toda esta perspectiva de bonanza y de ventura se anubló de repente, y desapareció como el humo. No pertenece á la historia particular de nuestro poeta contar menudamente los resortes secretos, por los que fueron traidos al ministerio Saavedra y Jovellános, ni tampoco las intrigas de corte que mediaron, cuando fueron despedidos. Lo que sí no debe pasarse en silencio, es, que en los cortos momentos de favor que Meléndez logró del príncipe de la Paz, cuando le dedicó las poesías; uno de sus mayores cuidados y su principal empeño fué disipar las prevenciones que el privado tenia contra su ilustre amigo, y rehabilitarle en su estimacion y confianza. Cuando despues, á pesar de la aparente desgracia del favorito, los dos Ministros fueron sacrificados á su resentimiento y su venganza, Meléndez fué tambien sacrificado con ellos y desterrado á Medina del Campo (*), previniéndole que saliese de Madrid en el término de veinte y cuatro horas, y que esperase órdenes allí.

Obedeció y partió: entre tanto sus ámigos consiguieron del nuevo ministerio mitigar el rigor de las órdenes con que se le amagaba, y convertirlas en la insignificante comision de inspeccionar unos cuarteles que se estaban construyendo mucho tiempo habia de los fondos de aquella villa. Algo mas tranquilo con esta demostracion de condescendencia, se entregó al estudio y al retiro, al trato de los amigos que su amable y apacible índole le facilitó en el pueblo, y de los que, ó por recomendacion, ó atraidos de su celebridad, venian á visitarle del contorno. Dióse al ejercicio de las obras de beneficencia que

(*) 27 de agosto de 1798.

su humanidad le inspiraba, principalmente con los enfermos del hospital. Salian estos infelices de allí por lo regular sin acabar de convalecer: él los recojia, él los vestia, él los alimentaba, y ellos le bendecian como un amigo y un padre. En medio de tan inocentes y virtuosas ocupaciones, y ajeno de toda jestion y negocio público, debia considerarse seguro en aquel asilo y á cubierto de los tiros de la malignidad. No fué así por desgracia; y otra nueva tormenta le amenazaba, mas negra y peligrosa que la primera.

Uno de aquellos hombres, que ejercitándose toda su vida en obras de villanía y perversidad, no logran subir al poder sino por el escalon de la infamia; de aquellos, para quienes la libertad, el honor y aun la vida de los otros, lo justo y lo injusto, lo profano y lo sagrado, todo es un juego, y todo les sirve como de instrumento á su codicia, á su ambicion, á su libertinaje ó su malicia; proyectó consumar la ruina de Meléndez, para hacer este obsequio á la corte, con quien le suponia en guerra abierta, y ganarse las albricias de la destruccion de un personaje en desgracia. Siguióle con esta dañada intencion los pasos, calificando y denunciando como intrigas peligrosas las visitas que él y sus amigos se hacian. Y para enredarle de una manera mas complicada é inevitable, se empezó á formar una causa á dos eclesiásticos de un pueblo inmediato, con la indicacion espresa en las instrucciones para formarla, *de que convenia mucho que en ella jugase Meléndez Valdes*. Designáronse los testigos á quienes se habia de preguntar, y no se omitió ninguna de aquellas dilijencias tenebrosas, con que estos hombres infernales han conseguido en todos tiempos perder á los que aborrecen (*). No

(*) La causa con todas las disposiciones, instruccion y demás documentos que autorizan estos hechos, existe en poder de la familia de Meléndez.

produjeron estas maquinaciones el fruto que ellos esperaban; mas bastaron para inquietar á la corte, rezelosa siempre y ya mal dispuesta con él, segun la costumbre natural en los hombres, de querer mal á quien ofenden. Por otra parte el destino de Meléndez era apetecible, estaba suspenso, y la ocasion convidaba. Todo pues conspiró á inclinar la balanza en daño suyo; y cuando menos lo podia presumir, cuando quizá tenia las esperanzas mas fundadas de ser reintegrado en su dignidad y honores, recibió la órden por la cual se le despojaba de la fiscalía, y con la mitad del sueldo se le confinaba á Zamora (*).

Recibió el golpe con serenidad y entereza, y convencido de la inutilidad de sus esfuerzos por el pronto, dejó en manos del tiempo su vindicacion y desagravio. Partió á Zamora, establecióse allí; y aunque visitado y obsequiado de las personas principales del pueblo, él conservó su vida retirada, partiendo su tiempo entre sus libros y un reducido número de buenos amigos. Entre tanto sabedor de las intrigas que habian mediado para la última demostracion de rigor recibida del Gobierno, procuró por todos medios desvanecerlas; y si no logró reponerse enteramente, consiguió por lo menos que se aliviase su suerte; y en real órden de 27 de junio de 1802 se le devolvió el goze de su sueldo completo como fiscal, permitiéndole disfrutarle donde le acomodase establecerse. Hubiera él entónces preferido á Madrid; pero á la sazon habia una de las acostumbradas persecuciones, en que estaban envueltas personas de relaciones íntimas y antiguas con Meléndez, y fuéle avisado por sus mismos favorecedores, que no le convenia presentarse en la corte por entónces. Decidióse pues á fijarse en Salamanca, donde tantos motivos de amistad y parentesco, tantos recuerdos tiernos y afectuosos le convidaban. Allí puso su casa, recojió y ordenó su esquisita y copiosa librería, abrazó á sus antiguos amigos, y empezó á gozar con ellos de una vida mas tranquila y apacible, que la que habia disfrutado en los doce años trascurridos desde su salida para Zaragoza.

Pudieron las Musas congratularse de esta feliz novedad al verle restituido al ocio antiguo, y en aquellos sitios mismos, que tan hermosos versos le habian inspirado en otro tiempo. Los amantes de la literatura española esperaban verla enriquecida con alguna obra majistral, digna del gran talento de Meléndez, y propia de la madurez y gravedad que habia ya adquirido en aquella época. Pero el resorte de su espíritu estaba quebrado por la adversidad y la injusticia de los hombres, y su atencion distraida con rezelos ó esperanzas, que nunca tuvo bastante fuerza para sacudir de sí. Por otra parte el despotismo ministerial, cada vez mas insufrible, armado de sospechas, de rezelos y desconfianzas, las recriminaciones y falsas miras, atribuidas siempre al talento perseguido; en fin, la inercia y desidia que produce la opresion, y que si al principio repugnan, despues al cabo se aman (*); todo le desalentaba y le sumerjia en un letargo nada conveniente á su injenio y perjudicial á las letras.

Un poema lírico descriptivo *sobre la creacion*, que se imprime ahora entre sus odas, y una traduccion de la Eneida, que la publicacion de la de Delille le hizo emprender; fueron las únicas tareas que Meléndez dió á su

---

(*) 2 de diciembre de 1800.

(*) «Et ut corpora lentè augescunt, citò extinguuntur, sic ingenia studiaque oppresseris facilius, quam revocaveris. Subit quippe etiam ipsius inertiæ dulcedo, et invisa primò desidia postremò amatur.» Tácito en estas pocas líneas señala la verdadera causa de la esterilidad y atraso de nuestra literatura.

espíritu en aquel ocio de seis años. Tambien pensó entónces hacer una nueva edicion de sus poesías, en que se habian de suprimir todas las composiciones que no eran correspondientes al mérito de las otras, y hacer en algunas las enmiendas y cortes, que el gusto delicado y la sana crítica aun desean. Tenia ya arreglado esto con uno de sus mas queridos discípulos; mas su indolencia natural dilató esta empresa, acaso con perjuicio de su gloria; y el torrente de los sucesos, que despues se despeñaron unos sobre otros, no le dejó pensar en mucho tiempo, ni en este, ni en ningun otro proyecto literario.

Seria tal vez mejor poner fin aquí á esta noticia, y contentarse con indicar sencillamente el lugar y tiempo en que falleció el poeta. Ya desde aquella época empieza á sentirse el terremoto político, las opiniones se dividen, se inflaman las pasiones; y á pesar del tiempo trascurrido, á pesar de la vicisitud prodijiosa de los acontecimientos, ó por mejor decir, con ella misma, estas pasiones, lejos de haberse templado, empiezan á acalorarse de nuevo. Lejos del autor de estos apuntes dar ocasion de irritarlas por su parte. El ha seguido constantemente un rumbo y una opinion, opuestos á los que desgraciadamente fueron adoptados por Meléndez. Mas aun cuando cifra en ello la principal honra de su vida, no se permitirá por eso recriminacion ninguna, la cual seria tan repugnante á su corazon, como importuna en este lugar. Es preciso pues, en el discurso de los hechos que van á seguir, imponerse la obligacion de ser breve, y por lo mismo que la opinion propia ha vencido, tambien la de ser modesto.

Con la revolucion de Aranjuez fué alzado el destierro, y vueltos sus destinos á los majistrados que habian sido echados de la corte en las diferentes épocas de persecucion anteriores. Cúpole á Meléndez la suerte que á los demás, y regresó á Madrid en aquellos dias. Ya el rey habia partido á Bayona: las señales de la terrible tormenta que amenazaba, se hacian cada vez mas siniestras y espantosas: así Meléndez no vino á la corte sino para ser testigo de la ansiedad y afanes que procedieron al dos de mayo, de los horrores de aquel execrable dia, y del desaliento y temor en que quedó sumida la capital. Quiso volverse al retiro de su casa, y no pudo verificarlo. Aceptó de allí á poco una comision para Asturias en compañía del conde del Pinar; y es fuerza confesar, que si los motivos que tuvo para aceptarla, no son del todo escusables á los ojos de los amantes de la independencia, jamás inconsideracion ninguna fué castigada con un rigor mas cruel. Cuando los dos comisionados llegaron á Astúrias, ya iba delante de ellos la prevencion que los acusaba ante la exaltacion popular. Entraron en Oviedo escoltados de jente armada; y aunque en la Junta provincial habian procurado sincerar su conducta, y allanar todas las sospechas, el pueblo inquieto y rezeloso no se dió por satisfecho. Alternativamente llevados desde la cárcel á su hospedaje y de su hospedaje á la cárcel, cuando ya al parecer todo estaba vencido, y ellos dispuestos á partir, la muchedumbre frenética se agolpó sobre el carruaje, al que ya habian subido, volviólos á lanzar en la prision, hizo pedazos y quemó el coche, desbarató los equipajes, y creciendo el furor con su mismo esceso, violentaron las puertas de la cárcel, y sacaron á los dos comisionados y otros tres presos con intencion de darles muerte.

Iba delante Meléndez: hablábales con dulzura, pidiendo que le llevasen á la Junta, ó le encerrasen con grillos: nada bastó, porque despues de haberle puesto al pié de la horca, y hacerle mil insultos, le sacaron al campo, le cercaron, y encarándole los fusiles, clamaban que habia de morir. Logró al cabo que le oyesen unas pocas palabras sobre su inocencia y sus principios: les habló, les rogó, procuró ablandarlos, y aun les empezó á recitar un romance popular y patriótico que habia compuesto antes del dos de mayo. Frívolo recurso para con jentes rudas y groseras, y entónces atroces y locas de furor. Atajáronle con nuevos insultos y amenazas, y condenándole á morir, por gran favor le permitiéron confesar: tuvo él la presencia de espíritu de hacer durar este acto algun tiempo. Ya estaba dispuesta la banda que habia de tirarle, cargados los fusiles, y él atado al árbol fatal; ya se habia disputado sobre si se le habia de disparar de frente, ó de espaldas como á traidor, y con este motivo desatado y vuelto á atar de nuevo; ya en fin no faltaba mas que consumar el sacrificio, cuando se vió venir de lejos al cabildo y á las comunidades con el Sacramento y la Cruz famosa de la Victoria.

Calmó todo entónces, y Meléndez que estaba el primero, fué el primeramente socorrido. Hízose despues lo mismo con los otros compañeros, y recojidos todos en la procesion, fueron llevados á la catedral, y de allí vueltos á la cárcel. Formóse causa á peticion del pueblo al conde y á Meléndez; y dados por ella libres de todo cargo, se los puso en libertad, y se les permitió volver á Castilla. Tal fué el éxito inesperado de aquella terrible escena, y de tan larga agonía. Estremece en verdad ver al autor de *Batilo* y de la *Despedida del Anciano*, perseguido popularmente, y atado á un árbol para ser muerto como traidor y enemigo de su patria. Pero ¿á quién deberá imputarse tan grande atrocidad? ¿acaso al pueblo? No sin duda alguna: á los autores y consentidores de la villana y escandalosa agresion que puso á la nacion toda en aquel estado de exaltacion y frenesí sin el cual no se podia salvar.

Meléndez volvió á Madrid, cuando, de resultas de la memorable victoria de Bailen, los Franceses habian evacuado la capital, y retirádose al Ebro. Siempre esperando mejorar de posicion, y deseoso tambien de contribuir por su parte á los grandes trabajos que se presentaban delante de los Españoles en aquella imprevista y singular situacion, aguardó en Madrid la formacion del gobierno central, y confió ser empleado por él. Esta esperanza no era infundada, puesto que en aquel Gobierno contaba algunos amigos, y entre ellos al ilustre Jovellános, que, sacado de su prision de Mallorca por la revolucion de Aranjuez, vino nombrado por sus compatriotas á tomar su lugar entre los Padres de la Patria. Mas la fortuna, precipitando y revolviendo los sucesos en mil direcciones diferentes, dió entónces una de sus vueltas acostumbradas, y los Franceses vencedores amenazaron á Madrid. La Junta central, las fuerzas del Estado, los patriotas mas exaltados ó mas dilijentes, todos se refujiaron á Andalucía. Nuestro poeta, resuelto entónces á seguir el partido de la independencia, no pudo ponerse en camino; y su mala suerte, deteniéndole en Madrid, lo dejó espuesto al vacío del desaliento, y á los lazos de la seduccion, en que cayeron y fueron envueltos tantos infelices Españoles. Su reputacion no podia dejarle indiferente á las asechanzas del Gobierno intruso, que le hizo fiscal de la Junta de causas contenciosas, despues Consejero de Estado, y presidente de una Junta de instruccion pública. El aceptó, y así se comprometió en una opinion y en una causa, que jamás fueron las de su corazon y de sus principios. ¡Cuál debió ser su amargura, al ver que la fortuna y la fuerza, hasta entónces compañeras inseparables de aquel partido, y únicas razones que la prudencia alegaba para adherirse á él, empezaban á flaquear, y al fin le abandonaban! Vióse pues arruinado sin recurso, trastornadas sus esperanzas, saqueada por los mismos Franceses su casa en Salamanca, deshecha y robada su preciosa librería, y él precisado en fin á huir de su patria, abandonando, acaso para siempre, el suelo y cielo que le vieron nacer.

Antes de entrar en el territorio francés, se puso de rodillas, y besó la tierra española, diciendo: *¡ya no te volveré á pisar!* Entónces se acordó de su casa, de sus libros, de sus amigos, del apacible retiro que allí disfrutaba; y considerando amargamente el nublado cruel que le habia agostado aquella cosecha de ventura, las lágrimas caian de sus ojos, y las recibia el Vidasoa.

Los cuatro años que vivió despues, no hizo mas que prolongar una existencia combatida por la desgracia, por la pobreza, por los afanes y esperanzas, á cada paso malogradas, de volver á España; en fin por los achaques y dolencias, que conforme avanzaba en edad, se agravaban á porfía. Tolosa, Mompeller, Nímes y Alais fueron los pueblos de su residencia. En los intervalos que le dejaban sus males, leia ó se hacia leer, correjia sus poesías, y las disponia para la nueva edicion que proyectaba. Tambien compuso algunas, en que todavía respira el talento de su juventud con la misma gracia y facilidad; pero en que luce sobre todo el ansia y la vehemencia con que amaba su pais y deseaba volver á él. Este sentimiento que le honra, era, puede decirse, el aliento que le animaba; pero estaba escrito en el cielo que no le habia de ver satisfecho. Ya en España habia empezado á padecer mucho de reumas. A muy poco de su llegada á Francia, una fuerte parálisis casi le imposibilitó del todo, sin que los baños termales que tomó por tres veces, le pudiesen librar de ella. Atacado en fin por un accidente apoplético, á cuya violencia no pudo resistir, falleció en los brazos de su esposa, que le habia seguido y asistido constante y varonilmente en todos los infortunios de su vida, y en medio de los compañeros de su emigracion y desgracia, que le prestaron cuantos auxilios y consuelos estaban en su mano.

Así en pocos años el torbellino de la revolucion habia arrebatado á las letras españolas tres hombres, que constituian una parte muy principal de su lustre y de su gloria. Cienfuegos fué el primero que, arrancado de su lecho, donde estaba ya casi moribundo, fué arrastrado fuera de su pais, y espió con su desgraciada muerte en Ortez el horror que le inspiraban los tiranos. Jovellános, cuya noble alma estaba enriquecida de tantos talentos y de tantas virtudes; que hubiera sido en la antigüedad Platon con menos sueños, Ciceron con mas firmeza, y en la Europa moderna Turgot con todas sus ventajas; Jovellános fué arrojado tambien de sus hogares por los satélites de Napoleon; y prófugo, náufrago y desvalido, tuvo que ir á reclinar su venerable cabeza en el seno de la hospitalidad ajena, y allí exhalar su último aliento. Meléndez, en fin, por el diverso rumbo que habia seguido, parecia estar exento de semejante agonía; mas la inexorable fortuna no lo quiso así, y se la dió todavía mas amarga. Los tres eran amigos; los tres cultivaban los mismos conocimientos, las mismas artes; iban por las mismas sendas del saber humano: los tres en fin murieron fuera de sazon, sin que su patria hubiese recojido todo el fruto que sus estudios y talentos prometian.

Fué Melendez de estatura algo mas que mediana; blanco y rubio; menudo de facciones; recio de miembros; de complexion robusta y saludable. Su fisonomía era amable y dulce; sus modales apacibles y decorosos; su conversacion halagüeña, un poco tardo á veces en esplicarse, como quien distraido busca la espresion propia, y no la halla á tiempo. Sus costumbres eran honestas y sencillas; su corazon recto, benéfico y humano; tierno, afectuoso con sus amigos, atento y córtés con todos. Tal vez faltaba á su carácter algo de aquella fuerza y entereza que sabe resolverse constantemente á un partido, una vez elejido por la razon: y esto dependia de su escesiva docilidad y condescendencia con el dictámen ajeno. Mejor acaso hubiera sido tambien que se alejara mas del torbellino de la ambicion y del centro del poder; pues esto en fin puede llamarse la causa principal de sus desgracias (1). Pero en Meléndez, el anhelo de subir estuvo siempre unido al noble deseo de trabajar, de ser útil, de contribuir por todos medios á la prosperidad y adelantamiento de su patria. Conocia su fuerza, como suelen sentirla todos los hombres superiores; pero no por eso abandonaba su carácter jeneral de modestia, que á veces se manifestaba con algun esceso (2). Su aplicacion y laboriosidad eran incansables; su lectura inmensa. De los poetas antiguos españoles preferia á Garcilaso, Luis de Leon, Herrera, Francisco de la Torre; y por una especie de contradiccion, que no deja de tener su razon y sus motivos, la poesía de Góngora, cuando no desatina, le encantaba, y se divertia mucho con los despropósitos festivos é injeniosos de Quevedo. Su pasion principal, despues de la gloria literaria, era la de los libros, que llegó á juntar en gran número, esquisitamente elejidos y conservados. Tenia mucha aficion á las artes del dibujo, no así al canto; y un poeta de oido tan delicado, y que daba á sus versos tanta cadencia y armonía, era casi insensible é indiferente á la deliciosa música de Paesiello y Cimarosa, y á la bella ejecucion de la Todi ó de Mandini.

Los principios de su filosofía eran la humanidad, la beneficencia, la tolerancia: él pertenecia á esa clase de hombres respetables que esperan del adelantamiento de la razon la mejora de la especie humana, y no desconfian de que llegue una época en que la civilizacion, ó lo que es lo mismo, el imperio del entendimiento estendido por la tierra, dé á los hombres aquel grado de perfeccion y felicidad, que es compatible con sus facultades y con la limitacion de la existencia de cada individuo. Pensaba en este punto como Turgot, como Jovellános, como Condorcet, y como tantos otros que no han desesperado jamás del jénero humano. Sus versos filosóficos lo manifiestan; y con sus talentos y trabajos procuró ayudar por su parte, cuanto pudo, á esta grande obra.

Su influjo literario como poeta ha sido ciertamente bien grande, y ha tenido las mas felices consecuencias. Cuando él empezó á escribir, la poesía castellana, no acabada aun de restablecer de su degradacion y corrupcion antigua, estaba amenazada de otro daño todavía acaso peor. García de la Huerta en quien podria decirse que habia trasmigrado el alma de Góngora con parte de su talento y

---

(1) El mismo alguna vez manifestó su disgusto en esta parte.

Corrí de me llamaban
La oficiosa ambicion y los honores
Entre mil que sus premios anhelaban;
Mas fastidiéme al punto.
Elejía 3ª.

(2) Preguntábanle una vez, porqué no escribia una oda á un asunto en que acababa de ejercitarse, y con mucha aceptacion, otro poeta amigo suyo. «Porque no quiero,» respondió, «tener la mortificacion de desempeñarle menos bien, ni tampoco causársela á él, si hago una obra mejor que la suya.» En otra ocasion leia un poema descriptivo de uno de sus discípulos: su primer movimiento fué celebrarle llorando; pero despues con un aire melancólico soltó el papel, añadiendo: «ya me van dejando atrás.» Y no tenia razon; porque ni aquel como poeta lírico, ni este como descriptivo, le serán comparados jamás.

con toda su tenacidad, sus caprichos y su orgullo; sostenia en aquella época los restos del mal gusto y abandono del siglo XVII. Iriarte al contrario, con menos talento poético que Huerta, pero con infinito mas gusto y mas saber, iba poniendo en crédito una especie de poesía, en que la cultura, la urbanidad, y aun lo escojido de los pensamientos, no podia compensar la falta de color, de fuego y de armonía en el estilo. En vano Moratin el padre, (porque su célebre hijo aun no habia empezado á darse á conocer) en vano Cadalso y algun otro luchaban contra estos estravíos, y daban de cuando en cuando en sus versos muestra de una poesía mas pura y mas animada. Sus esfuerzos no eran suficientes, ó la empresa desigual á sus talentos. Pero al instante que aparecieron los escritos de Meléndez, la verdadera poesía castellana se presentó bella con sus gracias nativas, y rica con todas las galas de la imajinacion y del injenio. En aquellos admirables versos la elegancia no se oponia á la facilidad, la nobleza y cuidado de los pensamientos á su halago y á su interés. Huerta habia hecho romances; Trigueros y Cadalso anacreónticas; pero ni los romances de Huerta ni las anacreónticas de Trigueros se leen ya, ni aun se mientan entre los hombres de buen gusto. Cadalso fué sin duda alguna mas feliz en el último jénero; ¡mas á cuánta distancia no están de su sucesor! El mismo Anacreonte se ensoberbeciera de una composicion tan delicada y tan pura como la bellísima oda *Al Viento*; y Tíbulo quisiera que le perteneciesen los romances de *Rosana* y de *La Tarde*. No hay duda que su talento parece especialmente nacido para estos jéneros cortos. En todas las épocas de su vida, siempre que los manejaba, era con una superioridad incontestable; y hasta en sus últimos dias, cuando anciano ya y quebrantado con la miseria y las desgracias, parecia que su espíritu debia estar poco apto para estos juegos; se ve, en el romance del *Náufrago*, en el *Colorin de Fílis*, y en la anacreóntica *A Anfriso*, recorrer las cuerdas de la lira con la misma delicadeza, flexibilidad y gracia que en sus mejores tiempos. Dotes y ventajas casi iguales; aunque no con un éxito tan grande, presenta en la poesía descriptiva, en la elejía patética y en la oda sublime, en que ha dejado muestras de tan alta magnificencia. Menos feliz en la parte filosófica y doctrinal, siempre ofrece aquella majia de lenguaje, aquel estilo lleno de imajinacion, la calidad principal suya, la que ha fijado mas el gusto de los escritores que le han sucedido, la que puede decirse que ha formado una escuela entre nosotros. De esta escuela, difundida en Salamanca, en Alcalá, en Madrid, en Sevilla y en otros parajes, ha salido una gran parte de los buenos versos que se han escrito en estos últimos tiempos; y si los progresos y riquezas del arte no han sido proporcionados al impulso que les dió aquel injenio verdaderamente grande, esto es ya enteramente culpa del tiempo, tan adverso despues á la cultura de las letras, como favorable habia sido en la época en que él empezó á florecer.

Meléndez murió en Mompeller: sus restos yacen en la iglesia parroquial de Montferrier, departamento de l'Herault, guardados en una caja de plomo cubierta con otra de madera, debajo de una lápida, en que está escrito en español, francés y latin el epitafio siguiente:

AQUI YACE
EL CELEBRE POETA ESPAÑOL
DON JUAN MELENDEZ VALDES.
NACIÓ EN LA VILLA DE RIBERA,
PROVINCIA DE ESTREMADURA,
A 11 DE MARZO DE 1754.
FALLECIÓ EN MOMPELLER
A 24 DE MAYO DE 1817.

A MIS LECTORES.

No con mi blanda lira
Serán en ayes tristes
Lloradas las fortunas
De Reyes infelices;
 Ni el grito del soldado,
Feroz en crudas lides;
O el trueno con que arroja
La bala el bronce horrible.
 Yo tiemblo y me estremezco;
Que el númen no permite
A el labio temeroso
Canciones tan sublimes.
 Muchacho soy y quiero
Decir mas apacibles
Querellas; y gozarme
Con danzas y convites.
 En ellos coronado
De rosas y alelíes,
Entre risas y versos
Menudeo los bríndis.
 En coros las muchachas
Se juntan por oirme;
Y al punto mis cantares
Con nuevo ardor repiten.
 Pues Baco y el de Vénus
Me dieron, que felice
Celebre en dulces himnos
Sus glorias y festines.

Odas anacreónticas.

Et juvenum curas, et libera vina.
HORAT.

ODA I.

DE MIS CANTARES.

Tras una mariposa,
Cual zagalejo simple,
Corriendo por el valle
La senda á perder vine.
 Recostéme cansado;
Y un sueño tan felice
Me asaltó, que aun gozoso
Mi labio lo repite.
 Cual otros dos zagales
De belleza increible,
Baco y Amor se llegan
A mí con paso libre:
 Amor un dulce tiro
Riendo me despide:
Y entrambas sienes Baco
De pámpanos me ciñe.
 Besáronme en la boca
Despues; y así apacibles,
Con voz muy mas suave
Que el céfiro, me dicen:
 Tú de las roncas armas
Ni oirás el son terrible,
Ni en mal seguro leño
Bramar las crudas sirtes.
 La paz y los amores
Te harán, Batilo, insigne;
Y de Cupido y Baco
Serás el blando cisne.

ODA II.

EL AMOR MARIPOSA.

Viendo el Amor un dia,
Que mil lindas zagalas
Huian dél medrosas
Por mirarle con armas;
 Dicen que de picado
Les juró la venganza,
Y una burla les hizo
Como suya estremada.
 Tornóse en mariposa,
Los brazitos en alas,
Y los piés ternezuelos
En patitas doradas:
 ¡Oh! ¡qué bien que parece!
¡Oh! ¡qué suelto que vaga,
Y ante el sol hace alarde
De su púrpura y nácar!
 Ya en el valle se pierde;
Ya en una flor se para;
Ya otra besa festivo,
Y otra ronda y halaga.
 Las zagalas al verle,
Por sus vuelos y gracia
Mariposa le juzgan,
Y en seguirle no tardan.
 Una á cojerle llega,
Y él la burla y se escapa;
Otra en pos va corriendo,
Y otra simple le llama:

Despertando el bullicio
De tan loca algazara
En sus pechos incautos
La ternura mas grata.
　Ya que juntas las mira,
Dando alegres risadas
Súbito Amor se muestra,
Y á todas las abrasa.
　Mas las alas lijeras
En los hombros por gala
Se guardó el fementido,
Y así á todos alcanza.
　Tambien de mariposa
Le quedó la inconstancia:
Llega, hiere, y de un pecho
A herir otro se pasa.

ODA III.

A UNA FUENTE.

¡Oh! ¡cómo en tus cristales,
Fuentecilla risueña,
Mi espíritu se goza,
Mis ojos se embelesan!
　Tú de corriente pura,
Tú de inexhausta vena,
Trasparente te lanzas
De entre esa ruda peña:
　Do á tus linfas fugaces
Salida hallando estrecha,
Murmullante te afanas
En romper sus cadenas:
　Y bullendo y saltando,
Las menudas arenas
Afanosa divides,
Que tus pasos enfrenan.
　Hasta que los hervores
Reposada sosiegas
En el verde remanso,
Que te labras tú mesma.
　Allí aun mas cristalina
A un espejo semejas,
Do se miran las flores,
Que galanas te cercan.
　Con su plácida sombra
Tu frescura conserva
El nogal, que pomposo
De tu humor se alimenta;
　Y en sus móviles hojas
El susurro remeda

De tus ondas volubles,
Que al bajar se atropellan.
　En tí las avecillas
Su sed árida templan,
Sus plumas humedecen,
Jugando se recrean.
　Cuando abrasado Sirio
Aflije mas la tierra,
Y el mediodía ardiente
Su faz al mundo ostenta,
　En ti grata frescura
Y amable sueño encuentra
El laso caminante,
Que tu raudal anhela.
　Su benigna corriente
El seno refrijera,
La salud fortifica,
Repara las dolencias.
　En las almas alegres
El júbilo acrecienta;
Y al que llora angustiado,
Le adormece las penas.
　¡Oh! nunca, fuente clara,
Nunca menguados veas
Los copiosos cristales
Que tus márjenes llenan.
　Nunca turbios la planta
Del ganado los vuelva,
Ni el pintado lagarto,
Ni la ondosa culebra.
　Nunca próvida ceses
En los jiros y vueltas,
Con que mansa discurres
Fecundando la vega;
　Mas alegre acompañes,
Murmullando parlera,
De mi lira los trinos,
De mi labio las letras.

ODA IV.

EL CONSEJO DEL AMOR.

Pensativo y lloroso
Contemplando cuán tibia
Dorila mi amor oye,
Por hermosa y por niña,
　Al márjen de una fuente
Me asenté cristalina,
Que un rosal adornaba
Con su pompa florida.

El voluble murmullo
De sus plácidas linfas
De mis penas agudas
Amainaba las iras.
 Y en sus ondas rientes
Encantada la vista,
Invisibles, cual ellas,
Mis cuidados se huian:
 Cuando en torno una rosa,
Que besar solicita,
Volar ví á un cefirillo
Con ala fujitiva.
 Y entre blandos susurros,
En voz dulce y sumisa
Entendí que á la bella
Cariñoso decia:
 ¿Do, insensible, te vuelves?
¿Por qué, injusta, te privas
En mis juegos vivaces
De mil tiernas caricias?
 Mírame que rendido,
Cuando humillar podria
Con soplo despeñado
Tu presuncion esquiva,
 Que te tornes te ruego,
Y á mis labios permitas
Que los ámbares gozen,
Que en tus hojas abrigas.
 No temas, no, que ofendan
Con culpable osadía
Su rosicler hermoso,
Aunque blanda te rindas.
 Aun mas fino que ardiente,
A nada mas aspiran
Que á un inocente beso
Las esperanzas mias.
 Por tí dejé en el valle,
Por tí, beldad altiva,
Con vuelo desdeñoso,
Mil lindas florecitas.
 Tú sola me embebeces,
Tú sola, repetia
El céfiro; y mas suelto
En torno de ella jira.
 Cuando súbito noto
Que la rosa rendida
Le presenta su seno,
Y él cien besos le liba:
 Con los cuales mimosa
De aquí y de allá se ajita,
Otros y otros buscando

Que muy mas la mecían.
 Y en aquel mismo punto
Escuché que benigna
Nueva voz me alentaba,
Nuncio fiel de mis dichas.
 No de tímido ceses:
Insta, anhela, suplica,
Cefirillo incesante,
De tu rosa Dorila.
 Y en sus dulces canciones,
Delicada tu lira
Su tibieza y sus miedos
Cual la nieve derritan.
 Verás cómo á tus ansias
Cede al fin; y propicia
Las finezas atiende,
Por tí ciega suspira.
 Apurando en mi copa
Las inmensas delicias,
Que á mis mas fieles guardo,
Que mi afecto le brinda.
 Del Amor fué el consejo;
Y así luego entre risas
Ví á la esquiva en mis brazos
Como mil rosas fina.

ODA V.

DE LA PRIMAVERA.

La blanda primavera
Derramando aparece
Sus tesoros y galas
Por prados y verjeles.
 Despejado ya el cielo
De nubes inclementes,
Con luz cándida y pura
Rie á la tierra alegre.
 El alba de azucenas
Y de rosa las sienes
Se presenta ceñidas,
Sin que el cierzo las hiele.
 De esplendores mas rico
Descuella por oriente
En triunfo el sol, y á darle
La vida al mundo vuelve.
 Medrosos de sus rayos
Los vientos enmudecen,
Y el vago cefirillo
Bullendo les sucede.
 El céfiro de aromas

Empapado, que mueven
En la nariz y el seno
Mil llamas y deleites.
 Con su aliento en la sierra
Derretidas las nieves,
En sonoros arroyos
Salpicando descienden.
 De hoja el árbol se viste,
Las laderas de verde,
Y en las vegas de flores
Ves un rico tapete.
 Revolantes las aves
Por el aura enloquecen,
Regalando el oido
Con sus dulces motetes.
 Y en los tiros sabrosos
Con que el Ciego las hiere,
Suspirando delicias,
Por el bosque se pierden.
 Mientras que en la pradera,
Dóciles á sus leyes,
Pastores y zagalas
Festivas danzas tejen.
 Y los tiernos cantares,
Y requiebros ardientes,
Y miradas y juegos,
Mas y mas los encienden.
 ¿Y nosotros, amigos,
Cuando todos los seres
De tan ríjido invierno
Desquitarse parecen;
 En silencio y en ocio
Dejarémos perderse
Estos dias, que el tiempo
Liberal nos concede?
 Una vez que en sus alas
El fugaz se los lleve,
¿Podrá nadie arrancarlos
De la nada en que mueren?
 Un instante, una sombra
Que al mirar desparece,
Nuestra mísera vida
Para el júbilo tiene.
 Ea pues á las copas,
Y en un grato banquete
Celebremos la vuelta
Del abril floreciente.

ODA VI.

Á DORILA.

¡Cómo se van las horas,
Y tras ellas los dias,
Y los floridos años
De nuestra frájil vida!
 La vejez luego viene
Del amor enemiga,
Y entre fúnebres sombras
La muerte se avecina:
 Que escuálida y temblando,
Fea, informe, amarilla,
Nos aterra, y apaga
Nuestros fuegos y dichas.
 El cuerpo se entorpece,
Los ayes nos fatigan,
Nos huyen los placeres,
Y deja la alegría.
 Si esto pues nos aguarda,
¿Para qué, mi Dorila,
Son los floridos años
De nuestra frájil vida?
 Para juegos y bailes,
Y cantares y risas
Nos los dieron los cielos,
Las gracias los destinan.
 Ven, ¡ay! ¿qué te detienes?
Ven, ven, paloma mia,
Debajo de éstas parras,
Do leue el viento aspira,
 Y entre bríndis süaves
Y mimosas delicias
De la niñez gozemos,
Pues vuela tan aprisa.

ODA VII.

DE LO QUE ES AMOR.

PENSABA cuando niño,
Que era tener amores
Vivir en mil delicias,
Morar entre los dioses;
 Mas luego rapazuelo
Dorila cautivóme,
Muchacha de mis años,
Envidia de Dïone;
 Que inocente y sencilla,
Como yo lo era entonces,
Fué á mis ruegos la nieve
Del verano á los soles.
 Pero cuando aguardaba
No hallar ansias ni voces,
Que á la gloria alcanzasen

De una union tan conforme,
Cual de dos tortolitas
Que en sus ciegos hervores
Con sus ansias y arrullos
Ensordecen el bosque;
 Probé desengañado,
Que amor todo es traiciones,
Y guerras y martirios,
Y penas y dolores.

ODA VIII.

A LA AURORA.

Salud, riente Aurora,
Que entre arreboles vienes
A abrir á un nuevo dia
Las puertas del oriente;
 Librando de las sombras
Con tu presencia alegre
Al mundo, que en sus grillos
La ciega noche tiene.
 Salud, hija gloriosa
Del rubio sol, perenne
Venero á los mortales
De alivios y placeres.
 Tú de eternales rosas
Ceñida vas las sienes,
Mientras tu fresco seno
Flores y perlas llueve.
 Tú de brillantes ojos,
Tú de serena frente,
Y en cuya boca manan
Risas y aromas siempre.
 Cuando la hermosa lumbre
De Vénus desfallece,
De ópalo, nácar y oro
Velada le sucedes:
 Y el pabellon alzando
En que su faz envuelve
Tu padre el sol, sus huellas
Nuncia feliz precedes.
 Tu manto purpurado
Ondea al viento leve,
Y al par que se derrama
De las playas de oriente,
 Hinche el espacio inmenso,
Y de su grana y nieve
Las bóvedas eternas
Matiza y esclarece,
 En cuanto alegre cruzas

Por sendas de claveles
Desde su escelsa cumbre
Al cárdeno occidente.
 El sol que en pos te sigue,
Tus vivos rosicleres
Iuflama, y retemblando
Por verlos se detiene;
 Hasta que entre sus llamas
Tú misma al fin te pierdes,
Y en su torrente inmenso
Envuelta despareces:
 Si no es que tan penada
De tu Titon te sientes,
Que por sus brazos dejas
Ya la mansion celeste.
 Los céfiros fugaces,
Que en un letargo muelle
Las flores en su seno
Rendidos guardar quieren,
 Con tu calor se animan,
Las prestas alas tienden,
Y en delicioso juego
Las liban y las mecen:
 De do á las aves corren,
Que aun en sus nidos duermen,
Con su vivaz susurro
Pugnando que despierten
 A darte, ó bella Aurora,
Los dulces parabienes,
Y henchir con su alborada
Las auras de deleite.
 Tú en tanto mas graciosa
En luz y en rayos creces,
Que en trasparentes hilos
Crúzando al viento penden.
 Las cristalinas aguas
Cual vivas flechas hieren,
Y hacen de bosque y prados
Mas animado el verde.
 A par que sus cogollos
Alzan las ricas mieses,
Y abriéndose las flores
Sus ámbares te ofrecen;
 Que á la nariz y al seno,
Y al labio que los bebe,
De su fragancia inundan,
Y á mil delicias mueven.
 Y todo bulle y vive,
Y en regocijo hierve,
Rayando tú, que al mundo
La ansiada luz le vuelves.

Haz, ¡ay! purpúrea diosa,
Que como en faz riente
Un dia fausto y puro
Benigna nos prometes;
Así en mi blando seno,
Sin ansias que lo aquejen,
La paz y la inocencia
Por siempre unidas reinen.

ODA IX.

DE UN BAILE.

Ya torna mayo alegre
Con sus serenos dias;
Y del amor le siguen
Los júegos y la risa.
De ramo en ramo cantan
Las tiernas avecillas
El regalado fuego
Que el seno les ajita:
Y el céfiro jugando,
Con mano abre lasciva
El cáliz de las flores,
Y á besos mil las liba.
Salid, salid, zagalas:
Mezclaos á la alegría
Comun en sueltos bailes
Y música festiva.
Venid, que el sol se esconde:
Las sombras mas benignas
Dan al pudor un velo,
Y á amor nueva osadía.
¡Oh! cuál el pecho salta!
¡Cuál en su gozo imita
Los tonos y compases
De vuestra voz divina!
Mis plantas y mis ojos
No hay paso que no finjan,
Cadena que no formen,
Y rueda que no sigan.
Huye veloz burlando
Clori del fino Aminta;
Torna, se aparta, corre,
Y así al zagal convida.
¡Con qué espresion y juego
De talle y brazos Silvia
En amable abandono
Su Palemon esquiva!
De Flora el tierno amante,
O la mariposilla,

La fresca yerbezuela
Con pié mas tardo pisan,
Que ardiente Melibeo
A Celia solicita,
La apremia con halagos,
Y en torno de ella jira.
Pero Dorila, ¡ó cielos!
¿Quién vió tan peregrina
Gracia? ¿viveza tanta?
¡Cuál sobre todas brilla!
¡Qué espalda tan airosa!
¡Qué cuello! ¡qué espresiva
Volverle un tanto sabe,
Si el rostro afable inclina!
¡Ay! ¡qué voluptuosos
Sus pasos! ¡cómo animan
Al mas cobarde amante,
Y al mas helado irritan!
Al premio, al dulce premio
Parece que le brindan
De amor, cuando le ostentan
Un seno que palpita.
¡Cuán dócil es su planta!
¡Qué acorde á la medida
Va del compás! las Gracias
La aplauden y la guian.
Y ella de frescas rosas
La blonda sien ceñida,
Su ropa libra al viento,
Que un manso soplo ajita.
Con timidez donosa
De Cloe simplecilla
Por los floridos labios
Vaga una afable risa.
A su zagal incauta
Con blandas carrerillas
Se llega; y vergonzosa
Al punto se retira.
Mas ved, ved el delirio
De Anarda en su atrevida
Soltura: ¡sus pasiones
Cuán bien con él nos pinta!
Sus ojos son centellas,
Con cuya llama activa
Arde en placer el pecho
De cuantos ¡ay! la miran.
Los piés, cual torbellino
De rapidez no vista,
Por todas partes vagan,
Y á Lícidas fatigan.
¡Qué dédalo amoroso!

¡Qué lazo aquel que unidas
Las manos con Menalca
Formó amorosa Lidia!
 ¡Cuál andan! ¡cuál se enredan!
¡Cuán vivamente esplican
Su fuego en los halagos,
Su calma en las delicias!
 ¡Oh pechos inocentes!
¡Oh union! ¡ó paz sencilla,
Que huyendo las ciudades,
El campo solo habitas!
 ¡Ah! ¡reina entre nosotros
Por siempre, amable hija
Del cielo, acompañada
Del gozo y la alegría!

ODA X.

DE LAS RIQUEZAS.

Ya de mis verdes años
Como un alegre sueño
Volaron diez y nueve,
Sin saber dónde fueron.
 Yo los llamo aflijido;
Mas pararlos no puedo,
Que cada vez mas huyen
Por mucho que les ruego:
 Y todos los tesoros,
Que guarda en sus mineros
La tierra, hacer no pueden
Que cesen un momento.
 Pues lejos, ea, el oro:
¿Para qué el afan necio
De enriquecerse á costa
De la salud y el sueño?
 Si mas gozosa vida
Me diera á mí el dinero,
O con él las virtudes
Encerrara en mi pecho,
 Buscáralo, ¡ay! entónces
Con hidrópico anhelo;
Pero si esto no puede,
Para nada lo quiero.

ODA XI.

A UN RUISEÑOR.

¡Con qué alegres cantares,
O ruiseñor, celebras
Tu dicha; y de tu amada
El tierno afan recreas!
 Ella del blando nido
Te responde halagüeña
Con piadas süaves;
Y se angustia, si cesas.
 Las otras aves callan;
Y el eco tus querellas
Con voz aduladora
Repite por la selva:
 Miéntras el cefirillo
De envidioso te inquieta,
Las hojas ajitando
Con ala mas traviesa.
 Tú cesas y te turbas:
Atento á donde suena
Te vuelves, y cobarde
De ramo en ramo vuelas.
 Mas luego ya seguro,
Los silbos le remedas,
El triunfo solemnizas,
Y tornas á tus quejas.
 Así la noche engañas;
Y el sol, cuando despierta,
Aun goza la armonía
De tu amorosa vela.
 ¡Oh avecilla felice!
¡Oh! ¡qué bien la fineza
De tu pecho encareces
Con tu voz lisonjera!
 Ya pias cariñoso;
Ya mas alto gorjeas;
Ya al ardor que te ajita,
Tu garganta enajenas.
 ¡Oh! no ceses, no ceses
En tan dulce tarea,
Que en delicias de oirte
Mi espíritu se anega.
 Así el cielo tu nido
De asechanzas defienda,
Y tu amable consorte
Fiel por siempre te sea.
 Yo tambien soy cautivo:
Tambien yo, si tuviera
Tu piquito agradable,
Te diria mis penas;
 Y en sencillos coloquios
Alternando las letras,
Tú cantaras tus glorias,
Y yo mi fe sincera:
 Que los malignos hombres

Burlan de la inocencia;
Y espónese á su risa
Quien su dicha les cuenta.

ODA XII.

DE LOS LABIOS DE DORILA.

La rosa de Citéres,
Primicia del verano,
Delicia de los dioses,
Y adorno de los campos:
 Objeto del deseo
De las bellas, del llanto,
Del alba feliz hija,
Del dulce Amor cuidado:
 ¡Oh! ¡cuán atrás se queda,
Si necio la comparo
En púrpura y fragancia,
Dorila, con tus labios!
 Ora el virjinal seno
Al soplo regalado
De aura vital desplegue
Del sol al primer rayo;
 O inunde en grato aroma
Tu seno relevado,
Mas feliz, si tu inclinas
La nariz por gozarlo.

ODA XIII.

DE UNAS PALOMAS.

Un dia que en la vega
Bajo el nogal copado
Que da á su fuente sombra
Con los pomposos ramos,
 Cantaba entretenido
Con inocente labio
De mi suerte la dicha,
Las delicias del campo.
 Casi á mis piés seguras
Se bañaban jugando
Las sencillas palomas
En un limpio remanso.
 Su bullicio y arrullos,
Y sus besos y halagos
Me cayeron absorto
La lira de las manos.
 Libre yo, y ellas libres,
Y uno así nuestro estado,
Por instantes se hacia

Mi embeleso mas grato.
 Una en medio las aguas,
Cual pequeñuelo barco,
Ufanándose riza
Su plumaje galano;
 Otra fija bebiendo
Del vivo sol los rayos,
Y en el raudal se sume
Para templar su estrago;
 Otra estiende las alas
Cual dos móviles brazos,
Y al corriente se entrega
Que la va en pos llevando;
 Y otra en plácido jiro
Revolante en el llano,
Torna cien y cien veces
Del uno al otro lado:
 Ajitándose todas,
Y corriendo y saltando,
Y cruzando y tejiendo
Mil revueltas y lazos.
 Cuando allá de las nubes,
Cual flamíjero rayo,
Un milano sobre ellas
Precipítase aciago;
 Que en sus uñas agudas
Para bárbaro pasto
De sus pollos, ¡ay! roba
La mas bella inhumano:
 Sin bastar á salvarla
En tan súbito caso
De mis palmas y gritos
El estrépito vano.
 Derramado y sin órden,
Con mortal sobresalto,
Del ladron ominoso
Huye el tímido bando;
 Y yo, el alma cubierta
De amargura y espanto,
Con la vista le sigo,
Con mi voz le amenazo.
 ¡Desvalida inocencia,
Siempre mísero blanco
Del poder fiero, siempre
De sus iras estrago!

ODA XIV.

DE UN CONVITE.

Ved, amigos, cuál llega

Ya delicioso el mayo,
En las plácidas alas
Del céfiro llevado.
  Grata Flora en su obsequio
Le engalana los campos,
Mil flores por do quiera
Desparciendo su mano.
  Cojamos las mas lindas;
Y alegres emulando
Las risas y banquetes
Que libre canta Horacio;
  De yedra coronadme,
Yo en torno haré otro tanto:
Y ornad copas y mesa
De pimpollos y ramos.
  La rosa esté en los pechos
Del dulce Amor esclavos;
¿Y quién de sus arpones
Escapa en nuestros años?
  La rosa que á Citéres
Su seno purpurado
Y del hijo á los besos
Su aroma debió grato.
  Llevemos todos rosas,
Pues que todos amamos;
Y quien cuidados llore,
Por hoy les dé de mano.
  Que yo al ver cuál incauta
Dorila á cada paso
Me muestra que me adora,
Perdido la idolatro.
  Aun niña y simplecilla,
Un dia con mis labios
Comuniqué á los suyos
El fuego en que me abraso.
  De entónces al mirarme,
De un vivo sonrosado
Anímase, y su seno
Se eleva palpitando.
  Aquí pues á la sombra
Del álamo copado,
Donde mil pajaritos
Cruzan de ramo en ramo,
  Y acarícianse tiernos,
Y gozan, y á otros lazos
Para nuevas delicias
Escápanse voltarios;
  Do entre guijas y trébol
Con sus trémulos pasos
Murmullante el arroyo
Nos aduerme saltando;

  La fiesta celebremos:
Del néctar perfumado
Que Jerez nos regala,
Brindemos y bebamos.
  Misterioso el silencio
Cubriéndonos, despacio
Gozemos los manjares
Que el lujo ha preparado.
  Paladéese el gusto,
Delicioso el olfato
Regálese, y los ojos
Se ceben en mirarlos.
  Bebamos otra copa:
Empiézela Menalio;
Y á un tiempo clamad todos,
«¡Honor, honor á Baco!»
  A cada nueva copla,
Los vivas y el aplauso
Subiendo á las estrellas,
Respondan un dulce trago;
  Y otro y otros en torno,
Tocándonos los vasos,
Del viejo Valdepéñas
Se sigan apiñados.
  Así hasta media noche
Los bríndis renovando,
Del sabroso banquete
Prolonguemos el plazo;
  De do medio beodos
A sumirnos corramos
Del tranquilo Morfeo
En el muelle regazo.
  Que las horas escapan
Fugaces y callando,
Y en pos nos precipita
Del tiempo el rudo brazo.
  Ved sino, cual las rosas
Dan su vez al verano,
Y al enero aterido
El otoño templado.
  Nuestro cabello de oro
De nieve harán los años,
Y nuestra alegre vida
De duelos y quebrantos.
  Entónces, ni los bailes,
Ni el vino mas preciado,
Ni el rostro mas travieso
Podrán regocijarnos.
  Del dia que nos rie,
Gocemos, pues en vano
Será inquirir si un otro

Nos lucirá mas claro.

ODA XV.

DE MIS NIÑECES.

Siendo yo niño tierno,
Con la niña Dorila
Me andaba por la selva
Cojiendo florecillas,
 De que alegres guirnaldas
Con gracia peregrina,
Para ambos coronarnos
Su mano disponia.
 Así en niñeces tales
De juegos y delicias
Pasábamos felices
Las horas y los dias.
 Con ellos poco á poco
La edad corrió de prisa;
Y fué de la inocencia
Saltando la malicia.
 Yo no sé; mas al verme
Dorila se reía;
Y á mí de solo hablarla
Tambien me daba risa.
 Luego al darle las flores
El pecho me latia;
Y al ella coronarme
Quedábase embebida.
 Una tarde tras esto
Vimos dos tortolitas,
Que con trémulos picos
Se halagaban amigas.
 Y de gozo y deleite,
Cola y alas caidas,
Centellantes sus ojos,
Desmayadas jemian.
 Alentónos su ejemplo;
Y entre honestas caricias
Nos contamos turbados
Nuestras dulces fatigas;
 Y en un punto cual sombra
Voló de nuestra vista
La niñez; mas en torno
Nos dió el Amor sus dichas.

ODA XVI.

A UN PINTOR.

En esta breve tabla,
Discípulo de Apéles,
Cual yo te la pintare,
Retrátame mi ausente,
 Cual sale, cuando rie
La aurora por oriente,
Tras sus mansas corderas
Al valle á entretenerse.
 Sueltas las trenzas de oro,
Y al céfiro que leve,
Licencioso volando,
Las ondea y revuelve.
 Encima una guirnalda,
Cuyas rosas releven
El contraste agraciado
De las cándidas sienes:
 De do con aire hermoso
De sencillez alegre,
La tersa frente asome,
Cual plata reluciente.
 Mas para que la gracia
Le dés con que se tiende,
La fragante azucena
Te prestará su nieve.
 Luego en las negras cejas
Tu habilidad ordene
La majestad del arco,
Que nace cuando llueve;
 Y al traidor Cupidillo
Podrás tambien ponerme,
Que en medio esté asentado,
Y á todos vivaz fleche.
 Los ojos de paloma,
Que á su pichon se vuelve,
Rendida ya de amores,
Y un beso le promete.
 De llama las pupilas,
Que bullan y se alegren;
Mil lindos Amorcitos
Jugando en torno vuelen.
 Y porque el fuego apague
Que sus rayos encienden,
La nariz proporciona
Tornátil y de nieve.
 Tras esto entre los labios
Deshoja mil claveles,
Que nunca puedes darles
La púrpura que tienen.
 Su boca...; pero aguarda:
Los pequeñuelos dientes
Haz de menudo aljófar,
Que unidos no discrepen.

Y dentro, si á ello alcanzas,
Cuando la lengua mueve,
Dulce un panal, que afuera
Destile hibleas mieles.
  Como abejas las Gracias,
Que con susurro leve
Volando en el verano,
En torno van y vienen.
  Dos virjinales rosas
Las mejillas, cual suelen
Brillar, cuando sus perlas
La aurora en ellas vierte.
  Cargando todo aquesto
Con proporcion decente
Sobre el enhiesto cuello,
Que mil corales cerquen.
  Los hombros dél se aparten;
Y en el hoyuelo empieze
El relevado pecho,
Tan albo que embelese.
  Pon al sediento labio
En sus pomas turjentes
Dos veneros del néctar
De la mansion celeste.
  La vestidura airosa
De armiños esplendentes,
Los cabos arrastrando
Que el valle reflorecen.
  Un leonado pellico
Por cima; y que le cuelguen
Cien trenzas de oro y seda;
Que su opulencia ostenten.
  ¡Pero ah! cesa, profano,
Que las gracias ofendes
De mi ausente adorable
Con tus rudos pinceles.
  Y yo á sus brazos corro,
Donde el Amor me ofrece
El premio de mis ansias,
Y el colmo de sus bienes.

ODA XVII.

DONDE HALLÉ AL AMOR.

De mi donosa al lado,
Seguia de amor ciego
De sus amables ojos
El dulce movimiento.
  Que ora en llamas vivaces
Centellaban inquietos,

Y cual rayos agudos
Traspasaban mi pecho;
  Ora al paso á los mios
Salian halagüeños,
Mi espíritu inundando
De celestial contento;
  Ora en jiro voluble
Se perdian traviesos,
De mis fieles pupilas
Evitando el encuentro;
  Ora hallarlas querian;
Y ora en lánguido fuego
Sobre mí se fijaban
Desmayados y tiernos.
  Entonces, ¡ay! entonces
Mi crédulo deseo
Ver pensó deslumbrado
Al niño Amor en ellos.
  Y alentado del mismo,
Atrevido, sin seso,
Todo su númen quise
Trasladar á mi seno.
  Empero mis amores,
Donosa sonriendo,
¡Ay! dijo: no en mis ojos
Está el Amor, ó necio,
  Sinó en mi boca: y blanda,
Los labios entreabiertos
De célica armonía
Llenó su voz el viento.
  Y al oirla encantado,
Corrí loco á su encuentro;
Y hallé al fin venturoso
Al Rapaz ceguezuelo.
  Halléle de sus trinos
En el almo embeleso;
Y en sus purpúreos labios
Y aromático aliento.
  Así feliz de entonces,
Cuando á Amor hallar quiero,
Corro á su amable boca,
Y allí, allí le sorprendo.

ODA XVIII.

DE MIS CANTARES.

Las zagalas me dicen:
¿Cómo siendo tan niño,
Tanto, Batilo, cantas
De amores y de vino?

Yo voy á responderles;
Mas luego de improviso
Me vienen nuevos versos
De Baco y de Cupido.
 Porque las dos deidades,
Sin poder resistirlo,
Todo mi pecho, todo
Tienen ya poseido.

ODA XIX.

EL ESPEJO.

Toma el luciente espejo,
Y en su veraz esfera
Ve, Dorila, el encanto
De tu sin par belleza:
 La alba frente en contraste
Con las hermosas cejas,
Que en arco prolongadas
Dos íris asemejan:
 La gracia de tus ojos,
En cuya ardiente hoguera
Flechando sus arpones
Amor su trono asienta:
 Su majestad afable,
Y esa languidez tierna
De su mirar, ó cuando
Rientes centellean:
 Tu boca y tus mejillas,
Do esparce primavera,
Sus rosas y claveles,
Derrama sus esencias:
 Ese tu enhiesto cuello,
El seno, las dos pellas
Que en él de firme nieve
Elásticas se elevan:
 Y ondulando süaves,
Cuando plácida alientas,
Animarse parecen,
Y su cárcel desdeñan.
 Ve el aire de tu talle,
La gracia y jentileza
Con que flexible torna,
Derecho se sustenta:
 Tus perfecciones goza,
Y cariñosa al verlas
Mis lágrimas disculpa,
Mis esperanzas premia.
 ¡Ay! tú al espejo puedes
Pararte, y en su escuela

De las Gracias guiada
Formarte muy mas bella.
 De cien vistosas flores
Ornar tus blondas trenzas,
Relevar con sus rizos
La frente de azucena:
 Gobernar de tus ojos
Las miradas arteras,
Y fijar de sus niñas
La inocente licencia:
 Adiestrar en su juego
La boca pequeñuela;
La sonrisa en sus labios
Hacer mas halagüeña,
 Mas donosos los quiebros
De tu linda cabeza,
Tu andar aun mas picante,
Tu talla mas esbelta.
 ¡Yo, triste! contemplarlo
No puedo, sin que sienta
Doblarse mis pesares,
Mas grave mi tristeza.
 Ayer en él buscaba
Tu imájen, y en vez de ella
Ví abatido mi rostro,
Mis ojos sin viveza,
 Aridas las mejillas,
Mi boca sin aquella
De risas y donaires
Festiva competencia:
 Do quier en fin marcadas
Mil dolorosas huellas
De tu rigor injusto,
De mi infeliz terneza.
 Así tú en el espejo
Consultándolo encuentras
A Vénus y sus Gracias,
Yo un retrato de penas.

ODA XX.

LA TORTOLILLA.

¡Oh dulce tortolilla!
No mas la selva muda
Con tus dolientes ayes
Molestes importuna.
 Deja el arrullo triste;
Y al cielo no ya mustia
Te vuelvas, ni angustiada
Las otras aves hayas.

¿Qué valen, ¡ay! tus quejas?
¿Acaso de la oscura
Morada de la muerte
Tu dueño las escucha?

¿Le adularás con ellas?
¿O allá en la fria tumba
Los míseros que duermen,
De lágrimas se cuidan?

¡Ay! no; que do la Parca
Los guarda con ley dura,
No alcanzan los jemidos,
Por mas que el aire turban.

En vano te querellas:
¿Do vuelas? ¿porqué buscas
Las sombras, ¡ó infelice!
Negada á la luz pura?

¿Por qué sola, azorada,
De tí misma te asustas;
Y en tu arrullo te ahogas
En tu inmensa amargura?

Vuelve, cuitada, vuelve;
Y á llantos de viuda
Del blando amor sucedan
De nuevo las ternuras.

Orna el hermoso cuello:
Los ojos desanubla;
Y aliña artificiosa
Las descuidadas plumas.

Verás cual de tu pecho
Su ardor benigno muda
Los duelos y pesares
En risas y venturas.

ODA XXI.

A LA MISMA.

¿De do tus quejas vienen,
Sensible tortolilla?
¿El bien perdido lloras?
¿O en blando amor suspiras?

Amor, amor te inflama:
Tu obstinacion esquiva
Cedió al fin: bien tus ojos
Incautos lo publican.

¡Cuál brillan! ¡cuán alegres
Se mueven sus pupilas!
¡Con qué ternura y gracia
Al nuevo dueño miran!

Parece que al volverse
Le dicen: ya las iras

Cesaron, ven y goza
Por premio mil delicias.

El llega: y de cobarde
Con vueltas repetidas
Te rodea, y tu lado
Jimiendo solicita.

Rueda y rueda, y se ufana,
Tú piando le animas;
Y él mas y mas sus vueltas
Estrecha y multiplica.

¡Oh tórtola dichosa!
¿Do vuelas? ¿tus caricias
Le niegas? ¿ó así huyendo,
Su ardiente amor irritas?

Ya paras; ya al arrullo
Respondes; ya lasciva
Le llamas, y á besarlo
Ya el tierno pico inclinas.

Tu espléndido plumaje
Se encrespa y al sol brilla:
Tus alas se conmueven;
Y jimes y te ajitas.

¡Felices tú y tu amante,
Feliz la haya florida
Que en delicioso lecho
Con dulce paz os brinda!

ODA XXII.

A LA ESPERANZA.

No ha nada que las nubes
En alas de los vientos
Bajaban desatadas
En largos aguaceros;

Que á su soplo incesante,
Como en humo deshechos,
La noche anticipaban
La atmósfera cubriendo.

Los campos anegados,
De horror y luto llenos,
Al alma no ofrecian
Sinó tristeza y miedo:

Y el huracan furioso
Con su rápido vuelo
Robar amenazando
Las chozas de su asiento,

Las selvas desgarraba;
Redoblando los ecos
En silbidos medrosos
El horrísono estruendo.

Mudos los pajarillos,
Del diluvio á cubierto,
Entre el fosco ramaje
Yacian sin aliento.
　El cielo encapotado
De un ominoso velo,
Del mundo retiraba
Las luces del sol bello;
　Y el reino de las sombras,
Y su fúnebre duelo
Entre estrépito tanto
Se anunciaban eternos.
　Cuando súbito el muro
De las nubes rompiendo,
Riquísimo en fulgores
Se ostenta el rubio Febo:
　Corriendo de repente,
Cual un raudal inmenso,
Los rayos celestiales
De su alto trono al suelo.
　Disípanse las nubes,
Y al nuevo sol opuesto
Despliega sus matices
El íris á lo léjos,
　La esfera iluminada,
En un plácido oreo
Los vientos ó no vuelan,
O vuelan en silencio.
　Y todo es ya delicias,
Y júbilo y sosiego,
Cual antes era todo
Desórden turbulento.
　Celebrando las aves
Con sus dulces gorjeos
El triunfo de las luces,
La paz del universo.
　Tal las lúgubres sombras
Que ora abruman mi pecho
Pasarán, y con ellas
Mis amargos desvelos.
　Que de rosas orlado
Su flotante cabello,
Corre ya la Esperanza
Con semblante risueño,
　A colmarme amorosa
De inefables consuelos,
Y apagar mis temores,
Y aguijar mis deseos.
　Pues cual mayo florido
Sigue al áspero invierno,
Así en pos vuela siempre

De la pena el contento.

ODA XXIII.

DE UN HABLAR MUY GRACIOSO.

　Dan tus labios de rosa,
Si los abres, bien mio,
El mas sabroso néctar
Y el aroma mas fino.
　Dan el almo deleite,
Que allá en el alto Olimpo
Gozan los inmortales,
Y enajena el sentido.
　El ámbar de la rosa
Al albor matutino,
Al perfume que exhalan
No es de igualarse digno.
　La süave miel que liban
Del romeral florido
Las abejas, con ellos
Causa amargor y hastío.
　El sabor delicioso
Del mas preciado vino
Es al labio sediento
Menos dulce y subido.
　Su acento es muy mas grato
Que el amoroso trino
Del ruiseñor, que el vuelo
Del fugaz cefirillo.
　Porque todas sus llamas,
Donaires y cariños,
Y encanto y delicias
Amor les dió benigno.

ODA XXIV.

DEL VINO Y EL AMOR.

　Con una dulce copa
Despierta mi cariño,
Si de amor en los fuegos
Dorila me ve tibio.
　Y si yo desdeñosa
O cobarde la miro,
Al punto sus temores
Adormezco entre vino.
　Cuyo ardor delicioso
Por los dos difundido,
A Dorila mas tierna,
Y á mí vuelve mas fino.

Y en sabrosos debates
Entre risas y mimos
Todo es bríndis alegres,
Todo blandos suspiros.
   Sabed pues, amadores,
Que Lieo y Cupido
Hermanados se prestan
Sus llamas y delirios:
   Porque el Málaga dome
Tras el ruego benigno
A la bella, que indócil
Se esquivare de oiros.

ODA XXV.

A MI LIRA.

   ¿Dónde están, lira mia,
Los sones delicados,
Con que un tiempo adurmieras
Mis agudos quebrantos,
   Endulzaste mis ocios,
Y el contento en mi labio
Al compás de tus trinos
Me adulara mas grato?
   Tú, amable compañera,
Mi delicia y regalo,
Siempre feliz pendiste
Blando honor á mi lado:
   Bien al reir del alba,
Mirando el denso manto
Plegarse de las sombras
Fugaz ante sus pasos:
   Bien si glorioso Febo
Con todo su boato
Descollaba de luces
Sobre el fúljido carro;
   O en la lóbrega noche,
Cuando su horror opaco
Mas sublimes y graves
Me inspiraba los cantos.
   Y dulce á mis amigos,
Con mimos y regalos
Preciado de las bellas,
Y en las naciones claro,
   Por sus sones alegres
De humildes y medianos
Cual de escelsos señores
Me gozara buscado:
   Con estrépito alegre
Por sus fiestas vagando

Los tonos, que benignas
Las musas me enseñaron.
   Yo embebecido en torno
Con tu armónico canto,
Te consagré rendido
Cuanto tuve mas caro:
   De Pluto la riqueza,
La ambicion y sus mandos,
De la corte los humos,
Del ocio los halagos.
   Siempre en tus cuerdas de oro
Mi solícita mano,
Y solo en pos corriendo
De la gloria y tus lauros.
   ¡Y ya ingrata me olvidas!
¡Y pulsándote en vano,
No responden tus trinos
A mi ardiente entusiasmo!
   Vuelve, ó lira, y no ceses;
Que á tu célico canto
Desparecen las penas,
Reflorecen los años.
   Y vosotras, deidades,
Del escelso Parnaso,
Sostened al poeta,
Y alentad su desmayo.
   Que él constante en sus cultos,
Irá en su último ocaso
Hasta el Lete ominoso
Vuestras glorias cantando:
   Do Caron á escucharlas
Parará el triste barco,
Y el Cerbero trifauce
Sus aullidos insanos.

ODA XXVI.

DEL CAER DE LAS HOJAS.

   ¡Oh cuál con estas hojas,
Que en sosegado vuelo
De los árboles jiran
Circulando en el viento,
   Mil imájenes tristes
Hierven hora en mi pecho,
Que anublan su alegría,
Y apagan mis deseos!
   Símbolo fujitivo
Del mundanal contento,
Que si fósforo brilla,
Muere en humo deshecho.

No hace nada que el bosque
Florecidas cubriendo,
La vista embelesaban
Con su animado juego,
   Cuando entre ellas vagando
El cefirillo inquieto,
Sus móviles cogollos
Colmó de alegres besos.
   Las dulces avecillas
Ocultas en su seno
El ánimo hechizaron
Con sus sonoros quiebros;
   Y entre lascivos píos,
Llagadas ya del fuego
Del blando amor, bullian
De aquí y de allá corriendo;
   Los mas despiertos ojos
Su júbilo y el fresco
De las sombras amigas
Solicitando al sueño.
   Pero el Can abrasado
Vino en alas del tiempo,
Y á su fresca verdura,
Manchó el lucimiento.
   Sucedióle el otoño,
Tras dél árido el cierzo
Con su lánguida vida
Acabó en un momento;
   Y en lugar de sus galas,
Y del susurro tierno
Que al mas leve soplillo
Vagas antes hicieron,
   Hoy muertas y ateridas
Ni aun de alfombrar el suelo
Ya valen; y la planta
Las huella con desprecio.
   Así sombra mis años
Pasarán, y con ellos
Cual las hojas fugaces
Volará mi cabello:
   Mi faz de ásperas rugas
Surcará el crudo invierno,
De flaqueza mis pasos,
De dolores mi cuerpo:
   Y apagado á los gustos,
Miraré como un puerto
De salud en mis males,
De la tumba el silencio.

ODA XXVII.

DE LAS CIENCIAS.

Apliquéme á las ciencias,
Creyendo en sus verdades
Hallar fácil alivio
Para todos mis males.
   ¡Oh qué engaño tan necio!
¡Oh cuán caro me sale!
A mis versos me torno,
Y á mis juegos y bailes.
   Por cierto que la vida
Tiene pocos afanes,
Para darle otros nuevos,
Y añadirle pesares.
   Aténgome á mi Baco,
Que es risueño y afable;
Pues los sabios, Dorila,
Ser felices no saben.
   ¿Qué me importa que fijo,
Cual un bello diamante,
Esté el sol en el cielo,
Como él nazca á alumbrarme?
   La luna está poblada...
Mas que tenga millares
De vivientes; pues que ellos
Ningun daño me hacen.
   Quita allá las historias:
Que del Danubio al Gánjes
Furioso sus banderas
El Macedon llevase.
   ¿Qué nos hará, Dorila?
Si por mucho que pasten,
Sobra á nuestras corderas
La mitad de este valle.
   Pues si no á la Justicia...
Venga un sorbo al instante,
Que en nombrando esta diosa
Me estremezco cobarde.
   Los que estudian, padecen
Mil molestias y achaques,
Desvelados y tristes,
Silenciosos y graves.
   ¿Y qué sacan? mil dudas;
Y de estas luego nacen
Otros nuevos desvelos,
Que otras dudas les traen.
   Así pasan la vida,
¡Vida cierto envidiable!
En disputas y en odios,

Sin jamás concertarse.
 Dame vino, zagala;
Que como él no me falte,
No hayas miedo que cesen
Mis alegres cantares.

ODA XXVIII.

DE DORILA.

Al prado fué por flores
La muchacha Dorila,
Alegre como el mayo,
Como las Gracias linda.
 Tornó llorando á casa
Turbada y pensativa;
Mal trenzado el cabello
Y la color perdida.
 Pregúntanla que tiene:
Y ella llora aflijida:
Háblanla; no responde:
Ríñenla; no replica.
 ¿Pues qué mal será el suyo?
Las señales indican,
Que cuando fué por flores,
Perdió la que tenia.

ODA XXIX.

MIS ILUSIONES.

¡Cuan grata la memoria
Las horas fujitivas
Renueva embelesada
De mi niñez florida!
 ¡Con qué indecible encanto
Repaso aquellos dias
De aereas esperanzas,
De olvido y paz sencilla,
 En que todo á mis ojos
Riente se ofrecia,
Pura siempre y sin nieblas
Del sol la luz benigna!
 Aquellos en que al lado
De la sin par Dorila,
Con la feliz llaneza
Que la igualdad inspira,
 Yo de su amor naciente
Las tímidas primicias,
Y ella el mio en los trinos
Gozaba de mi lira.

No trocando dichoso
Mi oscuridad tranquila
Por cuanto los mortales
Con mas ardor codician,
 Sin los cargos y penas
Que hoy mi espíritu abisman,
Sobrando á mis deseos
Mi humilde medianía;
 Yo ciego la adoraba,
Y ella por mí perdida,
Con virjinal ternura
Mas ciega me queria:
 Siguiendo mis pisadas,
Cual dulce tortolita,
Que de su fiel consorte
Ni un punto el lado olvida.
 Amor nos dió sus fuegos,
Citéres sus delicias,
Nuestra inocencia amable
Descuido y alegría.
 ¡Oh tiempo afortunado!
¡Oh edad de amor y risas!
¡Sabrosas ilusiones,
Que aun la razon fascinan!
 Cuando alegre os recuerdo,
Piensa el alma embebida
Que la corriente sube
Del rio de la vida.
 Y en un grato delirio
Por su plácida orilla,
Toda juegos y bailes,
Toda aplausos y vivas,
 Entre flores y sombras,
Cual un tiempo solia,
A mí aun niño me sueño,
Y á mi Dorila niña.
 Y bebo, y canto, y rio;
Y en nueva lozanía
Los años desparecen,
Que mi verdor marchitan.
 El aire embalsamado,
Y la delicia misma
Respira alegre el seno,
Que respirar solia.
 Y los dulces trasportes,
Y encantos y alegrías
Que entonces me embriagaron,
La mente se imajina.
 ¡Feliz yo, cuantas veces
Me ofrece compasiva
Las sombras mi memoria

De mis pasadas dichas!

ODA XXX.

DE LAS NAVIDADES.

A JOVINO.

Pues vienen navidades,
Cuidados abandona,
Y toma por un rato
La cítara sonora.
  Cantarémos, Jovino,
Mientras que el euro sopla,
Con voces acordadas
De Anacreon las odas.
  O á par del dulce fuego
Las fujitivas horas
Engañarémos juntos
En pláticas sabrosas.
  Ellas van, y no vuelven
De las nocturnas sombras:
¿Porqué pues con desvelos
Hacerlas aun mas cortas?
  Yo ví en mi primavera
Mi barba vergonzosa,
Cual el dorado vello
Que el albérchigo brota;
  Y en mis cándidas sienes
El oro en hebras rojas,
Que ya los años tristes
Oscuras me las tornan.
  Yo ví al abril florido
Que el valle alegre borda;
Y al abrasado julio
Ví marchitar su alfombra.
  Vino el ópimo octubre,
Las uvas se sazonan;
Mas el diciembre helado
Le arrebató su pompa.
  Los dias y los meses
Escapan como sombra,
Y á los meses los años
Suceden por la posta.
  Así á la triste vida
Quitemos las zozobras
Con el dorado vino,
Que bulle ya en la copa.
  ¿Quién los cuidados tristes
Con él no desaloja;
Y al padre Baco canta
Y á Vénus cipriota?
  Ciñámonos las sienes
De hiedra vividora:
Brindemos, y aunqué el euro
Combata con el bóreas;
  ¿Qué á nosotros su silbo,
Si el pecho alegre goza
De Baco y sus ardores,
De Vénus y sus glorias?
  Acuérdome una tarde,
Cuando Febo en las ondas
Bañaba despeñado
Su fúljida carroza;
  Que yo al hogar cantaba
De mi inocente choza,
Mientras bailaban juntos
Zagales y pastoras,
  De nuestro amor sencillo
La suerte venturosa:
Riquísimo tesoro,
Que en ti mi pecho goza.
  Y haciendo por tu vida,
Que tanto á España importa,
Mil súplicas al cielo,
Con voces fervorosas;
  Cojí en la diestra mano,
Cojí la brindadora
Taza, y con sed amiga
Por tí la apuré toda.
  Quedaron admirados
Zagales que blasonan
De báquicos furores,
Al ver mi audacia loca;
  Mas yo tornando al punto,
Con sed aun mas beoda
Segunda vez libréla
Del néctar que la colma;
  Cantando enardecido
Con lira sonorosa
Tu nombre, y las amables
Virtudes que le adornan.

ODA XXXI

A LAS ABEJAS.

Solicitas abejas,
No en los tendidos valles
Mas revoleis inquietas
Por vuestra miel süave.
  No apureis de la rosa,

Cuando el rubio sol nace,
Las perlas de que el alba
Llenó su tierno cáliz.
 Ni su albor puro sienta
La azucena fragante
Por vosotras ajado,
Si buscais azahares.
 Y el clavel oloroso
Para la bellas guarde
Su pompa; y con la nieve
De sus pechos contraste.
 Mas los labios floridos
Asaltad susurrantes
De mi amada; y el néctar
Que destilan, robadle.
 Allí nardo, y aromas,
Y dulzor inefable,
Y líquido rocío
Hallaréis abundante.
 Pero dad á los mios
Del feliz robo parte,
Sin que á herirlos se atreva
Vuestro dardo punzante;
 Que es su boca divina
Venero inagotable
De miel suave y pura,
De gracias celestiales.

ODA XXXII.

DEL VIVIR DE LAS FLORES.

¡Oh! ¡cómo, gayas flores,
En un momento os veo
Rotos ya los capullos
Flotar libres al viento!
 Anoche de su cárcel
En el círculo estrecho,
Sin belleza las hojas,
Sin ámbares el seno;
 Y hoy erguidas y ufanas
A los ojos riendo,
Embriagais de delicias
La nariz y el deseo:
 Esmaltando vistosas
De colores diversos
En un grato desórden
La frescura del suelo.
 Ya en alfombra galana,
Ya por grupos espesos,
O entre el verde mas lindas

De aquí y de allá saliendo:
 Cien insectos alados
Van y vienen á un tiempo,
Y os adulan y mecen
En sus plácidos juegos.
 Aquí la mariposa
Cesa alegre su vuelo,
Para ornaros brillante,
Cuando os liba sus besos.
 Las melifluas abejas,
Labrando allí en silencio,
El almíbar os roban
Con solícito anhelo.
 Y allá el blando favonio,
Derramado y travieso,
Si al pasar os inclina,
Os levanta volviendo.
 A par que de las hojas
Benévolo el sol bello
Los matices anima
Con sus vivos reflejos:
 Y vosotras alzando
Mas lozanas el cuello,
En un feudo de aromas
Le pagais de sus fuegos.
 ¡Ah! ¡por qué, amables flores,
Brillais solo un momento,
De las dichas imájen,
Y á las bellas ejemplo!
 O naced mas temprano,
O no acabeis tan luego;
Y dejadle á mis glorias
El pasar como un sueño.

ODA XXXIII.

DE UN CUPIDO.

Al partir y dejarla
Medrosa de mi olvido,
Me dió para memoria
Dorila un Cupidillo,
 Diciéndome: en mi seno
Ya queda, zagal mio,
Si tú la imájen llevas,
Por señor el dios mismo.
 Ten cuenta, pues, que el tuyo
Le guarde bien, y fino
Por él sin cesar oigas
La voz de mi cariño.
 Que aunque cruel te alejas,

Con mi anhelar te sigo;
Y en cuantos pasos dieres,
Siempre estaré contigo,
 Cual tú en toda mi alma;
Que este donoso niño
Sabrá tu fe guardarme,
Tornarte mis suspiros.
 Y de marfil labrado
Dióme un Amor tan lindo,
Que viéndole aun Citéres
Creyera ser su hijo.
 Vendados los ojuelos,
Luengo el cabello y rizo,
Las alitas doradas,
Y en la diestra sus tiros:
 La aljaba al hombro bello,
Y el arco suspendidos,
Que escarmentados temen
Los dioses del Olimpo:
 Arterillo el semblante,
Cuan vivaz y festivo,
Y así como temblando
Por su nudez de frio.
 Yo solícito al verle
Tan risueño y benigno,
Los mas dulces requiebros
Inocente le digo.
 Y encantado en sus gracias,
Bondadoso y sencillo,
Cual un dije precioso
Le contemplo y admiro.
 Ya le tomo en mis brazos,
Ya á mis labios le aplico,
Con mi aliento le templo,
Y en mi pecho le abrigo.
 Mas tornando á mirarle,
Con él juego y me rio:
Y en mil besos y halagos
Las finezas repito:
 Tras las cuales le vuelvo
De mi seno al asilo,
Do aun mas tierno le guardo,
Mas vivaz le acaricio.
 Cuando súbito siento
Tan ardientes latidos,
Como cuando en el tuyo,
Dorila, me reclino.
 ¿Y qué fué? que en el hondo
Se me entró el fementido,
Del corazon llagado,
Para aun mas aflijirlo.

ODA XXXIV.

A BACO.

¡Honor, honor á Baco,
El padre de las risas,
De las picantes burlas,
De la amistad sencilla!
 ¡Honor, honor á Baco,
El dios de las provincias,
Que el Málaga, el Tudela
Y el Valdepéñas crian!
 El la jovial franqueza,
El la igualdad inspira,
Y en fraternales lazos
Los corazones liga.
 Alas al jenio ofrece,
Calor á la armonía,
Y á los claros poetas
Templa acorde la lira.
 Sobre los pechos tristes
Derrama la alegría;
Y enjuga nuestros lloros
Con mano compasiva.
 Con su licor divino
No hay duelo ni fatiga
Que el ánimo desmayen,
Pesar que nos aflija.
 En la copa saltando
De Jove la ambrosía
Semeja, y su fragancia
La aroma mas subida.
 Bebido, sus ardores
Dan al flaco osadía,
Revelan mil verdades,
Acaban con mil iras.
 Vuelven largo al avaro,
La esperanza subliman,
Al plebeyo hacen grande,
Y altiveces humillan.
 Cuando en triunfo glorioso
Sujetó el dios la India,
Tirso y copa las armas
Fueron de su conquista.
 Al mismo Amor con ellas
Avasalla, y sus viras
Mas penetrantes hace,
Sus llamas mas activas.
 El así de Ariadna,
Exánime en la huida
De su aleve Teseo,

En Náxos triunfó un dia.
  Llorar vióla, y dolióse,
Y en sus labios destila
Del licor, que las mesas
Del cielo regocija.
  La bella á su don grata
Miróle enternecida,
Luego en sus llamas arde
Y hoy con los astros brilla.
  En hombros de sus faunos
Ved, cual la copa henchida
De jerezano néctar,
Regocijado mira.
  Mal fija la guirnalda,
Ya trémula la vista,
A todos á que brinden
Solícito convida.
  Los silenos beodos
Forman su compañía,
Sus bulliciosas danzas
Bacanales y ninfas.
  ¡Honor, gritando todos,
Al dios de las vendimias!
¡Honor, honor á Baco,
El padre de las risas!

ODA XXXV.

DE MIS DESEOS.

¿Que te pide el poeta?
¿Di, Apolo, qué te pide,
Cuando derrama el vaso?
¿Cuando el himno repite?
  No que le des riquezas,
Que necios le codicien;
Ni puestos encumbrados,
Que mil cuidados siguen.
  No grandes posesiones,
Que abrazen con sus lindes
Las fértiles dehesas
Que el Guadiana ciñe.
  Ni menos de la India
La concha y los marfiles,
Preciadas esmeraldas,
Lumbrosos amatistes.
  Goze, goze en buen hora,
Sin que yo se lo envidie,
El rico sus tesoros,
Sus glorias el felice:
  Y el mercader avaro,

Que entre escollos y sirtes
De oro vaga sediento,
Cuando la playa pise;
  Con perfumados vinos
A sus amigos brinde
En la esmaltada copa,
Que su opulencia indique.
  Que yo en mi pobre estado
Y en mi llaneza humilde
Con poco estoy contento,
Pues con poco se vive.
  Y así te ruego solo
Que en quietud apacible
Inocentes y ledos
Mis años se deslizen;
  Sin que á ninguno tema,
Ni ajeno bien suspire,
Ni la vejez cansada
De mi lira me prive.

ODA XXXVI.

LAS AVES.

Dorila esquiva, tente,
Y escucha los suspiros
Que da la tortolilla,
Llorando á su querido.
  Mira cómo en el árbol
Mas seco, ronco el pico,
Sin luz el cuello hermoso,
Los ojos descaidos,
  Se queda desmayada;
Y al cielo compasivo
Se vuelve, cual si diera
El último quejido.
  Mírala ya elevada,
Ya inmóvil, ya al ruido
Mas leve atenta, que hace
Del viento el raudo silbo.
  La muerte hirió á su esposo:
Fiel ella en su cariño,
Cierra el llagado pecho
De amor al dulce alivio.
  De chopo en chopo vaga
Buscando aquellos sitios
Mas lóbregos, que aumenten
Su duelo y su martirio.
  ¡O tórtola infelice!
¡Cuitada! ¿qué delirio
Te arrastra? ¿qué aprovecha

Tan ciego desvarío?
¿Por qué con roncos ayes
Profanas el asilo,
Do solo de amor suenan
Sus delicados himnos?
¡Oh! ¡qué en tu mal te engañas!
¡Te engañas! si el oido
Rebelde á los halagos
Cierras del nuevo amigo.
Las otras aves mira:
¡Qué fáciles! ¡qué vivos
Son siempre sus placeres!
¡Qué amorosos sus pios!
No buscan, no, las sombras:
El valle mas florido
Sus dichas ve y suspira
Con sus alegres trinos.
Ya en una débil rama
Al impulso benigno,
Se mecen y recrean
Del vago cefirillo:
Ya la risueña fuente
Las ve en afan prolijo
Peinar sus bellas plumas
Al rayo matutino:
Ya en la yerba saltando
Y en alegre bullicio,
El ánimo enajenan
Con mil juegos festivos.
¡Felices avecillas!
¡Oh! ¡cómo yo os envidio!
¡Oh! ¡si tan dulce suerte
Gozara el pecho mio!
Un gusto, unos placeres,
Un venturoso olvido
De lo pasado; libres
De envidias, de partidos,
Ni conoceis los zelos,
Ni el pundonor altivo:
Vivir y amar compone
Vuestro feliz destino.
¡Qué ejemplo! ¡qué lecciones!
¿Serán, mi bien, contigo
Inútiles? ¿tu pecho
Será por siempre tibio?
No, Dorila; en buen hora
Siga en su duelo esquivo
La tórtola; y tú imita
Los tiernos pajarillos.

ODA XXXVII.

AL VIENTO.

Ven, plácido favonio,
Y agradable recrea
Con soplo regalado
Mi lánguida cabeza.
Ven, ó vital aliento
Del año, de la bella
Aurora nuncio, esposo
Del alma primavera:
Ven ya; y entre las flores,
Que tu llegada esperan,
Ledo susurra y vaga,
Y enamorado juega.
Empápate en su seno
De aromas y de esencias;
Y adula mis sentidos
Solícito con ellas.
O de este sauz pomposo
Bate las hojas frescas
Al ímpetu süave
De tu ala lisonjera.
Luego á mi amable lira
Mas bullicioso llega;
Y mil letrillas toca
Meciéndote en sus cuerdas.
No tardes, no, que crece
Del crudo sol la fuerza,
Y el ánimo desmaya
Si tú el favor le niegas.
Limpia, oficioso, limpia
Con cariñosa diestra
Mi ardiente sien; y en torno
Con raudo jiro vuela.
Yo regaré tus plumas
Con el alegre néctar
Que da la vid, cantando
Mi alivio y tu clemencia.
Así el abril te ria
Contino; así las tiernas
Violas, cuando pases,
Te besen halagüeñas:
Así el rocío corra
Cual lluvia por tu huella,
Y en globos cristalinos
Las rosas te lo ofrezcan:
Y así cuando en mi lira
Soplares, yo sobre ella
A remedar me anime

Tus silbos y tus quejas.

ODA XXXVIII.

DE LOS EMPLEOS.

¿Por qué en ocio y olvido
Vivo humilde en mi aldea,
Demandáis impacientes;
Y aun culpais mi pereza?
　Por qué, amigos, los cargos,
Mientras son de mas cuenta,
Mas escollos ofrecen,
Mas cuidados enjendran:
　Y abrumado y sumido
En zozobras y velas,
Para sí nada vive
Quien iluso los lleva.
　Blanco triste á la envidia
Que en herirle se ceba,
Sus aciertos apoca,
Sus deslices aumenta.
　Si á su sombra pudiese
Yo la odiosa carrera
Detener de los años,
Que tan rápidos vuelan;
　Si una cana, una ruga,
En mi frente ó cabeza
Esquivar bajo el solio
De la ríjida Astrea;
　A mi fe, que no huiria
De cobarde la empresa,
De trepar por sus gradas
Do mas alto se asienta.
　Y á mi rostro apropiando
Su jenial aspereza,
De la lógubre toga
Mis espaldas cubriera.
　Mas si entónces ahogado,
Y cual siervo en cadena,
Para el canto y la lira
Ni un instante tuviera;
　Ni uno libre que darles
Ni á mi blanda terneza,
Ni á los dulces amigos,
Ni al placer y las bellas;
　Tropezando en las sombras
De embrolladas sentencias,
Que afirmándolo todo
Nada claro presentan:
　Allá vayan los cargos,

Que mas gratas me suenan
Que los gritos del foro
De Anacreon las letras.
　Y mejor los avisos
De la sabia Minerva,
Que las viles falsías
Que la corte alimenta;
　Trasponiendo á su ocaso
Así en paz mi inocencia
Entre Baco y las Musas,
Y el rapaz de Citera.

ODA XXXIX.

DEL VINO.

Todo á Baco, Dorila,
Todo oficioso sirve:
La tierra jenerosa
Le sustenta las vides,
　El agua se las riega
Con sus linfas sutiles;
Y el céfiro templado
Se las bulle apacible.
　Luego el sol le sazona
Los racimos felices,
Que ya el néctar encierran
Que hoy saltando nos rie;
　Y en los hondos toneles
Bien hervido recibe
El color y el aroma,
Que á oro y ámbar compiten.
　El néctar que nos salva
De los desvelos tristes,
Con que negra la suerte
Nuestro espíritu aflije;
　Y en que el labio y los ojos
Tal encanto perciben,
Que ansiosos de gozarlo
Cautivos se le rinden.
　No pues, necia, los tuyos
De la copa retires,
Delicia de los hombres,
Honor de los festines.
　O si por ambos bebo,
No aun mas necia te irrites;
Que hasta el amor se alegra
Con los sabrosos bríndis.

ODA XL.

DE MI VIDA EN LA ALDEA.

Cuando á mi pobre aldea
Feliz escapar puedo,
Las penas y el bullicio
De la ciudad huyendo,
  Alegre me parece
Que soy un hombre nuevo;
Y entónces solo vivo,
Y entónces solo pienso.
  Las horas que insufribles
Allí me vuelve el tedio,
Aquí sobre mí vagan
Con perezoso vuelo.
  Las noches que allá ocupan
La ociosidad y el juego,
Acá los dulces libros,
Y el descuidado sueño.
  Despierto con el alba,
Trocando el muelle lecho
Por su vital ambiente,
Que me dilata el seno.
  Me agrada de arreboles
Tocado ver el cielo,
Cuando á ostentar empieza
Su clara lumbre Febo.
  Me agrada, cuando brillan
Sobre el zenit sus fuegos,
Perderme entre las sombras
Del bosque mas espeso.
  Si lánguido se esconde,
Sus últimos reflejos
Ir del monte en la cima
Solícito siguiendo.
  O si la noche tiende
Su manto de luceros,
Medir sus direcciones
Con ojos mas atentos:
  Volviéndome á mis libros,
Do atónito contemplo
La ley que portentosa
Gobierna el universo.
  Desde ellos y la cumbre
De tantos pensamientos
Desciendo de mis jentes
Al rústico comercio;
  Y con ellas tomando
En sus chanzas y empeños
La parte que me dejan,
Gozoso devaneo.
  El uno de las mieses,
El otro del viñedo
Me informan, y me añaden
Las fábulas del pueblo.
  Pondero sus consejas,
Recojo sus proverbios,
Sus dudas y disputas
Cual árbitro sentencio.
  Mis votos se celebran;
Todos hablan á un tiempo;
La igualdad inocente
Rie en todos los pechos.
  Llega luego el criado
Con el cántaro lleno,
Y la alegre muchacha
Con castañas y queso;
  Y todo lo coronan
En fraternal contento
Las tazas que se cruzan
Del vino mas añejo.
  Así mis faustos dias,
De paz y dicha llenos,
Al gusto que los mide
Semejan un momento.

ODA XLI.

EL AMOR FUJITIVO.

Por morar en mi pecho
El traidor Cupidillo,
Del seno de su madre
Se ha escapado de Gnido.
  Sus hermanos le lloran;
Y tres besos divinos
Dar promete Dione,
Si le entregan el hijo.
  Mil amantes le buscan;
Pero nadie ha podido
Saber, Dorila, en donde
Se esconde el fujitivo.
  ¿Daréle yo á Citéres?
¿Le dejaré en su asilo?
¿O iré á gozar el premio
De besos ofrecidos?
  Tres de aquel néctar llenos
Con que á su Adónis quiso
Comunicar un dia
Las glorias del Olimpo.
  ¡Ay! tú, á quien por su madre

Tendrá el alado niño,
Dame, dame uno solo;
Y tómale, bien mio.

ODA XLII.

EL ABANICO.

¡Con qué indecible gracia,
Tan varia como fácil,
El voluble abanico,
Dorila, llevar sabes!
¡Con qué de movimientos
Has logrado apropiarle
A los juegos que enseña
De embelesar el arte!
Esta invencion sencilla
Para ajitar el aire,
Da abriéndose á tu mano
Bellísima el realce,
De que sus largos dedos
Plegándose suaves
Con el mórbido brazo
Felizmente contrasten.
Este brazo enarcando,
Su contorno tornátil
Ostentas, cuando al viento
Sobre tu rostro atraes.
Si rápido lo mueves,
Con los golpes que bates
Parece que tu seno
Relevas palpitante:
Si plácida lo llevas,
En las pausas que haces,
Que de amor te embebece
Dulcemente la imájen.
De tus pechos entónces,
En la calma en que yacen,
Medir los ojos pueden
El ámbito agradable.
Cuando con él intentas
La risita ocultarme,
Que en tí alegre concita
Algun chiste picante,
Y en tu boca de rosa,
Desplegándola afable,
De las perlas que guarda
Releva los quilates;
Me incitas cuidadoso,
A ver por tu semblante
La impresion que te causan

Felices libertades.
Si el rostro ruborosa
Te cubres, por mostrarme
Que en tu pecho aun sencillo
Pudor y amor combaten,
Al ardor que me ajita,
Nuevo pábulo añades
Con la débil defensa
Que me opones galante.
Al hombro golpecitos
Con gracioso donaire
Con él dándome, dices:
¿De qué tiemblas, cobarde?
No es mi pecho tan crudo
Que no pueda apiadarse;
Ni me hicieron los cielos
De inflexible diamante.
Insta, ruega, demanda,
Sin temor de enojarme,
Que la roca mas dura
Con teson se deshace.
Al suelo distraida
Jugando se te cae,
Y es porque cien rendidos
Se inquieten por alzarle.
Tú festiva lo ries,
Y una mirada amable
Es el premio dichoso
De tan dulces debates.
Mientras llamas de nuevo
Con medidos compases
Al fugaz zefirillo
A tu seno anhelante.
En mis ansias y quejas,
Finjiendo no escucharme,
Con raudo movimiento
Lo cierras y lo abres:
Mas súbito rendida
Batiéndolo incesante,
Me indicas sin decirlo,
Las llamas que en tí arden.
Una vez que en tu seno
Maliciosa lo entraste,
Yo suspirando dije:
¡Allí quisiera hallarme!
Y otra vez, ¡ay Dorila!
Que á mi rival hablaste
No sé qué misteriosa,
Poniéndolo delante;
Lloréme ya perdido,
Creyéndote mudable;

Y ardiéndoseme el pecho
Con zelos infernales.
　Si quieres con alguno
Hacer la inexorable,
Le dice tu abanico:
No mas, necio, me canses.
　El á un tiempo te sirve
De que alejes y llames,
Favorable acaricies,
Y enojada amenazes.
　Cerrado en tu alba mano
Cetro es de amor brillante,
Ante el cual todos rinden
Gustoso vasallaje:
　O bien pliega en tu seno
Con gracia inimitable
La mantilla, que tanto
Lucir hace tu talle.
　A la frente lo subes,
A que artero señale
Los rizos, que á su nieve
Dan un grato realce.
　Lo bajas á los ojos,
Y en su denso celaje
Se eclipsan un momento
Sus llamas centellantes;
　Porque logren lumbrosos
De súbito al mostrarse
Su triunfo mas seguro,
Y como el rayo abrasen.
　¡Ah! ¡quién su ardor entónces
Resista! ¡y qué de amantes,
Burlándose, embebecen
Sus niñas celestiales!
　En todo eres, Dorila,
Donosa; á todo sabes
Llevar, sin advertirlo,
Tus gracias y tus sales.
　¡Feliz mil y mil veces
Quien en union durable
De tí correspondido,
Cual yo, merece amarte!

ODA XLIII.

DE LA NOCHE.

　¿Dó está, graciosa noche,
Tu triste faz, y el miedo
Que á los mortales causa
Tu lóbrego silencio?
　¿Dó está el horror, el luto
Del delicado velo,
Con que del sol nos cubres
El lánguido reflejo?
　¡Cuán otra! ¡cuán hermosa
Te miro yo, que huyendo
Del popular ruido
La dulce paz deseo!
　¡Tus sombras qué süaves!
¡Cuán puro es el contento
De las tranquilas horas
De tu dichoso imperio!
　Ya estático los ojos
Alzando, el alto cielo
Mi espíritu arrebata
En pos de sus luceros.
　Ya en el vecino bosque
Los fijo; y con un tierno
Pavor sus negros chopos
En formas mil contemplo.
　Ya me distraigo al silbo,
Con que entre blando juego
Los mas flexibles ramos
Ajita manso el viento.
　Su rueda plateada
La luna va subiendo
Por las opuestas cimas
Con plácido sosiego.
　Ora una débil nube,
Que le salió al encuentro,
De trasparente gasa
Le cubre el rostro bello:
　Ora en su solio augusto
Baña de luz el suelo
Tranquila y apacible,
Como lo está mi pecho:
　Ora finje en las ondas
Del líquido arroyuelo
Mil luces, que con ellas
Parecen ir corriendo.
　El se apresura en tanto;
Y á regalado sueño
Los ojos solicita
Con un murmullo lento.
　Las flores de otra parte
Un ámbar lisonjero
Derraman; y al sentido
Dan mil placeres nuevos.
　¿Dó estás, viola amable,
Que con temor modesto
Solo á la noche fias

Tu embalsamado seno?
  ¡Ay! ¡cómo en él se duerme
Con plácido meneo,
Ya de volar cansado,
El céfiro travieso!
  ¿Pero qué voz süave,
En amoroso duelo,
Las sombras enternece
Con ayes halagüeños?
  ¡O ruiseñor cuitado!
Tu delicado acento,
Tus trinos melodiosos,
Tu revolar inquieto
  Me dicen los dolores
De tu sensible afecto.
¡Felice tú, que sabes
Tan dulce encarecerlo!
  ¡Oh! goze yo contino,
Goze tu voz, y al eco
Me duerma de tus quejas
Sin sustos ni rezelos!

ODA XLIV.

EL PECHO CONSTANTE.

Combatida la encina
De huracanes terribles,
Inmóvil en su asiento
Su estrépito resiste;
  Por sus ásperas hojas,
Que sus alas oprimen,
Resonando los silbos
En quejido mas triste.
  Mas su ruda firmeza
Con el tronco compite,
Pues ni el choque las rompe,
Ni su empeño las rinde.
  Y la copa ondeante,
Que á los cielos sublime
Sobre todos descuella,
Y á la selva preside,
  Si en el hórrido choque
Se domeña flexible,
Pasa el ímpetu, y se alza
Mas lozana y mas firme.
  Sin cuidarse las aves
Que allí plácidas viven,
Si por fuera los vientos
Entre sí airados riñen:

Que por último en calma,
Con susurro felice
De mecer, revolando,
Sus cogollos la sirven.
  Otro tanto el escollo
Que los piélagos ciñen,
Y sus móviles golpes
Avanzado recibe.
  Las negras tempestades,
La calma bonancible
De las olas turbando,
Con las nubes las miden;
  De do iguales á un monte,
Sobre él cayendo, jimen,
Y en su horrísono estruendo
Amenazan hundirle.
  Él empero inmutable,
Mientras mas le persiguen
Los altísimos tumbos,
Mas ufano se engrie:
  Y ante el ríjido ceño
De su frente invencible,
Sin ofensa las olas
Deshechas se dividen;
  Que ya en cándida espuma
Se convierten, y humildes
Circundando sus plantas
De su nieve lo visten;
  Ya se tornan bramando
Por tentar nuevas lides;
Y él á nuevas victorias
Su dureza apercibe.
  Hé aquí el pecho constante,
Que por mas que se irriten
En su daño los hados,
No podrán sumerjirle:
  Encina en la firmeza
De sus hondas raices,
Y á los golpes y agravios
Cual la roca inflexible,
  Sin que nada plebeyo
Menos haga sus timbres;
Ni en sus labios la queja
Sus virtudes mancille.

ODA XLV.

LOS RECUERDOS DE MI NIÑEZ.

Cual un claro arroyuelo,

Que con plácido jiro
Por la vega entre flores
Se desliza tranquilo,
   Tal de mi fácil vida
Los años fujitivos
Entre risas y juegos
Cual un sueño han huido.
   Veces mil este sueño
Repaso embebecido,
Sin poder arrancarme
De su grato prestijio.
   Do quier en ocio blando,
Y entre alegres amigos,
Pasatiempos y bailes,
Y banquetes y mimos;
   Las rosas de Citéres,
Con los dulces martirios
Del Vendado, y á veces
De Baco los delirios;
   Esperanzas falaces,
Y brillantes castillos
En el viento formados,
Por el viento abatidos;
   Coronando las Musas
Los graves ejercicios
De Minerva, y el lauro
Con que se ornan sus hijos.
   Aquí entre hojosas calles
Mil encantados sitios,
Que aduermen y enajenan
Por frescos y sombríos;
   Mas allá en los pensiles
De la olorosa Gnido
Del pudor y el deseo
Mezclados los suspiros:
   Y allí de las delicias
Sesgando el ancho rio,
Que brinda en sus cristales
De todo un grato olvido,
   Con codiciosa vista
Su alegre márjen sigo,
Y á sus falaces ondas
Sediento el labio aplico.
   Voy á saciarme, y siento
Que súbito al oido
Me clama el desengaño
Con amoroso grito:
   ¿Dónde vas, necio? ¿dónde
Tan ciego desvarío
Te arrastra, que á tus plantas
Esconde los peligros?

   Contén el loco empeño:
Ese ominoso brillo
Que aun te fascina, iluso,
Va á hundirte en el abismo.
   De tus felices años
Pasó el verdor florido;
Y las que entonces gracias,
Hoy se juzgarán vicios.
   Ya eres hombre, y conviene
Dorar arrepentido
Con virtudes y afanes
Los errores de niño.
   Yo cedo, y del corriente
Temblando me retiro:
Mas vueltos á él los ojos,
Aun suspirando digo:
   ¿Por qué, ó naturaleza,
Si es el caer delito,
Tan llana haces la senda,
Tan dulce el precipicio?
   ¡Felices séres tantos,
Cuyo seguro instinto
Jamás sus pasos tuerce,
Jamás les fué nocivo!

ODA XLVI.

DEL MEJOR VINO.

Preciados son los vinos
Que en próvido regalo
Dió á su feliz España,
Dorila, el padre Baco.
   Uno el gusto y los ojos
Solicita saltando,
Si otro mas los enciende
Con su punzante amargo.
   Y el otro que á las bellas
Adula azucarado
Al paladar endeble,
Su ardor hace mas grato.
   Ornase cual la noche
De un velo aquel opaco,
Y este fúljido brilla
Mas que el oro en el vaso.
   El Málaga es famoso,
Y á par que el Jerezano,
La Nava y Alicante
Por siempre serán claros
   Entre cuantos penetren
Los íntimos arcanos

Del Dios, y sus misterios
Celebran con aplauso.
 ¿Pues qué diré, si osara
Nombrarte solo tantos,
Cual célebres se cuecen
En términos estraños?
 Todos me agradan, todos
En los pechos humanos
El libre gozo enjendran,
Disipan los cuidados.
 Pero aquel que tú libas,
Y humedece tus labios,
Aquel es á los mios
El mas sabroso y sano.

ODA XLVII.

DE LA NIEVE.

Dame, Dorila, el vaso,
Lleno de dulce vino,
Que solo en ver la nieve
Temblando estoy de frio.
 Ella en sueltos vellones
Por el aire tranquilo
Desciende, y cubre el suelo
De fúljidos armiños.
 ¡Oh! ¡cómo el verla agrada
De esta choza al abrigo,
Deshecha en copos leves
Bajar con lento jiro!
 Los árboles del peso
Se inclinan oprimidos;
Y alcorza delicado
Parecen en el brillo.
 Los valles y laderas,
De un velo cristalino
Cubiertos, disimulan
Su mustio desabrigo;
 Mientras el arroyuelo,
Con nuevas aguas rico,
Saltando bullicioso
Se burla de los grillos.
 Sus surcos y trabajos
Ve el rústico perdidos,
Y triste no distingue
Su campo del vecino:
 Las aves enmudecen,
Medrosas en el nido,
O buscan de los hombres
El mal seguro asilo;

Y el tímido rebaño
Con débiles balidos
Demanda su sustento
Cerrado en el aprisco.
 Pero la nieve crece,
Y en denso torbellino
La ajita con sus soplos
El aquilon maligno:
 Las nubes se amontonan,
Y el cielo de improviso
Se entolda pavoroso
De un velo mas sombrío.
 Dejémosla que caiga,
Dorila; y bien bebidos
Burlemos sus rigores
Con nuevos regocijos.
 Bebamos y cantemos;
Que ya el abril florido
Vendrá en las blandas alas
Del céfiro benigno.

ODA XLVIII.

LOS HOYITOS.

¿Sabes, dí, quién te hiciera,
Idolatrada mia,
Los graciosos hoyuelos
De tus frescas mejillas?
 ¿Esos hoyos que loco
Me vuelven; que convidan
Al deseo y al labio,
Cual copa de delicias?
 Amor, Amor los hizo,
Cuando al verte mas linda
Que las Gracias, por ellas
Besarte quiso un dia.
 Mas tú que fueras siempre,
Aun de inocente niña,
Del rapaz á los juegos
Insensible y esquiva,
 La cabeza tornabas
Y sus besos huias;
Y él doblando con esto
Mas y mas la porfía,
 Apretó con las manos
En su inquietud festiva
La tez llena, suave;
Y así quedara hundida.
 De entónces, como á centro
De la amable sonrisa,

En ellos mil vivaces
Cupidillos se anidan.
 ¡Ah! ¡si yo en uno de ellos
Trasformado!.... su fina
Púrpura no, no ajara
Con mis sueltas alitas.
 Pero tú, aleve, ries;
Y con la risa misma
Mas donosos los haces,
Y mi sed mas irritas.

ODA XLIX.

DE MI GUSTO.

Retórico molesto,
Deja de persuadirme
Que ocupe bien el tiempo,
Y á mi Dorila olvide:
 Ni tú tampoco quieras
Con réplicas sutiles,
Del néctar de Lieo
Hacer que me desvíe:
 Ni tú, que al feroz Marte
Muy mas errado sigues,
Me angusties con pintarme
Lo horrendo de sus lides.
 Empero habladme todos
De bailes y de bríndis,
De juegos y de amores,
De olores y convites:
 Que tras la edad florida
Corre la vejez triste;
Y antes que llegue, quiero
Holgarme y divertirme.

ODA L.

LAS PENAS Y LOS GUSTOS FORMAN MEZCLADAS LA TELA DE LA VIDA.

En las vueltas fugaces
Que en su invisible vuelo
Sobre mi frente ha dado
Marchitándola el tiempo,
 Siempre ví sucederse
Las penas y el contento,
Alternados la tela
De mis años tejiendo;
 Sin lucirme ni un dia,
Que por triste ó risueño

Ni de bienes lo hallase,
Ni de lloros exento.
 Fuí niño, y gozé alegre
De la niñez los juegos,
Que de un crudo pedante
Turbó el áspero ceño;
 Cual con planta afanosa
Huye en alas del miedo
Un corro de aldeanas
De un fantástico espectro.
 Si jóven de Cupido
Ardí en los dulces fuegos,
Lloré á par los vaivenes
De mudanzas y zelos:
 Que en su copa engañosa
Siempre da el Ceguezuelo
Con el néctar de Jove
De Cólcos los venenos.
 Para mí de Minerva
Los afanes severos
Fueron no una fatiga,
Sinó un fácil recreo;
 Pero al ver que mi frente
Se adornó con sus premios,
Me abrumarón los gritos
De un enjambre de necios.
 Tomóme de la mano
La ambicion un momento,
Para darme sus penas
Por el brillo de un puesto;
 Do por un nombre vano,
Y un forzado respeto,
Mi noble independencia
Ferié á crudos desvelos.
 En la corte dolosa
Ví al favor, que halagüeño
Con mil gratos delirios
Embriagó mi deseo;
 Mas de nubes y horrores
Víle en torno cubierto,
Su ominosa cadena
Degradando mi cuello.
 Y en los altos banquetes,
Los bríndis de Lieo,
Y del dios de la mesa
Los sabrosos misterios,
 Alternar confundidos
Con los torvos rezelos,
O jemir congojados
En los brazos del tedio.
 Los cantos de las Musas,

Y el laurel con que Febo
Ennoblece sus hijos,
Y eterniza sus versos,
  La quietud y el olvido
Anhelar en secreto,
De la envidia acosados
Y su fétido aliento.
  La amistad sacrosanta,
Su inefable embeleso
Al acíbar unidos
De un fatal rompimiento.
  De los hombres y el mundo
Bullicioso el comercio
Una inútil fatiga,
Y á mil trances sujeto.
  El engaño mañoso
Los modales finjiendo
Del sencillo agasajo,
Y el encono del zelo.
  Todo en fin como Jano
Con dos varios aspectos,
La alegría en el uno,
Y en el otro los duelos.
  Así de escarmentado,
Mucho mas que de cuerdo,
Este mar de la vida
Ya sin susto navego.
  Tan cauto en la bonanza
De arrostrar rumbos nuevos,
Como en las tempestades
De ceder á un vil miedo:
  Siempre firme esperando,
Que mudándose el tiempo,
Pare el claro en lluvioso,
Y el nublado en sereno.

ODA LI.

DE MIS VERSOS.

Dicen que alegre canto
Tan amorosos versos,
Cual nuestros viejos tristes
Nunca cantar supieron.
  Pero yo que sin sustos,
Pretensiones ni pleitos,
Vivo siempre entre danzas
Retozando y bebiendo,
  ¿Puedo acaso aflijirme?
¿Pueden mis dulces metros
No bullir en las llamas
De Cupido y Lieo?
  ¿Por qué los que me culpan,
De vil codicia ciegos,
Inicuos atesoran,
Y gozan con rezelo?
  ¿Por qué en fatal envidia
Hierven y horror sus pechos,
Cuando riente el mio
Nada en jenial contento?
  ¿Por qué afanados velan,
Mientras que en paz yo duermo,
Tras el fugaz fantasma
De la ambicion corriendo?
  Bien por mí seguir puede.
Cada cual su deseo;
Pero yo antes que al oro,
A los bríndis me atengo.
  Y antes que á negras iras,
O á deleznables puestos,
A delicias y gozos
Libre daré mi pecho.
  Vengan pues vino y rosas,
Que mejor que no duelos
Son los sorbos süaves
Con que alegre enloquezco.
  Así á Dorila dije,
Que festiva al momento
Me dió llena otra copa,
Gustándola primero;
  Y entre mimos y risas,
Con semblante halagüeño
Respondióme: ¿qué temes
La grita de los viejos?
  Bebamos, si nos riñen,
Bebamos y bailemos;
Que de tus versos dulces
Yo sola juzgar debo.

ODA LII.

EL CONSEJO DE MINERVA.

Triste el amor un dia
Quejóse á Citerea,
De que el mundo sus aras
Fementido desdeña.
  Ya, decia, no hieren
Mis aladas saetas,
Que un tiempo el mismo Jove

Temblaba por certeras.
　Todos, madre, las burlan,
Y con risa celebran
Los suspiros y ruegos,
Y mimosas querellas,
　Con que antes mil beldades
De gracia y rubor llenas,
Y miles de amadores
Me ornaban sus ofrendas.
　Estos solo orgullosos,
Por mas fáciles, piensan
En vulgares banquetes,
Fastidiando mi néctar.
　Y las necias muchachas,
Mariposas lijeras,
El valor no conocen
De una afable entereza;
　Ni el imperio que alcanza
Sobre el mismo que ruega,
La inocente repulsa,
Que á mas ruegos empeña:
　O cual dobla sus nudos
La rendida fineza,
Y mis triunfos sazona
La dulce resistencia.
　Los benignos desdenes,
La picante reserva,
Las tímidas miradas,
La virjinal modestia,
　Como sueños se olvidan,
Y se siguen y precian
El antojo voluble,
La liviana franqueza.
　Con que en pos las dulzuras
Que mi copa presenta,
Corren siempre; y burladas
Solo acíbar encuentran.
　Cual ilusos los hombres,
En su ardiente impaciencia,
Olvidando mi númen,
A su sombra se entregan.
　Y de ti luego injustos
Todos, madre, se quejan;
Y en los brazos del tedio
De mi nombre blasfeman.
　Oyó al penado niño
La severa Minerva,
Que á Citéres rogaba,
Que sus gracias le ceda,
　Para hacer de las liras
De cien claros poetas

Mas plácidos los sones,
Inmortales las letras;
　Y en voz dulce le dice:
Haz que lleven tus flechas,
Si anhelas que tu imperio,
Rapaz, eterno sea,
　Entre las vivas llamas
Que tu aliento les presta,
Honor las de los hombres,
Pudor las de las bellas.
　Porque envuelva el decoro
Tus gustosas ofensas,
Y el rubor á la vírjen
Aun vencida ennoblezca.
　Ellos entonces finos
Ansiarán tus cadenas,
Y en las suyas de flores
Jemirán fieles ellas.
　Dorila, en nuestros pechos
Amor hizo la prueba
Del celestial consejo,
Que la diosa le diera.
　Yo te amo cada dia,
Mi bien, con mas firmeza,
Y tú me correspondes
Mas sencilla y mas tierna.

ODA LIII.

EL NIDO DEL JILGUERO.

　No hayas miedo que turbe,
Dichoso jilguerito,
Mi sacrílega mano
La quietud de tu nido.
　Vela en él cuidadoso,
Vela tus dulces hijos,
Con tu amada partiendo
Tan precioso destino.
　Yo me enajeno al verte,
Bullicioso y festivo
Ir y volver en torno
Con solícitos jiros:
　Ya posarte de un lado,
Y en un grato delirio
Celebrar tus venturas
Con armónicos trinos:
　Ya piando allegarte,
Por dividir mas fino
Entre su madre y ellos
Los besos de tu pico:

O en la menuda yerba
Buscarles con ahinco
El goloso alimento
De algun leve granillo;
   En contraste gracioso
Con su verde subido
De tu lindo plumaje
Lo bayo y amarillo.
   Tu feliz compañera,
Mas atenta en su alivio,
De su seno amoroso
Les da en tanto el abrigo:
   Y acá y allá escuchando,
El mas leve rüido
De un ramillo, una hoja
Se le abulta un peligro;
   Con que tímida, ahincada
Los estrecha consigo,
Mas y mas donde suena,
Fijos vista y oido.
   Vuelves tú, y se asegura;
Y en suavísimos pios
Las zozobras te cuenta,
Que su amor ha sentido.
   Y los tiernos polluelos,
Abiertos los piquillos,
El tuyo solicitan
Con incesante grito;
   Hasta que de tu seno
Les dispensas benigno
El sustento, calmando
Su voraz apetito;
   Sin contarse un instante,
En que menos activo
Los descuide tu anhelo,
Ni ceseis en sus mimos.
   ¡Avecillas felices!
¡Con qué placer envidio
Vuestra union inocente,
La delicia en que os miro!
   Vuestra viva impaciencia,
Y esos blandos suspiros,
Tantos quiebros y halagos
Sin cesar repetidos;
   Todo, todo embriaga
De gozo el pecho mio,
Y en pos loco me lleva
De mil dulces prestijios.
   El cielo os libre fausto
Del gavilan maligno,

Como yo de los hombres
Guardaré vuestro asilo;
   Para serles de ejemplo
Con amor tan sencillo
De paternal ternura,
De conyugal cariño.

ODA LIV.

EL CANTO DE LA ALONDRA.

   ¿Dónde estás, avecilla,
Que por mas que en buscarte
Mis ojos por el viento
Solícitos se afanen,
   Dar contigo no pueden,
Cuando tú te deshaces
En llenarlo armoniosa
De tus pios süaves?
   ¿Dónde estás? ¿cómo el vuelo
Tanto, alondra, encumbraste,
Que la vista mas lince
Desfallece en tu alcance?
   Y tú el canto redoblas,
Y en mas llenos compases
Ensordeces la esfera,
Y enmudeces las aves.
   Tu voz sola se escucha,
Que en trinos penetrantes
Desciende, de do el alba
Las puertas al sol abre:
   Su alegre mensajera
Con música incesante
Del sueño en que se olvidan
Llamando á los mortales,
   A que gozen y admiren
La pompa con que nace,
Y empieza entre arreboles
Su trono de oro á alzarse.
   Yo á todos me anticipo,
Y en este umbroso valle,
Durmiendo aun tú, ya miro
Si rayan sus celajes:
   Que nunca el dios del sueño
Visita favorable
Los pechos que suspiran
En duelos y pesares.
   Tú cantas, avecilla,
Y en quiebros agradables
Del júbilo en que hierves,

Pareces darnos parte.
  Al nuevo dia aguardas,
Sin miedo de emplearle
Ni en cargos que te abrumen,
Ni en necios que te enfaden.
  Siguiendo en tus gorjeos
Y trinos celestiales,
Hasta que el sol en brazos
Se apaga de la tarde.
  Y siempre exenta y libre,
Do quiera que te place,
Discurres vagarosa
Con ala revolante.
  Ya plácida te meces,
Ya rápida te abates,
Ya recta te sublimas,
Doblando tus cantares.
  La vista que te sigue,
No alcanza ya á mirarte,
O un punto te divisa
Inmóvil en los aires.
  ¡Dichosa tú, á quien cupo
Tan libre ser, y sabes
Sin velas ni zozobras
Pacífica gozarle!
  Yo atado á un triste cargo,
Cual siervo en dura cárcel,
No alcanzo de este suelo
Ni un punto á separarme.
  Tus alas, tu soltura,
Tu independencia dame,
Yo iré donde á mi suerte
Jamás tu suerte iguale.
  Tú cantas y te gozas;
Yo envuelto en ansias graves,
Mis cantos en suspiros
Ví súbito tornarse.
  Tú á la alma primavera,
Que el manto ya flotante
Despliega, y colma el mundo
De júbilo inefable,
  Canora te anticipas,
Sintiendo ya inundarse
Tu seno en las delicias
De amor, esposa y madre.
  Mientras yo solo en ella
De mi existencia frájil
La débil llama tiemblo
Ir súbito á apagarse.
  Apenas mal seguro
Del golpe inexorable,

Que amaga de mis dias
El delicado estambre,
  Del fúnebre Aqueronte
Tocando ya la márjen,
Do las pálidas sombras
Se espesan á millares,
  Y al viejo triste ruegan
Que en su batel las pase
Allá do en uno irémos
Pequeñuelos y grandes,
  Y do ni por tesoros,
Ni por ínclita sangre,
Ni omnipotente cetro
Jamás se huyera nadie:
  Sin que tus dulces trinos,
Alondra amada, basten
A desprender mi mente
De esta ominosa imájen.
  Ufana tus venturas
Celebra, ó feliz ave;
Que á mí no es dado, ¡ay triste!
Sino llorar mis males.

ODA LV.

A ANFRISO.

Que ni la voz ni la lira son ya por mis años
á propósito para la poesía.

  No suena ya, no suena
Mi lira, dulce amigo,
Cual en los faustos dias
De mi verdor florido.
  La voz quebrada y débil
Ya los sublimes trinos
Del ruiseñor no alterna,
Ni sus dolientes pios.
  Un tiempo, cuando el alba
Aun con dudoso brillo
Sembraba por los prados
Su aljófar cristalino,
  En pos de sus fulgores
Me oyera el bosque umbrío
Con balbuciente labio
Llamar al sol divino.
  Me oyera en la alborada
De alegres pajarillos,
Seguir con voz süave
Su armónico bullicio.
  Oyéranme las bellas

Mas dulce y derretido
Pintar de sus encantos
La gloria y los peligros.
 Y en unos lindos ojos
Gozándome cautivo,
Trocar por apiadarlos
Mis tonos en suspiros:
 Suspiros que otra boca
Con mil donosos mimos
Tornar tal vez solia;
¡Yo estático de oirlos!
 Luego en mas altos modos
Osé hasta el sacro Olimpo
Alzarme, y sus luceros
Cantar embebecido.
 Cantar la inmensa lumbre,
Y el alto señorío
Del claro sol, de Febe
Los rayos mas benignos.
 O por la humilde aldea
Y el cándido pellico
Dejando de la corte
Los májicos prestijios,
 Se oyó por mí en el trono
Del labrador sencillo
La voz, de la indijencia
Los míseros jemidos.
 ¡Entónces, ¡ay! entónces
Con jeneroso ahinco
Tras el sublime lauro
Volaba, ó caro Anfriso.
 Y el estro irresistible
Sintiendo el pecho mio,
Los dedos á las cuerdas
Corrieron sin arbitrio:
 Sus voces celestiales
Hirieron en mi oido;
Y el labio á la alabanza
Se abriera y á los himnos.
 ¡Afortunado ensueño!
Que en humo se deshizo
Al despertar, y en vano
Que hoy torne solícito.
 Brillaba mi cabello
Dorado, luengo y rizo,
Al viento entrelazado
De rosa y verde mirto;
 Y en mis rientes ojos
Ora á la luz caidos,
Bullia el vivaz fuego
De mi candor festivo.

VI.

Hoy escarchar mis sienes
De nieve al tiempo miro;
Las rugas por mi rostro
Sembrar con soplo impío:
 Desfallecer mi aliento;
Y hasta en el jenio mismo
Ejercitar odioso
Su funeral dominio.
 Pasó mi primavera,
Pasó el ardiente estío.
Y á par de la esperanza
Los sueños y delirios.
 Veloz el blando otoño,
Cual raudo torbellino
Que cuanto en torno alcanza,
Arrastra en pos consigo,
 Huiráse muy mas presto
Que el rayo fujitivo
Del sol, del mar sonante
Se apaga en los abismos.
 Relámpago ominoso,
Que cruza de improviso,
Desvista y desparece
Envuelto en su humo mismo.
 Ya ni mi labio al canto
Se presta, ni el hechizo
De la armonía al númen
Aguija entorpecido,
 Muy mas que de la nieve
Con los pesados grillos
Fenece inerte el grano
Del mas preciado trigo.
 Mi lira inútil yace:
Ni entre su horror sombrío
El jenio de la noche
Desciende á mí propicio,
 Cual antes me inspirara,
Trepando hasta el empíreo
En alas de la gloria
Mi espíritu atrevido.
 La calma y el silencio
En blanda paz conmigo
Me aduermen en los brazos
Del ocio y el retiro:
 Jimiendo escarmentado,
Sí con pesar tardío,
Del hado y de los hombres
Los criminales tiros.
 Tal navegante cuerdo
Tras riesgos infinitos
Ganar dichoso alcanza

Del puerto el fausto asilo.
   Tú en tanto, á quien los años
Y el claro dios del Pindo
Adulan, y en sus redes
Prendió el alado Niño,
   Feliz mis huellas sigue;
Y en don bien merecido
Recibe, Anfriso amado,
La lira de Batilo:
   La lira que á los cisnes
De nuestros sacros rios
Fué ejemplo á que cantasen
Con mas acorde estilo.
   Yo en tus aplausos loco,
Mientras que al negro olvido
Me robas tú en tus versos,
Del mismo Apolo dignos (1);
   Diré gozoso á todos:
Si en tan escelso jiro
Sobre los astros vaga,
Yo le mostré el camino.

ODA LVI.

DESPUES DE UNA TEMPESTAD.

¡Oh! ¡con cuánta delicia,
Pasada la tormenta,
En ver el horizonte
Mis ojos se recrean!
   ¡Con qué inquietud tan viva
Gozarlo todo anhelan:
Y su círculo inmenso
Atónitos rodean!
   De encapotadas nubes
Allí un grupo semeja
De mal unidas rocas
Una empinada sierra:
   Recamando sus cimas
Las ardientes centellas,
Que del sol con las sombras
Mas fúljidas chispean;
   Y á sus rayos huyendo,
Ya cual humo deshechas
Al lóbrego occidente
Presurosas las nieblas.
   De otra parte el espacio
Tranquilo se despeja,

(1) Una hermosa cancion en mi elojio, llamándome con lisonja *restaurador de la poesía española.*

Y un azul mas subido
A la vista presenta;
   Que en su abismo engolfada
Las bóvedas penetra,
Donde suspensas jiran
Sin cuento las estrellas.
   El íris á lo lejos,
Cual una faja inmensa
De agraciados colores,
Une el cielo á la tierra.
   Y la nariz y el labio
Estáticos alientan
Embalsamado el aire
De olorosas esencias,
   Que el corazon dilatan,
Y le dan vida nueva,
Y en el pecho no cabe,
Y en delicias se anega.
   Derrámase perdida
La vista, y por do quiera
Primores se le ofrecen,
Que muy mas la enajenan.
   Aquí cual una alfombra
Se tiende la ancha vega,
Y allá el undoso Duero
Sus aguas atropella.
   Los árboles mas verdes
Su hermosa copa ondean,
Do bullendo sacude
Cefirillo mil perlas.
   Las mieses mas lozanas
Sus cogollos despliegan,
Y sobre ellos se asoman
Las espigas mas llenas.
   Reanimadas las flores
Levantan la cabeza,
Matizando galanas
Los valles y laderas;
   Do saltando y volando
Con alegre impaciencia
Las parlerillas aves
Se revuelven entre ellas;
   Y en sus plumas vistosas
Mil cambiantes reflejan
Al sol, que sin celajes
Ya el cielo enseñorea.
   ¡Oh! ¡cuán rico de luces,
Cual vencedor atleta,
Entre llamas divinas
Centellante se ostenta!
   ¡Cuál su fúljido carro

Con sosegada rueda
Bajando va, y las aguas
Sus fuegos reverberan!
   Las aves al mirarlo,
Desatando sus lenguas
En suavísimos trinos,
El oido embelesan;
   Y la tierra y los cielos
Con igual complacencia
En sus rayos se animan,
Y su triunfo celebran.
   Todo en fin cuanto existe;
Y envolvió en sus tinieblas
El nublado, ya en calma
Al júbilo se entrega;
   Mientras ciega mi mente
De ver tantas bellezas,
En lugar de cantarlas,
Ni á admirarlas acierta.

ODA LVII.

DE MI SUERTE.

Perseguido y hollado,
Blanco puesto á las iras
Del poder, y en los grillos
De pobreza enemiga,
   En olvido y en ocio
Fujitivos se eclipsan
Estériles los años
De mi cansada vida;
   Y el brillo de la gloria
Que inflamarme solia,
Y allanar al deseo
Mil ilustres fatigas;
   Desapareció y ahogóse,
Cual se ahogaron mis dichas,
En la fiera borrasca
Que anegó mi barquilla.
   Pero en tantos reveses
Aun las Musas benignas
A mi oreja se acercan,
Y sus cantos me inspiran:
   Aun sus almos avisos
La sublime Sofía
Me dispensa, y sus voces
Mi bondad fortifican.
   En sabrosas lecturas
Se me vuelan los dias,
Sin formar una queja,
Ni llorar una cuita.
   La sencilla inocencia,
Que en mi seno se abriga,
Se acrisola en el fuego
Que el error ciego atiza.
   Y adulándome grata
La jovial alegría,
Que cual Febo las nieblas,
Tal mis penas disipa;
   Corre rápido el tiempo,
En que fiel la justicia
Mis trabajos consagre,
Su corona me ciña.
   Con tan plácidos sueños
Lleno de una delicia,
Que jamás goza el crímen,
Y á la virtud envidia;
   Mientras que los amigos
Con su blanda acojida
De mi crudo destierro
Los horrores mitigan;
   No trueco pues mi suerte
Con el necio que brilla,
De oro y vicios cubierto,
Del favor en la cima:
   Que si á par nuestros pasos
A la tumba caminan,
Yo una senda de flores,
Y él la sigue de espinas.

ODA LVIII.

A LAS GRACIAS.

Si en mis sencillos versos,
O Gracias celestiales,
Vuestro májico hechizo
Yo bosquejar lograse;
   Si una fugaz centella
De aquel fuego inefable
Que en vuestro rostro rie,
Y en vuestros ojos arde,
   A mi lira le diese
Los trinos y compases,
Que estáticas se llevan
Tras sí las voluntades;
   Y á mi voz la dulzura
Y el agrado, que valen
Cuantas flores y adornos
Prodiga al jenio el arte;
   Si les diese el halago,

La delicia, las sales,
La feliz elegancia,
La negligencia fácil,
 Que en vuestra amable boca,
Entre el néctar suave
Que destila corriendo,
Cual de un venero nacen;
 ¡Cuál en júbilo hirviera!
¡Cómo entonces radiante
Mi sien brillara unjida
De rosas y azahares!
 ¡Y á un plácido abandono
Librándome, los aires
De gozo y armonía
Llenara en mis cantares!
 Que vosotras, ó Gracias,
Con un mirar afable,
Un quiebro, un ay, que solá
Preciar la mente sabe;
 Al pecho mas de bronce
De cera lo tornais,
Logrando que el mas rudo
Mas ciego os idolatre.
 Y á la belleza misma
Sus mas finos quilates
Gratas le dais, haciendo
Que vista y alma encante.
 Vuestra es de la zagala
La injenuidad amable,
Y el no buscado esmero,
La sencillez picante.
 Una flor que donosas
Le poneis, mas realce
Da á su cabello de oro,
Que un fúljido diamante;
 Y á una sonrisa leve
De tal majia animais,
Que haceis que en mil delicias
Los pechos embriague.
 Cual nada, sin vosotras
Ni la hermosura vale,
Ni el mas costoso adorno,
Ni el mas esbelto talle.
 De Armida los pensiles,
Como ahogados les falte
Vuestra mano hechicera,
Ya ominosos desplacen.
 Cuando ella no dirije
Al jenio de las Artes,
Sus mas sublimes toques
Sin luz ni vida yacen.

 Citéres no es la diosa
Que en su nudez cobarde
Sembrando ya mil risas
De las espumas sale;
 Ni Apolo el númen sacro,
Que de Fiton triunfante
Con aire se sublima
Majestuoso y grande.
 Y el verso mas canoro,
Sin el subido esmalte,
La llama que invisibles
Vosotras le prestais,
 Nunca será que el labio
De una bella lo cante,
Ni el gusto lo repita,
Ni venza las edades.
 Vénus, la escelsa Vénus,
Si agradar quiere al padre
De los hombres y dioses,
Solícita al tocarse,
 A su beldad celeste
Vuestra cintura añade,
De mimos y delicias
Tesoro inapreciable.
 Preséntase, y su boca
Rosada no bien abre,
Ya Jove se embebece,
De amor los dioses arden;
 Y en alegre murmullo
Resuenan incesantes
Del espléndido alcázar
Las bóvedas reales.
 La virtud, Gracias puras,
La virtud que hace alarde
De hermanar con sus triunfos
El hombre á las deidades,
 Os implora benignas;
Y en sus rudos combates
Aun ansiosa procura
Con vosotras ornarse.
 Y la verdad, en medio
De su fulgor brillante,
Risueña con vosotras
Se aliña y se complace;
 Porque su voz sagrada
Así los pechos halle
Mas gratos, y sus fueros
Mas dóciles acaten.
 ¿Pues qué de la inocencia?
La candidez quitadle,
Y en ella á sus mejillas

Las rosas virjinales;
  Quitadle el embarazo,
Los tímidos celajes
En que el pudor se envuelve,
Solícito en guardarse,
  Las ansias, las zozobras
Con que anheloso bate
Su seno puro, tiembla,
Si tiene que mostrarse;
  Y veréis cuál en humo
La ilusion se deshace,
Que á rendirle nos lleva
Tan dulce vasallaje.
  Que á todo, á todo, diosas,
Vuestra presencia añade
Una aroma, un prestijio,
Y elejancia y donaire,
  Que los ojos deslumbran,
Las almas satisfacen,
Y en vínculos de flores
Ciegas en pos las traen.
  Curad pues que mis versos,
Si idólatra constante
Anhelé desde niño
Seros siempre agradable,
  Por vuestros se distingan;
Que aunque el estro les falte,
Ya haréis, amables magas,
Que duren inmortales.

ODA LIX.

A MI LIRA.

¿Será que salvar logren
Mi nombre del olvido,
O lira de tus cuerdas
Los delicados trinos?
  ¿Y qué el poeta amable
De Baco y de Cupido
Resuene con sus versos
En los lejanos siglos?
  Sí; que así lo afirmaron
Con acento benigno,
Cuando á las dos deidades
Me consagré de niño.
  Dijéronme: tú canta,
Rapaz, sensible y fino
De mis llagados pechos
Las llamas y cariños;
  Y en las alegres mesas

Haz que mis dulces vinos
Agraden mas al labio,
Célebres ya en tus himnos:
  Y verás cuál las jentes
Con benévolo oido
Te acojen por humilde,
Te imitan por sencillo.
  Cómo Febo y sus Musas
El lenguaje florido
De Villégas y Laso
Renuevan en tus trinos;
  Y en las alas del gusto,
Si hoy les dan grato abrigo
Las florecientes vegas
Del Tórmes cristalino,
  Por tu España discurren,
Y con vuelo atrevido
El Pirene traspasan,
Y el nevado Apenino;
  Sin cesar hasta donde
Con alto señorío
Méjico entre las aguas
Su trono fijó altivo;
  Y el felice limeño
Goza en su valle unidos
Del mayo entre las rosas
Las mieses y racimos.
  Deja que otros se encumbren
Allá sobre el Olimpo,
Y hasta del sacro Jove
Indaguen los designios:
  Que la brillante gloria
Los lleve embebecidos
Tras el sublime lauro,
Sin miedo á sus peligros.
  Tú, apocado y humilde,
Prefiere en tus destinos
A las palmas guerreras
El pacífico olivo;
  Que risueñas las Gracias
De la olorosa Gnido
Te ofrecen ya las flores,
Y Citéres sus mirtos.
  Dijeron las deidades:
Yo fiel á sus avisos
Jamás demandé necio
Del claro dios del Pindo
  Las canciones que alegran
En su plectro divino
De los númenes sacros
Los banquetes festivos:

ODAS ANACREÓNTICAS.

Ni de glorias ajenas
Envidioso enemigo
Codicié sus aplausos
En mi oscuro retiro.

¡Ojalá que en su seno
Inocente y tranquilo,
O lira, salvar logres
Mi nombre del olvido!

LA INCONSTANCIA.

Odas á Lisi.

ODA I.

EL CÉFIRO.

¡Cual vaga en la floresta
El céfiro suave!
¡Cuál con lascivo vuelo
Sus frescas alas bate!
Sus alas delicadas,
Que forman al mirarse
Del sol en los reflejos
Mil visos y cambiantes.
¡Cuál licencioso corre
De flor en flor, y afable
Con soplo delicioso
Las mece y se complace!
Ahora á un lirio llega;
Ahora el jazmin lame:
La madreselva ajita;
Y á los tomillos parte:
Do entre mil Amorcitos
Vuela y revuela fácil;
Y los besa y escapa
Con alegre donaire.
La tierna yerbezuela
Se estremece delante
De sus soplos sutiles;
Y en ondas mil se abate.
Él las mira y se rie;
Y el susurro que hacen,
Le embelesa, y atento
Se suspende á gozarle.
Luego rápido vuelve;
Y alegre por los valles
No hay planta que no toque,
Ni tallo que no halague.

Verásle ya en la cima
Del olmo entre las aves
Seguir con dulce silbo
Sus trinos y cantares;
Y en un punto en el suelo
Acá y allá tornarse
Con jiro bullicioso,
Festivo y anhelante.
Verásle entre las rosas
Metido salpicarse
Las plumas del rocío,
Que inquieto les esparce;
Verásle de sus hojas
Lascivo abrir el cáliz;
Y empaparse las alas
De su aroma fragante.
Batiendo del arroyo
Con ellas los cristales
Verásle formar ledo
Mil ondas y celajes.
Parece, cuando vuela
Sobre ellos, que cobarde
Las puntas ya mojadas
No acierta á retirarse.
¿Pues qué, si al prado siente
Que las zagalas salen?
Verás á las mas bellas
Mil vueltas y mil darle.
Ora entre sus cabellos
Se enreda y se retrae:
El seno les refresca,
Y ondéales el talle.
Sube alegre á los ojos,
Y en sus rayos brillantes
Se mira y da mil vueltas,
Sin que la luz le abrase.

Por sus labios se mete,
Y al punto raudo sale:
Baja al pié, y se lo besa;
Y anda á un tiempo en mil partes.
  Así el céfiro alegre,
Sin nada cautivarle,
De todo lo mas bello
Felice gozar sabe.
  Sus alas vagarosas
Con jiros agradables
No hay flor que no sacudan,
Ni rosa que no abrazen.
  ¡Ay Lisi! ejemplo toma
Del céfiro inconstante:
No con Aminta solo
Tu fino amor malgastes.

ODA II.

EL ARROYUELO.

  ¡Con cuán plácidas ondas
Te deslizas tranquilo,
O gracioso arroyuelo,
Por el valle florido!
  ¡Cómo tus claras linfas,
Libres ya de los grillos
Que les puso el enero,
Me adulan el oido!
  ¡Cuál serpean y rien,
Y en su alegre bullicio
La fresca yerbezuela
Salpican de rocío!
  Sus hojas delicadas
En tapete mullido
Ya se enlazan, y adornan
Tu agradable recinto:
  Ya meciéndose ceden
Al impulso benigno
De tus pasos süaves,
Y remedan su jiro:
  O te besan movidas
Del favonio lascivo,
Mientras tú las abrazas
Con graciosos anillos.
  De otra parte en un ramo
Tu armonioso rüido
Acompaña un jilguero
Con su canoro pico.
  ¡Arroyuelo felice!
¿Cómo á Lisi no has dicho

Que á ser mudable aprenda
De tus vagos caminos?
  Tú con fáciles ondas
Bullicioso y activo
Tiendes por todo el valle
Tu dichoso dominio.
  Ya entre juncos te escondes;
Ya con paso torcido,
Si una peña te estorba,
Salvas cauto el peligro:
  Ya manso te adormeces,
Y los sauces vecinos
Retratas en las ondas
Con primor esquisito.
  Tus arenas son oro,
Que bullendo contino
A la vista reflejan
Mil labores y visos.
  En tu mansa corriente
Jiran mil pececillos,
Que van, tornan y saltan
Con anhelo festivo.
  Nace el sol, y se mira
En tu espejo sencillo,
Que le vuelve sus rayos
Muy mas varios y vivos.
  Tus espumas son perlas,
Que las rosas y lirios
De su márjen escarchan
En copiosos racimos.
  Del Amor conducidas
Las zagalas, contigo
Consultan de sus gracias
El poder y atractivo.
  Tú el cabello les rizas:
Tú en su seno divino
La flor pones, y adiestras
De sus ojos el brillo.
  En tus plácidas ondas
Halla la sed alivio,
Distraccion el que pena,
Y el feliz regocijo.
  Yo las sigo, y parece
Que riéndose miro
La verdad y el contento
En su humor cristalino:
  Que escapando á mis ojos
Y con plácido hechizo
Al compás de sus ondas
Me adormece el sentido.
  ¡Oh dichoso arroyuelo!

Si de humilde principio
Por tu inconstante curso
Llegares á ser rio;
   Si otro bosque, otras vegas
De raudales mas rico
Con benéfica urna
Regares fujitivo;
   ¡Ay! dí á mi Lisi al paso,
Que en su firme capricho
No insista; y dale ejemplo
De mudanza y olvido.

ODA III.

LA MARIPOSA.

¿De dónde alegre vienes
Tan suelta y tan festiva,
Los valles alegrando,
Veloz mariposilla?
   ¿Por qué en sus lindas flores
No paras; y tranquila
De su púrpura gozas,
Sus aromas aspiras?
   Mírote yo, ¡mi pecho
Sabe con cuánta envidia!
De una en otra saltando
Mas presta que la vista.
   Mírote que en mil vuelos
Las rondas y acaricias:
Llegas, las tocas, pasas,
Huyes, vuelves, las libas.
   De tus alas entonces
La delicada y rica
Librea se despliega,
Y al sol opuesta brilla.
   Tus plumas se dilatan;
Tu cuello ufano se hincha;
Tus cuernos y penacho
Se tienden y se rizan.
   ¡Qué visos y colores!
¡Qué púrpura tan fina!
¡Qué nácar, azul y oro
Te adornan y matizan!
   El sol, cuyos cambiantes
Te esmaltan y te animan,
Contigo se complace,
Y alegre en ti se mira.
   Los céfiros te halagan;
Las rosas á porfía
Sus tiernas hojas abren,

Y amantes te convidan.
   Tú empero bulliciosa,
Tan libre como esquiva,
Sus ámbares desdeñas,
Su seno desestimas.
   Con todas te complaces;
Y suelta y atrevida,
Feliz de todas gozas,
Ninguna te cautiva.
   Ya un lirio hermoso besas;
Ya inquieta solicitas
La coronilla, huyendo
Tras un jazmin perdida;
   El fresco alelí meces;
A la azucena quitas
El oro puro; y saltas
Sobre una clavellina.
   Vas luego al arroyuelo,
Y en sus plácidas linfas,
Posada sobre un ramo,
Te complaces y admiras.
   Mas el viento te burla,
Y el ramillo retira,
O salpica tus alas,
Si hácia el agua lo inclina.
   Así huyendo medrosa
Te tiendes divertida
Lo largo de los valles
Que abril de flores pinta.
   Ahora el vuelo abates;
Ahora en torno giras;
Ahora entre las hojas
Te pierdes fujitiva.
   ¡Felice mariposa!
Tú bebes de la risa
Del alba, y cada instante
Placeres mil varías.
   Tú adornas el verano;
Tú á la vega florida
Llevas con tu inconstancia
El gozo y las delicias.
   ¡Mas ay! mayores fueran
Mil veces aun mis dichas,
Si fuese á tí en mudarse
Mi Lísis parecida.

ODA IV.

LA NATURALEZA.

No, Lisi: esa constancia,

Con que al Amor pretendes
Mover á que la copa
Te brinde del deleite,
 A enojos y fastidios
Te lleva. Los desdenes
Muy mas que á mí me aflijen,
Tu crudo pecho ofenden.
 Las risas, la alegría,
El gusto y los placeres,
Las fáciles los gozan,
Y envidian las crueles.
 Amor, como dios niño,
Es vivo, inquieto, alegre;
Y atrevido y artero
Los peligros no teme.
 De pecho en pecho vuela;
Y ora rinde un rebelde,
Ora un soberbio oprime,
Y ora un tibio enardece.
 Así se goza y burla,
Y á un tiempo á todos prende.
De la inconstancia nace;
Y en la firmeza muere.
 Ni el órden de las cosas
Inmóvil es, que siempre
Con sucesion süave
El cielo nos las vuelve.
 Tras la rosada aurora
Ya corre el sol fulgente,
Mientras su negro manto
La ciega noche tiende.
 Sigue al nubloso invierno
Plácido abril; y cede
Julio al ópimo octubre,
Corona de los meses.
 Su aljófar cristalino
No solo el alba llueve
Sobre la rosa, ó sola
Con el verano crece.
 El valle, que cubierto
Se vió de escarcha y nieve,
Loco ya con sus flores

Nos descubre la frente.
 Los chopos que desnudos
Se quejan del diciembre,
Y mustios y ateridos
Los ojos nos ofenden;
 Bien presto coronados
De pompa y hoja verde,
Nido á las dulces aves
En grata sombra ofrecen.
 Su aroma la azucena
A todos da: la fuente
Liberal para todos
Sus claras linfas vierte.
 Ni la próvida abeja
De una flor dilijente
Liba su miel; que á todas
Los cálices les bebe.
 ¿Pues qué los pajarillos,
Cuando el Amor los hiere?
De amada y lecho mudan
En sucesion perenne.
 Del gusto solo unidos,
Tan solo por sus leyes
Se buscan, ó se olvidan
Sin zelos ni esquiveces.
 ¡Qué libres! ¡qué espresivos
Cantando blandamente,
Sus fáciles delicias
Mi espíritu conmueven!
 Hélos buscarse ahincados,
Hélos seguirse ardientes,
Hélos ceder al fuego
Que en sus entrañas hierve.
 Y en un momento mismo,
¡Oh dichosos mil veces!
Aman, gozan, se dejan,
Y un nuevo amor emprenden.
 ¡Ay Lisi! ¡esquiva Lisi!
Si ves su feliz suerte,
¿Por qué, cruel, por firme,
Mayor ventura pierdes?

La Paloma de Fílis.

> . . . . . *plaudentibus alis*
> *Insequitur, tangi patiens, cavoque foveri*
> *Læta sinu, et blandas iterans gemebun-*
> *da querelas.*

Fílis tiene una palomita, y con ella se goza y recrea. Vé aquí el motivo de estos juguetes, en que me he dilatado mas que pensé. Pero la inocencia de Fílis y las gracias de su palomita no pueden pintarse brevemente. Acaso esta será para algunos demasiado festiva y bulliciosa. Yo, que la he visto, les aseguro, que ni aun se dicen la mitad de sus cariños y donaires. Muchos de ellos se escapan al pincel de la poesía, y á otros no puede darse la viveza ni el delicado colorido del natural. Quien no lo creyere, ni conoce á Fílis, ni sabe lo que son las palomas, ni lo que pueden en estas avecillas el amor y el agradecimiento.

ODA I.

Otros cantan de Marte
Las lides y zozobras;
O del alegre Baco
Los festines y copas:
  La sien otros ceñida
De jazmines y rosa,
Del Amor los ardores,
Y de Vénus las glorias.
  Pero yo solo canto
Con citara sonora
De mi querida Fílis
La nevada paloma:
  Su paloma, que bebe
Mil gracias de su boca;
Y en el hombro le arrulla,
Y en su falda reposa.

ODA II.

Donosa palomita,
Así tu pichon bello
Cada amoroso arrullo
Te pague con un beso;
  Que me digas, pues moras
De Fílis en el seno,
¿Si entre su nieve sientes
De Amor el dulce fuego?
  ¿Díme, díme si gusta
Del néctar de Lieo?
¿O si sus labios tocan
La copa con rezelo?
  Tú á sus gratos convites
Asistes y á sus juegos;
En su seno te duermes,
Y respiras su aliento.
  ¿Se querella turbada?
¿Suspira? ¿en el silencio
Del valle con frecuencia
Los ojos vuelve al cielo?
  ¿Cuando con blandas alas
Te enlazas á su cuello,
Ave feliz, dí, sientes
Su corazon inquieto?
  ¡Ay! dímelo, paloma:
¡Así tu pichon bello

Cada amoroso arrullo
Te pague con un beso!

ODA III.

Fílis, ingrata Fílis,
Tu paloma te enseña:
Ejemplo en ella toma
De amor y de inocencia.

Mira cómo á tu gusto
Responde: cómo deja
Gozosa, si la llamas,
Por tí sus compañeras.

¿Tu seno y tus halagos
Olvida, aunque severa
La arrojes de la falda,
Negándote á sus quejas?

No, Fili; que aun entónces,
Si intento detenerla,
Mi mano fiel esquiva,
Y á tí amorosa vuela.

¡Con cuánto suave arrullo
Te ablanda! ¡cómo emplea
Solícita sus ruegos,
Y en jiros mil te cerca!

¡Ah crédula avecilla!
En vano, en vano anhelas;
Que son para tu dueño
Agravio las finezas.

¿Pues que cuando en la palma
El trigo le presentas,
Y al punto de picarlo
Burlándote le cierras?

¡Cuán poco del engaño
Incauta se rezela;
Y pica, aunque vacía,
La mano que le muestras!

¡Qué fácil se entretiene!
Un beso le consuela;
Siempre festiva arrulla,
Siempre amorosa juega.

Su ejemplo, Fílis, toma:
Pero conmigo empieza,
Y repitamos juntos
Lo que á su lado aprendas.

ODA IV.

No, no por inocente
Te me disculpes, Fili,
Que en los sencillos pechos
Mas bien amor se imprime.

Él con los años viene:
Tal algun tiempo viste
Huir del pichon bello
Tu palomita simple.

Pues mira ya cuál oye
Sus ansias apacible,
Y en el ardiente arrullo
Cómo con él compite.

Ya le llama, si tarda;
Ya si vuela, le sigue;
Ni sus tiernos halagos
Desdeñosa resiste.

Mira cómo se besan;
Cuál se dan y reciben
Mil lascivas picadas
En cariñosas lides.

El placer sus plumajes
Encrespa, el suelo miden
Con la cola, su cuello
Mil cambiantes despide.

Ya con rápido vuelo
Burlando se dividen;
Ya vuelven; ya imperioso
Su ardor los manda unirse.

¡Gozad, gozad mil veces
En lazada felice
Las delicias que guarda
Amor á quien le sirve!

Y tú, pues las palomas
Con su candor se rinden,
No, no por inocente
Te me disculpes, Fili.

ODA V.

Teniendo su paloma
Mi Fili sobre el halda,
Miré á ver si sus pechos
En el candor la igualan:

Y como están las rosas
Con su nieve mezcladas,
El lampo de las plumas
Al del seno aventaja.

Empero yo con todo,
Cuantas palomas vagan
Por los vientos sutiles,
Por sus pomas dejara.

ODA VI.

¡Oh, con qué gracia, Fílis,

Tu bella palomita,
Sensible á los halagos,
Te arrulla y acaricia!
 ¡Qué dócil, si la llamas!
¡Qué suelta! ¡qué festiva,
Volando y revolando,
Tu beso solicita!
 Tú cantas, y á los trinos
Está como embebida:
Si cesas, con su arrullo
Parece que te imita.
 Luego á la falda vuela,
Do te contempla y mira,
Bullendo de contento
Sus amorosas niñas.
 ¿Pues si tus bellos labios
Con el manjar la brindan.....?
Entónces, ¡ay! entónces
Sí, que el placer la anima:
 Ya llega, ya se aparta,
Ya vuelve, ya lo pica,
Con sus trémulas alas
Mostrando su alegría.
 Parece en aquel punto
Decir: ¡oh, qué delicia
No acostumbrada goza,
Señora, el alma mia!
 ¿Qué es esto? ¿tocar puede
Tu boca peregrina
Mi pico? ¡ó bien lograda
Cadena! ¡ó dulce vida!
 Su arrullo, su plumaje,
Sus vueltas, todo indica
De su inocente pecho
La gratitud sencilla.
 ¡Ah! si así una paloma
Te es, Fili, agradecida,
Mi corazon amante
Díme, mi bien, ¿qué haria?

ODA VII.

Simplecillá paloma,
Si la dicha inefable
De que tú feliz gozas,
Con Fili yo gozase;
No, no tan bullicioso
Vagara por los aires;
O necio dejaria
Su lado un solo instante.
 ¡Tú, incauta, otras palomas

Escuchas; y el amable
Seno do moras, huyes!
¡O simplecilla! ¿qué haces?
 ¿Es mas un falso arrullo
Que Filis? ¿alejarte
No temes? ¿sus caricias
Olvidas ya mudable?
 ¡Oh! vuelve al punto, vuelve,
Que en llanto se deshace;
Vuela á tu dueño, vuela,
Y el ala aprisa bate.
 Verás cómo sus ojos
Se enjugan con mirarte;
Te halaga, y dan mil besos
Sus labios celestiales.

ODA VIII.

¿Para qué, insana, picas
El ramito de flores,
Con que gusta mi Filis
Que su seno se adorne?
 ¿No ves, necia paloma,
Que en tus ímpios furores
Herir pueden su nieve
De tu pico los golpes?
 ¿Que sus frescos pimpollos
Derramados sin órden,
Ambas turjentes pomas
Con sus hojas esconden;
 Porqué el gusto y los ojos,
Cuando felices logren
Descubrirlas, mas ciegos
En su lampo se engolfen?
 ¿Y en un tronco ya unidos
El val les cierran, donde
De Amor á guarecerse
Tímido el pudor corre?
 ¿Y picándolo sigues,
Sin que ruegos, ni voces,
Ni tus iras moderen,
Ni el ramito te estorbe?
 Mira que en tu delirio
Lograrás que se enoje,
Y las gracias de Filis
Jamás á gozar tornes.
 Si la envidia te punza,
Porque artera lo pone
Do tú anidar anhelas;
¡Ah, simplecilla! entónces
 Ya te hubiera lanzado

Mi amor en sus hervores,
Del halda que ora ocupas,
De un bien que no conoces.

ODA IX.

Con su paloma estaba
Fili en alegre juego,
Y para que picase
Le presentaba el dedo.
 Picábalo, y en pago
Le daba un dulce beso;
Y tras él mas gozosa
La incitaba de nuevo.
 Una vez la avecilla,
Creyendo ser lo mesmo,
Con picada inocente
Hirióle el labio bello.
 Enojóse mi Fili
De tal atrevimiento;
Y echóla de su falda
Con ademan severo.
 La palomita entónces
En mil ansias y estremos
Demandaba rendida
El perdon de su yerro.
 Con ala temerosa
Las manos de su dueño
Abraza, y jime, y vuela
De las manos al cuello.
 Esquivábala Fili;
Y ella humilde entre el seno
Y el cendal que lo cubre,
Escondióse de miedo.
 ¡O simplecilla! ¿qué haces?
Guárdate de ese fuego,
Que entre pellas de nieve
Tiene el Amor cubierto.
 Guárdate, y con arrullos
Y cariños mas tiernos
Halagándola, cuida
De desarmar su ceño.
 ¡Ah Fili! si al mirarte
Enojada un momento,
Tal queda tu paloma,
¿Cuál estará mi pecho?
 Y si ella perdon halla,
Mis encendidos ruegos
¿No han de lograr un dia
Tu rostro ver sereno?

ODA X.

Suelta mi palomita,
Mas no me la detengas;
Suéltamela, tirano,
Verás cuál á mí vuela.
 Dos noches ha que falta:
Dos noches ha que queda
Solo y desamparado
Mi palomar sin ella.
 En tanto ni mis ojos
En lloro amargo cesan,
Ni el pecho en ansias tristes
Y lastimadas quejas.
 Cien veces la he llamado
Pensando que viniera;
Y he salido á buscarla
Veces mil á la selva.
 ¿Mas cómo venir puede,
Traidor, si tus cautelas
Allá, para acabarme,
La guardan prisionera?
 ¡Pues ah! suéltala al punto:
Y á compasion te muevan
Mis lágrimas, mis ruegos,
Mis lastimadas penas.
 Verás cuál revolando
Se posa en mi cabeza;
Y luego al hombro baja,
Y arrulla, y me consuela.

ODA XI.

Pues que de mi paloma
Las señas solicitas,
Bien puedes conocerla
Por estas que te diga.
 Es mansa y amorosa,
Es pequeñuela y viva,
Lleno y redondo el pecho,
Como la nieve misma.
 Las alas dilatadas,
La cola bien tendida;
Y al cuello mil cambiantes
De oro y nácar matizan.
 Los bellos piés de rosa
En su inquietud indican,
Y en las donosas vueltas,
Que ya el Amor la ajita.
 Los ojos son de fuego,

De llama las pupilas,
Que halagan amorosas,
Que bullen encendidas.
　Parece, cuando arrulla,
Que dice mil caricias;
Y luego, cuando vuela,
Que ruega que la sigan.
　El pico gruesezuelo,
Y en la nariz unidas
La púrpura y la nieve
Con mezcla la mas fina.
　¿Qué mas?.... ¡Pero ay! al punto
Suéltamela; y festiva
Verás cuál en mi mano
El dulce grano pica.

ODA XII.

Entre tantos halagos
Y amorosos cariños
Como á tu palomita
Prodigarle te miro,
　¿No hallarás ni uno solo
Para quien tan rendido
Obedece tus leyes,
Te idolatra tan fino?
　Tú en el halda la pones,
Y con ruego benigno
Quejumbrosa la llamas
De tu seno al abrigo.
　Con tus labios de rosa
Solicitas su pico,
Repasando su pluma
Con tu rostro divino;
　Y con besos tan llenos
Cual dar nunca te he visto,
Sus arrullos provocas
Y su muerdo lascivo.
　No hay favor ni requiebro
Que en tu loco delirio
No le digas amante,
No me inflame al oirlos.
　¡Y yo, cruda, no alcanzo
Que á mis tiernos suspiros
Desarmados acaben
Tus zelosos desvíos!
　Pues pierde en tu paloma,
Por un ciego capricho,
Las gracias que no entiende,
Los besos que yo envidio:
　Que Amor me hará justicia.....

Pero no, dueño mio;
Yo venganzas no busco;
Sino juegos y mimos.

ODA XIII.

No culpes, palomita,
Que de Fílis ausente
Como loco delire,
Desfallecido pene.
　Si las rápidas alas
Yo lograra que tienes,
No hayas miedo que triste,
Ni azorado me vieses;
　Pues con vuelo anheloso
Cortando el aura leve,
En su busca partiera
Mas fugaz que la mente:
　Y á su lado gozara
Venturoso y alegre
De su boca y sus ojos
Las delicias y mieles.
　Cual tú, feliz paloma,
Bulliciosa mil veces
Vas y tornas al nido,
Que á tus hijos previenes;
　Rendido le dijera
Los peligros que teme
Mi amor, y los cuidados
Que punzantes me hieren:
　Y ella amable y sencilla,
Con la gracia celeste
Que la anima, mis penas
Convirtiera en placeres.
　Esto fuera, ó paloma,
Si tus alas yo hubiese;
Pero ausente y sin ellas,
Mi vivir es la muerte.

ODA XIV.

Vé, donosa paloma,
Vuela á tu amable dueño,
Vuela, y dale el billete
Que á tu fineza entrego.
　Con un liston de rosa
Le suspendo á tu cuello;
Guarte no se desprenda
Con tu rápido vuelo.
　En el fausto camino
Del gavilan artero

No ya el grito te azore,
Ni amedrente el encuentro;
　Que en tu vida y mi suerte
Vela el Amor y Vénus,
Y tan altos patronos
Te aseguran de riesgo.
　Parte pues, palomita,
Tiende el ala al momento:
¡Quién, ave afortunada,
Cuál tú pudiese hacerlo!
　Vuela, y lleva á mi Fílis
Esa prenda, que el fuego
Débilmente retrata
Que arde en mí, de ella lejos:
　Mas que sincera y fina,
Como mi noble pecho,
Merece que en el suyo
Le dé feliz asiento.
　Díle en blandos arrullos
El dolor en que quedo,
Lo nada que confío,
Lo mucho que rezelo.
　Y si fiel te asegura
Ser injusto este miedo,
Vuelve al punto, que loco
Te aguardo con un beso.

ODA XV.

Palomita querida,
Que jimiendo halagüeña
De tu fausto mensaje
Me das la enhorabuena;
　Cesa en vuelos y arrullos,
Y oficiosa me entrega
De mi Fili adorada
La graciosa respuesta.
　Que no injusto rezele
Su inmutable firmeza,
Y sencillo la adore
Sin zozobras, ni quejas,
　Cariñosa me escribe;
Y en fe de sus promesas
De sus cadejos de oro
Me remite unas hebras.
　¡Oh! mi boca las bese
Veces mil, débil muestra
De la inmensa delicia
Que mi pecho enajena;
　Y en él luego guardadas,
En tan bárbara ausencia

Confortadle, y alivio
Sed benigno en mis penas.
　¡Riquísimos cabellos!
Que ni el sol, ni la seda
En lo rubio os esceden,
En lo fino os semejan;
　Del amor de mi Fílis,
Si alguna duda necia
Mi espíritu aquejare,
Me seréis firme prueba:
　Seréis de mi albedrío
Deliciosa cadena,
Que por siempre lo estreche
Con mi amable hechicera;
　Mas y mas confundiendo
Mi feliz existencia
Con la suya, y haciendo
De las dos una mesma.
　Y tú, ven, palomita,
Y á mi boca te allega,
Que ya ciento, no un beso,
Darte en premio desea.

ODA XVI.

No estés, simple paloma,
Con tu blancura ufana,
Ni con tus ojos bellos,
Si á Fili te comparas.
　¿Con esa tez süave,
Cual rosa no tocada,
Del seno donde arrullas
Tu albor acaso iguala?
　¿Lo muelle de tu pluma
Con su blandura grata
Qué vale, ó tus olores
A par de su fragancia?
　Sus ojos, ¡ay! tal lumbre,
Cuando en oriente raya,
No arroja el sol, cual si ellos
Sus párpados levantan.
　Las bulliciosas niñas
En su amable inconstancia
A mí me vuelven loco;
Y al mismo Amor abrasan.
　¿Y qué? ¿tienen los tuyos
Tal lumbre ni tal gracia?
¿Mayores son, mas vivos?
¿Mas luengas sus pestañas?
　¡Oh! de competir deja
Con Fili, temeraria;

No acaso sus halagos
Acaben en venganzas.

ODA XVII.

Despues que hubo gustado
De Fílis la paloma
El regalado néctar
De sus labios de rosa;
  La deja, y de un vuelito
Al hombro se me posa;
Y de allí lo destila
Con su pico en mi boca.
  Yo apurélo inocente:
Pero, ¡ay! ella traidora
Me dió del Amor ciego
Mezclada tal ponzoña,
  Que el pecho se me abrasa
En ansias y zozobras,
Despues que hubo gustado
De Fílis la paloma.

ODA XVIII.

Graciosa palomita,
Ya licenciosa puedes
Empezar con tus juegos,
Y picar libremente.
  Ya te provoca Fili;
Ya en los brazos te mece;
Ya en su falda te pone;
Y el dedo te previene.
  Pues pica lo primero
Su seno reverente,
Bien como el ara donde
Los cultos se le ofrecen.
  Allí dispon tu nido;
¡Venturosa mil veces!
Que abrigo feliz hallas,
Do yo tantos desdenes.
  Luego amorosa bate,
Bate en él blandamente
Las alas; y á picarlo
De nuevo por mí vuelve.
  Despues el cuello airoso
Con un hoyuelo viene,
Cual es tu comedero,
Para que en él te cebes.
  Los delicados labios
Guárdate no indecente
Profanes al herirlos,
Pensando son claveles.
  Mas blando, palomita,
Que Fili ya lo siente:
¡Ah simplecilla! ¿qué haces?
Que su carmin ofendes.
  Pica ya las mejillas
Con golpes muy mas leves,
Su bello sonrosado
No incauta les alteres.
  Los ojos no los toques:
¡O cuitadilla! tente,
Que dos ardientes fraguas
En ellos Amor tiene.
  ¿Qué anhelas, temeraria?
¿Mis voces no te mueven?
¿Tu daño no te asusta?
¿Su ardor no te detiene?
  ¡O felice paloma!
Pues Fili lo consiente,
Pica cuanto yo envidio,
Bulliciosa y alegre.

ODA XIX.

Parece, palomita,
Segun te miro atenta,
De mi labio á los trinos,
De mi lira á las cuerdas,
  Que sus sones envidias,
Y que fácil quisieras
Trocar tu alegre arrullo
Por mis blandas querellas.
  ¡Oh, si el amor te oyese,
Y yo en cambio tuviera
Tu garganta y tu pico,
De mi lira y mis letras!
  ¡Si cual tú, de mi Fílis
Amable confidenta,
Inocente gozase
Sus sencillas finezas!
  ¡Qué feliz, cual te miro
Dar bullendo mil vueltas
Por su seno turjente,
Yo arrullando las diera!
  ¡Y cual tú cariñosa
Tu piquito á su lengua
Juntar sabes, si gustas
Beber su dulce néctar;
  Yo la mia rendido,
Sin temor de ofenderla,
Con la suya, y mis labios

Con sus labios uniera!
　Susurrándole tierno:
No me mires severa,
Que tu cara avecilla,
No mi amor, te lo ruega.
　Y de tantos halagos
Como pierdes con ella,
Uno solo en alivio
De mis ansias emplea:
　Uno solo, que temple
De mi pecho la hoguera,
Que burlándome atizan
Tus falaces promesas.
　Pero amor ve ilusiones;
Y tú, ó paloma bella,
Jamás trocarás simple
Por tus dichas mis penas.

ODA XX.

Al baile de la aldea
Salió Fílis un dia,
Dejándose en la choza
Su bella palomita.
　Ella entónces, ¡ó estraña
Ternura! ¡ó peregrina
Fineza! echando menos
Sus juegos y caricias,
　Con amoroso arrullo
La llamaba aflijida;
Y de ver que no viene,
Mas y mas se lastima.
　Ya escuchaba turbada;
Ya de nuevo jemia;
Ya en sus blandas querellas
Se quedaba embebida.
　Para el valle volaba
Con inquieta fatiga;
Y desde allí á la choza
Sin consuelo volvia.
　Dió por fin con su dueño;
Y de todos con risa
Bate el ala, y al hombro
Se le posa festiva,
　Do con voces süaves
Celebraba su dicha;
Hasta que de cansada
Se quedó adormecida.

ODA XXI.

Mira, Fíli adorada,
Cuál tu linda paloma
Con su rico plumaje
Resplandece y se goza:
　En sus ojos arteros
La llama abrasadora
Del Amor, y al deleite
Que en sus niñas retoza:
　Cuál en su blando arrullo
Ya suspira amorosa;
Ya á su pichon, cesando,
Mas penada provoca:
　La gracia y señorío
Con que marcha pomposa,
Y ufanándose barre
La tierra con la cola;
　Cuál refleja su cuello,
Cuando Febo lo dora,
Mil cambiantes vistosos,
Que de nuevo lo adornan;
　Los vuelitos fugaces
Con que ora parte, y ora
En tu falda ó tu seno
Arrullando se posa:
　Cuán donosa se bulle,
Y ajitándose loca
En sus vueltas y jiros
Sin cesar huye y torna.
　Hoy es jóven, y brilla
Con las gracias hermosas
De la niñez, que pasan
En un punto cual sombra.
　Vendrá un dia en que solo,
Muda, helada, llorosa,
De bien tanto le queden
Las punzantes memorias.
　De tu paloma, ó Fíli,
Leccion en tiempo toma,
Antes que al triste ocaso
Tu claro sol trasponga.

ODA XXII.

Pensando en tu paloma,
Me dió el Amor un sueño:
Dormíme; atiende, Fili,
Lo que finjió el deseo.
　En su pichon trocado,
Por mis ardientes ruegos,
En ella no sé cómo
Tambien te mudó el cielo.
　Yo al verte así, perdido
Con mil donosos juegos

Y sentidos arrullos
Te rodeaba inquieto.
　Ya la cola tendia;
Ya con un blando vuelo
Me alejaba; y con otro
Luego torné mas tierno.
　Tú me esquivabas cruda;
Pero de amor el fuego
Te hirió al fin, y sentiste
El dulce afan que siento.
　Oficiosos entónces,
Para los albos huevos
Fabricamos un nido
Del mas mullido heno.
　Los cobijaste blanda:
Salieron los polluelos;
Y al mirarnos, mi Fili,
Renacido en ellos,
　El alma se llagara
De otro mas dulce afecto:
Y en celestial ternura
Trasportados sin seso,
　De nuestros tiernos hijos
Con solícito anhelo
Ni un instante apartamos
Nuestros unidos pechos.
　A la par los cubrimos:
A la par el sustento
Les diéramos lanzado
De nuestro mismo seno.
　Por sus débiles vidas
Leve un soplo de viento
Nos turbara furiosos
Volando á defenderlos.
　Hasta que al fin del nido
Mayorcillos huyeron;
Y nosotros tornamos
A labrar nido nuevo.

ODA XXIII.

Inquieta palomita,
Que vuelas y revuelas
Desde el hombro de Fílis
A su halda de azucenas;
　Si yo la inmensa dicha
Que tú gozas, tuviera,
No de lugar mudara,
Ni fuera tan inquieta.
　Mas desde el halda al seno
Solo un vuelito diera;

Y allí hallara descanso,
Y allí mi nido hiciera.

ODA XXIV.

¿Sabes, ó palomita,
Sabes, di, lo que envidio?
Ea pues, si lo aciertas,
Tienes un beso mio.
　¿Las ciencias? ¡ó inocente!
Las ciencias son delirios
De necios orgullosos,
Mal hallados consigo:
　Prometen grandes cosas,
Y al cabo en tantos siglos
A ningun triste dieran
En su dolor alivio.
　¿Y puestos? no los quiero:
Que son un precipicio;
Y aunque en cadena de oro,
Siempre estaré cautivo.
　El nombre no me importa:
Por cierto que un sonido,
Que á veces no se alcanza
Despues de mil peligros,
　Merece estos afanes.
Inocente y tranquilo
Viva yo; y mas que ignoren
Mi nombre mis vecinos.
　Dirás que las riquezas...
¿Qué me presta su brillo,
Si gozo yo sin ellas
De cantares y vino?
　El oro á quien lo tiene
Da sustos infinitos:
¿No valen mas sin ellos
Pobreza y regocijo?
　¿Pues qué será? de Fili
Disfrutar los cariños,
Y como tú, quedarme
En su falda dormido.

ODA XXV.

¿Para qué, atrevidilla,
Me has robado esa rosa,
Y entre blandos arrullos
En el pico la tomas?
　¿Embebece tus ojos
El carmin de sus hojas,
O tu nariz regala

Su delicado aroma?
 ¿Qué tienes tú, avecilla,
Con esa flor, la gloria
Del alegre verano,
Las delicias de Flora?
 ¿Esa flor que Amor quiere
Que sus gracias la pongan
O en el seno nevado,
Donde él bulle y retoza;
 O en un cabello de oro
Y en galana corona,
Que á par orne y releve
De sus rizos la pompa?
 Cesa pues en tu juego,
Cesa, dulce paloma;
Y el don dame que aguardo
Para mi Fili hermosa.
 ¡Pero oyendo su nombre,
Con amable zozobra
Te conmueves y jimes,
Y mas hueca te entonas!
 ¡Y en su busca tendiendo
Las alas voladoras,
Vas ufana á ofrecerle
La rosa que me robas!
 Ponla, ponla en su seno:
Y subiendo á la boca
Con tu lindo piquito
De sus néctares goza.
 Luego artera y festiva
Sobre sus altas pomas
Tus alitas batiendo
Sus delicias provoca.
 Si anhelante la vieres,
Cariñosa me nombra;
Quizá que en su embeleso
Mi nombre mejor oiga.
 Y mejor, disfrazadas
De tu arrullo á la sombra,
Mis finezas le suenen,
Mis suspiros acoja.
 ¡Cuál, palomita, envidio
La fortuna que logras,
Y seguirte en tus vuelos
Mi pasion ansia loca!
 ¡Ay! el alma me llevas
Con mi flor venturosa:
Si en un beso te pagan,
Presta á dármelo torna.

ODA XXVI.

Si yo trocar pudiera
Con májicos hechizos
Mi sér, ó trasformarme
Segun el gusto mio;
 Yo me mudara, ó Fílis,
En tu paloma; y nido
Hiciera donde mora
Cautivo el albedrío.
 El candor inocente
De mi pecho sencillo
En el tuyo ablandara
Los desdenes altivos.
 Entónces, ¡ó ventura
Inefable! ¡ó destino
De tu paloma! ¡ó suerte
Que mil veces envidio!
 Yo me viera en tu falda;
Y al punto de un vuelito
A posar en su seno
Me subiera atrevido.
 En él, ¡ay! me durmiera;
Las alas por cubrirlo
Tendiendo, cual si fuesen
Mis tiernos pichoncillos.
 De allí las dos mejillas
Que Amor de rosas hizo,
Con el pico, mil veces
Las hiriera atrevido.
 Luego en el hombro puesto
Con ardientes suspiros
El perdon á la muerte
Te pidiera rendido.
 Y al punto á los ojuelos
Volando, con mil jiros
Alegres divirtiera
Mi ciego desvarío.
 De tu purpúrea boca
Tomara con el pico
La ambrosía mas pura,
De tus manos el trigo.
 Tal vez tú me halagaras:
O al seno en mis deliquios
Me aplicaras, y oyeras
Mi arrullo y mis quejidos.
 ¡Oh dicha imponderable!
¡Oh paloma! ¡ó cariño
Mal gastado! ¡quién fuera
Lo que necio imajino!

Galatea,

ó la

ILUSION DEL CANTO.

ODA I.

EL CANTO.

¡Cuanto tu voz divina
Me encanta! ¡en qué deliquio
Mi espíritu fallece
Tan dulce son sus trinos!
  Por ellos arrastrado,
Sin poder resistirlo,
Al piano, do despliegas
Tu amable poderío;
  Mientras los albos dedos
Vagando en presto jiro
Se pierden á la vista
Solícita en seguirlos;
  Cuando tú, Galatea,
Repites los jemidos
De Dido abandonada,
Yo jimo á par contigo.
  Cuando le das grandiosa
A la voz mayor brillo,
De Jove en los banquetes
Minerva te imajino.
  Infeliz Ariadna
Con penetrantes gritos
Persigues á Teseo,
Y al pérfido maldigo.
  Si á Anjélica retratas,
O el zeloso delirio
De Orlando, me estremece
Tu enojo vengativo.
  Si en pos el embeleso
De dos amantes finos,
O de una ausencia triste

Los flébiles martirios
Sensible representas;
De la ficcion me olvido,
Y en su lugar me pongo,
Y exhalo mil suspiros.
  En la falaz Armida
Al imperio divino
De tu májico canto
Cual Reinaldos te sigo.
  Sollozas, y yo anhelo;
Lloras, y en largos hilos
Las lágrimas me corren;
Te alegras, y yo rio.
  Mísera desfalleces,
Y en tu silencio mismo
Desfallezco, tus ayes
Resonando en mi oido.
  Si donosa te burlas
Con juguetes festivos,
Celebrándote todos,
Yo enmudezco á su hechizo.
  Amenazas airada,
Y cobarde me aflijo;
Aplácaste, y aliento;
Si te indignas, me irrito.
  Siendo tal mi entusiasmo,
Y el celestial prestijio,
Que al verte y escucharte
Me embarga los sentidos,
  Que embriagado en su gloria
Mi corazon sencillo,
(Perdona, Galatea,)
Esclamo sin arbitrio:
  ¡Por qué, ay, volver no puedo
Con mi boca perdido

El placer á su boca,
Que yo de ella recibo!

ODA II.

LA SUPLICA.

Amable Galatea,
¿Qué gracia inesplicable
Se siente en tus acentos,
Me eleva al escucharte?
　¿De dó, hechicera, viene,
Que en trinos tan suaves
Siempre medrosa dudes,
Desfallecida clames?
　¿Que busques en tus letras
Las que mejor las artes
Y las inmensas dichas
Sepan de Amor pintarme?
　Ya ni repite el piano
La música brillante,
Que armónica igualara
Los coros celestiales;
　Ni tú del estro llena
Que veces mil probaste,
Sublime te arrebatas
De Jove igual al ave,
　Que en el inmenso espacio,
Tendiendo sus reales
Y voladoras alas,
Se pierde de los aires.
　Hoy todo amor tu canto,
Blanda, halagüeña, fácil,
Los quiebros son suspiros,
Las fugas tristes ayes.
　Te elevas con su nombre:
Parece al pronunciarle
Que en tu aquejado pecho
Todas sus llamas arden:
　Que en tu embeleso grato
De lo hondo dél te sale,
Buscando donde logre
Feliz depositarse.
　Si un corazon por templo
Sencillo y fiel buscase,
Yo sé bien, Galatea,
Donde él pudiera hallarle:
　Do el mas ferviente culto,
Mas puro, mas constante,
Por siempre alcanzaria,
Que en sér humano cabe.

　¡Mas tú me miras triste,
Suspiras; y cobarde
Ni música ni letra
Seguir turbada sabes!
　¿Qué? ¿si en su red dichosa
Ya presa te debates,
Podrá de ser sensible
Tu honor avergonzarse?
　¿Es por ventura un yerro
Sus ansias inefables
Feliz sentir en uno
Con un rendido amante?
　¿Y en gozos y en deseos,
Y fe y ternura iguales,
En solo un sér dos almas
En su éstasi tornarse?
　¡Ventura inconcebible,
Y ante quien nada vale
Cuanto soñarse puede
De mas glorioso y grande!
　No, dulce Galatea,
Por mas que lo disfrazes,
Ni es tu pecho de hielo,
Ni estraña tú á mis males.
　Cede, ¡ay! veraz; y blanda
Mi ruego un sí te alcanze;
Un sí, que el mas dichoso
Me hará de los mortales.

ODA III.

LA DECLARACION.

¿Sera, mi bien, posible
Que la delicia misma
Que yo en oirte siento,
Tú gozas con mi vista?
　¿Qué la emocion sabrosa
Que con tu voz divina
Causas en mí, te alcanza
Por dulce simpatía?
　¿Que si á Ariadna finjes,
Ó á la hechicera Armida,
Tus apenados ayes
A mí dirijes fina;
　Y en tus alegres cantos
Con tu favor me brindas,
Y en tus brillantes trinos
Mi timidez animas?
　Acordes con tus labios
Tus ojos me lo indican,

Si crédulo el deseo
No sueña tanta dicha.
　No sueña, Galatea,
No sueña, que espresiva
Tu voz, y jesto, y tono,
Que soy feliz publican.
　Con un suspiro ardiente
Tú propia me lo afirmas:
¡Suspiro venturoso!
Que mi alma vivifica.
　¡Que soy feliz tu labio,
Mirándome rendida,
Repite, y tierna estrechas
Tu mano con la mia!
　¡Y débil el aliento,
De grana las mejillas,
La frente ruborosa
Sobre mi pecho inclinas!
　No puedo á gloria tanta
Bastar: por siempre unidas,
Mi bien, nuestras dos almas
Para adorarse vivan:
　Y en los floridos lazos
Con que el Amor las liga,
En voluntad concordes
Anhelen, gozen, jiman;
　Sin que jamás ni sombras,
Ni duelos nos dividan,
De finos amadores
Emulacion y envidia.
　Yo te idolatro ciego;
Págame tú sencilla;
Feliz nuestro embeleso
Se aumente cada dia:
　Y mas y mas amantes,
La copa de delicias
Sedientos apuremos,
Que Vénus fiel nos brinda.

ODA IV.

MI EMBELESO.

Repite, Galatea,
Repite la cantata,
En que el feliz delirio
De tu pasion declaras;
　Y los trinos ardientes
Con que juras que me amas,
O los flébiles ayes
Que ocultándolo exhalas:

Aumentando tus ojos
Y halagüeñas miradas,
El sublime embeleso
De tu dulce garganta.
　Que sus vivas centellas
Me penetren el alma;
O en el cielo enclavados,
Con tu hechicera gracia
　A una vírjen semeja,
Que á sus mansiones claras
Entre ahincados suspiros
Estática se lanza.
　Que tu rostro se anime
Con la inefable gracia
Del pudor y el deseo,
Que alternados te inflaman;
　Y cediendo al impulso
Que á gozar te arrebata,
Por pintarme mas vivos
Tu cariño y tus ansias;
　A mí un tanto te inclina,
Cual si ciega anhelaras
Redoblar las delicias
En que ya me embriagas.
　Nada en fin, Galatea,
Nada olvides, que valga
Para hacer de tu canto
Mas completa la majia.
　En mí, que embebecido
Te contemplo, no hay nada,
Que el imperio no sienta
De tu voz soberana.
　En ti sola el oido,
Las pasiones en calma,
Libertad, y alma, y vida
De tu lengua colgadas;
　Mi sangre se enardece,
Trémulas mis palabras,
En una espesa nube
Los ojos se me apagan:
　Y frenético el pecho,
Mientras mas lo regalas
Con tus trinos suaves,
Mas y mas te idolatra.

ODA V.

MIS DESEOS.

¡Cuan dulce es, Galatea,
Nuestra ignorada suerte;

Y Amor qué de embelesos
En ella nos ofrece!
 ¡Cómo embriagada el alma
De un éstasi celeste,
Solo feliz respira
Delicias y placeres!
 ¡Con qué emocion tan tierna
Mi labio una y mil veces
Te jura que te adora,
Fe eterna te promete!
 Tú fina me respondes
Con votos mas ardientes;
Y ciega entre mis brazos
De amores desfalleces.
 ¡Cuánto, adorada, cuánto
Tus trinos me conmueven,
Me inflaman tus suspiros,
Tus ojos me enloquecen!
 Tus ojos, que en mi pecho
Tan alto imperio tienen,
Que en sola una mirada
Se alegran ó entristecen.
 Deja pues, Galatea,
Que con aplauso suenen
Allá los que del mundo
Las glorias apetecen:
 Nosotros en olvido
Del tiempo y de las jentes,
Tranquilos los favores
Gozemos de Citéres.
 Y léjos ya las nubes
Que á nuestra dicha ofenden,
El iris de tus gracias
Lumbroso se despliegue.
 En el ceñudo invierno
Los vientos inclementes
Bramando desatados
Los montes estremecen:
 La blanda primavera
La ansiada paz nos vuelve,
Y en calma bonancible
Su estrépito adormece.
 Los dias mas tranquilos
Son siempre mas alegres,
Venero inagotable
De gozos inocentes.
 Faustos los nuestros rian
Cual ora amando siempre:
El canto y dulces hablas
Sus prestas horas llenen.
 Y loco y turbulento

Que el vulgo se despeñe;
O la ambicion hinchada
De sueños se alimente.

ODA VI.

EL CANTO SUPLIDO POR MIS VERSOS.

 ¡Oh, si feliz mi labio
Dulce seguir pudiera
Los suavísimos quiebros
De tu garganta bella!
 ¡Si el dios de la armonía,
Como me da las letras,
Sus tonos me inspirase
Benévolo con ellas!
 ¡Cuán suelto, cuán ufano,
Divina Galatea,
Mi acento acompañara
Tu armónica cadencia;
 Y unidas nuestras voces
Cual nuestras almas tiernas,
Las auras sonarian
Nuestra ventura inmensa!
 Si tú de amor jimieses
Con su abrasada flecha
Llagada, mis suspiros
Tus ayes repitieran.
 Seguirte aunque de léjos
Oyérasme, halagüeña
Cantando tú las glorias
De la alma Citerea.
 O si en alegres trinos
Parlera tu vihuela,
Pintase las delicias
Que nuestro ser anegan,
 Mi vivo y alto acento
Subiera á las estrellas,
Porque ellas lo envidiasen,
El gozo que en mí reina:
 Diciéndoles que nada
Al éstasi semeja
De nuestra union dichosa,
¡Que haga el Amor eterna!
 Y acordes nuestros labios
Con las sonoras cuerdas,
Tú el eco de mis ansias,
Yo el de las tuyas fuera.
 Ya que este anhelo es vano,
Deja, adorada, deja
Que el grato objeto llenen

Mis versos de la lengua;
Y si en dolientes modos
Fina la tuya espresa,
Que á mí el Amor te liga
Con su feliz cadena,
Mi musa le responda,
Loca, embriagada, llena
De cuanto mas ardiente
En su pasion se encuentra:
Que en este fausto nudo
Mi dicha está suprema,
Mil veces mas subida
Que cuanto tu alma sienta.

ODA VII.

EL GABINETE.

¡Qué ardor hierve en mis venas!
¡Qué embriaguez! ¡qué delicia!
¡Y en qué fragante aroma
Se inunda el alma mia!
Este es de amor un templo:
Do quier torno la vista,
Mil gratas muestras hallo
Del númen que lo habita.
Aquí el luciente espejo
Y el tocador, do unidas
Con el placer las Gracias,
Se esmeran en servirla:
Y do esmaltada de oro
La porcelana rica
Del lujo preparados,
Perfumes mil le brinda;
Coronando su adorno
Dos fieles tortolitas,
Que entreabiertos los picos
Se besan y acarician.
Allí plumas y flores,
El prendido y la cinta
Que del cabello y frente
Vistosa en torno jira;
Y el velo que los rayos
Con que sus ojos brillan,
Doblándoles la gracia,
Embozā y debilita.
Del cuello allí las perlas,
Y allá el corsé se mira,
Y en él de su albo seno
La huella peregrina.
¡Besadla, amantes labios.....!
¡Besadla...! mas tendida
La gasa que lo cubre,
Mis ojos allí fija.
¡O gasa....! ¡qué de veces....!
El piano.... ven, querida,
Ven, llega, corre, vuela,
Y mi impaciencia alivia.
¡Oh! ¡cuánto en la tardanza
Padezco! cuál palpita
Mi seno! ¡en qué zozobras
Mi espíritu vacila!
En todo, en todo te halla
Mi ardor.... tu voz divina
Oigo feliz.... mi boca
Tu süave aliento aspira.
Y el aura que te halaga
Con ala fujitiva
De tus encantos llena,
Me abrasa y regocija.
¿Mas si serán sus pasos....?
Sí, sí; la melodía
Ya de su labio oyendo,
Todo mi sér se ajita.
Sigue en tus cantos, sigue:
Vuelve á sonar de Armida
Los menazantes gritos,
Las májicas caricias.
Trine armonioso el piano;
Y á mi rogar benigna,
Cual ella por su amante,
Tú así por mí delira.
Clama, amenaza, jime;
Y en quiebros y ansias rica,
Haz que ardan nuestros pechos
En sus pasiones mismas.
Que tú cual ella anheles
Ciega de amor y de ira;
Y yo rendido y dócil
Tu altiva planta siga.
¡Y tú sostenme, ó Vénus!
Sostenme, que la vida
Entre éstasis tan gratos
Débil sin ti peligra.

ODA VIII.

EL JILGUERO.

Encantada mi Erato
De mirar cómo ceden
A sus dedos fugaces

Las teclas obedientes,
Preludiaba en el piano
Mil graciosos juguetes,
Sin que el labio canoro
Sus compases siguiese.
 Pero el lindo jilguero
Que, entre doradas redes,
Su cuidado y delicia,
Plácido á un lado pende,
 Herido de los sones
Se sacude y conmueve,
Presta atento el oido,
Y vivaz enloquece,
 Súbito desatando
Su piquito, que alegre
Las tocatas y juegos
Muy mas dulces nos vuelve
 Redoblando donoso
Con su voz elocuente
Cuantos trinos y fugas
En la música advierte.
 Galatea gozosa,
Para mas encenderle,
Entre risas y mimos
Nuevos tonos le ofrece;
 Y el colorin ufano
Los escucha y aprende,
Y con glosas mas bellas
Nuestro oido embebece;
 Sin cesar en los quiebros
Ni apurar sus motetes,
Que varía triunfante,
Y á sí mismo se escede.
 Hasta que por seguirle
Dió muy bien de repente
De su acento á las auras
La armonía celeste;
 Que colmando mi pecho
Del mas puro deleite,
Impresion tan profunda
Causó en él y tan fuerte,
 Que ya no fué posible
Ni que el pico despliegue,
Ni una sola piada
Provocado volviese.
 Y abatido y cobarde,
Pero atónito atiende,
Si la letra repite,
Si otra nueva previene.
 ¿Y qué fué? que la envidia
Le tomó, aunque inocente,
VI.

De que en música y trinos
Su señora le vence;
O gritóle el respeto:
Temerario, ¿qué quieres?
Con la diosa del canto
Confundido enmudece.

ODA IX.

LA INCERTIDUMBRE.

 ¡Oh! ¡cuán hermosa al piano
Te ostentas, Galatea!
¡Cómo á par que el oido
Tras tí los ojos llevas!
 ¡Con qué inefable gracia
Al preludiar despliegas
Tus manos enarcadas
Sobre las albas teclas!
 ¡Cómo los sueltos dedos
En el marfil se asientan,
Y en concertado jiro
Van, vienen, saltan, ruedan!
 Mientras con aire noble
Revuelves la cabeza,
Y al auditorio absorto
Sublime enseñoreas;
 En mil donosos rizos
La blonda cabellera,
Cual la alba y clara luna
Tu frente se despeja.
 Los rutilantes ojos
Con timidez modesta
Parece que sus luces
Cobardes escasean:
 Mas súbito animada
La celestial hoguera
De sus brillantes rayos,
No hay quien fijarlos pueda.
 Tú afable sobre todos
De nuevo los rodeas,
Como agraciar queriendo
Los pechos que sujetas;
 Y todos de tal dueño
El yugo dulce anhelan,
Y siervos venturosos
Adoran sus cadenas.
 Una sonrisa grata
Sobre tu rostro juega,
Y que ya el estro sientes
En tu inquietud se muestra.

Abres en fin el labio:
¡Oh quién, mi bien, pudiera
Pintar cuál nos sojuzga
Su armónica cadencia!
 ¡Cuánto ajitado el pecho
Con tu reir se alegra,
Con tus suspiros jime,
Con tu trinar se eleva!
 Muy lejos y eclipsado
Con su impresion se queda
Cuanto el injenio un dia
Finjió de las sirenas.
 Estático el oido,
De gloria el alma llena,
Y el corazon parado
Aun á alentar se niega.
 Mientras, ¡ó de tus voces
Irresistible fuerza!
Cual gustas nos inflamas,
Concitas ó serenas.
 No hay cláusula que un dardo
Dulcísimo no sea,
Ni afecto, pausa ó fuga,
Que el seno no conmueva.
 El tuyo turbulento
Retrata la tormenta
Que en lo ínterior te ajita,
Y el canto ardiente espresa
 Un débil, ¡ay! lo abate,
Un trino lo releva,
Y otro y otros mas vivos
Su ondulacion aumentan:
 La nieve de tu rostro,
La grana en que risueñas
Se tiñen tus mejillas,
Se inflaman y se alteran.
 Tornátil la garganta
Reluce muy mas bella
Del lleno que á su lampo
La firme voz le presta.
 Y toda tú pareces
A Clio allá en las mesas
De Jove en lira de oro
Cantando su grandeza.
 Galatea adorada,
Reina en el piano, reina;
Y con tu voz y gracias
Cautiva y embelesa.
 Reina: que entre una y otras
El alma duda incierta
Cuál en tí es mas sublime,

Tu labio, ó tu belleza.
 Te ve, y á la hermosura
La palma le presenta;
Te escucha, y á tus trinos
Absorta se la entrega.

ODA X.

EL CONSEJO.

No tan rápido el labio
De tono y letras trueque;
Ni así, hechicera amable,
Con mis afectos juegues.
 Mírote yo en un punto
Ya bulliciosa, alegre,
De la inconstancia el vuelo
Pintarme en tus motetes:
 Ya en derretido labio
Sensible embebecerme
Con las delicias puras
De dos amantes fieles;
 Ya con ardiente grito
Colérica, demente,
Colmar de imprecaciones
A algun Teseo aleve;
 O ya en helado acento
Hacer que el eco suene
De la tibieza misma
Los áridos placeres.
 El alma y el oido
Seguir apenas pueden
La lijereza suma,
Que en tus mudanzas tienes:
 Mudanzas que te pintan
Muy mas inquieta y leve
Que las turbadas olas,
Que en medio el Ponto hierven:
 Mas que el voluble soplo
Con que fugaz se pierde
En su carrera el viento
Por las floridas mieses:
 Mas que del sol la llama,
Cuando en las aguas hiere,
Y en rápidas centellas
De aquí y de allá se vuelve.
 No, Galatea amable:
Si en nuestros pechos quieres
Que las pasiones ardan,
Que con tu voz enciendes;
 Un tono y una letra

Concordes dulcemente
Con tu interior, retraten
Cuanto en el alma sientes.
 Deja esos vanos juegos,
En que por mal se aprende
A no sentir, á fuerza
De andar mudando siempre.
 Y el corazon que ahora,
Sobresaltado al verte
Tanto en el canto vaga,
Lo mismo en tu amor teme;
 Podrá en quietud gloriosa
Beber todo el deleite
Del armonioso piano,
De tu trinar celeste.
 Mira el brillante insecto,
Que en su inquietud perenne,
Tocando flores tantas,
Ninguna gozar puede;
 Y con su ejemplo cuerda,
Si ser feliz pretendes,
De la inconstancia loca
Jamás ventura esperes.

ODA XI.

MIS REZELOS.

 ¿Qué sombras oscurecen
Tu plácido semblante?
¿Por qué elevada y triste
No aciertas á mirarme?
 Mi lira y mis canciones,
Mis juegos y donaires,
Que un dia al cielo alzabas,
Ya tibia te desplacen.
 Te busco, y tú me evitas;
Penado voy á hablarte,
Y airada no me escuchas,
O en quejas te deshaces.
 Pretendo verte á solas,
Y siempre llego tarde;
De alguno acompañada,
Que dobla mis pesares.
 Bien mio, ¡qué de veces
Dolida me culpaste
De que un momento solo
Al plazo yo faltase!
 Este fugaz momento
Que á un tibio nada vale,
Decias, ¡qué de dichas
Dar puede á dos amantes!
 Anhelo que me alegren
Tus trinos celestiales;
Y esquiva lo desdeñas,
O jimes tristes ayes.
 ¿Qué es esto, Galatea?
¿Por qué despegos tales,
Y huir de quien te adora,
Y á mi rogar negarte?
 ¿Tuvo jamás mi pecho
Secreto que ocultase
De ti, mi bien? el tuyo
Solo esconderlos sabe.
 Todo á los dos nos rie:
A nuestro tierno enlace
Aplaude Amor: sus auras
Nos soplan favorables.
 Un velo misterioso
De la calumnia infame
Nos guarda; y mas subidas
Nuestras delicias hace.
 ¡Y aun dudas y rezelas!
¡Y en tu callar constante,
Inanimada estatua
Te gozas en mis males!
 Tú que lo hallabas todo
En tu pasion tan fácil;
Y algun tiempo solias
Por tímido burlarme;
 ¿De dónde estos cuidados,
De dónde, amada, nacen?
¿Por qué de tan resuelta
Te has vuelto tan cobarde?
 O ciertas son mis dudas,
Que tiemblo, y tú combates,
¡Cruel! ó en aflijirme
Tan solo te complaces.

ODA XII.

LA GUIRNALDA.

 Mientras tú regalabas,
Galatea, mi oido
En tu armónico piano,
Con tus célicos trinos,
 Yo las flores mas lindas
Robé á este canastillo,
Que el Amor á mi mano
Presentara benigno:
 Y casando con arte

Sus colores mas finos,
Vé la hermosa guirnalda
Que feliz he tejido.
   Mira el jazmin cuál hace
Los matices mas vivos
Del alelí, y la rosa
Cómo luce entre lirios.
   Sale el verde en los tallos,
Relevando sombrío
Ya la anémona bella,
Ya el clavel purpurino.
   Y entrelazada y rica
De un amoroso mirto,
De Citéres y Flora
Une á par los dominios.
   Mas si al gusto no alcanza,
Ni al primor esquisito
Que atesoran tus manos,
Y en tus obras admiro;
   A lo menos es muestra
Del mas tierno cariño
Que abrigó amante pecho;
Y por tal te la rindo.
   Deja pues que realze
Su galano atavío
De tu frente la nieve,
De tus trenzas el brillo;
   Deja, deja que el labio,
Cuando de ella las ciño,
Y al compás de tu acento
Te repita sencillo:
   «A la diosa del canto,
Cuyo canoro hechizo
Si allá dulce sonara
Conmoviera el Olimpo,
   «En señal reverente
Del éstasi divino
En que oyéndola caigo,
Humilde la dedico.»

ODA XIII.

MIS SOSPECHAS.

Si, cruda Galatea,
Tu corazon inquieto
Abriga en daño mio
Algun infiel deseo.
   En vano me lo escondes:
Tus trémulos acentos,
Tu confusion, tus pasos,
Todo lo está diciendo.
   No mis sospechas nacen
De cavilosos zelos;
Ni necio en mis visiones,
Cual dices, devaneo.
   La música fué siempre
Del alma un fiel espejo,
Do involuntarios brillan
Sus íntimos afectos.
   La tuya que otras veces,
Cual tu inocente seno,
Mas plácida sonaba
Que un liquido arroyuelo
   Va en el florido prado
Con susurrante juego,
Del oido y los ojos
Delicia y embeleso:
   Hoy misteriosa y vaga,
Con sus falaces quiebros
Me enseña que tus pasos
Son, desleal, lo mesmo.
   Que no es la ciega suerte
Quien hace que sus ecos
Reclamo sean seguro
De ese rival que temo:
   De ese rival odioso,
Que donde quier molesto
Siguiéndonos, parece
Ser sombra de tu cuerpo.
   ¡Cruel....! ¡si artificiosa
Citándole....! yo veo
Las negras tempestades
Amenazar de lejos.
   De mis ilusos ojos
Se ha descorrido el velo:
Y en mil y mil cuidados
Se abisma el pensamiento.
   ¡Oh, quiera, Galatea,
Quiera benigno el cielo
Que de mi fiel cariño
Puedan llamarse sueños;
   Y tú riente y blanda
El íris seas sereno,
Que en tan revueltas olas
Me dé la paz que anhelo!

ODA XIV.

LA MUSICA AFECTADA.

No culpes, Galatea,

Si el pecho no responde
Cual ántes al imperio
De tus canoras voces;
  Si deslumbrado de ellas
Y atónito las oye,
Sin que suspire tierno,
Ni de placer zozobre:
  Que al verlo así enredado,
Tu labio desconoce
Entre ese laberinto,
Que la verdad me esconde.
  Ya en vez de aquellos dulces
Cuanto sencillos sones,
Que fáciles pintaban
Tus gozos y temores;
  De aquellos blandos ayes,
Suavísimos arpones
Que traspasar pudieran
Un corazon de bronce;
  Difícil y estudiada
Lucirme te propones,
Profusa en tus gorjeos,
Del arte los primores.
  Él los admire; y deja
Que yo incómodo note
Que así para perderte
La vanidad te adorne;
  Cual cortesana altiva,
Que por brillar escoje
Las galas que la afean,
En vez las lindas flores,
  Que agracian las zagalas,
Y en su sencillo porte
En las almas despiertan
Tan plácidos amores.
  Clara, fácil y pura
La voz de las pasiones,
Ora vehementes truenen,
Ora apenadas lloren;
  Solo un sollozo, un grito,
Un débil, ¡ay! nos rompe
De ellas lanzado el pecho,
Y en ansias mil lo pone:
  Cual el pio doliente
Que en la lóbrega noche
Solitaria despide
Filomena en el bosque.
  Hasta el silencio mismo
A que el dolor se acoje,
Cuando el cruel despecho
Sin compasion la roe;

Muy mas al alma dice,
Que ese tropel informe
Que en tu voluble labio
Cual un torrente corre:
  Ese tropel de quiebros
Que mi atencion absorve
Para ofuscarla, estéril
En dulces emociones.
  Si pues cual veces tantas
Buscas que el seno acorde
Con tus acentos ria,
Suspire, anhele, goze;
  Vuélveles, Galatea,
A mi súplica dócil,
La sencillez amable,
Que me hechizaba entónces.

ODA XV.

LA RECONVENCION.

¡Qué mal tus juramentos
Y el entusiasmo ardiente,
Con que un amor constante
Falaz probarme quieres;
  Con tus volubles pasos,
Con el fatal billete,
Con todo cuanto miro,
Galatea, conviene!
  En vano, en vano intentas
Las nubes deshacerme,
Que tu decoro manchan,
Mis glorias oscurecen.
  Las que tú sombras llamas,
Son muestras evidentes
De mi abandono injusto,
De tu inconstancia aleve.
  De mi rival dichoso
Yo ví la altiva frente
Ornar de Amor el mirto,
Las rosas de Citéres:
  Te ví por inflamarle
Solícita prenderte,
Y al valle como loca
Salir por solo verle.
  Ciervilla apasionada
Que en su furor vehemente
Corre el monte, y bramando
Los aires ensordece:
  Y víte al encontrarle
Perdida embebecerte,

Intérpretes los ojos
De tu pasion demente;
Con sus miradas tiernas
Las tuyas entenderse:
Con él gastar mil sales,
Conmigo mil desdenes.
En los canoros trinos
Que al hielo mismo encienden,
Te oí por él las ansias,
Que yo escuché otras veces.
Y en tu nevado seno,
¡Oh nunca yo lo viese!
De su delirio insano
Las señas aun recientes.
¡Y eres, ay, fementida,
La que jurarme sueles
Que triunfará tu llama
Del tiempo y de la muerte!
¡La que por mí en tus cantos
Dudas, rezelas, temes,
O en flébiles sollozos
Penada desfalleces!
Injusta Galatea,
No mas, no mas intentes
Con lágrimas y escusas
Falaz entretenerme.
No mas, no mas perjura,
Me tiendas ya tus redes:
Los rayos de tus ojos
Por falsos no me hieren.
Cesó el encanto, Armida;
En vano por prenderme
Artera en tu regazo
Delicias mil me ofreces.
Tus labios y tus ojos
Fascinan dulcemente:
Cuanto los dos afirman,
Tu pecho lo desmiente.
Conozco tu inconstancia;
Conozco que no puedes
Guardar ni un solo dia
Lo que falaz prometes.
No pues tu voz profane
Amores que no tienes;
Ni á quien te amó tan fino,

Mas, bárbara, atormentes:
Que el plazo no está lejos,
Si el cielo no pretende
Cual tú burlarme injusto,
En que el Amor me vengue:
En que tu impuro incienso
Su indignaciom desdeñe:
De su feliz morada
Te arroje para siempre:
Y tú en desprecio llores
Del mismo que hoy prefieres,
Lo nada que en él ganas,
Lo mucho que en mí pierdes.

ODA XVI.

EL ROMPIMIENTO.

¿Ves fósforo radiante
Que en el cielo tranquilo
Se enciende, corre y muere
En un momento mismo?
Tales, ó Galatea,
Por tu inconstancia han sido
Mis aparentes dichas,
Nuestro fugaz cariño.
Inopinado al soplo
Prendióse de un suspiro,
Que á tus dolientes ayes
Exhaló el pecho mio.
Corrió vivaz la llama
Por todos los delirios,
Que en su embeleso sueña
Amor correspondido.
Faltó por tus mudanzas
El pábulo á su brillo;
Y súbito entre sombras
Hundióse en el olvido.
Con él de tu garganta
Cesó el fatal prestijio;
Y amor que encendió el viento,
Cual viento se deshizo.
Quédate, pues, voltaria:
Tus meliosos trinos
A otro prendan que llore,
Mientras que yo libre rio.

LETRILLAS.

LETRILLA I.

EL AMANTE TÍMIDO.

«Si quiero atreverme,
«No sé qué decir.
En la pena aguda
Que me hace sufrir
El Amor tirano
Desde que te ví;
Mil veces su alivio
Te voy á pedir,
Y luego, aldeana,
Que llego ante ti,
«Si quiero atreverme,
«No sé qué decir.
Las voces me faltan,
Y mi frenesí
Con míseros ayes
Las cuida suplir;
Pero el dios que aleve
Se burla de mí,
Cuanto ansio mas tierno
Mis labios abrir,
«Si quiero atreverme,
«No sé qué decir.
Sus fuegos entónces
Empieza á sentir
Tan vivos el alma,
Que pienso morir.
Mis lágrimas corren,
Mi agudo jemir
Tu pecho sensible
Conmueve; y al fin
«Si quiero atreverme,
«No sé qué decir.
No lo sé, temblando,
Si por descubrir

Con loca esperanza
Mi amor infeliz,
Tu lado por siempre
Tendré ya que huir:
Sellándome el miedo
La boca; y así
«Si quiero atreverme
«No sé qué decir.
¡Ay! ¡si tú, adorada,
Pudieras oir
Mis hondos suspiros!
Yo fuera feliz.
Yo, Filis, lo fuera,
Mas ¡triste de mí!
Que tímido al verte
Burlarme y reir,
«Si quiero atreverme,
«No sé qué decir.

LETRILLA II.

Á UNOS LINDOS OJOS.

«Tus lindos ojuelos
«Me matan de amor.
Ora vagos jiren,
O párense atentos,
O miren esentos,
O lánguidos miren,
O injustos se airen
Culpando mi ardor;
«Tus lindos ojuelos
«Me matan de amor.
Si al fanal del dia
Emulando ardientes,
Alientan clementes
La esperanza mia;
Y en su halago fia

Mi crédulo error,
 «Tus lindos ojuelos
 «Me matan de amor.
Si evitan arteros
Encontrar los mios,
Sus falsos desvíos
Me son lisonjeros.
 Negándome fieros
Su dulce favor,
 «Tus lindos ojuelos
 «Me matan de amor.
Los cierras burlando,
Y ya no hay amores,
Sus flechas y ardores
Tu juego apagando:
 Yo entónces temblando
Clamo en tanto horror,
 «¡Tus lindos ojuelos
 «Me matan de amor!
Los abres riente,
Y el Amor renace,
Y en gozar se place
De su nuevo oriente;
 Cantando demente
Yo al ver su fulgor,
 «Tus lindos ojuelos
 «Me matan de amor.
Tórnalos, te ruego,
Niña, hácia otro lado,
Que casi he cegado
De mirar su fuego.
 ¡Ay! tórnalos luego,
No con mas rigor
 «Tus lindos ojuelos
 «Me maten de amor.

LETRILLA III.

LA GUIRNALDA.

 «Mi linda guirnalda
 «De rosa y clavel.
De las tiernas flores
Que da mi verjel,
Cuantas ví mas lindas
Con afan busqué;
 Y aun entre ellas quise
De nuevo escojer,
Las que entrelazadas
Formasen mas bien
 «Mi linda guirnalda

 «De rosa y clavel.
Los ricos matices
Que vario el pincel
En ellas de Flora
Sabe disponer,
 Del gusto guiado
Tan feliz casé,
Que es gozo y envidia
De cuantos la ven,
 «Mi linda guirnalda
 «De rosa y clavel.
Sentí al acabarla
Tan dulce placer,
Que al Niño vendado
La quise ofrecer.
 No, luego me dije,
Que es falso y cruel;
Y de la inocencia
Premio debe ser
 «Mi linda guirnalda
 «De rosa y clavel.
Allá en sus pensiles
Él puede cojer
Guirnaldas, que ciñan
Su pérfida sien;
 Mientras mi respeto
Consagra á los piés
Del decoro amable,
Del recato fiel,
 «Mi linda guirnalda
 «De rosa y clavel.
No la esquive, niña,
Tu áspero desden;
O bajes los ojos
Con mas timidez:
 Ni en tanta vergüenza
Te mire yo arder,
Que venza tu rostro
Por su rosicler
 «Mi linda guirnalda
 «De rosa y clavel.
Sobre tu cabello
Déjala poner,
Que en don tan humilde
Nada hay que temer.
 Verás cuál se luce
Con su blonda red,
Y de tu alba frente
Con la hermosa tez,
 «Mi linda guirnalda
 «De rosa y clavel.

Las flores son galas
De la sencillez:
Tu beldad sencilla
Digna de ellas es:
 Dignas tus virtudes
De mas alto bien.
Admite pues, niña,
Admite cortés
 « Mi linda guirnalda
 « De rosa y clavel.
 ¡Y ojalá te mire
Tanto florecer,
Que eternos loores
Los siglos te den!
 ¡Ojalá á tu mando
Las dichas estén!
Cual ora por feudo
De tus gracias ves
 » Mi linda guirnalda
 » De rosa y clavel.

LETRILLA IV.

LA LIBERTAD A LICE.

Traduccion del Metastasio.

Merced á tus traiciones,
 Al fin respiro, Lice,
 Al fin de un infelice
 El cielo hubo piedad:
 Ya rotas las prisiones
Libre está el alma mia;
No sueño, no, este dia
Mi dulce libertad.
Cesó la antigua llama,
 Y tranquilo y exento
 Ni aun un despique siento
 Do se disfraze amor.
 No el rostro se me inflama,
Si oigo tal vez nombrarte;
El pecho no al mirarte
Palpita de temor.
Duermo en paz, y no creo
 Tu imájen ver presente;
 Ni al despertar la mente
 Se empieza en ti á gozar.
 Lejos de ti me veo,
Y quieto estoy de grado,
Que nada en mí ha quedado,
Ni gusto ni pesar.
VI.

Si hablo en tus perfecciones,
 No enternecerme siento;
 Si mis delirios cuento,
 Ni aun indignarme sé.
 Delante te me pones,
Y ya no estoy turbado:
En paz con mi engañado
Rival de ti hablaré.
Mírame en rostro fiero,
 Háblame en faz humana:
 Tu altanería es vana,
 Y es vano tu favor:
 Que en mí el mandar primero
Perdió tu hablar divino;
Tus ojos no el camino
Saben del corazon.
Lo que me place ó enfada,
 Si estoy alegre ó triste,
 No en ser tu don consiste,
 Ni culpa tuya es:
 Que ya sin ti me agrada
El prado y selva hojosa;
Toda estancia enojosa
Me cansa aunque allí estés.
Mira si soy sincero:
 Aun me pareces bella;
 Pero no, Lice, aquella
 Que parangon no ha.
 Y (no por verdadero
Te ofenda) algun defecto
Noto en tu lindo aspecto,
Que tuve por beldad.
Al romper las cadenas,
 (Dígolo sonrojado)
 Mi corazon llagado
 Romper se vió, y morir:
 Mas por salir de penas
Y de opresion librarse,
En fin por rescatarse,
¡Qué no es dado sufrir!
El colorin trabado
 Tal vez en blanda liga;
 La pluma en su fatiga
 Deja por escapar;
 Mas presto matizado
Se ve de pluma nueva;
Ni canto con tal prueba
Le tornan á engañar.
Sé que aun no crees estinto
 Aquel mi ardor primero,
 Porque callar no quiero,

Y dél hablando estó:
 Solo el natal instinto
Me aguija á hacerlo, Lice,
Con que cualquiera dice
 Los riesgos que sufrió.
Pasadas iras cuento
 Tras tanto ensayo fiero:
De la herida el guerrero
 Muestra así la señal.
 Así muestra contento
Cautivo, que de penas
Escapó, las cadenas
 Que arrastró por su mal.
Hablo, mas solo hablando
 Satisfacerme curo:
Hablo, mas no procuro
 Que crédito me des.
 Hablo, mas no demando
Si apruebas mis razones:
Si á hablar de mí te pones,
 Que tan tranquila estés.
Yo pierdo una inconstante;
 Tú un corazon sincero:
Yo no sé cual primero
 Se deba consolar.
 Sé que un tan fiel amante
No le hallarás, traidora:
Mas otra engañadora
 Bien fácil es de hallar.

LETRILLA V.

REGALANDO UNOS DULCES Á UNA SEÑO-
RITA DE POCOS AÑOS.

A la mas dulce
De cuantas niñas
Del feliz Turia
La márjen pisan:
 A la preciosa
 Y amable Silvia
 Un dulce mimo
 Mi afecto envia.
 A la que artera,
Vivaz, festiva,
Puede á las Gracias
Causar envidia;
 Cuya persona
 Toda es delicias,
 Toda en su trato
 Sales y almíbar.

La que azucena,
Pura, sencilla,
Sin jemir hace
Que tantos jiman;
 Y en su inocencia
 Donosa y linda
 Arrastra esclavos
 Cuantos la miran.
 Cuyos ojuelos
La bondad misma
Son, y la boca
Fuente de risas.
 Mientra en su seno
Reinan unidas
La atencion grata,
La amistad fina:
 Seno, á quien nada
 Bajo mancilla,
 De almos afectos
 Felice mina.
¡Oh! en paz gloriosa
Por siempre vivas,
Sin que te anublen
Duelos ni cuitas:
 Todo te halague,
 Todo te ria;
 La suerte en todo
 Ciega te sirva.
 Ni en tus hervores
Nunca despidas
Otros suspiros
Que de alegría.
 Nunca; y el cielo
 Cual con benigna
 Lumbre á la tierra
 Plácido mira,
 Así riente,
La edad florida
Regale, adule,
Colme de dichas
 A la mas dulce
 De cuantas niñas
 Del feliz Turia
 La márjen pisan.

LETRILLA VI.

LA FLOR DEL ZURGUEN (*).

PARAD, airecillos,

(*) Así llamaba el autor á una niña muy bella,
del nombre de un valle cercano á Salamanca.

Y el ala encojed,
Que en plácido sueño
Reposa mi bien.
 Parad, y de rosas
Tejedme un dosel,
Do del sol se guarde
 «La flor del Zurguen.
 Parad, airecillos,
Parad, y veréis.
A aquella que ciego
De amor os canté:
 A aquella que aflije
Mi pecho cruel,
La gloria del Tórmes,
 «La flor del Zurguen.
 Sus ojos luceros,
Su boca un clavel,
Rosa las mejillas;
Y atónitos ved
 Do artero Amor sabe
Mil almas prender,
Si al viento las tiende
 «La flor del Zurguen.
 Volad á los valles;
Veloces traed
La esencia mas pura
Que sus flores den.
 Veréis, cefirillos,
Con cuánto placer
Respira su aroma
 «La flor del Zurguen.
 Soplad ese velo,
Sopladlo, y veré
Cuál late, y se ajita
Su seno con él:
 El seno turjente,
Do tanta esquivez
Abriga en mi daño
 «La flor del Zurguen.
 ¡ Ay cándido seno!
¡Quién sola una vez
Dolido te hallase
De su padecer!
 Mas ¡oh! ¡cuán en vano
Mi súplica es!
Que es cruda cual bella
 «La flor del Zurguen.
 La ruego, y mis ansias
Altiva no cree:
Suspiro, y desdeña
Mi voz atender.

¿Decidme, airecillos,
Decidme qué haré,
Para que me escuche
 «La flor del Zurguen?
 Vosotros felices
Con vuelo cortés
Llegad, y besadle
Por mí el albo pié.
 Llegad, y al oido
Decidle mi fe;
Quizá os oiga afable
 «La flor del Zurguen.
 Con blando susurro
Llegad sin temer,
Pues leda reposa,
Su altivo desden.
 Llegad y piadosos,
De un triste os doled;
Así os dé su seno
 «La flor del Zurguen.

LETRILLA VII.

FÍLIS CANTANDO.

 «Venid, avecillas,
 «Venid á tomar
 «De mi zagaleja
 «Leccion de cantar,
Venid: de sus labios,
Do la suavidad
Suspira entre rosas,
Y miel, y azahar,
La alegre alborada
Canoras llevad,
Para cuando el dia
Comienze á rayar.
 «Venid, avecillas,
 «Venid á tomar
 «De mi zagaleja
 «Leccion de cantar.
 Con vuestros piquitos
Dulces remedad
Sus juegos alegres,
Su tono y compás;
 Las fugas y vueltas,
Con que enajenar
De amor logra á cuantos
Oyéndola están.
 «Venid, avecillas,
 «Venid á tomar

«De mi zagaleja
«Leccion de cantar.
Seguid su elevado
Y ardiente trinar,
O el desfallecido
Blando suspirar,
 Que el alma penetra
De dulzura tal,
Que en pos de sus ayes
Se quiere exhalar.
 »Venid, avecillas,
 »Venid á tomar
 »De mi zagaleja
 »Leccion de cantar.
Yo que lo he sentido,
No alcanzo á esplicar
Cuál mueve y encanta
Su voz celestial.
 Venidlo, vosotras,
Venidlo á probar,
Por mas que su gracia
Tengáis que envidiar.
 »Venid, avecillas,
 »Venid á tomar
 »De mi zagaleja
 »Leccion de cantar.
Venid, parlerillas;
No dejéis pasar
La ocasion dichosa,
Pues cantando está.
 Venid, revolando,
Que no ha de cesar
Su voz regalada
Con vuestro llegar.
 »Venid, avecillas,
 »Venid á tomar
 »De mi zagaleja
 »Leccion de cantar.

LETRILLA VIII.

LA ROSA.

»Deja que en tu seno,
 »La ponga feliz.
La rosa primera
Que de mi jardin,
Llorándolo Flora,
Hoy, Filis, cojí,
 Y Amor á mi ruego
Crid para ti;

«Deja que en tu seno,
 «La ponga feliz.
Ella el suyo hermoso
Acaba de abrir
Del céfiro blando
Al soplo sutil;
 Y en otro de nieve
Anhela morir:
 «Deja que en tu seno,
 «La ponga feliz.
Su aroma fragante
Puede competir
Con cuantos de Guido
Exhala el pensil:
 Su púrpura escede
Al vivo carmin:
 «Deja que en tu seno,
 «La ponga feliz.
La altiva azucena,
El albo jazmin,
El clavel pomposo
Y el fresco alelí
 Parias á mi rosa
Le deben rendir:
 «Deja que en tu seno,
 «La ponga feliz.
Si Vénus la viera,
Como yo la ví
Entre cien pimpollos
Flotante lucir,
 Quisiérala al punto
Solo para sí:
 «Deja que en tu seno,
 «La ponga feliz.
Quisieran las Gracias
En donosa lid
El prez de gozarla
Con Vénus partir;
 Y adornar con ella
Su pecho jentil:
 «Deja que en tu seno,
 «La ponga feliz.
Déjalo; y permite
Que á mi rosa unir
Mil dulces suspiros
Pueda y ansias mil;
 Quizá así mas grata
Los gustes de oir.
 «Deja que en tu seno,
 «La ponga feliz.
Vé, flor venturosa,

Y á mi amada dí,
Cuán penado envidio
Tu glorioso fin:
Por él yo trocara
Mi triste vivir.
 « Deja que en tu seno
 « La ponga feliz.
Haz lenguas tus hojas
Y clamen por mí,
Clamen hasta verla
Arder y jemir,
 Robando á su boca
Dulcísimo un sí.
 « Deja que en tu seno
 « La ponga feliz.
Si alcanzases, rosa,
Como yo á sentir,
¡Oh! ¡cuál te mecieras
De aquí para allí,
 Sus globos de nieve
Ansiando cubrir!
 « Deja que en tu seno
 « La ponga feliz.
Si yo en ti pudiese
Mi ser convertir,
Sobre ellos mis labios
Lograra imprimir.
 ¡Ay Fílis! que solo
Me es dado decir:
 « Deja que en tu seno
 « La ponga feliz.

LETRILLA IX.

EL DESPECHO.

Sal, ¡ay! del pecho mio,
Sal luego, Amor tirano,
Y apaga el fuego insano,
Que abrasa el corazon.
 Bastante el albedrío
Lloró sus crudas penas,
Esclavo en las cadenas,
Que hoy rompe la razon.
No mas á una inhumana
Seguir perdido y ciego;
Ni con humilde ruego
Quererla convencer.
 Con su beldad ufana
Allá se goze altiva:
Que á mí no me cautiva

Quien me hace padecer.
Dos años la he servido;
¿Y en ello qué he ganado?
Llorar abandonado,
Pesares mil sufrir.
 ¡O tiempo mal perdido!
¡O agravios! ¡ó traiciones!
¿En tantas sinrazones
Cómo podré vivir?
Pensaba yo que un dia,
Favorecido amante,
Por mi pasion constante
Me coronara Amor;
 Y ardiente en mi porfía,
Contento en el desprecio,
Pensaba yo..... ¡qué necio,
Juzgó mi ciego error!
Mis ansias por agravios
Suenan en sus oidos;
Los míseros jemidos
Irritan su esquivez.
 Así mis tristes labios,
No osando ya quejarse,
Ni aun pueden aliviarse
Nombrándola una vez.
La busco, y tras su planta
Corriendo voy; mas ella
Me evita, y ni su huella
Logra mi fe adorar:
 Que con fiereza tanta
Llegó ya á aborrecerme,
Que el rostro por no verme
Ni aun quiere á mi tornar.
¡Ingrata! ¡fementida!
Prosigue en tus rigores;
O añade otros mayores
Con bárbaro placer.
 Sigue, que ya estinguida
La hoguera en que penaba,
Do el alma se abrasaba,
Quiero en venganza ver.
Mas no, mi dulce dueño,
Cese el desden impío,
Cese; y del amor mio
Déjate ya servir.
 Y quien tu antiguo ceño
Lloró, zagala hermosa,
Merezca que amorosa
Le empiezes á seguir.

LETRILLA X.

EL RIZITO.

«Rizito donoso,
 «De Amor dulce red.
Cadejito de oro,
Que debo á mi bien,
A calmar süave
En mi pecho ven
 De ausencia tan triste
La peña cruel;
 «Rizito donoso,
 «De Amor dulce red.
Su fina memoria
Que mis ansias ve,
Por premio te envía
De mi tierna fe;
 Y en tí á par la suya
Me quiere ofrecer,
 «Rizito donoso,
 «De Amor dulce red.
Mi amor la recibe;
Y espera que fiel
No olvide los votos
Que allá le escuché,
 Cual yo aquí su esclavo
Por siempre seré,
 «Rizito donoso,
 «De Amor dulce red.
Yo te ví algun dia,
¡Oh! ¡cuál lo envidié!
Suelto de su frente
La nieve envolver,
 O en feliz contraste
Con su rubia sien,
 «Rizito donoso,
 «De Amor dulce red.
Y tus blondas sedas
Ví á Amor estender:
Así á sus ojuelos
Un velo tejer;
 Y artero y festivo
Cubrirse con él,
 «Rizito donoso,
 «De Amor dulce red.
Mas fúljido entónces,
Y en todo tu prez,
Al oro de Tívar
Te ví oscurecer:
 Y yo entre tus hebras

Cautivo esclamé:
 «Rizito donoso,
 «De Amor dulce red.
Si mil libertades
Se van á perder
En tu laberinto,
¡La mia por qué
 Tan noble osadía
No habrá de tener!
 «Rizito donoso,
 «De Amor dulce red.
Hoy quiere tu dueño,
Mudado tu ser,
Que en tí asegurada
Mi ventura esté.
 Ven pues de mi pecho
Al firme joyel,
 «Rizito donoso,
 «De Amor dulce red.
Ven; y mi esperanza
Benigno sostén,
Que yo con mi lira
Tan claro te haré,
 Que los astros mismos
Un lugar te den,
 «Rizito donoso,
 «De Amor dulce red.

LETRILLA XI.

LA RESOLUCION.

«Bronce á su llanto,
 «Nieve á su ardor.
Por selva y prado
Mi dulce amor
Me sigue, hablando
De su dolor.
 Suspira y llora,
¡Ay! ¿seré yo
 «Bronce á su llanto,
 «Nieve á su ardor?
En blando alivio
Solo un favor
Me ruega humilde:
¿Se lo haré? no.
 No; que me manda
Ser el honor
 «Bronce á su llanto,
 «Nieve á su ardor.
¡Honor tirano!

Que á la razon
Bárbaro oprimes,
¿Quién te inventó?
¿Por qué me ordenas
Ser con Damon,
 «Bronce á su llanto,
 «Nieve á su ardor?
¿Por qué al mas fino,
Jentil pastor,
Por qué negarle
Tan fácil don?
 ¿Ni ser injusta,
Si él me prendó,
 «Bronce á su llanto,
 «Nieve á su ardor?
Yo bien lo hiciera;
Mas otra voz,
Huye, me clama,
Tal sinrazon;
 Ni el gusto feries
A un vil temor,
 «Bronce á su llanto,
 «Nieve á su ardor.
Mira que el dia
Vuela veloz,
Y el que le sigue,
Nunca es mejor.
 Mañana es tarde:
Cesa en tu error,
 «Bronce á su llanto,
 «Nieve á su ardor.
La beldad pasa:
Coje su flor,
Que en un momento
La agosta el sol;
 Y en vano entónces
Serás ¡qué horror!
 «Bronce á su llanto,
 «Nieve á su ardor.
Túrbome y dudo,
Y en dulce union
A amar me inclino
A quien me amó;
 Sin que á ser baste
Ya mi rigor
 «Bronce á su llanto,
 »Nieve á su ardor.
Antes le entrego
Mi corazon,
Cual fino el suyo
Se me rindió:

Siendo en tan grata
Trasformacion
 «Nieve á su llanto,
 «Cera á su ardor.

LETRILLA XII.

LA FLOR DEL ZURGUEN.

Aves, que canoras
Venís á ofrecer
La alborada al dia
Que empieza á nacer,
 Si aun dulces trinais
Por ver á mi bien,
Callad que ya sale
 «La flor del Zurguen.
Si ansiais de sus gracias
Las señas tener,
Callad, parlerillas,
Que yo os las diré;
 Que en el alma impresas
Las llevo tan bien,
Cual tenga las mias
 «La flor del Zurguen.
Su rostro la gloria,
La nieve su tez,
Sus risas el alba,
Su lengua la miel;
 Y el turjente seno
De Amor el verjel,
Donde con él juega
 «La flor del Zurguen.
Sobre él la donosa
Prendiera un joyel,
Do heridos dos pechos
De amores pinté:
 Un lazo los une
De rosa y clavel;
Y en torno esta letra:
 «La flor del Zurguen.
Sin que yo la llame,
Blando ya el desden,
Cual suelta corzilla
Me sale aquí á ver:
 Y cual fiel paloma
Tras su pichon fiel,
Así á mi voz corre
 «La flor del Zurguen.
Conmigo á este valle
La saco á aprender

De Amor en el árte
Leccion de querer;
Y ya á todas pasa
En menos de un mes:
¡Tanto injenio tiene
 «La flor del Zurguen!
Cuidado, avecitas,
Que nadie á entender
Los misterios llegue
Que yo la enseñé;
 Si cual niña simple
La viereis tal vez,
Que amable os los fia
 «La flor del Zurguen.
Callad la inocencia
Y el vivo placer,
Que á par en su rostro
Riendo se ven,
 Cuando en dulce premio
De mi tierna fe,
Me mira y suspira
 «La flor del Zurguen.
Y yo muy mas loco,
Al verla temer,
Y ansiar y en mis llamas,
Negándolo, arder;
 Templar en su seno
Procuro la sed,
Que enciende en el mio
 «La flor del Zurguen.
Mas vedla cual llega:
Yo ciego no sé,
Al ver su donaire,
Qué decir, ni hacer.
 Trinadle vosotras
Por mí el parabien;
Y suene hasta el cielo
 «La flor del Zurguen.

LETRILLA XIII.

EL LUNARCITO.

 «La noche y el dia
 «¿Qué tienen de igual?
¿De dónde, donosa,
El lindo lunar,
Que sobre tu seno
Se vino á posar?
 ¿Cómo, dí, la nieve
Lleva mancha tal?

 «La noche y el dia
 «¿Qué tienen de igual?
¿Qué tienen las sombras
Con la claridad,
Ni un oscuro punto
Con la alba canal,
 Qué un val de azucenas
Hiende por mitad?
 «La noche y el dia
 «¿Qué tienen de igual?
Premiando sus hojas
El ciego rapaz,
Por juego un granate
Fué entre ellas á echar:
 Mirólo, y rióse,
Y dijo vivaz:
 «La noche y el dia
 «¿Qué tienen de igual?
En él sus saetas
Se puso á probar;
Mas nunca lo hallara
Su punta fatal.
 Y diz que picado
Se le oyó gritar:
 «La noche y el dia
 «¿Qué tienen de igual?
Entónces su madre
La parda señal
Por término puso
De gracia y beldad,
 Do clama el deseo
Al verse estrellar:
 «La noche y el dia
 «¿Qué tienen de igual?
Estréllase, y mira;
Y torna á mirar;
Mientra el pensamiento
Mil vueltas le da;
 Iluso, perdido,
Ansiando encontrar,
 «La noche y el dia
 «¿Qué tienen de igual?
Cuando tú lo cubres
De un albo cendal,
Por sus leves hilos
Se pugna escapar.
 ¡Señuelo del gusto!
¡Dulcísimo iman!
 «La noche y el dia
 «¿Qué tienen de igual?
Turjente tu seno

Se ve palpitar,
Y á su blando impulso
Él viene, y él va;
Diciéndome mudo
Con cada compás:
« La noche y el dia
« ¿Qué tienen de igual?
Semeja una rosa,
Que en medio el cristal
De un limpio arroyuelo
Meciéndose está.
Clamando yo al verle
Subir y bajar:
« La noche y el dia
« ¿Qué tienen de igual?
¡Mi bien! si alcanzases
La llaga mortal,
Que tu lunarcito
Me pudo causar,
No así preguntaras
Burlando mi mal,
« La noche y el dia
« ¿Qué tienen de igual?

LETRILLA XIV.

LA DESPEDIDA.

A Dios, mi dulce vida,
Fílis, á Dios, que el hado
Mi fin ha decretado;
Y es fuerza ya partir.
A Dios.... ¡ó despedida!
¡O crudo! ¡amargo instante!
A Dios.... ¿mi pecho amante
Podrá sin ti vivir?
Sin esos lindos ojos,
Sin esa amable boca,
Que al mismo Amor provoca,
¿Qué dicha podré hallar?
Solo angustias y enojos,
Dudas, llantos y zelos.
Ay Fili, ¡qué consuelos
Para mi ardor templar!
Acordaréme en vano
De aquel felice dia
Que te juraste mia,
Que te ofrecí mi fe;
Y en mi delirio insano
A ti tornando fino,
Mil veces el camino

Perderá incierto el pié.
De tu habla deliciosa
El celestial sonido
Conservará mi oido
Para mayor dolor:
Tu imájen engañosa
Creeré tener al lado:
A asirla iré; y burlado
Maldeciré mi error.
Saldrá la fresca aurora
A recordarme aquella,
Do á solas muy mas bella
Te me dejaste ver.
Vendrá la noche: ahora
Libre, diré le hablaba;
Ahora el amor nos daba
La copa del placer.
Cual colorin cautivo
Luchando noche y dia
La jaula abrir porfía,
Y el hierro quebrantar;
Así, ¡dolor esquivo!
Dará mi pensamiento
De tormento en tormento,
Sin un punto parar.
Te seguiré zelosa:
Te temeré enojada:
Te rogaré olvidada:
Te amansaré cruel.
O blanda y amorosa
Con plácidas orejas
Oirás tal vez mis quejas,
Tan bella como fiel.
Ora estés mansa, ó cruda,
Dudes, temas, rezeles,
Por mi salud anheles,
O desdeñes mi amor;
Todo en mi pena aguda
Me angustiará; tu olvido
Por cierto, por finjido,
¡Ay Fili! tu favor.
¡Mas tú, mi bien, llorosa!
¡Tú triste! ¡tú abatida!
¡Si estás así, mi vida,
¿Cuál mi dolor será?
A Dios, á Dios: piadosa
Te acuerda que un mar hecho
Me parto..... que mi pecho
Jamás te olvidará.

LETRILLA XV.

EN UN CONVITE DE AMISTAD.

«Bebamos, bebamos
«Del suave licor,
«Cantando beodos
«A Baco, y no á Amor.
Amigos, bebamos;
Y en dulce alegría
Perdamos el dia:
La copa empinad.
¿En qué nos paramos?
La ronda empezemos,
Y á un tiempo brindemos
Por nuestra amistad.
«Bebamos, bebamos
«Del suave licor,
«Cantando beodos
«A Baco, y no á Amor.
¡Oh qué bien que sabe!
Otro vaso venga:
Cada cual sostenga
Su parte en beber.
Y quien quiera alabe
De Amor el destino;
Yo tengo en el vino
Todo mi placer.
»Bebamos, bebamos
«Del suave licor,
«Cantando beodos
«A Baco, y no á Amor.
¡O vino precioso!
¡Cómo estás riendo!
¡Saltando! ¡bullendo!
¿Quién no te amará?
Tu olor delicioso,
Color sonrosado,
Sabor delicado,
¿Qué no rendirá?
«Bebamos, bebamos
«Del suave licor,
«Cantando beodos
«A Baco, y no á Amor.
Amor da mil sustos,
Ansias y dolores;
Coja otro sus flores,
Cójalas por mí:
Que yo mis disgustos
Templaré bebiendo,
¡O Baco! y diciendo

Mil glorias de ti.
«Bebamos, bebamos
«Del suave licor,
«Cantando beodos
«A Baco, y no á Amor.
Tú al Indo venciste:
Tú los tigres fieros
Cual mansos corderos
Pudiste ayuntar.
Tú el vino nos diste;
El vino que sabe
La pena mas grave
En gozo tornar.
«Bebamos, bebamos
«Del suave licor,
«Cantando beodos
«A Baco, y no á Amor.
Venga, venga el vaso,
Que un sorbo otro llama:
Mi pecho se inflama,
Y muero de sed.
Nadie sea escaso,
Ni aunque esté caido,
Se dé por rendido:
Amigos, bebed.
«Bebamos, bebamos
«Del suave licor,
«Cantando beodos
«A Baco, y no á Amor.

LETRILLA XVI.

EL VINO Y LA AMISTAD SUAVIZAN LOS MAS GRAVES TRABAJOS.

«Al viento las penas:
«Las copas llenad;
«Que todo lo endulzan
«Vino y amistad.
¡O socios amados,
Que en tanta agonía
La fortuna impía
Combatiendo vé;
Jamás degradados,
Adore inclinada
Nuestra frente honrada
Su orgulloso pié.
«Al viento las penas:
«Las copas llenad;
«Que todo lo endulzan
«Vino y amistad.

Ella se complace
En hollar odiosa
La virtud gloriosa,
Y el sagrado honor;
　Pero inútil hace
El justo su empeño;
Y con alto ceño
Burla su furor.
　　« Al viento las penas:
　　« Las copas llenad;
　　« Que todo lo endulzan
　　« Vino y amistad.
　La batida nave
De borrasca fiera
Se pierde velera
Por el ancho mar:
　Y cuando mas grave
Su riesgo aparece,
El sol que amanece,
La sale á salvar.
　　« Al viento las penas:
　　« Las copas llenad;
　　« Que todo lo endulzan
　　« Vino y amistad.
　Dejad que ora truene
La calumnia infame,
Que cuanto ella trame
Sin fruto ha de ser:
　Que el vulgo resuene,
Que el error se ajite,
Que el zelo se irrite;
Nada hay que temer.
　　« Al viento las penas:
　　« Las copas llenad;
　　« Que todo lo endulzan
　　« Vino y amistad.
　Clamarán que huimos
Nuestra dulce España:
Su bárbara saña
Debímos huir.
　Sus puñales vimos;
Y España en tal duelo
Cual madre á otro suelo
Nos hizo partir.
　　« Al viento las penas:
　　« Las copas llenad;
　　« Que todo lo endulzan
　　« Vino y amistad.
　Desde él doloridos
Nuestros ojos miran,

Do fieles suspiran
Las almas tornar:
　Y en tiernos jemidos
La lengua apenada
¡Ay patria adorada!
Clama sin cesar.
　　« Al viento las penas:
　　« Las copas llenad;
　　« Que todo lo endulzan
　　« Vino y amistad.
　Volveréis, amigos,
A sus sacros lares,
De indignos pesares
Libre el corazon.
　Augustos testigos
De nuestra justicia
Contra vil malicia
Dios y la razon.
　　« Al viento las penas:
　　« Las copas llenad;
　　« Que todo lo endulzan
　　« Vino y amistad.
　Su favor divino
Tornará el reposo;
Y al nublado odioso
Seguirá la luz.
　Tal sol matutino
Que hermoso se ostenta,
De la noche ahuyenta
El negro capaz.
　　« Al viento las penas:
　　« Las copas llenad;
　　« Que todo lo endulzan
　　« Vino y amistad.
　En hermandad santa
En tanto los pechos
Ligad con estrechos
Vínculos de amor.
　Baco á dicha tanta
Aplauda riente;
Y otra copa aumente
Su plácido ardor.
　　« Al viento las penas:
　　« Las copas llenad;
　　« Que todo lo endulzan
　　« Vino y amistad.
　Amigos queridos,
Desde estos mis brazos
En mutuos abrazos
Á uniros corred.

De la mano asidos
Juradme y juremos,
Que hermanos serémos;
Y á un tiempo bebed.

« Al viento las penas:
« Las copas llenad ;
« Que todo lo endulzan
« Vino y amistad.

IDILIOS.

IDILIO I.

LOS INOCENTES.

Allí está la gruta
Del aleve Amor;
Huyamos, zagala,
Las iras del dios.
 Su lóbrega boca
Me llena de horror:
Si es esto la entrada,
¿Qué hará su interior?
 Los negros cuidados,
El flaco temor,
Los zelos insomnes,
El ciego furor
 La moran, y aflijen
Con ímpio rigor
Los tristes que en ella
Su engaño encerró.
 Huyamos, huyamos
Con planta veloz;
Si mas lo tardares,
Ya no es de sazon.
 Mira que sus redes
Nos tiende el traidor;
Y solo quien huye,
Burlarle logró.
 Falaz como artero,
Si escuchas su voz,
Tú serás su esclava,
Pero muy mas yo.

Lanzarnos ha ciegos
Con ímpetu atroz,
Por sendas que falso
De flores sembró,
 A un bosque sombrío,
Do en dura prision
Sin fin penarémos
En llanto y dolor.
 Este aciago bosque
Lo finje el error
Un val de delicias,
Que nadie apuró.
 Las risas alegres,
Tímido el pudor,
Las vivas ternezas
Y el grato favor,
 Diz que lo habitaron
En célica union,
Cuando en su inocencia
El mundo vivió:
 El Amor infante
Sin flechas ni arpon
En nuestras cabañas
Triscando rió;
 Y la hermosa vírjen
No se avergonzó
De hallarse á los ojos
Desnuda del sol.
 Si tal fué aquel tiempo,
Ya todo acabó;
Y el amor del dia
No es, niña, este Amor.

No en cosas que fueron,
Ni en una ilusion
Jamás la cordura
Sus dichas cifró:
 Que el agua mas fria
La sed no apagó,
Si al labio tocarla,
Ya rauda pasó.
 ¡Pero tú suspiras!
¿Qué grata emocion
Tus mejillas tiñe
De un vivo rubor?
 ¿Por qué esa faz bella
Que al alba nubló,
Inclinas al suelo
Cual lánguida flor?
 ¡Dulcísima amiga!
Ya el alma sintió
Simpática el fuego
Que á tí te inflamó;
 Y súbito noto,
Que á mi corazon
Ajita y regala
Su blando calor;
 Probando al mirarte
Un gozo mayor,
Y al tocar tu mano,
Mas grato temblor.
 ¿Si será que amemos,
Y el pérfido dios
Ya sus rudos grillos
Falaz nos echó?
 No, no, que por graves,
Insufribles son,
Y jamás mi planta
Mas suelta voló.
 Él lágrimas cria,
Y nunca brilló
En tus lindos ojos
Tan vivo fulgor;
 Y en vez de sus quejas
Y triste clamor,
Nunca á mí tan dulce
Tu labio sonó.
 Nada pues temamos,
Que es muy superior
De Amor á los fuegos
Nuestra inclinacion.
 Injenua y sencilla,
La austera razon
Sus pasos regula,

La guarda el honor;
 Ni en nada semeja
Su plácido ardor
A la ardiente llama
Que el Ciego sopló:
 Esa llama odiosa,
Que impía, feroz,
Los hombres y el mundo
Fatal devoró.—
 Así hablaba un dia,
Lleno de candor,
A una niña amable
Un simple pastor.
 Ella muy mas simple,
Con nuevo teson,
Que nunca amaria,
Resuelta juró.
 Y ya en su inocencia
Se hallaban los dos
Perdidos de amores,
Diciendo que no.

IDILIO II.

LA CORDERITA.

Corderita mia,
Hoy llevarte quiero
A la amable Fílis
En rendido feudo.
 ¡Oh! ¡con cuánta envidia
Tu destino veo;
Y partir contigo
Tal dicha apetezco!
 Tú vas, inocente,
A ser con tus juegos
De otra inocentilla
Feliz embeleso:
 Seguirás sus pasos,
Ya con sus corderos
Al valle desciènda,
Ya trepe al otero.
 Tus blandos balidos
Serán dulces ecos,
Que al placer despierten
Su adormido pecho.
 Cuál tus carreritas
Y brincos lijeros
Colmarán de gozo
Sus lindos ojuelos:
 A donosas risas

Sin cesar moviendo
Su espíritu amable,
Sus labios parleros.
 Mas tierno otras veces
Ansiará tu afecto,
Lamiendo su mano,
Mostrarle tu zelo;
 Por su parda saya
Con vivaz esfuerzo
Tu vellon nevado
Pasando y volviendo.
 Y á su lado siempre,
De tan alto dueño
Gozarás los mimos,
Oirás los requiebros.
 Llamaráte amiga,
De ternura ejemplo,
De candor dechado,
De gracias modelo.
 O si acaso artera
Tras algun romero
Fugaz te guareces,
Porque te eche menos,
 Corriendo y balando
Al sonar su acento,
Con nuevas caricias
Cálmarás su duelo;
 Tomando riente
De tu amor en premio
La sal de su palma,
Y el pan de sus dedos.
 De mí lo aprendiste,
Y á saber cojerlo
De mi zurroncito
Con goloso empeño.
 O si fausta logras,
De Amor el momento,
Tendrás de sus labios
Algun dulce beso:
 Beso que á mí fuera
De júbilo inmenso,
Que tú no codicias,
Y fiel yo merezco.
 Así te engalanan,
Doblando tu aseo,
Mi mano oficiosa,
Mi ardiente desvelo:
 La sonora esquila
Ligada suspendo
De un collar de grana
A tu dócil cuello.

Tu vellon nevado,
De rizitos lleno,
Cual de blonda seda
Cuidadoso peino;
 Y de alegres lazos,
Sembrándolo luego,
A tus orejitas
Dobles las prevengo.
 Tus clementes ojos,
Que me están diciendo
El placer que sientes,
Mirándome tiernos,
 Mi amorosa mano
Con este albo lienzo
Limpiándolos, cuida
Que luzcan mas bellos.
 Y en fin de una trenza
De flores rodeo
Tu lomo, y atada
Con otra te llevo.
 Ya estás, dije mio,
Si no cual yo anhelo,
Mas tal como alcanza
Mi prolijo esmero.
 Tu balar süave,
Tu bullir travieso
Sencillos publican
Tu puro contento;
 Y al verte galana,
Con locos estremos
Cual hembra procuras
Lucir tus arreos.
 Corderita, vamos;
Sus, corramos prestos,
Tú á servir á Fílis,
Yo á hacerle mi obsequio.
 Empero si tierna
Te estrecha en su seno,
Cuando tus caricias
Le vuelvan el seso,
 Cuenta que le digas:
« El bien que poseo,
« Gozarlo debiera
« Quien te adora ciego. »

IDILIO III.

LA AUSENCIA.

Del cárdeno cielo
Las sombras ahuyenta

Rosada la aurora
Riendo á la tierra;
Y Filis llagada
Del mal de la ausencia,
De Otea los valles
En lágrimas riega.
   Tierna clavellina,
Cuando apenas cuenta
Diez y siete abriles,
Inocente y bella,
   En soledad triste
Su zagal la deja,
Que del claro Tórmes
Se pasó al Eresma.
   Un mayoral rico
Allá diz que intenta
Guardarlo, y que Fílis
Por siempre lo pierda.
   Quien á ajeno gusto
Sujetó su estrella,
Engáñase necio,
Si libre se piensa.
   La vejez helada
Con rigor condena
Las lozanas flores
De la primavera.
   La infelice Fílis
Se imajina eternas
Las horas, que tardan
De su bien las nuevas.
   ¡Ay! dice; (y al cielo
Los ojos eleva,
Sus ojos cubiertos
De horror y tristeza,)
   ¡Ay! ¡cuánto me aguarda
De duelos y quejas!
En solo pensarlo
Mi pecho se hiela.
   Tórtola viuda,
Solitaria yedra,
Sin mi olmo frondoso
Que en pié me sostenga,
   ¿Qué haré, cuitadilla?
¿O dó iré que pueda
Vivir sin su arrimo,
Tan niña y tan tierna?
   ¡Felices vosotras,
Mis mansas corderas,
Que ni zelos hieren,
Ni agravios aquejan!
   ¡Con cuánta alegría

Mis ojos os vieran
Pacer de este prado,
Golosas, la yerba!
   ¡O á la mano amiga
Que sal os presenta,
Veniros, y hacerme
Balando mil fiestas!
   ¡Y tú, fiel cachorro,
Qué saltos y vueltas
No dieras, siguiendo
De mi bien las huellas,
   Cuando él por hablarme,
Cantándome letras
De dulces amores,
Saliera al Otea!
   Hoy todo ha mudado:
Del calor la fuerza
Los valles agosta,
Las fuentes deseca.
   ¡A este pecho triste
Con mayor violencia
Abrasa de olvido
La ardiente saeta!
   Aquí donde lloro,
Aquí en esta vega
Nos vimos y amamos
Por la vez primera.
   Todo fué en un punto,
Cual súbito vuela
La llama del rayo,
Y el árbol humea.
   Corderitas mias,
¿Quién, ¡ay! me dijera
Que viento serian
Sus locas finezas?
   Juramentos tantos
Y ahincadas promesas,
Si hay fe entre los hombres,
¿Por qué se me niegan?
   ¡Amor! tú me escuchas,
Y tú los oyeras:
Sea tuyo el castigo,
Cual tuya es la ofensa.
   ¡Oh! nunca tuviese
Yo vuestra inocencia;
Nunca, ó corderitas,
Le escuchara necia,
   Cual de áspid huyendo
Su voz lisonjera,
Sus ayes falaces,
Sus blandas endechas;

Y en llanto mis ojos
Cegar no se vieran,
Ni en hondos suspiros
Doliente la lengua.
　Quien en hombres fia,
Haz cuenta que siembra
En las duras rocas,
O en la ardiente arena,
　Que en vez de ventura
Recoje vergüenza,
Y en vez de alegrías
Cuidados y penas.
　Llorad, ojos mios,
Pues fué culpa vuestra
Jugar bulliciosos,
Mirar sin cautela.
　Volad, mis suspiros,
Sentidas querellas,
Volad, do mi aleve
Riendo os espera.
　Sígaos mi pecho
Ardiente centella,
Que el suyo de bronce
Derrita cual cera.
　Y vosotros, hijos
De mi pasion ciega,
Finos sentimientos,
Sencillas ternezas,
　Partid de mi labio,
Volad á la oreja
Del que os llamó dulces
Mas que miel hiblea.
　Decidle mis ansias,
Decidle cuál queda
De penada y triste
Su fiel zagaleja.
　Humildes rogadle,
Rogadle que vuelva;
Si aleve no gusta
Que mísera muera.
　Decidle.....; mas nada,
Si oiros desdeña,
Le digais; y nada,
Si de mí se acuerda.

IDILIO IV.

EL HOYUELO EN LA BARBA.

La mi queridita
Una cárcel tiene
En su rostro bello,
Donde á todos prende.
　Esta feliz cárcel
Un hoyuelo es breve,
Que su linda barba
Tan gracioso hiende,
　Que cuantos lo miran,
Sin arbitrio sienten
Que en él sus deseos
Sepultarse quieren.
　Cautivos los mios
Ni anhelan, ni pueden
Pasar de su encierro
El círculo leve.
　Que allí en la bonanza
Tranquilos se aduermen,
Alzados los vientos
En paz se guarecen;
　Y locos, perdidos
En su feliz suerte,
¡Hoyuelo precioso!
Suspiran mil veces;
　Tú en ámbito estrecho
A la concha escedes,
Do cuaja la aurora
La perla de oriente:
　Y á mil Cupidillos
Grato nido ofreces,
De do arteros parten,
Van, revuelan, vuelven.
　¡Riquísima copa
De dulces placeres,
Que amor al deseo
Dadivoso ofréce!
　Las Gracias te envidian,
Y al reirse alegre,
Tu donoso juego
Codicia Citéres.
　El juego voluble,
Con que ora te cierres,
Ora te dilates,
Mas lindo apareces.
　En ti embebecidos
Los ojos se pierden,
Se abisman las almas,
Los pechos se encienden.
　¡Regalado hechizo!
Quien te ve, enloquece;
Quien feliz te goza,
De delicias muere.

IDILIO V.

LA VUELTA.

Zagal de mi vida,
Que á mi amante cuello
Afanoso corres
De sudor cubierto:
  Suspirado mio,
Gracioso embeleso
Do abismadas siempre
Las potencias llevo:
  Norte, que arrebatas
Mi fiel pensamiento,
Mas claro y seguro
Que el que arde en el cielo:
  Mi sola delicia,
Mi amable hechicero,
Con cuyos prestijios
Deliro sin seso;
  Ya fina te logro,
Ya en salvo te veo,
Y tuya, y tú mio
Por siempre serémos.
  Y te hablo y escucho,
Y al lado te tengo,
Y en firme lazada
Conmigo te estrecho.
  En tanta delicia
Tan vivo mi seno
Palpita, que apenas
Me alcanza el aliento.
  Y el corazon triste,
Que viéndote lejos
Cubierto jemia
De horrores y duelo;
  En lágrimas dulces
Y en ayes de fuego
Parece que anhela
Salirse del pecho.
  ¡Oh! limpien mis manos,
Hermoso lucero,
Las nieblas que empañan
Tus claros reflejos;
  Y en tu rubia frente
Enjugue este lienzo
El sudor, que undoso
La mancha corriendo.
  ¡Venturoso punto!
¡Plácidos momentos,
Que al ánimo absorto

Semejan un sueño!
  ¡Oh! siempre, sí, siempre
Sus gratos recuerdos
En entrambos duren,
Cual mi amor eternos.
  Y un dia tan fausto,
Dia de contento,
De puras delicias,
De gozos inmensos,
  Consagrado quede
Al Amor y Vénus,
Célebre en los fastos
De su alegre reino.
  Huyó de las sombras
El lóbrego ceño,
Y mi sol renace
Mas lumbroso y bello.
  Calmó la borrasca,
Callaron los vientos,
Y en paz y delicias
Aduérmese el suelo.
  Los hielos y horrores
Del áspero invierno
Son flores y aromas,
Y muelle sosiego.
  Gozemos, bien mio,
Unidos gozemos
De tanta ventura,
Tras tan graves riesgos.
  Mis tiernos suspiros
Y ahincados lamentos
En vivas alegres
Nos vuelvan los ecos,
  Y el sol mas benigno,
Y el aire mas fresco,
Mas plácido el valle,
Y el cielo mas ledo
  Celebren, acordes
Con mis sentimientos,
La gloria á que en verte
Cual loca me entrego.
  Perderte he temido:
Temblé, lo confieso,
Que al fin no cedieses
A un bárbaro empeño.
  Perdona, perdona
Benigno, el esceso
De mi amor, las dudas
De que hoy me avergüenzo.
  ¡Yo pude formarlas!..
Sí, adorado dueño,

Que el amor ausente
Dos veces es ciego.
　Un pecho apenado
Figúrase necio
Do quiera peligros,
Y dudas y miedos.
　Seguid en el mio,
Mis dulces rezelos,
Los tibios no temen;
¡Infelices ellos!
　Tú, hermoso pimpollo,
Repite de nuevo,
Repite á esta triste
Tu fiel juramento.
　Enemigos tantos
Batiéndote fieros;
Tiemblo á mi desdicha,
Si en ti nada temo.
　Cielos pues y tierra,
Oid en silencio,
Y afirmad los votos
Que entrambos hacemos.
　Si yo te faltare,
Fáltenme primero
La luz que me alumbra
Y el aire que aliento;
　Y mi nombre odioso,
De infamia y desprecio,
Para todos suene
Cual fúnebre agüero.
　Recibe mi mano,
Y en ella el imperio
Que sobre mí toda
Por siempre te entrego.
　Mas si tú me olvidas.....
Proseguir no puedo.....
Pensándolo solo,
De horror me estremezco.
　No, mi idolatrado,
No; y único ejemplo
De firmeza al mundo
A amar enseñemos.
　Tú serás por siempre,
Tú serás el centro,
Do faustos caminen
Mis votos y anhelos:
　Tú el ídolo mio,
Y el gozo supremo,
Y el mar de delicias
Do loca me anego:
　Tú en las tempestades

Que aun mísera tiemblo,
El sol de bonanza,
Y el íris sereno,
　Y el luciente polo,
Do los ojos vueltos,
Lleve yo segura
Mi barquilla al puerto:
　Vida que me anime,
Ser de mi ser mesmo,
Y cuanto en amores
Se hallare mas tierno.....
　Proseguir no pudo,
Que ya sus ojuelos
Al zagal no vian,
De lágrimas llenos.
　Y él tambien llorando,
Con un dulce beso
A sus ansias puso
Finísimo el sello.

IDILIO VI.

LA PRIMAVERA.

Ya la primavera
Tranquila y riente
Del tiempo en los brazos
Asomando viene,
　Y al mundo que en grillos
De hielos y nieves
Tuvo el crudo invierno,
La esperanza vuelve:
　La dulce esperanza
De que mayo alegre
Lo colme de rosas,
Y el julio de mieses.
　El blando favonio
Que llegar la siente,
Con grato susurro
Las alas estiende;
　Y en torno vagando,
Su manto esplendente
Por el éter puro
Fugaz desenvuelve.
　Del cándido seno
Con su soplo llueven
Sin cuento las flores,
Que el suelo enriquecen:
　El suelo alfombrado
De un plácido verde,
Que el alma y los ojos

IDILIOS.

A par embebece;
Y en silbos süaves
Gárrulo y bullente
Despierta en sus nidos
Las aves que duermen.
 Sus picos canoros
Acordes ofrecen
Mil trinos al alba,
Que á abrir se previene
 Las rosadas puertas
Del fúljido oriente
Al sol, que entre albores
Galan amanece.
 Su augusto semblante,
Su rayo clemente
Del yerto Fuenfria
Los hielos disuelven:
 Que súbito vueltos
En raudos torrentes,
De su escelsa cumbre
Ruidosos descienden:
 Del húmedo valle
La pompa mantienen,
Y al cabo en sus flores
Sesgando se pierden.
 Cual claros espejos,
Risueñas las fuentes
En vena mas rica
Limpísimas crecen;
 Y en hilos de plata
Su humor se desprende,
Que en blando murmullo
El ánimo aduerme.
 El mundo se anima:
Cuanto vive y siente
Cual de un hondo sueño
Despierta, y se mueve.
 Las selvas que el cierzo
Desnudó en noviembre,
De yemas pobladas
Sus ramas ya ofrecen;
 Do mal contenidas
Las hojas nacientes,
Sus rudos capullos
A abrirse compelen;
 Y al trépido rayo
Con que el sol las hiere,
Tienden sus cogollos;
Y el viento los mece.
 Entre ellos las aves,
Cruzando frecuentes,

Con rápidos jiros
Van, huyen y vuelven;
 Mientras Filomena
Mi pecho enternece,
Lanzando angustiada
Sus ayes dolientes:
 Ayes que un silencio
Lúgubre suspende,
Y hace que en mi oido
Mas tiernos resuenen.
 No ya en sus guaridas
El hielo entorpece,
Ni undosa la lluvia
Los brutos detiene:
 Que vagos y libres
Do quier aparecen,
Y en bosques y valles
Su dominio ejercen.
 Con saltos veloces
El corzo allá tuerce,
Y allí aun de su sombra
Se asusta la liebre.
 A un soplo el conejo
Se arrisca y detiene,
Y á uno y otro lado
Vivaz se revuelve.
 A par que en la vega
Tranquilas se tienden
La cabra golosa,
La oveja paciente;
 Y todo es delicias,
Y todo se enciende
De Amor en las llamas,
O jime en sus redes.
 ¡Amor, nueva vida
De todos los séres!
Tú en la primavera
Les dictas tus leyes.
 Del solio oloroso
De rosa y claveles,
Que Flora á tu númen
Galana entreteje.
 Tus flechas certeras,
Tu grito potente
A todos alcanzan,
Por todos se atiende.
 Hasta en los abismos,
Y en los mudos peces
Sus ecos resuenan,
Su chispa se prende:
 Que el mundo poblando

De nuevos vivientes,
Hacen que tu imperio
Sin fin se renueve.
   Ya el trino mas dulce
Del ave parece,
Mas plácido el vuelo,
Sus juegos mas muelles:
   La voz de los brutos
Mas llena y ferviente,
Su marcha mas presta,
Su anhelo mas fuerte.
   El leon amante
Rujiendo estremece
Los anchos desiertos
Del Africa ardiente.
   El oso, aunque rudo,
Su cetro obedece,
Que dóciles torna
Los tigres crueles.
   Su veneno el potro
Con las auras behe:
Las ondosas crines
Sacude demente:
   Bate el duro suelo,
Fogoso se mueve,
Y hace que los montes
Sus relinchos llenen.
   Del pasto olvidado,
De amor se enfurece
En pos la novilla
El toro valiente;
   Y al rival que el triunfo
Disputarle quiere,
Con botes tremendos
Zeloso acomete:
   Ahuyéntalo, y solo
Los premios obtiene,
Que en roncos mujidos
Feroz engrandece.
   Su estrépito templan
Los dulces rabeles
De cien pastorcillos,
Que el valle conmueven;
   Y á su antigua llama
Las zagalas fieles
Sus cantos repiten
Con nuevos motetes.
   El bosque enramado,
Do el Ciego mantiene
Para sus misterios
Callados retretes,

Que ocultos y umbrosos
Anhelan y temen
El pudor cobarde,
Y el deseo ardiente,
   De amantes felices
Ya rinde desdenes,
Ya audacias alienta,
Ya triunfos entiende.
   ¡Dulcísimos triunfos!
Que de un velo envuelve,
Y el recato esconde
Del mismo que vence.
   ¡O repuestos valles!
¡Ladera pendiente!
¡Altísima sierra,
Que las nubes hiendes!
   ¡Oh! ¡cómo al miraros
Ora florecientes,
Los ojos se gozan,
Y el pecho enloquece!
   Las auras se inundan
De süaves pebetes;
Con toda su gloria
Ya el sol resplandece;
   Y tierras y cielos
Del año naciente
La pompa celebran,
Y en júbilo hierven.
   Mientras que á la luna,
En pos de Citéres
Sus danzas lijeras
Las ninfas previenen:
   Do porque sin armas
Nada dél rezelen
Nudo Amor, cual niño
Vivaz se entromete.
   Tú, ó raudal de vida,
Primavera, eres
Quien nos das de Flora
Tan gratos presentes.
   Ella te engalana
De rosas las sienes,
Y el manto te viste
Que ostentas flüente;
   Y en colores rico,
Vario en accidentes,
Su jenio imajina,
Tocan sus pinceles.
   Tú al hórrido invierno
Las furias contienes,
Y en yerbas y flores

Sus hielos disuelves.
　Tú al rico verano
Benigna precedes;
Sus espigas de oro
De tu mano él tiene.
　A octubre en tus gomas
Sus frutas le ofreces;
Y al cándido Baco
Llenas los toneles.
　El blando sosiego,
Los cantos alegres,
Las risas lijeras,
Los gratos banquetes
　En séquito amable
Te cercan rientes,

Colmando los pechos
De dulces placeres.
　¡Oh! ¡el rápido vuelo
Modera induljente;
Y ansioso me deja
Gozar tantos bienes!
　Mas ¡ay! que al cantarte
Fugaz despareces,
Mas vaga que el viento,
Cual los sueños leve;
　Y cuando en seguirte
Se afana la mente,
De Sirio en las llamas
Lánguida falleces.

ROMANCES.

NOTA DEL AUTOR.

Varias consideraciones, que ya han cesado, detuvieron hasta ahora la impresion de muchos de estos romances, compuestos en los primeros años del autor. Los publicados antes se han procurado poner íntegros, ó correjir con mas detencion que lo estaban, dándoles á todos el tono y el gusto de esta composicion verdaderamente nacional, y en que tanto abundamos, tan conforme con la soltura y la facilidad del habla castellana, como con nuestro jenio y poesía.

DEDICATORIA A UNA SEÑORA.

　Oye, señora, benigna
Los inocentes cantares,
Que del Tórmes en la vega
Dicta Amor á sus zagales:
　Los cantares que algun dia,

Exhalando tiernos ayes,
Tal vez las serranas bellas
Oyeron con rostro afable.
　En la primavera alegre
De mis años con süave
Caramillo y blandos tonos
Los canté por estos valles;
　Cuando el bozo delicado
Aun no empezaba á apuntarme,
Ni el ánimo me aflijian
Los sabios con sus verdades.
　La dulce naturaleza,
Como cariñosa madre,
Despertó mi helado pecho,
Y el Amor me hizo quejarme.
　Entónces, ¡quién unos dias
Volviera tan agradables!
Ví la fuerza encantadora
De unos ojos celestiales,
　El iman irresistible
De un halagüeño semblante,
Y las delicias de un habla,

Toda mieles y azahares;
Y embebecido y colgado
De sus gracias y donaires,
Recibí la ley rendido,
Y temí el rigor cobarde.
 Yo adoré, y gozé venturas,
O lloré agudos pesares.
¿Es acaso amar delito?
¡Quién no será dél culpable!
 ¡Quién en la feliz aurora
De una edad crédula y fácil,
Cuando todo al gusto rie,
Y el seno en júbilos arde,
 No cedió al plácido aliento,
Que bonancible á engolfarse
Por el sosegado golfo
Lleva su inesperta nave!
 Despues los años severos,
Sufridos ya los embates
Por desconocidos rumbos
De mil fieros huracanes,
 Aherrojándome imperiosos
Con sus cadenas fatales,
En voz triste y faz ceñuda
Mandaron que atrás tornase.
 ¡Ay qué bárbaras contiendas!
¡Oh qué encendidos combates!
¡Por qué para obedecerlos,
Blando Amor, debí dejarte!
 Hícelo al fin, y aun ansiando
Volver iluso á embarcarme,
Por la paz de las cabañas
Troqué los revueltos mares.
 Quedáronme de mis yerros
Estas quejas lamentables,
Que á besar tus piés dichosas
Vuelan hoy al Manzanáres.
 Ellas en mas claros dias
Templaron mis crudos males,
Y aun ahora en blando alivio
Me ordena Amor que las cante.
 Oyelas pues, y no temas,
No temas que ellas te engañen;
Que Amor no finje en el campo
Como finje en las ciudades.

ROMANCE I.

ROSANA EN LOS FUEGOS.

Del sol llevaba la lumbre

Y la alegría del alba
En sus celestiales ojos
La hermosísima Rosana,
 Una noche que á los fuegos
Salió la fiesta de Pascua,
Para abrasar todo el valle
En mil amorosas ansias.
 La primavera florece
Donde las huellas estampa;
Y donde se vuelve, rinde
La libertad de mil almas.
 El céfiro la acaricia,
Y mansamente la halaga,
Los Cupidos la rodean,
Y las Gracias la acompañan.
 Y ella, así como en el valle
Descuella la altiva palma,
Cuando sus verdes pimpollos
Hasta las nubes levanta;
 O cual vid de fruto llena,
Que con el olmo se abraza,
Y sus vástagos estiende
Al arbitrio de las ramas;
 Así entre sus compañeras
El nevado cuello alza,
Sobresaliendo entre todas,
Cual fresca rosa entre zarzas;
 O como cándida perla,
Que artífice diestro engasta
Entre encendidos corales,
Porque mas luzcan sus aguas.
 Todos los ojos se lleva
Tras sí; todo lo avasalla:
De amor mata á los pastores,
Y de envidia á las zagalas:
 Tal que oyéndola corridas
Tan altamente aclamada,
Por no sufrirlo se alejan
Amarílis y su hermana.
 Ni las músicas se atienden,
Ni se gozan las lumbradas,
Que todos corren por verla,
Y al verla todos se abrasan.
 ¡Qué de suspiros se escuchan!
¡Qué de vivas y de salvas!
No hay zagal que no la admire,
Y no enloquezca en loarla.
 Cual absorto la contempla,
Y á la aurora la compara,
Cuando mas alegre sale,
Y el cielo en albores baña:

.Quien al fresco y verde aliso,
Que al pié de corriente mansa
Cuando mas pomposas hojas
En sus cristales retrata:
　Cual á la luna, si ostenta,
De luceros coronada,
Venciendo las altas cumbres,
Llena su esfera de plata.
　Otros pasmados la miran,
Y mudamente la alaban,
Y mientras mas la contemplan,
Muy mas hermosa la hallan:
　Que es como el cielo su rostro,
Cuando en una noche clara
Con su ejército de estrellas
Brilla, y los ojos encanta:
　O el sol que alzándose corre
Tras de la rubia mañana,
Y de su gloria en el lleno
Todos sus fuegos derrama,
　Que tan radiante deslumbra,
Que sin accion deja el alma;
Y mas el corazon goza,
Cuanto mas el labio calla.
　¡Oh qué de zelos se encienden,
Y ansias y zozobras causa
En las serranas del Tórmes
Su perfeccion sobrehumana!
　Las mas hermosas la temen,
Mas sin osar murmurarla;
Que como el oro mas puro,
No sufre una leve mancha.
　¡Bien haya tu jentileza,
Otra y mil veces bien haya;
Y abrase la envidia al pueblo,
Hermosísima aldeana!
　Toda, toda eres perfecta,
Toda eres donaire y gracia;
El Amor vive en tus ojos,
Y la gloria está en tu cara:
　En esa cara hechicera,
Do toda su luz cifrada
Puso Vénus misma, y ciego
En pos de sí me arrebata.
　La libertad me has robado;
Yo la doy por bien robada,
Y mi vida y mi ser todo,
Que ahincados se te consagran.
　No el don por pobre desdeñes,
Que aun las deidades mas altas
A zagales cual yo humildes

Un tiempo acojieron gratas;
Y mezclando sus ternezas
Con sus rústicas palabras,
No, aunque diosas, esquivaron
Sus amorosas demandas.
　Su feliz ejemplo sigue,
Pues que en beldad las igualas;
Cual yo á todos los escedo
En lo fino de mi llama.—
　Así un zagal le decia
Con razones mal formadas,
Que salió libre á los fuegos,
Y volvió cautivo á casa.
　De entónces penado y triste
El dia á sus puertas le halla:
Ayer le cantó esta letra
Echándole la alborada:
　　«Linda zagaleja
　　«De cuerpo jentil,
　　«Muérome de amores
　　«Desde que te ví.
　Tu talle, tu aseo,
Tu gala y donaire;
Tus dones no tienen
Igual en el valle.
　Del cielo son ellos,
Y tú un serafin,
　　«Muérome de amores
　　«Desde que te ví.
　De amores me muero,
Sin que nada alcanze
A darme la vida,
Que allá me llevaste;
Si no te condueles,
Benigna de mí,
　　«Que muero de amores
　　«Desde que te ví.

ROMANCE II.

EN UNAS BODAS DESGRACIADAS.

　No por mí, bella aldeana,
Aunqué sé bien cuanto pierdo,
Por ti sola me lastima
Que te cases con un necio.
　Tan discreta cortesía,
Tan jentil aire y aseo,
Quien los merezca, los goze,
Y alcanzen mas digno dueño:
　Que si es la desdicha estrella

De la beldad, aunqué el cielo
No te hiciera tan hermosa,
Ganaras mucho en no serlo;
　Y hoy dueña de tu albedrío
Gozaras el bien supremo
De querer y ser querida
Por tu gusto, y no el ajeno.
　¿Qué valen los rizos de oro,
Ni los alegres ojuelos,
El carmesí de los labios,
Ni lo nevado del seno?
　¿Qué el agasajo apacible,
Y ese hablar tan halagüeño,
Que la libertad cautiva,
Y embebece el pensamiento,
　Si tan celestiales dones
Los ha de ajar un Fileno?
Para tan mal emplearlos,
Valiera mas no tenerlos:
　Que mejor yace el diamante
Sumido en su tosco seno,
Que no en la mano villana
Que no alcanza su alto precio;
　Y el clavel mas bien flotando
Luce en el vástago tierno,
Que deshojado y sin vida
En fino búcaro puesto;
　Y mas bien el jilguerillo
Se goza en dulces gorjeos,
Volando de rama en rama,
Que en dorada jaula preso.
　Si por ganadero rico
Con él te casan tus deudos,
Diles tú, que no hay riquezas
Donde se echa el gusto menos:
　Donde, en vez de un rostro afable,
Y el solícito desvelo
Con que el fino amor previene
De la amada los deseos,
　Te abrumarán noche y dia
En un porvenir eterno
La dureza de las rocas,
De la noche el fiero ceño.
　De las bodas el bullicio,
Y sus galas y festejos
Son cual la miel mas süave
En un paladar enfermo:
　Lucimiento á la riqueza,
De la ociosidad recreo,
Fastidio de los velados,
Y de la envidia alimento.

Acabarán; y tú triste
Con el duro lazo al cuello,
Llorarás tarde, y en vano
Sentirás del yugo el peso;
　Yugo que leve y de flores,
Cuando Amor lo echa risueño;
De bronce abruma insufrible,
Si interés lo anuda ciego.
　¡Ay zagala! por tu vida
No tengas tan mal empleo:
Lástima ten de ti misma,
Si yo no te la merezco.

ROMANCE III.

EL ARBOL CAIDO.

¿Alamo hermoso, tu pompa
Dónde está? ¿dó de tus ramas
La grata sombra, el susurro
De tus hojas plateadas?
　¿Dónde tus vástagos bellos,
Y la brillantez lozana
De tantos frescos pimpollos
Que en derredor derramabas?
　Feliz naciste á la orilla
De este arroyuelo, tu planta
Besó humilde, y de su aljófar
Rico feudo te pagaba.
　Creciendo con él, al cielo
Se alzó tu corona ufana:
Rey del valle en ti las aves
Sus blandos nidos labraran.
　Por asilo te tomaron
De su Amor: y cuando el alba
Abre las puertas al dia
Entre arreboles y nácar,
　Aclamándola gozosas
En mil canciones, llamaban
A partir en ti sus fuegos
Las inocentes zagalas;
　Que en torno tu inmensa copa
Con bulliciosa algazara
Vió aun de la tarde el lucero
En juegos y alegres danzas.
　Cuando en los floridos meses
Se abre al placer reanimada
Naturaleza, y los pechos
En sus delicias inflama;
　Tú fuiste el centro dichoso,
Do de toda la comarca

Los amantes se citaron
A sus celestiales hablas.
 Los viste penar, los viste
Jemir entre ardientes ansias;
Y envolviste sus suspiros
En sombras al pudor gratas.
 El segador anhelante
En ti en la siesta abrasada
Llamó al sueño, que en sus brazos
Calmó su congoja amarga;
 Y con tu vital frescura
Tornó á herir la mies dorada
Reanimado, y ya teniendo
Su fatiga por liviana.
 Despues con tus secas hojas
Al crudo enero... la llama
Te tocó del rayo, y yaces
Triste ejemplo de su saña.
 Cual con segur por el tronco
Roto, la pomposa gala
De tus ramas en voluble
Pirámide al cielo alzadas,
 El animado murmullo
De tus hojas, cuando el ala
Del céfiro las bullia,
Y el sentido enajenaba,
 Tu ufanía, el verdor tierno
De tu corteza entallada
De mil símbolos sencillos,
Todo en un punto acabara:
 Y hollado, horroroso, yerto,
Solo eres ya en tu desgracia
Blanco infeliz de la piedra
Que ruda mano dispara:
 Estorbo y baldon del prado,
Que cual ominosa carga
Tu largo ramaje abruma,
El mirarte solo espanta.
 Tu encuentro el ganado evita,
Sobre ti las aves pasan
Azoradas, los pastores
Huyen con medrosa planta;
 Siéndoles siniestro agüero
Aun ver cabe ti parada
La fujitiva cordera,
Que por perdida lloraban.
 Solo en su orfandad doliente
La tórtola solitaria
Te busca, y piadoso alivio
La suya en tu suerte halla.
 En ti llora, y en su arrullo

Se queda como elevada;
Y el eco sus ansias vuelve
De la vecina montaña:
 El eco que lastimero
Por el valle las propaga,
Do solo orfandad y muerte
Suenan las llorosas auras;
 Mientra al pecho palpitante
Parece que una voz clama
De tu tronco: ¡qué es la vida,
Si los árboles acaban!

ROMANCE IV.

LA DECLARACION.

Si tu gusto favorece,
Zagaleja, mis deseos,
Tú serás mi eterna llama,
Y yo la envidia del pueblo.
 Ocho meses te he seguido,
Fino amándote en secreto,
Por tus injustos desdenes,
Y con temor de tus deudos.
 Las ansias y los suspiros
Que debes á mi silencio,
Sábelo Amor solamente,
O mi pecho, que es lo mesmo.
 ¡Qué de noches á tus rejas
Los centellantes luceros,
Y de las aves al alba
Me encontraron los gorjeos!
 Mas nunca bien ocultarse
Pueden el querer y el fuego,
Pues ya todos en tu casa
Saben del mal que adolezco.
 Necedad es la porfía
De callar mas mis intentos,
Que nunca ganó el cobarde
De amor en el dulce juego.
 Ayer me dijo Belarda,
Que si la calle paseo,
Tu madre misma se rie,
Y aprueba mi galanteo:
 Que tu padre bien me quiere,
Y que á tus hermanas debo
Voluntad y fino agrado:
¡Ay! toma en ellas ejemplo.
 Yo, zagaleja, te adoro;
Que en la noche de los fuegos
Te consagré mi albedrío:

Perdona el atrevimiento.
　Mas no, esquiva, no desdeñes
Por la humildad del sujeto
Un pecho tierno y sencillo,
Esclavo de tus ojuelos.
　Que en el don que ofrece el pobre
No debe mirarse al precio,
Si la voluntad lo ensalza
Y lo hidalgo del afecto.
　Mil y mil almas te diera,
Si yo fuera de ellas dueño:
Una te doy que me cupo,
No merezca tu desprecio:
　Que ni mas fiel, ni mas pura
Cabe en amoroso pecho,
Ni corazon mas leal,
O rendido á tus preceptos.

ROMANCE V.

EL NIÑO DORMIDO.

Bajo el álamo que hojoso
Cubre con su pompa umbría
La pacífica chocilla
Del enamorado Aminta,
　Él y la sensible Lisi
En plácido sueño un dia
Vieron al hermoso niño,
Que es su gloria y sus delicias.
　La faz graciosa inclinada
Del un lado, las mejillas
Bien cual dos rosas fragantes
Por el calor encendidas,
　Como bañada la boca
En una grata sonrisa,
Y sobre el pecho nevado
Dobladas las manecitas.
　Los brazos entrelazados
Aminta y Lisi, una misma
La accion, los rostros unidos,
Y fija en su amor la vista;
　Por no turbar su reposo
Ni á respirar se atrevian,
Embebecidos gozando
De su beldad peregrina.
　¡Ay! dijo la amable Lisi,
Suspirando enternecida,
¡Cuánto en sus felices sueños
Es la inocencia tranquila!
　¡Cómo la paz la acompaña!
¡Cómo el contento la anima!
¡Y con su risa los cielos
Benévolos la acarician!
　Goza, dulce esposo, goza,
Como tu Lisi querida,
Mirando el clavel hermoso
Que mi fino amor te cria.
　Goza, y si es posible, el lazo
Que afortunados nos liga,
Contemplándolo se estreche,
Y en él crezcan nuestras dichas.
　¡Vé con qué indecible gracia
Aun dormido está! ¡qué linda
Su frente aparece orlada
De su cabellera riza!
　¡Cuál entreabiertos los ojos
Como dos luceros brillan,
Y aun entre sueños parece
Que cariñosos nos miran!
　El alelí mas florido,
La mas fresca clavellina,
La mas hermosa azucena,
La rosa que ámbar espira,
　Nada son con nuestro amado:
Mayor es su lozanía,
Sus gracias mas acabadas,
Mas su belleza divina.
　Su rostro es la misma gloria:
La paz, el gozo, la risa,
La candidez, la inocencia
Se unen en él á porfía.
　¡Oh rostro en que venturosos
Todos mis gustos se cifran!
¡Oh sol! ¡ó adorado hijo,
Mi embeleso y mi alegría!
　Feliz descansa: y tu sueño
Disfruta en calma benigna,
Que solícita en tu guarda
Vela la ternura mia;
　Cual la cándida paloma
Sus pichoncitos abriga,
Y de su seno amoroso
Los sustenta y vivifica.
　Descansa vástago tierno,
Que bajo la sombra amiga
De mis cuidados floreces,
Para hacer mi gloria un dia:
　Descansa; y que tu reposo,
Tus sueños, tu amable vida,
Los ánjeles tus hermanos,
Velando en torno, bendigan.

Alamo feliz, tus ramas
Sobre él blandamente inclina,
Y con tus sonantes hojas
Oficioso le cobija.

Trinad, ó canoras aves,
Con mas dulce melodía
Para no turbar su sueño;
Y á verle llegad festivas.

Tú, agradable cefirillo,
Haz á mi bien compañía,
Y en su congojada frente
Plácido el sudor mitiga.

¡Cielos! una madre os ruega:
En vuestra bondad propicia
Acojed mi hijo querido;
Y honrado y dichoso viva.

Haced, haced que en su seno
A una descuellen unidas
La caridad oficiosa,
La piedad y la justicia:

Incesantes dél brotando,
Como de una vena rica,
Cuanto de noble y de grande
Mas la humanidad sublima.

Y tú, idolatrado esposo,
Vé en nuestro hechizo dormida
A la inocencia, que apenas
En su placidez respira:

Vé al lustre de nuestros años
En su juventud florida,
A nuestro arrimo y consuelo
En la ancianidad tardía:

Vé al serafin, al lucero
Mas radiante..... Una ramita
Al soplo veloz del viento
Del álamo desprendida,

Cayendo en la faz del niño
Nubló á los padres su dicha,
Que á un tiempo al verle despierto
Y que asustadillo grita,

¡Ay hijo adorado! esclaman;
Y sobre él con mil caricias
Para acallarle en sus brazos
Riendo se precipitan.

ROMANCE VI.

EL AMANTE CRÉDULO.

Para las fiestas de mayo
Prometió la bella Fili
Sus favores á un zagal,
Que importuno la persigue.

Huye á sus ruegos en tanto
Con engañosos melindres,
Y mil palabras le empeña
Para ninguna cumplirle.

Loco el zagal en sus ansias,
Tan crédulo como simple,
Las gracias de la pastora
Como finezas recibe.

Toda la aldea es donaires,
Todos de Pascual se rien,
Él solo se goza ufano
De las burlas que le dicen.

¡Oh, bien haya su inocencia;
Y mas el despejo libre
De la sutíl zagaleja,
Que tan bien un amor finje!

Pascual cuenta los instantes,
Y la tardanza maldice
De los dias que se duermen
Del abril en los pensiles.

Solo Anton, que en crudos zelos
Arde para divertirse,
A cada paso esta letra
Al loco amante repite:

Vendrá mayo, zagal necio;
Y con sus fiestas vendrá
Tu desengaño y desprecio
Y la risa del lugar.

Los dias que confiado
Quieres ora adelantar,
Un tiempo te ha de pesar
Que hayan tan presto llegado.

Déjalos, Pascual, estar;
Y no te anticipes necio
Tu desengaño, un desprecio,
Y la risa del lugar.

ROMANCE VII.

LA GRUTA DEL AMOR.

Esta es, adorada Clori,
La gruta donde guiados
Del dulce Amor, en sus aras
Eterna fe nos juramos.

Aquí fué do derretido
En mil ardientes halagos,
Premiando ahincado tus plantas,
Y tu timidez culpando,

Me inspiró el dios tal fineza,
Que tú al corazon mi mano
Llevando; tuyo es, dijiste,
Y en vano ¡infeliz! lo callo.
　　Tus bellos ojos al vuelo
En lágrimas se arrasaron;
Y una fuerza irresistible
Te precipitó en mis brazos,
　　Clamando: ¡en tanta ruina
Mi honor solo al tuyo encargo!
Y de rubor contra el mio
Tu ardiente rostro ocultando,
　　Yo á mi palpitante seno
En indisoluble lazo
Feliz te estreché; y mas fino
Torné á jurarme tu esclavo.
　　¡Qué momento aquel, ó amada!
¡Cómo inflexible el recato
Le disputó á la ternura
Aun el favor mas escaso!
　　Hasta que sobrecojidos
De un inesplicable encanto,
Débiles ya á gloria tanta,
Sin acuerdo y mudos ambos,
　　Ni tú mas que anhelar tierna,
Ni mas yo que enajenado
Gozar mi inefable dicha,
Pudimos un largo espacio.
　　Suspiraste al fin diciendo:
¡Ves cuán fina te idolatro,
Zagal querido, y cuán ciega
Tus dulces éstasis parto!
　　Todo por ti lo abandono,
Y de hoy señor te declaro
De una vida ya no mia;
Que á Amor y á ti la consagro.
　　¡Qué infeliz fuera tu Clori,
Si ser pudiese que ingrato....!
No la gloria en que me anego,
Mengüen ya recelos vanos.
　　Serás tan constante y fino,
Cuan constante y fina te amo;
Y tu fe sencilla y pura,
Pues con otra igual te pago.—
　　Serélo, Clori adorada,
Serélo; y si infiel te falto,
Antes fálteme la vida,
O me abrase justo un rayo.
　　Serélo, pues ya dichoso
Solo un ser con tu ser hago;
Y en este nudo inefable

Todas mis delicias hallo.
　　No temas, no temas, Clori:
Vé el sol cuán lumbroso y claro
Se encumbra y al mundo rie,
Nuestra union solemnizando:
　　Vé hervir todo cuanto existe
De amor en el fuego santo,
Las plantas arder, heridas
Jemir de su presto dardo
　　Brutos y aves, halagarse
Rendidos, fáciles, mansos;
Y union, union en mil gritos
Sonar por el aire vago.
　　La nuestra pues estrechemos
Aun mas, si mas nos es dado;
Y crezca sin fin la llama
En que ardes tú, y yo me abraso.
　　Crezca esta llama, bien mio,
No haya en tus éstasis plazo;
Ni mas que un solo deseo
De gozar anime á entrambos.
　　Todo á hacerlo nos convida:
Vé allí donde solitario
Me hallaste por tus desvíos
Sumido en dolor y llanto:
　　Allá cual nuestra ventura,
Pomposo y florido el árbol,
Do á hablarnos la vez primera
Nos llevó un feliz acaso;
　　Y aquí el venturoso césped,
Do entre mimos y regalos
A acordar nuestros amores,
Blanda tú ya, nos sentamos:
　　Do de las fragantes rosas
Que yo traje á tu regazo,
Ceñí con una guirnalda
Tu pelo rubio y dorado;
　　Diciéndote: su ámbar, Clori,
No es á la nariz tan grato,
Como el que tu aliento exhala,
Y aspira feliz mi labio.
　　Mas risueña tú á mi frente
La guirnalda trasladando,
Galardon, clamaste, sea
De un hablar tan cortesano;—
　　Y de un rosicler mas vivo,
Tus mejillas se animaron,
Nublando el rubor tus ojos
Con un lánguido desmayo;
　　En que tu seno turjente
Bullendo mas concitado,

Parecia en sus latidos
Decirme: en delicias ardo.
    Yo, aun tu ternura escediendo,
Como en un glorioso pasmo
Me entregaba á mil delirios,
Gozándome en tu embarazo.
    A par que sus leves alas
Batiendo el céfiro blando,
Y soltándose las aves
En el mas canoro aplauso;
    A nuestra llama aclamaban,
Y del aire el ancho espacio
Se llenó de nuestra gloria
Con su júbilo y sus cantos.
    ¡Ay Clori! ¡que eterna dure!
¡Que jamás, jamás aciagos
Ni rezelos la mancillen,
Ni se mengüe con los años!
    Mas de celestial fineza
Inimitable dechado
A los amantes mas fieles,
Y envidia y honor seamos.
    Sí, dijo Clori, tan tierna
Como en aquel primer rapto
De su pasion; y un suspiro
Fué á nuevas dichas presajio:
    Un suspiro, que en mi pecho
Dulcísimo resonando,
En él todas las delicias
Trasladó de Gnido y Páfos.
    Las ninfas, aunque envidiosas
De deliquio y amor tanto,
Himeneo desde el bosque
Con alegre voz cantaron;
    Y el cielo en mas grata lumbre,
Mas florecidos los campos,
Las auras con mas aromas,
Los árboles mas lozanos,
    Y todo con nueva vida
Se ostentó para adularnos:
Un templo de Amor la gruta,
Nuestra fe un puro holocausto.
    Así célebre de entónces,
Del hecho el nombre tomando,
La gruta de Amor se llama
Por naturales y estraños.

ROMANCE VIII.

LA LLUVIA.

    Bien venida, ó lluvia, seas
A refrescar nuestros valles,
Y á traernos la abundancia
Con tu rocío agradable.
    Bien vengas, á dar la vida
A las flores, que fragantes,
Para mejor recibirte,
Rompen ya su tierno cáliz;
    Do á sus galanos colores,
En primoroso contraste,
Tus perlas del sol heridas
Brillan cual ricos diamantes.
    Bien vengais, alegres aguas,
Fausto alivio del cobarde
Labrador, que ya temia
Malogrados sus afanes.
    Bajad, bajad, que la tierra
Su agostado seno os abre,
Do os aguardan mil semillas
Para al punto fecundarse.
    Bajad, y del mustio prado
Vuestro humor la sed apague,
Y su lánguida verdura
Reanimada se levante:
    Tejiendo un muelle tapete,
Cuyo hermoso verde manchen
Los mas vistosos matices
Como en agraciado esmalte.
    Bajad, bajad en las alas
Del vago viento; empapadle
En frescura deleitosa,
Y el pecho lo aspire fácil.
    Bajad, ¡oh cómo al oido
Encanta el ruido süave
Que entre las trémulas hojas
Cayendo las gotas hacen!
    Las que al rio undosas corren,
Ajitando sus cristales,
En sueltos círculos, turban
De los árboles la imájen;
    Que en su raudal retratados,
Mas lozano su follaje,
Y erguidos ven sus cogollos,
Y su verde mas brillante.
    Saltando de rama en rama
Regocijadas las aves,
Del líquido humor se burlan
Con su pomposo plumaje;
    Y á las desmayadas vegas
En bulliciosos cantares
Su salud faustas anuncian,
Y alegres las alas baten.

El pastor el vellon mira
Del corderillo escarcharse
De aljófares, que al moverse
Invisibles se deshacen,
 Mientras él se goza y salta,
Y con balidos amables
Bendice al cielo, y ansioso
La mojada yerba pace,
 El viento plácido aspira,
Y viendo cuán manso cae
En sus campos el rocío,
El labrador se complace,
 Gozando ya de las mieses
Su corazon anhelante,
Que colmarán sus graneros,
Cuando el Can al mundo abrase.
 El bosque empapado humea,
De aromas se inunda el aire,
Y aparecen las espigas,
Floreciendo los frutales.
 En medio el sol de las nubes
Su frente alzando radiante
De oro y de púrpura al íris
Pinta entre gayos celajes:
 Él tendiéndose vistoso,
Sus inmensos brazos abre,
Y en arco lumbroso al cielo
Da un magnífico realce.
 La naturaleza toda
Se ajita, anima, renace
Mas gallarda, ¡oh vital lluvia!
Con tus ondas saludables.
 Ven pues, ¡oh! ven, y contigo
La fausta abundancia trae,
Que de frutos coronada
Regocije á los mortales.

ROMANCE IX.

LA MAÑANA DE SAN JUAN.

Madrugada de san Juan
Por el prado de la aldea
A celebrarla se salen
Pastores y zagalejas.
 Bailándolas ellos vienen
Con mil mudanzas y vueltas;
Y cantando mil tonadas
Del dulce Amor vienen ellas.
 Unos el suyo encarecen
En bien sentidas ternezas;
Y otros con agudas chanzas
Bulliciosos las alegran.
 Los que son mas entendidos,
Cortesanos les presentan
La mano para apoyarse,
Con delicada fineza.
 No hay corazon que esté triste,
Ni voluntad que esté exenta:
Todo es amores el valle,
Los zagales todo fiesta.
 Cual saltando se adelanta,
Cual burlando atrás se queda,
Y cual en medio de todas
Repica la pandereta.
 El crótalo y tamborino
Con la alegre flauta alternan;
Y el regocijo y los vivas
Suben hasta las estrellas.
 Unos de trébol y flores
Y misteriosa verbena (1)
Sus cándidas sienes ciñen,
Matizan sus rubias trenzas.
 Otros por detrás sus ojos
Con un lienzo arteros vendan,
Y del juego alegres rien
Si con el engaño aciertan;
 Y otros de menuda juncia
Tejiendo blandas cadenas,
Hacen como que las prenden,
Y en sus lazos mas se enredan.
 Aquel deshojando rosas,
En el seno se las echa,
Y aquel en el suyo guarda
Las que á su nariz acercan.
 Cuales alzando los ramos
En triunfo de amor las llevan,
Y cuales, porque los pisen,
De ellos el camino siembran.
 Así llegan á la fuente
Que el gran álamo hermosea
Con su pomposo ramaje;
Do en alegre paz se asientan.
 El gusto y júbilo crecen;
La risa y el placer vuelan

(1) Era uso antiguo de los mas de los pueblos el salir al campo las jentes la mañana de san Juan, cantando y bailando *á cojer el trébol y la verbena*, á que atribuian crédulos varias virtudes y misterios. Aun hoy se va en Madrid en este dia á comprar *las yerbas* á los portales y plazuela de santa Cruz; resto sin duda de aquel estilo.

De boca en boca, y mas vivos
Canto y danzas se renuevan.
   La aurora de su albo seno
Rosas derramando y perlas,
Cede el cielo al sol, que asoma
Y se para y las contempla;
   Y en medio su trono de oro
Por las lucientes esferas
Ostentando de sus llamas
La inagotable riqueza,
   Este dia mas hermoso
Parece que da á la tierra
Mas rica luz, y á las flores
Alegría y vida nueva.
   Con la fiesta y el bullicio
Las avecillas despiertan,
Pueblan y animan los aires,
Y la nueva luz celebran.
   Todo en fin se goza y rie;
Fuentes, árboles, praderas,
Selváticos brutos, hombres,
El júbilo en todos reina.
   Libre en tanto el Amor vaga:
Nadie sus tiros rezela:
El campo, el dia, la hora,
Todo la ilusion aumenta.
   Todo encanta los sentidos:
Por una llanada inmensa
Vaga la vista, las aves
Con sus trinos embelesan.
   Entre el grato cefirillo
El labio aromas alienta,
El tacto en delicias nada,
Y el pecho inflamado anhela:
   Gratamente así corriendo
Por las ajitadas venas
Del placer la suave llama,
Que á todos arrastra y ciega.
   La ocasion brinda al deseo,
Las miradas son mas tiernas,
Los requiebros mas ardientes,
Mas traviesa la agudeza.
   Nadie desairado llora,
Ni enojar amando tiembla:
El baile mismo autoriza
Mil cariñosas licencias.
   Quien rendido se declara,
Quien tierno la mano premia
De su amada, y quien la roba
Un beso al dar una vuelta:
   Beso de que no se ofende
La zagala mas severa,
Pues fueran culpa este dia
El rigor ó la tibieza.
   Todos arden y suspiran,
Todo se aplaude y festeja;
La timidez es osada,
Menos cauta la modestia.
   Y entre tantos regocijos,
Un pastor, á quien las nuevas
De su dulce bien faltaban,
Cantó angustiado esta letra:
   Ya no hay, zagales, amor,
Que lo acabara el olvido:
Nada de Fili he sabido,
Y tiemblo su disfavor:
Ausente estoy, fuí querido:
¡Ved si es justo mi dolor!
Tambien yo un tiempo dichoso
Cual ora os gozais, me ví;
Y en mi embeleso amoroso
Alegre canté y reí
A par de mi dueño hermoso.
   Despues que dejé su lado
Perdí la dicha y el gusto;
Y hoy con mas grave cuidado,
Al ver su silencio injusto,
Solo esclamo desolado:
   Ya no hay, zagales, amor,
Que lo acabara el olvido:
Nada de Fili he sabido,
Y tiemblo su disfavor:
Ausente estoy, fuí querido:
¡Ved si es justo mi dolor!

ROMANCE X.

DE LAS DICHAS DEL AMOR.

No juzgues, bella aldeana,
Que es por niño á Amor difícil
Cautivar un albedrío,
Y á sí en dulce lazo unirle:
   No, que á su imperio dichoso
Quien gusta indócil resiste,
O que hay, cuando el arco flecha,
Destreza que el tiro evite.
   Que en la corte y en los campos
Incontrastable preside,
Y así al guerrero avasalla
Como al zagalejo humilde.
   Hace al mas rústico urbano,

Audaz la tímida vírjen,
Y hasta el anciano sesudo
Por él las canas se tiñe.
　Bien que en unos lindos ojos,
Y en un seno de jazmines,
Y unas mejillas de rosa
Toda su fuerza consiste.
　Así alegre y bullicioso
No engañada te imajines,
Que en las lágrimas se goza,
Ni con los suspiros rie:
　Que educado por las Gracias
Gusta que bailen y trisquen,
Y que canten y festejen
Cuantos sus banderas siguen;
　Ya en la pacífica Idalia,
Ya de Gnido en los pensiles
Grata los entre su madre,
Ya en su aras sacrifiquen.
　El camino de su templo,
La senda que dél dirije
Al bosque de las delicias
Sus ahijados mas felices:
　No por ásperos los tengas,
Ni los juzgues imposibles,
Que son llanos, y de rosas
Poblados y de alelíes.
　Ni menos pienses cobarde
Que su fuego el alma aflije,
Ni de sus blandas heridas
Que ningun remedio admiten.
　Su fuego un ardor suave,
Sus llagas son apacibles,
Y leves puntas las flechas,
Que su dulce nombre impriinen.
　La cárcel que tanto temes,
Y esos hierros con que oprime
Sus venturosos esclavos,
Que tú llamas infelices;
　Es un celestial alcázar,
Donde gozan los que viven,
En vez de encierros y grillos,
De contentos indecibles.
　Siempre entre mirtos y acacias,
Y en un temple bonancible,
Lleno el ambiente de aromas,
Los ramos de colorines,
　Que revolando anhelosos
A sus queridas persiguen,
A par que en sus dulces trinos
Amor, solo amor repiten.

　Allí embebidas las almas
Ya en esperanzas que finjen,
Ya en desdenes que contrastan,
Ya en favores que consiguen:
　Temen ora, ora suspiran,
Ora blandamente jimen,
Gozan ora, ora se quejan,
Ora al amado se rinden.
　Sus palabras son caricias,
Sus riñas serenos íris,
Y el despego y los rigores
Ocasion á nuevas lides.
　Fragua feliz los rezelos,
Do amor ya tibio se avive,
Y los piques y mudanzas
De otro nuevo amor oríjen.
　Su favor es blanda llama
Con que el alma se derrite,
Pasatiempo los cuidados,
Y la timidez melindre.
　¡Felices mil y mil veces
Los que en su poder suspiren,
Los que sus cadenas llevan,
Y los que su ley reciben!
　¡Y yo aun mas feliz, bien mio,
Si á mi ruego al fin sensible,
Una hechicera mirada
Osa y no temas, me dice!

ROMANCE XI.

A FÍLIS RECIEN CASADA.

Llegó en fin el fausto dia
Que tanto Celio anhelaba,
Que cien envidiosos lloran,
Y que mi amistad aclama.
　Ya eres su esposa; y tu cuello
Sufre dócil la lazada,
Con que para siempre unidas
La suya y tu vida se atan.
　De flores será olorosas,
Si los dos sabeis llevarla;
Cual de punzantes espinas,
Si la discordia os separa.
　Cuida pues, amable Fili,
De que cada vez mas grata
Al feliz velado sea
Por tu dulzura y tus gracias:
　Cuida que el peso no sienta,
Y que una tierna mirada

Del esposo en cada hora
El amante fiel te haga.
　　Bien, Fili, lograrlo puedes,
Si la ilusion regalada
Que hoy le embelesa, procuras
Que el tiempo no la deshaga.
　　Ni mimosa le empalagues,
Ni con melindres de casta
Marchites por tus desvios
La flor de sus dulces ansias.
　　Sé plácida á sus amores;
Mas gratamente velada
De un rubor tímido á veces
Feria tus finezas cara:
　　Que por vulgar no se precia,
Aunqué riquisima, el agua,
Y al claro sol el diamante
Por lo raro se compara.
　　Ni le des, ni pidas zelos;
Zelos que pedidos cansan,
Y dados..... te ofenderia,
Si mas de este achaque hablara.
　　Los donosos devaneos
Acabaron ya, cual vagas
Pasan las nubes de estío,
Que sin lluvia el campo engañan.
　　Acabaron, bella Fílis,
Las citas á la ventana,
Los empeños en el baile,
Las músicas y enramadas,
　　Y aquel tu bullir travieso,
Que te dió entre las zagalas
El renombre de festiva,
De decidora la palma.
　　Lo que en la alegre soltera
Se rie como una gracia,
Por liviandad se censura
En la severa casada.
　　Hoy un nuevo amor empiezas,
Cuya deliciosa llama
Otros frutos ha de darte,
Y otra mas ilustre fama.
　　Tu esposo, y tu esposo solo,
Goze de tu vida y alma,
Al par que de entrambas suyas
Tú eres feliz soberana.
　　Un querer, un gusto, un lecho
Comun os sea; en su cara
Te mirarás como espejo;
Y tu jenio al suyo iguala.
　　A veces á sus antojos
Tu razon dobla, que es gala
Del amor mandar sirviendo;
Y al que se humilla, le ensalzan.
　　Sé con cuantos te rodean,
De trato y condicion blanda:
Que el rigor enojos cria,
Y mal oye quien mal habla.
　　Solícita con tu esposo,
Y desvelada en tu casa,
Cual madre todos te miren,
Tus doncellas como hermana.
　　Pero á par cuida prudente,
Pues su señora te llamas,
No tan alto nombre pierdas,
Si encubriéndolas te guardan.
　　Alégrate sin rebozo,
Y trisca en el baile y canta,
Que la virtud nunca estuvo
Con la risa mal hallada;
　　Y huye induljente y benigna
La severidad ingrata,
Que á la par que humilla, ofende,
Y el fuego de amor apaga:
　　Viendo en el mar de la vida,
Cual á un rayo de bonanza
Que fugaz vuela, horrorosas
Ya mil nubes amenazan.
　　Sin afectar presunciones
Ni en cada dia una gala,
Conserva ese limpio esmero
Con que á todos nos encantas.
　　Cuida de ti por tu amado,
Y hazte á sus ojos tan varia,
Que cual ora ilusos te hallen
Cada vez mas estremada.
　　Mira que el querer se entibia,
Que el ciego embeleso pasa,
Que desplace el desaliño,
Y lo gozado empalaga.
　　Serás madre, bella Fílis,
Serás madre, y hechizada
Recibirás en tus brazos
La mitad de tus entrañas.
　　¡Oh, en qué afectos al oirlo
Tu amante seno se inflama,
Viéndote fecunda oliva
De pimpollos enramada!
　　Serás madre, y de tu esposo
Crecer sentirás la llama,
Reflorecer las finezas,
Sellarse la confianza.

Sobre él sentarás segura
Tu amable imperio; y ufana
Brillarás cual entre albores
Se ostenta risueña el alba.
 Crecerán tus dulces hijos,
Y en ellos tus esperanzas,
Cual mata de clavellinas
Plantada al márjen del agua.
 Tú velando noche y dia
Felizmente en su crianza,
En delicias celestiales
Te sentirás inundada:
 Y serás, Fili, en el mundo
Cual tórtola solitaria,
Que en su nido y en su amado
Todas sus venturas halla.
 En tu regazo dormidos,
Colgados de tu garganta,
Verás con qué de caricias
Tu ardiente cariño pagan.
 A tu voz, cual los polluelos
Que su madre en torno llama,
Correrán de gozo llenos
Siguiéndolos tus miradas:
 Mientras el feliz esposo
Ya sus brazos les prepara,
Y entre su querida y ellos
Su corazon se derrama:
 Gozando tú embebecida
Cual nuevas las vivas ansias
De su tierna fe, la gloria
De ver cuán penado os ama.
 ¡Oh qué de premios y dichas
Fausto el cielo te depara!
¡Qué de contentos y amores
De pureza inmaculada!
 ¡Qué porvenir tan glorioso!
¡Qué deliciosa fragancia
De virtudes! ¡qué de bienes,
Esposa y madre, te aguardan!
 Disfrútalos, Fili bella,
Y las prendas que te ensalzan
Admire yo, si es posible,
En tus hijuelos copiadas.
 Disfrútalos; y la dicha
Sé por siempre de tu casa,
El lustre de nuestra aldea,
Y de todos la alabanza.—
 Como parabien de boda
Estos versos le cantaba
Un zagal, que fué su amante,

A Fílis recien casada.
 Cuando de repente al triste
Tan al vivo se retratan
Los dolorosos recuerdos
De sus dichas malogradas,
 Que en su deliciosa imájen
Como embebecida el alma,
Ni ya al rabel armonía,
Ni al labio le da palabras;
 Y angustiado, absorto y mudo,
A pesar de su constancia,
La que empezó enhorabuena,
Si no cesa, en llanto acaba.

ROMANCE XII.

LOS DIAS DE SILVIA.

A la Escma. Sra. duquesa de Alba.

Si á los candidos impulsos
Que mi corazon abriga,
Mostrar toda su fineza
Hoy dejase, amable Silvia,
 Cual disparados hervores
De mi ardiente fantasía,
La tibieza los burlara,
Murmurándolos la envidia.
 Mas quien íntimo supiese
La sencillez de mi fina
Voluntad, los dulces lazos
Que al duque y á ti me ligan;
 Lazos que á los dos me estrechan
Con violencia tal, que unidas
En una sola tres almas,
Vuestra ventura es la mia;
 Ni culpara mi entusiasmo,
Ni llamara encarecida
Una aficion, que hará siempre
Mi embeleso y mis delicias.
 Dijera sí, que la pluma
Por el papel corre tibia,
Ni alcanza á pintar la lengua
Cuanto el corazon le dicta:
 Este corazon que anhela
Porque gozes aun mas dias
Que alza luceros la noche,
Y el mayo rosas matiza;
 Mas que el abrasado julio
Lleva de rubias espigas,
Que la belleza de ardores,

De gozos el Amor cria.
　Y cual plácido arroyuelo
Que por la vega florida,
Salpicándola de aljófar,
Mansamente se desliza;
　Tal tus años lentos jiren
En serie no interrumpida
De bien logrados deseos,
De inefables alegrías.
　Por siempre en verdor lozano,
Del tiempo la mano impía
Jamás tu cabello ultraje,
Ni mancille tus mejillas;
　O esos tan lumbrosos ojos,
Y á esa boca toda risas,
Con las lágrimas se anublen,
Dolientes ayes aflijan;
　Sino que hechiceros ardan
Cual ora Amor los atiza,
Y ella de cuantos la escuchen,
Las voluntades te rinda.
　Jamás de amargos cuidados
Tu sensible pecho jima;
Ni la inquietud ó el desvelo
Tu blando sueño persigan;
　Mas bien con plácida mano
Fortuna tus pasos rija,
Y por donde quier que fueres,
Contigo lleves la dicha.
　Brillando cual la alba luna,
Cuya claridad benigna
A los alegres encanta,
Y á los míseros alivia;
　O como el astro de Vénus,
Cuando á la aurora convida
A que abra al dia las puertas,
Y ahuyente la noche umbría.
　Envidiada, mas sin queja,
Todos te busquen y sirvan,
Los hombres cual su señora,
Las mujeres por amiga,
　Y encantados dulcemente
De las gracias con que brillas,
De tu lengua estén colgados,
Que miel y ámbares destila.
　Tus saladas agudezas
Y tu urbanidad festiva
El injenio las aplauda,
La emulacion las repita:
　Corriendo de boca en boca
Por siempre esa vena rica

De donaires, que en la tuya
Inagotable se admira.
　Respete tu jenio amable
Hasta la calumnia misma;
La envidia al ver tu talento,
Enmudezca, confundida.
　Enmudezca cual las aves,
Cuando suavísimo trina
El ruiseñor solitario,
Oyéndole embebecidas.
　Y tú, Silvia, sobre todos,
Cual rauda el águila altiva
Se encumbra, tu vuelo eleves,
Y todos tu ley reciban.
　Sean tus inmensas riquezas
Patrimonio á la desdicha,
Tu escelso nombre un sagrado
Contra la suerte enemiga.
　Adúlete la esperanza,
Abrázete la sencilla
Blanda paz, risueño el gozo
Mas y mas sin fin te siga.
　Así ejemplo á las edades
De virtudes peregrinas,
Tus discreciones se aprendan,
Cual tu bondad se bendiga.
　Favorable en fin el cielo
A cuanto amistad me inspira,
En su seno y en los brazos
Del amor mil años vivas.

ROMANCE XIII.

LA ZAGALA DESDEÑOSA.

Si me quieres como dices,
Deja el desden, zagaleja,
Que nunca bien hermanaron
El amor y la aspereza.
　Opon cruda los desdenes,
Si otro zagal te festeja,
Que escuchar á dos á un tiempo,
Es hacer á ambos ofensa.
　Uno sea el escojido;
Mas cuando feliz lo sea,
Goza en paz de su ternura,
Y él en libertad te quiera;
　Y celébrete entre todas,
Y en derretidas finezas
Pagándole tú benigna,
Su llama exhalarse pueda.

Que en el amor los rigores
Son cual hielo en primavera,
Que al mayo roba sus galas,
Y á los ganados la yerba;
 Y el favor plácida lluvia
Con que abril al campo alegra,
Que hace florecer los valles,
Y espirar la sementera.
 Favorece, y no desdeñes,
Que no toda la belleza
Está en unos lindos ojos,
O en una dorada trenza:
 La beldad erguida y vana
Es bien cual pomposa yedra,
Que alegres todos la miran,
Pero ninguno la aprecia:
 Mas al agasajo unida,
Cual vid de racimos llena,
A cuya sombra apacible
Gozosos todos se sientan;
 Y cuyos vástagos verdes,
Cuando en el olmo se enredan,
Lo realzan con sus hojas,
Con sus abrazos lo estrechan.
 Flor de un dia es la hermosura,
Y el tiempo tras sí la lleva;
Y si en mis palabras dudas,
Toma una leccion en Celia.
 Celia, la célebre un dia
Por su beldad hechicera,
Que despreció á mil rendidos
Cuanto envanecida necia;
 Y hoy ultraje de los años,
Busca en sus ardores ciega
Quien la sirva, y todos huyen;
Quien la mire, y no lo encuentra.
 Voló con su nieve y rosa
De sus ojos la viveza,
Y arrugada, y sola, y triste,
A un seco rosal semeja.
 Solo la bondad sencilla,
Que cariñosa, aunque honesta,
Oye á su zagal querido,
Y le corresponde tierna;
 La que con sus gracias rie,
Y con él baila en la fiesta,
Y en el seno pon sus flores,
Y con otras su amor premia:
 La que viendo en él su esposo,
Ni se esquiva ni avergüenza
De que á ella todos por suya,

Y á él por su amante los tengan,
Esta siempre como el alba
Brillando en su luz primera,
A cuantos la ven rendidos
Guarda en su dulce cadena.
 Los años no la oscurecen,
Ni los cuidados la aquejan,
La emulacion la perdona,
Y la envidia la respeta;
 Siendo, aunque en edad tardía,
Su agrado y felices prendas
Delicia de los zagales,
Como encanto de las bellas.
 Sé pues afable, Amarilis,
Cesa en los desdenes, cesa;
Que en tu júbilo y donaires
Bien ese rigor no suena:
 Ni te formaron los cielos
Así estremada y perfecta,
Para que tan altos dones
Míseramente se pierdan.
 Sé afable con quien te adora,
Y verás toda la aldea,
Si ora tu altivez murmura,
Celebrar tu jentileza.—
 Así cantaba Belardo
De una zagala á las puertas;
Y ella asomándose airada,
Que calle y parta le ordena.

ROMANCE XIV.

LOS SUSPIROS DE UN AUSENTE.

Tras aquel ceñudo monte
Que á las estrellas levanta
Su erguida frente, de nubes
Y de nieves coronada.
 Está la mansion dichosa
De mi Clori, la zagala
Que es gloria de estas riberas
Y embeleso de las Gracias.
 Fina el alma me lo anuncia,
Pues no cabiendo ajitada
Ya en mi lastimado pecho,
En tiernos ayes se exhala.
 Con violencia irresistible
De la otra parte se lanzan
De la alta cima mis ojos,
O el duro monte traspasan.
 Mil cuidados van con ellos,

Penas mil y quejas vanas,
Y mil finezas y ardores...
¡Ay, que la ilusion me engaña!

Yo aquí en soledad me aflijo,
De la otra parte mi amada;
Opuesta á nuestros deseos
Esta invencible muralla.

¡Fiero monte! tú me privas
Volar adonde me arrastra
Mi dulce amor... ni aun me dejas
Ver su pacífica estancia:

La estancia que fué algun dia
En mi suerte afortunada,
Confidente de mis glorias,
Testigo fiel de mis ansias.

Allá estático la busco,
Y en su impaciencia de hallarla,
La vista allí se la finje,
Y allí corren vida y alma
En pos de Clori... ¡bien mio!
Solo á tu nombre en mil llamas
Arde el pecho, mi ser todo
En gozo y delicias nada.

¡Clori! ¡Clori! ¡quién me diese
Esta importuna distancia
Trasponer veloz! ¡quién ciego
Precipitarme á tus plantas!

¡Estrecharte entre mis brazos,
Y así en sorpresa tan grata
Ver tu tímida inocencia
Cual con tu pasion luchaba;

Y las lágrimas de gozo
Con que tu seno inundaras,
Mezclándolas con las mias,
En mis ayes inflamarlas!

¡Quién tierna te oyese á solas
Por mí anhelar, y en tu cara
Ya la inquietud retratarse,
Ya plácida la esperanza!

¡Ya de un infeliz dolerte,
Que en su soledad amarga
Mil y mil veces sin seso
Nombra á su Clori adorada!

Clori mi labio articula,
Clori lisonjera el aura,
Y Clori el eco repite
Por la selva solitaria;

Y mi Clori no me escucha...
¡Monte fiero! de tu falda
Hasta tu cumbre te acose
La esterilidad infausta;

Ni á tus árboles el mayo
Vista jamás de sus galas,
Ni tus desnudas laderas
De flores y de esmeralda:

Tus arroyuelos no corran;
Los veneros que brotaban
Bullendo tus ricas fuentes,
Cierren sus venas de plata:

Las aves de ti se alejen;
Ni entre tus áridas ramas,
O al tierno amor sacrifiquen,
O sus blandos nidos hagan;

Ni en fin los amantes fieles
Honren tus sombras ingratas,
Buscándolas por terceras
De sus finas confianzas.

Esto sea, odioso monte,
Pues con aspereza tanta
Te opones á mi ventura,
Mi ardiente pasion contrastas.

Ver si no á mi luz me deja;
Deja á mi lijera planta
Doblar tu escarpada cumbre,
Volar hasta su cabaña:

Sorprenderla en su retiro;
Feliz un instante hablarla,
Y allá lanzar sus zozobras,
Y alentar sus esperanzas,

Clamándole: ¡vida mia,
Manténme la fe jurada,
Y otra y mil veces recibe
La que mi pecho te guarda;

Y que nuestro amor venciendo
Hados, tiempos y distancias,
De firmeza ejemplo sea
Hasta en la edad mas lejana!

Da, ó monte, este corto alivio
A mis súplicas ahincadas,
O al solícito deseo
De mi Clori que me aguarda.

Y si el ruego y la inocencia
El duro mármol ablandan,
Cede, ¡oh! cede á su ternura,
Y sus lágrimas acalla:

Y sus lluvias te dé el cielo,
Y eternas duren tus hayas,
Y huya el ardiente solano
De tus umbrosas moradas.

¡Ah! ¡si yo al menos tuviera,
Pues que á su aspereza clama
Sin fruto mi amor, del viento

O de las aves las alas !
    Mas rápido que la mente,
Clori mia, á ti volara:
Viera si de mí te acuerdas,
Y viera cuán fina me amas;
    Y si mis ternezas partes,
Y si mis zozobras pagas;
Si enajenada me buscas,
Si como loca me llamas:
    Y en nudo estrecho enredado
De tu nevada garganta,
Con ardiente sed bebiera
Tus lágrimas regaladas:
    Arrastrárate á mi pecho;
Y allí en mi pasion ufana,
En ti, Clori, mi ser todo,
Y el tuyo en mí trasladara:
    Moviérante mis jemidos,
Callárante mis palabras;
Y envidiara el Amor mismo
Nuestras celestiales ansias.
    Así deshechas las dudas
Que ausente de ti me asaltan,
Tú ardieras en mi fineza,
Yo me embriagara en tus gracias.
    ¡ Quién esto, mi bien, hiciese....!
¡ Ay! una sola mirada,
Una lágrima, un suspiro,
Todas mis dichas colmara.

ROMANCE XV.

LOS SEGADORES.

Segadores, á las mieses:
Que ya la rubia mañana
Abre sus rosadas puertas
Al sol que de oriente se alza.
    Un vientecillo agradable
Sigue su brillante marcha,
Meciendo en volubles ondas
Del pan las débiles cañas.
    ¡ Ved cómo se pierde entre ellas !
¡ Ved cuán susurrante vaga !
Ora carga y las inclina,
Ora raudo las levanta.
    Los desfallecidos pechos
Su vital soplo repara;
Y al trabajo interrumpido
Con nuevo vigor nos llama:
    A par que las avecillas,

No bien despiertas, el alba
Saludan con mil gorjeos,
Trinándole la alborada;
    Y huyen las lóbregas sombras,
Y el horizonte se inflama,
Y el luminar de los cielos
En su inmenso ardor nos baña.
    A las hoces pues, amigos,
Que el tiempo veloz se pasa;
Y miles de espigas de oro
Nos provocan sazonadas.
    De ellas la frente ceñida
Nos sonrie la abundancia,
Para henchir nuestros graneros,
Y colmar nuestra esperanza.
    Vedlas en qué remolinos
De aquí y de allá se esparraman,
Moviéndose turbulentas
Como la mar por las playas:
    Mientras las áridas hojas
Con su sonido retratan
El que forma la mar misma,
Si se aduerme en suave calma;
    Y en su plácido murmullo
Haciendo en pos una pausa,
Tornan rápidas á alzarse,
Y á ondear muy mas livianas.
    No pues tan rico tesoro
La pereza desmayada
O la ingratitud lo pierdan:
Seguid alegres mis plantas.
    Seguidlas: de un pobre anciano.
Ved cómo las manos flacas
Os dan del trabajo ejemplo,
Y á las vuestras se adelantan.
    Cuando fuí mozo, ninguno
Logró sacarme ventaja
Ni en el afan de una siega,
Ni con el bieldo en la parva;
    Mas hoy los años me encorvan,
Y así las fuerzas desmayan
Cual la pajilla voluble,
Que el viento á su antojo arrastra.
    Sus pues: empezad festivos
De la siega la tonada,
Que vago nos vuelva el eco
Desde la opuesta montaña:
    O en acento mas sublime
Y con voces alternadas,
De la honrosa agricultura
Resonad las alabanzas:

Santificada en Isidro,
Gloriosa en el godo Wamba,
Y allá en Eden por Dios mismo
Al hombre aun sin culpa dada.
   El vicio es callado y triste:
La inocencia rie y canta;
Y el trabajo es pasatiempo,
Cuando el placer lo acompaña.
   ¡Oh! ¡cómo aquel nos alegra,
Si la bendicion alcanza
Del cielo, que sus larguezas
Ora por do quier derrama!
   ¡Cómo el corazon se goza
Recordando las escarchas
Y aguaceros, con que enero
El ancho suelo inundaba!
   Aquellos hielos y lluvias
Son las selvas erizadas
Que hoy veis de doradas mieses,
Y un Dios bueno nos regala.
   Este es el órden que puso
Con su omnipotencia sabia
Al tiempo, que raudo vuela
Con igualdad siempre varia.
   Así el sustento atesora
De esa infinidad que vaga
De vivientes por la tierra,
O tiende al viento las alas.
   Todos á su providencia
Cual menesterosos claman,
Y en sus manos paternales
Piedad y alimento hallan.
   Hállelo el pobre en las vuestras:
Si de ellas tal vez se escapa
Quebrada la rica espiga,
Guardaros bien de apañarla.
   Con neglijencia oficiosa
Dejadla, amigos, dejadla
A arbitrio de la indijencia,
Que sigue vuestras pisadas.
   En ella su pan del dia
De vuestra bondad aguarda
La inocencia desvalida,
O la ancianidad cansada.
   Este pan es una deuda:
Así la tierra nos paga
Cuanto un dia le fiamos,
Con usuras duplicadas.
   Así nos dan liberales
Grato refrijerio el agua,
El aire vital aliento,
El sol su creadora llama.
   No pues cuando mas profusa
De sus dones hace gala,
Y á sus hijos su ancha mesa
Naturaleza prepara;
   Cuando la veis, que riente
De gavillas circundada
Y de riquísimas frutas,
En comun á todos llama,
   O por árida codicia,
O por vil desconfianza
En nos solos vinculemos
Los tesoros de sus gracias.
   De ellos vive el ave, y parte
La hormiga en sus trojes guarda:
Téngala tambien el pobre
Que humilde nos la demanda;
   Y lleve con su hacecillo,
Cual si un tesoro llevara,
El consuelo y la alegría
A su mísera morada,
   Donde postrados acaso
Sobre otras míseras pajas
Ya sus pequeñuelos hijos
De hambre transidos le aguardan.
   Así al buen Dios imitamos
Que nos da con mano franca:
Agradarle abrir las nuestras,
Y enojarle es el cerrarlas.
   Abridlas pues; y sus dones
Entre todos se repartan,
Que él los da á todos, y á todos
Su inefable amor abraza.—
   Esto Plácido decia
A la puerta de su granja
En medio sus segadores,
Que como á padre le acatan:
   Plácido, en cuyo semblante
La inocencia de su alma,
Y el respeto impresos brillan
En sus venerables canas.
   Alzando las corvas hoces
Con bulliciosa algazara,
Todos al anciano siguen,
Y él alegre les gritaba:
   Segadores, á las mieses:
Que ya la rubia mañana
Abre sus rosadas puertas
Al sol que de oriente se alza.

ROMANCE XVI.

EL CONVITE.

Por entre la verde yerba
Baja un arroyuelo al prado,
Orlando de espuma y nácar
Las flores que encuentra al paso.
¡En cuántos cercos se pierde!
Ora va risueño y manso,
Y ora hace un blando susurro
Las guijas atropellando.
Limpísimos sus raudales
Semejan al aire vano,
Que trasparente nos muestra
Los términos mas lejanos.
La arena en el fondo bulle,
La arena que entre sus granos
Esconde el oro mas puro
Que da el celebrado Tajo;
Y resbalándose en ondas,
Cual las que de grado en grado,
Forman las fáciles aguas,
Remeda su curso vago.
Luego el veloz paso enfrena,
Y en el mullido regazo
De la espadaña y el trébol
Que riega abundoso y claro,
Hasta su murmullo calla;
Y parece que cansado
De tanto correr, se duerme
En un plácido remanso;
Do se ven los pececillos,
Ora rápidos vagando
Ir y revolver mil veces
Por el cristalino lago;
Y ora en mas alegre juego
Con desvalido conato
Lanzarse, y sonando hundirse
En las ondas con sus saltos.
Los árboles de la orilla
En su espejo retratados,
Dos veces la vista alegran
Con la pompa de sus ramos.
Sobre ellos los pajaritos
Bullen en júbilo y canto,
O entre sus vástagos corren
Lascivos y alborotados.
Aquí el ruiseñor canoro
Al cielo su duelo alzando,
Con los trinos embebece

De su melodioso llanto:
Y allí, premiándola tierno
Con mil piadas y halagos,
Ardiente en pos de su amiga
Sale un colorín volando.
Allá la tórtola jime,
Y al arrullo solitario
Rendida su fiel consorte,
Le vuelve un quejido blando.
Solícitas las abejas,
En un tomillar cercano
Con dulce trompa susurran
Entre violas y amarantos;
Mientra en la opuesta ladera
Satisfechos ya del pasto,
Al frescor de su enramada
Se reposan los rebaños:
Y el valle en delicias arde;
Y en ventura y gozo tanto
Solo amor el pecho siente,
Y de amor suspira el labio.
Ven pues á la grata sombra
Del álamo consagrado,
Zagala hermosa, á tu nombre
Desde que en él nos hablamos;
Y en cuya limpia corteza,
Ceñidas de un verde lauro
Grabé atento nuestras cifras,
Del Amor mismo guiado.
Anúdalas, ¡ay por siempre
Y en indisoluble lazo!
Florido un mirto, y en torno
« De Clori dichoso esclavo. »
Sus pues, ¿qué nos detenemos?
Ven á su fresco descanso,
Que ya del sol y tus ojos
No puedo llevar los rayos.
Ven, y á mis ruegos te inclina;
Dame, donosa, la mano,
Que bien este don merece
Quien su corazon te ha dado:
Quien meses tantos de ausencia
Sufrió infeliz suspirando
Por este lumbroso dia,
Término é mis ansias grato;
En que en brazos del deseo
Los dulcísimos regalos
Disfrute, con que me brindan
Tu ternura y tus encantos.
¡Oh! ¡cuál tus miradas brillan!
¡Cuán lánguidos son tus pasos!

¡Y en tu acento y en ti toda
Qué nuevas delicias hallo!
 Ven, ven, adorada Clori:
Un instante no perdamos,
Que amor nos rie, y propicio
Tiende el misterio su manto.
 Celebrarán nuestra gloria
Las avecillas cantando,
Murmurando el arroyuelo,
Y balando los ganados.

ROMANCE XVII.

EL VELO.

Quita, aparta, Clori mia,
Quítate ese odioso velo,
Que los rayos oscurece
De tus ojos hechiceros.
 Deja que la lisa frente
Luzca en todo su despejo,
De los rizos coronada
De ese tu rubio cabello:
 Que tu boca y tus mejillas,
Y tu garganta y tu seno
A par que arrastren mis ojos,
Electrizen el deseo:
 Que esa flor de colorido
De rosa y jazmin deshechos,
Y tantas gracias y dotes
Que te dió pródigo el cielo,
 Brillen en toda su gloria,
Y hagan el feliz empleo,
Sin esa importuna nube,
De mil corazones tiernos.
 ¿Los tienes para ocultarlos?
¿No ves cuál ostenta Febo
Su luz profuso, y la noche
Miles de ardientes luceros?
 Ni la noche ni el sol hacen
De su hermosura un misterio,
Ni de su oriente la perla,
Ni el diamante de sus fuegos.
 Todo, todo cuanto existe,
Mientras mas gracioso y bello,
Quiere Amor, el cielo ordena
Que brille cual brilla él mesmo
 En muestra de su grandeza,
Y ornato rico del suelo,
Y ocupacion de la mente,
Y de los ojos recreo.

VI.

 Deja pues embozos tales
A la inquietud de los zelos,
O á la beldad que ya sufre
La cruda mano del tiempo.
 Tú empero que airosa creces,
De perfecciones modelo,
Como la temprana rosa
En medio un pensil ameno;
 Tú que cual la blanca luna
De las estrellas en medio
Esclarece el bajo mundo,
Y hermosea el firmamento;
 Así cuando te presentas
De tus gracias en el lleno,
Eres, mi bien, de estos valles
La delicia y el contento:
 ¿A qué negarte á los ojos,
Que en su cariñoso anhelo
Gozar quieren, cuanto admira
De bello en ti el pensamiento?
 Si es arte, para que oculto
Haga el delicioso empeño
De hallar en los corazones
Mas poderoso su efecto;
 A vulgares hermosuras
Deja ese falaz manejo,
De que el desengaño rie,
Si hace ilusion un momento.
 Deja á esas flores sin vida
Para embelesar á necios,
Que ostenten lo que no tienen,
Disfrazen lo que perdieron.
 Tiendan ellas, porque vistos
Pierden su rostro y su cuello,
El velo hasta la cintura,
Y escondan su árido pecho.
 Guarden de la luz sus ojos,
Por si en su injenioso juego
Crece por la gasa el brillo
De sus lánguidos reflejos;
 Y á esfuerzos de un vil engaño
Hagan en fin, que de lejos
De su hermosura se luzcan
Los desmoronados restos.
 No tú que por tus donaires,
Y tu mirar halagüeño,
Y tu bullicio y delicias,
Y tus sales y tu injenio,
 Esas formas de una diosa,
Ese aire noble y esbelto
De tu cabeza, esos pasos

Que envidia la misma Vénus;
  Igual en los corazones
Mantienes tu dulce imperio,
Martirio de las hermosas,
De los hombres embeleso.—
  Así yo á Clori rogaba;
Y ella donosa riendo
Alzó, arqueando su fiel diestra,
El velo á mi ardor molesto.
  Y ya tus gustos cumplidos,
Tienes, mi querido dueño,
Dijo: gózate en mis ojos,
Que mi alma toda está en ellos.
  Vélos, y hallarás tu imájen,
Que del corazon saliendo,
Fiel sabe, y contarte puede
Sus mas íntimos secretos.—
  Yo en mi impaciente delirio
Embebecido, sin seso
Mirélos, y ellos se clavan
En mí lánguidos y tiernos,
  Las delicias inefables
Que á aquel intante siguieron,
Si es posible, Amor las diga,
Que yo á esplicarlas no acierto.

ROMANCE XVIII.

CLORI ENFERMA.

¡Con qué dolor, Clori mia,
Mi cariño fiel te deja!
¡Cuánto rezela y se aflije,
Y el decirte á Dios le cuesta!
  Tú padeces, y yo esclavo
De una bárbara decencia,
Apenas preguntar oso
Si el agudo mal se templa.
  Pero en tu mirar doliente
El corazon me penetras:
Me lo dividen tus ayes,
Y tu silencio me hiela;
  Tanto que el dolor partiendo
Contigo mi amor, apenas
Mi mano, si te levantas,
Tímida en tu auxilio llega.
  Vaste al lecho, y abatido
Te abandono á tus doncellas.
¡Ay! ¿por qué el cuerpo se aparta
De do vida y alma quedan?
  ¿Por qué, mi bien, esta noche

Sentado á tu cabecera,
No he de velar y alentarte?
¿No aliviaré tu tristeza?
  ¡Con qué piedad guardaria
Tu reposo! ¡con qué tiernas
Dulces pláticas cuidara
Tu vijilia hacer lijera!
  ¡Qué atenciones, cuánto esmero
No empleara, á todo atenta
Con solicitud dichosa
Mi entrañable dilijencia!
  ¡Qué palabras, qué consuelos
Te diria! ¡en qué finezas
A un ay tan solo en tu alivio
Se desharia mi lengua!
  Pero no, el dolor agudo
No te aquejara: tus penas
Templara el cielo á mi ruego,
Y acabara la dolencia:
  El médico Amor seria,
Con lágrimas mi terneza
El fuego apagando que arde
En tu seno, y te atormenta.
  Tal vez sobre el pecho mio
Puesta la hermosa cabeza,
Tus ojos cerrara el sueño
Con blandas adormideras;
  Y el corazon palpitando
Con carga tan halagüeña,
Ni aun respirar osaria,
Rezeloso de perderla.
  Solícito el aire mismo
Tu amable delicadeza
Guardara; y su soplo mudo
Su vuelo insensible fuera:
  Despertaras, y mis brazos
En agradable sorpresa
Te estrecharan, y los tuyos
Mi cuello tiernos ciñeran.
  No, el dolor, Clori adorada,
No turbaria..... ¡Cuál sueña
Amor! tú sola, yo lejos,
¿Quién oirá, mi bien, tus quejas?

ROMANCE XIX.

EL COLORIN DE FÍLIS.

Miraba Fílis un dia
Entre las doradas redes
De la jaula, por romperlas

Su colorin impaciente:
  Fílis, que amable y sencilla
Desde niña gustó siempre
De avecitas, y en sus juegos
Aun casada se entretiene;
  Miraba al pobre cautivo
Llorar su mísera suerte
Con los pios mas agudos
Y los trinos mas dolientes;
  Morder el sonoro alambre,
Y de alto á bajo correrle,
Pugnando su débil pico
Si los hilos doblar puede:
  Sacudirlo enardecido,
De un lado y otro volverse,
Y avanzar cabeza y cuello
Por la abertura mas leve:
  Descansar luego un instante;
Y con ímpetu mas fuerte
Saltar, volar, ajitarse,
Y hácia sí airado atraerle:
  Tal que en su empeño y delirio
Con uña y pico inclementes
Batiendo la jaula entera,
A su esfuerzo la estremece.
  ¡Ay! dijo la bella Fílis,
(Y suspiró dulcemente)
¡Qué mal, jilguerito, pagas
Lo mucho que á mi amor debes!
  ¡Qué mal tan sañosa furia
Con tu placidez se aviene,
Con tu delicia esos ayes,
Que agudos mi pecho hieren!
  Mas pues entre grillos penas,
Por fina que te festeje,
No hayas miedo que te culpe
Tu esquivez ni tus desdenes;
  Que me olvide de tus gracias,
Ni tu ingratitud increpe,
Ni tu cólera castigue,
Ni de mi lado te aleje.
  ¿Qué sirve que en tu cariño
Solícita me desvele,
Que la comida te ponga,
Que el bebedero te llene,
  Que dadivosa mi mano
Regalos mil te presente,
Ni mi dedo te acaricie,
Ni con mi boca te bese?
  ¿Qué sirve que mis finezas
Tus donosuras celebren,

Ni en tus suavísimos trinos
Embebecida me lleves;
  Pues encerrado y esclavo,
Sin esperanza de verte
Jamás con tu dulce amiga,
No es posible estar alegre?
  No es posible, ave querida,
Por mas que en finjir te esfuerzes,
Que no maldigas la mano
Que así entre hierros te tiene;
  Y en cada mimo encubierto
Algun lazo no rezeles,
Con que tu bárbaro encierro
Mas ominoso te estreche;
  Que de todo cautelosos
La injusticia al fin nos vuelve,
Y á los ojos que así miran,
La amistad misma es aleve.
  Yo tambien cautiva lloro;
Y aunque de rosa y claveles
Es mi cadena, en su peso
El corazon desfallece.
  Huérfana y en tiernos años,
Que aun no cumplí diez y siete,
Abandoné mi albedrío
Al gusto de mis parientes.
  Cúpome un amable dueño,
Qué galan me favorece,
Cual amigo me respeta,
Y como hermano me quiere;
  Pero aunque humilde me sirva,
Y por gran dicha celebre
Que su señora me llame,
Ni me engaña ni envanece:
  Que yo tambien, jilguerito,
Me valgo de estos juguetes,
Cuando con graciosos quiebros
Armonioso me enloqueces:
  Tambien *hijito* te llamo,
Si á mi voz piando vienes,
Y tus alitas me halagan,
Y tu piquito me muerde.
  Y aun mas que tú ardiente y tierna,
Tomándote blandamente,
Te estrecho contra mi seno,
Te beso mil y mil veces;
  Y nada ya dulce hallando
Con que mi fe encarecerte,
¡Ay, clamo, si con mis besos
Mi vida darte pudiese!
  Otro tanto hace mi dueño,,

Cuando mi amor le enloquece,
Que no hay fineza que olvide,
Ni obsequio á que no se preste.
    Él pasatiempos me busca,
Oros y galas me ofrece,
Y en su casa y su albedrío
Mis voluntades son leyes:
    Pero en medio este embeleso
Una voz mi pecho siente
Acá interior que me dice:
«Nada á una esclava divierte.»
    Este pensamiento amargo
Mancilla todos sus bienes,
Y bien cual aciaga sombra
Mi corazon oscurece;
    Así como mis cariños
Tú, avecilla, pagar sueles
Con un pio, en que me increpas
La soledad en que mueres.
    Aun ahora elevada y triste
Con un suspiro elocuente
La libertad me demandas,
Y á volar las alas tiendes.
    No las tenderás en vano,
Que el corazon me enternecen
Tu espresion y tus quejidos;
Y así en paz, donoso, vete.
    Véte en paz, (la jaula abriendo
Dijo Filis) no te niegue
Mi amor lo que tanto anhelas,
Y tan fácil darte puede.
    Véte en paz, colorin mio,
Pues esclavo de las leyes
Que á mí bárbaras me ligan,
En tu inocencia no eres.
    Véte, y venturoso goza
La libertad que ya tienes,
Y que yo alcanzar no puedo
Sino ¡ay triste! con la muerte. —
    Soltóle, voló; y el llanto
Brotó involuntariamente
De sus ojos, que se anegan
Con las lágrimas que llueven;
    Y mirando á su avecilla
Que ya en los aires se pierde,
Con un suspiro que lanza,
Seguirla ilusa pretende.

ROMANCE XX.

EL CARIÑO PATERNAL.

No embarazes, dulce amiga,
El grato anhelo del niño:
Deja que donoso pase
De tus brazos á los mios.
    Mira en sus blandos gorjeos
Y en su incesante bullicio
Cuál su tierno amor esplica,
Gozándose en mis cariños.
    Él vivillo los entiende:
Y en oyendo, «dulce hechizo,
Ven de tu padre á los brazos;»
Se pierde en alegres brincos.
    Aun ahora mismo riendo,
¿No admiras cuán espresivo,
Presentándome los suyos,
Se impacienta por cumplirlo?
    Déjalo pues, Lisi amada;
Da benévola este alivio
A la ternura de un padre,
Y á los ruegos de un amigo.
    Ambos su encanto gozemos,
Gozémosle, que uno mismo
Es nuestro interés, las mismas
Ansias al verle sentimos.
    Fausto fruto de los fuegos
Que el casto Amor ha encendido
En nuestros pechos, pimpollo
Que florece á nuestro abrigo;
    No la delicia me niegues
De que entre besos y mimos
Yo le festeje en mis brazos,
Y él me acaricie festivo:
    La delicia de en mi seno
Regalarle adormecido,
Y bullirle y sustentarle,
Cual veces tantas te envidio.
    Cédeme pues, blanda Lisi,
Por ora este dulce oficio,
Que así la feliz tarea
Iguales los dos partímos.
    No mas lo tardes avara,
Si por un ciego capricho
No siente ya de su padre
Zelos tu amor con el hijo.
    Pues no, que ese sol hermoso
Tiene por mitad su brillo
De ambos, Lisi, y en su oriente

Los dos á par revivimos.
 Una flor es que al desvelo
Y al amor que ardiente y fino
Nos liga, su pompa un dia
Deberá y su ámbar subido.
 Un otro los dos, un centro
Do se unen nuestros destinos:
Tú hallas á tu fiel Aminta,
Yo á mi amable Lisi admiro.
 Tú le llevaste en tu seno;
Y con un blando suspiro
Clamaste al nacer: ¡ó esposo!
Recibe tu hijo querido.
 Estrechéle yo en mis brazos;
Y bañándole en benigno
Feliz llanto, pecho y vida
Sentí con él divididos.
 ¡Y hoy á estos brazos le niegas....!
¿No deben partir contigo,
Si es un gusto el que tú gozas,
Y si es carga, ser tu alivio!
 ¡Carga, idolatrada Lisi!
¡Carga! el serafin mas lindo,
Que en sus graciosos fulgores
Semeja al sol matutino,
 Semeja á la misma gloria;
Y en quien tú y yo embebecidos,
Parece que nuestras almas
Con la suya confundimos:
 Que ciegos en él hacemos
En nuestro amante delirio
Un sér único, en su pecho
Nuestros pechos derretidos.
 Cuando aplicándolo al tuyo,
Y él premiándolo arterillo,
Como que apurar anhela
Su néctar mas esquisito,
 Los dos en grato embeleso
Su empeño infantil reímos;
Él viéndolo el pecho deja,
Y entre gozos y cariños
 Soltándose en mil donaires,
Ambos brazitos tendidos,
Consigo amoroso anhela
En uno á los dos unirnos.
 Yo cedo á su blando impulso:
Pero al allegarme, asido
Ya le torno á ver del pecho,
Y el juego inocente rio.
 Otra veces mas donoso
Pone su rostro divino

De nuestros felices labios
Ansiando un tierno besito;
 Y al recibirlo los suyos
Con mil risas prevenidos,
Otro nos vuelven, tan dulce
Cual lo diera el Amor mismo.
 Otras cual loco vocea,
Se ajita, salta, y esquivo
Escápase de tus brazos,
Para venirse conmigo.
 Tal ora lo ves, que apenas
En ellos puedes sufrirlo;
Y mientras mas lo retiras,
Mas crece su ardiente ahinco.
 Pues déjalo, idolatrada;
No tu amor necio esclusivo
Lo atormente mas: mis brazos
Tendidos ve á recibirlo.
 En ellos mas bien á amarme
Aprenderá, y divertido
Con mis caricias, mas dulce
Le sonará el nombre de hijo.
 ¡Hijo adorado y hermoso,
En quien mis venturas cifro,
Esperanza de mi vida,
De mi ancianidad alivio,
 De tus venturosos padres
Embeleso peregrino,
Luz, clavel, fausto renuevo
De nuestros años floridos!
 Ven, mi bien, ven á alegrarme,
Gózate en el seno mio,
Pues que solo enamorado
Para ti y tu madre vivo.—
 Lisi, la sensible Lisi,
No pudo mas resistirlo,
Y dándole ardiente un beso
Del almíbar mas subido,—
 Cesen tus ansiadas quejas,
Y tu inquietud y martirio;
Y no enojoso acrimines
Lo que pasatiempo ha sido.
 Cesen, donosa riendo
A su fiel Aminta dijo:
Y toma la rica joya
De tu amor tierno y sencillo.
 Un juego fué, dulce esposo,
Negártelo, no un desvío;
Toma, que con él mi vida
En tus brazos deposito.—
 Cojió el padre el feliz peso:

Miró á Lisi enternecido;
Y en suave llanto sus ojos
Se arrasaron sin sentirlo.

ROMANCE XXI.

DE LA NOCHE DE LOS FUEGOS.

Nunca yo hallado te hubiera,
Ni la noche de los fuegos
Nunca tú por mi ventura
Salieras, Rosana, á verlos;
Y hoy mi infelice cuidado
No ardiera en ciegos deseos,
Ni mi labio en mil suspiros,
Ni en tiernas ansias el viento:
Que amor, si esperanza falta,
Solo es un loco despecho,
La solicitud martirio,
Y agonía los desvelos.
Víte afortunado entónces,
Un acaso fué el encuentro;
Mas el verte y adorarte
Todo fué un instante mesmo:
Cual son en la parda nube
En un punto rayo y trueno,
Y glorioso el sol inunda
De un mar de luz, tierra y cielos.
Tan bella en el llano estabas,
Cual en un verjel ameno
Crece el alto cinamomo
De flores y hoja cubierto;
Tal cual fresca clavellina
Despliega el virjinal seno
Salpicada de rocío,
Y en ámbares baña el suelo;
Tal cual la rubia mañana
Entre purpúreos reflejos
Abre las puertas al dia,
Y en pos marcha del lucero.
Yo te rendí el albedrío:
¿Pude, bien mio, no hacerlo,
Siendo tan bella, y mis ojos
Estándote, ¡ay de mí! viendo?
¿Quién de tu voz al prestijio,
De tus miradas al juego,
A la gracia de tus pasos,
Y á las sales de tu injenio
Esclavo no se humillara,
Por mas que con loco empeño
A su majia irresistible
Pusiese un pecho de acero?
¿O quién no ofreció á tus plantas,
Feliz en su rendimiento,
Alma, y libertad, y vida,
Haciéndote de ellas dueño?
¿Por qué á los fuegos saliste?
¿Por qué yo no estuve ciego?
¿Acaso adorarte es culpa?
¿O acaso en servir te ofendo?
¿Quién puso tal ley? mal haya,
Mal haya el alma de hielo
Que así pensó, profanando
De Amor los dulces misterios:
Mal el que tirano intenta
Abogar su plácido incendio,
Y que el suspirar no sea
De la edad florida empleo.
No, el amar no es un delito,
Sino un suavísimo feudo
Que grata naturaleza
Pone á los sensibles pechos.
Yo lo pago, y fiel te adoro;
Benigna á mi ahincado ruego,
No á su yugo, que es de flores,
Huyas indócil el cuello.
Cede, adorada, á este yugo,
Que sustenta el universo;
Y á que dóciles un dia
Los númenes se rindieron.
Verás como siempre vivo
Un purísimo venero
De delicias inefables
Sacia tu labio sediento:
Cuán fino tu seno hierve
En regalados afectos,
Tu boca en cantos y risas,
El alma en dichas y anhelos:
Y en el fuego de sus aras
Mas y mas sin fin ardemos,
Para gozar y adorarnos
Solo felices viviendo.
Así sin duelos ni afanes
Bajo su glorioso cetro
Triunfarémos, vida mia,
De la fortuna y el tiempo.

ROMANCE XXII.

LA HERMOSURA DEL ALMA JAMAS SE ACABA, Y ES LA MEJOR BELLEZA.

No me rindieron, bien mio,
Ni tus ojuelos alegres,
Que con su juego me encantan,
Y al Amor mismo enloquecen;
  No el frescor de tus mejillas,
Bañadas de grana y nieve,
Como dos tempranas rosas
Que al sol modestas se encienden;
  No la nariz agraciada,
No la llena y blanca frente,
Ni tu boca muy mas dulce
Que son del Hibla las mieles.
  La bien torneada garganta,
Que gracias tantas sostiene,
Y ese seno de jazmines,
Señuelo á mi anhelo ardiente:
  Ese seno, Clori mia,
Que para mejor perderme,
A par de tu suave aliento
Realza Amor blandamente:
  Donde ya artero se esconde,
Porque el cuidado lo encuentre,
Y ya entre dos azucenas,
Cansado de herir, se aduerme:
  Bellos son, y solicitan
El deseo á mil placeres;
Empero no me han forzado
A que tu cautivo fuese:
  Que ya en cien otras hermosas
Por mil trances diferentes
Entre el bullicio y las llamas
De mis alegres niñeces,
  Por favorecido suyo
Me tendió el Ciego estas redes,
Sin que en sus lazos falaces
Tan dócil cual hoy cayese.
  Otros mas escelsos dotes
Me obligaron á quererte,
Y otras gracias mas divinas,
Que el amor vulgar no entiende.
  Gracias, Clori idolatrada,
Que sin cesar reflorecen,
Y solo el alma las goza,
Cual ella sola las siente.
  Ella sola, y su fragancia,
Que á rosas y ámbares vence,
En el seno que la aspira,
Eternas delicias mueve.
  Así en la comun belleza,
Que con su esplendor luciente
Y el agrado de sus formas
Los sentidos embebece,
  Mi corazon mal contento
Y la razon impaciente
Un alma ansiaban; la hallaron,
Y serán sus siervos fieles.
  Que los encantos del cuerpo
Son vanos frájiles bienes,
Flor de un dia, que á la tarde
Su pompa y matices pierde:
  Llama que brilla un momento;
Que luego eclipsada muere,
Y al resplandor con que alumbra,
Sombras y dolor suceden.
  Un soplo, un sol la mancillan,
O anúblala el tiempo aleve,
Pero del alma los dones
Cual ella jamás fenecen.
  Jamás tu amable inocencia,
Tu dulzor, y esa clemente
Ternura, que abierto al triste
Contino tu pecho tiene:
  Ese pecho tan sensible,
Donde Amor rendido aprende
A saber amar, y el mundo
Ni conoce ni merece
  En su prez inestimable;
Dejarán, mi bien, de hacerme
La impresion encantadora
Con que hoy todo me conmueven.
  No, jamás la llama pura
De amistad en que te escedes
A ti misma, previniendo
Cuanto el deseo ansiar puede;
  Ese solícito anhelo,
Que siempre exhalado viene
A alzar con próvida mano
La humanidad indijente;
  Y ese tu pensar divino,
En que oyéndote mil veces
Estática queda el alma,
Como si á un ánjel oyese;
  O ese encanto delicioso
Con que delicada ejerces
Sin ofender, el imperio
Que sobre todos te adquieres,
  Ni tu sencillez donosa,

Y esa modestia celeste,
Que amando, adorada, tanto,
Nada á permitir se atreve;
　Sentirán la accion del tiempo:
Siempre en juventud perene,
Siempre ocupacion dichosa
De mi pecho y de mi mente,
　Que olvidando en ti lo humano,
Te hallarán graciosa siempre,
Celestial, amable, y digna
De los cultos que hoy te ofrecen.
　Así, aunque la edad caduca
Llegue á escarchar nuestras sienes,
Aun amarémos; que el alma,
Clori, jamás envejece.

ROMANCE XXIII.

LA ZAGALA PENSATIVA.

¿Tú triste, serrana bella?
¿Tus ojuelos cristalinos
De llorar, mi bien, turbados?
¿Sin luz su amoroso brillo?
　¿Tu rostro ajado? ¿el gracioso
Color de rosa marchito
En tus mejillas? ¿tu pecho
Lanzar ardientes suspiros?
　¿Tú elevada y silenciosa?
¿Tú de tu zagal querido
El lado esquivar tres dias?
¿Por qué tan crudo desvío?
　¿Es este el amor eterno?
¿Este el premio á mis martirios,
Y la fe jurada? ¡injusta!
¿Me abandonas? ¿soy perdido?
　¿Qué niebla á tu luz se opone?
Por el corazon mas fino
Que el Niño alado hasta ahora
Hirió con sus dulces tiros;
　Por un alma en que dominas
Cual señora, te suplico,
Me digas tu mal, ó acabes,
Cruel, de una vez conmigo.
　Vivir no puedo en mas dudas:
Cuantos tristes desvarios
Teme mi desdicha, todos
Presentes ahora los miro.
　Todos á azorarme vienen;
Y desolado el juicio,
Sin osar fijarse, vaga
De uno en otro mal perdido:
　Cual un mísero forzado,
Que ansiando romper sus grillos,
Mientras mas sin fruto lidia,
Mayor es su necio ahinco.
　Ya tu helada indiferencia
Me hace temblar, ya el antiguo
Ceño implacable, por otro
Ya mi amor lloro en olvido:
　Y abandonado...... ¡ dejarme
Su fe! ¡ su labio sencillo
Torpe mentir! lejos, lejos
De mí, pensamiento indigno.
　Lejos de mí; y tú, perdona,
Perdona al ciego delirio
Que me arrastra: ¡oh si algun dia
Mi llama hubieses creido!
　¡Qué feliz, cuán sin zozobra
Gozara el premio contigo
De mi afan! ya no hay remedio;
Tú, aleve, tú lo has querido:
　Y yo víctima infelice
De un error, en un abismo
De males sumido, al cielo
Clamo en vano por alivio.
　¡Causa infeliz de estos males!
Por tu obstinado capricho
Feneció nuestra ventura,
Y hoy los dos á par jemimos:
　Yendo los ojos vendados
Por un ciego laberinto,
Do es tan vana la salida,
Cuan mortales los peligros.
　Mi estado mira, y piadosa
Duélete dél; no mi esquivo
Tormento, inhumana, dobles
Con tu silencio, bien mio.
　¿Qué te aqueja, ó qué padeces?
Yo en tu seno deposito
Mis crudas penas: ¿pues cómo
No te merezco lo mismo?
　¿Puede haber ningun misterio
Entre dos que tan unidos
Estrecha Amor? ¿tus pesares
Son de mis males distintos?
　Unos mismos son, amada,
Cual lo son nuestros destinos,
Ya implacable nos aflija,
Ya el dios nos ria benigno.
　Tú misma entre sus trasportes
Veces mil fina lo has dicho,

Ahincada poniendo al cielo
De tu verdad por testigo.
 ¡Y hoy, bárbara, los separas!
¡Y así en tu silencio impío
Obstinándote, los ruegos
Huyes de tu triste amigo!
 ¡Y te complaces en verle
Dudoso, ahogado, sombrío,
Sospechar, temblar do quiera
Desastres ó precipicios.....!
 Mi ardor, mis furores sabes,
Y á todo estoy decidido,
Menos á olvidarte, ciego
Será á tu voz mi albedrío.

ROMANCE XXIV.

LA VUELTA DEL COLORIN.

 ¿Qué es esto, colorin mio,
Revolando á mis ventanas,
Cuando yo te suponia
Unido ya con tu amada:
 Cuando en el umbroso bosque,
Saltando de rama en rama,
Debieras en dulces trinos
Dia y noche requebrarla:
 Cuando con ala incansable
Y en deliciosa inconstancia,
De la libertad pudieras
Gozar que tanto anhelabas?
 ¿Qué es esto, necia avecilla?
Dijo Fili una mañana
Que vió al abrir sus balcones,
Que su colorin la aguarda.
 ¿Qué es esto, avecilla necia,
Tan presto tu bien te cansa,
Que ya, ¡infeliz! echas menos
La esclavitud de la jaula?
 ¿Te agrada el afan inútil
De arañar con cruda garra,
Y morder con fiero pico
Los arambres de tu guarda?
 ¡Y este era el empeño ardiente
Con que en romperlos pugnabas,
Y estos tus tiernos suspiros,
Tu soledad y tus ansias!
 ¿Valen mas doradas redes
Y el encierro de una sala,
Que cruzar suelto y ufano
Desde el prado á la enramada?

 ¿Posarse allí bullicioso
En la ramilla, que vaga
Tiembla á tu peso, se inclina,
Y alzándote tú, se alza?
 ¿Concertar el lindo pecho,
Acomodando con gracia
Las plumas que el vivo soplo
Del cefirillo rizara?
 ¿Volar al pensil vecino,
Y compitiendo en la gala
De tus subidos matices
Con sus flores mas lozanas,
 Buscar la rosa mas bella,
Y gozar feliz del ámbar
Que exhalan sus frescas hojas,
Libándolas sin ajarla?
 ¿Valen mas mis cariñitos
Que las ardientes piadas
De tu querida, ó mis besos
Que los que su amor te guarda?
 ¿No es mejor en limpia fuente
Bañarse y beber sus aguas,
Que en estrecho bebedero,
Ni tan risueñas ni claras?
 ¿Y mejor con sutil pico
Buscar mil sabrosas granas,
Que el cebo y golosos mimos
Con que mi amor te regala?
 ¿Allí entre flores y aromas,
Al rayar riendo el alba,
Con deliciosos motetes
Darle grato la alborada?
 ¿Allí de tu gusto dueño
Cantar con libre garganta,
Y querer con libre pecho,
Y volar con libres alas?
 ¿Y en pos de tu alegre amiga,
Que en tus suspiros se inflama,
Del valle al plácido nido
Esposo feliz llevarla?
 Amado colorin mio,
¿No es esto mejor? ¿iguala
A tan fausta independencia
Esta sujecion amarga?
 Esta sujecion, que al tiempo
Su rueda abrumando para;
Y siempre y siempre la misma
A la eternidad retrata.
 ¡Y aun cariñoso me pías!
¡Y solícito te afanas!
¡Y revolando me pides

Que presta el encierro te abra.....!
¡Oh! ¡cuánto, cuánto me enseñas!
¡Cuánto, donoso, me hablas
Con los sentidos gorjeos
Con que á mis balcones llamas!
  Tu leccion y ejemplo sigo,
Avecilla afortunada,
Mas que tu dueño discreta
En tu feliz ignorancia.
  Cesó mi necio delirio:
Tu empeño me desengaña
De las torres que en el viento
Mi vanidad encumbrara.
  Y el tedio se hundió con ellas,
Con que esquivé la fragancia
De las rosas, que florecen
Do quiera bajo mi planta.
  Tú vuelves, ave querida,
A la mano que te halaga,
Al dueño que te requiebra,
Y á la amiga que te ampara.
  Tú vuelves de agradecida,
Tú vuelves, porque criada
Entre cariños y besos,
En ellos tus dichas hallas.
  Tambien yo hallaré las mias
En querer con vida y alma
Esclava feliz al dueño,
Que con alma y vida me ama.
  Yo le pagaré, avecilla,
Yo le pagaré afanada
Noche y dia en su regalo
Las finezas de su llama,
  Como tú loca en tus juegos
Con ellos mi afecto pagas,
Y en suavísimas canciones
A mi voz sola te exhalas.
  Tú á mi lado hallas tu gloria,
Y abandonas por gozarla
Libertad, nido y querida;
Y porque te encierre, clamas.
  Yo sin tantos sacrificios,
En la inefable lazada
Que con mi esposo me liga,
Vincularé mi esperanza.
  Centro á mis finos deseos,
Él será la lumbre clara
Que mis ojos ilumine,
Que dirija mis pisadas.
  Y así en su seno aliviando
La libertad que me cansa,

Gozar sabré las delicias
Que esquivé insensible y vana.
  Ven pues, colorin precioso,
Ven, que la prision te aguarda;
Y yo con dulce desvelo
Cuidaré hacértela grata.
  Los dos serémos felices,
Tú en tu pacífica estancia,
Y yo en servir á mi amado,
Y en celebrarte sus gracias.—
  El colorin cariñoso
Batiendo alegre las alas
Voló á la jaula, y su suerte
Con mil trinos ponderaba;
  Y Fílis, la tierna Fílis,
Corrió á su esposo exhalada
A jurarse entre sus brazos
Su dichosísima esclava.

ROMANCE XXV.

LA VISITA DE MI AMIGA.

Permite, insensible amiga,
Que en mis amargos pesares
La injusta ley que me has puesto
Una sola vez quebrante.
  He callado; y no, no puedes,
No puedes, cruel, quejarte
De que mi labio importuno
Con mis lástimas te cansé.
  Guárdalas el hondo pecho;
Y aun tímido de enojarte,
Hasta sus tristes suspiros
Mudos vuelan por el aire.
  Mas de esta feliz mañana
Otro soy ya: no me caben
En el corazon las ansias,
Y vado es forzoso darles.
  ¡Tú en mi casa! ¡tú en mi cuarto!
¡Y entretenida y afable
Gozando en él los primores
Del buril y de las artes!
  ¡Tú de Angélica aplaudirme
El encanto inesplicable
Con que á su Medoro mira,
Cede, y en sus brazos cae!
  ¡Aquel suspiro de fuego
Que parece ir á exhalarse
De su boca, el suave anhelo
De su pecho palpitante!

¡El delirio con que estrecha
Su cuello, y á sí lo atrae,
Y el ardor que la devora,
Se esfuerza comunicarle!
 ¡La espresion del feliz Moro,
Que ya sus éstasis parte!
¡Su ahincado mirar do brillan
Amor y placer triunfantes!
 ¡Y tú con labio aun mas tierno,
Tú, Fili, á par celebrarme
De la infeliz Eloísa
La desfallecida imájen!
 ¡Aquellas lágrimas bellas,
Que cual perlas sobresalen
Por sus pálidas mejillas,
Que dos rosas fueron antes!
 ¡Aquellos ojos divinos
Que amor desolado abate,
Un amor que aun quiere al cielo
Su esposa insano robarle!
 ¡Mientras ella en él los fija
Con todo el fervor de un ánjel,
El sacrificio ofreciendo
De sus horribles desastres!
 ¡Y por su cárdena boca
Que agudo el dolor contrae,
En pos su Abelardo el alma
Involuntaria se sale!
 ¡Esto encarecer.....! ¡oh cuántos,
Oh cuántos en un instante
De encontrados pensamientos
Con tu embeleso alentaste!
 Los vientos que las borrascas
Consigo bramando traen,
Y la quieta mar encrespan
En rápidos huracanes,
 Menos turbulentos lidian,
Que en mi corazon amante
Mil infelices cuidados
De entónces acá combaten;
 Sin que haya un veloz momento
En que su furor se calme,
En que la razon se escuche,
Ni amor frenético calle:
 Siempre en la idea indelebles,
Cual si ora grata me hablases,
La languidez de tu acento,
La espresion de tu semblante.
 ¿Posible será que ceda
Tu injusticia? ¿qué á mirarme
Como á tu Medoro vuelvas,

Yo mi Anjélica te llame?
 ¿Que las delicias renueves,
Con que algun dia galante,
Cual Eloísa en sus fuegos,
Mi loca pasion premiaste?
 Acuerda, acuerda estos dias
De gloria y bien inefables,
En que tus dulces suspiros
Con mis suspiros mezclaste,
 Cuando ante la faz del cielo,
Y en fe y en ternura iguales,
Nos juramos, cruda Fili,
Tú ser mia, yo adorarte;
 Estrechándote en mi seno,
Que aun ahora hablando me late,
Y no pudiendo tú fina
De mis brazos arrancarte.....
 No, en tu helada indiferencia
Feneció el sentir: ni sabes
En mi ardiente fantasía
Cuánto una mirada vale.
 No sabes con qué delirio
A mil sueños celestiales
Me abandono, y el deseo
Los imposibles combate.
 ¿Mas por qué estos imposibles?
Tuyos son, que el fatal arte
Tienes de hacerte infelice,
Y á mí, bárbara, acabarme.
 No los hay para quien ama:
Para dos que tan constantes
Sufren, merecen, anhelan,
Y en las mismas llamas arden...
 Yo sueño, y Amor me burla.
De ilusiones agradables
El alma llena, en mi cuarto
Y á tu lado vuelvo á hallarme.
 ¿Díme, mi bien, no me viste
Embebecido, cobarde,
Turbado, dudoso, inquieto,
Y osando apenas hablarte?
 ¿No viste en mi triste rostro
Las dolorosas señales
De mi abandono? ¿no oiste
Decirte entre tiernos ayes:
 Esta casa, su fiel dueño
Tuyos son? ¡oh qué de males
Con tus zelos indiscretos
A ti á par que á mí causaste!
 Hoy en ella soberana,
Bajo tu imperio süave

Fuera mi gloria rendido
Como señora adorarte:
Recibir las dulces leyes
Que tu labio me dictase;
Y mirándome en tus ojos,
Solo en tu culto emplearme;
Haciendo así la cadena
Que unió nuestras voluntades,
Y hoy tu ímpia mano destroza,
De aroma y rosa inmortales.
¡Ay Fílis! esta cadena,
Por desdeñar tú escucharme,
En mi bárbaro despecho
Será un dogal que me acabe.
Contempla, cruel, la obra
De tu altivez, y si valen
Ruegos en ti, no mis penas
Dobles con nuevos ultrajes;
Que aun la esperanza... ¡oh si un dia...!
Vé, injusta, el horrible trance
En que me has puesto: el bien veo,
Y ni aun puedo desearle.—
Fílis mas sufrir no pudo
Que así su amor la increpase,
Pues aunque severa le huye,
Jamás dejara de amarle.
Suspiró profundamente,
Y el sonrosado semblante
Inclinó sobre su seno,
Sin atreverse á mirarle.
El dichoso que á sus ansias
La alcanzó tan favorable,
Entre sus brazos la estrecha,
Y esclamando: ¡Amor, triunfaste!
Fílis, bien mio, le dice,
Baste de violencias, baste;
Cesen tus falsos desvíos
Y mis dudas infernales:
Tú serás mi eterno empleo,
Tú mi delicia inefable,
Mi vida y mi gloria, y cuanto
De mas tierno en amor cabe:
Que pues él feliz nos une
Tras tamañas tempestades,
Y haber de su amargo acíbar
Mi labio apurado el cáliz,
¿Qué fuerza, adorada mia,
Qué fuerza será bastante
Ni á arrancarte de mi pecho,
Ni á que tú dejes de amarme?
Nada, la sensible Fílis,

Nada, responde anhelante;
Y en lágrimas de ternura
Cual nieve al sol se deshace.

ROMANCE XXVI.

LA INJUSTA DESCONFIANZA.

Basta de enojoso ceño:
No dudes de mi cariño,
Que te agravias y me ofendes
Con tus desvelos, bien mio.
¡Yo faltar á mis promesas!
¡Yo indiferente! ¡yo tibio!
¡Desdeñar tu amable lado!
¡Llamarme y haberte huido!
¡Yo, que ciega mariposa
Con mas bulliciosos jiros
Que ella, la luz do fenece,
Rondo tus ojos divinos!
¡Yo, que cuando lejos peno,
Fílis, de ti, sin sentido,
Cual si presente me oyeras,
Tu dulce nombre repito!
No, donosa, nada temas
De un corazon que sencillo
Te idolatra, y es tu esclavo
Por eleccion y destino.
La constancia fué su gloria;
Y orgulloso hoy en sus grillos,
Nombre, libertad, fortuna,
Todo á tus piés lo ha rendido;
Y por ti sola de todos
Olvidado en su retiro,
No demanda en tantos suyos
Ni el mas leve sacrificio.
¿No lo ves, zelosa mia?
¿No ves con qué ciego ahinco
Gozoso en obedecerte
Todas mis venturas cifro?
¿Hay gusto tuyo, hay deseo
Que no halles siempre cumplido?
¿Ni paso en mí, que no sea
Del amante mas sumiso?
Siempre en ti y de ti pendiente,
Y ora como en el principio
De tus ojos recibiendo
La ley que inviolable sigo.
Escojíte por señora,
Y entre mil tiernos suspiros
Eterna fe me has jurado;

Yo alma y vida te dí fino.
  Nuestros labios cariñosos,
Los votos con los jemidos
Mezclando, que solo hacemos
Ya un ser, mil veces se han dicho;
  Y crecer sintiendo ardientes
Su embeleso y desvarío,
Estáticos nuestros pechos
Mil veces mas se han unido.
  ¡Qué instantes, Fílis mia!
¡Qué abandono! ¡con qué hechizo,
Contemplándome esclamabas:
« Tuya soy, y tú eres mio!
  « Y en ello cuántas venturas
« El afan mas esquisito
« Con delicia soñar puede,
« Y aun mas si es posible miro. »
  ¿Quiénes, adorada, entónces
Mas felices? uno mismo
El querer, gozar, y cuanto
Puede embargar los sentidos.
  ¡Y aun dudas y te desvelas!
¡Y víctima de un capricho
Te atormentas! ó amas poco,
O yo soy de amarte indigno.
  ¿Qué? ¿te has trocado de aquella
Que veces tantas me ha visto
Suspirar loco á sus plantas
De la ira al dulce trino?
  ¿Quién osará, amada mia,
Ni de tu beldad el brillo,
Ni contrastar de tus ojos
El encanto peregrino?
  ¿Quién apagar en mi pecho
El volcan que hierve activo;
Ni la impresion indeleble
Turbar que en mí tu amor hizo?
  ¿Quién de aquel entre mil ayes,
« Triunfaste al fin: ya me rindo, »
En mi oido y mi memoria
Jamás borrará el sonido;
  De tierno y tímido llanto
Llenos y en el suelo fijos
Tus ojos, feliz trofeo
De un rigor aun mal vencido?
  Cesa pues, cesa en tus quejas:
Caiga ya ese ceño umbrío,
Y alegre en tu rostro ria
De sus gracias el bullicio.
  Cesa, cesa, y mas amemos:
Crezca el celestial prestijio

Que nos ciega: nuestro fuego
Arda cada vez mas vivo.
  Amemos y amemos siempre,
Sin que zelos ni desvíos
A turbar amargos vengan
Las delicias que sentimos:
  Delicias inesplicables,
En que ufanos y engreidos
Al Amor mismo enseñamos
Con nuestros dulces delirios.
  Mundo y hombres olvidemos,
Que así mas y mas perdidos,
Vivirás para mí solo,
Como yo para ti vivo.

ROMANCE XXVII.

EL OTOÑO DE LA VIDA.

A mi amigo D. Manuel María Cambronero, del Consejo de S. M.

  ¡Ves cuán benigno el otoño,
Fabio, á nuestros ojos rie!
¡Con qué majestad tranquila
Sus horas el sol preside!
  ¡Cuán plácidas son las noches;
Y hermosa alzando entre miles
De soles Febe su carro,
Con el dia en luz compiten!
  ¡Ves cuán profuso sus dones
Nos ostenta! ¡qué sutiles
Las auras bullen, las vegas
De nuevas galas se visten!
  ¡En los árboles mecerse
La verde pera, en las vides
La uva de oro, con que Baco
Lagares y cubas hinche!
  ¡La abundancia por do quiera,
Y en deliciosos convites
La alma paz, que á la esperanza
Colmada riendo sigue!
  Nada en vanas apariencias
Ni en melindrosos matices
De flores, que un dia apenas
Al rayo del sol resisten.
  El hombre respira y goza;
Donde quier se torne ó mire,
Hallará un bien, un alivio
A las penas que le aflijen.
  Trabaja el áspero invierno,

Y á par que él domina horrible
Entre nieves y aguaceros,
Su esteva encorvado oprime.
　En la estacion de las flores
Con nuevo anhelo repite
La labor, y en sus barbechos
Mas honda la reja imprime.
　Luego cuando el Can fogoso
Sus vivas llamas despide
Sobre la agostada tierra
Que ahogándose en ellas jime,
　Él en medio de sus mieses
Contrasta con pecho firme
La congojosa agonía,
Y el trillo y bieldo apercibe.
　Hoy goza: sus largos dones
Grato el otoño le rinde,
Y su afan galardonando
Su sien de pámpanos ciñe.
　Los árboles le dan sombras,
Los céfiros apacibles
Frescura, embeleso el cielo,
Frutos la tierra felices.
　Así es, Fabio, nuestra vida:
De su otoño bonancible
Son los rápidos instantes
Los únicos que se vive.
　Solo en ellos siente el hombre
Su noble ser; y el sublime
Don de la razon divina
Todo su esplendor recibe.
　Este don de infaustas nieblas
Lleno en los años viriles,
Que en la ancianidad se apaga,
Y la niñez no apercibe:
　Las enconadas pasiones,
Que en ímpetu irresistible
Su pecho hasta allí ajitaban,
Ya en plácida union le asisten:
　Despertando en él honrosas
Aquel Fuego que invisible
Yacia, y con que á la gloria
Y á la humanidad se sirve:
　Aquel que de monstruos fieros
Purgó el mundo con Alcídes,
Dió á Grecia leyes, y alienta
De Helicon los claros cisnes.
　Entónces al cielo inmenso
Se encumbra, los pasos mide
De los astros, y adivina
Las órbitas que describen:

Sigue en su carro á la luna;
De ella y del sol los eclipses,
O la vuelta de un cometa
Tras largos siglos predice.
　Baja observador al suelo;
Del átomo imperceptible
Del Ande á la escelsa cumbre
Corre con ojos de lince:
　Cálase al abismo oscuro;
Ve al oro entre escorias viles,
Informe roca al diamante,
Aun en masa al amatiste;
　Y admirando el vivo anhelo
Que arrastra imperioso á unirse
Perfeccionándose á cuanto
Do quier la mente concibe,
　Calcula, pesa, compara,
Y en su teson invencible
Halla al fin las altas leyes
Con que ser tanto se rije.
　Búscalas luego en el hombre,
Sonda las causas, los fines
De sus obras; ¿y qué encuentra?
Fabio, abismos infelices:
　A la honradez en las pajas,
Sobre pluma á la molicie,
Y al orgullo que en los brazos
De la opulencia se engrie:
　En triunfo al error y al vicio,
Al favor inaccesible,
Y al ciego interés hollando
A la verdad que proscribe.
　¡Oh! ¡dichoso quien del cielo
Cual tú alumbrado consigue
De virtud la fausta senda
Seguir, de ilusiones libre!
　¡Dichoso el que en el otoño
De sus dias se redime
De la ley comun, y goza
Dulce paz en vida simple!
　En la alegre primavera
Todo es galas y pensiles,
Todo músicas y ardores
Con que el alma se derrite:
　Solo se respira y siente
El placer: solo se existe
Para querer: en delicias
Nada el pecho, el labio rie:
　De ilusion vaga el deseo
En ilusion, insensible
Al pesar que á las espaldas

Aguija, aunque airado grite.
  ¡Loca edad, en que sin norte
Se pierde el débil esquife
De la vida en rumbos ciegos,
Siempre amenazado á hundirse!
  Sucede el fogoso estío:
La ambicion punza insufrible
Al corazon, la codicia
Lo sume en ansias ruines,
  Para que con su tesoro
Su fin trájico anticipe,
O con diez llaves cerrado,
Del sueño y la paz le prive:
  Si embriagado en loco orgullo
En bandos no lo dividen
Y partes mil, odios, zelos,
Temores, envidia triste.
  Con tan ásperos verdugos
El ciego interés dirije
Sus pasos: torres de viento
Crédulo el error le finje:
  Tras un fantasma engañoso,
Que al lograrlo se percibe
Amargo ya, un otro anhela
Que sin fin le descarrie;
  Alcánzalo, y se fastidia;
Y en su ansiar incorrejible,
Entre el tedio y el deseo,
Su cuitado ser maldice.
  Por fin el plácido otoño
Viene á calmar estas lides,
Siendo en tan recias borrascas
De serenidad el íris.
  Viene de frutos colmado:
Los desengaños le siguen,
Caen las hinchadas pasiones,
Y la razon logra oirse,
  Igual al fanal del dia
Cuando en el cenit sublime
Deshace la opaca nube,
Que el paso á su llama impide:
  Y á su luz en grata calma
A un tiempo se burla y jime
De tanta inútil zozobra,
Y el yerro al aviso sirve;
  Cual convaleciente aun débil
Que en jesto y acento tristes
Su congojosa dolencia
Alegre á todos repite:
  O navegante, en el puerto,
Libre de náufragas sirtes,

Temblando sus largos rumbos
Y tempestades describe.
  Nuestro otoño pues gozemos,
Fabio mio, en paz felice;
Que el tiempo vuela, la vida
Es un vapor insensible,
  Y así pasa: el yerto invierno
Al blando otoño persigue;
Y en pos la muerte y la tumba
Serán nuestro eterno eclipse.

ROMANCE XXVIII.

ELISA ENVIDIOSA.

Si tan niña te casaron,
¿Por qué murmuras, Elisa,
Que las solteras se lleven
Los galanes de la villa?
  ¿A qué culpar sus donaires,
Y en tus disparadas iras
Ni aun perdonarles las gracias
Con que su inocencia brilla?
  ¿En qué te ofenden las flores
Que su cabello matizan,
De su seno los joyeles,
De sus dedos las sortijas?
  ¿En qué el donoso bullicio
De su juventud festiva,
Ni el embeleso en que gozan
Del dulce Amor las primicias?
  En buen hora se engalanen,
Y con atencion prolija
Cuiden de realzar el lustre
De su beldad peregrina:
  Ciña el aljófar su cuello,
Y trasparente á la vista
Velen su pecho en la gasa,
Que leve un soplillo ajita:
  Den á su mirar mas fuego,
Mas frescor á sus mejillas,
Y premiándolo, á su talle
Mas soltura y gallardía.
  No esta delicia les vedes,
Ni con tus quejas y envidias
O sus triunfos solemnizes,
O publiques tu desdicha.
  Déjalas ir á los bailes,
Deja que canten y rian,
Cual tú, enojosa, lo hicieras,
Si hoy no vivieras cautiva:

Hiciéraslo, como sabes
Que te holgaras siendo niña;
Y que en danzar y prenderte
La palma entonces tenias.
  Si feliz no te olvidaste
De las músicas y citas,
Que alcanzó mas de un dichoso,
Notándolo tus vecinas;
  Todo sin cuidado entónces,
Y tú inocente y sencilla,
Era un pasatiempo alegre
Cuanto ora llamas malicia.
  Quéjate pues de tu estrella;
No nuestras fiestas impidas,
O pensaré que son zelos
Tan enfadosa porfía.
  ¿Qué te importa que Belarda
Dé á su zagal una cinta,
Que Silvio y Enarda se hablen,
Ni zelosa esté Belinda?
  Delio apagará su enojo,
Y los zelos serán risas,
Como á las nubes de mayo
Sigue la lluvia tranquila:
  Que tú tambien de este achaque
Otro tiempo adolecias,
Y curábalo tu esposo,
Y tú le amabas mas fina.
  Deja en fin culpas y duelos
Por sus paces ó sus riñas,
Que asienta mal en tu rostro
El ceño con que nos miras;
  Y el cuento serás del valle,
Si cansada en su alegría
En dar consejos te empeñas,
Sin que nadie te los pida.
  Que si á todos enamora
La modestia que es benigna,
Cuando es importuna, enfada,
Y con altivez irrita:
  Cual la mesura y los velos
De la viudez dolorida,
Si al baile van melindrosos,
Todo su placer mancillan.
  Ama sensible á tu Albano,
Pues lo tienes de por vida,
Y desvelada en servirle,
A sus gustos te anticipa.
  Parte con él tus finezas
Fiel esposa y dulce amiga,
Aun mas que en tus largos bienes,
En bondad y gracias, rica.
  Ocupada en tus hijuelos
Con solicitud activa,
Cual dilijente hortelana
Con dos tiernas clavellinas,
  Sus débiles pasos rije,
Goza feliz sus caricias;
Y en su amor y su cuidado
Todos tus encantos cifra.
  Y dejando á las zagalas
Bien querer, y que las sirvan,
Sin esos necios afanes
Con que en vano te fatigas;
  A ellos y al padre dichoso
Consagra alegre tus dias
En la afortunada suerte
Con que los cielos te miman.
  Que si él es grato á tus ojos,
Cuanto tú á los suyos linda,
Por mas que anhelar no tienes,
Lastimada casadilla.

ROMANCE XXIX.

LA MAÑANA.

Dejad el nido, avecillas,
Y con mil cantos alegres
Saludad al nuevo dia,
Que asoma por el oriente,
  De do en vuelo despeñado
La ciega noche desciende
Opuesta al sol, que en su alcance
Su lumbroso tren previene;
  Y semejando una hoguera
Que en inmensas llamas hierve,
Allá al confin por do asoma
Del cielo, en ellas lo enciende.
  ¡Oh qué celajes y albores!
¡Qué de ráfagas lucientes
Con sus rayos los alumbran,
Y de oro los enriquecen!
  Él como en triunfo glorioso
Su rápida marcha emprende,
De animada luz dorando
De los montes la alta frente;
  Mientras que los hondos valles
Muy mas lóbregos se ofrecen,
Cual si otra noche en sus sombras
De nuevo los envolviese.
  De Titon la esposa bella

Ostentándose riente
Lleno el regazo de flores,
De rosa orladas las sienes,
 Libra al céfiro su manto,
Que veloz lo desenvuelve,
Mezclando en el horizonte
La púrpura con la nieve;
 Y luego galan vagando
Entre las flores se pierde,
El rocío les sacude,
Y sus frescas hojas mece.
 Ellas fragantes perfumes
En oblacion reverente
Tributan al sol, que á darles
Vida con sus llamas vuelve.
 ¡Oh qué bálsamo, qué olores!
¡Qué delicia el alma siente
Al respirarlos! del pecho
Absorta exhalarse quiere.
 En tanto de las tinieblas
Los restos se desvanecen
Entre la luz, que en raudales
De los cielos se desprende.
 Todo con ella del sueño
Sale y se rejuvenece,
Cual si del mundo este dia
La feliz aurora fuese;
 Y todo la atencion llama,
Y bulle en gozo y deleite,
De embeleso en embeleso
Llevándola dulcemente.
 La vista vaga perdida:
Aquí una flor la entretiene
Que de luz mil visos hace
Con sus perlas trasparentes:
 Sobre las mieses lozanas
Allí en tal copia las vierte
Grata el alba, que sus hojas
Ya contenerlas no pueden,
 Corriendo en líquidos hilos
Que los surcos humedecen,
Para que asi sus cogollos
Con mas pompa al sol desplieguen:
 Y allá el plácido arroyuelo,
Cuyas claras linfas mueve
El viento en fáciles ondas,
Apenas correr se advierte.
 Mas allá el undoso rio
Por la ancha vega se tiende
Con majestad sosegada,
Y cual cristal resplandece.

 El bosque umbroso á lo lejos
La vista inquieta detiene,
Y entre nieblas delicadas
Cual humo desaparece
 Por ese inmenso horizonte,
Que en un pabellon luciente
Arqueándose, los ojos
Atónitos embebece.
 El vivo matiz del campo,
Este cielo que se estiende
Sereno y puro, estos rayos
De luz, el tranquilo ambiente,
 Este tumulto, este gozo
Que universal antecede
Al trinar el himno al dia
Reanimados los vivientes;
 Este delirio de voces
Que en su estrépito ensordecen,
Tantos píos de las aves,
Tantos cánticos fervientes;
 Este hervor inesplicable,
Este bullir y moverse
En inefable delicia
Una infinidad de seres,
 De la yerbecilla humilde
Al roble mas eminente,
Del insecto al ave osada
Que al sol su vuelo alzar quiere;
 ¡Oh cómo me encanta! ¡oh, cómo
Mi pecho late y se enciende,
Y en la comun alegría
Regocijado enloquece!
 La mensajera del alba,
La alondra mil parabienes
Le rinde, y tan alto vuela
Que ya los ojos la pierden.
 Tras sus nevados corderos
El pastor cantando viene
Sus amores por el valle,
Y al rayo del sol se vuelve.
 El labrador cuidadoso
Unce en el yugo sus bueyes,
Con blanda oficiosa mano
Limpiándoles la ancha frente.
 El humo en las caserías
En volubles ondas crece,
Y á par que en el aire sube,
Se deshace en sombras leves;
 Y la atmósfera mas pura,
Y los árboles mas verdes,
Y mas lozano está el valle.

Y mas viciosas las mieses.
 ¡Qué hermosa es, amable Silvia,
La mañana! ¡cuánto tiene
Que admirar! ¡en sus primores
Cómo el alma se conmueve!
 Deja el lecho, y ven al campo,
Que fausto á tu seno ofrece
Su aroma y flores, y juntos
Gozemos tantos placeres.

ROMANCE XXX.

DE UNA AUSENCIA.

¿Qué sirve que viva ausente,
Si con el alma te veo,
Zagala hermosa del Tórmes,
Y te adora el pensamiento?
 ¿Qué sirve que ausente viva,
Si un amor fino y honesto
Bien así en la ausencia crece
Cual con seca leña el fuego?
 Nunca está lejos quien ama,
Aunque tenga un mundo en medio:
Para el gusto no hay distancias,
Ni violencias para el pecho.
 Solo, zagala, el que olvida,
Se dice bien que está lejos;
Que yo donde quier que fuere,
En mi corazon te llevo.
 Cual inseparable marcha
En pos la sombra del cuerpo,
Y vivo el fuego se esconde
Del pedernal en el seno;
 Así el esperar me anima,
Y en memorias me entretengo,
Sin que en estos tristes valles
Nada encuentre de recreo.
 Sin aliño las zagalas,
De altivo y áspero ceño,
Cuanto aquí miro, bien mio,
Me parece tosco y feo.
 Mis locas ansias se pierden:
Los ayes los lleva el viento,
Mis lágrimas el Eresma,
Y el alba los dulces sueños.
 ¡En ellos, ay! ¡qué de noches
Me hallara á tus plantas puesto,
Tal vez airada conmigo,
Tal condolida á mis ruegos!
 ¡Y al despertar, qué de veces,
Como burlado me siento,
Llamándote cual si oyeras,
Bañé en lloro amargo el lecho!
 Mas quisiera yo las noches,
Cuando entre escarchas y hielos
Quejándome de tu olvido
Me halló del alba el lucero;
 Las noches en que llorando
No merecidos desprecios,
De mi cítara los trinos
Oyó conmovido el cielo,
 Mas que no estas noches tristes
De luto y dolor eterno,
En que á solas me consumo,
Y maldigo mis deseos.
 ¿Pues aquellas, vida mia,
Cuando ya mis dulces versos
Sonar pudieron felices
De gozo y finezas llenos;
 Y tú inflamada al oirlos,
Dándote el Amor su velo,
A tus ventanas salias
Con silencioso misterio,
 Para entender mas de cerca
Los cariñosos requiebros,
Y unir tus tímidas ansias
Con mis ardientes afectos?
 Nada alcanzará á borrarlas
De un alma de que eres dueño,
De un alma, donde por siempre
Será y único tu imperio.
 Ni por mas que en mi desdicha
Se conjure el universo,
Dejarás de hacer, bien mio,
Mi delicia y mi embeleso.
 ¡Ay! ¡cuándo diré á tus rejas,
Como cantaba algun tiempo,
Ciego de amor y esperanzas
Que cual humo se han deshecho:
 «Nunca yo hallado te hubiera;
Ni la noche de los fuegos
Nunca tú por mi ventura
Salieras, Rosana, á verlos!»
 Cuando... Aquí llegaba un triste,
A quien del Tórmes trajeron
Al Eresma desterrado
La envidia, el odio y los zelos.
 Los compasivos zagales
Que sus jemidos oyeron,
Consuélanle: y él responde,
Que á un ausente no hay consuelo.

ROMANCE XXXI.

EL CONSEJO DE JACINTA.

Con Pascuala Jil se casa,
Y á la linda Fili olvida:
Lo que en la zagala es luto,
Será en Lucindo alegría.
　Sirvióla Lucindo un tiempo:
Pero el engaño y la envidia,
Cual nube al sol contrapuesta,
Así eclipsaron sus dichas.
　Un chismoso de la aldea
Finjió agravios y malicias,
Que á la sombra se abultaron
Del acaso y la mentira.
　El zagal, que no debiera,
Despreciólos en su fina
Voluntad asegurado,
Y en su inocencia sencilla;
　Pero lastimóse Fílis,
Que es sensible cuanto linda,
Y sin desdenes ni quejas
Dejó á Lucindo, ofendida.
　Luego á Jil quiso en despique;
Si es amor una porfía,
O si jamás un cuidado
Con un disgusto se alivia.
　Lucindo llora el olvido,
Y en vano ruega y suspira,
Que donde el engaño adula,
Nunca la verdad se estima.
　¡Oh qué de veces el triste
Buscó fino á su querida;
Y con mil rendidas ausias
Amainar tentó sus iras!
　¡A sus plantas qué de veces
Sus verdades ratifica,
Confunde apariencias vanas,
Injustos zelos disipa!
　Mas Fili en su enojo ciega,
Cuanto el zagal mas la obliga,
Mas ciertos da sus agravios,
Y huye mas y mas su vista.
　Bien haya Jil, que por necio
La saca de esta agonía,
Y libra cortés á entrambos
De un martirio de por vida.
　La niña el desaire siente;
Y entre agraviada y corrida,
Por Jil, la boda y sus piques

Es la cancion de la villa.
　Pero ella á Lucindo quiere;
Él la adora y la suplica,
Y así del otro el desvío
Será el íris de sus riñas.
　Todos así lo murmuran;
Y ya en el baile Jacinta,
Viéndola tan triste y sola,
Le cantaba el otro dia:
　　Zagala del Tórmes
　　Deja de llorar,
　　Que Lucindo vuelve,
　　Si Jil se te va.
　Porqué Jil se casa,
No tan boba seas,
Que tú el tiempo llores,
Que él rie y se alegra.
　Ejemplo en él toma,
Y olvídale á par:
　　Que Lucindo vuelve,
　　Si Jil se te va.
　Lo que Jil se pierde
Lucindo lo gane,
Puesto que en el trueque
Bien librada sales:
　Y pues es tan necio,
No le llores mas,
　　Que Lucindo vuelve,
　　Si Jil se te va.

ROMANCE XXXII.

LA TERNURA MATERNAL.

¡Oh! ¡cómo me encanta, Fílis,
Gozar del juego inocente
Con que entre risas te halaga
El ánjel que al pecho tienes!
　¡Cuál con sus tiernas manitas
Te lo bate, y las estiende
Hasta tus frescas mejillas,
Hundiéndolas suavemente!
　Luego la cabeza esconde,
Y hace como que se duerme,
Y entre mil gozos y mimos
Entre tus brazos se mece;
　Mas al punto el taimadillo,
De su quietud impaciente,
Con nuevas fiestas y risas
Salta, y de tu cuello pende.
　Tú con miradas de madre

Lo contemplas, y le vuelves
Por cada caricia un beso,
Que á nuevos juegos le mueve.
 Rien la dulzura y gracia
En sus ojuelos alegres,
En su boca los gorjeos,
La candidez en su frente.
 No hay en torno los donaires
Con que inquieto te entretiene,
Ternura que no le grites,
Ni bendicion que no le eches.
 Clavel, lumbroso diamante,
Perla de subido oriente,
Cielo, sol, ánjel, lucero,
Todo aun poco te parece;
 Y en el suavísimo encanto
En que viéndolo te embebes,
Por tus ojos á su pecho
Volársete el alma quiere.
 Yo mudo y enajenado
Siento el mio blandamente
Latirme, y parto contigo
Tan sobrehumanos placeres.
 ¡Dichosa Fílis! tú gozas
Cuanto bien gozarse puede:
Tu seno nada en delicias,
Tu rostro en gloria y deleite.
 Puro, anjélico, sublime;
No el grosero que se bebe
Del vicio en la amarga copa,
Que llanto y dolor previene.
 ¡Ves cuánto la virtud vale!
¡Cuál sus encantos conmueven
El alma, y de madre tierna
Son los éstasis celestes!
 ¡Lo ves, Fílis! fausta sigue,
Y en gozos y afectos crece:
Da otro beso á tus amores,
Y otro y otro aun mas ardientes.
 Él los busca, y te provoca
Con sus donosos juguetes;
Te mira, y se oculta y rie,
Y en gorjeos enloquece.
 Con estas gracias empieza,
Y feliz la llama prende
Que en lazada deliciosa,
Os ha de atar para siempre:
 De ora haciendo que dos pechos
Con sola una vida alienten,
Y en ver y en querer conformes
Su union mas y mas se estreche.

 Hoy el pequeñuelo infante
Que es hijo á tu pecho siente;
Y este amor sin conocerlo
Lo mama en tu dulce leche:
 Este amor santo que un dia,
Como el árbol que se estiende
Rico en sazonados frutos,
Crecerá, y dártelos debe.
 Y tu descanso y delicia,
Lleno de bondad y bienes,
Gloriosos hará tus años,
Tan tierno como obediente.
 Cuanto hoy por su débil vida
Tu seno en afectos hierve,
Tanto y mas y mas de obsequios
Verásle en torno volverte.
 Verásle, madre dichosa,
Cuando sus gracias desplieguen
Adelantados los dias,
Cómo él las luce inocente:
 Cuál solícito pregunta,
De tus avisos aprende,
Y tus virtudes remeda,
Y su razon se esclarece.
 De ora un enjambre de nietos,
Lindos cual él te previene,
En cuyas vidas la tuya
Con nuevo verdor florece;
 Y en cuyas ilustres prendas
Correrán de jente en jente
Las que en riquísima mina
Tu corazon ennoblecen.
 De ese tu rubio cabello
Se ajará el oro fuljente,
Arando la arruga fea
La fresca tez de tus sienes;
 Y entónces de nuevo en ellos
Vivirás, cual en oriente
Diz que entre aromas renace
De sus cenizas el fénix.
 Hoy siembras, Fílis, y el llanto,
Que tan delicioso viertes,
Es un plácido rocío
Que los frutos desenvuelve.
 Siembras, y con grato influjo
De esa tu feliz simiente,
Sazonará el sol un dia,
En abundancia las mieses.
 Siembras, y abrirse en su seno,
Verás, Fili, en plazo breve
Las rosas de su inocencia,

Y de tu amor los claveles.
　Riega oficiosa la planta,
Y en solicitud perene
Del fogoso Can la libra,
Y los hielos de un diciembre.
　Vela en su amparo, y ten cuenta,
Si algun ramito se tuerce,
Que la razon lo dirija,
Y no el cariño te ciegue:
　Que así pomposa y lozana
El cielo hará que descuelle
Sobre cuantas hermosean
Los mas floridos verjeles;
　Y que en pos de su fragancia,
Felice á todos se lleve,
Porque tu nombre y tu gloria
Con los suyos se acrecienten.—
　Así yo á Fílis hablaba,
Que no á mí, á su hijuelo atiende:
Estréchalo en su albo seno:
Y él mamando se adormece.
　Fílis ni aun respirar osa,
Porque su amor no despierte,
Y con languidez süave,
Mirándolo se enternece.
　Esposa y madre en su rostro,
Rubor y amor santamente,
Brillan unidos, y un ánjel
Para mis ojos parece:
　Que en lágrimas inundados
Sentí al punto; y reverente
Ya, aunque hermosa, no ví en Fílis
La Fílis de mis niñeces.

ROMANCE XXXIII.

AUSENTE DE CLORI, SU AMOR SOLO ES MI ESTUDIO.

¡Qué me aprovechan los libros!
¡Y qué en mi triste aposento
Morar como en cárcel dura
Aherrojado siempre entre ellos!
　Mis ojos sus líneas corren,
Y en oficioso desvelo
El labio terco repite
Sus verdades y preceptos:
　Mientras la mente embebida,
Bien mío, en mil devaneos
Burla mi conato, y vuela
A buscar mas noble objeto.

　La imajinacion fogosa
Con delicioso embeleso
De mis pasadas venturas
Hermosea los recuerdos;
　Y en sus vagarosas alas,
Como en un alegre ensueño,
Tras lo que perdido anhela,
Lanzándose el pensamiento,
　En el solitario bosque
Ora á tu lado me encuentro
De aquel jardin, confidente
De nuestros dulces secretos;
　Donde huyendo veces tantas
Con inocente misterio
De la calumnia los tiros,
Los ojos de un vulgo necio,
　Emboscados, como solos
En medio del universo,
Nos cojió espirando el dia,
Clori, envidioso el lucero,
　El pecho en rendidos ayes,
El labio en finos requiebros;
Y Amor plácido sellando
Nuestros fieles juramentos.
　Ora inflamando mi númen
Al brillo de tus ojuelos,
Mil ternezas me imajino
Cantarte en mis dulces versos;
　Que cual mi pecho sencillos,
Como mi llaneza tersos,
En tu delicada lengua
Adquieren mas alto precio.
　Ora que en Fedra temblamos
De Amor los horribles fuegos,
O en tu seno, triste Zaida,
De tu Orosman el acero;
　Y ora que en la amable Julia
Sus derretidos conceptos,
En su leccion encantados,
Confundimos con los nuestros:
　Con solícita fineza
Contino buscando aquellos
Que á nuestra inefable llama
Semejan, bien que de lejos.
　Tal vez recuerdo, infelice,
Tambien nuestro á Dios postrero,
Tú en el sofá desmayada,
Y yo á tus piés en silencio:
　Sonando la fatal hora,
Sin poder yo en mi despecho
Ni huir del mandato odioso,

Ni á ti dejarte muriendo:
  Partiendo en fin; y á tus brazos
Y á decirte á Dios de nuevo
Loco tornando, abismada
Tú en dolor, yo sin aliento.
  O ya en éstasi mas grato
Doy nuevas alas al tiempo,
Y rayando el fausto dia
De volver, mi bien, á vernos,
  Traspaso los altos montes,
Que alzada su frente al cielo,
Hasta el paso cerrar quieren
A mis ardientes deseos.
  Desde su eriscada cumbre
Vislumbrar en sombras creo
La corte ya: el ansia crece,
Y dejando atrás el viento,
  Aguijo el correr, la rueda
Jime en su rápido vuelo,
Grita el mayoral, y el tiro
de polvo y sudor cubierto
  Entra en fin por la ancha calle,
A quien la imperial Toledo
Da nombre, á tu casa corro,
Y el callado umbral penetro.
  Llego á tu dichosa estancia;
Encuéntrote sola, y ciego
A tus piés me precipito,
Y los baño en llanto tierno.
  Tú lanzando un grito alegre
De sorpresa y de contento,
¡Es posible, amado, esclamas,
Que abrazarte otra vez puedo....!
  Y ahincada tus manos tienes,
Tus manos en que mil besos
Estampo yo; tú suspiras,
Y el placer.... sobre tu seno....
  Embriagadas, confundidas
Las almas.... yo te sostengo
Desfallecida en mis brazos....
Y en los tuyos desfallezco....
  ¡Clori! la mente delira;
Yo en fijarla en lo que leo
Me afano, su error acuso,
Y al libro obstinado vuelvo:
  Empeñándome estudioso
En buscar con nuevo anhelo
En la luz de sus doctrinas
A mi mal algun remedio.
  Empero todo es en vano;
Y por mas que atarla quiero,

  Sin saber cómo, ocupada
De ti siempre la sorprendo.
  Riñola; pero replica
Que tú sola eres su empleo;
Y así en tu amor y mis penas
Contino que estudiar tengo.

ROMANCE XXXIV.

LA TARDE.

  Ya el Héspero delicioso
Entre nubes agradables,
Cual precursor de la noche,
Por el occidente sale;
  Desde allí con su almo brillo
Deshaciendo mil celajes,
A los ojos se presenta
Cual un hermoso diamante.
  Las sombras que le acompañan
Se apoderan de los valles,
Y sobre la mustia yerba
Su fresco rocío esparcen.
  Su corona alzan las flores,
Y de un aroma süave,
Despidiéndose del dia,
Embalsaman todo el aire.
  El sol afanado vuela,
Y sus rayos celestiales
Contemplar tibios permiten
Al morir su augusta imájen;
  Símil á un globo de fuego
Que en vivas centellas arde,
Y en la bóveda parece
Del firmamento enclavarse.
  Él de su altísima cumbre
Veloz se despeña, y cae
Del océano en las aguas,
Que á recibirlo se abren.
  ¡Oh qué visos! ¡qué colores!
¡Qué ráfagas tan brillantes
Mis ojos embebecidos
Rejistran de todas partes!
  Mil sutiles nubecillas
Cercan su trono, y mudables
El cárdeno cielo pintan
Con sus graciosos cambiantes.
  Los reverberan las aguas,
Y parece que retrae
Indeciso el sol sus pasos,
Y en mirarlos se complace.

Luego vuelve, huye y se esconde,
Y deja en poder la tarde
Del Héspero, que en los cielos
Alza su pardo estandarte,
 Como un cendal delicado,
Que en su ámbito inmensurable
En un momento estendido,
Veloz al suelo se abate,
 A que en tan rápida fuga
Su vislumbre centellante
Envuelto en débiles nieblas
Ya sin pábulo desmaye.
 Del nido al caliente abrigo
Vuelan al punto las aves,
Cual al seno de una peña,
Cual á lo hojoso de un sauce;
 Y á sus guaridas los toscos
Selváticos animales,
Temblando al sentir la noche,
Se precipitan cobardes.
 Suelta el arador sus bueyes;
Y entre sencillos afanes
Para el redil los ganados
Volviendo van los zagales:
 Suena un confuso balido,
Jimiendo que los separen
Del dulce pasto, y las crias
Corren llamando á sus madres.
 Lejos las chozas humean,
Y los montes mas distantes
Con las sombras se confunden
Que sus altas cimas hacen:
 De ellas á la escelsa esfera
Asomando desiguales
Estas sombras en un velo
A la vista impenetrable;
 El universo parece
Que de su accion incesante
Cansado, el reposo anhela,
Y al sueño va á abandonarse.
 Todo es paz, silencio todo,
Todo en estas soledades
Me conmueve, y hace dulce
La memoria de mis males.
 El verde oscuro del prado,
La niebla que en ondas se abre
Allá sobre el hondo rio,
Los árboles de su márjen,
 Su deleitosa frescura,
Los vientecillos que baten
Entre las flores las alas,

Y sus esencias me traen;
 Me enajenan y me olvidan
De las odiosas ciudades,
Y de sus tristes jardines,
Hijos míseros del arte.
 Liberal naturaleza,
Porque mi pecho se sacie,
Me brinda con mil placeres
En su copa inagotable.
 Yo me abandono á su impulso:
Dudosos los piés no saben
Do se vuelven, do caminan,
Do se apresuran, do paren.
 Cruzo la tendida vega
Con inquietud anhelante
Por si en la fatiga logro
Que mi espíritu se calme:
 Mis pasos se precipitan;
Mas nada en mi alivio vale,
Que ajigantadas las sombras
Me siguen para aterrarle.
 Trepo, huyéndolas, la cima,
Y al ver sus riscos salvajes,
¡Ay! esclamo, ¡quién cuál ellos
Insensible se tornase!
 Bajo del collado al rio,
Y entre sus lóbregas calles
De altos árboles, el pecho
Mas pavoroso me late.
 Miro las tajadas rocas
Que amenazan desplomarse
Sobre mí, tornar oscuros
Sus cristalinos raudales.
 Llénanme de horror sus sombras,
Y el ronco fragoso embate
De las aguas mas profundo
Hace este horror y mas grave.
 Así azorado y medroso
Al cielo empiezo á quejarme
De mis amargas desdichas,
Y á lanzar dolientes ayes;
 Mientras de la luz dudosa
Espira el último instante,
Y el manto la noche tiende
Que el crepúsculo deshace.

ROMANCE XXXV.

LOS ARADORES.

¡Oh, qué bien ante mis ojos

Por la ladera pendiente
Sobre la esteva encorvados
Los aradores parecen!
　¡Cómo la luciente reja
Se imprime profundamente,
Cuando en prolongados surcos
El tendido campo hienden!
　Con lentitud fatigosa
Los animales pacientes
La dura cerviz alzada
Tiran del arado fuerte.
　Anímalos con su grito,
Y con su aguijon los hiere
El tosco gañan, que en medio
Su fatiga canta alegre.
　La letra y pausado tono
Con las medidas convienen
Del cansado lento paso,
Que asientan los tardos bueyes.
　Ellos las anchas narices
Abren á su aliento ardiente,
Que por la frente rugosa
El hielo en aljófar vuelve;
　Y el gañan aguija y canta,
Y el sol que alzándose viene,
Con sus vivíficos rayos
Le calienta y esclarece.
　¡Invierno! ¡invierno! aunque triste,
Aun conservas tus placeres;
Y entre tus lluvias y vientos
Halla ocupacion la mente.
　Aun agrada ver el campo
Todo alfombrado de nieve,
En cuyo cándido velo
Sus rayos el sol refleje.
　Aun agrada con la vista
Por sus abismos perderse,
Yerta la naturaleza
Y en un silencio elocuente;
　Sin que halle el mayor cuidado
Ni el lindero de la suerte,
Ni sus desiguales surcos,
Ni la mies que oculta crece.
　De los árboles las ramas
Al peso encorvadas ceden,
Y á la tierra fuerzas piden
Para poder sostenerse.
　La sierra con su albo manto
Una muralla esplendente,
Que une el suelo al firmamento,
Allá á lo lejos ofrece:

　Mientra en las hondas gargantas
Despeñados los torrentes,
La imajinacion asustan,
Cuanto el oido ensordecen;
　Y en quietud descansa el mundo,
Y callado el viento duerme,
Y en el redil el ganado,
Y el buey jime en el pesebre.
　¿Pues qué, cuando de las nubes
Retumbando se desprenden
Los aguaceros, y el dia
Ahogado entre sombras muere;
　Y con estrépito inmenso
Cenagosos se embravecen
Fuera de madre los rios,
Batiendo diques y puentes?
　Crece el diluvio: anegadas
Las llanuras desparecen,
Y árboles y chozas tiemblan
Del viento el furor vehemente;
　Que arrebatando las nubes,
Cual sierras de niebla leve,
De aquí allá en rápido soplo,
En formas mil las revuelve:
　Y el imperio de las sombras,
Y los vendavales crecen;
Y el hombre atónito y mudo
Palpita de horror y teme.
　O bien la helada punzante
La tierra en mármol convierte;
Y al hogar en ocio ingrato
El gañan las horas pierde.
　Cubiertos de blanca escarcha,
Como de marfil parecen
Los árboles ateridos,
Y de alabastro la fuente.
　Sonoro y ríjido el prado
La planta hollado repele;
Y do quier el dios del hielo
Su sañudo mando ejerce:
　Hasta que el suave favonio
Vuela, y el vital ambiente
Con su plácida templanza
Tan duros grillos disuelve.
　El dia rápido anhela:
No asoma el sol por oriente,
Cuando sin luz al ocaso
Precipitado desciende;
　Porque la noche sus velos
Sobre la tierra despliegue,
De los fantasmas seguida

Que en ella el vulgo ver suele.
　Así el invierno ceñudo
Reina con cetro inclemente,
Y entre escarchas y aguaceros
Y nieve y nubes se envuelve.
　¿Y de dónde estos horrores,
Este trastorno aparente,
Que en enero su fin halla,
Y que ya empezó el noviembre?
　Del órden con que los tiempos
Alternados se suceden,
Durando naturaleza
La misma, y mudable siempre.
　Estos hielos erizados,
Estas lluvias, estas nieves,
Y nieblas y roncos vientos,
Que hoy el ánimo estremecen,
　Serán las flores del mayo,
Serán de julio las mieses,
Y las perfumadas frutas
Con que octubre se enriquece.
　Hoy el arador se afana,
Y en cada surco que mueve,
Miles encierra de espigas
Para los futuros meses:
　Misteriosamente ocultas
En esos granos, que estiende
Do quier liberal su mano,
Y en los terrones se pierden;
　Ved, cuál fecunda la tierra
Sus jérmenes desenvuelve,
Para abrirnos sus tesoros
Profusa y risueñamente.
　Ved, cómo ya retoñando
La rompe la hojilla débil,
Y cómo el rojo sombrío
Realza su intenso verde:
　Verde, que el tostado julio
En oro convertir debe,
Y en una selva de espigas
Esos cogollos nacientes.
　Trabaja, arador, trabaja
Con ánimo y pecho fuerte,
Ya en tu esperanza embriagado
Del verano en las mercedes.
　Cumple tu noble destino,
Y haz cantando tu afan leve,
Mientras insufrible abruma
El fastidio al ocio muelle;
　Que entre la pluma y la holanda
Sumido en sueño y placeres,

Jamás vió del sol la pompa
Cuando lumbroso amanece:
　Jamás gozó con el alba
Del campo el plácido ambiente,
De la matinal alondra
Los trinos vivos y alegres:
　Trabaja, y fia á tu madre
La prolífica simiente,
Por cuyo felice cambio
La abundancia te prometes:
　Que ella te dará profusa
Con que tu seno se aquiete,
Se alimenten tus deseos,
Tu sudor se remunere;
　Puesto que en él y tus brazos
Honrado la fausta suerte
Vinculas de tu familia,
Y libre en tus campos eres.
　Tu esposa al hogar humilde
Apacible te previene
Sobria mesa, grato lecho,
Y cariño y fe perenes:
　Que oficiosa compañera
De tus gozos y quehaceres,
Su ternura cada dia
Con su dilijencia crece:
　Y tus pequeñuelos hijos
Anhelándote impacientes,
Corren al umbral, te llaman,
Y tiemblan, si te detienes.
　Llegas, y en torno apiñados
Halagándote enloquecen;
La mano el uno te toma,
De tu cuello el otro pende;
　Tu amada al paternal beso
Desde sus brazos te ofrece
El que entre su seno abriga,
Y alimenta con su leche;
　Que en sus fiestas y gorjeos
Pagarte ahincado parece
Del pan que ya le preparas
De los surcos donde vienes.
　Y la ahijada el mayorcillo
Como en triunfo llevar quiere;
La madre el empeño rie,
Y tú animándole alegre,
　Te imajinas ver los juegos
Con que en tus faustas niñeces
A tu padre entretenias,
Cual tu hijuelo hoy te entretiene.
　Ardiendo el hogar te espera,

Que con su calor clemente
Lanzará el hielo y cansancio
Que tus miembros entorpecen:
  Y luego, aunque en pobre lecho,
Mientras que plácido duermes,
La alma paz y la inocencia
Velarán por defenderte;
  Hasta que el naciente dia
Con sus rayos te despierte,
Y á empuñar tornes la esteva,
Y á rejir tus mansos bueyes.
  ¡Vida ignorada y dichosa!
Que ni alcanza ni merece
Quien de las ciegas pasiones
El odioso imperio siente.
  ¡Vida anjelical y pura!
En que con su Dios se entiende
Sencillo el mortal, y le halla
Do quier próvido y presente:
  A quien el poder perdona,
Que los mentirosos bienes
De la ambicion tiene en nada,
Cuanto ignora sus reveses.
  Vida de fácil llaneza,
De libertad inocente,
En que dueño de sí el hombre
Sin orgullo se ennoblece:
  En que la salud abunda,
En que el trabajo divierte,
El tedio se desconoce,
Y entrada el vicio no tiene:
  Y en que un dia y otro dia
Pacíficos se suceden,
Cual aguas de un manso rio,
Risueñas é iguales siempre.
  ¡Oh, quién gozarte alcanzara!
¡Oh, quién tras tantos vaivenes
De la inclemente fortuna,
Un pobre arador viviese!
  Uno cual estos que veo,
Que ni codician, ni temen,
Ni esclavitud los humilla,
Ni la vanidad los pierde:
  Lejos de la envidia torpe
Y de la calumnia aleve,
Hasta que á mi aliento frájil
Cortase el hilo la muerte.

ROMANCE XXXVI.

EL ZAGAL APASIONADO.

¡Oh, qué mal se posa el sueño
Sobre ojos que el Amor abre,
Ni con sus dulces cuidados
Su grata calma hizo paces!
  Las dos suenan; y rendidos
De sus amargos afanes,
A un pacífico letargo
Se abandonan los mortales.
  Yo solo velo, bien mio,
Y en ocupacion süave
Con tu cariño y mis penas
Regalo mi pecho amante;
  Yendo y tornando el deseo,
Sin que ni un momento pare,
Hasta el lecho silencioso,
Do en plácido sueño yaces:
  Do en libre y feliz soltura
Las formas inimitables
De tu belleza sin velo
Logran todo su realce.
  ¡Oh qué de gozos y bienes
De allá en su ilusion me trae!
¡Qué de esperanzas me adula!
¡Y qué de estorbos deshace!
  Si los reyes de la tierra
Pusieran en este instante
Su cetro á mis piés en cambio
La gloria que en ti me cabe,
  ¡Qué ufano los desdeñara
Mi corazon! ¿pues qué valen
Su oro y pompa y señorío
Con mi embeleso inefable?
  Tú lo dí, ó luna, que atiendes
Mis finezas, tú que sabes
De este corazon las ansias,
Y cuán tierno ora me late.
  Dilo tú, que en tus amores
Ciega un tiempo abandonaste,
Por ver tu pastor dormido,
Las esferas celestiales:
  Y entre las sombras marchando
Con planta y pecho anhelante
Estática y silenciosa
Descansabas con mirarle,
  Hasta que en tu ardiente seno,
Premiándolo, con mil ayes
Tímido el suyo alentabas

A que mas y mas gozase.
　Dílo pues, hermosa luna;
¡Así en tus visitas halles
A tu Endimion venturoso
Cada noche mas galante!
　Inmóvil, los ojos fijos
Sobre tu albergue, enviadle
Clamo á los cielos, los sueños
Mas lijeros y agradables.
　Volad, frescos cefirillos,
Volad, y batid el aire
Que fácil su labio aspire,
Porque mas grata descanse:
　Colmad de suaves esencias
Su estancia: flor en los valles
No abra el cáliz, que en tributo
De mi Clori no se exhale.
　La armoniosa filomena,
Cuyo pico lamentable
Trina en el bosque, á su oido
Hoy no ensaye otros cantares,
　Que los que en quiebros canoros
Su imajinacion halaguen,
Den pábulo á su ternura,
Y su corazon inflamen.
　Y tú en solícito anhelo
Los sueños mas deleitables,
Amor, á su mente ofrece,
Con que se goze y regale:
　Haz que trisque con las Gracias,
Haz que su hermana la llamen,
Y que de rosa y jazmines
Ciñan su sien, y la abrazen.
　Entre sus albas corderas
Salga á la vega, un enjambre
De Cupidillos la siga,
Y adórenla los zagales:
　O aplaudida aun de las bellas,
Luzca gallarda en el baile,
Rindiendo á cuantos la miren
Con sus pasos y su talle.
　Entónces, ó Amor, presenta
Propicio mi fiel imájen
A sus piés, besando tierno
Las breves huellas que estampen.
　Mi fineza le recuerda;
Dile, dile de mi parte
Que duerma en paz, pues yo velo,
Y mi fe la guardia le hace:
　Dile mis blandos suspiros,
Y el éstasi inesplicable

En que me ves, este lloro
Que del corazon me sale;
　Este aquí presente verla,
Y como presente hablarle,
Y en mis cariños perderme,
Y en sus gracias embriagarme...
　¡Dichosa holanda, dichosa
Veces mil! ¡oh quién lograse
Gozar lo que avara gozas,
Saber cuanto feliz sabes!
　¡Oh quién lograse.... en mis venas
Todo el fuego de amor arde,
Un dulce temblor me ajita,
Plácido el seno me late.
　La voz me falta.... á mis ojos
Ven, grato sueño, ven fácil;
Y haz que el delirio que siento,
Entre tus brazos se calme.

ROMANCE XXXVII.

LA LIBERTAD.

Ve, Delio, con qué delicia,
Con qué agradable bullicio
Ese ruiseñor canoro
Se goza en el bosque umbrío.
　Cuál salta de ramo en ramo,
Cuál en su alegre delirio
Va, y vuelve, y huye, y se pierde
Entre el verde laberinto.
　Al impulso de sus alas
Y su revolar festivo,
Conmoviéndose, las hojas
Bullen en grato ruido:
　Y corriendo de su seno
Aljofarado el rocío,
Como una lluvia de perlas
Parece del sol al brillo.
　Vé con qué indecible gozo,
Abre y cierra el dócil pico,
Y en su floreo süave
Se queda como embebido;
　Engolfándose sin duda
Allá en repasar consigo
Algun gravísimo trance,
En que el infeliz se ha visto;
　Hasta que soltando el lleno
De sus melodiosos trinos,
Su primor nos ensordece
Sabrosamente el oido;

Tan vario como sublime
En los quiebros infinitos,
Con que esplica de su pecho
Los arrebatos mas vivos.
 Todo enmudece y le escucha;
Solo á su armónico silbo
La alondra allá de las nubes
Responde en agudos pios:
 Pios que dilata el eco,
Y él mas ardiente al oirlos,
Hasta rendirla redobla
Sus traspasantes suspiros;
 Que sin fin el viento hinchado
Cada vez mas peregrinos
Alza el júbilo en sus alas
A las cumbres del olimpo:
 Y el valle todo es delicia,
Y armonía el cefirillo,
Vivas de triunfo las aves,
Y embeleso los sentidos.
 Pues tantas salvas y cantos
Obra son, Delio querido,
De la libertad felice
Que ha logrado el pajarillo:
 Cual rota la odiosa valla
Que embarazó su camino,
Se derrama el arroyuelo
Por todo un valle florido,
 Y bullendo entre las guijas,
O durmiéndose tranquilo,
Es del ánimo y los ojos
Distraccion y regocijo.
 Yacía el mísero esclavo
Entre los dorados hilos
Y el encierro de una jaula,
Pendiente de ajeno arbitrio.
 Solitario y triste en ella
Sin hermosura ni aliño,
Siempre el alma en sus amores,
Siempre azorado y esquivo,
 Acordando aquellas horas,
Cuando en el sagrado asilo
De su nido acompañaba
A su esposa y dulces hijos,
 O asentado en algun ramo
Orillas del manso rio,
El murmullo de sus ondas
Remedaba entretenido.
 En vano sobre él el tiempo,
Para olvidarle benigno
De su esclavitud odiosa,

Tornaba en plácido jiro
Del mayo las lindas flores,
La rubia mies del estío,
O del sosegado octubre
La frescura y los racimos:
 Pues siempre en su estrecha cárcel,
Mordiendo infeliz los grillos,
Lloraba sus desventuras
Sin mejorar su destino;
 Cuando un acaso dichoso,
O el cielo apiadado quiso
Que á su libre ser volviese,
Y á morar su antiguo nido:
 Y así bullicioso y loco
Y en movimiento continuo
Salta y bulle, y trisca y canta,
Todo júbilo y cariños.
 Otro tanto me sucede
Despues que exento me miro,
Y que lanzé de mi cuello
El yugo de Amor indigno:
 Que señor de mis deseos,
Y en gloriosa paz conmigo,
Sin comprar un gozo aleve
Con un siglo de martirios,
 Siempre el sol claro me luce,
Siempre alegre canto y rio,
Llenando mis faustos dias
Las musas y mis amigos.

ROMANCE XXXVIII.

LAS VENDIMIAS.

Ya dió alegre el fresco otoño
La señal de la vendimia,
Y su voz redobla el eco
Por los valles y colinas.
 Del peso dulce y opimo
De sus racimos vencida
Al suelo la vide pomposa,
La frente encorvada inclina;
 Y entre el desmayado verde
Que su follaje mancilla,
Cual encendidos topacios
Las doradas uvas brillan:
 O como el negro azabache
Que á la noche desafia
Apiñándose, el deseo
A su robo solicitan.
 Alzándose el sol radiante

En brazos del nuevo dia,
De Baco los largos dones
A recojer nos convida.
　Las cestas pues se preparen,
Ordénense las cuadrillas,
Y al campo salid gritando:
«Honor al dios de las viñas.»
　No haya escondido racimo
Que se escape á vuestra vista,
Que no corte vuestra mano,
Y el cuévano no reciba.
　Dadme una cesta, muchachas,
Que quiero en tanta alegría
Compañero ser dichoso
De vuestra dulce fatiga:
　Y allá en las tristes ciudades
Dejad que anhelantes jiman,
Revueltos en mil cuidados,
Los necios que las habitan;
　Que yo en los campos me gozo
Y en su soledad tranquila,
Y el afan de sus labores,
El pecho me vivifica.
　¡Oh cómo á la par por todos
Vuelan el gozo y la risa;
Y las traviesas tonadas
Nos entretienen y animan!
　Hinchendo el plácido viento
Su estrépito y gritería,
Que á los mas tibios inflaman,
Y el desahogo autorizan.
　Ved cómo Felicio el lado
Buscó de su amada Silvia,
Y los racimos le toma,
Y en el trabajo la alivia;
　Mientras entre Arcadio y Delio
Se turba Nise indecisa,
Y á sus chanzas y cantares
Enmudece como niña.
　Daliso allí mas osado
Corre tras Fílis la linda,
La de los divinos ojos,
Y de voz muy mas divina;
　Y tomándola en sus brazos,
Por mas que resiste y lidia,
Con el mosto de un racimo
Le regó frente y mejillas:
　Y Enarda la bulliciosa
Allá con sútil malicia
Para su cesta se lleva
Cuanto á la de Silvio quita.

Todo es obra de las copas
Que Baco jovial nos brinda,
Y en placer nos enloquecen,
Y al Amor dan osadía.
　¡Loor al dios, que en su triunfo
Nos trajo allá de la India
Con la vid el süave néctar
Que sus racimos destilan!
　¡Al de juventud perene,
Que en faz risueña y benigna
Ora estos dulces racimos
Tan liberal nos prodiga!
　Seguid, seguid bulliciosos
Con solícita agonía,
Que el júbilo bien no hermana
Con la flojedad indigna.
　Ved por las cumbres del cielo
Cuál alzándose camina
Rápido el sol, y sus pases
Culparán nuestra desidia:
　Que él tambien reina en las vides,
Fausto los racimos cria,
Y hoy lo acedo de sus granos
Torna en delicioso almíbar.
　Pero con nueva algazara
Los víctores se repitan,
Que el carro en triunfo á la aldea
Lleva las uvas cojidas.
　Cúbrenlo á trechos colgando
Cual vencedoras insignias
Los vástagos mas frondosos,
Que el viento ondeando ajita;
　Y su próspera llegada
Con su bullicio anticipa
Un tropel de alegres niños,
Que en torno corriendo gritan.
　Recíbelas la ancha troje,
Que las maçera y envia
Do el lagarero enmostado
Con membrudo pié las pisa;
　Y remedando al beodo
Que ya en sus pasos vacila,
Ora titubeando marcha,
Ora sobre un pié se libra,
　Y ora al monton mal hollado
La altiva frente domina,
Carga, lo derrama, y vuelve,
Y se hunde hasta la rodilla.
　Rueda el tórculo jimiendo,
Y con inmensa ruina
Desciende el molar enorme,

En que su presion estriba.

 Corre en arroyos el mosto;
Y Baco, la sien ceñida
De las hojas de sus parras,
Desde una cuba lo mira.

 Los silenos de su corte
En torno danzando jiran,
Del licor sus tazas llenan,
Y beben, y al dios lo liban:

 Licor hoy de áspero gusto,
Mas que hervido será un dia,
Mas bien que el néctar de Jove,
El bálsamo de la vida:

 El que alegre los banquetes,
Dé al Amor nuevas delicias,
Abra al misterio los labios,
Y en placer torne las iras.

 Y él corre, y corre espumoso
Hasta las hondas vasijas,
Y en ellas, cual un torrente,
Sonando se precipita.

 Todos palmean y á gritos
Aplauden á su caida:
La taza en las manos rueda,
Y á dulce delirio incita:

 Quien canta, ó quien loco rie,
Balbuciente aquel se esplica,
Y hundírsele aquel la tierra
Siente, y se afana en asirla.

 Uno en fraternal abrazo
Va, y con su rival se liga,
Y otro al beber con el mosto,
Barba y pecho se rocía:

 Y todo estrépito loco,
Todo algazara festiva,
Muy mas fervientes con ellos
Los bríndis se multiplican.

 Así triunfa el dios del vino,
Así su inmortal bebida
Borra los cuidados tristes,
Los ánimos regocija.

 En tanto del negro ocaso
Desciende la noche umbría,
Y su manto de luceros
Tiende á la atónita vista:

 Abrese la alegre danza,
Vivo el crótalo repica,
Y el ruidoso tamborino
Un nuevo delirio inspira.

 Los jóvenes con mil pruebas
De destreza y gallardía
Ante sus bellas se ufauan,
Sus lentos pasos aguijan.

 ¡Oh qué mudanzas y vueltas!
¡Con qué donaire y medida
Bate la planta la tierra,
Los brazos se abren y animan!

 Delio á Nise estrecha ardiente,
Silvia á Felicio va unida,
Daliso á Fílis rodea,
Y con Silvio Enarda trisca.

 Todos aplauden y gozan:
Todos bullen á porfía,
Y en el calor con que Baco
Las llamas de Amor atiza,

 No hay quien baile indiferente,
Ni vendimiadora esquiva,
Alternando con las danzas
Los bríndis y ardientes vivas.

 Así el cansancio en los brazos
Del regocijo se olvida,
Y alegres nos ve la aurora
Correr de nuevo á las viñas;

 A seguir con las tonadas
La labor entretenida,
Que huya el sol, cesa; y la noche
Con otro baile disipa.—

 Cuando yo estos dulces versos
Cantaba á mi fácil lira,
En el ocio de mi aldea
En gloriosa paz vivia:

 Fementido luego el hado
Me arrastró á las grandes villas:
Ví la corte, y perdí en ella
Cuanto bien antes tenia.

 Y así abrumado de afanes,
Siempre en duelos y agonías,
¡Quién, esclamó, se volviese
A su aldea y sus vendimias!

ROMANCE XXXIX.

EL NAUFRAGO.

¿Cuando, inconstante fortuna,
Dejarás de perseguirme:
Ni será blanco á tus tiros
Mi corazon infelice?

 ¿No eran ya, díme, sobradas
Tantas marañas y ardides,
Y las traiciones y males
Que hasta aquí, cruel, me hiciste?

Desde los pasos primeros
Que dió en la senda difícil
De la vida mi inocencia,
Siempre enconada me aflijes:
 Siempre, cuando mas lumbroso
Y en calma mas bonancible
A resplandecer un dia
Empezó á mis ojos tristes,
 Burlando al ciego deseo,
Se alzaron á sumerjirle
En larga y lóbrega noche
Cien tempestades horribles.
 Sembré trigo, y cojí abrojos:
La vida ignorada y libre
Que mi corazon ansiaba,
Llegó un instante á reirme.
 ¡Cuán rápido fué este instante!
Tú en él mis venturas viste,
Y en tus redes engañosas
Envolviéndome invisible,
 Me arrastraste al mar ondoso,
A arrostrar las fieras lides
De los enconados vientos
Entre Escilas y Caríbdis.
 ¿Cómo escapar del naufrajio
Pudiera mi leño humilde?
¿O en las despeñadas olas
Vagar, y en ellas no hundirse?
 Fué mi salud una playa,
Do á la envidia inaccesible,
De la bondad en el seno
Viví tranquilo y felice:
 Do rotos los crudos lazos
Con que atado antes me vide,
Libre ante la faz del cielo
Pude y honrado decirme.
 Tan alto bien, cual los sueños
Que en los aéreos pensiles
De la ilusion embriagada
La imajinacion concibe,
 Voló fujitiva sombra;
Cuando á mi airada volviste
Fortuna, y con férreo brazo
Precipitando mi esquife
 De nuevo al agua, la muerte,
La muerte, si lo resistes,
Te aguarda cierta, gritaste;
Y yo en medio un mar sentíme.
 Pero ¡qué mar! ¡qué borrascas
Y huracanes tan terribles!
¡Qué vértigos! ¡qué á los cielos

Sus rizas olas subirse,
 Y luego en inmensos tumbos
De violencia irresistible
Estrellarse entre las rocas,
A tal ímpetu mal firmes!
 Velada la lumbre clara
Del polo en un denso eclipse,
Perdido el rumbo, y sin puertos
Donde náufragas se abriguen,
 Yo ví cien famosas naves
Sin piloto que las guie,
Rotos ya timon y quilla,
De repente, ¡oh pasmo! hendirse;
 Y ví sus ricos despojos
Entre cenagosas sirtes
Encallar, y con sus dueños
En los abismos sumirse.
 Do quier la espantable muerte
El viento á sus iras sirve,
Su brazo hiere incansable,
El golfo en sangre se tiñe:
 Cual nada y se ajita en vano,
Cual pugna á una vela asirse,
A uno la ola hunde cayendo,
Y otro se salva entre miles.
 Yo en la agonía, y temblando
Irme cada instante á pique,
Clamé fervoroso al cielo,
Y el cielo se dignó oirme:
 Que á la bondad jamás deja
Que desvalida suspire;
Y al que rendido le implora,
Siempre benévolo asiste.
 Al fin quebrantado y laso
A tu ribera acojíme,
O Garona, do en mis males,
Hacer una tregua quise.
 ¡Ay! en peregrinas playas
Ninguno sus dichas cifre:
La desgracia es azarosa,
Y del pobre todos rien.
 Náufrago, estranjero, errante,
Ni un pecho hallé que sensible
Ni una lágrima vertiese
Sobre el dolor que me oprime:
 Ni uno que enjugase al menos
Las que derramaba tristes,
Ni uno en fin con quien el mio
Lograra amoroso abrirse.
 Así desdeñoso, helado,
Cuando todo cuanto existe,

Renace en vitales llamas,
Me es su delicia insufrible.
　En vano ya primavera
De luz y de flores ciñe
Su sien purpúrea, y del año
A los destinos preside:
　Sus aromas deliciosos,
Los riquísimos matices
Con que engalana la tierra,
Que de verde y gualda viste,
　Me son de mortal zozobra
Pintándome otros paises,
Y otros tan prósperos dias,
Cual son estos infelices.
　Todo me abruma y desplace:
En mil inventos sublimes
Que un tiempo indagar ansiara,
Nada hay que mi anhelo escite.
　Mi lira, á la mano indócil,
Pulsada el son no repite,
Aunque sus himnos canoros
El mismo Apolo la inspire:
　Y el ardor con que en las alas
Del jenio hasta los confines
Me alzé del inmenso cielo,
En sueño eterno se estingue.
　Mis ojos, bien como al polo
Fijo el iman se dirije,
Así hácia España se vuelven
Y aun verla ilusos se finjen.
　Allí el nevado Moncayo
Con las estrellas se mide;
Y allá el yerto Guadarrama
Las dos Castillas divide:
　Derrámase undoso el Bétis
Regando allá sus pensiles;
Y allí el Tajo á su alto dueño
En feudo su oro le rinde:
　En Madrid el rejio alcázar
Descollándose preside
A cien fábricas, y todas
Acatan su planta humildes.
　¡Ay! este embeleso insano
Ya llega tan vivo á herirme,
Que el llanto mis ojos ciega,
Y es fuerza que los retire.
　Así de esperanzas solo
Mi llagado pecho vive;
Sin que haya ni un breve instante
Que de ti, España, me olvide.
　¡Dulce patria! mientras llego

Contigo dichoso á unirme,
Mis encendidos suspiros
Como de un hijo recibe.
　Mi corazon vuela entre ellos,
Que por honrado y por firme
Tu amparo y favor merece;
Y con el mas fiel compite.
　Tú eres todo á mis deseos;
Tú, si enconos me persiguen,
Tú, si envidias me oscurecen,
Todas mis penas redimes.
　Tu amor en mis venas hierve;
Y con tus gloriosos timbres
Me gozaré envanecido,
Mientra el seno me palpite.
　Necesidad imperiosa
Me echó de tí: bien lo jime
Mi bondad, y esta memoria
De dogal atroz me sirve.
　Mira pues cual madre tierna
Una desgracia imposible
De contrastar; y en tus ojos
De mi paz mire yo el íris.
　Caiga la discordia impía:
No mas en tu seno atizes
Su volcan, y hunda el averno
Odios y memorias viles.
　Húndalos, y de tus hijos
No mas ilusa te prives,
No mas sus votos desdeñes,
No mas la virtud mancilles.
　¡Oh! cuándo este ansiado dia,
Que con mil lágrimas pide
Mi dolor al justo cielo,
Fausto empezará á lucirme!
　¡Cuándo en tu plácida orilla,
Que ora abril de flores viste,
Podrá, humilde Manzanares,
Volver mi cítara á oirse!
　¡Y mis lágrimas de gozo
Se unirán con tus sutiles
Claras linfas, y mis cantos
Con tu murmullo apacible;
　A par que de mis naufrajios,
Cual otro sufrido Ulíses,
Las lamentables historias
Repita seguro y libre!
　¡Cuándo mis estrechos lares,
Que hoy en soledad se aflijen
Sin su dueño, salvo y ledo
Tornarán á recibirle;

Donde en venturoso olvido
Reine y en pobreza humilde,
Sin que ni zelos ni enconos
Contra su bondad conspiren!

¡Al ver mis dulces amigos,
¡Ay! será que fino á unirse
Mi pecho á su pecho llegue,
Y su ardor les comunique:

Hallando en sus tiernos brazos,
A mi eterno amor sensibles,
Un puerto, do al fin gozoso
Por siempre y en paz respire!

¡Cuándo, cuándo, patria mia,
Lograré feliz decirte:
Ya te abrazo, el noble feudo
Grata de mi amor admite!

Admítelo; y con tu nombre
Mi nombre orgulloso brille,
Y con tu vida mi vida
Por siempre se identifique:

Que jamás ni fuerza humana
De ti podrá dividirme,
Ni hasta el último suspiro
Cesaré fiel de servirte;

Siendo en él mi anhelo ardiente
Que con gloria inmarcesible
Brilles así entre los pueblos,
Y el cetro augusta sublimes,

Cual el sol, padre del dia,
Cuando descollando rie
Por oriente, que los astros
Se hunden ante él invisibles.

¡Cuándo... Un náufrago, en desgracias
Muy mas que en cantar insigne,
Así hablaba con su patria,
Cual si ella cuidase oirle!

De repente mil recuerdos
El corazon le comprimen,
Su lengua el dolor le anuda,
Sus quejas el llanto impide;

Y á España vueltos los ojos,
¡Ay amada España! dice:
El eco en torno vagando
¡España! ¡España! repite.

ROMANCE XL.

LOS SUSPIROS DE UN PROSCRITO.

Era la noche, y la luna
Su carro al zenit subia;
El adormecido mundo
Bañando en su luz benigna.

Todo sin accion callaba:
Su ala apenas fujitiva
Movia el blando favonio,
Bullendo en la selva umbría;

O algun ave solitaria
Gritando despavorida,
El imperio de las sombras
Mas melancólico hacia,

Del fúnebre aciago canto
Las cláusulas repetidas
En la voz del eco triste
Por las opuestas colinas:

Cuando un infeliz proscrito,
A quien sus cuidados privan
Del sueño, que á los dichosos
Solo plácido visita,

Sobre una escarpada roca
Que el horizonte domina,
Y libre á los ojos deja
El paso á las dos Castillas;

Pensando en las dulces prendas
De su amor y sus delicias,
Bañado en lágrimas tristes
Así angustiado decia:

Volad, dolientes suspiros,
Hasta mi esposa querida,
Muy mas que yo afortunados,
Y llevadle el alma mia:

Llevadle de este infelice
Las lágrimas encendidas,
Y la indeleble memoria
De nuestras pasadas dichas.

Id, suspiros, y llevadle
La fe inalterable y fina
De un esposo que la adora,
Y vive porque ella viva.

Id, volad, suspiros mios,
Y á mi idolatrada hija
Llevad el dulce besillo,
Que un tiempo darle solia.

¡Ah! ya no; que blanco triste
Del encono y la mentira,
Padre infeliz, ver no puedo
Ni sus juegos ni sus risas:

No gozar de su semblante
La sencillez espresiva,
Ni una gracia, un solo halago
De cuantos loco le oia;

Ya si entre amables gorjeos

Tendidas las manecitas,
Que en mis brazos la tomase
Solicitaba festiva;
　Ya si en mis tiernos cariños
Las bulliciosas pupilas
De sus ojuelos de gloria
Se gozaban en mí fijas:
　O si de su hermosa madre
En el seno adormecida,
Aun en su feliz reposo
A nuestro amor sonreia.
　¡Oh Dios! todo ha fenecido:
Todo una estrella maligna,
Todo lo trocó en las furias
Que hoy mi espíritu atosigan:
　Que en un horroroso cáos
Envolviéndolo me abisman;
Y á mil altas esperanzas
Por siempre el verdor marchitan.
　¡Cuitado! rotos los lazos
Que con la patria me ligan,
Mi honor y pobre fortuna
A merced de la malicia,
　Errante, en suelo estranjero,
En olvido á mi familia,
Y á mis amigos falaces,
Ocasion de burla impia,
　¿Qué por apurar me queda?
Ni en tal colmo de desdichas,
¿Dónde hallar quien de mis hados
Benigno temple las iras?
　Solo tú, adorada esposa,
Tú eres solo quien mitiga
Con ese teson mis males,
Y con tu virtud me animas.
　Tú en cuya bondad me apoyo,
Que anjelical dulcificas
Con tus cartas de mis ansias
El intensísimo acíbar.
　Así la infeliz memoria
Clavada en ti noche y dia,
En este abismo espantoso
Aguantar puedo la vida.
　¡Vida...! No así, esposa, llames
La lentitud infinita
Con que sobre mi existencia
Aherrojado el tiempo jira;
　Este cavilar eterno,
Este sin hallar salida,
Vagar en la incertidumbre
Mas dolorosa y sombría;

Hundiéndose así los meses,
Siempre en la misma fatiga
De ansiar un fin que no llega,
Y en que el ánimo agoniza.
　¡Oh horror! ¡oh ultraje! ¡oh despecho!
Las lágrimas mis mejillas
Cual de dos fuentes inundan,
Y el seno ahogado palpita.
　Todo mi ser se estremece,
Y hasta mi existencia misma
Me horroriza al echar menos
Mi entrañable compañía.
　¡Yo no las veré...! ¡por siempre
Sin su amor y sus caricias,
Hasta que la cruda Parca
Mi lazo mortal divida!
　Sin tener, ¡oh desconsuelo!
Tal vez ni una mano amiga
Que mis apagados ojos
Cierre en mi última agonía;
　Ni quien en la humilde tumba
Con entrañas compasivas
Algunas lágrimas vierta,
Y el eterno á Dios me diga.
　Y ellas en su inmenso duelo
Vagarán llorando, heridas
Del grito y los rudos golpes
Que contra mí el odio vibra:
　Pobres, míseras, holladas,
Demandando á la codicia
El pan de dolores lleno,
Que la indijencia mendiga...
　¡Ay! guardad, queridas prendas,
Con relijion santa y pia
De un padre y un fino esposo
Los ayes que hoy os envia:
　Guardad, ídolos del alma,
La que entre ellos confundida
Para vos exhala ardiente,
Y allá unánimes partidla.
　Vendrá un tiempo en que estas ansias,
En vuestra orfandad esquiva,
Recuerdos mil renovando,
De consuelo y paz os sirvan:
　Cuando yo en eterno sueño
Descanse en la tumba fria,
Do se estinguirán las teas
Que hoy ciego el error ajita:
　Que allí la envidia no muerde,
El engaño no alucina;
Ni con su tósigo abrasa

La calumnia fementida.
   ¡Infelices! ¡por qué estrella
Se ve con mi suerte unida
Vuestra suerte, y á los cielos.
Un amor tan santo irrita!
   Dichosas sin mí vosotras,
Yo sin las dos me reiria
De cuantos con necio encono
En mi perdicion conspiran.
   Los hombres herirme pueden;
Pero mi honor sin mancilla
Brillará como el sol claro
Cuando un instante se eclipsa,
   Que luego muy mas lumbroso,
Su frente alzando divina,
Las nieblas que le oscurecen
Al abismo precipita.
   Vendrá un dia, en que imparciales
La razon y la justicia
Me honrarán, cual hoy me inflaman
La impostura y la perfidia:
   En que los gritos falaces
Con que hoy el vulgo alucinan,
La verdad los enmudezca,
La relijion los proscriba,
   Adornando el triunfal lauro
La frente que ora abatida,
Cual marchita flor, apenas
En su oprobio al cielo mira.
   ¡Oprobio.....! no amada esposa;
El oprobio es la injusticia:
La virtud es noble y fuerte:
El delito solo humilla.
   ¡Ay! ¡si yo verte alcanzase!
¡Si en mi proscripcion indigna
Me diesen gozar tu lado,
Y el de esa adorable niña!
   ¡Si yo vuestro llanto triste,
Y el que mis ojos destilan,
Enjugaseis vos, en uno
Nuestras lástimas fundidas,
   Como tres débiles plantas
Que abrazándose se afirman
De los recios vendavales
Contra las bárbaras riñas!
   Mi ansiar fuera entonces menos;
Mas lejos de vuestra vista
No hay mal que el alma no tiemble
De cuantos fiel imajina:
   Yendo en alas del cuidado
Con incesante corrida,

Donde el amor y el deseo
Su bien y su gloria cifran.
   Allí, prendas adoradas,
Os oigo, os hablo, y perdidas
Viéndoos por mí, con vos lloro
En vuestra inmensa ruina.
   Apoyadas en mi seno,
En el vuestro se reclina
Mi dolor, en uno unidos,
Cual lo están las almas mismas;
   Y así vuestros blandos ayes
Mi labio anheloso aspira,
Y vuestro llanto y mi llanto
En uno se identifican.
   O bien ya plácido el cielo,
Los pesares se me olvidan,
Gozo mis ansias se vuelven,
Mis lágrimas dulce risa:
   Soñándome que el encono
Y la calumnia homicida
Deshechos, sus impías tramas
Ya la verdad ilumina.
   Y volando á vuestros brazos,
En celestial alegría
Me anego yo, entre los mios
Os perdeis en mis caricias;
   Y en pos me aclaman los buenos,
Y mis méritos se estiman,
Tierna la patria me abraza,
Y mis amigos me abrigan.....
   ¡Pero qué míseras quejas,
Qué plegarias doloridas
Mi oido aflijen.....! ¡qué sombras
Llorosas á mí se inclinan!
   Desaliñado el cabello
Y las ropas mal ceñidas,
Sin aliento en las tinieblas
Su planta débil vacila,
   ¡A jemir tornan de nuevo.....!
Mi azorada fantasía
Me finje las formas tristes
De mi esposa y de mi Elisa:
   Las formas, ¡ah! no las gracias
Que un tiempo me embebecian,
De la madre el jentil talle,
Tu inocencia, infeliz hija.
   Ellas son..... ellas son..... ¡cielos!
Ya vuestra piedad benigna
Oyó mis fervientes ansias;
Y mis dolores se alivian.
   Venid, venid á mis brazos,

Hija, esposa, fiel amiga;
Llegad, amparo y consuelo,
Y mitad del alma mia.
　Ya soy feliz con vosotras;
Abrazadme, y que indivisas
Nuestra vida y nuestra suerte,
Unas por siempre se digan.
　Aquí será nuestra patria:
Lejos aquí de la envidia,
Un nuevo Eden plantarémos
Para los tres de delicias:
　Un Eden do inaccesibles
A las viles arterías
De la traicion, al engaño
Que cuando halaga, asesina,
　Respiremos ya dichosos,
Y en inefable armonía
La inocencia y paz gozemos,
De que los hombres nos privan.—
　Acercábanse las sombras,
Y él ambas manos tendidas
A abrazarlas cariñoso
Recibiéndolas corria;
　Empero al querer tocarlas,
Pavoroso el viento silba,
Las sombras desaparecen,
Y la ilusion se disipa.
　Cayó desmayado: el alba,
Sumido en su inmensa cuita
Le halló otro dia, en su llanto
Bañándole enternecida;
　Mas vuelto en sí con sus fuegos,
La vista en el cielo fija,
Y de nuevo ¡ay dulce esposa...!
¡Ay hija infeliz! suspira.

ROMANCE XLI.

MIS DESENGAÑOS.

　Un tiempo en las dulces redes
Del amor viví cautivo;
Canté alegre su embeleso,
Lloré zelos y desvíos.
　Las halagüeñas miradas,
De unos ojos, que festivos,
Cuanto miraban rendian
Con su donaire y su brillo;
　A mi ciego me trajeron,
Gozando en ellas los mios
Gloria tal, que aun me enloquece,
Cuando á solas la imajino.
　Luego un habla y una boca
Tan linda, de tal hechizo,
A tan altos pensamientos
Y un talento tan divino
　Se unieron, que cuanto cabe
En delicias y martirios,
Sufrir pude desdeñado,
Disfruté favorecido.
　Sueño fugaz mis niñeces,
A sus ardientes delirios
La austera razon opuso
Sus celestiales avisos.
　Lloré, y dolíme; y ansioso,
De otros bienes, con altivo
Pensamiento de las ciencias
Sondar osé los abismos.
　La augusta filosofía,
Sus tesoros peregrinos
Ostentando ante mis ojos,
Me arrebató embebecido.
　Una flor, un vil insecto,
El pintado pajarillo,
La planta, el viento, la lluvia,
Del trueno el ronco ruido,
　Cuando espantosa la nube
Desgarrándose, del vivo
Relámpago nos deslumbra
El rápido ardiente jiro;
　El murmullante arroyuelo,
Que saltando fujitivo
Entre guijuelas y flores,
Va á perderse en el gran rio;
　Mientras él sus ricas ondas
Rueda con pasos torcidos,
Regando cien largas vegas,
Otro siempre, y siempre el mismo;
　Fueron mi incesante estudio:
Vióme entre su horror tranquilo
La noche, me halló la aurora
Mudo estático, en mis libros,
　O bien con alas de fuego
Perderme en vuelo atrevido
De la nada y del espacio
Por el inmenso vacío,
　Hasta topar con el trono,
Que en las cumbres del olimpo
Asentó aquel que modera
La eternidad y los siglos.
　Y ¿con qué fruto? á las gratas
Ilusiones que de niño

Me embriagaban, sucedieron
Mil tétricos desvaríos.
　Dudar, cavilar, y nada
De cierto: vago, perdido,
De encontradas opiniones
Por un ciego laberinto,
　Sin alcanzar quien me diese
De Ariadna el feliz hilo
Para seguirle; ó me alzase,
Natura, tu velo umbrío.
　Quise apurar de los seres
Las esencias, el destino
Que á ella señalarles plugo
En este todo infinito;
　De do su hoguera alimenta
El claro sol, que principio
Dispara el plácido viento
En rápidos torbellinos;
　Porque el Océano inmenso
Va, y huye, y torna impelido
De una ley siempre constante
De la playa á sus dominios;
　Por que..... Vendados los ojos
Corrí, cual, errado el tino,
Da el viandante en negra noche
De uno en otro precipicio.
　Entónces mi hidalgo seno
La ambicion de mil prestijios
Llenó, arrastróme á la corte,
Y engolfóme en sus peligros.
　¡Oh qué dias! ¡qué zozobras!
Siempre del ajeno arbitrio
Colgado, aherrojado siempre
Cual vil esclavo entre grillos;
　De crímenes rodeado,
Con labio y ceño sombríos,
Aunque lo llorase el alma,
Implorando su castigo;
　Y de ellos y la inocencia
Oyendo el lloroso grito,
El crujir de las cadenas,
Y del hambre los suspiros:
　Ir, volver, buscando ansioso
La dulce paz, el desvío
De un cargo en que ahogarme tiemblo,
Aun hoy que lejos lo miro.
　Llamábame con la aurora
Ya su enojoso ejercicio:
Era la noche, y jemia
Del arduo peso oprimido.
　Jamás á las dulces Musas

Debí entonces ni un alivio,
O á la celestial Sofía
Una mirada, un cariño.
　¡Horas, que perdidas lloro;
Que á mi espíritu habeis sido
Tósigo y dogal de muerte,
Jamás volvais á aflijirlo!
　Quien quiera puestos y corte,
Por mí los goze: á los tiros
De la envidia oponga el pecho;
Y llore, mientras yo rio.
　¡Yo reir! no: que si el cielo
Me salvó por un prodijio,
Llevando á seguro puerto,
Mi zozobrante barquillo;
　No empero fuí mas dichoso,
Cuando, ¡oh dolor! combatido
De la mas fiera borrasca
Apenas hallé un amigo.
　Sufríla callado y solo;
Y en su bárbaro conflicto
Llegó el santo desengaño
A alumbrarme, aunque tardío.
　Un fatal velo á mis ojos
Se descorrió: en mi retiro
Solícito estudié al hombre,
Y lloré habiéndole visto.
　Lloré y suspiré, aunque en vano,
Tras un error, que benigno
Me aduló, sombra engañosa
Que un rayo de luz deshizo.
　Sensible, induljente y bueno,
Juzgándolo por mí mismo
Lo creyera, y con los tristes
Oficioso y compasivo;
　Y no hallé en él sino engaño,
Dureza, odioso egoismo,
En el labio las virtudes,
Y en el corazon los vicios:
　Llorando, pérfida hiena,
Para devorar impío
Al infeliz que á acorrerle
Crédulo á sus lloros vino.
　¡Cuánto he trabajado, cuánto
Por salvarle, y ha jemido
Mi razon siempre ocupada
En dorar sus estravíos!
　¡Estravíos! aun ahora
Ilusarme solicito,
Y á la luz cierro los ojos,
Y á la verdad el oido.

¡Oh verdad, verdad! ¡qué amarga
Me aflijes! mi ardiente ahinco
Del bien déjame piadosa,
Gozaré cuanto imajino:

Déjame idólatra ciego
De este bien, que en sus caminos
Honre al mortal, y lo vea
Cual su Autor formarlo quiso.

Quien quiera, mi engaño ria,
Mientras yo en él embebido
La virtud adoro, y corro
Tras su celestial hechizo.

Mi ilusion es un consuelo,
El desengaño un martirio;
Mas quiero soñar virtudes,
Que ver y llorar delitos.

Ni busco ni huyo los hombres,
Pero mi trato es conmigo;
Que un Dios y sus pensamientos
Bastan á un arrepentido.

Con ellos solo en los campos
Soy hombre y libre respiro;
Y alzándome á un cielo inmenso,
De otras grandezas me rio.

Tranquilo y en paz con todo,
Ni ajenas glorias envidio,
Ni zelos doy con mi suerte,
Ni de ofensa á nadie sirvo.

Trabajo en hacerme bueno;
Busco en ánimo sencillo
La verdad, y para hallarla
Naturaleza es mi libro.

Ella es la regla segura
Que en mi humilde vida sigo;
Y á su voz dócil mis votos
Y necesidades mido.

Sus galas me dan los valles,
El bosque encantados sitios,
Las aves canoro aplauso,
Mi estrecha casilla abrigo.

Así del ocio y los años
Burlando el cansado hastío,
Olvidado y muerto en este,
Un mundo mejor habito.

Doña Elvira.

ROMANCE I.

No sé que grave desdicha
Me pronostican los cielos,
Que desplomados parecen
De sus quiciales eternos.

Ensangrentada la luna
No alumbra, amedrenta al suelo,
Si las tinieblas no ahogan
Sus desmayados reflejos.

En guerra horrible combaten
Embravecidos los vientos,
Llenando su agudo silbo
De pavor mi helado seno.

Atruena el hojoso bosque,
Y parece que allá lejos,
Llevados sobre las nubes,
Jimen mil lúgubres jenios.

Hados, ¿qué quereis decirme?
¿O qué amenaza este estruendo,
Este confuso desórden
Que en naturaleza veo?—

Así hablaba Doña Elvira
Encerrada en su aposento,
Cuando la callada noche
El mundo sepulta en sueño.

Ella vela: sus cuidados
No permiten que un momento
Halle el ansiado reposo,
Cierre sus ojos Morfeo.

Doña Elvira, que viuda
Del comendador Don Tello,
Señor de Herrera y las Návas,
Castellano de Toledo,

Bajo un sencillo tocado
Cubierto el rubio cabello,
Sin sus oros la garganta,
Y el monjil y saya negros,

En soledad y retiro,
Sumida en dolor inmenso,
Diez años ha que le llora
Como le lloró el primero.
 En vano el abril florido,
Lanzando al áspero invierno,
Rie á la tierra, y la alfombra
De galas y verdor nuevos;
 En vano el plácido octubre,
Renovando los misterios
De Baco, tras Sirio ardiente
Se ostenta de frutas lleno;
 Ella insensible á sus dones,
Llora siempre en el silencio
De la noche y cuando al mundo
Alegra lumbroso Febo.
 Era Don Tello esforzado:
Tuvo el renombre de bueno,
Murió en la toma de Alhama
De heridas y honor cubierto.
 Un hijo solo fué el fruto
De su amor fino y honesto,
Como su padre valiente,
Como Doña Elvira bello:
 Que tambien contra los Moros
Cual mil famosos guerreros,
Doncel de Isabel la sirve
En el granadino cerco;
 Mientras la penada madre
Entre zozobras y miedos,
Cuanto por su padre un dia,
Hoy tiembla por el mancebo:
 Si bien gallardo y membrudo,
Cual jóven, aun poco diestro,
En repararse asaltado,
Ni en herir acometiendo.
 ¿Si será, clamaba Elvira,
Que en su juvenil denuedo,
El hijo de mis entrañas
Hoy me las parta de nuevo?
 Yo le miro enardecido
Picar al bridon soberbio,
Y el primero en la batalla
Correr al mayor empeño;
 Entrarse la lanza en ristre
De los bárbaros en medio,
Por ganar una bandera,
O algun noble prisionero,
 Que presentar en la corte
De la reina, como hacerlo
Mi ínclito esposo solia...

¡Oh dolorosos recuerdos!
 ¡Madre desolada y triste!
¡Hijo infeliz! ¡cuánto tiemblo
Por ti de Muza los botes,
De Alhiatar el crudo acero!
 ¡Cuánto que ciego, olvidado
De mi amor y mis consejos,
Con un desastre consumes
Mi viudez y desconsuelo!
 ¡Ah, si de tu ilustre padre
Como tienes el esfuerzo,
La prudencia te adornara,
Mis cuidados fueran menos.....!
 Guardad, bárbaros; no aleves,
Si estáis de sangre sedientos,
Probeis vuestros fuertes brazos
Contra ese pimpollo tierno.
 ¡Tantos le asaltais, cobardes,
Y seguros de vencerlo,
Correis cual hambrientos lobos
A un inocente cordero!
 Cual buenos, solos buscadle;
Y el brazo y heroico aliento
Vereis en él, del que tanto
Temblabais, grande Don Tello.
 O mejor con el maestre,
O con el Córdoba fiero
Mediros, que á todos llama
Su horrible lanza blandiendo.
 Perdonad mi hijo querido;
¡Así hallen siempre los vuestros
Ventura y prez en las lides,
Honras y amor con el pueblo!
 ¡Hijo amado! ¡qué de angustias
Me cuestas...! — En su desvelo
De repente de la almohada
Alzándose sin sosiego,
 Corre al balcon, y escuchando
Esclama: ¡si el escudero
Vendrá, que partió á informarse
De su salud y sus riesgos!
 Tráeme fiel las faustas nuevas
Que madre tierna deseo,
Y tendrás un premio digno
De tu lealtad y tu zelo...
 Pero ¡qué estrépito se oye!
No hay dudarlo... pasos siento:
La marcha de algun jinete
Repite sonoro el eco.
 ¡Cuán silencioso camina!
Percibir apenas puedo

El batir del duro casco
Sobre el pedregoso suelo.

¿Si será que así á deshoras
Venga alguno de mis deudos
A anunciarme las desdichas
Que contino estoy temiendo?

¡Madre infeliz! ¡venturosa
La que jamás logró serlo!
No cual yo que al cielo airado
Ablandé con votos necios.

Ella no verá sus hijos
Atravesados los pechos
De mora lanza, y segados
En su flor cual débil heno:

No en las andas funerales
Estendidos, ni cubierto
De negros paños, y en torno
Los militares trofeos,

Verá su féretro alzarse;
Y en un silencioso duelo
A cien caballeros nobles
De sus armas compañeros.

No llorará como lloro,
Ni tendrá en un hilo puesto
Su vivir, temblando siempre;
¡Cuitada! un desastre nuevo:

¡Cavilaciones tardías...!
¿Por qué, por qué su ardor ciego
No contrasté cuando pude?
¿Por qué me doblé á sus ruegos?

¿Por qué le dejé á las lides
Partir tan niño? ¿mi seno
Desnudo, mis tristes lloros
No pudieran detenerlo?

Sobre el umbral de rodillas
Una madre... lejos, lejos
Mengua tal, oprobio tanto
De una Guzman y Pacheco:

Lejos de la sangre clara,
Que al Moro el puñal sangriento
Tiró contra el hijo amado
De Tarifa en el asedio.

¡Cuál se hablaria en la corte
De Isabel! ¡y qué denuestos
Los ricoshombres no harian
Al hijo y la madre á un tiempo!

¡Honor, honor castellano!
¡Inclito esposo, modelo
De valor y altas virtudes
A cristianos caballeros!

Vé desde el cielo á tu hijo,
Que tras tu glorioso ejemplo;
Madre infeliz, viuda triste,
Víctima á la patria ofrezco.

Tiéndele los nobles brazos;
Seguro que por sus hechos
No mancillará las glorias
De sus heroicos abuelos:

Tiéndelos, amado esposo,
Unelo á ti en nudo estrecho,
Parte con él tus laureles,
Y goza lo que yo pierdo.—

De improviso ave nocturna;
Lanzando un grito funesto,
Se oyó, y batiendo las alas
Voló con mortal agüero;

Y una ajigantada sombra
Cual un pavoroso espectro,
Cruzó delante sus ojos,
De horror y lágrimas llenos:

Elvira, la triste Elvira,
Aterrada y sin aliento,
Cayó sobre su almohada,
Gritando: yo desfallezco.

ROMANCE II.

Yace la infeliz Elvira
Tan atónita en su estrado,
Que ni aun aliento le queda
Para clamar por amparo:

Despavoridos los ojos
En el balcon, y temblando
Que el ave el grito repita;
De sus desdichas presajio.

Procura alzarse, y no puede;
Tienta gritar, y es en vano:
Que la congoja y el miedo
Le ligan fuerzas y labio.

Así la encontró la aurora
Anegada en lloro amargo,
Cuando ella flores y perlas
Derrama de su regazo.

Zaida, su esclava querida;
En angustia y duelo tanto,
Fué de todas sus doncellas
La sola que halló á su lado;

Zaida, que aun niña en la corte
Que baña el Genil y el Darro,
Con su virjinal belleza
Hizo á mil libres esclavos:

La que en su donaire y gracias

De la Alhambra en los sarsos
Despertó tantas envidias
Como dió vueltas danzando:
　Abencerraje y Vanégas,
Nombres cuyo lustre raro
Al sol empaña, y colunas
Son del pueblo y del estado.
　Cautiva la hizo Don Tello,
Y Elvira en felice cambio,
Por endulzar su desgracia,
Le dió de amiga la mano.
　Esta, que al alba antecede,
Para sentir sus agravios,
Que nada en cautivos nobles
Es poderoso á olvidarlos:
　Si ya en secreto no llora
El tierno pecho llagado
De abrasado amor, al mismo
Que la madre está llorando.
　Desvelada la echó menos,
Y solícita en su hallazgo,
Topóla en su estancia triste,
Vuelta apenas del desmayo.
　¿Qué teneis, señora mia?
¿Por qué en lágrimas bañados
No me miran vuestros ojos,
Cuando cariñosa os hablo?
　¿Qué teneis? clamaba Zaida:
¿Qué suspiros tan ahincados
Son esos, y esos jemidos
Con que pareceis ahogaros?
　¿Por qué conmovido el pecho
Os bate así? ¿por qué helado
Lo siento, y vos tan parada
Que me semejais de mármol?
　Alzad, señora, del suelo,
Y en mi seno reclinaos;
Que ni él será, ni mi vida
De vuestro amor digno pago.
　Dejad las ansias y duelos
A esta infeliz, que sus hados
A eterno dolor condenan
En su verdor mas lozano.
　Pero vos, dulce señora,
Entre honores y regalos,
¿Por qué ese horror en el rostro,
Y esa zozobra y espanto?—
　Elvira, á la voz de Zaida,
Abrió, como despertando,
Sus ojos, que otra vez miran
Hácia el balcon azorados:

VI.

　Y viendo que Zaida llora,
Torna al dolorido llanto:
Y ¡ay madre desventurada!
Clamaba de cuando en cuando.
　¡Ave enemiga y funesta!
¡Sombra fatal...! ¡cielo santo,
Herid, herid á la madre,
Y perdonad mi hijo amado!—
　Sus doncellas y sus dueñas
Alborótanse entre tanto,
Y despavoridas corren
Por su señora clamando.
　Llegan, y al verla cual yace
Como el lirio de los prados,
Que ajó el áspero granizo
Roto su frondoso tallo;
　Atónitas la contemplan,
Y sin osar demandarlo,
No temen ya, cierto miran
Algun lamentable caso.
　Todas suspiran cual ella;
Venla llorar, y anegado
Su rostro en lágrimas tristes,
Conmueven todo el palacio.
　Así estaba entre zozobras
Aquel aflijido bando
De palomas inocentes
En ansias y sobresaltos,
　Cuando á mas amedrentarlas
Un ruido de caballos
Se oyó; y en la sala vieron
Al escudero y Don Sancho.
　Don Sancho, padre de Elvira,
El mas respetable anciano
De cuantos de Calatrava
Visten el glorioso manto:
　Terror un tiempo del Moro,
Lleno de méritos y años,
Y en su encomienda y retiro
Hoy de míseros amparo.
　Llegó el noble caballero
Silencioso y mesurado,
Del escudero asistido
En sus vacilantes pasos:
　Grave y plácido el semblante,
Serenidad afectando,
Pero en el suelo los ojos
Y de lágrimas preñados.
　Elvira al ver á su padre,
¡Mi gozo, esclamó, el encanto
De mi vida finó! ¡ay triste!...

De Santafé en el rebato....
    Quiso proseguir, y un nudo
El dolor echó á su labio,
Y en los brazos de su Zaida
Volvió á tomarla el desmayo.
    El noble anciano en su apoyo
Tendió los trémulos brazos;
Con sus ruegos la conforta,
Regálanla sus cuidados;
    Y Zaida cuasi sin vida
Trémula toda, y ahogado
El pecho en ansias mortales,
La está infeliz sustentando,
    Mientras las fieles doncellas
En duelo y horror tamaño,
A los piés de su señora
Se precipitan gritando:
    ¡Ay desventurada Elvira!
¡Ay malogrado Fernando!
¡Ay! ¡ay, Fernando! retumban
Los artesones dorados.
    Volvió en fin Elvira triste
De su profundo letargo;
Y ¡ay padre, otra vez esclama,
Ya acabó mi hijo adorado!
    Su sombra, su infausta sombra,
Y de un ave el grito aciago
Nuncios á esta infeliz fueran
De tan pavoroso estrago!—
    ¿Qué es esto, Elvira querida?
¿Qué es esto, señora? ¿cuándo
Ni la constancia en tu pecho,
Ni la relijion faltaron?
    ¿Cuándo, cuándo esperé verte,
Cual hoy sin mesura te hallo,
Sin escuchar mis avisos,
Ni hacer de mis ruegos caso?
    Niña perdiste á Don Tello,
Y fué inmenso tu quebranto;
Pero jamás, hija mia,
Te abatieras á este grado.
    Si murió...— A esta voz terrible
A Zaida se le nublaron
Los ojos, y un grito agudo
Su amor lanzó involuntario.
    Si murió, Don Sancho sigue
Con tono grave y posado,
En el cielo está, señora,
Su buen padre acompañando;
    Mártir ilustre y dichoso,
De glorias brilla colmado:

¡Diérame esta suerte el cielo
Por premio de mis trabajos!
    Pagó esforzado á la patria
La deuda que un pecho hidalgo
Desde que nace le debe,
Que sus mayores pagaron.
    Sintió de su heroica sangre
El noble ardor, y emulando
De sus ínclitos abuelos
Los fechos mas señalados;
    En su juventud florida
Sus sienes ciñó del lauro
Que tantos años y lides
Costaron á Tello y Sancho.
    Su noble tio el maestre,
De haberle por deudo ufano,
La roja cruz y la espada
Le colocó de Santiago.
    Isabel su fin glorioso
Honró con su rejio llanto,
Si antes sus altas proezas
Celebraba con aplauso:
    ¡Y tú lloras sin consuelo!
¡Tú lloras, porqué bizarro
Siguió á tu Tello, que siempre
Le ofrecimos por dechado!
    No fué así Doña María,
Émula y mujer del bravo
Guzman el Bueno, y hoy honra
De nuestro linaje claro.
    Si cobarde y vil se hubiese
De su batalla fugado,
Entonces sí, hija querida,
Que debiéramos llorarlo.
    Entonces sí que el encuentro
De los buenos esquivando,
Andar debiéramos siempre
El rostro en tierra inclinado.
    Hoy no; que en las lenguas suena
De todos; que fiel retrato
De sus mayores, cual ellos,
Del honor murió en el campo.
    Oye á tu fiel escudero;
Y verás cómo envidiado,
No plañido sernos debe
De su sol el noble ocaso.
    ¡Hija adorada y llorosa!
Ya basta del libre vado
Que á tu sentimiento dieras,
Y es del honor moderarlo.
    Cesen pues los ayes tristes,

Y ese tu jemir insano,
Ni mas me aflijas, de un padre
Las súplicas desdeñando. —

 Elvira, á este dulce nombre,
Dió á su ahogo un breve plazo;
Y apoyándose en su Zaida,
Fué humilde á besar su mano.

 Solícito alzóla el viejo
Con un amoroso abrazo:
Todos en silencio triste
Al escudero escuchando (*).

(*) El autor habia continuado este suceso en otro romance, que se estravió despues de su fallecimiento.

SONETOS.

AL Sr. D. GASPAR DE JOVELLANOS,
DEL CONSEJO DE S. M., OIDOR EN LA
REAL AUDIENCIA DE SEVILLA (*).

 Las blandas quejas de mi dulce lira,
Mil lágrimas, suspiros y dolores
Me agrada renovar, pues sus rigores
Piadoso el cielo por mi bien retira.

 El dichoso zagal que tierno admira
Su linda zagaleja entre las flores,
Y de su llama goza y sus favores,
Alegre cante lo que Amor le inspira.

 Yo llore solo de mi Fili airada
El altivo desden con triste canto,
Que el eco lleve al mayoral Jovino:

 Alternando con cítara dorada,
Ya en blando verso, ó dolorido llanto,
Las dulces ansias de un amor divino.

SONETO I.

EL DESPECHO.

 Los ojos tristes de llorar cansados,
Alzando al cielo su clemencia imploro;
Mas vuelven luego al encendido lloro,
Que el grave peso no los sufre alzados:

(*) El autor dedicó estos sonetos á su amigo el año de 1776, á escepcion de cinco, añadidos en esta edicion.

 Mil dolorosos ayes desdeñados
Son, ¡ay! tras esto de la luz que adoro;
Y ni me alivia el dia, ni mejoro
Con la callada noche mis cuidados.

 Huyo á la soledad, y va conmigo
Oculto el mal, y nada me recrea:
En la ciudad en lágrimas me anego:

 Aborrezco mi ser; y aunque maldigo
La vida, temo que la muerte aun sea
Remedio débil para tanto fuego.

SONETO II.

EL PRONOSTICO.

 No en vano, desdeñosa, su luz pura
Ha el cielo á tus ojuelos trasladado,
Y ornó de oro el cabello ensortijado,
Y dió á tu frente gracia y hermosura.

 Esa rosada boca con ternura
Suspirará: tu seno regalado
De blando fuego bullirá ajitado:
Y el rostro volverás con mas dulzura.

 Tirsi, el felice Tirsi tus favores
Cojerá, altiva Clori, su deseo
Coronando en el tálamo dichoso:

 Los Cupidillos verterán mil flores,
Llamando en süaves himnos á Himeneo;
Y Amor su beso le dará gozoso.

SONETO III.

EL PENSAMIENTO.

Cual suele abeja inquieta revolando
Por florido pensil entre mil rosas,
Hasta venir á hallar las mas hermosas,
Andar con dulce trompa susurrando;
Mas luego que las ve, con vuelo blando
Baja, y bate las alas vagarosas,
Y en medio de sus hojas olorosas
El delicado aroma está gozando:
Así, mi bien, el pensamiento mio
Con dichosa zozobra por hallarte
Vagaba de amor libre por el suelo;
Pero te ví, rendíme, y mi albedrío
Abrasado en tu luz goza al mirarte,
Gracias que envidia de tu rostro el cielo.

SONETO IV.

LAS ARTES DEL AMOR.

Quiso el Amor que el corazon helado
De Nise ardiese, y le lanzó una flecha;
Mas dió al punto á sus piés mil partes he-
[cha
Contra su seno de pudor murado.
Solicítala en oro trasformado,
Y al vil metal con altivez desecha:
Busca al vano favor; no le aprovecha,
Quedando en pruebas mil siempre burlado.
Válese al fin de Tirsi que la adora:
Llama al tierno Himeneo, y oficioso
De la mano la arrastra al nupcial lecho.
Victoria canta el dios: de la pastora
Cesa el desden, y en llanto delicioso
Cual nieve al sol se le derrite el pecho.

SONETO V.

LA PALOMA.

Suelta mi palomita pequeñuela,
Y déjamela libre, ladron fiero:
Suéltamela, pues ves cuanto la quiero;
Y mi dolor con ella se consuela.
Tú allá me la entretienes con cautela:
Dos noches no ha venido, aunque la es-
[pero.
¡Ay! si esta se detiene, cierto muero:
Suéltala, ¡ó crudo! y tú verás cuál vuela.
Si señas quieres, el color de nieve,
Manchadas las alitas, amorosa
La vista, y el arrullo soberano,
Lumbroso el cuello, y el piquito breve...
Mas suéltala, y verásla bulliciosa
Cuál viene y pica de mi palma el grano.

SONETO VI.

LAS ILUSIONES DE LA AUSENCIA.

Ora pienso yo ver á mi señora
De donosa aldeana, y que el cabello
Libre le vaga por el albo cuello,
Cantando alegre al despertar la aurora:
Ya en pellico y cayada de pastora
Los corderillos guia, y suelta al vellos
Por el prado brincar, corre en pos de ellos;
Ya en ocio blando en la cabaña mora.
Tierna ora rie, y va cojiendo flores:
A caza ora tras ella el monte sigo;
Y bailar en la fiesta ora la veo.
Así ausente me alivio en mis dolores;
Y aunque sueño de amor es cuanto digo,
El alma siente un celestial recreo.

SONETO VII.

EL RUEGO Y LA CRUELDAD.

Huyes, Cinaris bella y desdeñosa,
De mil dulces palabras olvidada,
Ni vuelves hácia mí la faz rosada,
Ni mi voz oyes por correr furiosa.
¡Ah! tente, tente á mi dolor piadosa;
Tente, y yo callaré: no tu nevada
Planta la selva hiera enmarañada,
Cual la de Vénus, cuando erró llorosa.
Ni aun respirar ya puedes de rendida.
Vuelve... ¡ay! ¡ay! vuelve... mas, ¡dolor
agudo!
Que por mejor correr, suelta el cayado.
Vuelve... dijo Damon; pero no oida
De la ingrata su voz, seguir no pudo
En encendidas lágrimas bañado.

SONETO VIII.

EL DESEO Y LA DESCONFIANZA.

¡Oh si el dolor que siento se acabara,
Y el bien que tanto anhelo se cumpliese!

¡Cómo por desdichado que ora fuese,
La mas alta ventura no envidiara!
 Con la esperanza sola me aliviara;
Y por mucho que en tanto padeciese,
El gozo de que el mal su fin tuviese,
Lo amargo de la pena al fin templara.
 Por un instante de placer que hubiera,
Con júbilo mis ansias sufriria;
Ni en su eterno durar desfalleciera.
 Pero si es tal la desventura mia,
Que huyendo el bien, el daño persevera,
¡Qué aguardar puedo en mi letal porfía!

SONETO IX.

EL PROPÓSITO INUTIL.

Tiempo, adorada, fué cuando abrasado
Al fuego de tus lumbres celestiales,
Osé mi honesta fe, mis dulces males
Cantar sin miedo en verso regalado.
 ¡Qué de veces en lágrimas bañado
Me halló el alba besando tus umbrales;
O la lóbrega noche, siempre iguales
Mi ciego anhelo y tu desden helado!
 Pasó aquel tiempo, mas la viva llama
De mi fiel pecho inestinguible dura;
Y hablar no puedo, aunque morir me veo.
 Huyo; y muy mas mi corazon se infla-
[ma:
Juro olvidarte, y crece mi ternura;
Y siempre á la razon vence el deseo.

SONETO X.

LA ESQUIVEZ VENCIDA.

No temas, simplecilla: del dichoso
Galan pastor no tardes la ventura:
Apenado á ti corre; su ternura
Premio al fin halle, y su anhelar reposo.
 De rosa en la coyunda el cuello her-
[moso
Por el yugo feliz: la copa apura
Que Amor te brinda; y de triunfar segura,
Entra en lides süaves con tu esposo.
 ¡La vista tornas! ¡del nupcial abrazo
Huyes tímida, y culpas sus ardores,
En rubor virjinal la faz teñida!
 Mas Vénus... Vénus... su jenial regazo
Sobre el lecho feliz llueve mil flores,
Que Filis coje, y la esquivez olvida.

SONETO XI.

LAS ARMAS DEL AMOR.

De tus doradas hebras, mi señora,
Amor formó los lazos para asirme;
De tus lindos ojuelos, para herirme,
Las flechas y la llama abrasadora.
 Tu dulce boca, que el carmin colora,
Su púrpura le dió para rendirme:
Tus manos, si el encanto quise huirme,
Nieve que en fuego se me vuelve ahora.
 Tu voz süave, tu desden finjido
Y el albo seno do el placer se anida,
Pábulo añaden al ardor primero.
 Amor con tales armas me ha rendido:
¡Ay armas celestiales! ¡ay mi vida!
Yo soy, yo quiero ser tu prisionero.

SONETO XII.

LA HUMILDE RECONVENCION.

Dame, traidor Aminta, y jamás sea
Tu cándida Amarili desdeñosa,
La guirnalda de flores olorosa
Que á mis sienes ciñó la tierna Alcea.
 ¡Ay! dámela cruel; y si aun desea,
Tomar venganza tu pasion zelosa,
He aquí de mi manada una amorosa
Cordera; en torno fenecer la vea.
 ¡Ay! dámela, no tardes, que el precioso
Cabello ornó de la pastora mia,
Muy mas que el oro del Ofir luciente,
 Cuando cantando en ademan gracioso
Y halagüeño mirar, merecí un dia
Ceñir con ella su serena frente.

SONETO XIII.

LA RESIGNACION AMOROSA.

¿Qué quieres, crudo Amor? deja al
[cansado
Animo respirar solo un momento:
Baste el veneno en que abrasarme siento,
Y el dardo agudo al corazon clavado.
 Ni duermo ni reposo, y de mi lado
Cual sombra huye el placer; ¡ah! ¡qué
[lamento
Suena en mi triste oido! de tormento
Basta, Amor, basta, pues de mí has triun-
[fado.—

Tu esplendor fausto mi tiniebla alumbre.
  Tú mi norte serás, serás mi guia,
Tú eres mi estrella, tú mi aurora hermosa;
Tuya es mi libertad y el alma mia.
  A ti corre mi nave presurosa,
Tú la encamina al puerto deseado;
Y á mí vuelve los ojos amorosa.—
  Tal la ruego, y al mar abandonado
Paréceme sus olas mas serenas,
Y dolido el Amor de mi cuidado.
  Así el veneno corre por las venas;
Y en un ardor dulcísimo me abraso,
Que revuelve en su llama amargas penas.
  ¿Diré, ¡cuitado! lo que entonces paso?
¿Ni el infierno y la gloria que en mí siento?
Aun con cien lenguas me quedara escaso.
  Cual Tántalo entre el agua estoy sedien-
      [to;
En el medio del fuego estoy helado;
Y á un tiempo alegre rio y me lamento.
  Estoy contra mí propio conjurado;
Y quiero y aborrezco en solo un punto;
Y vivo y muero en tan fatal cuidado.
  Siento placer y pena todo junto;
A mi adorada busco; y si la veo,
Me quedo en mi dolor como difunto.
  ¡Gloria inmortal del fortunado empleo
Que en ciego afan codicia mi ternura!
¡Oh cuál en ti me aflijo y me recreo!
  ¿Quién digno se hallará de tal ventura?
¿A quién, divino Amor, á quién espera
El premio de su anjélica hermosura?
  ¡Oh si ganarle yo posible fuera!
Suerte mayor no anhela mi deseo;
Y despues, si así place, al punto muera.
  Mas, ¡mísero de mí! que devaneo,
Y alcanzarla presumo locamente;
¡Ay! y su altura y mi humildad no veo.
  Cual fábula seré de jente en jente;
Y el nombre infausto quedará en el mundo
De mi temeridad y amor ardiente.
  ¡Ciego, dañoso error! ¿en qué me fun-
      [do,
Que á la altísima cumbre de su gloria
Así aspiro á subir desde el profundo?
  ¡Oh caso digno de fatal memoria!
Yo lo alcanzo, señora, lastimado;
Pero Amor lleva siempre la victoria.
  Yo sé que cual jigante despeñado
Seré al fin, ó cual Icaro atrevido
En medio el hondo mar precipitado.

Sé que el Ciego me arrastra embebecido
Donde pueda acabarme: sé mi engaño,
Y cuán alto mi error haya creeido.
  Y el oríjen fatal de tanto daño
Sé para mas dolor; y sé la llama,
Donde ardí incauto para mal tamaño.
  Y sé cómo el tirano á sí me llama;
Y á mi rota barquilla en nada ayuda
Contra el ventoso mar que hinchado bra-
      [ma:
  Todo lo sé, señora: mas no muda
Su voto Amor, ni yo tornar pudiera,
Pues ya aun me veda que al remedio acuda.
  ¿Y qué gloria mayor, puesto que muera,
Qué fenecer por vos? ¿quién lo alcanzara?
¡Ay si el crudo me oyese, y luego fuera!
  Mi fatal caso al menos lastimara
Un pecho en su crudeza empedernido;
Y aun piadoso quizá mi fin llorara.
  Con esto del camino no sabido
Pisara yo la senda confiado;
Y ni sombra temiera, ni alarido.
  Mas, ¡ay mísero! ¡ay triste! que el ai-
      [rado
Mar se embravece, y amenaza al suelo;
Y á su furia el Amor me ha abandonado.
  Los vientos silban, se oscurece el cielo,
Cruje frájil el leño; y donde miro,
Encuentro de la noche el negro velo.
  Me quejo, jimo y por demás suspiro:
La muerte á todos lados me saltea;
Y mi barca infeliz perdió ya el jiro.
  Tal merece quien tanto devanea,
Y á imposibles osado se aventura:
Si por su daño alguno los desea,
Sírvale de escarmiento mi locura.

ELEJIA II.

EN LA MUERTE DE FILIS.

¡Oh! rompa ya el silencio el dolor mio,
Y al labio salga en dolorido acento
La aguda pena en que morir porfío.
  Con lastimeros ayes jima el viento;
Y entre suspiros y mortal quebranto
La falta de la voz supla el lamento:
  Ciegos los ojos con su amargo llanto,
Lejos de la alma luz, siempre en oscura
Noche fenezcan en desastre tanto.
  Truéqueseme la dicha en desventura,
Ni jamás bien alguno esperar pueda,

Pues me robó la muerte mi luz pura.
 ¡Fílis! ¡amada Fílis! ¡ay! ¿qué queda
Ya á mi dolor? ¿faltaste, mi señora?
¡Cómo la voz el sentimiento veda!
 Allá volaste al cielo á ser aurora,
Dejando en llanto y sempiterno olvido
Esta alma triste que tu ausencia llora.
 ¿Qué! ¿ni mi dulce amor te ha detenido?
¿Ni la amarga orfandad en que me dejas?
¿Tan mal, querida Fili, te he servido?
 ¿Así de este infeliz, así te alejas?
Vuelve, adorada, vuelve á consolarme;
No mas desdeñes mis dolientes quejas.
 Pero tú no pudiste abandonarme:
El golpe de la muerte, el golpe fiero
Solo de ti, mi bien, logró apartarme.
 ¡Oh muerte! ¡muerte! ¡oh golpe lasti-
  [mero!
¡Ay! ¿sabes, despiadada, lo que hiciste...?
De todos tus delitos el postrero.
 ¿A quién con mano bárbara rompiste
El feliz hilo de la tierna vida,
Y en el sepulcro despiadada hundiste?
 ¡A Fílis! ¡á mi Fílis! ¡mi querida,
Mi inocente zagala! Su ternura
¿En qué ofenderte pudo, fementida?
 ¿No te movió su anjélica hermosura
A que no mancillases insolente
Tan delicada flor en su alba pura?
 Jamás yo te creí tan inclemente;
Mas este golpe, golpe lamentable,
¡Oh cuán á costa mia me desmiente!
 ¡Oh dura mano! ¡oh bárbara, impla-
  [cable!
¿A quién, clamo sin fin, tu saña fiera
Hirió con su guadaña abominable?
 ¡A Fílis! ¡á mi Fílis...! ¡y esto espera
A inocencia y amor, mientras riendo
Eterno un siglo la maldad prospera!
 Huye, inhumana, al Tártaro tremendo;
Y en sus abismos húndete entre horrores,
Húndete, ó monstruo, tus hazañas viendo...
 Deliro en mi pasion; y mis dolores
Crecen, inmensos como el mar: ¡cuitado!
¿Qué he de hacer sin mi bien, sin mis
  [amores?
 ¡Que ya no gozaré su alegre lado!
¡Ni oiré mas sus suavísimas razones!
¡Ni he de ver de su rostro el tierno agrado!
 ¡Sus ojuelos, iman de corazones,
Aquellos ojos cuya lumbre clara

VI.

Tras sí arrastraron tantas atenciones!
 ¡Y aquel cuello, aquel talle, aquella rara
Gracia que en noche eterna se oscurece!
¡Ay muerte dura, de mi bien avara!
 Lloro, y llorando mi tormento crece;
¡Pero qué mucho! si en mi acerba pena
Todo el orbe dolido se enternece:
 Con horrísono silbo el aire suena,
Ni el agua corre ya como solia,
Ni la tierra es fructífera ni amena:
 Ni arrebolado asoma el albo dia,
Ni en la cima es del cielo el sol fuljente,
Ni la luna en la noche húmida y fria.
 El Tórmes el raudal de su corriente
Detiene por seguir mi amargo llanto,
De ciprés coronada la ancha frente:
 Con lúgubre aparato y triste canto
De sus Ninfas el coro le rodea:
¡Ay cuál doblan sus voces mi quebranto!
 No ya el nácar sus cuellos hermosea,
Ni sembrado de perlas y corales
Su cabello en los hombros libre ondea.
 Mustio taray y tocas funerales
Hoy visten todas por la Fílis mia,
De su agudo pesar ciertas señales.
 ¡Oh, cuál con ellas yo la ví algun dia
Del seco agosto en la enojosa llama
Triscar alegre en la corriente fria!
 Hoy en llanto su pecho se derrama;
Y con doliente lúgubre alarido,
Cual si la oyese, cada cual la llama.
 El raudo Tórmes con mortal quejido
Tambien las acompaña; y su lamento
Merece de Neptuno ser oido:
 Neptuno, el que del húmido elemento
Modera la soberbia impetüosa,
Ocupando entre dioses alto asiento;
 El que con voz y diestra poderosa,
Con su tridente en carro de corales,
Alza ó calma su furia sonorosa;
 Retrajo el curso á repetir mis males,
Y en ronco son los hórridos Tritones
Dieron de su dolor ciertas señales.
 Del húmido palacio los salones
Retumbaron con fúnebres jemidos,
Y temblaron colunas y artesones.
 Las focas y delfines doloridos
En rumbo incierto tras su dios vagaban,
De tan nuevos prodijios aturdidos;
 Y como que asombrados preguntaban,
¿Qué horror es este y doloroso estruendo?

Y los míseros llantos remedaban,
　Las colas escamosas revolviendo,
Y en las cerúleas ondas escitando
Desapacible son, ronco y horrendo.
　Por las vecinas playas lamentando,
Sonaban de otra parte los zagales
En tristes coros el desastre infando.
　¡Mas ay! ¡ay! que sus cantos á mis males
En nada alivio dan; mas antes crecen
En mis ojos dos fuentes inmortales:
　Que si ya, gloria mia, no merecen
Estar colgados de tu faz süave,
Mejor en ciego llanto así fenecen.
　¡Oh dolor sobre todos el mas grave!
¡Oh sombra! ¡oh fugaz bien! ¡incierta
　　　　　　　　　　　　　[vida!
Quien en ti se confia, poco sabe:
　Apenas apareces, ya eres ida,
Dejando la esperanza en ti fundada
Cual mustia flor del vástago partida.
　¿Quién pudiera decirme que mi amada,
Mi tierna palomita, de repente
Así del seno me seria robada,
　Cuando á aguardarla fuí junto á la
　　　　　　　　　　　　　[fuente,
La tarde antes del aciago dia,
En la márjen del Tórmes trasparente?
　¡Cómo me recibió! ¡con qué alegría
De mí burlando mi temor culpaba,
Y fiel su eterna llama me ofrecia!
　¡Con qué halagüeños ojos me miraba!
¡Y con cuántos dulcísimos favores
Mis dudas, mis zozobras alentaba!
　¡Oh mi acabado bien! ¡oh mis amores!
¿Quién entónces creyera tal fracaso,
Ni tras ventura tal estos dolores?
　Riéndote la vida al primer paso,
¿Quién rezelara que su luz temprana
Corriera así tan súbito á su ocaso?
　Contino, Fílis, de mis ojos mana
Un mar de ardiente lloro, ¡ay sin ventura!
Aciago fruto en mi esperanza vana.
　Su eterna ausencia mi dolor apura;
Y el no haberla, ¡ay de mil jamas pensado,
Dobla al mísero pecho la amargura.
　Bien debí, puesto que me ví encum-
　　　　　　　　　　　　　[brado
A lo sumo del bien que en hombre cabe,
Temblar el triste fin en que he parado.
　¿Pero quién con amor temerlo sabe?
¿Ni entonces hace del agüero cuenta?

¿Ni del buho que suena aciago y grave?
　En vano desde el roble, en que se
　　　　　　　　　　　　　[asienta,
Anuncia la corneja el caso triste,
Que á un pecho con pasion nada ame-
　　　　　　　　　　　　　[drenta.
　¡Tú, Batilo infeliz! volar la viste
La noche en que enfermó tu Fili amada,
Y su fúnebre voz seguro oiste.
　Acuérdome tambien que á la alborada,
Dejando ya paciendo mi ganado,
A hablarla fuera en su feliz majada,
　Y ví un lobo feroz haber robado
Una mansa cordera, blanca y bella,
Que devoraba sobre el fresco prado.
　Corrí compadecido á socorrella;
Y súbito... á mis ojos... ¡qué portento!
En humo denso se me huyó con ella.
　Yo hasta aquel punto de temor exento,
Del espantable caso sorprendido,
Caí sobre la yerba sin aliento.
　¡Oh qué de tiempo estuve allí tendido!
Y cuando ya en mi acuerdo hube tornado,
¡Ay! á llorar en tanto mal sumido,
　Sin poder proseguir lo comenzado,
Y atónito de ver prodijios tales,
Volví lleno de horror á mi ganado.
　Allí luego encontré nuevas señales
Que algun terrible caso me anunciaban,
Agüeros ciertos de mis crudos males.
　Mis mansas ovejillas se espantaban,
Y cual si las siguiera un lobo fiero,
Jirando en torno del redil, balaban.
　A un lado oí quejido lastimero:
A examinarlo corro... y de repente...
¿Callarélo, ó diré tan triste agüero?
　Ví dividida por agudo diente
La corderita á Fílis prometida,
Que mi mano cuidaba dilijente.
　Al pié de ella la madre dolorida
Con débiles balidos la lloraba,
Queriendo con su aliento aun darle vida.
　Entónces yo sentí que me apretaba
El corazon un miedo desusado,
Y trémulo mil males me anunciaba.
　¡Oh mi Fili! ¡oh mi bien! ¡oh desgra-
　　　　　　　　　　　　　[ciado!
¿Qué pudieron decirme estos agüeros,
Que era ya de tu vida el fin llegado?
　¿Qué esto anunciaban los prodijios
　　　　　　　　　　　　　[fieros?

¿Y esto la triste ave y la cordera?
¡Ay, acabados gustos verdaderos!
 ¡Vida fugaz, cual sombra pasajera!
Ya á la mia no queda sino llanto,
Prueba aun bien débil de mi fe sincera.
 Crecerá inmenso mi mortal quebranto,
Hasta que huyendo este nubloso suelo,
En lazo á ti me una eterno y santo.
 Ni, ¡oh mi luz! pienses que jamas con-
[suelo
Hallar podrá mi espíritu abatido;
Que en ti el bien me dejó con presto vuelo.
 Y en lágrimas y penas sumerjido,
Tu imájen sola cada vez mas viva
Mi pecho ocupa de su amor herido.
 La horrible parca que de ti me priva,
La ansia no apagará con que él la adora,
Que su llama en tu falta mas se aviva,
 Y acuerda al alma triste en cada hora
Tu dulcísimo amor, tu fe sincera;
¡Ay cuál padezco, y se me parte ahora!
 La tierna débil voz, la voz postrera
Que en tu labio sonó ya moribundo,
Jamás podré olvidarla, aunque yo muera.
 ¡Pues qué si el espectáculo profundo
Se me presenta de tu muerte aciaga!
En un mar de mis lágrimas me inundo.
 Deja, mi amor, que en ellas me deshaga,
Y que en largos suspiros exhalado
Mi espíritu á sus ansias satisfaga.
 Paréceme mirarte en el cuitado
Trance de la postrera despedida,
Débil la voz, el rostro demudado,
 Del todo casi ya desfallecida,
Fijos en mí con jesto lastimero
Los ojos, y su luz oscurecida,
 Diciéndome: BATILO, YO ME MUERO;
Y al quererme abrazar aun débilmente,
En mi boca lanzando el *ay* postrero,
 ¡Oh dolor! ¡cuánto estabas diferente
De aquella que antes por tus gracias fuiste,
El milagro de amor mas reverente!
 ¡Oh, no me aflijas mas, memoria triste!
Deja, deja acabarme en mi amargura:
Yo iré presto, mi bien, do tú subiste.
 Mi fe, mi firme fe te lo asegura:
No puedo ya vivir de ti apartado,
Que el ansia de te ver mi vida apura.
 Entónces de temores sosegado,
En lazo ardiente, casto, verdadero,
Por siempre á tí me gozaré ayuntado.

¡Ay! ¿qué en la tierra, miserable, espero?
Muerte cruel, tan pronta con mi amada,
En mí ejecuta, ¡en mí tu golpe fiero!
 Arráncame esta vida quebrantada:
Llévame con mi Fílis al sosiego
De que el ánima está necesitada.
 Muévante, ó cruda, mi infelice ruego,
La vida que aquí paso dolorosa,
Y el largo llanto con que el campo riego.
 No pienses, no, mostrarte rigurosa,
Mi pecho hiriendo en ansias abismado,
Que antes serás en tu rigor piadosa;
 Pues yo de alivio ya desesperado,
Ni curo tener cuenta con mi vida,
Ni un breve alivio á mi infeliz cuidado.
 Mis lágrimas son siempre sin medida;
Y en los suspiros con que canso al cielo,
El alma se me arranca dolorida:
 Ni para alimentarme hallo consuelo,
Ni es otra mi bebida que mi llanto,
Ni del sueño me alivia el vago vuelo;
 Pues cuando al fin, rendido en mi
[quebranto,
Entre sus blandas alas me adormece,
Despavorido al punto me levanto:
 Que mil sombras tristísimas me ofrece,
Tendiendo yo la mano arrebatado
Al bien que niebla vana desparece.
 Tal es de mi vivir el triste estado:
Huyendo en torva faz siempre las jentes,
Y de ellas por sin seso baldonado:
 Solo en mis ovejillas inocentes
Compasion halla mi amoroso anhelo,
Si es que cabe en mis ansias inclementes:
 Ellas solas me siguen en mi duelo;
Y en torno rodeándome apiñadas,
Doblan con su balar mi desconsuelo.
 Las que tuve á mi Fílis destinadas,
Todas sin quedar una han fenecido:
¡Ay corderas, cual ella desgraciadas!
 A las otras el prado florecido
Jamás mueve á pacer, aunque acabando
Las miro con tristísimo balido.
 Aquí las tiernas crias van quedando,
Las madres allí caen sin aliento,
Todas en cuanto mueren suspirando;
 Mientras Melampo fiel su sentimiento
Me muestra lastimado en ronco aullido,
Los piés me lame, y me contempla atento;
 O ya el camino corre conocido
Que á la majada de mi Fílis guia;

Torna, se para, y cae sin sentido.
　Su compasion enciende el alma mia:
¡Oh! fenezca esta vida desastrada,
Que de ir á acompañarte me desvía.
　¡Oh mi bien! ¡mis amores! ¡oh [eclipsada
Lumbre de estos mis ojos! ¡mi consuelo!
¡Rosa en abril florido marchitada!
　Llévame donde estás con presto vuelo:
Acabe, acabe mi mortal quebranto;
Y allá te abrace en el sereno cielo.
　Pídeselo con ruego y tierno llanto
A aquel que inmóvil ve desde su altura
Mi firme amor y mi deseo santo.
　Entónces sí que libre de amargura,
Mi alegre suerte con la tuya uniendo,
Gozaré el lleno bien que acá me apura.
　Entónces sí que el alma, en ti viviendo,
Se adormirá feliz en paz gloriosa,
Sus finas ansias coronadas viendo;
　Y con habla dulcísima y sabrosa,
Conversando contigo mano á mano,
Podrá llamarse sin temor dichosa.
　¡Qué! ¿no te mueve mi dolor insano?
¿De tu Batilo, Fílis, ya te olvidas?
¿Su voz desdeñas? ¿su clamar es vano?
　¿Dó están las voluntades tan unidas?
¿Dó están?... Mas no se cuida allá en el cielo
De las cosas viviendo prometidas;
　Y ya en paz alma, roto el mortal velo,
De un infeliz en su dolor perdido
Tú las ansias no ves ni el desconsuelo;
　Mientras sobre tu losa aquí tendido
Yo besándola estoy sin apartarme,
Ni templar, ¡ay! el mísero jemido,
　Hasta que mi dolor llegue á acabarme,
Y suba en vuelo alegre arrebatado
Donde pueda por siempre á tí juntarme,
Y gozar tu semblante regalado.

EPITAFIO

DEL SEPULCRO DE FÍLIS.

　La gracia, la virtud y la belleza,
La fe y el corazon mas inocente,
Y el milagro mas raro de terneza,
Que Amor hará sonar de jente en jente;
Yacen debajo de esta triste losa,
Do la sombra de Fili en paz reposa.

SONETO

RENUNCIANDO A LA POESIA DESPUES DE LA MUERTE DE FÍLIS.

　Quédate á Dios pendiente de este pino,
Sin defensa del tiempo á los rigores,
Cítara en que canté de mis amores
Las gracias y el injenio peregrino.
　Guárdala, ó tronco, que honras el ca- [mino,
Por muestra de la fe de dos pastores,
Do puedan cortesanos amadores
Tomar lecciones de un amor divino.
　Mientras la oyó viviendo mi señora,
Con cuerdas de oro resonar solia,
Y fieras crudas amansó su canto:
　Ya que el alma feliz los cielos mora,
Y en esta tumba su ceniza fria,
Cesen los versos, y principie el llanto.

ELEJIA III.

LA PARTIDA.

　En fin voy á partir, bárbara amiga,
Voy á partir, y me abandono ciego
A tu imperiosa voluntad. Lo mandas;
Ni sé, ni puedo resistir: adoro
La mano que me hiere, y beso humilde
El dogal inhumano que me ahoga.
No temas ya las sombras que te asustan,
Las vanas sombras que te abulta el miedo,
Cual fantasmas horribles, á la clara
Luz de tu honor y tu virtud opuestas,
Que nacer solo hicieran... En mi labio
La queja bien no está: jima y suspire;
No á culpar tu rigor de los instantes
Del mas ardiente amor tal vez postreros.
Tú, de ti misma juez, mis ansias juzga:
Mi dolor justifica, á mí no es dado
Sino partir. ¡Oh Dios! ¡de mi inefable
Felicidad huir! ¡en mis oidos
No sonará su voz! ¡no las ternezas
De su ardiente pasion! ¡mis ojos tristes
No la verán, no buscarán los suyos,
Y en ellos su alegría y su ventura!
No sentiré su delicada mano
Dulcemente tal vez premiar la mia,
Yo estático de amor... ¡Bárbara! ¡injusta!
¿Qué pretendes hacer? ¿qué placer cabe
En aflijir al mismo á quien adoras?

¿Que te idolatra ciego? no, no es tuyo
Este esceso de horror: tu blando pecho,
De dulzura y piedad á par formado,
No inhumano bastara á concebirlo.
Tu amable boca, el órgano süave
De amor, que solo articular palabras
De alegría y consuelo antes supiera,
No lo alcanzó á mandar. Sí: te conozco:
Te justifico, y las congojas veo
De tu inocente corazon... Mi vida,
Mi esperanza, mi bien, ¡ah! vé el abismo
Do vamos á caer: que te fascinas;
Que no conoces el horrible trance
En que vas á quedar, que á mí me aguarda
Con tan amarga arrebatada ausencia.
No lo conoces deslumbrada: en vano
Tranquila ya, despavorida y sola
Me llamarás con doloridos ayes.
Habré partido yo; y el rechinido
Del eje, el grito del zagal, el bronco
Confuso son de las volantes ruedas,
A herir tu oido y aflijir tu pecho
De un tardío pesar irán agudos.
Yo entre tanto abatido, desolado,
A tu estancia feliz vueltos los ojos,
Mis ojos ciegos en su llanto ardiente,
Te diré á Dios; y besaré con ellos
Las dichosas paredes que te guardan,
Mis fenecidas glorias repasando
Y mis presentes invencibles males.
¡Ay! ¿dó si un paso das, donde no en-
  [cuentres
De nuestro tierno amor mil dulces mues-
  [tras?
Entra aquí, corre allá, pasa á otra estan-
  [cia:
Aquí, ellas te diran, se postró humilde
A tus piés, y la mano allí le diste:
Allá, loco en su ardor, corrió á tu en-
  [cuentro;
Y allí le viste en lágrimas bañado,
En lágrimas de amor: con mil ternezas
Mas allá fino te ofreció su llama;
Y al cielo hizo testigo y los luceros
De su lazada eterna, indisóluble,
En la noche feliz.... Sedlo, fuljentes
Antorchas del olimpo, y tú, callada
Luna, que atiendes mis sentidas quejas,
Y antes mi gloria y sus finezas viste:
Sedlo; y benignas en mi amarga suerte
Ved á mi amada, vedla, y recordadle

Su santo indisoluble juramento.
Vedla, y gozad de su donosa vista,
De las sencillas animadas gracias
De su semblante. ¡Oh Dios! yo afortunado
Las gozaba tambien: su voz oia,
Su voz encantadora, que elevada
Lleva el alma tras sí; su voz que sabe
Hacer dulce hasta el no, gratas las quejas.
¡Oh qué de veces de sus tiernos labios
Me enajenó la plácida sonrisa,
Las vivas sales y hechiceras gracias!
¡Oh qué de tardes, de agradables horas
De nuestra dicha hablando, instantes bre-
  [ves
Se nos huyeran! ¡qué de ardientes votos!
¡Qué de suspiros y esperanzas dulces
Crédulas nuestras almas concibieron,
Y el cielo hoy en su cólera condena!
¡Qué proyectos formáramos...! Mi vida,
Mi delicia, mi amor, mi bien, señora,
Amiga, hermana, esposa, ¡oh si yo ha-
  [llara
Otro nombre aun mas dulce! ¿qué preten-
  [des?
¿Sabes dó quieres despeñarme? espera,
Aguarda pocos dias; no me ahogues;
Despues yo mismo partiré: tú nada
Tendrás que hacer, ni que mandar: hu-
  [milde
Correré á mi destierro y resignado.
Mas ora, ¡irme! ¡dejarte! Si me amas,
¿Porqué me echas de tí, bárbara ami-
  [ga?....
Ya lo veo; te canso: cuidadosa
Conmigo evitas el secreto; me huyes:
Sola te asustas, y de todo tiemblas.
Tu lengua se tropieza balbuciente;
Y embarazada estás, cuando me miras.
Si yo te miro, desmayada tornas
La faz, y alguna lágrima... ¡oh martirio!
Yo me acuerdo de un tiempo en que tus
  [ojos
Otros, ¡ay! otros eran: me buscaban;
Y en su mirar y regaladas burlas
Alentaban mis tímidos deseos.
¿Te has olvidado de la selva hojosa,
Do huyendo veces tantas del bullicio,
En sus oscuras solitarias calles
Buscamos un asilo misterioso,
Do alentar libres de mordaz censura?
¿Qué sitio no oyó allí nuestras ternezas?

¿No ardió con nuestra llama? al lugar
　　　　　　　　　　　　　[corre
Do reposar solíamos, y escucha
Tu blando corazon: si él mis suspiros
Se atreve á condenar, dócil al punto
Cedo á tu imperio, y parto. Pero en vano
Te reconvengo: yo te canso; acaba
De arrojarme de ti, cruel... Perdona,
Perdona á mi delirio: de rodillas
Tus piés abrazo, y tu piedad imploro.
¡Yo acusar tu fineza!... ¡yo cansarte!
¡A ti que me idolatras!... no: la pluma
Se deslizó; mis lágrimas lo borren.
¡Oh Dios! yo la he ultrajado: esto restaba
A mi inmenso dolor. Mi bien, señora,
Dispon, ordena, manda: te obedezco:
Sé que me adoras; no lo dudo: humilde
Me resigno á tu arbitrio... El coche se oye:
Y del sonante látigo el chasquido,
El ronco estruendo, el retiñir agudo
Viene á colmar la turbacion horrible
De mi ajitado corazon.... Se acerca
Veloz, y para: te obedezco, y parto.
A Dios, amada, á Dios.... el llanto acabe,
Que el débil pecho en su dolor se ahoga.

ELEJIA IV.

EL RETRATO.

¿Si es él, Amor? ¡qué trémula la mano
Rompe el último nema! me lo anuncia
Con zozobra feliz saltando el pecho.
No, no puedo dudarlo: el importuno
Velo cayó: tu celestial imájen,
Tu suspirado don... mi amante boca
Con mil ardientes besos, mi llagado,
Mi triste corazon con mil suspiros,
Ambos á par lo adoren; y el tributo
Primero denle de mi tierno pecho.
¡Milagro del pincel, amable copia
Del mas amable objeto! ciego torno
A besarte otra vez; ojos, gozadla;
Sáciate, corazon... no estás ausente:
Injenioso su amor buscarte supo;
Supo templar de su cruel imperio
El áspero rigor, y fino hallarte.
De tu ternura celestial, ó amada,
O mitad de mi vida, tal milagro
De cariño esperaba mi deseo:
Llegó; y puedo contigo consolarme;

En mi inmenso penar jemir contigo,
Y en tu seno lanzar la ardiente vena
De lágrimas que inunda mis mejillas
En tan mortal insoportable ausencia.
Sí, amada, ya te tengo: ya en mi pecho
Fino te estrecharé: mis tristes ojos
Te ven, el fuego de los tuyos sienten;
Y mis manos te tocan, y mis labios
Pueden saciarse de oprimirte finos;
Y mis suspiros animarte; y toda
Inundarte en mis lágrimas ardientes.
Las sientes, ¿y no lloras? ¿á mis ayes
Dolientes, ¡ay! los tuyos no responden?
¿Y á mis quejas y míseros jemidos?
A ti me vuelvo desolado, te hablo,
¿Y muda está tu cariñosa lengua?
Clori, Clori, mi bien..... ¡Loco deseo!
Fantástica ilusion.... á sombras vanas,
A un mentido color prestár queria
La vida, el fuego, la espresion, las sales
Que al prototipo celestial animan.
¡Oh cómo, cómo en este punto siento
De mi suerte el horror, el hondo abismo,
Do sepultado y sin consuelo lloro!
¡Ausencia! ¡ausencia! arráncame la vida;
No de ilusion en ilusion me lleves:
Un breve plazo tus dolores templas;
Y tornas luego, y mas cruel divides
En partes mil mi lastimado pecho.
¡Ay! un instante en mi ilusion creia,
Mirando absorto el celestial trasunto,
Que mis ternezas, mis sentidos ayes
Halagüeña escuchabas; que tus labios
Se desplegaban en amable risa;
Que al esplendor del animado fuego
En que tus ojos agraciados lucen,
La llama se alentaba de los mios;
Y que amor coloraba tus mejillas,
Dulce señuelo á mi sedienta boca;
O el elástico seno conturbaba
En grata ondulacion... Me precipito
Frenético en mi error... Clori, tu imájen
Helada me recibe: no, no siente
Así cual tú... el encanto lisonjero
Se desvanece; y á una sombra abrazo,
Muda y sin alma, y una sombra oprimo,
Y una sombra acaricio, y mil finezas
Loco le digo, y que responda anhelo.
¡Ay! eres tú, adorada, ¿y callas tibia?
¿Y á mi llanto tus lágrimas no corren?
¿Porqué insensible á mis cariños eres?

¿Y eres de nieve al fuego en que me abra-
 [so?
¿Porqué en los ojos la inquietud graciosa,
El vivaz sentimiento, la ternura,
El delicioso hechizo hallar no puedo,
Que en los tuyos de amores me embria-
 [gan?
Háblame, idolatrada, ó no me burles,
Cual si á abrir fueras cariñosa el labio:
O en su mirar donoso tus pupilas
Se animen, ó falaces no remeden
Otras, do Amor su trono soberano
Sentó, y se gozan las sencillas Gracias.
No tu nevado torneado cuello
Inmóvil yazca; vuélvase y recline
En mi seno amoroso esa cabeza
Que enhiesto apoya; y gózeme dichoso
Cual veces tantas en su dulce peso.
Sienta tu pecho: á la ternura se abra:
Abrase al blando amor, y arda y palpite;
Y en plácida efusion al pecho mio
Haga correr el celestial encanto
De su anjélica llama, de los puros
Afectos mas que humanos que en sí abriga;
O el lácteo pecho de mi bien no mienta,
Do todo es suave amor, dulzura todo,
Sencillez tierna y cariñosas ansias,
Placer, trasportes, éstasis, delicias.
No la alba mano el abanico ajite
En juego inútil; ó mi dócil cuello
En torno ciña en lazo venturoso,
Indisoluble lazo en que añudara
Nuestras almas el cielo para siempre;
O cual un tiempo cariñosa oprima
Mi palpitante corazon, y sienta
El fuego asolador que le consume.
¡Ah mano! ¡hermosa mano! el pincel
 [rudo
Trasladar quiso en vano tus contornos,
Tu gracia, tu candor..... De mármol era,
Si viéndola el artista..... No, profano:
Mis labios solo tributarla deben,
En su delirio idólatras, el culto
Que le ha votado amor: tu nieve y rosa
La manchan, no la tocan: ¡ay! ¡qué digo!
La menor de sus partes ¿puede acaso
Remedar el pincel? débil el arte
¿No cede á empresa tanta y se confunde?

¿Esas cejas sin alma? ¿es esa frente
La tuya, Clori mia? ¿son tus labios
Festivos, purpurantes, halagüeños,
Estos labios helados? ¿las mejillas
Son la leche y carmin en deliciosa
Mezcla deshechos, como tú los llevas
En tus llenas mejillas sonrosadas?
¿Y tu seno y tu tez, y el suave agrado
De tu semblante, y la donosa gracia
De tus razones....? ¡qué violenta hoguera
Circula por mis venas....! ¡qué suspiros
Se exhalan sin sentirlo de mi pecho!
¡Cómo ajitado el corazon palpita!
Con frenética sed me precipito
Sobre tu imájen muda.... irresistible
La májica virtud de tu presencia
Me arrastra..... desfallecen mis rodillas.....
Cubren mil sombras mis llorosos ojos.....
Un ardor... un ardor... mi bien, mi gloria,
Clori, amor, vida, esposa, ¡oh si pudiese
Llegar á ti la conmocion que siento,
Y este torrente de delicias puras
En que sin seso en mi ilusion me inundo!
¡Si á ti alcanzasen mis dolientes ansias,
Mis sollozos, mis ayes, los furores
De mi delirio infausto! ¡si escuchases
La inmensa copia de ternezas que hablo
A tu divina imájen.....! Tus mejillas,
Y tu frente, y tus ojos, y tu boca,
Y cuello, y pecho, y toda tú abrasada
Al fuego de mis ayes encendidos,
Y en mi llanto inundada te hallarias.....
¿Por qué estos cultos á una imájen muda
Se habrán de tributar? Ven, ven, amada,
A recibirlos, ven en los trasportes
Del mas violento amor: no se profanen
En una helada inanimada sombra:
Ven luego, ven, y unámonos por siempre,
O á mí me deja en tus amantes brazos
Fino volar, y colma mi ventura.
Una palabra, una palabra sola.....
Díla, y feliz recibirás los cultos
Que idólatra tributo á tu retrato.
Él entre tanto sobre el pecho mio
Será alivio á mis penas, compañero
De mi destierro, inapreciable joya
De tu firmeza; y suplirá, ¡ay! en vano
De su divino orijinal la ausencia.

SILVAS.

SILVA I.

EL SUSPIRO.

Fany, Fany, ¿qué es esto? ¡tú suspiras!
¡Tú en quejidos dolientes
Tornas la voz graciosa,
Delicia de mi ser, gozo del suelo!
¡Tú al cielo triste y desolada miras!
¡Y consternada, mísera, llorosa,
En ayes mas ardientes
Te vuelves á angustiar! ¿La calma pura
De tu pecho do está? ¿quién su ventura,
Su grato olvido, su quietud gloriosa
Pudo anublarlos? ¿quién...? Benigno el
[cielo
Nos rie, idolatrada,
Y en fausta union, dulcísima lazada,
Que apuremos Citéres las delicias
De su imperio nos da. Nuestra fineza,
Nuestro embeleso, y votos, y caricias,
¿Pueden, Fany, crecer? ¿mas mi ter-
[neza
Ser puede? ¿mas la llama
Que mi fiel pecho, que tu pecho inflama?
¡Y suspiras, mi bien! ¡oh, que no sabes
Cuánto al Amor desconocida ofendes!
¡Cuál con un ay me enciendes!
¡Cuál me aflijes cruel! cada suspiro
Loco me vuelve, el corazon me abrasa:
Cada mirada el alma me traspasa,
Y en cada ay tuyo fenecer me miro.
Sí, Fany, sí: que el aura deliciosa,
Afable, tierna, plácida, que un dia
Entre aromas y néctares süaves,
Tu apasionado seno despedia,
Y mi boca tal vez robó dichosa;
Los suspiros ardientes,
Los gratísimos ayes que apenada
Tu lengua regalada,
En los trasportes del amor mas fino,

Sonaba herida de su ardor divino;
Hoy de las penas, de las ansias graves,
De las zozobras que en el alma sientes,
Son efecto infeliz... ¡Desventurado!
Ni aun ya dudarlo á mi dolor es dado.
Tus ojos, tu tristeza, tu caido
Semblante de llorar desfallecido,
Tu débil anhelar, ese quedarse
Cual muda estatua, y súbito inflamarse
Cual la grana mas viva,
Ese buscarme y evitarme esquiva;
Obstinada en callar, todo descubre
El mal agudo que tu pecho encubre,
Que sus ternezas ominoso impide,
Y en partes mil lidiando lo divide.
¿De dó empero este mal? ¿qué te desvela?
¿Qué tiembla ya el honor, ni que rezela,
Cuando á la sombra de mordaz censura
El aura del Amor mas blanda aspira
A nuestra feliz llama,
La luz sucede á la tiniebla oscura,
Y el cielo eterno bien nos asegura?
¿Merecerá tu ira
La fe constante que mi pecho inflama,
Y absorto en ti de todo me enajena?
¿Te cansa ya la celestial cadena
Con que un tiempo se unieron
Nuestras dos almas, y felices fueron?
¿Los dulces himnos que en ternura iguales
Con los del Teyo armónica mi lira
Modular sabe, pero Amor le inspira,
Y á los dioses te allegan inmortales?
¡Ay! no; perdon, amada,
Perdona al dolor mio
Blasfemia tal, tan ciego desvarío;
Y á tu alma torne la quietud robada.
No mas tu pecho dolorido jima;
No mas el mio oyéndolo se oprima;
No mas..... ¡Pero de nuevo,
Cuanto mas fino á consolarte pruebo,
Vuelves á suspirar solo al mirarme.....!

De una vez, cruda, acaba de matarme.
　Mas deja en tanto al labio apasionado
Que tu suspiro celestial aliente:
Benigna deja que en el hondo seno
Lo ponga reverente,
De mil y mil que exhalo, acompañado.
¡Oh corazon de sus encantos lleno!
Recíbelo feliz, y en el glorioso
Trono do reina mi Fany querida,
Do afables dulces leyes le prescribe,
Y á par tus votos sin cesar recibe,
Ponlo; y por siempre tu sin par fineza,
Tu lealtad y desvelo cariñoso,
Tu ciego ardor, tu voluntad rendida,
Tu pura fe, tu natural llaneza,
Y cuanto haya en amor de mas divino,
Ante él lo ofrece en holocausto digno,
Y tú, calma, mi bien, tan cruda pena:
Ria en sus gracia tu beldad serena.
Alienta, alienta, y mi dolor no agraves,
Alienta, y no la gloria
En que inundarme afortunado siento,
Destruyas, ó el futuro sentimiento
Despiertes hoy aleve
En mi exaltada, mi vivaz memoria.
　En las desdichas que amagarnos sabes,
Deja este espacio breve,
Déjalo, Fany, á mi fugaz ventura;
Y goze yo sin nieblas tu hermosura.
Gózela fino; á mi cariño deja
Crédulo abandonarse á los süaves
Inefables encantos,
Con que el deseo lisonjero aleja
El fatal plazo de dolor y llantos;
Y ardiente apure mi felice boca
El dulce cáliz que su sed provoca.
　No en mi ilusion me aflijas; que inhu-
　　　　　　　　　　　　　　　　[mana
Vendrá, ¡ó dolor! la ausencia,
La ausencia, Fany, cuyo espectro odioso
Contino asusta nuestro amor dichoso,
A ejecutar bien presto
Del hado en mí la bárbara sentencia;
Y en sañudo ademan, torvo semblante,
Con violencia tirana,
Voz imperiosa y diestra menazante,
Lejos de ti me arrastrará.....¡ Funesto
Recuerdo! ¡trance horrible! ¡Fany mia,
Que yo haya de partir! ¡que mi ventura,
Tan dulce union, tan íntimos amores,
Tan claro dia, tan divinas flores,

Hayan de fenecer! ¡ay! aquel dia,
Dia de duelo, y luto y amargura,
Tú llorarás tambien: con tus plegarias
Las raudas horas á mi bien contrarias
Anhelarás parar: bárbaro impío
Al cielo llamarás: del cuello mio
Queriendo en vano desatar tus brazos,
Perdida huir mis últimos abrazos.
　Y solitaria, mísera, cuidadosa
Vagarás por tu estancia pavorosa,
Con planta vacilante,
Espíritu azorado y vista errante,
Llamando en débil voz, en grito triste,
Al que no ha nada á tus rodillas viste,
Ciego en su amor, perdido, enajenado,
La cabeza en tu seno reclinada,
Cantar apasionado
Su eterna fe, tu llama regalada;
Y entónces abismado, confundido,
Mísero, desolado, sin sentido,
Pedirá en vano, anhelará la muerte,
Cual blando alivio á su infelice suerte.
　Los ayes pues, el suspirar quejoso
Con que aflijes mi pecho,
A otros suspiros y zozobras hecho
En los delirios de un amor dichoso,
Déjalos, Fany, á la ominosa hora
Del á Dios triste, que á la par tenemos;
Y hoy en delicias crédulos gozemos
Del fugaz rayo que aun los montes dora.

SILVA II.

FANY ENOJADA.

¿Será posible, idolatrado dueño,
Que contra un inocente
Dure en ti siempre el implacable ceño?
Mírote, y tiemblo: ardiente solicito
Tu gracia, y me baldonas inclemente.
Callo, y tu lado respetuoso evito,
Y huyendo, injusta, á mi pesar te irrito.
Vuelvo, y te ajitas mas: ¡en cuántas iras
Arden tus lindos ojos, si me miras!
　¿Por qué tanto rigor, tan fiero encono?
¿Por qué, Fany adorada,
Tras ruegos tales desdeñarme airada,
Con jesto tal y tan amargo tono?
¿Me cesarás de amar? ¿los celestiales
Juramentos que hiciste
Los　　　　　　　　　　oíste,

Si en fe mas puros, en delirio iguales,
Se pueden quebrantar? ¿el dulce encanto
De tus tiernas caricias
Se acaba para mí? ¿serán mis males
Con tu rigor eternos,
Y eterno mi llorar tus injusticias?
 Duélete, ó cruda, de mi amargo llanto:
Duélete, y cariñosa
Vuelvan tus ojos á mirarme tiernos,
Tu suave boca á articular donosa
El idioma de amor; finos tus brazos
Ciñan mi cuello en deliciosos lazos,
Tu pecho celestial abrase al mio,
Y acabe, acabe, ese rigor impío.
 Acabe ya, que la implacable saña
Ni al tierno Amor, ni á Cíprida conviene:
Todo en el mundo sus mudanzas tiene;
Y encono tanto á tu hermosura daña.
 Te idolatro, y mis dudas
Son nobles hijas del amor mas fino,
De este amor puro, celestial, supremo,
Que hará por siempre mi feliz destino;
Y así perderte á cada punto temo.
 Si tú, mi bien, amases
Cual yo sin seso tu beldad adoro,
Si tu pecho inclemente
Sentir pudiera mi pasion ardiente,
Y cual mísero peno, tú penases;
La gracia hicieras, que rendido imploro.
 Benigna disculparas
Mi enojo ciego, mi furor demente,
Mi error celoso y las palabras rudas,
Que á tu dulzura anjelical comparas:
Y que en mi oido sin cesar sonando
Flechas semejan rápidas, agudas,
Que ímpia disparas á mi pecho triste:
Y por mi llanto mi dolor juzgando,
Por este llanto ciego
Con que hoy tus plantas dolorido riego,
Y antes de gozo derramar me viste;
En lugar de asperezas,
Y ese tu ceño indómito, ominoso
Que indigno anubla tu semblante hermo-
 [so,
Solícita doblaras tus finezas
Y amorosos consuelos,
Feliz castigo en mis soñados zelos.
 Pero tú, Fany fiera,
Tú anhelas solo que en mis ansias muera:
Y así en ellas te gozas de mirarme,
Burlándote, cruel, de mi tormento,

Y yo infeliz sin fruto me lamento...
Perdon, perdon, ó acaba de matarme.
 Si horrísona tormenta
Cubre en tiniebla el dia,
La luz y la alegría
Vuelve riente el sol.
 Mírete yo contenta,
Caiga tu ceño oscuro,
Y alentará seguro
Mi afortunado amor.

SILVA III.

EL CUMPLEAÑOS DE FANY, HABIENDO DE DEJARLA DENTRO DE BREVES DIAS.

Ya entre arreboles la risueña aurora
Cielos y tierra de su albor colora:
De nuevas flores se engalana el prado:
Y el viento bulle en ámbares bañado.
 Fany, amable Fany, en raudo vuelo
Fausto nos vuelve el cielo
De tu feliz natal el claro dia.
Las aves en acorde melodía
Proclamándolo van... ¿Oyes, amada,
Sus trinos armoniosos?
¿De tu nombre los vivas deliciosos?
¡Tus años son; ó suerte afortunada!
Tus años, de tu vida
El oriente feliz. Fany querida,
Loco de gozo, embebecido todo,
Mi fina llama, mi sin par ternura,
Por mas que encarecértelo procura
Mi cariñoso labio, no hallan modo
Como este dia celebrar: quisiera
Que tu pecho inundar dado me fuera
Del júbilo, mi bien, que inunda el mio,
Y embriagarlo en su anjélico contento.
 Tierno quisiera el fujitivo plazo
Que el cielo, ó cara, me destina pio
Al de tu vida unir, unir mi aliento;
Y en delicioso indisoluble lazo
Hacer que por entrambos tu aspirases,
Y yo acabando, de mi ser gozases.
 ¡Entónces, ay! en mi delirio ardiente
Reclinado en tu seno blandamente,
¡Cuán alegre muriera,
Y á vida mas feliz en ti naciera!
 Fin tan delicioso,
 De ti acariciado,
 No, dueño adorado,

No fuera morir.
　　Éstasi glorioso
　　De dulces amores,
　　Fuera en mil ardores
　　Por siempre vivir.
　Esta cadena misteriosa que une
Nuestras almas amantes,
Mas cada vez en su pasion constantes,
Que de ambas con suavísima armonía
En solo un punto el anhelar reune,
Y un solo pensamiento,
Siempre á mi gusto tú, yo al tuyo atento,
Su firme nudo aun mas estrecharía,
Y un solo ser de nuestro ser haria.
　Nuestros dos pechos sin jamás saciarse,
Amaran siempre para mas amarse.
Feliz sintiera cuanto tú gustaras:
Con tus suaves afectos mi ternura
Natural escitaras:
Néctar fuera en mis labios tu dulzura:
Despertaran mis llamas tus ardores:
Tu timidez amable mis temores,
Y venturoso fuera en tu ventura.
　　Unida á la planta
　　Que fiel la sustenta,
　　La yedra alimenta
　　Su humilde raiz;
　　Y ufana levanta
　　Sus tiernos pimpollos
　　Hasta los cogollos
　　Del árbol feliz.
　Yo dejara de ser; pero en la vida
De mi Fany querida
Tornara á floreeer: ¡oh si me oyese
El cielo, y luego mi querer cumpliese!
　¡Qué en vano, idolatrada, la aspereza
De la suerte envidiosa
Atribulara entónces mi fineza;
Ni en medio mi delirio apasionado
Me vieras siempre en dudas abismado!
¡Qué en vano, ay triste! la memoria odio-
　　　　　　　　　　　　　　　　　[sa
De tener que ausentándome dejarte,
Y á un bárbaro opresor abandonarte,
Atosigara mi doliente seno,
Aun en tus brazos de zozobras lleno!
　¡Qué en vano en fin el ansia de perder-
　　　　　　　　　　　　　　　　　[te,
Muy mas amarga que la misma muerte,
Hoy á anublarme en mi gozar vendria,
Ni el vuelo á mi esperanza cortaria!

　　¿Quién te arrancara
　　Del lado mio,
　　De tu albedrío
　　Fiero opresor?
　　¿Quién me privara
　　De las delicias
　　Que en tus caricias
　　Me brinda Amor?
　Un ser con tu ser hecho,
Y en nudo celestial á ti ayuntado,
Nudo de amor dulcísimo y estrecho,
Tú aspiraras mi aliento apasionado:
Yo inflamara tu anjélica ternura:
Y embebecido, loco en mi ventura,
Cuanto ansio ciego sin cesar gozando,
Feliz mi llama se alentara amando;
Y cuanto mas ardiera, mas gozara,
Y gozando sin fin, sin fin ansiara;
Ni nada, dulce bien, nada temiera.
　Cuando ora acaso en la celeste esfera
El sol no acabará su presto jiro,
Y léjos de ti... ¡oh Dios...! perdon, ama-
　　　　　　　　　　　　　　　　[da:
Permite á mi dolor solo un suspiro;
Y años mil te haga el cielo afortunada.
　　Sobre tu amable vida
　　Plácido el tiempo jire:
　　De la vejez retire
　　Lejos de tí el horror.
　　Siempre en niñez florida
　　Brillar tus gracias veas:
　　Siempre adorada seas,
　　Siempre pagues mi amor.

SILVA IV.

A LAS MUSAS.

　Perdon, amables Musas: ya rendido
Vuelvo á implorar vuestro favor; el fue-
　　　　　　　　　　　　　　　　[go
Gratas me dad con que cantaba un dia
Las dulces ansias del amor mas ciego;
O de la ninfa mia
Las gratas burlas, el desden finjido,
Y aquel huir para rendirse luego.
El entusiasmo ardiente
Dadme en que ya pintaba
La florida beldad del fresco prado,
La calma ya en que el ánimo embargaba
El escuadron fu'i-

Que en la noche serena
El ancho cielo de diamantes llena,
Deslizándose en tanto fujitivas
Las horas, y la cándida mañana
Sembrando el paso de arrebol y grana
A Febo luminoso.
¡Ah Musas! ¡qué gozoso
Las canciones festivas
De las aves armónico siguiera,
Saludando su luz el labio mio!
Ora mirando el plateado rio
Sesgar ondisonante en la ladera;
Ora en la siesta ardiente
Bajo la sombra hojosa
De algun árbol altísimo copado
Al raudal puro de risueña fuente,
Gozando en paz el soplo regalado
Del manso viento en las volubles ramas.
Ni allí loca ambicion en peligrosos,
Falaces sueños embriagó el deseo;
Ni sus voraces llamas
Sopló en el corazon el odio insano;
O en medio de desvelos congojosos
Insomne se azoró la vil codicia,
Cubriendo su oro con la yerta mano.
Miró el mas alto empleo
El alma sin envidia: los umbrales
Del magnate ignoró; y á la malicia
Jamás espuso su veraz franqueza.
De rústicos zagales
La inocente llaneza
Y sus sencillos juegos y alegría,
De cuidados exento
Venturoso gozé; y el alma mia
Entró á la parte en su hermanal conten-
[to·
La hermosa juventud me sonreia,
Y de fugaces flores
Ornaba entónces mis tranquilas sienes,
Mientra el ardiente Baco me brindaba
Con sus dulces favores;
Y de natura al maternal acento
El corazon sensible,
En calma bonancible,
Y en comun gozo, y en comunes bienes,
De eterna bienandanza me saciaba.
¡Dias alegres, de esperanza henchidos,
De ventura inmortal! ¡amables juegos
De la niñez! ¡memoria,
Grata memoria de los dulces fuegos
De amor! ¿dónde sois idos?

Decidme, Musas, ¿quién ajó su gloria?
Huyó niñez con ignorado vuelo:
Y en el abismo hundió de lo pasado
El risueño placer. ¡Desventurado!
En ruego inútil importuno al cielo;
Y que torne le imploro
La amable inesperiencia, la alegría,
El injenuo candor, la paz dichosa
Que ornaron, ¡ay! mi primavera hermosa;
Mas nada alcanzo con mi amargo lloro.
La edad, la triste edad del alma mia
Lanzó tan hechicera
Majia; y á mil cuidados
Me condenó por siempre en faz severa.
Crudo decreto de malignos hados
Dióme de Témis la inflexible vara;
Y que mi blando pecho
Los yerros castigara
Del delincuente, pero hermano mio,
Astrea me ordenó: mi alegre frente
De torvo ceño oscureció inclemente;
Y de lúgubres ropas me vistiera.
Yo mudo, mas deshecho
En llanto triste su decreto impío
Obedecí temblando;
Y subí al solio, y de la acerba diosa
Las leyes pronuncié con voz medrosa.
¡Oh quién entónces el poder tuviera,
Musas, de resistir! ¡quién me volviese
Mi oscura medianía,
El deleite, el reir, el ocio blando
Que imprudente perdí! ¡quién convirtie-
[se
Mi toga en un pellico, la armonía
Tornando á mi rabel con que sonaba
En las vegas de Otea (*)
De mis floridos años los ardores,
Y de Arcadio la voz le acompañaba,
Bailando en torno alegres los pastores!
El que insano desea
El encumbrado puesto,
Goze en buen hora su esplendor funesto.
Yo viva humilde, oscuro,
De envidia vil, de adulacion seguro,
Entre el pellico y el honroso arado;
Y de fáciles bienes abastado,
En salud firme el cuerpo, sana el alma
De pasiones fatales,
Entre otros mis iguales,

(*) Sitio ameno muy inmediato á Salamanca.

En recíproco amor, entre oficiosos
Consuelos, feliz muera
En venturosa calma,
Mi honrada probidad dejando al suelo;
Sin que otro nombre en rótulos pomposo
Mi losa al tiempo guarde lisonjera.
Pero ¡ah Musas! que el cielo
Por siempre me cerró la florecida
Senda del bien, y á la cadena dura
De insoportable obligacion atando
Mi congojada vida,
Alguna vez llorando
Puedo solo engañar mi desventura
Con vuestra voz y májicos encantos.
Alguna vez en el silencio amigo
De la noche callada,
Puedo en sentidos cantos
Adormir mi dolor; y al crudo cielo
Hago de ellos testigo,
Y en las memorias de mis dichas velo,
Musas alguna vez: pues luego airada
Témis me increpa; y de pavor temblando
Callo, y su imperio irresistible sigo,
Su augusto trono en lágrimas bañando.
Musas, amables Musas, de mis penas
Benignas os doled: vuestra armonía
Temple el son de las bárbaras cadenas
Que arrastro miserable noche y dia.

SILVA V.

AL CÉFIRO DURMIENDO CLÓRIS.

Bate las sueltas alas amorosas,
Cefirillo suave, silencioso;
No de mi Clori el sueño regalado
Ofendas importuno: al fresco prado
Tórnate y á las rosas,
Tórnate, cefirillo bullicioso;
Y de su cáliz goza y sus olores.
A mi Clori perdona, tus favores,
Tu lisonjero aliento le escasea;
Y huye lejos del labio adormecido.
No agravies, no, atrevido
Su reposo felice,
Que Amor quizá en su idea
Me retrata esta vez, quizá le ofrece
Mi fe pura y le dice:
Duélete, ó desdeñosa,
De tan fina pasion, y con su fuego
Su tímida modestia desvanece,

Tornándola sensible y cariñosa.
¡Oh! ¡mi ventura no interrumpas ciego!
Yo no sé qué, latiéndome gozoso,
Me anuncia el corazon al contemplarla.
Déjame ser en sueños venturoso;
Y escapa lejos á jugar al prado,
O respetoso pósate á su lado.
Empero ya travieso por besarla
Una rosa doblaste,
Y vivaz en sus hojas te ocultaste.
De nuevo tornas, y la rosa inclinas;
Y con vuelo festivo,
Bullicioso y lascivo,
La meces y á su pecho te avecinas.
¡Oh! ¡que mi ardor provocas
Cada vez que lo tocas!
¡Oh! que tal vez ese cogollo esconde
Letal punzante espina, que su nieve
Hiera con golpe aleve!
Cesa, y benigno á mi rogar responde:
Cesa, céfiro manso,
Y siga Clori en plácido descanso.
Cesa; y á tu deseo
Corresponda tu ninfa agradecida
En fácil himeneo.
¡Oh nuncio del verano deleitoso!
Tú que en móviles alas vagaroso,
De las flores galan, del prado vida,
Vas dulce susurrando,
Con delicado soplo derramando
Mil fragantes esencias, ¡ay! no toques
Esta vez á mi Clori: no provoques,
Cefirillo atrevido,
Con tu aroma su aliento:
Guarda, que Amor con ella se ha dormido.
¡Mas ay! ¡con qué contento
Parece que se rie y que me llama!
Su boca se desplega,
Y su semblante celestial se inflama,
Como la rosa pura
Que bañada en aljófares florece,
Emulando del alba la hermosura.
Llega festivo, llega
A sus párpados bellos,
Y con ala traviesa cariñoso
Asentándote en ellos,
Apacible los mece,
Que otra vez rie y su alegría crece.
¡Ay! ajítala, llega, y tan dichoso
Momento no perdamos, cefirillo;
Que Amor me llama, y su favor me envia.

Acorre, vuela, y tu fugaz soplillo
Al logro ayude de la dicha mia.

SILVA VI.

LAS FLORES.

Naced, vistosas flores,
Ornad el suelo que lloró desnudo
So el cetro helado del invierno rudo,
Con los vivos colores
En que matiza vuestro fresco seno
Rica naturaleza.
Ya rie mayo, y céfiro sereno
Con deliciosos besos solicita
Vuestra sin par belleza;
Y el rudo broche á los capullos quita.
Pareced, pareced, ¡ó del verano
Hijas y la alma Flora!
Y al nacarado llanto de la aurora
Abrid el cáliz virjinal: ya siento,
Ya siento en vuestro aroma soberano,
Divinas flores, empapado el viento;
Y aspira la nariz y el pecho alienta
Los ámbares que el prado les presenta
Do quiera liberal. ¡Oh, qué infinita
Profusion de colores
La embebecida vista solicita!
¡Qué majia! ¡qué primores
De subido matiz, que anhela en vano
Al lienzo trasladar pincel liviano!
Con el arte natura.
A formaros en una concurrieron,
Galanas flores, y á la par os dieron
Sus gracias y hermosura.
¡Mas ah! que acaso un dia
Acaba tan pomposa lozanía,
Imájen cierta de la suerte humana.
Empero mas dichosas,
Si os roba, flores, el ferviente estío,
Mayo os levanta del sepulcro umbrío;
Y á brillar otra vez naceis hermosas.
Así, ó jazmin, tu nieve
Ya á lucir torna, aunque en espacio breve,
Entre el verde agradable de tus ramas,
Y con tu olor subido
Parece que amoroso,
A las zagalas que te corten clamas,
Para enlazar sus sienes venturoso.
Mientra el clavel en púrpura teñido
En el flexible vástago se mece;

Y oficioso desvelo á la belleza,
A Flora y al Amor un trono ofrece
En su globo encendido,
Hasta que trasladado
A algun pecho nevado,
Mustio sobre él desmaya la cabeza,
Y el cerco encoje de su pompa hojosa.
Y la humilde violeta, vergonzosa,
Por los valles perdida,
Su modesta beldad cela encojida;
Mas el ámbar fragante
Que le roba fugaz mil vueltas dando
El aura susurrante,
En él sus vagas alas empapando,
Descubre fiel do esconde su belleza.
Orgulloso levanta la cabeza,
Y la vista arrebata
Entre el vulgo de flores olorosas
El tulipan, honor de los verjeles;
Y en galas emulando á los claveles,
Con fajas mil vistosas,
De su viva escarlata
Recama la riquísima librea.
Pero ¡ah! que en mano avara le escasea
Cruda Flora su incienso delicioso;
Y solo así á la vista luce hermoso.
No tú, azucena virjinal, vestida
Del manto de inocencia en nieve pura,
Y el cáliz de oro fino recamado:
No tú, que en el aroma mas preciado
Bañando afortunada tu hermosura,
A par los ojos y el sentido encantas.
De los toques mecida
De mil lindos Amores,
Que vivaces codician tus favores,
¡Oh cómo entre sus brazos te levantas!
¡Cómo brilla del sol al rayo ardiente
Tu corona esplendente!
¡Y cuál en torno cariñosas vuelan
Cien mariposas, y en besarte anhelan!
Tuyo, tuyo seria,
¡Oh azucena! el imperio sin la rosa,
De Flora honor, delicia del verano:
Que en fugaz plazo de belleza breve
Su cáliz abre al apuntar el dia,
Y en púrpura bañada, el soberano
Cerco levanta de la frente hermosa:
Su aljófar nacarado el alba llueve
En su seno divino:
Febo la enciende con benigna llama,
Y le dió Citerea

Su sangre celestial, cuando aflijida
Del bello Adónis la espirante vida,
Que en débil voz la llama,
Quiso acorrer: y del fatal espino
Ofendida, ¡oh dolor! la planta bella,
De púrpura tiñó la infeliz huella.
Codíciala Cupido
Entre las flores por la mas preciada;
Y la nupcial guirnalda que ciñera
A su Psíquis amada,
De rosas fué de su pensil de Gnido;
Y el tálamo feliz tambien de rosa,
Donde triunfó y gozó, cuando abrasado
En su llama dichosa,
Tierno esclamó en sus brazos desmayado:
¡Hoy, bella Psíquis, por la vez primera
Siento que el dios de las delicias era!
¡Oh reina de las flores!
¡Gloria del mayo! ¡venturoso fruto
Del llanto de la aurora!
¡Salve, rosa divina!
Salve; y vé, llega á mi jentil pastora
A rendirle el tributo
De tus suaves olores;
Y humilde á su beldad la frente inclina.
¡Salve, divina rosa,
Salve; y deja que viéndote en su pecho
Morar ufana, y por su nieve pura
Tus frescas hojas derramar segura;
Loco envidie tu suerte venturosa,
Y anhele en ti trocado,
Sobre él morir en ámbares deshecho;
Me aspirará su labio regalado.

SILVA VII.

EL SUEÑO.

¿Por qué en tanta alegría
Se inunda mi semblante,
Y enajenado el ánimo se goza,
Curiosa me demandas, Fili mia!
Hállote, y al instante
Mi corazon palpita y se alboroza;
Y rio, si te miro,
Y no de pena, de placer suspiro.
Un sueño, un sueño solo mi contento
Causa, Fili adorada;
Oyelo, y goza el júbilo que siento.
En la fresca enramada
Cual solemos triscando,

Y riendo y burlando,
Soñé feliz que estábamos un dia:
De lindas flores á tu sien tejia
Y amáraco oloroso
Yo una guirnalda bella:
Mas tú, cuando oficioso
Ceñírtela intenté, me la robaste;
Y una cinta con ella
Flexible haciendo, blandamente ataste
Mis dos manos. Estrecha, Fili, estrecha,
Dije, el nudo primero,
Y otro y otro tras él y otro me echa,
Que á gloria tengo el ser tu prisionero.
Luego viendo una rosa
En medio el valle descollar hermosa
Sobre todas las flores,
De los besos del céfiro halagada,
A cortarla corrí. ¡Flor venturosa,
Le dije, el lácteo seno de mi amada
De tu frescura goze y tus olores!
Y en él la puse lleno de ternura.
Mi rosa pareció mas encendida,
Y su nieve mas pura
Contrapuesta á la púrpura subida.
Tú al punto la tomaste,
Y no sin vanidad, ¡ay! la llegaste
Al carmin vivo de tus labios bellos;
Y besándola, de ellos
A los mios riendo la pasaras.
El alma toda apenas los tocaras;
El alma toda á recojer tu beso,
Sobre la rosa se lanzó anhelante;
Y por uno, sin seso
Su tierno cáliz te torné abrasado
Con mil y mil en mi pasion amante.
En tales burlas por el fresco prado
Vagando alegres fuimos,
Cantando mil tonadas,
O remedando en voces acordadas
Ya el trino delicado á los jilgueros,
Ya el plácido balar de los corderos;
Cuando á Lícidas vimos
Que á nosotros venia
Cual suele en torva faz, osco y zeloso.
De súbito nublóse tu alegría,
Bien como flor cortada,
Cuya mustia beldad cae desmayada,
Y con labio medroso
Huyamos, me dijiste:
¿Zagal tan necio y tan odioso viste?
Yo te idolatro; y quiere

Que oiga su amor y alivie su cuidado;
Y así me sigue cual si sombra fuera.
¡Ay zagal! aquí estás: en vano espera;—
Y fiel mi mano al corazon llevaste:
Sobre él la puse, y fino palpitaba:
Y el mio de placer mil vuelcos daba.
Así en trisca inocente
Sin sentirlo llegamos á la fuente,
Que en torno enrama el álamo pomposo.
Aquí evitemos la abrasada siesta,
Dijiste, pues á plácido reposo
Su sombra brinda, y brinda la floresta;
Y te asentaste en la mullida grama.
Yo cariñoso me senté á tu lado;
Y en torno se derrama
Con el tuyo paciendo mi ganado
Por la fresca pradera.
El albo vellocino á la cordera,
Que en grato don por el rabel me diste,
A rizar oficiosa te pusiste,
Y yo en tanto escribia
Tu nombre venturoso
En la lisa corteza;
Y así apenado al álamo decia:
Crece, tronco dichoso,
Crece, y el nombre de mi Fili amada
Crezca á la par contigo,
Y á par tambien su amor y su firmeza;
Y sé á los cielos de mi fe testigo.
De hoy mas por los pastores
Se escojerá tu sombra regalada,
Cuando traten en pláticas de amores,
O al viento envien sus dolientes quejas.
Sus inocentes danzas
Tendrán en ti las lindas zagalejas;
Y anidarán los dulces ruiseñores:
Ni sufrirás del tiempo las mudanzas
De tus sonantes hojas despojado,
Ya con su nombre á Fili consagrado.
Tú, que fina escuchaste
Mi apasionado ruego,
Cariñosa tomaste
La aguda punta, y escribiste luego
Tras Fili, de Damon; y por adorno
De mirto una lazada
Que los dos nombres estrechaba en torno,
Y tierna me miraste: ¡oh qué mirada!
De ella alentado, mis felices brazos
A tu cuello de nieve
Lanzándose amorosos..... Un rüido
Suena á la espalda, y la enramada mueve.

Tú esquiva evitas los ardientes lazos:
Yo miro airado; y Lícida escondido
Torvo acechaba nuestra dulce llama:
Su odiosa vista en cólera me inflama:
Detiéneme tu brazo cariñoso:
Lícidas huye con fugaz carrera:
Despierto; y en mi sueño venturoso
Fué Fili de Damon tu voz postrera.

SILVA VIII.

LOS RECUERDOS TRISTES.

¡Ah Clori! se anublaron
Los dias del placer: nuestra ventura
Pasó, pasó dejando en la memoria
Solo tristes recuerdos y amargura.
Sombra fugaz volaron
Las horas fujitivas de mi gloria,
Muy mas que el ave que ni rastro deja,
Cuando hasta el cielo rápida se aleja.
Vuelvo atrás; y el deseo
Engañador te finje cual un dia
Nos viera Amor, de sus ardientes flechas
Nuestras dos almas, para en uno hechas,
Gozándose llagadas, retirados
Del comercio importuno,
Y á su imperio feliz abandonados:
Ya en la alameda hojosa en el recreo
De un paseo inocente,
Ya en tu albergue glorioso, do ninguno,
Triste censor de nuestras ansias puras,
Ni tus palabras májicas oia,
Ni de mi loca lengua las ternuras,
Ni los suspiros de mi amor ferviente.
Solo el cielo nos viera,
Y sus puras antorchas rutilantes,
Y al cielo enajenado yo pedia,
Que en sus claras mansiones
Mis votos y tus votos recibiera;
Y en mis brazos amantes,
Mas fino, y tú mas tierna, te estrechaba;
Y así testigos mi delirio hacia
De mi inmensa ventura
Ya la lumbre de amor, ya los triones,
Mientra ardia y gozaba,
Y tornaba á gozar, y mas ardia.
¿Te acuerdas, adorada, la ternura
Con que anublando ya la imájen triste
De mi ausencia el placer, tú me dijiste:
¡Oh importuno! olvidemos

Momentó tan fatal: ora gozemos,
¿Gozemos otra vez? ¡Ah! ¡qué se hiciera
De aquella noche, en que el desden ren-
[dido,
Prorumpiste llorando: eres querido;
Tuya soy, tuya? ¡O noche! si olvidarme
De ti puedo, mi pecho al gozo muera:
Clori deje de amarme.
Divididos apenas
Del blondo estío en los ardientes dias,
Si el momentáneo trance se llegaba
De alejarme de ti, ¡cuál te aflijias!
¡Cómo yo me apartaba! ¡ay horas llenas,
Horas llenas de gloria y de ventura!
¡Horas que en vano detener procura
Mi insano amor! ¿dó estáis? ¿ó qué se
ha hecho
De aquel hallarme á su adorable lado,
Y á sus plantas postrado,
En ansias mil deshecho?
Ya embriagado el oido
En su voz celestial, que el alma eleva,
Y do le agrada estática la lleva:
Ya ciego, arrebatado, sin sentido
A los rayos lumbrosos
De sus ojuelos, vivos, cariñosos:
Ya plácido gozando la alegría
De su amable semblante,
Do reina sencillez y cortesía,
Y anjélica inocencia: el albo seno,
De honestidad y de ternura lleno;
Bajo la sutíl gasa palpitante,
Mientras furtivo mi mirar seguia
Su movimiento blando,
Mi fiel imájen dentro contemplando,
Clori, esta imájen indeleble sea;
A pesar de la suerte
Que agostará nuestro florido suelo.
Idólatra en tu fe, constante vea
Arder hasta la muerte
La fiel llama que en ti me envidia el cielo.
O si débil acaso.....Clori mia,
Sin que dejes de amarme,
En tus brazos iluso en mi alegría,
Hoy acabe, si un dia has de olvidarme.

SILVA IX.

EL LECHO DE FILIS.

¿Dó me conduce Amor? ¡dó inadver-
[tido,
En soñadas venturas embebido
Llegué con planta osada?
Esta es la alcoba de mi Fili amada:
Aquel su lecho, aquel: allí reposa:
Allí su cuerpo delicado, hermoso
En blanda paz se entrega
Al sueño mas süave: esta dichosa
Holanda la recibe: llega, llega
Con paso respetuoso,
¡Oh deseo feliz! llega, y suspira
Sobre el lecho de Fili; y silencioso,
Si en él descansa, al punto te retira.
Retírate: no acaso á despertarla
En tu ardor impaciente
Te atrevas por tu mal: huye prudente;
Huye de riesgo tal, ni á mirarla
Pararte quieras por estar dormida,
Que aun corre riesgo, si la ves, tu vida:
Pero solo está el lecho: ¡afortunado
Lecho, salve mil veces;
Pues que gozar mereces
De su esquiva beldad! ¡salve, nevado
Lecho; y consiente que mi fina boca
La holanda estreche, que felice toca
Los miembros bellos de mi Fili amada!
Su deliciosa huella señalada
En ti, lecho felice,
Aquí posó dormida
La rubia frente, á mi deseo dice:
Allí tendió hácia mí su brazo hermoso,
Del delirio de un sueño conmovida;
Y aquí asentó su seno delicioso.
¡Oh salve veces mil, y el atrevido
Tiempo no te consuma,
Dichoso lecho; del Amor mullido!
Siempre entorno de ti las Gracias velen!
Los sueños lisonjeros,
Cuando mi Fili tu süave pluma
Busque, sobre ella cariñosos vuelen:
En sus alas los céfiros lijeros
Todo el ámbar le ofrezcan de las flores;
Y mi forma tomando,
El placer en su seno mil ardores,
Gozos mil mueva, su desdén domando;
¡Salve, lecho feliz, que solo sabes
Misterios tan süaves!
Tú, si su seno cándido palpita,
Le sientes palpitar: tú, si se queja,
Tú, si el placer la ajita,
Y embriagada le deja
Finjirse mil venturas,

Todo lo entiendes, lecho regalado,
Todo lo entiendes con envidia mia.
Sus ansias inefables, sus ternuras,
Sus gozos, sus desvelos,
Su tímida modestia, sus recelos
En el silencio de la noche amado
Patentes á ti solo, con el dia
Para mí desparecen,
Y cual la niebla al sol se desvanecen.
¡Oh lecho, feliz lecho, cuál suspiro
Cuando tu suerte y mis zozobras miro!
Si en ti el reposo habita,
¿De dó, lecho feliz, viene la llama
Que en delicias me inflama?
¿La grata turbacion que el pecho ajita?
¡Ah lecho afortunado!
Tú de mi bien en tu quietud recibes
El llanto aljofarado,
Si lastimada llora, tú percibes,
Tú solo en sus amores confidente,
Su delicada voz. ¿Mis ansias siente?
¿Se angustia como yo? ¿teme? ¿rezela?
¿Duda, si en verla tardo, y se desvela?
¡Ay! tú lo sabes: dímelo te ruego,
Y templa de una vez mi temor ciego:
Témplalo, dulce lecho..... Así decia
El ardiente Damon, sin que pensase
Que Fílis le atendia
A otra parte del lecho retirada.
La bella zagaleja lastimada
De que tanto penase,
Salió presta de donde se escondia.
Damon se turba, y Fílis cariñosa
Se rie dulcemente y le asegura;
Mudando la serrana desdeñosa
Su rigor desde entónces en blandura.

SILVA X.

MI VUELTA AL CAMPO.

Ya vuelvo á ti, pacífico retiro:
Altas colinas, valle silencioso,
Término á mis deseos,
Faustos me recibid: dadme el reposo
Por que en vano suspiro
Entre el tumulto y tristes devaneos
De la corte engañosa.
Con vuestra sombra amiga
Mi inocencia cubrid, y en paz dichosa
Dadme esperar el golpe doloroso

De la parca enemiga,
Que lento alcanze á mi vejez cansada,
Cual de otoño templado
En deleitosa tarde, desmayada
Huye su luz del cárdeno occidente
El rubio sol con paso sosegado.
¡Oh cómo, vegas plácidas, ya siente
Vuestro influjo feliz el alma mia!
Os tengo, os gozaré; con libre planta
Discurriré por vos: veré la aurora,
Bañada en perlas que riendo llora,
Purpúrea abrir la puerta al nuevo dia,
Su dudoso esplendor vago esmaltando
Del monte que á las nubes se adelanta,
La opuesta negra cumbre:
Del sol naciente la benigna lumbre
Veré alentar, vivificar el suelo,
Que en nublosos vapores
Adormeciera de la noche el hielo:
Del aura matinal el soplo blando,
De vida henchido y olorosas flores,
Aspiraré gozoso:
El himno de alborada bullicioso
Oiré á las sueltas aves,
Estático en sus cánticos süaves;
Y mi vista encantada,
Libre vagando en inquietud curiosa
Por la inmensa llanada,
Aquí verá los fértiles sembrados
Ceder en ondas fáciles al viento,
De sus plácidas alas regalados:
Sobre la esteva honrada
Allí cantar al arador contento
En la esperanza de la mies futura:
Alegre en su inocencia y su ventura
Mas allá un pastorcillo
Lento guiar sus cándidas córderas
A las frescas praderas,
Tañendo el concertado caramillo:
Y el rio ondisonante,
Entre copados árboles torciendo,
Engañar en su fuga circulante
Los ojos que sus pasos van siguiendo;
Lento aquí sobre un lecho de verdura,
Allí celando su corriente pura;
Cerrando el horizonte
El bosque impenetrable y arduo monte.
¡Oh vida! ¡oh bienhadada
Situacion! ¡oh mortales
Desdeñados y oscuros! ¡oh ignorada

Felicidad, alivio de mis males!
¡Cuándo por siempre en vuestro dulce
[abrigo
Los graves hierros que aherrojada siente,
El alma romperá! ¡cuándo el amigo
De la naturaleza
Fijará en medio de ella su morada,
Para admirar contino su belleza,
Y celebrarla en su entusiasmo ardiente!
Otros gustos entonce, otros cuidados
Mas gratos llenarán mis faustos dias:
De mis rústicas manos cultivados
Los campos que labraron mis abuelos,
Las esperanzas mias
Colmarán y mis próvidos desvelos:
Mi huerta abandonada,
Que apenas ora del colono siente
En su seno la azada,
De hortaliza sabrosa
Verá poblar sus niveladas eras:
Mi mano dilijente
Apoyará oficiosa
Ya el vástago á la vid, ya la caida
Rama al frutal, que al paladar convida
Doblada al peso de doradas peras:
Veráme mi ganado
A su salud, á su custodia atento,
Solícito contarle cuando lento
Torna al redil de su pacer sabroso:
O en ocio afortunado,
Mientra su ardiente faz el sol inclina,
Solitario filósofo el umbroso
Bosque en la mano un libro discurriendo
Llenar mi pecho de tu luz divina,
Anjélica verdad, las celestiales
Sagradas voces respetoso oyendo,
Que en himnos inmortales,
En medio de las selvas silenciosas
Do segura reposas,
Al sencillo mortal para consuelo
Tal vez dictaste del lloroso suelo.
De las aves el trino melodioso
Allí mi dulce voz despertaria;
Y armónica á las suyas se uniria
Cantando solo el campo y mi ventura:
Allí del campo hablara
Con el pobre colono; y en las penas
De su estado afanoso
Con blandas voces de consuelo llenas,
Humano le alentara:
O bien sentado á la corriente pura,

Viva, fresca esplendente,
Del plácido arroyuelo, bullicioso,
Que entre guijuelas huye fujitivo,
Si del vicio tal vez la imájen fiera,
Mi memoria aflijiera,
El ánimo doliente
Se conhortara en su dolor esquivo;
Y en sus rápidas linfas contemplando
De la vida fugaz el presto vuelo,
Calmara el triste anhelo
De la loca ambicion y ciego mando.
Imájen, ¡oh arroyuelo!
Del tiempo volador y de la nada
De nuestras mundanales alegrías,
Una de otra apremiada,
Tus ondas al nacer se desvanecen;
Y en raudo curso en el vecino rio
Tu nombre y tus cristales desparecen.
Así se abisman nuestros breves dias
En la noche del tiempo: así la gloria,
El alto poderío,
La ominosa riqueza,
Y lumbre de belleza,
Do ciega corre juventud liviana,
Pasan cual sombra vana,
Solo dolor dejando en la memoria.
¡Oh cuántas veces mi azorada mente
En tu márjen florida,
Contemplando tu rápida corriente,
Lloró el destino de mi frájil vida!
¡Cuántas en paz sabrosa
Interrumpí tu plácido rüido
Con mi voz, ¡oh arroyuelo! dolorosa,
Y en dulces pensamientos embebido,
A tu corriente pura
Las lágrimas mezclé de mi ternura!
¡Cuántas, cuántas me viste
Querer de ti apenado separarme;
Y moviendo la planta perezosa,
Cien veces revolver la vista triste
Hácia ti al alejarme,
Oyendo tu murmullo regalado,
Y esclamar conmovido
Con balbuciente acento:
¡Aquí moran la dicha y el contento!
¡Oh campo! ¡oh soledad! ¡oh grato olvido!
¡Oh libertad feliz! ¡oh afortunado
El que por ti de lejos no suspira;
Mas trocando tu plácida llaneza
Por la odiosa grandeza,
Por siempre á tu sagrado se retira!

¡Afortunado el que en humilde choza
Mora en los campos, en seguir se goza
Los rústicos trabajos, compañeros

De virtud é inocencia;
Y salvar logra, con feliz prudencia,
Del mar su barca y huracanes fieros!

ÉGLOGAS.

ÉGLOGA I.

BATILO (*).

BATILO, ARCADIO, POETA.

BATILO.

Paced, mansas ovejas,
La yerba aljofarada,
Que el nuevo dia con su lumbre dora,
Mientras en blandas quejas
Le cantan la alborada
Las parlerillas aves á la aurora.
La cabra trepadora
Ya suelta se encarama
Por la áspera ladera:
De esta alegre pradera
Paced vosotras la menuda grama;
Paced, ovejas mias,
Pues de abril tornan los felices dias.
   Corónase la tierra
De verdor y hermosura,
Y aparecen de nuevo ya las flores:
Líquida de la sierra
Corre la nieve pura,
Y vuelven á sus juegos los pastores.
Todo el campo es amores;
Retoñan los tomillos;
Las bien mullidas camas
Componen en las ramas
A sus hembras los dulces pajarillos;

(*) Esta égloga en alabanza de la vida del campo fué premiada por la real Academia española en junta que celebró en 18 de marzo de 1780.

Y el arroyuelo esmalta
De plata el valle, do sonando salta.
   Así cual es sabroso
Despues de noche triste
El rocío del alba al mustio prado;
O cual tras enojoso
Invierno el mundo viste
De gala el sol, gozándose el ganado;
Así cual al cansado
Pastor que tras hambriento
Lobo corrió, es la fuente;
Tras el marzo inclemente,
Tal es á mí del céfiro el aliento:
Y cual á abeja rosa,
Del campo así la vida deliciosa.
   Apenas ha nacido
El dia en los oteros,
De arreboles el cielo matizando,
Por el alegre ejido
Saco ya mis corderos,
Y alegres los cabritos van saltando.
Mientra el sol se va alzando,
Mil zelosas porfias
A la sombra en reposo
Separo, si zeloso
Mi manso esté por las corderas mias;
Y si la noche viene,
El estrellado cielo me entretiene.
   Mas por aquella loma
Con sosegada planta,
Al viento dando el pastoril acento,
El dulce Arcadio asoma:
Su armoniosa garganta
¡Cuán acordada sigue al instrumento!
Tambien canta contento

De la estacion florida,
Para en torno seguirle,
Corro de cerca á oirle:
Algo acaso dirá de mi querida;
O la nueva tonada
Que Tirsi canta á su Licori amada.

ARCADIO.

¿Quién viendo la hermosura
De esta tendida vega,
Y el brillo y resplandores del rocío,
Los brincos, la soltura
Con que el ganado juega,
Y el soto lejos, plácido y sombrío,
El noble señorío
Con que el claro sol nace,
Las nieblas recojerse,
En ondas mil la yerba estremecerse,
Y los hilos de luz que el aire hace;
Tierno latirle el seno
No siente, y de placer su ánimo lleno?
Do quiera es primavera,
Que abril vertiendo viene
Nuevas galas y espíritu oloroso:
La novilla do quiera
Sobrado el pasto tiene
En tierna yerba de pacer sabroso.
El pastor en reposo,
Ya libre sus tonadas
Puede cantar tendido,
Viendo su hato querido
Lento buscar las sombras regaladas,
Y pueden las pastoras
Bailar alegres las ociosas horas.
No á mi gusto sea dado
Riquezas enojosas,
Ni el oro que cuidados da sin cuento:
No el ir embarazado
Entre galas pomposas,
Ni corriendo vencer al raudo viento;
Mas sí cantar contento,
Sentado á par mi Elisa
Viendo desde esta altura
Del valle la verdura,
Y de mi dulce bien la dulce risa,
Y mis vacas pastando,
Y el manso rio entre árboles vagando.
Pero aquel que allí veo
Que por el prado viene,
¿No es Batilo el zagal? Tan de mañana:

¡Cuán bien á mi deseo
La suerte lo previene!
Guarde el cielo, pastor, tu edad lozana.

BATILO.

La gracia sobrehumana
De tu cantar divino
Guarde del lobo odioso:
Y sigue en tan sabroso
Tono, hechizo del valle y de Amor digno;
Que el ganado alboroza,
Y el choto jugueton por él retoza.

ARCADIO.

Tú mas antes al viento
Suelta esa voz süave
Que á todas las zagalas enamora,
Tañendo el instrumento,
Que el desden vencer sabe,
Y ablandar como cera á tu pastora;
Y la letra sonora
Cántame que le hiciste,
Cuando te dió el cayado
Por el manso peinado,
Que con lazos y esquila le ofreciste;
O bien la otra tonada
De la vida del campo descansada.
Premio será á tu canto
Este rabel, que un dia
Me dió en prenda de amor el sabio Elpino;
Y en él con primor tanto
Pintó la selva umbría,
Que muestra bien su injenio peregrino.
Del Tórmes cristalino
Formó en él la corriente,
Que ir riendo dijeras,
Lo largo en sus praderas
Vagando los rebaños mansamente;
Y la ciudad de lejos
Del sol como dorada á los reflejos.
A un álamo arrimado
Alegre un zagal canta,
Mientras su amada flores va cojiendo:
Por el opuesto lado
Un mastin se adelanta,
Y á otra zagala fiestas viene haciendo:
Todo lo que está viendo
Lejos un ciudadano,
El semblante aflijido,

Y en cuidados sumido,
Haciéndole á otro señas con la mano,
Que al umbral de una choza
Rie entre los pastores, y se goza.

BATILO.

Y yo de Delio hube
Una flauta preciada,
Labrada de su mano diestramente.
Tan guardada la tuve
Que jamás fué tocada;
Pero mi amor en dártela consiente.
Los valles y la fuente
Puso en ella de Otea:
De vida el llano ameno
Como por mayo lleno:
Un muchacho en el cerro pastorea;
Y el rabel otro toca,
Y á contender cantando le provoca.
De flores coronadas,
Mas lindas que las flores,
Suelto el cabello al céfiro liviano,
Van bailando enlazadas,
Causando mil ardores,
Las zagalejas en el verde llano:
A un lado está un anciano
Que la flauta les toca,
Y algunas ciudadanas
Mirándolas ufanas;
Y como que la envidia les provoca
Con regocijo tanto.
Pero tú empieza, y seguiré yo el canto.

ARCADIO.

Dulce es el amoroso
Balido de la oveja,
Y la teta al hambriento corderuelo:
Dulce, si el caluroso
Verano nos aqueja,
La fresca sombra y el mullido suelo:
El rocío del cielo
Es grato al mustio prado,
Y á pastor peregrino
Descanso en su camino:
Dulce el ameno valle es al ganado,
Y á mí dulce la vida
Del campo, y grata la estacion florida.
Mire yo de una fuente
Las menudas arenas
Entre el puro cristal andar bullendo,
O en la mansa corriente
De las aguas serenas
Los sauces retratarse, entre ellos viendo,
Los ganados paciendo:
Mire en el verde soto
Las tiernas avecillas
Volar en mil cuadrillas;
Y gozen del tropel y el alboroto,
Otros de las ciudades,
Cercados de sus daños y maldades.
¿Dónde las dulces horas,
De júbilo y paz llenas,
Mas lentas corren, ni con mas reposo?
¿Quién rayar las auroras,
Como el zagal, serenas
Ve, ni del sol el trasponer hermoso?
¡Cuidado venturoso!
¡Mil veces descansada
Pajiza choza mia!
Ni yo te dejaria,
Si toda una ciudad me fuera dada;
Pues solo en ti poseo
Cuanto alcanzan los ojos y el deseo.
¿Para qué el vano anhelo,
Ni los tristes cuidados
Que enjendran el poder y los honores?
Mejor es ver el cielo
Que no techos pintados;
Mejor que las alfombras nuestras flores,
Los árboles mayores
Nos dan fácil cabaña,
Una rama sombrío,
Otra reparo al frio;
Y cuando silba el ábrego con saña
En las noches de enero,
Lumbre para bailar un roble entero.
Aquí en la verde grama
Oiga yo en paz gloriosa
El lento susurrar de este arroyuelo:
Aquí evite la llama,
Cabe mi Elisa hermosa,
Del sol subido á la mitad del cielo;
Y su dorado pelo
Orne de florecillas,
O teja en su regazo
De ellas guirnalda ó lazo;
Y arrúllenme las blandas tortolillas,
Cuando yo la corone,
Y la firmeza de mi amor le abone.

EGLOGAS.

BATILO.

Y á mí leche sobrada
Me da, y natas y queso,
Y su lana y corderos mi ganado:
Mis colmenas labrada
Miel de tierno cantueso,
Y pomas olorosas el cercado.
Gobierna mi cayado
Dos hatos numerosos,
Que llenan los oteros
De cabras y corderos;
Y deja á los zagales envidiosos
Mi dulce cantilena,
Que á las mismas serranas enajena.
 Mas bienes no deseo,
Ni quiero mas fortuna,
Contento con mi suerte venturosa.
En este simple arreo
No hay pastorcilla alguna
Que huya de mis cariños desdeñosa.
Su guirnalda de rosa
Me dió ayer Galatea,
Filis este cayado,
Y este zurron leonado
La niña Silvia, que mi amor desea;
Mas yo á Filena quiero,
Ella me paga, y por sus ojos muero.

ARCADIO.

Pues cuando el sabio Elpino
Se huyó de la alquería
A la ciudad por sus hechizos vanos;
Con su injenio divino
¡Qué cosas no decia
Despues de los arteros ciudadanos!
Aun á los mas ancianos,
Si te acuerdas, pasmaba,
Contándonos los hechos
De sus dañados pechos.
Yo zagalejo entónces le escuchaba,
Y aun guarda la memoria
La mayor parte de su triste historia.
 El semblante sereno,
Y el corazon roido,
Cual es el fruto de silvestre higuera;
Miel envuelta en veneno
Su razonar finjido;
Pechos lisiados de la envidia fiera;
Hijos que desespera
La vida de sus padres;

Muertes, alevosías;
Entre esposos falsías,
Y doncellas vendidas por sus madres:
Esto contaba Elpino
De la ciudad, despues que al campo vino.

BATILO.

Y Dalmiro cantaba
Aquel que fué á la guerra,
Y vió las tierras donde muere el dia;
Que en nada semejaba
El rio de esta sierra
Al mar soberbio que pavor ponia.
Me acuerdo que decia,
Que del viento irritado
Bramaba en son horrendo,
Con las olas queriendo
Estrellarse en el cielo encapotado,
Tragándose navíos,
Como á las enramadas nuestros rios.
 Que entónces el alarido
Y acabar de los tristes
Quebraba el corazon en tal cüita,
Cual si débil balido
De herida oveja oístes,
O choto que su madre solicita.
¡Oh ceguedad maldita,
Fiar vida y ventura
A una tabla liviana!
Mejor es la galana
Vega, Arcadio, con planta hollar segura
Trás mis mansas corderas,
Que el ver navíos ni borrascas fieras.

ARCADIO.

Ni yo, Batilo, quiero
Ver mas que nuestros prados,
Ni beban mis ganados de otro rio.
Aquí no lobo fiero
Nos trae alborotados,
Ni nos daña el calor, ó hiela el frio.
No ajeno poderío
Nuestro querer sujeta,
Ni mayoral injusto
Nos avasalla el gusto.
Todos vivimos en union perfeta;
Y el sol y helado cierzo
Nos dan salud y varonil esfuerzo.
 Todo es amor sabroso,
Alegría y hartura,

Y descanso seguro y regalado.
Ni el pastor envidioso
Murmura la ventura
Del otro á quien da el cielo mas ganado:
Ni el mayoral honrado
Burla al zagal sencillo,
Ni con doblez le trata:
Ni su seno recata
La amada de su tierno pastorcillo;
Que el amante y la fuente
Gozan de su belleza libremente.
  Como las ciudadanas,
A engañar no se enseñan
Nuestras bellas y cándidas pastoras;
Ni en su beldad livianas
Nuestro querer desdeñan,
O mudan de amador á todas horas.
Mejor que las sonoras
Canciones de la villa
Su voz suena á mi oido;
Y que el ronco alarido
De sus plazas, la voz de mi novilla.
Mas canta tu tonada
De la vida del campo descansada.

BATILO.

¡Oh soledad gloriosa!
¡Oh valle! ¡oh bosque umbrío!
¡Oh selva entrelazada! ¡oh limpia fuente!
¡Oh vida venturosa!
¡Sereno y claro rio
Que por los sauces corres mansamente!
Aquí entre llana jente
Todo es paz y dulzura;
Y feliz armonía
Del uno al otro dia.
La inocencia de engaño está segura,
Y todos son iguales
Pastores, ganaderos y zagales.
  El cielo despejado,
Y el canto repetido
De las pintadas aves por el viento,
El balar del ganado,
Y plácido sonido
Que del céfiro forma el blando aliento;
Tal vez el tierno acento
De alguna zagaleja
Que canta dulcemente,
Y este oloroso ambiente
En grata suspension á el alma deja;
Y á sueño descansado
Brinda la yerba del mullido prado.
  No aquí esperanza ó miedo,
Las tramas y falsías
Que saben los soberbios ciudadanos.
El pastorcillo ledo
En paz goza sus dias,
Sin entregarse á pensamientos vanos:
Los cielos soberanos
Bendicen su majada,
Y él con sencillo zelo
Da bendicion al cielo,
Tal vez acompañando la alborada
Con que en el campo adora
El coro de las aves á la aurora.
  Sin rezelo ni susto
Los términos pasea
De las cabañas que nacer le vieron;
Y ora aparta con gusto
La cabra en su pelea,
O ve do los jilgueros nido hicieron:
Si al lagarto sintieron
Sus tiernos corderillos,
Rie cuál se espantaron,
Corrieron ó balaron;
Ora al yugo acostumbra los novillos;
Ora fruta ó flor nueva
En don alegre á su zagala lleva.
  Con las serranas viene
A triscar por el prado,
Y enguirnalda la sien de frescas flores:
Ni entónces libre tiene
Su pecho otro cuidado,
Que cantarles ufano mil amores.
Mejor son sus favores
Que la villa y sus tristes
Cuidados y ruidos;
Pues no en tales jemidos
Dos tortolillas querellarse vistes;
Cual canta en voz sonora
De amor un zagalejo á su pastora.
  La fruta sazonada
¡Con cuál dulce fatiga
De la rama se corta! ¡cuán gustoso
Es ver la acongojada
Lucha en la blanda liga
Del verdecillo ú colorin vistoso!
¡Cuán grato el armonioso
Susurrar y el desvelo
De abeja entre las rosas!
¡O ver las mariposas
De flor en flor pasar con presto vuelo!

¡O mirar la paloma
Bañarse alegre, cuando el alba asoma!
　Así Tirsi decia,
Que la primera jente
Como agora vivimos los pastores;
Por los campos vivia
En la edad inocente,
Antes que del verano los ardores
Marchitaran las flores;
Cuando la encina daba
Mieles, y leche el rio;
Cuando del señorío
Los términos la linde aun no cortaba,
Ni se usaba el dinero,
Ni se labraba en dardos el acero.
　Y cierto ¿cuántas veces
Los mas altos señores
Vienen á nuestras pobres caserías
Sin pompa ni altiveces,
A gozar los favores
Del campo y sus sencillas alegrías?
Las rústicas porfías
Que los zagales tienen,
Miran embelesados:
Y en seguir los ganados
Por los tendidos valles se entretienen;
O de bailar se gozan,
Y al son de nuestras flautas se alborozan.
　Aquí Delio y Elpino
Moraron, y el famoso
Que dijo de las magas el encanto
Con su verso divino
Junto al Bétis undoso;
Y aquí Albano entonó su dulce canto.
¡Oh grata vida! ¡oh cuánto
Me gozo en ti seguro!
De flores coronado,
Y al cielo el rostro alzado,
Este vaso de leche alegre apuro:
Bebe, Arcadio, y gozemos
Tan feliz suerte, y á la par cantemos.

ARCADIO.

　Cual la dulce llamada
De paloma rendida
Es al tierno pichon que la enamora;
Cual hiedra enmarañada
Que á reposar convida,
Y cual agrada el baile á la pastora;
Tal tu cancion sonora

VI.

Es, zagal, á mi oido:
Ni así es el prado ameno
De grata yerba lleno,
De las ovéjas con hervor pacido
En fresca madrugada,
Cual me encanta tu música estremada.

BATILO.

　No el lirio comparado
Con zarza montüosa
Ser debe, ó con el cardo la azucena.
Ni así aquel desagrado
Y altivez enojosa
De las de la ciudad con la serena
Gracia de mi Filena.
Ellas me desdeñaron
Allá en su plaza un dia:
Yo sus burlas reia;
Y ellas de mis desprecios se enojaron.
Volvíme á mis corderos,
Y á gozar, zagaleja, tus luceros.

ARCADIO.

　Y yo á mi Elisa amada
Fuí compañero acaso
La tarde en la ciudad que fiesta habia:
Cual luna plateada
Reluce en cielo raso,
Así Elisa entre todas relucia.
¡Cuán bella parecia,
Zagal! sus lindos ojos
Mil pechos abrasaron,
Envidias mil causaron,
Y se hicieron á un tiempo mil despojos.
¡Ay, Elisa, bien mio,
De tu firmeza mi ventura fio!

BATILO.

　Los surcos las labradas
Laderas hermosean,
Y del olmo la vid es ornamento:
Las pomas sazonadas
El paladar recrean,
Y al ánimo la flauta da contento;
Al bosque el manso viento:
Tú á todo nuestro prado
Le das, Filena mia,
La risa y alegría:

Al sentirte venir, bala el ganado:
Y Melampo colea,
Y haciéndote mil fiestas te recrea.

ARCADIO.

No así de la pastora
La gala es deseada,
Ni del zagal el dulce caramillo,
Ni vaca mujidora
Tanto en la zela agrada
A enamorado cándido novillo,
O á la liebre el tomillo,
Cual á Elisa es sabrosa
Pradera y selva umbría.
Con menos agonía
Huye del gavilan la garza airosa,
Que Elisa desalada
Corre de la ciudad á su majada.

BATILO.

Darme quiere Lisardo
Por el mi manso un choto,
Para llevarlo en don á sus amores:
Yo para ti lo guardo,
Y el nido que en el soto
Ayer cojí con ambos ruiseñores.
¡Ay, si yo en mis ardores
Fuese abeja y volara,
Mi bien, siempre á tu lado!
¡O en colorin mudado,
Continuo mis ardores te cantara!
¡O hecho flor me cortases,
Y á tu labio de rosa me allegases!

ARCADIO.

No á la cigarra es dado
De voz haber porfía
Con jilguero que canta en la enramada,
Ni con cisne estremado
En dulce melodía
Puede ser abubilla comparada:
Ni á tu voz regalada
Mi tono desabrido.
¡Oh fuente! ¡oh valle! ¡oh prado!
¡Oh apacible ganado!
Si el canto de Batilo es mas subido
Que el de los ruiseñores,
Grata escuche Filena sus amores.

BATILO.

La alondra en compañía
De la alondra se goza,
Y en su arrullo la tórtola lloroso:
El ciervo en selva umbría
Con su par se alboroza,
Y con el agua el ánade pomposo.
Yo con el amoroso
Rostro de mi pastora;
Ella con sus corderas,
Y estas en las laderas,
Cuando de nueva luz el sol las dora;
Y á Arcadio mi tonada,
Y á todo el valle su cantar agrada.

POETA.

Así loando fueron
La su vida inocente
Los dos enamorados pastorcillos;
Y los premios se dieron
Del álamo en la fuente,
Llevando allí á pastar sus ganadillos;
Y yo que logré oillos
Detrás de una haya umbrosa,
Con ellos comparado,
Maldije de mi estado.
De entónces la ciudad me fué enojosa;
Y mil alegres dias
Gozo en sus venturosas caserías.

ÉGLOGA II.

AMINTA.

A Aminta y Lísis en union dichosa
Amor unido habia,
El casto amor de la inocencia hermano.
Lisi cual fresca purpurante rosa,
Que abre su cáliz virjinal del dia
Al suave aliento, por Aminta ardia;
Y él celebraba ufano
En tierno acento su zagala bella.
El fugaz eco plácido llevaba
Su constante ternura
A su querida, cuando lejos de ella
Su cándido ganado apacentaba.
Eran dos niños por comun ventura
Ya dulce fruto de sus castos fuegos,
Así blondos y hermosos,

Cual entre las zagalas bulliciosos,
Sin venda ni arco en infantiles juegos,
Porque esquivas sus llamas no rezelen,
Sueltos los Amorcitos vagar suelen,
Cuando las danzas del abril florido.
En ellos y en su Lisi embebecido
Del pasto alegre del vicioso prado,
Aminta revolvia
A su feliz cabaña su ganado;
Y el sol laso entre nieblas se perdia;
Cuando asomar por el opuesto ejido
Los vió el padre feliz: ¡oh qué alegría
Con su vista sintió! ¡cómo su pecho
En plácida zozobra palpitaba,
Cual nieve al sol en blando amor deshecho!
En lágrimas bañado los miraba,
Y luego al cielo en gratitud ferviente;
Y así cantó con labio balbuciente.

AMINTA.

¡Oh mis lindos amores!
¡Mitad del alma mia!
¡De vuestra madre bella fiel traslado!
Creced, tempranas flores,
De gloria y alegría
Colmando á vuestro padre afortunado:
Y cual risa del prado
Es el fresco rocío,
Dulce júbilo sed del pecho mio.
  ¡Ah, con qué gozo veo
Plácidos ir jirando
En lenta paz mis años bonanzosos,
Cuando en feliz recreo
De mi cuello colgando
Inocentes reís; ó bulliciosos
En juegos mil donosos
Triscais por la floresta
Tras los cabritos en alegre fiesta!
  El colorin pintado
Que en la ramilla hojosa
Se mece, y blando sus cuidados trina;
El vuelo delicado
Con que la mariposa
De flor en flor, besándolas, camina;
La alondra que vecina
Al cielo se levanta,
Todo os es nuevo, y vuestro pecho
[encanta.
  En vuestra faz de rosa
Rie el gozo inocente,

Y en los vivaces ojos la alegría:
Vuestra boca graciosa
Y la alba tersa frente
Son un retrato de la Lisi mia.
La blanda melodía
De vuestra voz remeda
La suya, pero en mucho atrás se queda.
  ¡Y el candor soberano
De su pecho divino!
¡Y su piedad con todos oficiosa!
Yo ví su blanca mano
Del mísero Felino
Socorrer la indijencia rigurosa.
Clori en su congojosa
Suerte llorar la viera,
De su amarga orfandad fiel compañera.
  Sola estás; mas el cielo
Si te roba, esclamaba,
La cara madre, te dará una amiga;
Y á la triste en su duelo
Sollozando alentaba.
Clori la abraza en su cruel fatiga;
Y sus ansias mitiga
En su seno clemente:
Yo al verlo me inundaba en lloro ardiente.
  De entónces mas perdido
La adoré, y ciego amante
Sus pisadas seguí por selva y prado.
Así en el ancho ejido
Con balido anhelante
Corre á su madre el recental nevado.
Oyó en fin mi cuidado;
Y mi feliz porfía
Coronando, su mano unió á la mia.
  Vosotros, mis amores,
Sois el fruto precioso
Del dulce nudo y bendicion del cielo,
De mil suaves ardores
Galardon venturoso,
De nuestras ansias plácido consuelo;
Renuevos que el desvelo
De mi cariño cria,
Para gozarme con su pompa un dia.
  Creceréis, y mi mano
Os cubrirá oficiosa,
Cual tiernas plantas, de la escarcha cruda.
  El cielo soberano
Con bendicion gloriosa
Hará que el fruto á la esperanza acuda;
Y deleitosa ayuda
En la vejez cansada

A mí seréis y á vuestra madre amada.
　　Entónces nuestra frente
El tiempo habrá surcado
De tristes rugas, el vigor perdido:
Tal el astro luciente
Se acerca sosegado
Al occidénte en llamas encendido.
Pero habrémos vivido;
Y hombres os gozarémos;
Y en vosotros de nuevo vivirémos.
　　El ganado que ahora
Mi blando imperio siente,
El vuestro sentirá; y en estos prados
Os topará la aurora
Tañendo alegremente
Mi flauta y caramillo concertados.
Los tonos regalados
Que ora á cantar me atrevo,
Hará mas dulces vuestro aliento nuevo.
　　En humilde pobreza,
Mas en paz y ocio blando,
Luego mi Lisi y yo reposarémos.
Sobre vuestra terneza
Nuestra suerte librando,
A vuestra fausta sombra nos pondrémos.
Plácidos gozarémos
Su celestial frescura;
Y os colmarán los cielos de ventura.
　　Porque el hijo piadoso
Es de ellos alegría,
Y habitará la dicha su cabaña:
Pasto el valle abundoso
Siempre á su aprisco cria:
Ni el lobo fiero á sus corderas daña;
Nunca el año le engaña;
Y en su trono propicio
Acoje Dios su humilde sacrificio.
　　A sus dulces desvelos
Rie blanda su esposa,
Corona de su amor y su ventura;
Y de hermosos hijuelos,
Cual oliva viciosa,
Le cerca, y en servirle se apresura:
De inefable ternura
Inundado su seno,
Cien nietos le acarician de años lleno.
　　¡Oh mis hijos amados!
Sed buenos; y el rocío
Vendrá del cielo en lluvia nacarada
Sobre vuestros sembrados:
Os dará leche el rio,

Y miel la añosa encina regalada:
Vuestra frente nevada
Lucirá largos dias;
¡Ay! oiga el cielo las plegarias mias!—
　　Con delicado acento
Así Aminta cantaba,
Bañado el rostro en delicioso llanto,
Y el feliz pecho en celestial contento:
Y con planta amorosa
A sus dulces hijuelos se acercaba.
Llegó do estaban, y cesó su canto;
Que con burla donosa
Uno el cayado juguetón le quita
Y el balante ganado ufano rije,
Que al redil conocido se dirije;
Mientra el mas pequeñuelo se desquita
Con mil juegos graciosos,
Sonar queriendo con la tierna boca
La dulce flauta que su padre toca;
Y de Aminta en los brazos cariñosos
Llegando á la alquería,
Caen las sombras, y fallece el dia.

ÉGLOGA III.

MIRTILO Y SILVIO.

SILVIO.

¿Dónde, Mirtilo amado,
Tan cuidadoso, tan veloz caminas?
¿Dónde? ¿el caro redil abandonado?

MIRTILO.

A ofrecer estas frescas clavellinas
A mi jentil zagala, Silvio mio,
Que cojí en el verjel: aun salpicadas
Ve en líquido rocío
Sus tiernas hojas; pero muy mas bellas
Sus mejillas rosadas
Son, y su boca mas fragante que ellas.
Voy, Silvio, pues; ¡el pecho se alboroza!
Y en la feliz ventana de su choza
En un ramo donoso
Las dispongo: y retírome de un lado
Con paso respetoso.
Luego al rabel le canto apasionado
La amorosa tonada
Que entre todas las mias mas le agrada,
Porque me sienta allí: la zagaleja
De timidez y gozo palpitando,

El blando lecho silenciosa deja,
Y asómase á escuchar: Mira el fragante
Vistoso ramo que feliz le ofrece
Mi desvelo constante:
Tómalo, y rie: á la nariz hermosa
Lo llega, y en su aroma regalado
Pensando en su Mirtilo cariñosa,
Absorta se embebece,
Yo envidiando mi ramo afortunado.

SILVIO.

¡Zagal feliz! que de placer suspiras,
Mientras las tristes iras
Yo sin ventura lloro
De Amarílis cruel, de linda boca,
Ojos vivaces y cabello de oro,
Que parte en rizos por el cuello tiende,
Parte entre rosas agraciada prende,
Mas rebelde al amor, cual dura roca.
Así pues te dé blanda Galatea
Los dulces premios que tu fe desea,
Que me cantes te ruego esa tonada,
Que cual tuya será tierna y süave.

MIRTILO.

Harélo, Silvio amado,
Así porque no sabe
Mi sencilla aficion negarte nada,
Como por ocuparme afortunado
En Galatea y mi sabrosa pena.
La noche va tornando silenciosa;
Y la alba luna, que en el alto cielo
Su carro guia en majestad serena,
Con su cándida luz bañando el suelo,
Despiertan la gloriosa
Llama de amor, mi espíritu conmueven,
Y el labio y el rabel al canto mueven.
Oye pues, Silvio: la zagala mia
Un clavel oloroso
Puesto galanamente
En el baile llevaba:
Vióo mi loco amor, y así decia,
Mientras él insensible el cerco hermoso
De sus purpúreas hojas levantaba
Sobre su seno cándido y turjente:
¡Oh, si yo feliz fuera
Ese clavel fragante,
Donosa Galatea,
Que ufana al seno traes!
¡Cuán fino y cariñoso

Su nieve palpitante
Delicioso empapara
En mi aliento süave!
Sobre él las hojas tiernas,
¡Oh dicha imponderable!
Tendiera, y sin zozobra
Lograra en fin gozarle.
Viera si su alba esfera
De rosas y azahares
Hizo Amor, ó de nieve
Mezclada con su sangre:
La fuerza que lo ajita,
Cuando turbado late,
Y el valle de jazmines
Que forma donde sale:
De do el olor subido
Le viene: y qué contraste
Con sus turjentes globos
La lisa tabla hace;
Viera si el breve hoyuelo,
De do esta tabla parte,
Es lecho de azucenas,
Do Amor dormido yace:
Pues si á gozar el ámbar
De mi encendido cáliz
Tal vez la nariz bella
Inclinaras afable,
¡Oh y cuál lo dilatara!
¡Cuán tierno, cuán amante
El tuyo inundaria
De gozos celestiales!
¡Y con tu aliento unido
Me deslizara fácil
Por él, hasta que ardieras
Del fuego que en mí arde!
¡Bebiera tus suspiros:
Mis encendidos ayes
Envueltos en aromas
Bebieras tú anhelante!
Mas ¡ah! que helada y muerta
Gozar la flor no sabe
Bien tanto; y en mil ansias
Mi pecho se deshace.
¡Clavel, oh amor, me torna,
O cefirillo amable;
Y siempre á mi bien siga,
Y en mi ámbar la embriague!
Ya Mirtilo callaba,
Y aun Silvio embebecido,
Sin sentirlo prestaba
Al eco tierno un silencioso oido.

Volvió en fin, y le dice: el bullicioso
Curso del arroyuelo,
Y del favonio el susurrante vuelo
No igualan con tu voz, zagal dichoso.
Dulce al labio es la miel, y la mirada
Tierna de una pastora
Dulce al zagal que fino la enamora;
Pero muy mas el ánimo recrea
Tu amorosa tonada.
Toma, toma por ella esta cayada,
Que entallé diestro de arrayan y flores:
Tan fácil premio mi amistad desea
A tus tiernos ardores.
Recibióla Mirtilo; y mas contento
Que el ciervecillo jugueton y exento
Brinca en pos de su madre en la pradera,
A poner fino el ramo afortunado
Vuela en planta lijera,
A la ventana de su dueño amado.

ÉGLOGA IV.

EL ZAGAL DEL TORMES.

Fértiles prados, cristalina fuente,
Bullicioso arroyuelo, que saltando
De su puro raudal plácido vagas
Entre espadañas y oloroso trébol;
Y tú, álamo copado, en cuya sombra
Las zagalejas del ardiente estío
Las horas pasan en feliz reposo,
A Dios quedad: vuestro zagal os deja;
Que allí del Ebro á los lejanos valles
Fiero le arrastra su cruel destino,
Su destino cruel, no su deseo.
Ya mas, ¡oh Tórmes! tu corriente pura
Sus ojos no verán: no sus corderas
Te gustarán, ni los viciosos pastos
De tus riberas gozarán felices:
No mas de Otea las alegres sombras,
No mas las risas y sencillos juegos,
Pláticas gratas y canciones tiernas
De la dulce amistad. Aquí han corrido,
Cual estas lentas cristalinas aguas
Riendo jiran con iguales pasos,
De mi florida edad los claros dias.
De las dehesas del templado estremo
Vine estraño zagal á estas riberas,
Cuando mi barba del naciente bozo
Apenas se cubria; y en las ramas
De los menores árboles los nidos
Pudo alcanzar mi ternezuela mano
De los dulces pintados colorines.
Aquí á sonar mi caramillo alegre
Me enseñó Amor; y el inocente pecho
Palpitando sentí la vez primera.
Aquí le ví temer; y á la esperanza
Crédulo dilatarse, cual fragantes
A los soplillos del favonio tienden
Sus tiernas galas las pintadas flores,
Cuando en mayo benigno el sol les rie.
Con planta incierta discurriendo ocioso
En inocencia y paz, libre y seguro
Cantar me oísteis, y volver mis trinos
Parlero el monte en agradable juego.
Llevar me visteis mi feliz ganado
Del valle al soto, y desde el soto al rio.
Bañado en gozo, cuando el sol heria
Mi leda faz con su naciente ama,
En dulce caramillo y voz süave
Su lumbre celebraba y mi ventura.
Mis ovejillas del caliente aprisco
Saltando huian con balido alegre,
Seguidas de sus cándidos hijuelos,
Al conocido valle, do seguras
Se derramaban; y ladrando en torno
Mi perro fiel con ellas retozaba.
Otros zagales á los mismos pastos
Sus corderos solícitos traian,
A par brindados de la yerba y flores:
Y juntos bajo el álamo que cubre
Con sombra amiga y susurrantes hojas
La clara fuente, en pastoriles juegos
Nos viera el sol en su dorado jiro
Perder contentos las ardientes horas,
Que en torno de él fugaces revolaban.
Viónos la noche y el brillante coro
De sus luceros repetir los juegos
Entre las sombras del callado bosque;
Y á mí embargado en contemplar el jiro
De tanta luz, ó la voluble rueda
Con que del año la beldad graciosa
Ornan del crudo enero el torvo ceño,
Del mayo alegre las divinas flores,
Las ricas mieses del ardiente estío,
Y de olorosas frutas coronado
El otoño feliz; las maravillas
Cantar de Dios con labio balbuciente,
En tierno gozo palpitando el pecho,
Y sonando otra voz muy mas canora
Que de humilde pastor, mi dulce flauta.
¡Delicia celestial, ante quien bajo

Es cuanto precia el cortesano iluso
De oro, de mando ú deleznable gloria!
No allí á nublar tan inocente gozo
El pálido temor, no los cuidados
Solícitos vinieran, ó la envidia
Sesga mirando, su cruel ponzoña
Pudo sembrar en nuestros llanos pechos.
Todo fué gozo y paz, todo süave,
Santa amistad y llena bienandanza.
En plácida igualdad muy mas seguros
Que los altos señores, nunca el dia
Nos rayó triste, ni la blanca luna
Salió á bañar con su arjentada lumbre
Nuestra llorosa faz, cual allá cuentan
Que en las ciudades y soberbias cortes
La noche entera en míseros cuidados
Los ciudadanos desvelados lloran.
¡Tanto bien acabó! Como deshace
Del año la beldad crudo granizo,
Que airada lanza tempestosa nube;
Y la dorada mies, del manso viento
Antes movida en bulliciosas olas,
Ya entre sus largos surcos desgranada,
Del triste labrador la vista ofende;
Así el hado marchita mi ventura,
Así á dar fin á mi apenada vida
A tan lejanos términos me lleva,
¡Ay! ¿para qué? De mis fugaces años
A mas nunca tornar, desparecieron
Los mas serenos ya; y acaso á hundirse
Los que me esperan de dolor, conmigo
Corren infaustos en la tumba fria.
Pasó cual sombra mi niñez amable,
Y á par con ella sus alegres juegos.
Relámpago fugaz en pos siguióla
La ardiente juventud: danzas, amores,
Cantares, risas, doloridas ansias,
Dulces zozobras, veladores zelos,
Paces, conciertos agradables, todo
Despareció tambien; y el sol me viera,
Entre rosas abriendo á la galana

Primavera las puertas celestiales,
Seis lustros ya sus bienhechores rayos
Mirar contento con serenos ojos.
¡Y ora habré de dejar estas riberas,
Dónde vivo feliz! ¡y estos oteros!
¡Este valle! ¡este rio en libre planta,
Cantando veces tantas, de mí hollados,
No veré mas! ¡y mis amigos fieles!
¡Y mis amigos! ¡oh dolor! Con ellos
Aquí me gozo y canto: aquí esperaba
El trance incierto de mis breves dias;
Y que cerrasen mis nublados ojos
Con oficiosa mano: ¿á qué otros bienes?
¿Otras riquezas y cansados puestos?
¿A qué buscar en términos distantes
La dicha que me guardan estas vegas,
Y estas praderas y enramadas sombras?
Mi choza humilde á mi llaneza basta,
Y este escaso ganado á mi deseo.
Téngase allá la pálida codicia
Su inútil oro, y la ambicion sus honras;
Que igual alumbra el sol al alto pino
Y al tierno arbusto que á sus plantas nace.
Mas ya partir es fuerza: bosque hojoso,
Floridos llanos, cristalino Tórmes,
Quedad por siempre á Dios; dulces ami-
[gos,
A Dios quedad, á Dios; y tú indeleble
Conserva, árbol pomposo, la memoria
Que impresa dejo en tu robusto tronco,
Y sus letras en lágrimas bañadas.

    Aquí Batilo fué feliz, sus hados
    Le conducen del Ebro á la corriente:
    Pastores de este suelo afortunados,
    Nunca olvideis vuestro zagal ausente.
Id, ovejillas, id; y tan dichosas
Sed del gran rio en los lejanos valles,
Cual del plácido Tórmes lo habeis sido
Con vuestro humilde dueño en las orillas:
Id, ovejillas, id; id, ovejillas.

Las Bodas
DE
CAMACHO EL RICO,
COMEDIA PASTORAL.

Habiendo determinado la villa de Madrid celebrar la paz ajustada en 1783 y el feliz nacimiento de los serenísimos Infantes jemelos, CARLOS y FELIPE, con festejos públicos estraordinarios, obtuvieron el premio *las Bodas de Camacho*, para representarse en ellos en el teatro de la Cruz.

INTERLOCUTORES.

CAMACHO EL RICO, *amante de*
QUITERIA LA HERMOSA, *su novia, y amante de Basilio.*
PETRONILA, *su hermana, y amante de Camacho.*
BERNARDO, *padre de ambas.*
BASILIO EL POBRE, *amante de Quiteria.*

CAMILO, *amigo de Basilio.*
DON QUIJOTE, *caballero andante.*
SANCHO PANZA, *su escudero.*
UN PASTOR.
COROS Y ACOMPAÑAMIENTO DE ZAGALES Y ZAGALAS.

PRÓLOGO.

EL AMOR.

¿Quién puede resistir al triste lloro
Y angustia lastimera
De un amante infeliz y abandonado?
¿O qué bárbara fiera
Negarse puede á su clamor? el cielo,
El cielo mismo de su amargo duelo
Se mueve: y cual envia
Su benigno rocío al mustio prado
Que le alegra y fecunda, así á su alma
Torna por mí la suspirada calma,
Y alivia su cuidado.
Por mí, que soy el dios de la alegría,
Las risas y el placer, Amor en suma,

Cual lo dicen mis alas, mi semblante,
Estas mis flechas y mi aljaba de oro.
Entónces el amante,
Ledo y feliz, el sazonado fruto
De su fe recojiendo,
Goza en paz las ternuras de su amada,
De mis flechas dulcísimas llagada.
¡Dichoso entónces él, que por tributo,
Sus deliciosas lágrimas bebiendo,
Ya le ciñe la sien de tiernas flores,
Ya escucha sus favores,
Ya canta su hermosura,
Ya encarece su ardor y su ventura!
¿Y habrá quién acusarme
Pueda de ingratitud, y ose llamarme

Vengativo y cruel? Vengan y vean
Los hombres lo que soy, si es que desean
Al Amor conocer: darles me agrada
Hoy entre estos pastores inocentes
Un nuevo testimonio de mi pura
Sencilla inclinacion: hoy la ternura
Será galardonada
Del mísero Basilio; y sus dolientes
Ansias se trocarán en alegría.
¡Cuál jime el infeliz! ¡cuál se querella
De su Quiteria bella!
Que estos los nombres son de los zagales,
En años, en ternura, en todo iguales:
La enojosa pobreza
Los lleva al duro trance de la muerte.
¿Mas qué no puede amor? ¿qué la fineza
De los dos no merece? la lazada
Que en uno junte su felice suerte,
Por mí les será echada;
Y hoy Quiteria la hermosa
Será con su Basilio venturosa,
Y él con su amada vivirá seguro.
Yo llamaré al Injenio; y sus sutiles
Graciosas invenciones
A mi arbitrio usaré: de la locura
Tambien he de valerme;
Y aun la misma amistad, su candor puro
Olvidando, usará de la librea
Del engaño falaz por complacerme.
¡Oh inmenso poder mio, que á su grado
Todo lo ordena y muda! ¡oh bien hadado
Basilio fiel! ¡oh hermosa,
Y mucho mas dichosa
Quiteria! vendrá un dia,
Cuando soneis en plácida armonía
Allá do besa humilde Manzanáres
Los altos sacros lares
Del mayor de los reyes,
Que dió á la tierra atónita sus leyes.
Entónces deliciosa
La santa paz descenderá del cielo;
Y con su puro trasparente velo
El orbe cubrirá: mientras gozosa
En duplicada prole su ventura
Logra Iberia segura.
Prole del alto Empíreo acá enviada,
Y á los ardientes votos acordada
Del abuelo real y venerable,
¡Vivid, creced, pimpollos florecientes!
Creced, preciosos niños, de las jentes
Españolas consuelo,

VI.

Y honor y gloria del humilde suelo!
¡Oh PRÍNCIPE benigno! ¡oh LUISA amable!
¡Oh grande! ¡oh justo CARLOS! ¡cómo os
[veo
De laurel coronados,
Y de Iberos felices rodeados,
En medio de la paz y la victoria
Subir al alto templo de la gloria!

—

ACTO PRIMERO.

ESCENA I.

BASILIO.

¡Ay! ¡cómo en estos valles,
Morada antes de amor, hoy del olvido,
Basilio fué dichoso!
¡Oh tiempo! ¡tiempo! ¿dónde presuroso
Tan de presto has huido?
La crédula esperanza que mi pecho
Abrigó tantos años, ¿qué se ha hecho?
¿Es esta, infiel Quiteria, la ventura
De tu zagal amado?
Amado sí, cuando inocente y pura,
Como la fresca rosa,
Y mucho mas hermosa,
Nos dió el Amor sus leyes celestiales.
En fin todo lo alcanza la riqueza;
Y en adorar el oro son iguales
Ciudades y alquerías.
El mérito es tener; y la belleza
Cede del poderoso á las porfías,
Cual débil caña al viento.
¡Quién temiera traicion y finjimiento,
Ah Quiteria, en tu fe! ni que yo ahora
Maldijese impaciente
La lengua engañadora
Que decirme solia:
»Nada temas, Basilio; eternamente
»Quiteria será tuya: á ti se fia
«Mi virjinal decoro:
«Como tuyo le guarda y le venera....»
¡Qué guardarlo sirvió, si cuando menos
Debiera ser temido,
A Camacho tu padre te ha vendido!
¡Oh pechos crudos de piedad ajenos!
¡Oh Bernardo! no padre,
Tirano sí: tal joya

28

No te la dió para Camacho el cielo:
Yo la merezco solo: la he ganado
Sirviendo y adorando tantos dias:
Fruto es de mi cuidado
Y de las ansias mias.
¡Oh! dámela, cruel: no de mi seno
Robes con mano fiera
La inocente cordera
Para encerrarla en el redil ajeno.
Y tú, aleve pastora,
¿Porqué el consejo de tu padre sigues?
¿No basta ser señora
Del cuitado Basilio? te faltaba,
Sí, del feliz Camacho la riqueza:
Pero ¡cuánta ventura te aguardaba
En mi humilde pobreza!
¡Cuál yo trabajaria
Alegre para tí de noche y dia!
Con abundosos bienes justo el cielo
Premiara mi solícito desvelo.
¡Y qué los bienes son con los placeres
De un amor mutuo y fino!
Pero tú sigues el comun destino,
Y desmentir tu condicion no quieres.
Sigue, sigue homicida,
Que yo el camino seguiré que el hado
Señala crudo á mi infelice vida,
Acabando con ella y mi cuidado
Por triste complemento
De tus infieles bodas.... Pasos siento:
Huyamos hácia aquí, que ya insufrible
Le es todo á mi dolor.

ESCENA II.

BASILIO, CAMILO.

CAMILO.

¡Será posible
Hallazgo tan feliz, ó mi deseo
Me burla en lo que veo!
¡Basilio! ¿tú en el valle? ¿tú en mis bra-
[zos?
¡Mi querido Basilio!

BASILIO.

¡Ay Camilo!

CAMILO.

¡Qué estrella tan dichosa
A mis ojos te vuelve? yo temia
Algun fin desastrado
Desde el aciago dia,

En que el fatal concierto fué ajustado
De Camacho y Quiteria;
Y tú, celoso, triste, dolorido,
Cual novillo furioso que vencido
Fué en la lucha, del valle te ausentaste,
Llenándonos de amargo desconsuelo
Con las sospechas de tu cruda muerte.

BASILIO.

¡Pluguiera al justo cielo
Que ella hubiese acabado
Con presto golpe mi infelice suerte!

CAMILO.

¡Y en el dia á las bodas señalado,
Tornas á renovar tus desventuras
Entre sus regocijos y alegrías!
¿O has olvidado á tu enemiga bella?

BASILIO.

No lo consiente mi contraria estrella,
Pastor amigo: las desdichas mias
Crecen como la llama
Por intrincada selva en el estío.

CAMILO.

¿Pues qué causa te vuelve?

BASILIO.

El mas impío
Furor, la mas rabiosa
Determinada voluntad que pudo
Caber en pecho de pastor. Sí, bella
Cuanto falsa Quiteria, está segura
Que presto, presto acabará tan crudo
Dolor, pues tú lo quieres.

CAMILO.

¡Oh anuncio infausto! ¡oh nueva des-
[ventura!
¡Oh mísero zagal! vuelve á tu seso;
Y tu clara razon no ultrajes loco
Con tan culpable esceso.

BASILIO.

¡Aun te parece mi tormento poco!
No, zagal; mi destino
Es morir por Quiteria: yo vivia
Para adorarla fino:
Hoy á Camacho ha de entregar su mano;
Y la esperanza mia
Acaba de agostarse. ¡Quién tan vano
Fruto cojer temiera
De tan florida mies! ¡quién tus palabras,
Quiteria fementida, no creyera!

CAMILO.

¡Ah zagal! que deliras con el cuento
De tu pasada gloria;

Doblándote las ansias su memoria.
BASILIO.
No puedo refrenar el pensamiento.
Tú conoces mi amor: tú, amigo, sabes
Que de la edad mas tierna
Sola su ley mi voluntad gobierna.
Pared en medio la enemiga mia
De mi casa vivia:
Casi á un tiempo nacimos,
Y juntos nos criamos,
Y ya en la cuna misma nos amamos.
Apenas empezaba
A hablar aun balbuciente,
Ya con gracia inocente,
Su esposo me llamaba,
Y á mis brazos corria;
Y los suyos me daba, y se reia:
Yo la amaba tambien; y con mil juegos
Pueriles la alegraba,
Ya travieso saltando
Tras ella en la floresta,
Ya su voz remedando
Con agradable fiesta,
Ya en pos de algun nevado corderillo
Corriendo en rededor de los rediles,
O acechando el pintado jilguerillo
En las varas sutiles
Llenas de blanda liga,
Voluntad tan acorde y tan amiga
Jamás fué vista en una edad tan breve:
El par mas fiel de tórtolas amantes,
En el mas hondo valle retiradas,
Y solo á acariciarse abandonadas,
Eran para los dos ejemplo leve.
Una la voluntad, uno el deseo,
Una la inclinacion, uno el cuidado,
Amar fué nuestro empleo
Sin saber que era amor; y en tanto grado
Que ya por la alquería
De todos se notaba y se reia
Nuestra llama inocente.
Despues en la puericia floreciente
Mi anciano padre á gobernar me puso
El hato de mis cabras; y su padre
Igualmente dispuso
Que ella á pastar por los alegres prados
Sacase sus ganados.
¡Ay qué felices dias!
¡Qué sencillas y puras alegrías!
Si ella se enderezaba hácia un otero,
Yo estaba allá primero;

Y si al valle bajaba,
En el valle esperándola me hallaba.
No hubo flor, no hubo rosa de mi mano
Cojida, que en su seno no parase:
No hubo dulce tonada
Que yo no le cantase,
Ni nido que en su falda no pusiese:
Mis cabritos saltando la seguian,
Y la sal sus corderas me lamian
En la palma amorosas.
De esta suerte las horas deliciosas
En grata union pasábamos felices,
Cuando un deseo de saber nos vino
Que era amor, de manera
Cual si un encanto fuera,
Y á un zagal ya maestro preguntando:
«Un niño hermoso, respondió burlando,
«Halagüeño, festivo, bullicioso,
«Con alitas doradas,
«Que causa mil placeres y dolores.
«Gusta de los pastores,
«Y de edad floreciente:
«El pecho ajita y mil suspiros cria:
«Hace hablar á los rudos dulcemente,
«Hace velar, y el corazon abrasa;
«Y olvida del ganado,
«Pensando solo en el sujeto amado,
«Y solo con su vista da alegría....»
Quiteria se encendia;
Y yo turbado estaba aquesto oyendo,
Consigo mismo cada cual diciendo:
Yo me ajito y suspiro,
Yo canto dulcemente, y yo me abraso,
Velo, me quejo y lloro;
¡Ay! á Quiteria: ¡ay! á Basilio adoro.
CAMILO.
¡Discurso bien estraño! ¡y mas estraña
Simplicidad la vuestra!
BASILIO.
    Desde entónces
Sabiendo que era amor, á amar nos dimos
Con inquietud tan rara,
Que en vano á ponderántelo bastara,
Contando un dia entero mis venturas.
¡Qué promesas hicimos!
¡Qué afectos! ¡qué ternuras!
¡Qué dulce libertad! ¡y qué delicias!
Imajina, Camilo, las caricias,
Las miradas, los juegos, los favores
Que hallavian dos pechos abrasados
En el amor mas puro.

CAMILO.
Finjírselos no puede el mismo amante
Fuera de aquel afortunado instante.
BASILIO.
Siete veces abril tornó florido,
Y diciembre aterido,
Viviendo yo seguro
Sin rezelar mudanza,
Cuando Camacho, ¡oh bárbara memoria!
Vino á arrojar por tierra mi esperanza;
Y yo resuelto me partí del valle
A dar fin á mi vida,
Desesperado y fiero.
No de intencion mudé; mas ora quiero
Que ante sus ojos sea,
Y que la ingrata, la perjura vea,
En el momento de sus tristes bodas,
Con qué estremo la amaba
Este desventurado,
Y hasta qué punto mi despecho llega.
CAMILO.
¡Ay Basilio infelice! que te ciega
Tu celosa pasion.
BASILIO.
Quizá mudado
Su pecho entónces llorará mi suerte,
Vivo gozar queriendo
Al que ahora por pobre da la muerte.
CAMILO.
¡Vano consuelo para mal tan grave!
BASILIO.
Este me resta solo.
CAMILO.
Aun otro queda.
BASILIO.
¿Cuál? dímelo, Camilo...
CAMILO.
El que tú hablaras
A Quiteria esforzando
Su corazon cobarde,
Que aun constante te adora,
Y por tus zelos agraviada llora.
BASILIO.
¡Yo á Quiteria...! primero
El fuego será frio, el sol oscuro,
Y el mayo irá sin flores,
Que yo la hable ni vea.
No, zagal, yo no quiero
Ponerme de la infiel á los desvíos,
Ni á su intencion contravenir en nada,
Turbando en vano con los ruegos mios

La luz serena de sus claros ojos,
Ni las purpúreas delicadas rosas
De sus mejillas.
CAMILO.
¡Tu feliz ventura
Tú mismo estorbas!
BASILIO.
Tu rogar es vano.
CAMILO.
Pues por no hablarla perderás su mano.
BASILIO.
¡Cómo amigo! ¿qué dices?
CAMILO.
Que aun puede haber retorno tu fineza.
De Quiteria el silencio, la tristeza,
Su despego á Camacho, su desvío,
Sus suspiros, sus ojos,
Mas de una vez me han dicho que te
adora.
BASILIO.
¡Cuán dichoso seria!
CAMILO.
Bailando en la enramada el otro dia,
Sin ser notado, y viéndola elevada,
Como en ti contemplando,
Yo le dije burlando:
« Olvídale, zagala, pues le niegas
« El premio á tantas ansias merecido. »
Turbóse en escuchándome, encendido
Su rostro de vergüenza, y sus mejillas
Salpicó alguna lágrima, que en vano
Quiso ocultar su mano:
Háblala pues.
BASILIO.
¡Oh firme,
Malograda esperanza! vuelve, vuelve
De nuevo á florecer: ¡mas sin ventura!
¡Cómo yo la he de hablar en este dia
Y en tanta confusion! No, no me ha dado
Amor tal osadía.
CAMILO.
Pues yo por ti lo haré; mira en qué
grado
Tu dicha anhelo; y dispondré de modo
Que en secreto os veais.
BASILIO.
¡Ah dulce amigo!
Pues eres de mis lágrimas testigo,
Sensible le pondera
Mi amor, mi fe sincera.
Haz esto, y premio pide; mi ganado,

Cuanto vale Basilio, todo, todo
Está, Camilo fiel, á tu mandado.
Y á Dios, que podrán verme.
CAMILO.
Aquí me espera
Dentro de una hora.
BASILIO.
Tornaré lijero,
Cual hambriento cordero
De la madre al balido.

ESCENA III.

CAMILO, DON QUIJOTE, SANCHO.

CAMILO.

¡Cuán fácil es, cuán fácil al olvido,
Zagalas, vuestro pecho! la corriente
Del arroyo, del céfiro el ambiente
Tienen en su inconstancia mas firmeza;
Pues torna un solo dia
En odio crudo la mayor ternexa,
Si el orgullo, el antojo, la porfía,
O el interés el ánimo os provoca.
¡Felice yo! que la esperanza loca
Lanzar del pecho conseguí... ¿Mas cómo
Haré en bullicio tanto, que se vea
Con Quiteria Basilio? de su lado
No se aparta Camacho... de zagales
Todo el valle está lleno... la alegría....
La confusion..... las danzas..... ¡Ah.....!
su hermana....
Petronila es buen medio;
Ella es vana y sagaz; y con envidia
Ve á Quiteria dichosa,
Y ama á Camacho, y estará zelosa.
Buscarla me conviene.
DON QUIJOTE.
¿Bien arrendado á Rocinante dejas?
Que además la cüita de Basilio
Solícito me tiene.
SANCHO.
Yo me atengo
Al ricote Camacho: muy bien hizo
La zagala en cojelle;
No sino estar sin blanca, y por las nubes
Querer luego casarse: cada oveja
Vaya con su pareja.... ¡cielo santo!
¡Qué garrido zagal! tal sea mi vida.
¡Qué sayo, qué limpieza!

DON QUIJOTE.
Calla, calla,
Sancho hablador, que tú como villano
Sirves al interés. — Pastor hermano,
Hoy que en esta floresta la alegría
Y el regocijo viven,
¿Licencia habrá un andante caballero
De ver con su escudero
Unas fiestas tan célebres y nuevas,
Cual la fama pregona?
CAMILO.
Un huésped tal de nuevo las abona.
Mas ¡qué traje! ¡qué arreo!...
DON QUIJOTE.
Non vos faga
Pavor, zagal amigo, su estrañeza.
Un caballero soy de los que dicen
Van á sus aventuras:
É que magüer de tiempos tan perdidos
Al ocio renunciando y las blanduras,
Huérfanos acorriendo y desvalídos,
Y enderezando tuertos y falsías,
Si el cielo no le amengua su esperanza,
Ha de resucitar la antigua usanza.
SANCHO.
Es mi señor el mas valiente andante
Que tiene el mundo todo: á Rocinante
Oprime el fuerte lomo; y deja fechos
Cien mil desaguisados.
Señora universal de sus cuidados
Es la sin par princesa Dulcinea....
CAMILO.
Yo no os entiendo, amigo.
Mas vos, señor, en tan félice dia
De aquí no partiréis: nuestra alegría
Venid, venid á honrar: y del esposo
A recibir obsequios y favores.
DON QUIJOTE.
Ya sabidor me hicieron dos pastores,
Que es cortés cuanto rico,
Siéndolo en todo estremo;
Y otro que tal la desposada hermosa
Como él rico y cortés; y la manera
Insólita en que quiere
Sus bodas celebrar y su ventura.
CAMILO.
Vence la verdad pura
Cuanto contar pudieron: en riquezas
No hay mayoral alguno que le iguale.
Estas sierras pobladas

Tiene con sus vacadas,
Y valles y laderas
De cabras y corderas:
Siendo á par dadivoso que hacendado.
De la hermosa Quiteria enamorado,
Al fin su honesta mano ha conseguido;
Y celebrar los desposorios quiere
Con mil regocijadas invenciones.
Las grandes y abundosas prevenciones
No me es dado contar: veréis tendido
El albo y rico pan así en rimeros,
Cual suele el trigo estar en el ejido.
Así veréis arder olmos enteros
Cociendo las viandas,
Cual si fuesen lumbradas de verano:
Así caza colgada por los robles,
Cual si fruta fuera.
Ha enramado este valle de manera,
Que á hurto el sol ha de entrar, si á vernos viene:
Danzas y bailes de zagalas tiene,
Y de zagales juegos y carrera:
Finalmente este dia
Es todo del placer y la alegría,
De Quiteria merced á la hermosura,
Pues cual la rosa es reina de las flores,
Ella lo es de la gracia y jentileza,
Sus ojos amorosos
Son mas que el sol lumbrosos,
Y sus luengos cabellos
No hay valor para vellos.
De la boca destila miel y azahares;
Y su cuello preciado
Alabastro es labrado;
Venciendo á su beldad su gallardía,
Y á esta su honestidad y cortesía.

SANCHO.
Pardiez que es la zagala,
Despues de mi señora Dulcinea,
Lo mejor que ver pienso. El oro, el oro
Sabe allanarlo todo; y á la larga
A la liebre mas suelta el galgo carga.

CAMILO.
Decís bien: de Quiteria
Otros muchos la mano codiciaron;
Y en mil tiernas canciones
Sus ansias y sus zelos ponderaron.
Estos olmos veréis de letras llenos,
Que en la dura corteza
Publican su desden y su belleza.
Sobre todos Basilio
Ya en la niñez mas tierna la servia,
Y ella su honesto amor favorecia.
Mas el oro triunfó de este cuidado.
Es Basilio un zagal tan acabado
En gracias cuanto pobre:
Suelto y ájil al salto y la carrera,
De dulce voz, de razonar suave
Y jentil hermosura;
Y ámala de manera,
Que cuantos sus finezas conocemos,
Algun fin desastrado de él tememos.

DON QUIJOTE.
¡Zagal cuitado!

SANCHO.
    El que fortuna olvida,
Há de sobra la vida.

CAMILO.
Así es verdad, y solo por ser pobre.
Mientras Camacho rie,
Basilio triste y despechado llora.

DON QUIJOTE.
¡Oh riqueza! en mal hora
La madre tierra de su seno duro
Te lanzó entre los hombres.
Tú lo conturbas todo, y el seguro
Amor tornas olvido:
Por ti el mérito yace escurecido,
Virtud es otrosí desacatada,
É hubo en el suelo la maldad entrada,
Ya non vale ni afan esclarecido,
Ni sangre por la patria derramada,
Ni feridas gloriosas
De caballero fuerte.....

CAMILO.
    Permitidme
Avisar de la dicha que hoy le viene,
Al felice Camacho.

ESCENA IV.

DON QUIJOTE, SANCHO.

SANCHO.

¡Sancho! ¡Sancho!
¡Oh qué olor tan divino!
¡Qué calderas aquellas! no las vide
Tamañas en mi vida: ¿pues las ollas?
Son seis grandes tinajas.
Bien la aventura empieza:
A esto me atengo, y no á la jentileza
Y gracias de Basilio.

DON QUIJOTE.

Sancho, hijo,
Non denuestes al pobre, que los bienes
Por eso son llamados de fortuna,
Porque los da sin discrecion alguna
Esta inconstante Diosa;
Y es sandez además tanta alegría.
Mal haya, á decir vuelvo, el negro dia
En que topó codicia con el oro.
Por él se amengua el virjinal decoro
De la tierna doncella, y puerta tiene
Franca el recuestador....

SANCHO.

Habilidades
Son sin él necedades:
Nunca en casa del rico el duelo viene:
El dar peñas quebranta: los dineros
Vuelven en caballeros.

DON QUIJOTE.

El cielo te confunda y tus refranes.

SANCHO.

¡Válame Dios! ¡qué danzas! ¡qué zagalas!
En solo vellas se me van los ojos.
¡Oh qué alegres! ¡qué sueltas! no parece
Sino que sus cabellos estendidos,
Semejan de oro puro unos manojos.
¡Qué sartas de corales! no hay pagallas.
¡Pues montas los vestidos!
¡Oh bien haya Camacho y su riqueza!
Eso que tienes, vales.

CORO I.

Tras el divino fuego
De su adorada esposa
Camacho vuela ciego,
Cual tierna mariposa.

CORO II.

Quiteria desdeñosa
Su ardor huir procura,
Cual vírjen vergonzosa,
Cual niña mal segura.

LOS DOS COROS.

Pues baste de estrañezas,
Y en tálamo de flores

CORO I.

Goze ya sus finezas,

CORO II.

Temple ya sus ardores.

LOS DOS COROS.

En tálamo de flores
Goze ya sus finezas,
Temple ya sus ardores.

DON QUIJOTE.

Fuyamos de aquí al punto; no, no quiero
Que el ocio muelle ó femenil halago
Me embarguen en mis altos pensamientos.
Hay huérfanos, viüdas, y pupilos
Que amparar, hay doncellas
Que acorrer, hay jigantes
Soberbios y arrogantes
Con quien lidiar, ¿y yo me detendria?
Dulce señora mia,
Non, vuestro caballero
Non fará sandez tal: fuyamos, Sancho.

SANCHO.

¿Cómo es eso de huir? ¿para esto solo
Fué sin yantar dormir en la floresta,
Y hacerme despertar, cuando hacen salva
En sus nidos los pájaros al alba,
Hablando de la fiesta
Y de Basilio mísero? ¡Ay, abuelo!
Sembrasteis alazor, nació anapelo.

DON QUIJOTE.

Vamos digo.

SANCHO.

¿Quién sabe si aquí puede
Saltar tal aventura,
Que cuantas hasta ahora hemos tenido,
Nada con ella sean?

ESCENA V.

DON QUIJOTE, SANCHO, BERNARDO, CAMACHO.

CAMACHO.

Bien venido
Seais á honrarme en mi felice boda;
Que ya el zagal con quien habeis hablado,
De todo me ha informado:
Y así rendido os ruego
Deis el último punto á mi alegría
Con vuestra compañía.
Este es dia de gracia y regocijos;
Venid á ver los que á Quiteria hermosa
Ordenar, aunque rústico, amor sabe;
Y hacedla en esto solo mas dichosa.

DON QUIJOTE.

Yo, jentil mayoral, solo lo fuera,
Si ofertas tales disfrutar pudiera,
Como sé agradecellas comedido.

BERNARDO.

¿Cómo, señor?

DON QUIJOTE.
En fiestas non es dado
Por ley á caballero detenerse,
De las altas empresas olvidado
A que el cielo le llama.
Él te haga con Quiteria venturoso
Luengos siglos, mancebo jeneroso;
Y licencia me da...
SANCHO.
Señor, teneos:
¿Cómo quereis partir, y á ruegos tales
Ser desagradecido,
Habiendo siempre sido
La misma cortesía?
¡Miren qué monta un dia
Para un tan valeroso caballero!
Vos pedídselo, hermano.
BERNARDO.
Aunque no quiero,
Señor, importunaros, si estas canas
Y esta edad algo pueden,
No hagais que nuestras súplicas sean va-
[nas.
Y el anciano Bernardo, de Quiteria
Padre feliz, añada esta ventura
A cuantas hoy Camacho le asegura.
CAMACHO.
Pueda nuestra porfía...
SANCHO.
¡Qué dureza!
Dad luego y dais dos veces: que lo mismo
Es negar que tardar.
DON QUIJOTE.
Agraviaria
Esas canas, Bernardo venerable,
Y tu discreta afable cortesía,
Jentil Camacho, en resistir mas tiempo.
Vuestro me constituyo, á vuestro grado
Ordenad, os veréis obedecidos.
BERNARDO, CAMACHO.
Hacedlo vos, pues nos teneis rendidos.
SANCHO.
¡Bueno! cayó: no ayuno
Cuentes al importuno.
Dios mejora las horas, Sancho: afuera
La escuderil miseria; y al buen dia
Abre y métalo en casa. ¡Oh qué bien hue-
[le!...
Conforta el airecillo. Buen Bernardo,
¿Habrá, decid, manera..... solamente.....
De probar... no el olor...?

DON QUIJOTE.
¡Oh vil, infame,
Mal nacido escudero! ¡así me amenguas!
Viven los altos cielos,
Donde mas latamente se contiene.....
CAMACHO.
Templaos, señor.
BERNARDO.
Venid hácia este lado,
Que yo os haré placer.
CAMACHO.
A mi Quiteria
La dicha á decir vamos, que en vos tiene.

ESCENA VI.

DON QUIJOTE, SANCHO.

SANCHO.
¡Válame Dios, qué dia á Sancho viene!
Tiernas pollas... cabritos... y conejos.....
Pichones... lechoncillos... allá lejos
Asándose un novillo... ¡ay dulces zaques!
¡Aquí tambien os hallo! ya mis ojos,
Finos enamorados
No pueden de vosotros apartarse.
Ea, Sancho, animarse;
Y pues hay vino, afuera los cuidados.
DON QUIJOTE.
Fermosa y encantada Dulcinea,
Soberana señora
De este vuestro afincado caballero,
Membraos de mí, pues yo por vos me
[muero.
CORO PRIMERO
DE ZAGALES Y ZAGALAS.
TODO EL CORO.
Ven, dulce Amor:
De tus zagales
Oye el clamor.
Ven, dulce Amor,
Ven, dulce Amor.
CORO DE ZAGALES.
Tú nos previenes
Todos los bienes:
Tú el orbe alientas,
Y le sustentas
Como señor.
TODO EL CORO.
Ven, dulce Amor.

CORO DE ZAGALAS.
Sin ti la rosa
Fresca, olorosa
No nacería;
Todo lo cria
Tu suave ardor.
TODO EL CORO.
Ven, dulce Amor.
CORO DE ZAGALES.
Con dócil cuello
El jóven bello
Busca á su amada,
Por ti apiadada,
De su dolor.
TODO EL CORO.
Ven, dulce Amor.
CORO DE ZAGALAS.
Tú á la doncella,
Tímida y bella
Rindes al blando
Yugo, triunfando
De su temor.
TODO EL CORO.
Ven, dulce Amor.
CORO DE ZAGALES.
Tú á sus desvelos
Das mil hijuelos
Bellos, graciosos,
Frutos preciosos
De un mutuo ardor.
TODO EL CORO.
Ven, dulce amor.
CORO DE ZAGALAS.
Ven; y en el suelo
La paz del cielo,
Nunca alterada,
Reine ayudada
De tu favor.
TODO EL CORO.
Ven, dulce Amor.
CORO DE ZAGALES.
De tus zagales
Oye el clamor.
CORO DE ZAGALAS.
Ven, dulce Amor.
TODO EL CORO.
Ven, dulce Amor.

—

ACTO II.

ESCENA I.

QUITERIA.

¿Dó, Quiteria cuitada,
Sin ventura Quiteria, dó engañada
Tu corazon te lleva?
Debes huir, ¿y con inciertos pasos
De tu grado te vienes á la muerte?
Le debes olvidar, ¿y los lugares
Frecuentas do algun dia
Su honesta llama con la tuya ardia?
¡Ay! esta misma vega
Testigo fué de nuestro amor, testigo
De mil hablas süaves,
De mil tiernas promesas y mil juegos,
Que eran un tiempo gloria,
Y ahora son dolor en la memoria.
Aquí dulce cantaba;
Allí alegre reia;
Aquí con su guirnalda me ceñía;
Y allí loco de amor me la quitaba.
El valle, ¡oh triste! florecido dura
Cuando acabó agostada mi ventura.
Feliz la pastorcilla,
Pobre sí, pero libre, á quien concede
El cielo en su llaneza
Amar en libertad y ser amada,
Sin que decoro ó paternal respeto
Le dé el amante, ó le violente el gusto
Con mandamiento injusto;
Y triste la cuitada,
A quien niegan sus hados esta suerte,
Despiadados negándole la muerte.
Ella rie; yo peno
Cual esclava vendida:
Ella se goza al lado
De su zagal amado,
Y yo lloro afligida,
Del mio para siempre dividida.
¿Qué vale el alto estado?
¿Qué vale la riqueza,
Y el don de honestidad y de hermosura,
Cuando falta, Quiteria, la ventura?
Desnudo amor se goza en la pobreza.....
Mas Camilo á mi hermana
Aquí muy en secreto hablando viene.
¡Ay Basilio!... á esperarlos no me atrevo.

ESCENA II.

CAMILO, PETRONILA.

CAMILO.

Él ha llegado en fin; y tal le tiene
Su amor desventurado,
Que algun fin desastrado
Rezelo, Petronila, ¡oh trance fuerte!
¡Oh mísero zagal!

PETRONILA.
           Su acerba suerte
Puede hallar compasion en una roca.

CAMILO.
Él en efecto se dará la muerte
Desesperado.

PETRONILA.
           ¡Ah triste! ¡cuánto, cuánto
Me duele su miseria!

CAMILO.
La suya á mí no tanto
Como la de Quiteria,
Cuya llorosa quebrantada vida
Será despues un infernal tormento.
De imájenes contino combatida,
El ciego, abandonado pensamiento
Le traerá siempre á su Basilio amado.
Hallarále á su lado
Bañado en sangre por su amor vertida:
Con triste voz le pedirá venganza:
Le acusará su pérfida mudanza;
O amoroso y rendido
Le dirá mil finezas, que en su oido
Falaces sonarán: iráse al lecho;
Y al sueño en vano llamará: la aurora
Tornará; y con su lumbre
Crecerá su dolor y su amargura.
¡Oh cara Petronila! ¿qué ser puede
De un lazo que han formado
Solo interés y paternal decoro?

PETRONILA.
Bien se me alcanza; mas ceder de grado
Quiteria debe á su feliz destino,
Las dichas contemplando y la riqueza
Del alto no esperado casamiento.
Es la riqueza puerta de contento;
Y la cruda pobreza
Puerta de desventura,
Cuando amor cesa, y queda su amargura.
Amor, cual niño alegre,
Risas y juegos y donaires ama,
Cuanto pobreza lloros,
Que al punto apagan su celeste llama.

CAMILO.
No, jentil Petronila;
Ni mísera fortuna ni pobreza
De un pecho fiel apagan la fineza.
La inclinacion, el gusto,
La union de voluntades
Decretada del cielo,
Las sencillas verdades,
De agradar el solícito desvelo,
Esto solo es amor, y á los esposos
Ciñe la sien de venturosas flores,
Que jamás se marchitan ni desdicen
Sus primeros verdores:
Lo demás es dureza y tiranía.

PETRONILA.
Así es verdad, pues que tal vez dos pechos,
Uno para otro hechos,
Lloran amargamente divididos
Por la cruel fortuna.

CAMILO.
           Esto me mueve,
Como ya te decia,
Y el amor tierno que feliz nos une
Desde la edad primera,
A que mil medios y caminos pruebe,
Por si logro impedir la muerte fiera
Del mísero Basilio, suspendiendo
La triste infausta boda.

PETRONILA.
¿Cómo, Camilo, suspenderla? ¿cómo?
¿Estás en ti? ¿deliras? ¿ó te burlas
Con pasatiempo vano?

CAMILO.
Hacerlo, Petronila, está en tu mano.

PETRONILA.
¡Yo turbar de mi hermana la ventura!
¡Yo en tramas! ¡yo en ardides! ¡tú te
                               atreves...!

CAMILO.
Amada Petronila, hacerlo debes
Por la suerte de entrambos.

PETRONILA.
Camilo, no es posible:
No; ni aun hablarse en tan revuelto dia.

CAMILO.
Pues esto al menos sea:
Véanse los cuitados, jiman, lloren,
Y quéjense y suspiren;
Y démosle aunque leve este contento.

Acaso, Petronila... en un momento
Prodijios hace amor: dí, ¿no es Camacho
Rico, jentil, amable? ¿por ventura
No hallará cada hora
Otra y otra pastora,
Si Quiteria le deja?
Roba á Basilio aquesta sola oveja.
Con tanto afan criada; y á la muerte
Hélo al instante dado.

PETRONILA.

Tú, Camilo, me vuelves á tu grado.
Con tus dulces palabras: de Quiteria
Tentaré el corazon; y si hallo modo,....

CAMILO.

Tu agudo injenio lo disponga todo;
Que yo al ciego Basilio ver deseo,
Temiendo su furor.

ESCENA III.

PETRONILA.

¡Qué devaneo
Es este, malhadada! olvida, olvida,
Petronila, tu amor; y pues nacida
Fuiste á zelos y llantos,
Llora, cuitada, y cumplirás tu suerte.
¡Ah Camacho! ¡Camacho! ¡tú siguiendo
Vas á la que te huye; y la infelice
Desdeñas que te sigue! ¡á Petronila
Desprecias; y á Quiteria haces felice!
Algun dia, cruel, arrepentido
Tú llorarás, como hoy furiosa lloro.
Pero ¿por qué llorar? ¿no está en mi mano
Ayudar á Camilo, y mil ardides
Fraguar contra un aleve?
¡Ah! que acaso Quiteria en tan dichosa
Suerte estará mudada.
El agua gota á gota en fin horada
La peña, cuanto mas su tierno pecho
Ruego tan porfiado.
No importa, Petronila, con cuidado
Su inocencia provoca... ¡qué afiijida
Por allí asoma! mi asechanza empieze.

ESCENA IV.

PETRONILA, QUITERIA.

QUITERIA.

¡Oh, cómo á un triste le parece
La mayor alegría!
Este valle... mi hermana... vida mia.
Para mí mas suave
Que el alba á desvelado pastorcillo,
Y á solícita abeja
Oloroso tomillo;
¿Tú aquí sola?

PETRONILA.

Ensayando
Estaba mi tonada.

QUITERIA.

Yo buscando
A Isabela venia; y ya dudosa
En volverme pensaba.

PETRONILA.

Mas, Quiteria, ¡tú triste! ¡tú llorosa!

QUITERIA.

Yo, hermana...

PETRONILA.

De tu dicha
Tan cerca, ¡y no te alegras! ¡y no sientes
Aquel contento puro, aquel süave
Vivo placer que los demás sentimos!

QUITERIA.

Verse pasar de esta felice vida,
Petronila querida,
A ser de libre esclava,
Pender de ajeno gusto,
Y entrar en mil desvelos,
No es mucho para risas: si los cielos
Me diesen á elejir, yo libre y sola
En esta grata soledad hiciera
Mi inocente morada.
¡Ay! ni amante, ni amada,
Fueran mis compañeras
Mis nevadas corderas:
El arroyo, la vega, el verde soto,
Mi sencillo recreo,
Y mis galas las flores,
Y mis amantes tiernos ruiseñores.
¡El cielo en otra forma lo ha ordenado!

PETRONILA.

Hablas, Quiteria, en el lenjuage usado.

QUITERIA.

Tú sabes bien que desdeñé mil ruegos
De importunos amantes; y que solo
Pudo el precepto paternal vencerme
De Camacho en favor. No, dulce hermana,
No hay dicha, no hay ventura
Cual la inocencia de una humilde vida,
De sujecion segura,

Y á quien el mundo olvida.
Los bienes no son bienes: son prisiones
Que nuestra dicha impiden; y un engaño
Do crédulos caemos,
Cual en la red el avecilla incauta.

PETRONILA.
Mas antes es forzoso
Que para asegurar nuestra ventura,
Al pacífico yugo el cuello demos:
Ninguna en libertad está segura.
Necesitamos de un arrimo: pasan
Los años; y belleza
Gracias y jentileza
Pasan tambien. La rosa
Somos, que con el dia
Abre el purpúreo seno vergonzosa;
Para perder con él su lozanía.
Nadie de amor se libra: jamás dejan
Sus tiros de acertar: es la ventura
Hallar, cual has logrado
En tu feliz estado,
La conveniencia con el gusto unida.

QUITERIA.
Sí, hermana, sí; mas pocas,
Pocas veces verás que juntos vayan,
Cuando solo interés las almas une,
Que inclinacion debiera:
Mejor es pues en libertad entera
Vivir, que al yugo someter el cuello,
Querer despues, y no poder rompello.

PETRONILA.
¿Y tú estás libre?

QUITERIA.
Si en mi mano fuera,
Por siempre lo estaria.

PETRONILA.
¿Y el mísero Basilio, vida mia?
¿Y aquel amor süave en la inocente
Tierna niñez criado?
¿Aquel sacar entrambos el ganado
A un hora, á un valle mismo? ¿aquel con-
[tarse
Hasta los pensamientos; y al hallarse
Quedarse embebecidos;
Y suspirar al verse divididos?
¿Te enterneces, Quiteria?

QUITERIA.
La memoria
De tan plácidos dias,
Y tanto amor y puras alegrías
Conmueve, hermana, mi sensible pecho,
Que no de dura roca,
Sino de cera delicada es hecho.

PETRONILA.
¿Mas Basilio?

QUITERIA.
¡Ay querida!
Basilio... ya el cuitado
Habrá con muerte dura
Sus ansias y sus zelos acabado.
Yo, yo la causa he sido: yo el agudo
Hierro llevé á su pecho; ¡ó sin ventura!
Vé si debo llorar.

PETRONILA.
No te angusties,
No; pues vive.

QUITERIA.
¿Qué dices?

PETRONILA.
Que en el valle
Le he visto, aunque á lo lejos, triste y solo,
Lloroso, macilento y aflijido,
Cual buscando los sitios do solia.....

QUITERIA.
¡Ah dulce hermana mia!
El gozo me rebosa, mi abatido
Corazon desfallece con tan grata,
Tan felice noticia: ¿vive el triste?

PETRONILA.
Sí: vive.

QUITERIA.
¿Dónde ciega
Me arrastró mi pasion?... en vano, en vano.
Vive ya para mí. Cede á tu dura
Suerte, infeliz Quiteria: ya no eres,
No, la que ser solias.
La ley de honestidad, la fe jurada
Te mandan que su amor bárbara olvides.
¡Ay esperanza mia malograda!

PETRONILA.
Templa el dolor y el mísero lamento,
Que no es, no, leve anuncio de ventura
Haber él vuelto al valle.

QUITERIA.
Para solo su daño y mi tormento,
Mejor allá estuviera
Do jamás yo sus justas ansias viera.

PETRONILA.
¿Y por qué no has de verle?

QUITERIA.
La ley dura
De recato lo veda.

PETRONILA
¡Oh simplecilla,
Cuál te ciega el dolor! dime, ¿qué daño
En esto puede haber? ¿á quién estraño
Será que hableis, lloreis, con los jemidos,
Las quejas y los zelos confundidos?
¿No es sabida de todos su ternura?
¿Tu honestidad á ti no te asegura?
Él así lo desea; y congojoso,
En breve alivio de su amarga suerte,
Me pidió, ¡triste amante! que en su nombre
Y por su aciago amor te lo rogara.
¿Negárselo podrás?

QUITERIA.
Será la muerte
Para entrambos, hermana.

PETRONILA.
¡Tan severa
Contra tanta humildad! ¡cuándo se vido
Nacer de la cordera
El lobo, ni de cándida paloma
El basilisco fiero!
Hazle este gusto; y sea, sí, el postrero.

QUITERIA.
¡Ay! ¿me lo mandas? mas Camacho asoma...
A Dios, que estoy turbada; y peligroso
Fuera que así me viese.

PETRONILA.
¿En qué quedamos?

QUITERIA.
En tu mano queda
Mi corazon cuitado,
Dispon dél lo mejor segun tu agrado.

ESCENA V.

PETRONILA, CAMACHO.

CAMACHO.

¿Qué es esto, Petronila? ¿cómo huye
Quiteria de mis ojos, cuando ciegos
En su semblante anjélico anhelaban
Consuelo hallar y plácida alegría?
¿Por qué tanto desden, rigor tan crudo?

PETRONILA.
Ni huyó Quiteria, ni sentirte pudo.
El deseo solícito á las veces
Los amantes engaña,
Feliz Camacho.

CAMACHO.
Su tristeza estraña,
Su esquivez, su silencio
Me aflijen de manera,
Que antes verme quisiera
Cercado de mil penas y dolores,
Que hallarla con desden en mis ardores.

PETRONILA.
Siempre es la edad primera desdeñosa:
Y la tierna doncella vergonzosa
Ama, y rezela, y su deseo esconde;
Y si amante la mira,
Se cubre de rubor, y se retira.

CAMACHO.
¿Mas con su esposo tímida?

PETRONILA.
¡Qué tierno!
¡Qué tímido, qué fino y rezeloso!
¡Feliz hermana!

CAMACHO.
Dulce Petronila,
Mis rezelos perdona: pero díme,
¿Mi Quiteria me quiere? ¿está contenta?

PETRONILA
¿Puede no estarlo con tan tierno esposo,
Y en el destino á que la llama el cielo?
Un mancebo jentil, rico y amable,
De edad florida, de apacible pecho
Y fácil trato, ¿á quién feliz no hiciera?
Mucho, mucho te debe
Mi hermana en torno, si pagar espera
Tal amor, tal fineza, tal ventura.

CAMACHO.
Solo anhela el deseo
Que ella la goze en mi amoroso empleo.

PETRONILA.
El cielo liberal le dió hermosura;
Mas su edad ternezuela ser rejida
Debe con asistencia cuidadosa,
Hasta que el trato y la costumbre la haga
Diestra en las prendas que tener conviene
La afortunada esposa
De mayoral tan rico,
Y en todo á tu esperanza satisfaga.
¡Oh cuánto tiene que aprender Quiteria!
¡Y qué mal cubre mi aficion el pecho!

CAMACHO.
Tú me la enseñarás; de tu amor fio
Todo el contento mio.
Y ahora oficiosa corre,
Corre, y dile que ciego
Ardo de sus ojuelos en el fuego.
Haz tú por Dios que ingrata no me sea,

Mientras yo pueda hablar á aquel criado,
Del nuevo huésped.

PETRONILA.
¡Triste Petronila!
¡De qué jentil mensaje vas cargada!

ESCENA VI.

CAMACHO, CAMILO, SANCHO.

CAMACHO.

Amigo, ¿cómo fué?

SANCHO.
Bien regalado:
De la espuma me dieron.

CAMACHO.
¿De la espuma?

SANCHO.
Salieron
Por espuma tres pollas, que añagazas
Al apetito hacian,
Y á la boca ellas mismas se venian.
Luego dos gazapillos
Y cuatro pichoncillos;
Y tras esto el licor, dulce embeleso
De Sancho, con que el seso
Pierdo regocijado.
¡Es de lo mas añejo y estremado!
¡Oh qué bien que sabia!

CAMILO
Mas decidme,
¿Qué es este vuestro amo? ¿á qué estas
[armas,
Cual si por tierra de enemigos fuera?
¿Qué busca? ¿cómo viene
Por estos despoblados?

SANCHO.
¡Dudas tales
Podeis tener! ¿no veis en las señales
Que es mi señor andante caballero?
¡Y de los mas famosos!

CAMACHO
¿Y qué es andante?

SANCHO.
Es una cosa, hermano,
Que no sabré decilla,
Porque ora se halla en la mayor mancilla,
Ora de un alto imperio soberano:
Entuertos endereza:
Soberbios desbarata:
De acá por allá corre

Malandrines venciendo;
Y el sabio encantador que le socorre,
Sus pro y claras fazañas va escribiendo,
Vuela su fama, y viene al cabo á hallarse
De un gran rey en la corte, y á prendarse
De la señora Infanta,
Que es muy apuesta y bella;
Y por quitate allá casa con ella,
Y hace conde á lo menos su escudero.

CAMACHO.
¿Qué decís?

SANCHO.
Caballero
Como este mi señor no le hallaredes
Luengos siglos atrás, mas esforzado
En el acometer, ni en repararse
Mas diestro y avezado,
Mas cortés, liberal, ni mas sabido:
Así que de tenerle á vuestras bodas
Alegraros debeis.

CAMACHO.
Son dichas todas
De mi suerte feliz. Mas ya me llama,
De la fiesta el cuidado.
Quedad á Dios.

ESCENA VII.

CAMILO, SANCHO.

CAMILO.

¿Con qué de tanta fama
Es este caballero?

SANCHO.
No hay deciros
Sus fechos y proezas.
Acometer le he visto denodado
Jigantes como torres, y meterse
De dos grandes ejércitos en medio,
Y al rey Pentapolin dar la victoria:
Fracasar un andante vizcaino:
Librar desaforados galeotes:
Ganar el rico yelmo de Mambrino;
Y luego si encantado no se viera,
Del gran Micomicon rey estuviera.

CAMILO.
¡Cómo rey!

SANCHO.
Esperad, que no en un dia
La cabra el choto cria.
Al valeroso andante

Venció de los Espejos;
Y luego cuerpo á cuerpo dos leones
Feroces y tamaños
Como una gran montaña,
Cuyo nombre tomó para memoria
De tan grande aventura,
Que antes el caballero se llamaba
DE LA TRISTE FIGURA,
Sin otros mil encuentros y refriegas.
¿Y todo para qué? para una dura,
Sobajada señora,
La sin par Dulcinea, que ferido
Le tiene de su amor.

CAMILO.
   ¿Luego sujeto
Vive al amor?

SANCHO.
   Mirad, si así no fuera,
No fuera caballero tan perfecto.

CAMILO.
¿Y quién es su señora?

SANCHO.
   ¿Quién? la esfera
De la belleza misma,
Apuesta, comedida, y bien fablada;
Princesa del Toboso cuando menos.

CAMILO.
¡Cómo!

SANCHO.
  Y por ley á los vencidos pone
Que ante ella vayan á decir de hinojos:
« Encumbrada señora, aquel andante,
« Lumbre de caballeros, norte y guia
« De valientes, famoso Don Quijote,
« Nos manda ante la vuestra fermosura
« A que de nos ordene á su talante. »
Y así, ó me engaña la esperanza mia,
O sus fechos estraños
Cuando menos un reino han de ganalle;
Y luego encaja bien á Sancho dalle
La ínsula, que ha de estar yo no sé donde;
Y verme así gobernador ó conde.
Arrímate á los buenos: con quien paces,
Sancho, no con quien naces.
Mas héle viene: al lobo se mentaba,
Y él todo lo escuchaba.

CAMILO.
¡Qué estraño desvarío!
Sin seso están.... no importa... en todo
       [caso
Hacerlo quiero mio.

ESCENA VIII.

DON QUIJOTE, CAMILO, SANCHO.

CAMILO.

Felizmente, señor, os hallo al paso
Para besar rendido vuestras plantas,
Si dicha tal en mi humildad merezco.

DON QUIJOTE.
Alzad, jentil zagal; yo os lo agradezco.

CAMILO.
Esto á tanto valor hacer me toca.

DON QUIJOTE.
Alzad, alzad.

CAMILO.
  Entre fortunas tantas,
No es del rico Camacho dicha poca
Teneros á su lado;
Pero mayor le vino á aquel cuitado,
Que verse libre espera de la muerte
Por ese brazo justiciero y fuerte.
¡Ay infeliz!

DON QUIJOTE.
  Mi profesion, mi estado
Ayudar es á los que pueden poco,
Y agravios desfacer: que esta es forzosa
Ley de caballería,
Sin que cosa en contrario darse pueda.
¿Algun menesteroso en este dia
Necesita de mí? corramos luego.....

CAMILO.
Tal vez..... pero yo os ruego
Que modereis, en tanto
Que él mismo os pueda hablar, el justo
       [enojo.

DON QUIJOTE.
Toda tardanza para mí es quebranto.
¡Ay alta emperatriz! ¡podrá ofrecerte
Algun nuevo despojo
Este tu sandio y reprochado amante!

SANCHO.
¿Va que hay entre las bodas aventura?
¿Y son en un instante
Como el sueño del can mis dulces ollas?..

DON QUIJOTE.
Habédos otra vez con mas mesura,
Sancho; y no del alegre
Fagais, ni del juglar en demasía.
El pro del escudero
Es pro de su señor: su villanía
Amengua al caballero.

SANCHO.

¿Por lo pasado lo diréis? No pude
Mas conmigo, señor; el airecillo
Tras de sí me llevaba.

DON QUIJOTE.

Ven acá, ¿te faltaba
Tiempo para comer? ¿ó mi persona
Primero ser no debe?
Nunca tan mal sirviera
Escudero á señor, cual tú me sirves.
Cuidado pues; y sígueme, que quiero
A solas departir..... El cielo os guarde.

CAMILO.

Guárdeos, señor, á vos.

ESCENA IX.

CAMILO, PETRONILA.

CAMILO.

Por fin ya libre
Puedo esperar á Petronila. ¡Cómo
Será que no la vea!
Mucho temo que todo en vano sea
Cuanto los dos trazemos. ¡Ah cuitado!
Poco en tu bien solicitar me es dado.
Petronila no asoma..... ¿qué camino,
Basilio, seguiré para librarte,
Si todo es mal cuanto de tí imajino?
Esperaré otro rato..... no, mas cierto
El buscarla ha de ser.... ¡Oh Petronila!

PETRONILA.

Felice yo, que en encontrarte acierto
Aquí á solas, do pueda.....

CAMILO.

Acaba, acaba:
¿Vienes con muerte, ó vida?

PETRONILA.

Vida traigo,
Pues ya dispuesta queda
A verse con Basilio, aunque no hallaba
Manera á ejecutarlo conveniente.
Todo era rezelar: líbreme el cielo
Tener que persuadir á una inocente
Tan simple como hermosa,
Que al punto mismo que en amor se arde,
Melindrosa y cobarde
Cien mil estorbos halla en cada cosa.
Por último quedamos
En que dentro de un hora aquí vengamos

Los cuatro, porque puedan
Ellos hablarse, y acechar nosotros.

CAMILO.

¡Oh dulce Petronila! ¡oh voz suave!
¡Muy mas grata á mi oido,
Que de arroyuelo plácido el ruido!

PETRONILA.

Tú pues, Camilo, de Basilio cura,
Que Quiteria, aunque tímida, es segura;
Y vamos, que tal vez de nuestra falta
Habrá ya la malicia rezelado.

CAMILO.

Vé pues por ese, y yo por este lado.

CORO II.

DE ZAGALAS.

UNA ZAGALA.

Zagalas hermosas,
Que en dulce armonía
Tan alegre dia
Debeis celebrar:
Venid presurosas,
Venid á cantar.
 Zagalas, venid;
Y á la bienhadada,
Bella desposada
El himno decid.
 Zagalas, venid.

CORO I.

Los bienes, la ventura
Que á todos los pastores
Esta union asegura,
¡Quién podrá encarecer!
De guirnaldas y flores
Nuestras sienes ciñamos:
Bailemos, y aplaudamos
Tanta dicha y placer.

CORO II.

La vega de verdura
Se cubre, y los collados:
Sin guarda los ganados
Pacen en libertad.
Todo es paz, todo holgura
Por el dichoso suelo.
Baja del alto cielo,
Alma fecundidad!

UNA ZAGALA.

Zagalas, seguid;
El himno decid.

CORO I.
¡Qué vástagos frondosos,
Cual de fecunda oliva,
En torno de ella hermosos
Se verán florecer!
La palma mas altiva
Humíllese á adorarlos;
Y llénese en gozarlos
El suelo de placer.
CORO II.
Colmad, piadoso cielo,
Ventura tan cumplida:
Y en sucesion florida
Sus vidas prolongad.
De angustias, de rezelo
Libradlos; y sellada
Quede la paz jurada,
Quede en la eternidad.
UNA ZAGALA.
Zagalas, seguid;
El himno decid.
CORO I.
Fecundidad dichosa,
Tú sola á los mortales
Concedes bienes tales:
Ven implorada, ven.
CORO II.
Contigo deliciosa
Baje la paz; y en una
Abundancia y fortuna
Con el amor estén.
UNA ZAGALA.
¡Oh dichosa vega,
Si á disfrutar llega
De tan alto bien!
CORO I.
La feliz serrana,
CORO II.
Su zagal querido,
CORO I.
En edad lozana
Viva siglos mil.
CORO II.
Con su amada unido
Viva siglos mil.
UNA ZAGALA.
Vivan siglos mil
CORO I.
La feliz serrana,
En edad lozana,

CORO II.
Su zagal querido
Con su amada unido,
UNA ZAGALA.
Vivan siglos mil.
CORO I.
Vivan los esposos,
CORO II.
Alegres, dichosos;
TODO EL CORO.
Vivan siglos mil:
Vivan siglos mil.

ACTO TERCERO.

ESCENA I.

BASILIO, CAMILO.

En esta escena y las siguientes se ve á Sancho durmiendo á alguna distancia.

CORO PRIMERO.
Ven, Amor poderoso,
Y une en firme lazada
La bella desposada
Con el feliz esposo.
CORO II.
Corónalos de flores,
Y el beso delicado
Dales, en que has cifrado
Tus mas tiernos favores.
CORO I.
Ven y dale al amante,
Dale su dulce esposa.
CORO II.
Dale á Quiteria hermosa
Su mayoral constante.
CORO I.
Dale su dulce esposa.
CORO II.
Ven; y dale al amante,
AMBOS COROS.
Dale á Quiteria hermosa.
BASILIO.
Dale á Basilio mísero la muerte
Con este triste canto,
Luto á su pecho, y á sus ojos llanto:
Camilo, yo no puedo,
No puedo sufrir mas: déjame, amigo,
El placer doloroso

De turbar su alegria,
¡Ay! con la muerte mia.
Ni me envidies, cruel, este consuelo,
Que solo á mi dolor concede el cielo.
¡Oh Quiteria traidora!
¡Quiteria engañadora!
Mas venenosa que áspero torvisco
Para este desgraciado.

CAMILO.
          Escesos tales
Modera, si no intentas
Tu ventura perder.

BASILIO.
          ¿Puede la fuente
Suspender su corriente?
¿Su lumbre el sol, su lijereza el viento?
¡Oh! ¡con cuánto contento
En este mismo sitio yo le hablaba
En dias mas serenos y felices!
Aquí, aquí me alentaba cariñosa:
Aquí, Camilo mio, me juraba
Su fementido amor: aquí á los cielos
En mis justos recelos
Con promesa alevosa
Por testigos la pérfida traia:
Aquí dijo mil veces que era mia.

CAMILO.
Y lo será, si en ves de lamentarte,
Procuras ayudarla,
Y de temor y esclavitud sacarla.

BASILIO.
¿Cómo? dí.....

CAMILO.
          Si la vieras
Entre enemigos fieros,
Que con sangrientos dardos amagasen
Su delicado pecho, dí ¿temieras
Acometer por las agudas puntas
A darle libertad?

BASILIO.
          ¡Qué me preguntas!
Por ellas tan furioso me metiera,
Cual la tigre lijera
Lanzarse suele al cazador, que osado
Sus terneznelos hijos le ha robado.

CAMILO.
Pues Camacho y Bernardo
Los enemigos son que lidiar debes,
Si valeroso á rescatar te atreves
A Quiteria infelice
De esclavitud entre sus manos fieras.

BASILIO.
Corre, corre: ¿qué esperas,
Venturoso Basilio?...

CAMILO.
          No la furia
Nos debe dar, sino la industria sola,
Zagal el vencimiento.
Quiteria es cual rapaza y cual doncella
Tímida y vergonzosa: la porfía
De Camacho y el duro mandamiento
Del severo Bernardo al fin vencella
Importunos lograron;
Mas en su pecho el fuego no apagaron.
No, Basilio feliz, ella te quiere
Mucho mas ora que jamás te quiso,
Y por darte la mano ciega muere.

BASILIO.
¡Ah! ¡conozco el ardid! tú mis dolores
Intentas halagar con tan süaves
Lisonjeras palabras.

CAMILO.
          ¿Pues no sabes
Que la mujer por condicion precisa
Ama lo que le vedan,
Sigue tenaz su antojo,
Huye del que la sigue con enojo,
Y á aquel que huyendo va, sigue impor-
          [tuna?

BASILIO.
Fuéme siempre contraria la fortuna.

CAMILO.
Si tan tierna y tan firme no te amase,
Solo por la porfía
De Camacho, Quiteria te amaria.

BASILIO.
No, Camilo cortés; mi suerte escasa
No es digna de su fe; ni mi pobreza
Me da esperar que de su grado deje
Al felice Camacho y su riqueza
Por la llaneza mia.
Conozco bien lo duro de mis hados:
Por demás te fatigas; mis cuidados
Solo habrán fin, cuando Basilio muera.
Contino suena en mi doliente oido
Una voz infelice,
Que en lúgubre jemido,
Muere, muere, me dice.
Sombra fué mi esperanza y mi ventura!
Pasó mi amor, pasó el abril lozano;
Y el diciembre inhumano
Vino de áspero hielo y de amargura.

Amar sin esperar es mi destino,
Y sellar este amor con muerte dura.
CAMILO.
¡Qué ciego desatino!
No mereces la dicha que te espera,
Por ese vergonzoso abatimiento:
Que el amante cobarde jamás hubo
Ni premio ni favor. En un momento
Quiteria va á llegar; ella te quiere;
Insta, ruega, importuna,
Llora, suspira, y cuanto mas temiere,
Sé tú mas esforzado:
Tú triunfarás: y tú serás dichoso.
BASILIO.
¡Ah! ¡déme Amor un corazon osado!

ESCENA.

BASILIO, CAMILO, PETRONILA, QUITERIA.

QUITERIA.
No, no puedo, no puedo, Petronila,
Su vista soportar; déjame, hermana,
Llorar triste y á solas mi amargura.
PETRONILA.
Ven; y nada receles.....
QUITERIA.
Su ternura
Será mi confusion.
PETRONILA.
Será alegría
Para ti, para el triste
Que en verte solo su consuelo espera.
QUITERIA.
No puedo, no: mi pecho lo resiste.
CAMILO.
Llega, hermosa Quiteria; y no severa
Huyas de quien te adora.
BASILIO.
¡Ay Quiteria!.....
QUITERIA.
¡Ay Basilio!
CAMILO.
Dejémoslos á solas, Petronila,
Quejarse en libertad; y de ese lado
Tú vela, que este queda á mi cuidado.

ESCENA III.

BASILIO, QUITERIA.

BASILIO.
Quiteria infiel, un dia

Delicia y alegría
Del infeliz Basilio, ora tormento;
Un tiempo vida, hoy muerte.....
QUITERIA.
¡Oh malaventurada!
BASILIO.
¿Está contento
Tu corazon cruel? ¿tienes mas penas,
Mas agudas espinas, mas rigores
Para este siervo mísero y paciente,
Que de la edad mas tierna á ti obediente
Amarte ciego es solo su pecado?
QUITERIA.
¡Ah zagal! ¡cuán errado
Juzgas de tu Quiteria!
BASILIO.
¡Cabe, cuitado yo, mayor miseria!
¡Cabe mas amargura!
¡Oh zagala mudable,
Tanto á los ojos bella y agradable,
Cuanto cruel y dura!
¿Qué te hizo tu Basilio? ¿qué en su triste
Pecho en tu ofensa, ¡ay enemiga! viste?
¿Es este el galardon, el premio es este
Que dispuesto le habias?
¿Es esta, infiel, la fe que le debias?
¿Y esto pudo esperar de tu fineza?
¡Oh no vista crudeza!
Yo mismo á la serpiente ponzoñosa
Que ahora me envenena, abrí mi pecho:
A una paloma mansa y simplecilla
Dí nido, y se ha tornado
Aguila sanguinosa,
Que el tierno corazon me ha devorado.
QUITERIA.
No con agravios tales
Culpes á una infeliz: tú mismo, aleve,
Tú eres la causa de tan crudos males:
Tú de las penas, sí, del pecho mio,
Tú de este ciego dolorido llanto,
Que en vano, en vano detener porfío,
¡Cuitada! ¡quién creyera
Que Basilio ultrajarme así pudiera!
BASILIO.
¡Y quién imajinara
Que Quiteria á Basilio abandonara!
QUITERIA.
Yo no te abandoné: tú ciego y loco,
Ciego de furia y loco de rezelos,
Cobarde huíste, ó despechado, cuando
Menos huir debieras,

A mí triste dejando
Sola y desamparada en ansias fieras.
Yo mísera ¿qué haria?
¿A quién me volveria?
¿Con quién pude llorar ó aconsejarme?
¿Con quién huir los ruegos y amenazas
Que continuo sufria?
¿Con qué ejemplo alentarme?
Jemir fué mi destino cual viuda
Tórtola solitaria, á quien el hado
Robó su dueño amado:
Pero jemir sin fruto. ¡Aleve! ¡aleve!
¡Qué poco á tu fineza mi amor debe!..
¡Tú me dejaste, y mi constancia acusas!..
¡Oh Basilio! ¡Basilio! tu partida
A ti eternos dolores,
Y á este infelice costará la vida.

BASILIO.
¡Ay me! de ti por pobre desdeñado,
Trocados en olvido los favores,
El dichoso Camacho preferido,
Yo de celos y angustias consumido;
En tan acerba, ignominiosa suerte
Otro medio no hallé sino la muerte.

QUITERIA.
Debieras esperar, y dar ayuda
A esta triste, que nada,
A tu lado feliz, jamás temiera,
Ni en tamañas desdichas hoy se viera.

BASILIO.
No, ingrata; yo partia
Despechado á morir; mas no queria
Darte el bárbaro triunfo
De acabar en mis ansias á tus ojos.
Un lazo, el hierro, un precipicio horrendo,
Las bocas sanguinosas
De los lobos voraces
Eran fácil camino
Para mi dulce fin: y ya en mi faria
Intentado le hubiera...

QUITERIA.
¡Ay infeliz!

BASILIO.
Si con mejor destino
No me inspirara el cielo que ahora torne
A turbar la alegría
De este horroroso, desastrado dia,
Con mi mísera muerte: ante tus ojos
Me verás acabar en el momento
De tus infieles, execrables bodas.
Mi sombra pavorosa y lamentable

Turbará tu contento:
Te inquietará; traeráte al pensamiento
Tu dura ingratitud. Jamás esperes
Gozar de los placeres
Sin este amargo, que de noche y dia
Te ha de aquejar, ¡ay enemiga mia!

QUITERIA.
¡Ah! ¡qué dices, cuitado!
¡Tú, mi dulce Basilio!
¡Tú acabar despechado!
¡Tú perder esa vida mas preciosa
A la infeliz Quiteria!
¡Que su inocente hijuelo
A cordera amorosa!
En aquel punto el cielo
Cerrara para siempre estos mis ojos.
Yo, yo soy la culpada;
Muera yo triste, y cesen tus enojos.

BASILIO.
No, mi bien, no, Basilio morir debe,
Pues te pierde; y perdida,
Pesada le es, y por demás la vida.

QUITERIA.
¡Tú morir!.... vive, vive,
Vive, Basilio idolatrado; y sea
Tuya esta sin ventura, pues lo quieres.

BASILIO.
¿Qué dices? ¿qué palabra
Pronunciaste? ¿es posible
Que de mí te apiades?....

QUITERIA.
¡Oh terrible
Estremidad! ¡oh amor! ¡amor! no puedo,
No puedo mas. Basilio, alienta, alienta:
¡Ay! duélete de mí; y alienta, amado.
Mi libertad, mi corazon es tuyo:
Dispon, ordena de ellos á tu grado.
Tu voluntad, tu corazon es mio;
De su verdad y su fineza fio.
Tuya soy, toda tuya; me sujeto
Como tu fiel esposa
Por siempre á tu albedrío: busca el modo
Como esto pueda ser sin que yo falte,
Basilio mio, al paternal respeto,
Ni á la ley del recato:
¡Bárbara ley!

BASILIO.
¡Oh! pueda,
Pueda el feliz Basilio
Gozar sin fallecer tanta ventura,
Mostrarte su ternura,

¡Adorarte, servirte! ¿sueño? ¿sueño?
¿Oh es verdad, mi esperanza, vida mia,
Tal bien, tanta alegría?
SANCHO.
¡Qué es esto! ¡requebrándose Quiteria
Con un zagal á solas!...
¿Cuánto va que es Basilio?
Bueno, bueno: no asamos,
Quiteria, y ya empringamos....
Mas callar, que á hablar tornan.
QUITERIA.
¡Ay, amado! imajina
Algun término honesto
Con que pueda alentarse mi esperanza.
¡En qué estremo tan triste se halla puesto
Nuestro amor sin ventura!
Mi padre es inflexible:
El tiempo va á acabar; Camacho apura,
¡Ay de mí! no es posible,
No, que medio haber pueda....
¿Pues dividirnos?..... en pensarlo muero.
BASILIO.
No, dulce esposa, no, mi bien: primero
Basilio triste perderá la vida
Que de ti los aleves le separen.
Camacho no me asombra; amigos finos
Tengo y determinados.
QUITERIA.
¡Ay! no, fuerzas no quiero.
BASILIO.
Amor tiene, zagala, otros caminos.
QUITERIA.
¡Oh, cómo él nos engaña lisonjero!

ESCENA IV.

BASILIO, QUITERIA, CAMILO, PETRONILA.

CAMILO.
Basilio...
PETRONILA.
Hermana mia...
CAMILO.
Si mas os deteneis, es arriesgado
Que alguno os pueda ver.
PETRONILA.
Por ti venia
No sin algun cuidado
Preguntando Isabela, y aun me dijo
Que padre te buscaba; yo á la fuente
La encaminé sagaz. Vamos, Quiteria,
Que por esta vereda fácilmente
Llegar podrémos antes.
QUITERIA.
¡Ay Basilio!...
BASILIO.
¡Ay Quiteria!.... yo temo...
PETRONILA.
Vamos, vamos
Por aquí...
QUITERIA.
¡Oh desgraciada!
BASILIO.
¡Oh Basilio infeliz! Quiteria amada,
Ten lástima de mí...
QUITERIA.
Téngala el cielo
De esta triste, pues ve mi desconsuelo.

ESCENA V.

BASILIO, CAMILO.

BASILIO.

¡Qué amarga division! Camilo amado,
Mi suerte se ha trocado.
Envidia, envidia, amigo, mi alegría,
Mi gloria, mi esperanza, mi contento.
Quiteria me ama fiel: Quiteria es mia.
Dióme victoria Amor: ¡feliz tormento!
CAMILO.
¿Qué me dices? ¿ser puede?...
BASILIO.
Sí, Camilo:
Quiteria era inocente, me adoraba,
Y en mi ausencia lloraba;
Y á la dura violencia no pudiendo
Oponerse, á Camacho... de mi labio
Huya este nombre aleve.
Al fin resuelta, á resistir se atreve,
Y á premiar con su mano mi firmeza.
Yo ví cual mustia rosa su belleza
De padecer marchita; y ví sus ojos
Arder de amor, en lágrimas bañarse,
Y en mis felices brazos desmayarse;
Y luego rebosar en alegría
Al pronunciar mi nombre, y que era mia.
CAMILO.
¡Oh dichoso Basilio!
BASILIO.
¡Pero triste!
¡Triste! ¡cómo á lograrla llegar puedo!
¡Ay! ¡mi ventura es poca! Ya la mano

Irá á dar á Camacho... su riqueza,
Sus amigos, Bernardo... ¡cuán tirano
El hado me fué siempre! Cede, cede,
Basilio miserable, á tu destino,
Y olvida con morir tal desatino.

CAMILO.

¿Cuál es el que te arrastra?
Zagal, ¿estás en ti? ¿de tu ventura
Tan segura, tan cerca, y tan cobarde?
¿Así de tu Quiteria la ternura
Quieres pagar? ¡oh ciego!....

BASILIO.

Camilo, yo lo estoy, no te lo niego;
Pero veo imposible
Que en tal apuro, en punto tan terrible
Término pueda haber para mi dicha.
A hacerse van las infelices bodas:
Si Quiteria resiste, ¿cómo puedo
Ayudarla? Si cede á su desdicha,
¡Ay! mi muerte....

CAMILO.

A tu lado
Para todo estaré determinado.
Mas alienta, que aun hallo de remedio
Alguna breve luz.

BASILIO.

¿Qué feliz medio
Puedes hallar, Camilo? dílo, acaba:
De tu agudeza mis venturas fio:
Piensa sagaz, discurre.... ¡Qué! ¿te ries?
Tan corto te parece el dolor mio?

CAMILO.

El medio es tal que á risa me provoca.

BASILIO.

Dílo; y aquieta mi esperanza loca.

CAMILO.

Una vez, si te acuerdas,
A ver las grandes fiestas que se hacian
En la corte, Basilio, fuí curioso,
Y entre mil invenciones, los astutos
Ciudadanos finjieron un encanto,
Que dejara dudoso
De ser cierto á cualquiera, y temeroso
Por sus invocaciones y conjuros:
Tan bien lo remedaban.
Un májico..... mas jente... aquí seguro
No podrémos hablar; ven al vecino
Bosque, y oirás el caso peregrino,
Que nos puede valer.

BASILIO.

Pues vamos, vamos;
Y Amor nos dé la dicha que buscamos.

ESCENA VI.

SANCHO.

¡Qué bien se lo han charlado!
¡Qué engaños! ¡qué marañas! sí, bien di-
[cen,
Que debajo los piés le sale al hombre
Cosa donde tropieze. ¡La taimada!
¡Qué pucheros! ¡y qué melificada!
Cierta, mujer hermosa
Loca ó presuntuosa.
¡Ah Camacho, Camacho! ¡mucho temo
Que la boda en bien pare!
Que amor todo lo vence:
Y diz que es un rapaz ese Cupido,
Artero y atrevido,
Que en nada se repara; y el deseo
Hace hermoso lo feo.
Mas, Sancho, en todo caso
A Camacho con ello: ¿soy yo acaso
Algun escuderillo como quiera?
¡Y montas, que cantárselo de coro
¡No sabré bien! Dormios,
Y injenio no tengais: reparos fuera,
Que ese te quiere bien, que llorar te hace.
A Camacho al instante...

ESCENA VII.

DON QUIJOTE, SANCHO.

DON QUIJOTE.

Sancho, Sancho,
Ven acá: ¿cuándo, dime,
Aquel dia será que á saber llegues
Cómo debe servir un escudero?
¿Quién solo dejará su caballero,
Cómo tú en la floresta me has dejado?
¿No hay mas, Don descuidado,
Que olvidarse de mí, comer y holgarse?
¿Cuándo al fiel Gandalin se vió apartarse
De su señor? Tú estás á mis mercedes,
Y el trabajo non curas.

SANCHO.

¿Soy de bronce?
¿Entre tantos afanes quién hubiera
Que la laceria escuderil sufriera,
Sin reposar en estos entrevalos?

DON QUIJOTE.
Intervalos dirás.
SANCHO.
No acabarémos.
Digo que su nobleza y su señora,
Su encantador y profesion andante
Hacen llevar tamañas desventuras
Contento y de su grado al caballero.
Pero el pobre escudero,
¿Tiene mas que estrecheces y amargura?
¿Puede no ser ferido? ¿ó melecinas
Tiene para curarse por ensalmo?
¿Sin comer ni dormir pasarse puede?
¿Vence lides, jigantes y vestiglos
De solo á solo? ¿Reinos ó provincias
De acá para allá gana? ¿las Infantas
Se le rinden? ¿le cuidan las doncellas?
En los altos palacios, ya folgando,
Ya sus fechos contando,
Su señor con los reyes se entretiene;
Y él solícito y fiel entre desdichas,
De la esperanza sola se mantiene.
Señor, señor, diz al doliente el sano,
Habed salud, hermano.
DON QUIJOTE.
Bien, Sancho el bueno, ponderallo sabes;
Y á fe de Don Quijote, que de oirte
Hé gran placer. Mas ven acá: ¿las penas
Y menguas en que vive el caballero,
¿Hálas, Sancho, por dicha un escudero?
¿Lidia, acomete empresas desiguales?
¿Suda, se acuita, ó vese perseguido
De malos hechiceros, sin dar vado
A sus imajinados pensamientos?
¿Encantado se ve? ¿se ve ferido
Cual él, ó en cosas tales
Que al andante ejercicio van anejas?
Sancho, mírame á mí, y á ti te mira,
Si es que tal vez te quejas.
Yo sudo, y tú reposas:
Tú duermes, y yo velo:
Mi espada vence, y los despojos ganas.
¿De qué encuentro ó peligro me rezelo,
Por espantable ó desigual que sea?
El escudero sirva y acompañe
Fiel, callado, solícito y paciente,
Mientra que su señor lidia y guerrea;
Y del descanso y bienandanza goze
Que en su casa sin él jamás habria.
Bien como tú, pues mientras yo non curo,
Sin atender la pública alegría,

En al que en acorrer menoscabados;
Regocijado, suelto y bien seguro
Comes, bebes y ries
Sin otros pensamientos ni cuidados.
SANCHO.
No hay camino tan llano que no tenga
Su barranco y afan: y á veces caza
Quien ménos amenaza:
Y en los nidos de antaño
No hay pájaros ogaño:
Ni hay en nadie fiar: caza y amores
Un gusto y mil dolores...
DON QUIJOTE.
¿Podrás, Sancho, acabar? ¿hay aventura?
SANCHO.
Mala ventura sí.
DON QUIJOTE.
¿Pues qué tenemos?
SANCHO.
Yo lo diré; que no le duelen prendas
Al que es buen pagador, y en esta vida
No hay bien seguro, y mucho tiempo
[pide
El calar las personas: y á las veces
Uno se busca, y otro se tropieza;
Y do menos se piensa....
DON QUIJOTE.
Acaba, acaba;
En dos palabras, Sancho.
SANCHO.
Pues, señor, á Quiteria
Ahora Basilio requebrando estaba.
Yo los ví de mis ojos, que al ruido,
Aunque estaba dormido,
Despabilé, y quedaron
En casarse los dos. Punto por punto
Voy con todo á Camacho; que cabeza
Mayor quita menor....
DON QUIJOTE.
¡Oh Sancho! ¡Sancho!
Eso no puede ser: yo no lo creo.
Tú eres un vil, un sandio, malicioso,
Descompuesto, ignorante,
Mal mirado, infacundo y atrevido.
¡Así de las doncellas hablar osas,
Y su recato en la presencia mia!
Esto quédese aquí.....
SANCHO.
Si los he oido.
DON QUIJOTE.
Sueño tuyo sería,

Y sueño como tuyo, y de tu jenio
Embustero y villano. En todo caso
Yo te vedo que pienses ó imajines
En tamaña sandez contra el decoro
De la honesta Quiteria, ó que te atrevas
A revelalla. Sancho
Llaman al buen callar; selo tu ahora,
Que el caso es arduo entre personas tales.
Y pues yo estoy aquí, no, no rezeles
Ningun desaguisado.

SANCHO.

Hágalo Dios: y vamos que ya empiezan
Las carreras.

DON QUIJOTE.

Cuidado.

CORO III.

DE ZAGALES.

UN ZAGAL.

Celebremos la ventura,
Cantemos el fausto dia,
Que á todo el valle asegura
Su mas rico mayoral.

TODO EL CORO.

Amor, amor nos le envia.
Gozemos de sus favores;
Y entre todos los pastores
Su memoria sea inmortal.

EL ZAGAL DEL CORO.

Celebremos la ventura,
Que á todo el valle asegura
Su mas rico mayoral.

CORO I.

¡Oh qué de bienes
Contigo tienes,
Amable paz!
Baja del cielo,
Gózete el suelo,
Amable paz.

CORO II.

¡Oh qué de males
Ven los mortales,
Si huye la paz!
Todo es temores,
Iras, rencores,
Si huye la paz.

CORO I.

Por ti en el prado
Vaga el ganado,
Amable paz;
Y los pastores
Cantan de amores,
Amable paz.

CORO II.

Mísero el seno,
Que de ansias lleno
Deja la paz,
Porque lloroso
Huye el reposo
De do la paz.

EL ZAGAL DEL CORO.

Celebremos la ventura,
Que á todo el valle asegura
Su mas rico mayoral.

CORO I.

¡Feliz lazada!
Afortunada,
¡Gloriosa paz!

CORO II.

Ven, que la vega
Te implora y ruega,
Gloriosa paz.

EL ZAGAL DEL CORO.

Celebremos la ventura,
Que á todo el valle asegura
Su mas rico mayoral.

TODO EL CORO.

¡Feliz lazada!
Afortunada,
¡Gloriosa paz!
Ven que la vega
Te implora y ruega,
Gloriosa paz.

EL ZAGAL DEL CORO.

Afortunada,
¡Gloriosa paz!

TODO EL CORO.

Ven, que la vega
Te implora y ruega,
Gloriosa paz.

ACTO CUARTO.

ESCENA I.

CAMILO, PETRONILA.

CAMILO.

No, cara Petronila, no desmayes,
Que yo esperanza tengo
De que logren un término dichoso
Los dos en sus amores.

PETRONILA.
En vano deshacerme estos temores,
Zagal, en vano intentas.
CAMILO.
¡Tan dudoso
Su estado te parece!
PETRONILA.
Dudoso no, mas sí desesperado.
CAMILO.
No, amada, no; que el medio
Que te dije.....
PETRONILA.
Escusado
Será cualquiera; y por demás discurres
En atajar un mal do no hay remedio.
El mísero Basilio de Quiteria
La mano perderá.
CAMILO.
Pues si la pierde,
Dale por acabado en su miseria.
Tú sabes cuál la adora;
Mas despues que se vieron, tal se aflije,
Tal desvaría, se lastima y llora,
Tenaz en su furor, que en vano, en vano
Ha de ser persuadirle sin la mano
De su amada Quiteria, ya del ruego,
Ya del rigor te valgas.
PETRONILA.
Pero dime:
¿Al instante no van á ser las bodas?
¿No están ya juntas las personas todas
Para la gran comida
Que celebrarlas debe?
¿Muchos no son, dispuestos y animosos,
Los parientes y amigos de Camacho?
¿Y él mismo por unirse á su querida
No pugna de amor ciego?
¡Petronila infeliz! ¡qué en vano alientas!
¡Y en tantas ansias engañarte intentas!
CAMILO.
Todo, amada, es verdad; no te lo niego.
PETRONILA.
Quiteria es recatada y temerosa:
Basilio desdichado cuanto pobre:
Imposible el empeño, y poderosa
La parte que lidiamos.
¡Oh Camilo! ¡qué en vano nos cansamos!
CAMILO.
No, no ha de ser en vano, que este medio
Llevarnos puede á un término felice.
Él es ocasionado: mas la empresa

VI.

No lo es menos; y siempre
Son en los graves daños
Los remedios difíciles y estraños.
Alienta, Petronila, alienta, amada,
Que tú feliz, Quiteria afortunada,
Seréis á un tiempo mismo.
PETRONILA.
¡Ay! ¿yo, Camilo?....
CAMILO.
Tú, Petronila; mas el tiempo vuela.
Vé, vé, y de nuevo cuidadosa ensaya
Tu tímida Quiteria, y con un velo
Tráela cubierta aquí dentro de un rato:
Que esto es preciso hacer, cual ya te dije,
Para el ardid que desvelado trato.
PETRONILA.
¡Oh cómo temo!...
CAMILO.
Por demás se aflije
Ciego en su amor tu corazon cobarde.
Mas Basilio.... vé pues, que se hace tarde.

ESCENA II.

BASILIO, CAMILO.

BASILIO.
Aquí manda Camilo que lo espere:
Yo le obedezco fiel... mas él es ido...
Tarde, tarde he venido.
La ocasion se perdió..... yo no le veo.....
¡Oh cuán en balde anhela mi deseo,
Cuando contino el crudo amor me clama
Que mi solo remedio es ya la muerte!
Yo moriré: mi lamentable suerte
Será ejemplo y memoria á los pastores....
¡Ay Camilo! ¿qué nuevas?
CAMILO.
Avisado
Está ya Don Quijote, cual te dije;
Y su auxilio en tu nombre demandado
Con lastimera voz: él aquí debe
Llegar en un momento.
Esfuérzate, Basilio, y á sus plantas
Rendido, con humilde sentimiento,
Con tono triste y ademan quejoso,
Llora, suspira, jime, y ansias tantas
Díle, que le enternezcas.
BASILIO.
¡Qué dudoso,
Dulce Camilo, tu precepto sigo!
Yo no quiero, no quiero de estas artes,

Ni de engaños valerme....
CAMILO.
　　　　Pues Quiteria
De Camacho será.
BASILIO.
　　　　¡Ay sin ventura!
¡Cruel estremidad!
CAMILO.
　　　　El tiempo apura;
En nada, en nada dudes, ni te apartes
De mis avisos, si en mi injenio fias,
Y el dulce premio anhelas.
BASILIO.
　　　　¡Qué aun porfías,
Zagal, en tan estraño desvarío!
¡Ah! deja al dolor mio
De una vez acabar: todo remedio
Inútil ha de ser..... ¡Que con un loco
Quieras darme salud, Camilo amado!
¡Te lo parezco en mis desdichas poco!
CAMILO.
¿Pues qué? Si así no fuera,
¿Ayudarnos pudiera?
Él es determinado, y con respeto
Todos aquí le miran:
Ninguno su flaqueza ha conocido:
Es cortés, es discreto y comedido;
Y ó mi injenio me engaña,
O tú has de haber por su locura estraña
Remedio en tu locura.
BASILIO.
¿Tu amistad, fiel Camilo, lo asegura?
Yo te obedeceré: ni un solo punto
Saldré de tu querer. ¡Oh malhadado!
¡Que estoy viendo la muerte,
Y aun la esperanza por salud anhela,
Y en desvaríos tales se consuela!
CAMILO.
Véle allí venir ya: tu desventura,
Si encarecerse puede,
Encarécela, y llega con respeto.
BASILIO.
Yo llegaré; mas tiene tan sujeto
Mi labio amor, que apenas me concede,
¡Oh triste! suspirar en mi miseria.
¡Ah, si á perderte llego, el hierro agudo
Solo, bella Quiteria,
Podrá aliviarme en un dolor tan crudo!

ESCENA III.

BASILIO, CAMILO, DON QUIJOTE, SANCHO.

CAMILO.
Llegad, llegad, ilustre Don Quijote,
Luz del valor y la virtud, sustento
De los tristes y míseros, amparo
De los que poco pueden:
Vos sois aquel á cuyo esfuerzo raro
La palma de valiente todos ceden:
Aquel á quien los cielos
Padre de desvalidos constituyen,
Para acallar sus lastimados duelos:
Flor de los caballeros olorosa,
Del pundonor en el verjel cojida.
Llegad; y con piadosa
Blanda mano acorred este cuitado,
Cuya infelice y amorosa vida
Sin vos acabará.
DON QUIJOTE.
　　　　Cortés Camilo,
Los loores que has dado
A mi persona, propios
Solo á mi profesion, yo te agradezco;
Y con firme propósito me ofrezco
De todo mi talante á remedialle.
CAMILO.
Así él lo espera, y su socorro libra
En vuestra gran bondad y brazo fuerte.
DON QUIJOTE.
Yo le haré salvo de la misma muerte.
Cuéntenos su dolor, y á cargo mio
Déjese lo demás.
BASILIO.
　　　　Es tan aguda,
Tan terrible mi pena,
Que de todo remedio el alma duda.
Señor, un infeliz á vuestras plantas
Os demanda besándolas rendido,
Lo que á tantos habedes concedido.
Amparadme, amparadme.....
DON QUIJOTE.
　　　　Alzad del suelo,
Y decid reposado vuestro duelo,
Acuitado zagal.
SANCHO.
　　　　¡Por vida mia,
Que es como un brinco de oro; y qué
　　　　　　　　　　[impaciente
Estoy ya de escuchalle!

Travieso y festivo.
Él da al valle flores:
Las selvas enrama,
Y en dulces ardores
Las aves inflama.
No hay dicha en el suelo,
Si en ella no entiende.
Hasta el alto cielo
Su imperio se estiende.

UNA ZAGALA.

¡Ay! sus favores
Temed, pastores;
Porque el Amor
Es un traidor, es un traidor.

TODO EL CORO.

¿Quién dirá los bienes
Y alegres cuidados,
¡Oh Amor! que guardados
A tus siervos tienes?
¿Quién del fino esposo
Dirá la ventura?
¿La amable ternura
De su dueño hermoso?
Quien traidor te llama,
Tus dichas no sabe;
Solo aquel te alabe,
Que goza tu llama.

UNA ZAGALA.

¡Ay! sus favores
Temed, pastores;
Porque el Amor
Es un traidor, es un traidor.

ACTO QUINTO.

ESCENA I.

CAMACHO, QUITERIA, BERNARDO, PETRO-
NILA, DON QUIJOTE, SANCHO, Y NUMERO
DE CONVIDADOS.

Todos en un teatro enramado para ver las danzas.
Danza primera de zagales, cantando el coro en los intermedios.

CORO I.

LLEGA, goza del premio
De tu llama amorosa,
Tierno esposo, en el gremio
De tu Quiteria hermosa.

CORO II.

Y tú, zagala, el fruto
Coje de tu belleza,
Acetando el tributo
De su amor y riqueza.

ZAGALES VITOREANDO.

Viva el feliz esposo
Con Quiteria la bella.

OTROS.

Él á la par de rico, venturoso,
Y cuanto hermosa, afortunada ella.

ESCENA II.

Danza segunda de doncellas, guiadas por un anciano y una matrona; y trayendo una guirnalda en un canastillo de flores.

CORO I.

Zagalas y pastores,
Venid, venid, á vellos.

CORO II.

Pues cantais sus amores,
Tomad licion en ellos.

LOS DOS COROS.

Venid, venid á vellos:
Tomad licion en ellos.

Los zagales de la primera danza bailan mezclados con las doncellas.

CORO I.

Cual azucena bella
Pagar los besos sabe
Del céfiro süave,

CORO II.

La cándida doncella
Dé al esposo querido
El premio merecido.

CORO I.

Cual clavel oloroso
Mas lozano se torna,
Si un bello seno adorna;

CORO II.

Tal el feliz esposo
En su cuello nevado
Brillara reclinado.

LOS DOS COROS.

Denle, denle los cielos
Sus dones á porfía;
Y un enjambre de hijuelos
Que colmen su alegría.

Roban los zagales la guirnalda, y con ella coronan á Quiteria.

DON QUIJOTE.
¡El mago es este!
MAJICO.
El cielo favorable te recibe,
Quiteria, ese deseo; y me ha ordenado
Que á darle venga presta medicina.
Yo soy el sabio Alberto, á quien se inclina
Cielo, tierra y abismo tenebroso.
El que puede tornar ensangrentado
El claro sol, y escurecer la luna
Parándola en su curso presuroso.
A mi raro saber dolencia alguna
Se resiste. Basilio... ¿me conoces?
Basilio...
BASILIO.
¡Ay! ¡ay!... ¿qué voces
Son estas?... Sabio amigo...
MAJICO.
A darte vengo
La vida en premio de tu amor: levanta.
BASILIO.
Curado de repente y sin la vestidura lúgubre,
de galano pastor.
¡Ah! deja que tu planta
Bese humilde...
QUITERIA.
¿Basilio, vives, vives?
¡Oh felice Quiteria! Yo soy tuya:
De nuevo lo prometo.
ALGUNOS.
¡Caso estraño!
DON QUIJOTE.
¡Inaudito portento!
CAMACHO.
¡Fiero engaño!
¡Traidor! ¡falso traidor! infamia tanta
Tu sangre lavará... muera el aleve.
UNOS.
Muera, muera Basilio.
OTROS.
Viva, viva.
CAMACHO Y LOS SUYOS.
Muera, muera el traidor.
DON QUIJOTE.
Ténganse todos,
Envainen todos; y óiganme, si quieren
Quedar con vida.
SANCHO.
A las tinajas, Sancho,
Que es sagrado; y al duelo diz que huillo.
Corre á guarecerse entre ellas.

DON QUIJOTE.
Y pues salud el cielo favorable
Le dió, nadie sea osado
A tocalle ante mí, ni á sus decretos
El hombre ciego contrastar se atreva.
Goze, goze Basilio
De su hermosa Quiteria luengos años;
Y el buen Camacho su cuadrilla quiete
Sandia y desalumbrada,
O verála en un punto aniquilada.
Y si soberbio y temerario alguno
Osa no obedecer, por esta lanza
Pase, pase primero.
¡A este vuestro cautivo caballero
Acorred, ó señora!...
MAJICO.
Escuchad todos
Lo que el cielo me inspira
Por vuestra paz sin duda; y quien un
[punto
Lo osaré repugnar, en aquel mismo
Se verá confundido. Con su amada
Basilio vivirá en afortunada
Prolongada vejez: quien lo estorbare,
Sus iras sentirá. Mas tú, ¡oh Camacho!
No habrás menores dichas, si ya sabes
Seguir por do te llama la ventura.
¡Ah! ¡con cuánta ternura
Te adora alguna que me atiende! ¡oh
[ciego!
¡Que no adviertes sus ansias y su fuego!
¡Qué gozos! ¡qué delicias á su lado
Cierto te guarda y favorable el hado!
Retírase tan prestamente, que parezca des-
aparecerse.
PETRONILA.
¡Ay triste! ¡ay sin ventura!
¡Mi amor se descubrió!
CAMACHO.
¡Qué es lo que he oido!
¡Tú, Petronila!... ¡confusion estraña!
Adorada Quiteria, me ofendia:
Y su hermana ultrajada, así me adora.
¿Qué debo hacer?... mucho en el trueque
[gano.
Si logro hacerla mia
Perdonado mi error, Bernardo, padre,
Interceded por mí, dadme su mano.
BERNARDO.
¡Oh dichosa vejez!

PETRONILA.
　　　　¡Ingrato!... ¡ay triste!
CAMACHO.
No ingrato, esposo tuyo; tu ternura
Tenga este leve premio.
　　　　　PETRONILA.
　　　　　　¡Esposo mio!...
CAMACHO.
Mi ceguedad disculpa deslumbrada;
Y vive, Petronila, afortunada,
Para que yo te sirva.
　　　　　PETRONILA.
　　　　　Mi ventura,
Será hacerte feliz, zagal amado.
　　　　BASILIO.
Perdonad á un amante despechado,
Cuanto fino y leal, pues todo ha sido
Industria del amor: él ha sabido
Finjir mi herida, y disponer la sangre
De arte en este cañon, que pareciese
Ser verdadera, y ordenó el encanto,
Y trazó que Camilo el mago hiciese;
Y á vuestros piés....
　　　　QUITERIA.
　　　　Quiteria desdichada...
CAMACHO.
Todo se olvide; y á mis brazos llega.
　　　　PETRONILA.
¡Ay Quiteria!
　　　　QUITERIA.
　　　　　¡Ay amada!
¡Tú le adorabas! ¡qué felices somos!
BERNARDO.
¡O cielos! cuánto bien en solo un dia!
CAMACHO.
Siga pues de la fiesta la alegría;
Cantando todos la sin par terneza
De la zagala mia,
Y de su hermana bella la fineza.

DON QUIJOTE.
Y hágaos, fieles esposos,
Y hágaos Amor mil siglos venturosos:
Que á despecho de cuantos
Malignos hechiceros la memoria
Quieran menoscabar con sus encantos
De fecho tanto, durará su gloria.
CORO V.
DE ZAGALES Y ZAGALAS.
TODO EL CORO.
Y gozad, gozad ciegos
Entre honestas caricias
De sus plácidos fuegos,
De sus tiernas delicias.
　　　CORO DE ZAGALES.
Gozad; y las lazadas
Que os unen, siempre sean
De rosas, ni se vean
Del crudo tiempo ajadas.
　　　CORO DE ZAGALAS.
Cual álamo frondoso
Florece en prado ameno,
Así amor deleitoso
Florezca en vuestro seno.
　　　CORO DE ZAGALES.
Cual las purpúreas rosas
Reinan entre las flores,
Zagalejas hermosas,
Reinad en los pastores.
　　　CORO DE ZAGALAS.
Cual vuelve á los mortales
El rubio sol el dia,
Sed, felices zagales,
Del valle la alegría.
　　　TODO EL CORO.
Y gozad, gozad ciegos
Entre honestas caricias
De mil plácidos fuegos,
De mil tiernas delicias.

ODAS.

ODA I.

LA VISION DE AMOR.

Por un prado florido
Iba yo en compañía
De la zagala mia
Ocioso y distraido,
Do suelta el alma de pasiones graves
Con mi fácil rabel seguir curaba
Del viento el silbo, el trino de las aves,
O el bé que á mis corderas escuchaba;
Y en gozo rebosaba
Mi infantil pecho; que á un zagal divierte
Cuanto en los campos de gracioso advierte.
　Cuando en faz placentera,
Cuanto en bullir donosa,
Vi á una doncella hermosa,
Que nunca visto hubiera.
La Musa, dijo, soy de los amores:
Nada, simple zagal, nada rezeles;
Y pues ves en suavísimos ardores
Los hombres y aves, brutos y verjeles,
No cantes ya cual sueles
Esa rusticidad de la natura,
Que bien mayor mi númen te asegura.
　Dócil oye mis voces:
Sigue el comun ejemplo,
Ven de Vénus al templo,
Ven con plantas veloces;
Que allí es paz todo y célicas delicias.
Sobre el ara feliz tu blando seno,
Cual rosa virjinal que á las caricias
Se abre alegre del céfiro sereno,
De otros encantos lleno,
La vivaz llama del placer aspire,
Y de amor solo tu rabel suspire.
　Di en él de tu zagala
La esplendente belleza,
Su noble jentileza,
Su enhiesto cuello y gala.
La luz divina de sus ojos bellos,
Su dulce hablar y anjelical agrado.
Estro den á tu voz, y suenen ellos,
Y su nombre por todos celebrado.
De rosas coronado
Sigue, tierno zagal, sigue á Cupido
Brazo con brazo á tu zagala asido.
　En estos frescos valles
El ánimo se encanta:
Corra feliz tu planta
Sus deliciosas calles,
Que aquí alzó Vénus su dichoso imperio.
Vé allí nudas triscar sus ninfas bellas;
Y allá en brazos de amor y del misterio
Dulces jemir las tímidas doncellas.
Sigue alegre sus huellas;
Sigue, tierno zagal, sigue á Cupido,
Brazo con brazo á tu zagala asido.
　Mira allí prevenidas
Entre parras espesas
Cien opíparas mesas
De Amorcitos servidas,
Do risueño el placer insta á sentarse.
Al Teyo mira que el festin ornando,
Ya empieza con los brindis á turbarse;
Y entre lindas rapazas retozando
Te está dulce cantando:
Sigue, tierno zagal, sigue á Cupido
Brazo con brazo á tu zagala asido.
　Corre, jóven dichoso,
Que el anciano te llama,
Y con su copa inflama
Tu pecho aun desdeñoso.
Allá otros niños bellos al Parnaso
Suben, do á Cintio Vénus los entrega,
Cual Tíbulo, Villégas, Garcilaso,
Y alegre el niño Amor entre ellos juega.
Ea, al coro te agrega:
Sigue, tierno zagal, sigue á Cupido.

Brazo con brazo á tu zagala asido.
　Oye bullir sonantes
Las melifluas abejas,
Oye arrullar sus quejas
Cien tórtolas amantes;
Y allí bajo una yedra enmarañada
Jemir dos venturosos amadores,
La sien de mirto y rosa entrelazada,
Y á Vénus derramar sobre ellos flores.
Aquí, que es todo ardores,
Sigue, tierno zagal, sigue á Cupido
Brazo con brazo á tu zagala asido.
　Dijo Erato amorosa;
Y en una vega amena
De aves parleras llena
Dejónos misteriosa:
Y yo y mi zagaleja nos entramos
En una gruta retirada, umbría,
Y quién mas pudo arder, allí probamos
Y ella mi amor, y el suyo yo vencía.
Desde tan fausto dia
Sigo siervo feliz, sigo á Cupido
Brazo con brazo á mi zagala asido.

ODA II.

LOS DIAS DE FÍLIS AL ENTRAR
LA PRIMAVERA.

Del céfiro en las alas conducida
Por la radiante esfera
Baja de rosas mil la sien ceñida
La alegre primavera;
　Y el mustio prado, que el helado in-
　　　　　　　　　　　　　　　[vierno
Cubrió de luto triste,
Al vital soplo de su labio tierno
De yerba y flor se viste.
　Las aves en los árboles cantando
Su venida celebran;
Brotan las fuentes y su hervor doblando
Entre guijas se quiebran;
　Y por do quier un celestial aliento
De vida se derrama;
Que en dulce amor, en plácido contento
Al universo inflama.
　Mas sale Fili en el glorioso dia
Que años cumple graciosa;
Sale, y mas rosas tras su planta cria
Que primavera hermosa.
　La venturosa tierra, que animarse
Por su beldad divina
Y de insólita pompa siente ornarse,
Humilde se le inclina;
　Y del aroma y las delicias lleno
Que aspiró de las flores,
Hinchendo el viento de placer su seno,
La embalsama en olores.
　Las plantas á su vista reverdecen,
Los arroyuelos saltan
Entre los tallos, que ondeando mecen,
Y en su aljófar esmaltan.
　Las dulces y parleras avecillas
Le dan en voz canora,
Con sus picos haciendo maravillas,
Mas trinos que á la aurora;
　Y uniendo de sus tonos no aprendidos
La música estremada,
Le echan, dejando los calientes nidos,
Otra nueva alborada.
　Salve, le dicen, copia peregrina
De la beldad eterna;
Salve, virjinal rosa y clavellina;
Salve, azucena tierna.
　Salve; y al bajo mundo de tus dones
Liberal enriquece.
¡Ay! ¡qué lazo á los tiernos corazones
Y á tu hermosura ofrece!
　¡Qué gracia celestial en tu semblante!
¡Qué almíbar en tu boca!
De tus labios la rosa purpurante
¡Qué de gozos provoca!
　Amor, riente Amor desde tus ojos
Flecha su arpon ardiente,
Y mil fieles cautivos por despojos
Te ofrece reverente.
　¡Oh qué grato rubor, si se alboroza!
¡Con qué embeleso apura
Su adorno al gusto, y al cristal se goza
Riente su hermosura!
　¿Para qué bello jóven venturoso,
Alma Vénus, preparas
La víctima sin par? ¿quién anheloso
La ofrecerá en tus aras?
　¿A quién, Dione hermosa, has acor-
　　　　　　　　　　　　　　　[dado
Tal premio? ¿ó quién es digno
De ver tu pecho de su ardor tocado,
Lucero peregrino?
　Que en vano el cielo tu beldad no cria;
Y aunque el rostro colores,
Tu cuello á amor se doblará algun día,

Y ansiarás sus favores.
Así las avecillas van cantando
Con bullicioso acento;
Y *vivas* mil hasta el Olimpo alzando,
Se esparcen por el viento.

ODA III.

EL SUFRIMIENTO HACE LOS MALES LLEVADEROS.

No porque congojoso
Al sordo cielo en tus angustias mires,
O abatido y lloroso
Sobre tu mal suspires,
Lucio á templarlo querellando aspires.
Que en órden inmutable
Los casos ruedan de la humana vida;
Y el hado inexorable
Ya tiene decidida
Tu fausto velo, ó tu infeliz caida.
Cuanto en contrario obrares,
Es cual si opuesto á un rápido torrente,
Nadando te obstinares
Contrastar su corriente,
O herir los cielos con tu altiva frente.
Afanáraste en vano;
Y el término infeliz de tu porfía
Será, con necia mano
Dar á la suerte impía
Mas poder sobre ti que antes tenia:
Cual con la misma fuerza,
Con que en su rabia al gladiador que osado
Le hirió, alcanzar se esfuerza;
De su estoque acerado
Cae el toro á sus pies atravesado.
Cede al ímpetu fiero,
Y calla y sufre cual sufrir conviene;
Que así un pecho severo,
O el nublado previene
Que horrísono sobre él tronando viene;
O con frente serena
Del rayo ve devastador las iras:
Tal de calma y luz llena
Jamás, Febe, retiras
Tu faz del cielo que entoldado miras;
Sino que hermosa subes
Tu carro por el alto firmamento,
Dejando atrás las nubes.
Del mas rudo tormento
Remedio es celestial el sufrimiento.

ODA IV.

AL AMOR, CONFESANDOSE RENDIDO.

¿Qué mas quieres, ó Amor? ya estoy
[rendido:
Ya el pecho indócil de tu arpon llagado,
Humilde imploro tu favor sagrado:
Tu esclavo soy, si tu enemigo he sido
Con furor obstinado.
Mi diestra débil ya dejó vencida
Las inútiles armas por seguirte.
¡Oh qué demencia ha sido el resistirte!
Ya lo conozco, ya: desde hoy mi vida
Consagraré á servirte.
No habrá ni un pensamiento ni un de-
[seo
Que tú no inspires en el pecho mio.
Como supremo rey de mi albedrío,
Tuya es su direccion, tuyo su empleo,
Tuyo su señorío;
Y el estro tuyo, y el trinar suave
Que á mi labio feliz la musa inspira,
Mi dulce verso solo amor suspira,
Cual tierno el corazon solo amar sabe,
Y amor cantar mi lira.
Si colmar de una vez mis votos quieres,
Víbrame, Amor, aun mas ardientes fle-
[chas,
Y en tus cárceles jima mas estrechas
Al pié los grillos, grillos de placeres,
Que á tus mas fieles echas.
Solo á la ninfa, de que te has valido
Para rendirme con su vista hermosa,
Haz que me alivie en la prision dichosa:
Haz me regale el corazon herido,
Mirándome graciosa.

ODA V.

A DON SALVADOR DE MENA EN UN INFORTUNIO.

Nada por siempre dura:
Sucede al bien el mal; al albo dia
Sigue la noche oscura,
Y el llanto y la alegria
En un vaso nos da la suerte impía.
Trueca el árbol sus flores
Para el otoño en frutos, ya temblando
Del cierzo los rigores,

Que aterido volando
Vendrá, tristeza y luto derramando.
 Y desnuda y helada
Aun su cima los ojos desalienta,
La hoja en torno sembrada,
Cuando al invierno ahuyenta
Abril, y nuevas galas le presenta.
 Se alza el sol con su pura
Llama á dar vida y fecundar el suelo;
Pero al punto la oscura
Tempestad cubre el cielo,
Y de su luz nos priva y su consuelo.
 ¿Qué dia el mas clemente
Resplandeció sin nube? ¿quién contarse
Feliz eternamente
Pudo? ¿quién angustiarse
En perenne dolor sin consolarse?
 Todo se vuelve y muda:
Si hoy los bienes me roba, si tropieza
En mí la suerte cruda;
Las Musas su riqueza
Guardar saben en mísera pobreza.
 Los bienes verdaderos,
Salud, fe, libertad, paz inocente,
Ni á puestos lisonjeros,
Ni del metal luciente
Siguen, Menalio, la fugaz corriente.
 Fuera yo un César, fuera
El opulento Creso; ¿acaso iria
Mayor, si me midiera?
Mi ánimo solo haria
La pequeñez, ó la grandeza mia.
 De mi débil jemido
No, amigo, no serás importunado;
Pues hoy yace abatido
Lo que ayer fué encumbrado,
Y á alzarse torna para ser hollado.
 Vuela el astro del dia
Con la noche á otros climas, mas la aurora
Nos vuelve su alegría;
Y fortuna en un hora
Corre á entronar al que abismado llora.
 Si hoy me es el hado esquivo,
Mañana favorable podrá serme;
Y pues que aun feliz vivo
En tu pecho, ofenderme
No podrá, ni á sus piés rendido verme.

ODA VI.

DE LA INCONSTANCIA DE LA SUERTE.

¿Ves, ó dichoso Lícidas, el cielo
Brillar en pura lumbre,
Sublime al sol en la celeste cumbre
Animar todo el suelo?
 ¿La risa de las flores y el pomposo
Verdor del fresco prado,
Bullir lascivo el céfiro, el ganado
Ir paciendo gozoso?
 ¿Cómo los altos árboles se mecen,
Y entre el blando sonido,
Los coros de las aves que el oido
Y el ánimo adormecen?
 ¿Cómo el arroyo se desliza y salta,
Y al salpicar las flores,
Su grata variedad y sus colores
De perlas mil esmalta?
 ¡Ay! tiembla, tiembla, que fatal un
 [hora
Sople el cierzo inclemente,
Revuelva el cielo, anuble el sol fuljente,
Y su honor lleve á Flora.
 Las hojas de los árboles sacuda
Y esparza por la vega;
Ate al arroyo que fugaz la riega,
Y al ave deje muda.
 Así ominosa la inconstante suerte
A su antojo varía
La faz del universo en solo un dia,
Y en mal el bien convierte.
 Ella derroca el cedro mas altivo;
Estremece al tirano;
Da la púrpura á un mísero villano,
Y hace á un rey su cautivo.
 La negra ingratitud, la desabrida
Dureza la acompaña,
La vil doblez que á la bondad engaña,
Y la insolencia erguida.
 Evita pues un lamentable caso:
Súfrela inexorable;
Si la diestra te ofrece favorable,
Modera cuerdo el paso.
 Y no á un dudoso piélago te entregues,
Marinero inesperto;
O infeliz llorarás sin luz ni puerto,
Cuando en su horror te anegues.
 Un tiempo yo la vi tambien contenta
Y con rostro sereno:
Engañóme cruel. Del daño ajeno,
Lícidas, escarmienta.

ODA VII.

DE LA VOZ DE FÍLIS.

Amable lira mia,
Canta, acorde á mi llama deliciosa,
La dulce melodía,
La gracia sonorosa
De la ninfa mas bella y desdeñosa.
  ¡Ay! canta, si te es dado
Sus loores cantar como es debido,
El suspiro apenado
Que arrebató mi oido,
Y en la gloria me tuvo embebecido.
  O el brio y lijereza
Con que los albos dedos gobernaba;
Y la jentil destreza
Con que el clave tocaba,
Y con su amable voz lo acompañaba.
  Su amable voz, que suena
Cual la de los pardillos mas canoros;
Y el alma así enajena
Con sus trinos sonoros,
Cual suele Amor en sus süaves coros,
  Mudando blandamente
A su placer el ánimo encantado,
El ánimo que siente
Todo su ardor mezclado
Con el jemir ardiente, apasionado.
  Sigue empero embebido
El májico compas del son sabroso,
Mientras por el oido
Con ardid engañoso
El ciego rey le roba su reposo.
  Y la herida sintiendo,
Y el volcan que la grata melodía
Va en el pecho prendiendo,
Oye aun con alegría
El suave hechizo que sus penas cria.
  Oye el labio que suena
En feliz consonancia al instrumento:
Y estático en cadena
Detiene al pensamiento,
Dudoso entre la pena y el contento.
  ¿Pero quién podrá tanto,
Ó cuál lira será la celebrada,
Que á seguirte en su canto
Llegue, lengua adorada,
Si el mismo Apolo no la da templada?
  ¿Quién podrá dignamente
Ese don ponderar, ¡oh voz sonora!
Que al alma blandamente
Rinde, embarga, enamora;
Y aun haciéndola esclava la mejora?
  ¡Oh voz! ¡oh voz graciosa!
¡Voz que todo me lleva enajenado!
¡Oh garganta armoniosa!
Pecho tierno y nevado,
¡De do tono tan blando ha resonado!
  Tú solamente puedes
Tu dulzura cantar como es debido,
Que á las Gracias escedes
Feliz; y á quien ha sido
Tan claro don del cielo concedido.
  Y pues tú solamente
Puedes bien celebrarte, ¡ay voz sonora!
Suenen de jente en jente
Tus trinos, mi señora,
Y cesen ya las salvas á la aurora.
  Ni los sueltos pardillos
Que van la aura purísima surcando,
Abran mas sus piquillos
Mientras estés cantando,
Y tu humilde zagal te esté escuchando.

ODA VIII.

A LISI, QUE SIEMPRE SE HA DE AMAR.

La primavera derramando flores,
El céfiro bullendo licencioso,
Y el trino de las aves sonoroso
Nos brindan á dulcísimos amores
    En lazo delicioso.
Viene el verano, y la insufrible llama
Agosta de su aliento congojado
Arboles, plantas, flores, yerba y prado:
Todo cede á su ardor, solo quien ama
    Lo arrostra sin cuidado.
El amarillo otoño asoma luego,
De frutas, yedra y pámpanos ceñido:
La luz febea, su vigor perdido,
Se encoje, mientra amor dobla su fuego
    Blando y apetecido.
Y en el ceñudo invierno, cuando atrue-
                                [na
Mas ronco el aquilon tempestüoso,
Entre lluvias y nieves en reposo
Canta su ardor, y rie en su cadena
    El amador dichoso.
Que así plácido amor sabe del año
Las estaciones, si gozarlos quieres,

Colmar, Lisi, de encantos y placeres.
¡Ay! cójelos, simplilla; vé tu engaño,
   Y á la vejez no esperes.

ODA IX.

A LA FORTUNA.

Cruda fortuna, que voluble llevas
Por casos tantos mi inocente vida,
De hórridas olas ajitada siempre,
   Nunca sumida:
Tú que de espinas y dolor eterno
Pérfida colmas con acerba mano
Tus vanos gozos, de la mente ciega
   Sueño liviano:
Aunque sañosa de tiniebla cubras
Lóbrega el cielo, que en humilde ruego
Férvido imploro, por huir tu odioso
   Bárbaro juego:
Aunque el asilo de mi hogar me robes,
Aunque me arrastres ominosa y fiera
Desde los campos de la dulce patria,
   Donde ligera
Tu undosa vena con alegre curso,
Ancho Garona, se desliza, y pura
Riega los valles, que de mieses orna
   Rica natura:
Y solo y pobre en peregrino suelo
Mi labio el cáliz apurado lleve,
Con que á la envidia la calumnia unida
   Me infama aleve:
Nunca rendido mi inocente pecho,
Nunca menguado mi valor aguardes,
Ni que mi plectro varonil querellas
   Jima cobardes.
Como afirmado en su robusto tronco,
Añoso roble en elevada sierra,
Inmóvil burla del alado viento
   La hórrida guerra;
El justo firme en su opinion, seguro
De su conciencia, reirá á la suerte.
Miedo, amenaza inútiles asaltan
   Su ánimo fuerte.
Ponme, Fortuna, do en eterna nieve
Jima abismado el aterido mundo,
Que en noche envuelto nebulosa y sueño
   Yace profundo;
Ponme, do Febo, su fogoso carro
Sin cesar ruede por el ancho cielo;
Do Sirio ardiente la arenosa tierra

   Cubre de duelo:
Siempre tranquilo, moderado siempre,
Con igual frente me verás, ¡oh cruda!
Sin que provoque tu rigor, ni á viles
   Lloros acuda.

ODA X.

A UN AMIGO EN LAS NAVIDADES.

Templa el laud sonoro
Del lírico de Teyo,
Y un rato te retira
Del popular estruendo;
Cantarémos, amigo,
Con alternado acento
En dias tan alegres
Sus delicados versos:
Sus versos que del alma
Las penas y los duelos
Disipan, cual ahuyenta
Las nubes el sol bello.
Y el inocente gozo,
Las Gracias y el risueño
Placer nos acompañen,
Y enciendan nuestros pechos;
O en el hogar sentados
Las Musas y Lïeo
Nos diviertan, y burlen
Las furias del enero.
¿Qué á nosotros la corte
Ni el méjico embeleso
De confusiones tantas,
Cual sigue el vulgo necio?
El sabio se retira,
Y admira dende léjos
Del mar alborotado
Las olas y el estruendo.
Gozoso en su fortuna,
Su rostro está sereno,
Sus manos inocentes,
Tranquilos van sus sueños:
Ni el oro le perturba,
Ni adula al favor ciego,
Ni teme, ni codicia,
Ni envidia, ni da zelos.
Por eso entre sus vinos,
Sus bailes y sus juegos,
De sabio diéron nombre
Los siglos á Anacréon:
Miéntras el de Estajira,

Del Macedon maestro,
Con obras inmortales
No alcanzó á merecerlo.
La vida es solo un punto,
Las honras humo y viento,
Cuidado los tesoros,
Y sombra los contentos.
Feliz el sabio humilde,
Que en ocio vive, exento
De miedo y esperanzas,
Bastándose á sí mesmo.
Un libro y un amigo,
Pacífico y honesto
Le ocupan, le entretienen,
Y colman sus deseos.
Alegre el sol le nace:
De noche el firmamento
Consigo le enajena
En pos de sus luceros.
Sus horas deliciosas,
Cual plácido arroyuelo,
Se pierden, que entre flores
Con risa va corriendo.
¡Dichoso el tal mil veces!
Su inmóvil planta beso,
Pues supo así elevarse
Del miserable suelo.
Un tiempo á mi fortuna
Con rostro placentero
Tambien falaz me quiso
Contar entre sus siervos.
Llevóme á que adorara
La imájen de su templo;
Y al ánimo inocente
Detuvo prisionero.
Mas luego el desengaño,
Bajando desde el cielo,
Me muestra sus ardides,
Y libra de su imperio.
De entónces, dulce amigo,
Seguro de mas riesgos,
La humilde medianía
En blanda paz celebro.

ODA XI.

AL CAPITAN DON JOSE CADALSO,
DE LA DULZURA DE SUS VERSOS SAFICOS.

Dulce Dalmiro, cuando á Fílis suena
Tu delicada lira,
El rio por oirte el curso enfrena,
Y el mar templa su ira.
Alzan las Ninfas su nevada frente
Coronada de flores,
Suelta Neptuno el húmido tridente
Absorto en tus amores.
Del céfiro en los brazos calma el vuelo
El ábrego irritado;
Y el verdor torna al agostado suelo
Tu acento regalado.
Desde el Olimpo baja Citerea,
Tanto con él se agrada,
Y en sus canoros trinos se recrea,
De Mavorte olvidada.
Siguen tus blandos ayes arrullando
Sus cándidas palomas,
Sus Cupidos contino derramando
Sobre ti mil aromas:
Y otros tan fino amar tiernos oyendo,
Una guirnalda bella
De mirto y rosas y laurel tejiendo,
Ornan su sien con ella.
Las vagarosas parlerillas aves
Que ven la Cipria diosa,
Aclaman con mil cánticos süaves
Su llegada dichosa;
Y en dulcísimos tonos no aprendidos
Le dan la bienvenida;
Mas de tu lira oyendo los sonidos,
Calla su voz vencida:
O Filomena solo, que enardece
Tan celestial encanto,
En blandos pios remedar parece
Las gracias de tu canto.
Mientras que de Dione los loores
Renovando divinos,
La imploras favorable en tus amores
Con mil sáficos himnos;
Que muy mas dulces que la miel mas
[pura,
Que el aroma agradables,
Solo respiran plácida blandura,
Solo afectos amables,
Delicias solo, y embeleso y gloria,
Y paz y eterna calma;
Bien que de Fili la llorosa historia
Renuevan en el alma:
Y aquel brillar cual fósforo esplendente
Que raudo cruza el cielo,
Para hundirse en el lóbrego occidente
Dejando en luto el suelo.
Todo oyéndote calla: tu voz suena;

Y el concento armonioso
Puebla el aire y el ánimo enagena
En éstasi amoroso.
 No cese pues, poeta soberano,
Son tan claro y subido:
Goza el sublime don, que en larga mano
Te dan Febo y Cupido.
 Gózale; y en mi oreja siempre suene
Tu derretido acento,
Que de ternura celestial me llene
Y de inmortal contento.

ODA XII.

LA RECONCILIACION.

LIDIA.

Ingrato, cuando á hablarme
A mi choza de noche te llegabas,
¡Cómo para ablandarme
Al umbral te postrabas,
Y en dolorido llanto lo regabas!

FILENO.

Ingrata, cuando á verme
A la huerta del álamo salías,
¡Cuál, ay! por esconderme
Donosa te prendías,
Y estremos mil de apasionada hacías!

LIDIA.

¿Pues qué, cuando halagüeño
A la sombra del álamo dijiste:
Tú eres, mi Lidia, el dueño
De esta alma que rendiste;
Y al yo probar huir, me detuviste?

FILENO.

¿Pues qué, cuando zelosa
En la vega aflijido me topaste,
Y al verme así, amorosa
Por detrás te acercaste,
Y en tus cándidos brazos me enredaste?

LIDIA.

¿Y cuándo tú engañoso
Me importunabas que la choza abriera,
Jurándote mi esposo?
¡Qué empeños no me hiciera
Tu labio infiel, porque á tu ardor cediera!

FILENO.

¿Y cuándo tú enviabas
Con Lálage á avisar que allá tornase;
Tierna no me ordenabas
Que hasta el alba aguardase,
Clamando al alba que en salir tardase?

LIDIA.

Calla, pastor aleve,
Calla, que por Dolira me has dejado;
Y mas que el viento leve
El voto has quebrantado,
Que mi alma fina te creyó sagrado.

FILENO.

Calla, falaz pastora,
Que das tu fe por Lícida al olvido;
Y voluble y traidora
El voto no has cumplido,
Con que á ti me juzgué por siempre unido.

LIDIA.

Pues, ¡ay! zeloso mio,
Calma tu ceño; cálmalo, y entremos
Por este bosque umbrío,
Do piques olvidemos,
Y al dulce amor y nuestra union cantemos.

FILENO.

Pues canta, Lidia bella,
Y aves y vientos párense á escucharte.
Ven; con tus brazos sella
La fe con que agradarte,
Y nombre anhelo entre las bellas darte.

ODA XIII.

EL MEDIO DIA.

Velado el sol en esplendor fuljente
En las cumbres del cielo,
Lanza derecho ya su rayo ardiente
Al congojado suelo;
 Y al medio dia rutilante ordena,
Que su rostro inflamado
Muestre á la tierra, que á sufrir condena
Su dominio cansado.
 El viento el ala fatigada encoje
Y en silencio reposa,
Y el pueblo de las aves se recoje
A la alameda umbrosa.
 Cantando ufano en dulce caramillo
Su zagaleja amada,
Retrae su ganado el pastorcillo
A una fresca enramada;
 Do juntos ya zagales y pastoras,
En regocijo y fiesta
Pierden alegres las ociosas horas
De la abrasada siesta:
 Mientra en sudor el cazador bañado,

Bajo un roble frondoso,
Su perro fiel por centinela al lado,
Se abandona al reposo.
 Y mas y mas ardiente centellea
En el cenit sublime
La hoguera que los cielos señorea,
Y el bajo mundo oprime.
 Todo es silencio y paz. ¡Con qué alegría
Reclinado en la grama
Respira el pecho, por la vega umbría
La mente se derrama!
 ¡O los ojos alzando embebecido
A la esplendente esfera,
Seguir anhelo en su estension perdido,
Del sol la ardua carrera!
 Deslúmbrame su llama asoladora;
Y entre su gloria ciego
Torno á humillar la vista observadora,
Para templar su fuego.
 Las próvidas abejas me ensordecen
Con su susurro blando,
Y las tórtolas fieles me enternecen
Dolientes arrullando.
 Lanza á la par sensible Filomena
Su melodioso trino,
Y con su amor el ánimo enajena
Y suspirar divino.
 Serpea entre la yerba el arroyuelo,
En cuya linfa pura
Mezclado resplandece el claro cielo
Con la grata verdura.
 Del álamo las hojas plateadas
Mece adormido el viento,
Y en las trémulas ondas retratadas
Siguen su movimiento.
 ¡Cómo á lo lejos su enriscada cumbre
Descuella la alta sierra,
Que recamada de fuljente lumbre
El horizonte cierra!
 Estos largos collados, estos valles
Pintados de mil flores,
Esta fosca alameda en cuyas calles
Quiebra el sol sus ardores.
 El vago enmarañado bosquecillo,
Do casi se oscurece
La ciudad, que, del dia al áureo brillo,
Cual de cristal parece.
 Estas lóbregas grutas.... ¡oh sagrado
Retiro deleitoso!
En ti solo mi espíritu aquejado

Halla calma y reposo.
 Tú me das libertad; tú mil suaves
Placeres me presentas
Y mi helado entusiasmo encender sabes,
Y mi cítara alientas;
 Mi alma sensible y dulce en ver se goza
Una flor, una planta,
El suelto cabritillo que retoza,
La avecilla que canta.
 La lluvia, el sol, el ondeante viento,
La nieve, el hielo, el frio,
Todo embriaga en celestial contento
El tierno pecho mio.
 Y en tu abismo, inmortal naturaleza,
Olvidado y seguro,
Tu augusta majestad y tu belleza
Feliz cantar procuro;
 La lira hinchendo en mi delirio ardiente
Los cielos de armonía,
Y siguiendo el riquísimo torrente
Audaz la lengua mia.

ODA XIV.

A MI AMIGO DON MANUEL LORIERI
EN SUS DIAS.

Desdeña, Anfriso, del enero triste
Las rudas furias y aterido ceño:
Su cana faz, su nebulosa vista
 Plácido mira.
Turbe su soplo por el yermo monte
Los chopos altos: á la fuente pare
Su jiro; y hiele el delicioso pico
 De Filomena;
Tú no receles: en el hondo vaso
El vino corra y el hogar se cebe,
De entre mil vivas del ilustre padre
 Y los amigos;
El dia pierde que saliste fausto
A la luz alma del alegre cielo,
Que puro siempre y apacible luzca
 Para la tierra.
Lejos el llanto y veladora cuita
El dia claro de mi tierno amigo:
Solo las gracias, el amable gozo
 Plácido reine.
Vuele la risa cariñosa, llena
Ruede la copa con alegre canto,
Que eco vagando por el alto techo
 Grato repita.

Vive feliz, ¡oh de mi pecho amante
Parte dichosa! ¡de Batilo gloria!
Vive, mi Anfriso; y la voluble suerte
    Ciega te sirva.

ODA XV.

A JOVINO EL DIA DE SUS AÑOS.

Deja, dulce Jovino,
El popular aplauso, retirado
Conmigo, do el divino
Apolo al concertado
Plectro te canta tu dichoso hado.
  Y escúchale cual suena,
El luciente cabello desparcido
Por la frente serena;
Y á su trinar subido
El Manzanáres queda embebecido.
  Él canta como fuiste
Al nacer de sus Musas regalado;
Y como mereciste
Ser por él doctrinado
En pulsar diestro su laud dorado.
  Y canta los favores
Que los cielos te hicieran, el lustroso
Nombre de tus mayores;
Y entre ellos cuán glorioso
Crece el tuyo y descuella, cual frondoso
  Alamo, que, al corriente
De las aguas tendiéndose, levanta
Sobre todos la frente;
Y luego el son quebranta,
Y el triste lamentar del Bétis canta:
  Cuando tú por la orilla
Del claro Manzanáres le dejaste,
¡Ah! ¡cuánta pastorcilla
Partiéndote apenaste!
Y á los zagales ¡qué dolor causaste!
  ¡Oh Jovino felice!
¡Oh por siempre sereno, fausto dia!
La voz alzando dice:
¡Vive, vive, alegría
Del suelo ibero y esperanza mia!
  ¡Oh, vive, afortunado!
Que el cielo te concede dadivoso
Larga edad. El sagrado
Plectro cesa, y lumbroso
Se ostenta el dios de su cantar gozoso.

ODA XVI.

EN LA MUERTE DE FÍLIS.

Cruel memoria, de acordarme deja
La gracia celestial de aquellos ojos,
Que al aflijido pecho un tiempo dieron
    Serenidad y vida.
¿Qué vale que fantástica retrates
Los delicados labios, do entre rosas
Amor adormecido reposaba,
    Y el razonar divino?
El donaire, la gracia, el delicioso
Hechizo de su voz, el albo cuello
Y aquellas hebras do viví cautivo,
    Y al oro deslucian:
Todo la muerte lo acabó, nublando
La tierra, Fili, que en gozarte ufana,
Mientras la hollaste con tu planta bella,
    Semejó al claro cielo.
Mas ora yerta, mustia, en ciega noche
Sepultada y en luto sempiterno,
Solo se queja de su triste muerte
    Con lastimeras ansias.
¿Dónde está, dice, la real presencia
De la divina Fili; el manso halago
Y el brillar de sus niñas celestiales
    Dónde se ha oscurecido?
¿Cuándo no anticipó la primavera
Saliendo al valle, y el estío ardiente
No templó afable con la nieve pura
    De su turjente seno?
El céfiro jugando bullicioso
Entre sus labios, ó besando amante
Las flores que tocándolas se abrian
    A ofrecerle su aroma.
¡Ay! danos, muerte cruda, el malogrado
Pimpollo que agostaste: restituye
Su milagro al amor y su tesoro
    A la augustiada tierra.
  Divina Fili, si mi ruego humilde
Algo alcanza contigo, desde el cielo
Tus ojos á mis lágrimas inclina,
    Y templa mi quebranto.

ODA XVII.

HIMNO A VÉNUS. *(Traducido.)*

Desciende del Olimpo, alma Citéres,
Madre de amor hermosa,

Brotarán en mi pecho mil placeres
Con tu vista dichosa.
　Crecerá la delicia y la alegría
En que por ti me veo,
Y colmará feliz el alma mia
Su encendido deseo:
　Su deseo, Dione, que penado
Solo á tu númen clama,
Y de amor lleno y de temor sagrado
Dulce madre te llama.
　Ven, ó de Gnido y Páfos protectora,
Que un pueblo de amadores
Tu auxilio celestial ferviente implora,
Cantando tus loores:
　Y espera, el seno en júbilo saltando,
Que entre aromas süaves
Sobre el fúljido carro que tirando
Van tus cándidas aves,
　Bajes á tu áureo templo, do en sus aras
Cuando parado hubieras,
De gloria al mundo con tu luz colmaras,
Y eterno bien nos dieras.
　De las mansiones del radiante cielo,
El deleite inefable
Con tu dulce mirar gozará el suelo,
Y tu sonrisa amable.
　Logrando que en un éstasi glorioso
Tu númen lo adurmiese,
Que en primavera perennal dichoso
Para ti floreciese.
　¡Para ti! ¡oh regocijo y hermosura
Del estrellado asiento!
Do la esperanza inmarcesible dura,
Y es sin fin el contento.

ODA XVIII.

LA AURORA BOREAL.

　No tiembles, Lice, ni los ojos bellos
De objeto tanto atónita retires:
Perdone á tu mejilla
El miedo que su púrpura mancilla.
　¿Viste no ha nada la brillante llama
Morir del sol, que lánguido su carro
Deslizó al mar ondoso?
Hélo pues torna su esplendor glorioso.
　Esas ardientes flechas, esa hoguera,
Viva, ajitada, que en su lumbre inflama
Del aire el gran vacío,
Rompiendo de la niebla el cerco umbrío:

Tantos grupos y piélagos de fuego.
Que hirviendo bullen, la riqueza suma
De matices y albores,
Que del iris apocan los primores;
　Son otra nueva aurora, que del polo
Corriendo boreal con sus reflejos
El horizonte dora,
Cual la que al dia en su nacer colora.
　Allá en su natal suelo y su infinita
Copia de luz, si rozagante tiende
La undosa vestidura,
Suple del sol la pompa y la hermosura.
　Viérasla allí de mil y mil maneras
El cielo esclarecer: ora lanzarse
En rápido torrente,
Ora alzar leda la rosada frente,
　Ora el oro del fúljido topacio
Mentir sus llamas, ó el azul mas puro,
Y ora de la mañana
El claro albor y la encendida grana.
　Si no se ajita en turbulentos rayos,
Que aquí y allá flamíjeros discurren,
Ahogando sus centellas
El fuego brillador de las estrellas,
　O en arco inmenso se derrama, y sabe
Hasta el cenit, do pródiga sembrando
Su inexhausto tesoro,
Tremola ufana su estandarte de oro:
　Que el Lapon rudo estático contempla,
O á su próvida luz atento vaca
A sus pobres afanes,
Y acata entre ella á sus paternos manes (*).
　Así el imperio de la noche vence,
Que aquellas plagas desoladas cubre,
Llenando de alegría
Su eterno hielo y su tiniebla umbría.
　Hija del sol, cual la que alegre rié
Para nosotros en el rubio oriente,
Recamada de albores,
Bañando en perlas las dormidas flores.
　Del caro padre el rutilante carro,
Purpúreo manto y túnica vistosa
Agraciada recibe,
Y de su llama y sus favores vive.
　Así la nuestra, al empezar fogoso

___

(*) *Paternos manes*, las almas de sus padres: creencia comun á los pueblos del norte, que, entre el brillo y las luces de este metéoro, se imajinaban ver á los Genios del pais y las almas de sus mayores.

El mismo sol su plácida carrera,
Le antecede lumbrosa,
La cien ceñida de jazmin y rosa.
　　No temas pues sus ráfagas ardientes,
Ni rayos tantos, ni vistosos juegos
Como en sus paños forma,
Ni si en mil modos su beldad trasforma.
　　La misma siempre en apariencia varia,
Si la ignorancia la tembló algun dia;
Y amenazó esplendente
Del tirano cruel la torva frente;
　　Hoy la verdad en colocar se place
Su númen claro en el radiante trono,
Donde inocente brille,
Y nada aciago su fulgor mancille.
　　Rijiendo augusta con luciente cetro
El yerto polo y páramos sombríos,
Do en toda su grandeza
Su majestad se ostenta y su belleza.
　　Goza pues, Lice, sin zozobra goza
Del vistoso espectáculo que ofrece
Un nuevo dia al suelo,
Ardiendo hermoso el ámbito del cielo.

ODA XIX.

AL MAESTRO FRAY DIEGO GONZALEZ, QUE SE MUESTRE IGUAL EN LA DESGRACIA.

No con mísero llanto
Aumentes tu penar; ni á la memoria
Traigas los dias de voluble gloria
Que te robó fortuna;
Si crecer tu quebranto
En la queja importuna
No anhelas sin provecho,
Cerrando al bien el obstinado pecho.
　　Siente, Delio, que moras
El reino del dolor, do nada puro
Es dado ver, ni de temor seguro
El contento se asienta:
Y acaso mientras lloras,
Ya blando el cielo alienta
Tu seño; y la alegría
En copa de oro liberal te envia.
　　Cuanto es so el claro cielo,
El bien envuelve con el mal mezclado;
Y cuando el mal el ánimo ha llagado,
Luego el bien le sucede.
Así el lúgubre velo
Descorre, á par que cede

Al sol la noche oscura,
Con sus dedos de rosa el alba pura.
　　Verás que tempestuosa
Tiniebla envuelve el dia, y el luciente
Relámpago cruzar la nube ardiente,
La ronca voz del trueno
Sonar majestüosa,
Y temblar de horror lleno
El rústico inundados
Entre lluvia y granizo sus sembrados;
　　Y los vientos veloces
Robar las nubes de la etérea playa
Verás; el íris que purpúreo raya,
Del pueblo alado mueve
Las armónicas voces;
Y el labrador se atreve
A contar por segura
Ya la esperanza de la mies futura.
　　Así lo ordena el cielo,
Así van lo liviano con lo grave
Enlazados, y lo áspero y süave
En perenne armonía;
Y el lloro y el desvelo
Tras la vana alegría
Con ala infausta vuela,
Cuando esperanza menos lo rezela.
　　Quien vive prevenido,
Ríe á la suerte, el pecho sosegado:
Cantando va del mar alborotado
Entre el bramar horrendo,
Y de Marte al ruido
Y funeral estruendo
Canta, ó cuando el tirano
A su cuello amenaza en impia mano.
　　Mas si en pos fausta aspira
Fortuna, y le sublima en su engañosa
Tornátil rueda, confiar no osa:
Antes teme prudente
Que torva ya le mira
Desgracia; y dilijente
La frájil vela coje,
Echa el ancla, y al puerto se recoje,
　　A que pase esperando
La ola bramante, y calme bonanzoso
Febo la mar; mas si en letal reposo
Le aduerme la ventura,
El huracan soplando
Le arrastra en su locura,
A do en tiniebla ciega
Por mas que clame, el piélago le anega.

ODA XX.

EL NACIMIENTO DE JOVINO.

Id, ó cantares mios, en las alas
De la fiel amistad; y de Jovino
Celebrad la alegría
En su feliz y bienhadado dia.
    Id al dulce Jovino, á vuestro númen!
Id, y dad el tributo de alabanza
A su nombre glorioso,
Pues su amor solo os inspiró oficioso.
    ¡Qué cosa mas süave y deliciosa
Que este tributo! ¡qué para la tierra
De mas prez y contento
Que de un hombre de bien el nacimiento!
    Nace un héroe, y medrosa se estremece
La tierna humanidad sobre una vida,
Que del linaje humano
Destruirá la mitad con cruda mano.
    El envidioso nace; y mira al punto
Al astro de la luz con torvo ceño,
Solo porque derrama
Sobre sus padres su benigna llama.
    Nace un malvado; y á su vista el vicio
Bate las palmas, y gozoso rie
Viendo el nuevo aliado,
Que en su cólera el cielo le ha otorgado.
    Empero hombre de bien Jovino nace:
Y á su cuna corriendo las virtudes
En sus brazos le mecen,
Y en su amable sonrisa se embebecen.
    Naturaleza al verse ennoblecida,
Se regocija; y mil alegres himnos
Los ánjeles cantando,
Sus venideras dichas van contando.
    Su vida, dicen, correrá apacible,
Bien cual sereno el sol brilla en un dia
De alegre primavera
Por la tranquila purpurante esfera.
    Será de niño de sus padres gozo;
Despues creciendo de su patria gloria,
Y de premios colmado,
De sus émulos mismos ensalzado.
    Detendrá la vejez por contemplarle
Su lento paso, y lucirán sus canas
Como la luna hermosa
En medio de la noche silenciosa.
    Respetará la muerte su inocencia;
Y en un plácido sueño á las alturas
Subirá de la gloria,
Dejando al mundo eterna su memoria.
    Será allí recibido con canciones
De gozo celestial; su acorde lira,
A los coros divinos
Por siempre unida, seguirá sus trinos.
    Ni la calumnia, ni la envidia fea
Lo mancharon viviendo en su tranquila
Muerte los tristes claman,
Y dulce padre y protector le llaman.
    La induljente amistad moró en su seno,
La piedad en sus manos dadivosas,
Y en su rostro el gracioso
Aire de la virtud y su reposo.
    ¡Oh mil veces felice quien merece
Loores tales! ¡oh sin par Jovino,
A quien naciendo el cielo
Dió liberal en joya rica al suelo!
    Vive; y en dotes y en aplausos crece,
Que de mi musa ocupacion gustosa
Será, Jovino, en tanto
Decir tu nombre en regalado canto.

ODA XXI.

A LA ESPERANZA.

Esperanza solícita, á mi ruego
Vén, alijera mi afanosa carga:
Ven, que abismado el ánimo fallece
    Con pena tanta.
    No me abandones á mi suerte cruda:
Déjame al menos que me adule el aura,
Con que á los tristes su dolor agudo
    Leda regalas.
    Lóbrega noche, pavoroso trueno,
De airado rayo ajitadora llama,
Ruedan en torno de mi triste frente,
    De horror helada.
    Donde los ojos dolorido torno,
Cien furias hallo que gritando claman:
Caiga, y hollemos su abatido cuello:
    ¡Bárbara saña!
    Ven, y disipa el ominoso bando,
Hija del cielo: tu presencia grata
Torne al herido desolado pecho,
    Torne la calma.
    Tú que benigna al arador avaro
Sobre la esteva en su labor halagas
Con la esperanza de la mies, que opima
    Julio le guarda.

Tú que al osado marinero alientas,
Cuando asaltado en la voluble barca
De hórridos vientos y revueltas olas,
   Mísero clama.
 Al que agoniza en solitario lecho,
Entre las sombras de la triste parca,
Aun le confortas amorosa, y nunca
   Dél te separas.
 Todo lo endulzas favorable, y cubres
De un velo grato que enajena el alma;
Que hace la copa de la vida al hombre
   Menos amarga.
 Tal como el brillo de la blanca luna,
Deshecho el ceño de la noche opaca,
Del caminante el abatido aliento
   Fausta levanta.
 Madre del gozo, cariñosa amiga,
Siempre constante, deliciosa maga,
En cuyos brazos inefable alivio
   Las penas hallan;
 Plácida corre á mi lloroso ruego,
Y aplica presta á la profunda llaga
Que en lo mas vivo de mi ser penetra,
   Blanda triaca.
 Dame tocar al mas humilde puerto:
Dame alentar en su dichosa playa:
Goze á su ocaso mi ajitada vida
   Paz y bonanza.

ODA XXII.

FÍLIS RENDIDA.

 Alado dios de Gnido,
Amor, mi gloria celestial delicia,
Ya el ánimo aflijido
Mereció hallar á tu deidad propicia.
 Ya el laurel victorioso
Logré, y los premios que anheló el deseo.
¡Dulce amor, qué dichoso
Es el estado en que por ti me veo!
 De mi Fili adorada
La timidez domaste y los rigores,
Y en mi llama inflamada
Pagó mi suspirar con mil favores.
 Sus ojuelos divinos
Que envidia el sol en su lumbroso oriente,
Me halagaron benignos.
¡Ay mirar vivo, regalado, ardiente!
 De su boca ¡qué perlas
Dulce riendo á mi rogar saltaron!
Loco corrí á cojerlas,
Y en néctares mis labios se inundaron.
 Su mejilla de rosa
Miré inflamarse á mi feliz porfía,
Mas fresca y olorosa
Que cuantas Gnido en sus pensiles cria:
 Despues, oh! ¡quién pudiera
Fiel retratar mi celestial ventura,
Las finezas que oyera,
Mi ciego ardor, su virjinal ternura!
 Con su mas rico lazo,
Colmándonos amor de sus placeres,
Nos unió: en su regazo
Un beso, mil nos dió grata Citéres.
 Y con amiga diestra
La copa de su néctar mas precioso
Brindándonos, nos muestra
La senda á un bosque retirado umbroso,
 Do nuestros finos pechos
En llama ardieron súbito mas viva,
Cual cera al sol deshechos,
Ni yo cobarde, ni mi Fili esquiva.
 En torno revolante
Coro de amores con alegre juego
Y bullicio incesante
A una alentaba nuestro dulce fuego;
 Y las Gracias risueñas
Sobre mi Fili rosas derramaban:
Y aplaudiendo halagüeñas,
Ven, Himeneo, ven, dulces clamaban:
 Ven fausto al delicioso
Vínculo del amor y la belleza,
Y al triunfo mas glorioso
Sobre el desden de la sin par fineza.
 Ven, y al zagal que ahora
Tan alto bien por su firmeza alcanza,
Estreche su pastora;
Y eterna flor corone su esperanza.
 Ven, que solo á ti es dado
Confirmar en la paz que han recibido,
Los que en uno han juntado
Propicia Vénus y el rapaz Cupido.

ODA XXIII.

SEGUNDOS DIAS DE FÍLIS.

¡Qué dulcísimo canto el aire llena!
¡Qué aplauso, qué armonía
Embebecido el ánimo enajena
En tan alegre dia!

¡Qué espléndido fulgor, qué viva llama
En su carroza de oro
Con mano liberal el sol derrama
De su inmenso tesoro!
    Lleno favonio de ámbares süaves
Regala los sentidos,
Y el estrépito y trino de las aves
Encantan los oidos.
    Ríe ufana la tierra, y reanimada
De galas se matiza;
La nieve en arroyuelos desatada
Sonante se desliza,
    Que en purísimo aljófar por los valles
Con vistosos colores
Forman mil jiros y galanas calles,
Jugando con las flores.
    Todo inocente anjélica belleza,
Se debe á tu luz pura,
Que á adornar basta la naturaleza
De no vista hermosura.
    La tuya en su donaire peregrina
Nos trae la primavera,
Su júbilo y sus rosas, la divina
Luz de la cuarta esfera.
    De tus años el círculo dichoso,
Esta riente aurora
Cual tras lóbrega noche se alza hermoso,
Y el sol los cielos dora,
    Vivífico tornando en cuanto existe,
El lustre antes perdido,
De lozano verdor las selvas viste,
De yerba el ancho ejido;
    Así vuelven las Gracias y el contento
A la dichosa vega,
Que en raudal puro susurrando lento
Undoso el Tórmes riega.
    Sus zagalejas en vistosas danzas,
Con bullicioso canto
Dicen de tu beldad las alabanzas,
Su irresistible encanto.
    Y los tiernos amantes pastorcillos
Las salvas repitiendo,
Al compás sus acordes caramillos
Sus letras van siguiendo.
    Feliz, claman, feliz tan albo dia,
Y hermoso y puro brille:
Jamás lo desampare la alegría,
Ni lloro lo mancille.
    Como fausto por siempre señalado
Quede de jente en jente,
Pues lo has, Fílis divina, consagrado
Con tu primer oriente.
    Anjélica beldad, del alto cielo
Cual joya acá enviada
Para gozo y honor del triste suelo
Mientra allá seas tornada:
    Idolo celestial de los zagales,
Adorable hechicera,
Causa feliz de mil sabrosos males,
Gloria de esta ribera,
    Crece, temprana flor, en gracias crece
Y en virtud te adelanta,
Cual palma escelsa que en el val florece,
Y al cielo se levanta.
    Crece, y cual pomo que de rosas lleno
Puebla el aire de olores,
Así tus ojos, tu sensible seno
Derramen siempre amores.
    Por ti goza la tierra venturosa
Pompa, flores, verdura,
Y cándida verdad, y gloriosa
Fe de inocencia pura.
    Feliz el que á servirte consagrare
Su bien lograda vida;
Y tu hablar dulce y tu reir gozare
Que á juegos mil convida.
    Pero feliz sin par quien mereciere
Fijarte, y á ti unido,
Tu seno de jazmin latir sintiere
De su amor derretido.
    Así los coros y el aplauso suena
Que á mi Fílis aclama:
Y el cielo en luz mas fúljida y serena
En su loor se inflama.

ODA XXIV.

A LA MAÑANA, EN MI DESAMPARO Y ORFANDAD.

Entre nubes de nácar la mañana,
De aljófares regando el mustio suelo,
Asoma por oriente;
Las mejillas de grana,
De luz candente el trasparente velo,
Y muy mas pura que el jazmin la frente.
Con su albor no consiente
Que de la opaca noche al triste manto,
Ni su escuadra de fúljidos luceros
La tierra envuelva en ceguedad y espanto;
Mas con pasos lijeros,
La luz divina y pura dilatando,

Los va al ocaso umbrífero lanzando.
   Y en el diáfano cielo coronada
De rutilantes rayos vencedora,
Se desliza corriendo:
Con la llama rosada
Que en torno lanza, el bajo mundo dora,
A cada cosa su color volviendo.
El campo recojiendo
El alegre rocío, de las flores
Del hielo de la noche desmayadas,
Tributa al almo cielo mil olores:
Las aves acordadas
El cántico le entonan varïado,
Que su eterno Hacedor les ha enseñado.
   En el ejido el labrador en tanto
Los vigorosos brazos sacudiendo
A su afan se dispone;
Y entre sencillo canto,
Ora el ferrado trillo revolviendo,
Las granadas espigas descompone;
O en alto monton pone
La mies dorada que á sus trojes lleve;
O en presto jiro la levanta al viento,
Que el grano purgue de la arista leve,
Con su suerte contento;
Mientras los turbulentos ciudadanos
Libres se entregan á cuidados vanos.
   Yo solo, ¡miserable! á quien el cielo
Tan gravemente aflije, con la aurora
No siento, ¡ay! alegría,
Sinó mas desconsuelo.
Que en la callada noche al menos llora
Sola su inmenso mal el alma mia;
Atendiéndome pia
La luna los jemidos lastimeros;
Que á un mísero la luz siempre fué odiosa.
Vuelve pues rodeada de luceros,
O noche pavorosa,
Que el mundo corrompido, ¡ay! no me-
 [rece
Le cuente un infeliz lo que él padece.
   Tú con tu manto fúnebre, sembrado
De brillantes antorchas, entretienes
Los ojos cuidadosos;
Y al mundo fatigado
En alto sueño silenciosa tienes:
Mientras velan los pechos amorosos,
Los tristes, solo ansiosos
Cual estoy yo de lágrimas y quejas,
Para mejor llorar te solicitan,
Y cuando en blanda soledad los dejas,

Sus ansias depositan
En ti, ó piadosa noche; y sus jemidos
De Dios tal vez merecen ser oidos.
   Que tú en tus negras alas los levantas;
Y con clemente arrebatado vuelo
Vas, y ante el solio santo
Las rindes á sus plantas;
Y con clemente fervoroso vuelo
Que ledo templa el mas amargo llanto.
Aunque el fiero quebranto
Que este mi tierno corazon devora,
Por mas que entre mil ansias te lo cuento,
Por mas que el cielo mi dolor implora,
No amaina, no el tormento:
Ni yo, ¡ay! puedo cesar en mi jemido,
Huérfano, jóven, solo y desvalido.
   Mientras tú, amiga noche, los mortales
Regalas con el bálsamo precioso
De tu süave sueño,
Yo corro de mis males
La lamentable suma; y congojoso
De miseria en miseria me despeño,
Cual el que en triste ensueño
De alta cima rodando el suelo baja.
Así en mis secos párpados desiertos
Su amoroso rocío jamás cuaja:
Que en mis ojos, de lágrimas cubiertos,
Quiérote empero mas, ó noche umbría,
Que la enojosa luz del triste dia.

ODA XXV.

EN LA MUERTE DE NISE.

¿Qué son tan triste lastimó mi oido?
¿Qué antorchas melancólicas, qué lutos?
¿Qué cánticos dolientes,
Qué lloro es este, qué tropel de jentes?
   ¡Ay! ¡ay! la pompa fúnebre de Nise,
De la inocente Nise, que á la vida
Robó en su albor primero
De la parca cruel el golpe fiero.
   Cuando empezaba florecilla tierna
Su aroma á derramar, y el alma pura
A la impresion abria
Primera del placer, que le reia:
   Cuando orgulloso en poseerla el mundo,
Preparándola cultos la fortuna
Mas dulce la adulaba,
Y el tálamo nupcial fausta le ornaba:
   Cuando sus gracias, su sensible pecho,

Su amable sencillez... la muerte impía
¡Ay! presa en ella hizo;
Y en polvo y humo todo se deshizo.

No ha nada yo la vi con planta airosa
La tierra despreciar: yo vi sus ojos
Arteros, rutilantes,
Y en sus labios las risas revolantes.

La vi de la discreta Galatea
Al lado en la carroza mil cautivos
Hacerse: ¡oh! ¡qué donoso
Semblante! ¡qué agasajo tan gracioso!

¡Ilusion triste de la ciega mente!
¿Qué fué de todo ya? ¿quién te dijera
¡Oh Nise! en aquel dia,
Que la tumba á tus piés el hado abria?

¿Quién que á tus padres de perenne [duelo
Causa infausta crecias? ¿ni á mi musa,
Que cuando te cantase,
Tus exequias llorando celebrase?

Mas no, llorar no debe: venturosa,
Rápida pasajera en plazo breve,
La orilla abandonada,
En blanda paz acabas la jornada.

Hallaste amargo de la vid el cáliz;
Y dél huyendo el inocente labio,
Mas beber no quisiste;
Y azorada en la tumba te escondiste.

Tu alma feliz, sin conocer del mundo
Los lazos, las traiciones, voló al cielo,
Do como vírjen pura
De eternal palma goza ya segura.

Y entre mil celestiales compañeras,
Los conciertos armónicos siguiendo,
Coronada de flores
Rinde al Señor altísimos loores.

¡Nise! reposa en paz: mas si á la gloria,
Do ries, suben mundanales ansias,
Blanda oye estos jemidos
Por toda alma sensible á ti debidos.

ODA XXVI.

AL CAPITAN DON JOSÉ CADALSO, DE LA SUBLIMIDAD DE SUS DOS ODAS A

MORATIN.

De pompa, majestad y gloria llena,
Baja, sonora Clio,
Y heroico aliento inspira al pecho mio

Con fausto soplo y redundante vena,
Para que cante osado
El verso de Dalmiro arrebatado.

Arrebatado al esplendente cielo,
Y á los dioses que atentos
A lo sublime están de sus acentos;
Dicha tal envidiando al bajo suelo,
Que goza en el poeta
Su gloria, su delicia y paz completa.

Y las fúljidas mesas olvidando,
Que Jove presidía,
El néctar abandonan y ambrosía
Bajando todos de tropel volando;
Y aun Jove al verse solo,
Tambien se inclina desde el alto polo,
A gozar trasportados los loores
Que de Moratin (*) canta
El que al divino Herrera se adelanta;
Y tal vez algun dios de los menores,
Cual Bacante furiosa,
La cítara acompaña sonorosa.

¿Mas qué sacro furor hierve en mi [pecho
Que entró sin ser sentido,
Y en sobrehumano fuego me ha encen- [dido?
Ya el orbe inmenso me parece estrecho,
Y mi voz mas robusta
Al número del verso no se ajusta.

Cual suele el sacerdote arrebatado
Del claro dios de Delo,
Mirar con faz ardiente tierra y cielo,
Y el pecho y el cabello levantado
Con sus voces espanta
La trípode oprimiendo con la planta;

Así yo tiemblo y el furor que siento,
Me inspira que le cante,
No blandiendo el acero centellante,
La roja cruz al pecho que ardimiento
Da al pundonor hispano,
Huyendo al verla el bárbaro africano:

No en el caballo que del dueño siente
El poderoso mando,
Tascando espumas y relinchos dando;
Y el casco bate, y gózase impaciente,
Cuando al son de las trompas
Su escuadron rije entre marciales pompas:

Mas sí pulsando la grandiosa lira

(*) D. Nicolás Fernandez de Moratin, insigne poeta y amigo suyo.

Con el marfil agudo,
Que hombres y fieras domeñar bien pudo;
O cuando en ayes flébiles suspira,
Tu muerte, Fílis, llora,
Y al sordo cielo en tu favor implora.

Al sordo cielo, que ordenado hubiera
Que el vil suelo dejases,
Y á su alto asiento exhalacion volases:
Planta fugaz de efímera carrera
Que con el sol florece
Y con su ocaso lánguida fenece.

Ceñida de laurel la sien gloriosa,
Que Febo agradecido,
Sirviéndole las Musas, ha tejido:
Y á la alma Vénus de mirar graciosa,
Que con divina mano
Un mirto enlaza al lauro soberano:

Con los dioses menores que le cercan,
Y él trinando entre todos,
Con blando acento y lamentables modos;
Atónitos algunos no se acercan,
O en planta van callada,
Por no turbar su música estremada.

¿Cuál claro vate por el ancho mundo
Feliz lograra tanto?
¿Cuál pudo de los dioses ser encanto,
No ya de los del tártaro profundo,
Sino de las mansiones
Do suben poco ínclitos varones?

Orfeo y Anfion tanto ensalzados,
Que en dulce son llevaban
Hombres, fieras y aun riscos do gustaban,
Y el que los hondos piélagos alzados
Calmó á su blando acento,
Y la vida salvó por su instrumento:

La cítara de Píndaro divino,
Y la trompa de Homero,
Y el claro cisne que cantó guerrero
Las armas y el varon que á Italia vino,
Atónitos atiendan,
Y á herir, Dalmiro, el plectro de ti apren-
[dan.

Las dulces moradoras de Hipocrene
No con labio canoro
Unicas sigan tu vihuela de oro,
Cuando su trino, rubio Cintio, llene
Los cielos de alegría,
Pues ya un mortal semeja su armonía.

Y tú salve, poeta soberano,
Y con nueva corona
Tu frente se orne, ó gloria de Helicona:
La patria te la ponga por su mano,
Y en su amor tú encendido,
Con tus versos la libre del olvido.

Salve, ó Dalmiro; salve, y venturoso
De mil varones claros
Las ínclitas virtudes y hechos raros
Sublime canta en verso numeroso: (*)
Tu fama hinchendo el suelo,
Rauda se encumbre al estrellado cielo.

ODA XXVII.

EN UNA SALIDA DE LA CORTE.

¡Oh! ¡con qué silbos resonando aflije
El aquilon mi oido! en negras nubes
Encapotado el cielo
El rápido huracan revuelve el suelo.

El blando otoño se amedrenta, y cede
Al invierno sañudo, que entre nieblas
Alza su frente umbría
Por la enriscada cumbre del Fuenfría.

Cesan mudas las aves, largas lluvias
Inundan los collados, á un torrente
Otro torrente oprime:
Y el lento buey con el arado jime.

Oigo tu voz, Minerva: ya me ordenas
La corte abandonar por el retiro
Pacífico y el coro
De divinos poetas. El canoro

Cisne de Mantua y el amable Teyo,
La dulce abeja del ameno Tíbur,
Laso y el culto Herrera
Del Tórmes á la plácida ribera

Me arrastran; y tú en lauro coronado,
O gran Leon, que tu laud hiriendo,
Tierno en el bosque umbrío
Frenaste el curso al despeñado rio.

La falsa corte y novelero vulgo
Desdeña el númen: los tendidos valles
Y el silencio le agrada,
Y la altísima sierra al cielo alzada.

En ocio y paz de la verdad atiende
Allí la augusta voz, el alma dócil
Su clara luz recibe,
Huye el error, y la virtud revive.

Y al cielo alzados los clementes ojos,

(1) Trataba de celebrar á los varones mas ilustres de España así en armas como en letras, imitando á Lope de Vega en su *Laurel de Apolo*.

Le seña con la mano la ardua cumbre
Do la gloria se asienta,
Y á su lauro inmortal el pecho alienta.
 Con vuestra llama inflamaré mi acento,
¡Oh blandos cisnes de Helicon! y alegre
Burlaré del oscuro
Pluvioso enero en el hogar seguro:
 Que tambien algun dia silbó el noto
Sobre vuestras cabezas; y aterido
Tambien quiso el invierno
El eco helar de vuestro labio tierno.
 ¡Ay! ¡qué dura en el mundo! al albo
[dia
La noche apremia: desparece el año;
Y juventud graciosa
Cede fugaz á la vejez rugosa.
 ¿A qué afanar para un instante solo?
Ya me acecha la muerte; y ni los ruegos
Enternecen la cruda,
Ni hay escapar de su guadaña aguda.
 Ella herirá, y en el sepulcro umbrío
Polvo y nada entraré; sin que mas deje,
¡Oh amargo desconsuelo!
Que un nombre vano y lágrimas al suelo.

ODA XXVIII.

AL OTOÑO.

Fugaz otoño, tente,
Que embriagada en placer el alma mia
Con tu favor se siente;
Y en su dulce alegría,
Porque atrás tornes, votos mil te envia.
 Tente: deja que goze
Tu plácida beldad feliz el suelo,
Y el hombre se alboroze,
Viendo cual colma el cielo
Con tu abundancia opima su desvelo.
 No atiendas, ó corona
Deliciosa del año, eterno esposo
De la amable Pomona,
No atiendas desdeñoso
El ruego de los hombres fervoroso.
 Por ti la selva y prado
De hojas viste y de flores primavera;
Y en estío abrasado
Con mas ardua carrera
Se pierde el dia en la luciente esfera.
 Todas las estaciones
Te sirven á porfía; y dadivosa,

Desparciendo sus dones,
Tu mano con vistosa
Profusion orna el mundo cariñosa.
 Yo cantaré tus bienes,
Padre de la abundancia, coronado
De pámpanos las sienes,
Entre parras sentado
Al rayo bienhechor del sol templado:
 Ocioso, en paz süave,
De vil adulacion libre el oido,
Lejos la rota nave
Del golfo embravecido,
Y en tu belleza el ánimo embebido.
 ¿Qué perfumes? ¿qué olores
Lleva el aura en sus alas? ¿qué verdura
Es esta y tiernas flores?
¿Qué rica vestidura
Cubre súbito el suelo de hermosura?
 Do quier me torno, veo
Mil delicados frutos: la granada
Brinda hermosa al deseo;
Y en la rama colgada
Mece el viento la poma sazonada.
 Los huertos, las laderas
Brillan en mil colores á porfía:
Las aves lisonjeras
Hinchen con su armonía
De deleite los pechos y alegría.
 El rústico inocente
De su sudor el fruto con usura
Recoje diligente;
Y ponderar procura
Con sencillas palabras su ventura:
 O en mas altas canciones
Tus dones, rico otoño, alegre dice;
Los celestiales dones
Con que le haces felice,
Y en su grato entusiasmo te bendice.
 Que tú su pecho llenas
De gozo y confianza; y al futuro
Arado y á las penas
Del ejercicio duro
Le haces volar en corazon seguro.
 A ti solo armoniosa
Mi lira ensalzará: no los ardores
Del Leon, ó la ociosa
Estacion de las flores,
Ni del sañudo invierno los rigores.
 Ensalzará cantando
Tu belleza, tu calma, tu frescura;
Mientras su hervor templando,

Deja el sol que segura
Trisquey vague en el prado la hermosura.
  Arrebolado el cielo,
La atmósfera tranquila, manso el rio,
Del viento el leve vuelo
Y el soto verde umbrío
Saltar hacen de gozo al pecho mio.
  ¿Mas qué insanos clamores?
¿Qué algazara de súbito ha sonado?
Ya de vendimiadores
Las lomas se han poblado,
Y el dios del vino la señal ha dado.
  Remuévense las cubas:
Entre confusas voces y tonadas
Las sazonadas uvas,
Del vástago cortadas,
Danzando son del pisador holladas.
  El tórculo resuena:
En purpúreos arroyos espumante
El mosto el lagar llena;
Y con grita triunfante
Corre en torno, y lo aplaude el tierno
                    [infante.
  Todo es risas y gozo:
La sencilla rapaza á su querido
Halaga sin rebozo,
O con desden finjido
Sus brazos huye, y déjale corrido.
  La cándida alegría
Vaga de pecho en pecho, celebrado
En coros á porfía
El néctar regalado,
En que el tierno racimo se ha tornado.
  Ven pues, ¡oh dios del vino!
Ven, que todos te llaman calurosos
Con tu licor divino;
Y rije sus dudosos
Pasos y sus cantares silenciosos.
  Ven, que ya de occidente
Silban las tempestades; y ya el cielo
De tiniebla inclemente
Cubierto, el desconsuelo
Del aterido invierno anuncia al suelo.

ODA XXIX.

QUE ES LOCURA ENGOLFARSE EN PROYECTOS Y EMPRESAS DESMEDIDAS, SIENDO LA VIDA TAN BREVE Y TAN INCIERTA.

Huye, Licio, la vida,
Huye fugaz cual rápida saeta
Del arco despedida,
Cual fúljido cometa
Que al ciego vulgo pavoroso inquieta.
  Ensueño desparece,
Niebla del sol al rayo se derrama,
Sombra se desvanece,
Y espira débil llama
Que apaga un soplo, si otro soplo inflama.
  ¿Qué fué de los pasados
Hervores del amor? ¿de la alegría
Y cantos regalados,
Y ufana lozanía,
En que tu seno y juventud bullia?
  Nada quedó: la rosa,
Que un dia cuenta en su vital carrera,
Renace mas hermosa,
Cuando la primavera
Rie purpúrea en la celeste esfera.
  El bosque á quien impío
Abrego roba su jentil belleza,
Con nuevo señorío
La entoldada cabeza
Levanta, y á brillar con mayo empieza;
  Grato asilo á las aves,
Que en su verde follaje en voz canora
Trinando van suaves;
Y en sombra bienhechora
Brinda al cansancio que á Morfeo implora.
  Solo el vital aliento
Pasa, y no tornará: tu claramente,
Y este mi llano acento
Por siempre al inclemente
Orco irán, que á los piés temblar se siente.
  Él su boca insaciable
Abre inmenso, y sepulta en sus horrores
A par del miserable,
Del mundo á los señores,
Y al seno virjinal bullendo amores.
  Recoje pues el vuelo:
De árboles tanta copia derramada
Con que abrumas el suelo,
La casa alta, labrada,
De mármoles lustrosos adornada,
  La estranjera vajilla,
Tanto milagro del pincel, y tanta
Costosa maravilla,
Que los ojos encanta,
Y en que á natura el arte se adelanta;
  Todo, cuando ominoso
Te hunda en la tumba inexorable el hado,
Lo dejarás lloroso:

Solo ¡ ay desventurado !
De un lienzo vil tu cuerpo rodeado.
   Sin que en tu inmenso duelo
Ni el alto grado do te alzó la suerte,
Ni tanto claro abuelo,
Basten á guarecerte
Del dardo inevitable de la muerte;
   Entrando en pos gozosa
La mano á derramar de un heredero
Cuanto hoy junta afanosa
De alhajas y dinero
La tuya, en feudo grave al mundo entero.
   ¡ Y aun te ajitas y sudas,
Y en negocios te engolfas noche y dia,
Planes, empresas mudas:
Y en eterna agonía
De inerte culpas la prudencia mia!
   Mejor será que imites
Esta feliz prudencia: en lo presente
La esperanza limites;
Y cedas al torrente
Que nos arrastra, como yo paciente.
   Un velo denso, oscuro,
Que en vista humana traspasar no cabe,
Envuelve lo futuro;
Y el cielo en triple llave
Lo guarda, que abrir solo el tiempo sabe.
   Así pues sin rüido
Dias y casos presurosos vuelen,
Tú en pacífico olvido;
Y otros teman y anhelen,
O en la corte falaz míseros velen.
   Minerva nos convida,
Dándonos la amistad su dulce abrazo:
Sin duelo de la vida
Llegarse el fatal plazo
Miremos, Licio, en su jenial regazo.

ODA XXX.

CONSEJOS Y ESPERANZAS DE MI JENIO EN
LOS DESASTRES DE MI PATRIA.

   Tus alas de oro de felice vuelo
Dame, ó Jenio divino,
A quien impuso favorable el cielo
Velar en mi destino.
   Huiré veloz de esta llorosa tierra
A otra rejion mas pura,
Do libre y lejos tan infanda guerra,
Respire en paz segura.

   Do quier incendios, crímenes, jemidos,
Sangre y muertes, y horrores,
Y tigres miro, sin piedad ni oidos
Al ruego y los clamores.
   ¡ Execrable maldad! ciego el Ibero
De un furor inhumano,
Fulmina impío el reluciente acero
Contra su propio hermano.
   Sopla la inmensa llama en faz aleve
La anarquía orgullosa,
Y el sello forja que su frente lleve
De servidumbre odiosa:
   Aguijando con fiera gritería
Del vulgo atroz la saña.
¿Será, ¡ ay! que llegue el postrimero dia
A la infeliz España,
   Así dispuesto, por ejemplo al mundo
Y á todas las edades,
Del cielo, airado en su saber profundo
Contra nuestras maldades?
   ¿Y su nombre otro tiempo tan temido,
Y su prez y alta glória,
Blason tanto y afan esclarecido,
Que engrandece la historia
   De nuestros padres, y feliz la Fama
De las puertas de oriente
Con su trompa inmortal volando aclama
Al lóbrego occidente,
   Al hondo olvido irán por la lajeza
De sus dejenerados
Bastardos nietos, en la vil pobreza
Y el oprobio abismados?
   ¡ Y á ultraje tanto á la enemiga suerte
En su encono inflexible
Guardarme plugo, sin ahogar la muerte
Mi corazon sensible!
   Tus alas, paraninfo, vagarosas
Dame, dame benigno:
A las esferas treparé lumbrosas,
Y huiré este suelo indigno;
   Donde al delito entronizado veo,
La virtud lacerada,
La verdad santa del error trofeo,
Y la inocencia hollada.
   O vide, ó parecióme que á mi anhelo
Mi Jenio condolido,
Raudo bajando del escelso cielo
Asi sonó en mi oido:
   Firme sosten y con serena frente;
Que nunca al pecho entero
Hundió la tempestad: pasa el torrente,

Y él se alza muy mas fiero.
  Seguirá el sol tras la tiniebla oscura;
Y á la discordia que ora
Trastorna el mundo, tu constancia apura,
La paz consoladora.
  Héla cual íris asomar radiante,
Y á su luz las naciones
Al fausto cielo en júbilo incesante
Colmar de bendiciones.
  Vuelto el Ibero de su error impío,
Y en el hogar colgado
El acero fatal, su ceño umbrío
Verá en amor tornado;
  Con lazo firme y fraternal unirse
Su juventud lozana;
Y á una todos con lágrimas reirse
De esta cólera insana.
  Plácidos dias de inmortal contento
Correrán y reposo,
Cual en pos del invierno turbulento
Asoma abril hermoso:
  Y de su helado sueño despertando,
Parece que revive
El ancho suelo con su aliento blando,
Y un nuevo ser recibe.
  Tú el choque en tanto con inmóvil
                              [planta
Resiste del destino,
Que así las olas hórridas quebranta
Escollo al mar vecino.
  Ruedan en tumbos mil, con rabia fiera
Su erguida frente hieren,
Instan, bátenlo, tornan; y en lijera
Niebla deshechas mueren.
  Tu asilo sea tu constante pecho,
Inaccesible muro
Al miedo, al interés, á un vil despecho;
Y allí espera seguro,
  Mientras que el cielo plácido se ostenta;
Y un viento mas süave
Lleva al puerto en tan áspera tormenta
La malparada nave.—
  Dijo, y despareció..... Tú aviso santo
Dócil y humilde sigo,
O Jenio celestial, séme tú en tanto
Guarda y potente abrigo.

ODA XXXI.

A MI AMIGO DON MANUEL MARÍA CAM-
BRONERO, POR SU SENSIBILIDAD Y
SU AMOR A LA PATRIA.
ESCRITA EN DICIEMBRE DE 1813.

  ¡Oh qué don tan funesto
Es, Fabio mio, un corazon sensible!
Cual débil muro puesto
De un mar airado al ímpetu terrible.
  Siempre inerme y desnudo
Al punzante dolor, mal reparado
Contra su dardo agudo,
Va quien lo abriga, sin cesar llagado;
  Pues cual vivaz espejo,
Que cuantas formas fúljido recibe,
Nos presenta en reflejo,
En él grabado el mal ajeno vive.
  Tierno padre y esposo
Por su grey cara próvido se azora,
Hijo humilde y cuidoso
Sus canos padres padeciendo adora.
  De cuantos seres ama,
La aciaga suerte el ánimo le oprime;
Por su patria se inflama
De santo amor, y en sus angustias jime.
  Hombre ve esclavo al mundo
Del error y la odiosa tiranía;
Y en su duelo profundo
Sin la virtud su ser maldeciría.
  Sufren el bruto, el ave
Del aterido invierno la aspereza,
Y á sus ansias no sabe
Solícita negarse su terneza.
  Cuantos objetos mira,
Tantos le llevan desvelado el pecho,
Y por todos suspira,
Y anhela y tiembla en lágrimas deshecho.
  Bien cual tú, Fabio mio,
Cuyo sensible corazon padece
Por cuanto el hado impío
Ora aciago á nuestra patria ofrece.
  Vesla, su paz perdida,
Su augusto nombre y su blason ajado,
Y con tu propia vida
Tornarle ansiaras su esplendor pasado.
  De mil hijos que anhelan
Servirla fieles y de sí aun separa,
Las cuitas te desvelan;
Y del tuyo su bien tu amor comprara.

Del encono ominoso,
Que en ella atiza la discordia impía,
El término azaroso
Tu seno abisma en mísera agonía;
 Y allá en tu clara mente
No hay mal que sufra, que infeliz la ama-
[gue,
Por que tu amor ferviente
No jima, y feudo en lágrimas le pague.
 Ella podrá engañada
Lanzarnos, Fabio, de su amado seno,
Nuestra fortuna hollada,
De oprobio el nombre y de calumnias lleno.
 Podrá hacer que bebamos
El cáliz hasta el fin de la amargura;
Que míseros jimamos
En orfandad y en indijencia dura;
 Mas hacer jamás puede
Que nuestro honrado pecho la desame;
Ni aunque el suelo nos vede,
Que madre el labio sin cesar la llame.
 Madre que ilusa ó ciega
La espalda vuelve á nuestro justo ruego;
Y á escucharnos se niega,
Cuanto es mas puro nuestro noble fuego.
 Empero en quien perdidos
Los ojos fijarémos espirando,
Mas y mas á ella unidos:
En trance tal aun su ventura ansiando.

ODA XXXII.

QUE LA FELICIDAD ESTA EN NOSOTROS
MISMOS.

No es, Julio, la riqueza
El oro amontonado;
Ni huye la dicha de un humilde estado;
La dicha, amiga aun de la vil pobreza.
 Ten acorde á tu suerte
Sin cesar el deseo:
Frena un ciego anhelar, el devaneo
Que en la nada hundirá luego la muerte;
 Y alegre y venturoso
Adularán tu seno,
Ora de nubes y zozobras lleno,
La blanda paz, el celestial reposo.
 Providente natura
Para tu bien presenta
Do quier placeres fáciles, y ostenta
Tierna madre á tus ojos su hermosura.

 Escoje: un claro dia,
El sol que con su llama
Señor del cielo el universo inflama,
Y la beldad le torna y la alegría:
 El viento que bullente
Jugando entre las flores
Regala tu nariz con sus olores,
Y el pecho te dilata dulcemente:
 Las flores que embelesan
Con sus galas vistosas,
Las abejas volando entre las rosas,
Que abrazados sus vástagos se besan:
 El incesante trino
Con que avecilla tanta
Su gozo esplica, sus amores canta;
De Filomena el suspirar divino;
 Y hasta en la noche oscura
El sinfin que en su velo
Arde de luces y tachona el cielo,
Del sol mismo emulando la hermosura:
 Si bien sabes mirarlo,
Todo alegrarte puede;
Que á todos y sin precio se concede,
Porque todos á par puedan gozarlo.
 Ni hay alfombradas salas,
O riquezas iguales;
Ni llegan los alcázares reales
A pompa tanta y naturales galas,
 O mas grato embebece
Un armónico coro,
Que el arroyuelo de cristal sonoro,
Que serpeando el ánimo adormece,
 Salta y rie, y la vista
Con májico atractivo
Deslumbra y fija: ¿en su bullir festivo
Qué pecho habrá que al júbilo resista?
 El llanto mismo, el llanto
En que un llagado pecho
Prorumpe á veces, ¡oh dolor! deshecho,
Aun tiene su placer, y es un encanto.
 El alma que oprimida
Siente ahogarse en su pena,
Con sus lágrimas dulces se serena;
Y entre ellas torna á recobrar la vida:
 Bien como el caminante,
Que en medio la agria cuesta
Aliento toma, y á doblar se apresta
Su cima que enriscada ve delante.
 Veces mil, Julio mio,
Lo llevo así probado.

¡Triste, ay! de aquel á quien maligno el
[hado
Abisma en un dolor mudo y sombrío!
  Que siempre, siempre al cielo
Torvo hallará y sañudo;
Ni jamás del dolor el dardo agudo
De su pecho arrancar verá al consuelo.
  No pues, necio, te exhales
En quejas ominosas:
Que nosotros labramos, no las cosas,
Si bien lo estimas, nuestros crudos males.

ODA XXXIII.

QUE NO SON FLAQUEZA LA TERNURA Y EL LLANTO.

  ¿Te admiras de que llore?
¿De que mi blando pecho
Brote en lluvia de lágrimas deshecho,
Y al santo cielo tan ferviente implore?
  No femenil flaqueza,
Ni torpe cobardía
Causa á mi lloro son; que el alma mia
Sabe sufrir con ríjida entereza.
  Y ya un tiempo pudiste
Impávida en los males
Notar mi frente igual: ¿viste señales
De miedo en mí, ni lamentar me oíste?
  Hoy por do quier que miro,
En eterna amargura
Hallo al mortal jemir: de mi ternura
Mi llanto nace, y por su mal suspiro:
  Que un dulce sentimiento
Uniéndome á sus penas,
Me veda ya el mirarlas como ajenas;
Y hombre, los males de los hombres siento.
  ¿Y qué, tú no has probado
El placer delicioso
De llorar, Julio, alguna vez? ¿lumbroso
Te rió siempre el cielo y despejado?
  ¿Grata siempre tu amante
Oyó tu fe amorosa?
¿Nunca esquiva te huyó, nunca zelosa?
¿Nunca por otro te dejó inconstante?
  ¿Siempre á tu fino amigo
Miró fausta su estrella?
¿No hirió tu oido su infeliz querella?
¿Ni un desgraciado mendigó tu abrigo?
  ¿No viste en triste duelo
Tus padres venerandos,
Ni en los horrores de la guerra infandos

Taladas mieses, devastado el suelo?
  ¡Mísero tú, si entonce
Seco el raudo torrente
Que ora inunda mi faz, de yerta frente
Fuiste á mal tanto, y corazon de bronce!
  Pero tu pecho es bueno,
Y condolerte sabes:
No pues de ver al infeliz te alabes
Con ojo enjuto y ánimo sereno.
  A mí no es concedido
Frenar, amigo, el llanto
En su suerte fatal, sensible tanto,
Cuanto he casos mas ásperos sufrido:
  Y el que olvidado jime,
O en destierro ominoso,
O á la calumnia y á la envidia odioso,
Tiembla al poder que bárbaro le oprime;
  Siempre mi pecho abierto
Hallarán á su pena,
Siempre mi lengua de consuelos llena,
Y mi rostro de lágrimas cubierto.
  Otro aplauda en buen hora
Su firmeza insensible;
Y roca á la piedad inaccesible
Ria al que triste con el triste llora:
  Que yo obligado al cielo
Del don de mi ternura,
Si no alcanzo á aliviar la desventura,
De llorar logro el celestial consuelo.

ODA XXXIV.

A MIS LIBROS.

Fausto consuelo de mi triste vida,
Donde contino á sus afanes hallo
Blandos alivios, que la calma tornan
  Plácida al alma:
Rico tesoro, deliciosa vena,
Do puros manan, cual el almo rayo
Que Febo lanza esclareciendo el orbe,
  Santos avisos:
Donde Minerva providente zela
Sus maravillas, monumento ilustre
Del jenio escelso que feliz me anima,
  Libros amados:
Do de los siglos la fugaz imájen,
Donde, natura, tu opulenta suma,
Del seno humano el laberinto ciego
  Quieto medito:
Nunca dejeis de iluminarme, nunca
En mi cansada soledad de serme

Util empeño, pasatiempo dulce,
Séquito grato.
Vuestro comercio el ánimo regala
Vuestra doctrina el corazon eleva,
Vuestra dulzura célica el oido
Májica aduerme:
Cual reverdece la sonante lluvia
Al seco prado, y regocija alegre
La árida tierra, que su seno le abre,
Madre fecunda.
Por vos escucho en el sonio cisne
La voz ardiente y cólera de Ayace;
Los trinos dulces que el amor te dicta,
Cándido Teyo.
Por vos admiro de Platon divino
La clara lumbre; y si tu mente alada,
Sublime Newton, al Olimpo vuela,
Raudo te sigo.
En la tribuna el elocuente labio
Del claro Tulio atónito celebro:

Con Dido infausta dolorido lloro
Sobre la hoguera:
Sigo la abeja, que libando flores
Ronda los valles del ameno Tíbur;
Y oigo los ecos repetir tus ansias,
Dulce Salicio (*).
Viéndome así del universo mundo
Noble habitante, en delicioso lazo
Con las edades que en el hondo abismo
Son de la nada.
Nunca preciados, de la suerte, ó libros,
Lleve mi vida, cesaréis de serme,
Ora me encumbre favorable, y ora
Fiera me abata.
Bien me revuelva en tráfagos civiles,
Bien de los campos á la paz me torne;
Siempre maestros de mi vida, siempre
Fieles amigos.

(*) El dulcísimo poeta Garcilaso.

EPISTOLAS.

EPISTOLA I.

AL ESCMO. SR. PRÍNCIPE DE LA PAZ. EXHORTANDO A SU ESCELENCIA A QUE EN LA PAZ CONTINUE SU PROTECCION A LAS CIENCIAS Y LAS ARTES.

En alas de la pública alegría
Por la anhelada paz, de gozo llena
A vos llega feliz la musa mia.
Disculpadla, señor, si acaso ajena
De un delicado acento cortesano
Ruda os saluda, sí de afecto llena.
Benigno sois, y miraréis humano
A quien solo agradaros fiel procura,
Y en vuestro nombre se complace ufano.
Del congojoso mando en la amargura

Las dulces Musas que atendais os deban
Alguna vez su armónica dulzura:
Las celestiales Musas, que nos llevan
En mil nobles ficciones embebidos
Al alto cielo, si su canto elevan;
O halagándonos blandas los oidos,
Saben la vida ornar de alegres flores,
Y hacer gratos del triste los jemidos.
Magas divinas, que colmar de honores
Pueden á un tiempo á quien su plectro
[suena,
Y á sus tonos responde con favores.
Así dura inmortal, de olvido ajena,
La memoria de Augusto y su valido;
Y el nombre Mediceo el orbe llena.
Llamadlas pues al premio merecido,
Y que las bellas artes reanimadas

Salgan tambien de su infeliz olvido.
  Vedlas ir desvalidas, desoladas
Demandando el amparo, con que un dia
De gloria se gozaron coronadas.
  Dádselo vos; y todas á porfía
Vuestro alto nombre por el patrio suelo
Celebrarán en himnos de alegría.
  El cincel, el buril con noble anhelo
Al bronce vida den y al marmol rudo;
Y el compás mida el ámbito del cielo.
  Aun mas que protector, sed firme es-
[cudo
De cuantos sigan, príncipe, sus huellas,
Que el injenio sin vos se encoje rudo.
  Un tiempo fué feliz, que á las estrellas
En sus brillantes alas sublimado,
Pudo inflamarse entre sus luces bellas,
  Y allí tal vez de la deidad tocado,
Imajinó, creó; y osadamente
Logró seguirla en su inmortal traslado:
  Atinando la ley con que la ardiente
Llama del sol á Júpiter camina,
Y alza la luna su nevada frente;
  O al suelo de la esfera cristalina
Bajando, al hombre en su estension per-
[dido,
De las ciencias mostró la luz divina.
  Mas hoy mísero yace; y oprimido
Del error jime y tiembla, que orgulloso
Mofándole camina el cuello erguido.
  No lo sufrais, señor; mas poderoso
El monstruo derrocad que guerra impía
A la santa verdad mueve envidioso.
  En la España feliz su fausto dia
Lucirá puro, cual el orbe llena
De vida el rubio sol y de alegría.
  Es la civil prudencia una cadena,
Que enlazada en mil modos altamente,
El seso mas profundo abarca apena.
  La antorcha de las ciencias esplendente
Por ella entre arduos riesgos nos dirije
Del comun bien á la dichosa fuente.
  Del prudente varon la mente rije
Solícita en pos dél; y en su carrera
Hace que el pié jamás dudoso fije.
  Que atienda dócil la verdad severa;
Y ansiando aplausos de la dulce fama,
Al grito ria de la envidia fiera.
  Adiéstrale á calmar la infausta llama
De las pasiones; ó servir las hace

Del pueblo al bien, que su veneno infla-
[ma.
De adulacion la máscara deshace;
El pecho humano á conocer le enseña,
Y con la paz y la virtud se place.
  Quien sus avisos útiles desdeña,
Juguete de la suerte desgraciado,
En mil tristes errores se despeña.
  Mientras quien como vos arde abrasado
En su amor puro, y el odio inclina
De su labio al concento regalado;
  En la llorosa tierra la divina
Esencia semejando, venturoso
Sobre las almas por su bien domina:
  Y cual se rije en órden misterioso
Este inmenso universo, y blandamente
Se acuerda y jira en círculo armonioso:
  La florida estacion, el Can luciente,
La escarcha ruda del enero umbrío,
El rápido huracan, el rayo ardiente,
  La grata lluvia, el líquido rocío,
Todo concurre á la comun ventura,
Y ostenta del gran Ser el poderío:
  Así un sabio ministro el bien procura
Universal al pueblo, confiado
A sus luces y próvida ternura.
  Todo á este bien diríjelo acertado:
Sabe aun del mismo mal sacar provecho;
Mientra el pueblo que rije afortunado,
Le aclama Padre, en lágrimas deshecho.

EPISTOLA II.

AL SR. D. GASPAR DE JOVELLANOS,
DEDICÁNDOLE EL PRIMER TOMO DE POESIAS
EL AÑO DE 1785.

  A ti, querido amigo, las primicias
Ofrece de su voz mi blanda musa,
En prenda cierta de su amor sencillo.
A ti ofrece sus versos, dulce fruto
De la alegre niñez, juegos amables
Que en las orillas del undoso Tórmes
Canté algun dia entre Dorila y Fílis,
Para templar mi llama, y sus oidos
Regalar con la plácida armonía.
  A ti, querido amigo, los consagra,
Cual suele al padre el inocente hijuelo
Con los dones brindar, que su oficioso
Afecto le procura. Tú alentaste

Mis primeros conatos; y el camino
Me descubriste en que marchar debia.
El ardiente Tibulo, el delicado
Anacreon y Horacio á la difícil
Cumbre treparon por aquí; sus huellas
Sigue, dijiste, síguelas sin miedo,
Que Amor y Febo al término te aguardan
Para ceñir tu sien de lauro y rosas.—
Quise empezar; y tú con diestra mano
El templado laud poniendo al pecho,
Mil armónicos sones repetias,
Enseñándome á herir las dulces cuerdas;
O si tal vez cobarde rezelaba,
Tornar me hiciste á la labor difícil
Con poderoso ruego. A ti debidos
Los frutos son de mi sudor: tú solo
Puedes ser su defensa y firme amparo.

Otros, Jovino, cantarán la gloria
De los guerreros, el sangriento choque
De dos fieros ejércitos, los valles
De sangre y de cadáveres cubiertos;
Y la desolacion siguiendo el carro
De la infausta victoria: horrendas, tristes
Escenas de locura, que asustada
Mira la humanidad. Otros el vicio
Hiriendo con su azote, harán que el hom-
[bre
De sí mismo se ria; ó bien al cielo
Su tono alzando, esplicarán las leyes
Con que en torno del sol la tierra jira,
Quién la luz lleva hasta Saturno, ó cómo
Del desórden tal vez el órden nace,
Y este gran todo invariable existe.

Mi pacífica musa no ambiciosa
Se atreve á tanto: el delicado trino
De un colorin, el discurrir süave
De un arroyuelo entre pintadas flores,
De la traviesa mariposa el vuelo,
Y una mirada de Dorila ó Fílis,
Un favor, un desden su voz incitan;
Y reclinado en la mullida yerba,
Tranquilo ensayo mil alegres tonos,
Que el valle escucha, y que remeda el eco.
Tú mientras tanto al tribunal augusto
Subes, Jovino; y desde el alto escaño,
Organo de la ley, sus infalibles
Oráculos anuncias. A tu diestra
Gozosa la Justicia los atiende;
Y á los pueblos la Fama los pregona.
La santa humanidad y el amor patrio
Tu pecho encienden y tus pasos guian;

Y como activo el fuego su ardor presta
A cuanto toca, el duro bronce ablanda,
Y todo en sí lo vuelve; así tu zelo
De tan clara virtud y amor guiado,
Por los sabios liceos se difúnde:
La feliz llama en sus alumnos prende,
Y Madrid goza los opimos frutos
De tu constante afan. ¡Oh! ¡qué de veces
Mi blando corazon has encendido,
Jovino, en él; y en lágrimas de gozo
Nuestras pláticas dulces fenecieron!
¡Qué de veces tambien en el retiro
Pacífico las horas del silencio
A Minerva ofrecimos, y la diosa
Nuestra voz escuchó! Las fujitivas
Horas se deslizaban; y embebidos
El alba con el libro aun nos hallaba.
¿Pues qué, si huyendo del bullicio insano
En el real jardin?... ¡A dónde, á dónde
Habeis ido, momentos deliciosos!
¡Disputas agradables, dó habeis ido!
Tú me llevaste de Minerva al templo,
Tú me llevaste; y mi pensar, mis luces,
Mi entusiasmo, mi lira todo es tuyo.
Borra, tilda, corrije, perfecciona
Lo que empezaste; y de una vez se sepa
Que tú has sido mi númen, ó Jovino!
Y que hijos son de tu amistad mis versos.
¡Oh! ¡cuán alegre el corazon publica
Esta dulce verdad! ¡cómo se goza
Mi tierna gratitud en confesarla!

Sí, tú volviste á mí, cuando ignorado
Yacía y sin vigor en noche oscura
Mi inculto númen, los clementes ojos
Con que las artes y el injenio animas:
Tú estendiste la mano jenerosa
Para alzarme á la luz; y mi maestro,
Y mi amigo, y mi padre ser quisiste.
Yo desde entónces, cual la tierna planta
Del hortelano á los desvelos crece,
Fruto de su cultivo y sus tareas;
A sentir, á pensar por ti enseñado,
Obra soy tuya, y de tu noble ejemplo,
Y tuyos son mi nombre y mis laureles.
Si oso trepar al templo de la Gloria
Con jeneroso ardor; si repetidos
Son de mi lira los acordes tonos
Por nuestros descendientes, ¡cuán süave
Mi gratitud ha de sonar entre ellos!
¡Oh alegre dia! ¡ó venturoso punto,
Aquel en que se unieron nuestras almas

En tan estrecho y delicioso lazo!
Un pensar, un querer, un gusto, un jenio,
Una ternura igual, un modo mismo
De ver y de sentir; todo pedia
Esta union, ó Jovino: todo dobla
Cada dia su encanto, y la hará eterna.

¡Induljente amistad, placer divino,
Remedo acá en la tierra de la pura
Felicidad de los celestes coros,
Fuente de todo bien, apoyo firme
De la santa virtud! tú sola puedes
Amable hacer la vida, y deliciosa
Nuestra existencia triste: ven, inflama
A Batilo y su amigo; y que los hombres
De ti tomen ejemplo en ellos solos.
Tú mis versos dictaste, tú me inspiras,
Y hoy al dulce Jovino los ofreces:
Tú los conserva favorable y guarda
A los lejanos siglos, porque sean
Muestra de tu poder, y á los mortales
Nuestros nombres y amor eternos digan.

EPISTOLA III.

AL ESCMO. SR. D. EUJENIO DE LLAGUNO Y AMIROLA, EN SU ELEVACION AL MINISTERIO DE GRACIA Y JUSTICIA.

En fin mis votos el benigno cielo
Oyó, querido Elpino, y sus anuncios
Felices mi amistad colmados goza.
Te ve en la cima del poder, al lado
Del trono moderar de la alma Témis
Las sacrosantas riendas, de la patria,
De la virtud, el mérito y las letras
En comun beneficio: la alegría
Oye del pueblo al repetir tu nombre,
Tu modesta virtud, tu zelo ardiente;
Y en su entusiasmo á las amigas Musas
Ve coronadas de laurel sagrado,
Cual suyo celebrar tan fausto dia,
Apolo en medio á su vihuela de oro
Cantando en voz divina tus loores:
Tus loores, Elpino; de las letras
El imperio feliz, de la justicia,
De la blanda equidad, de las virtudes.

Sí, amigo; amanecióles claro un dia,
Amaneció á la patria, que gozosa
De ti anhela su gloria y su ventura.
No ya escusarse tu modestia puede:
Ni de tu pecho al jeneroso impulso

Negarte es dado; óyela, y mil hijos,
Cuyo zelo y saber su cetro tornen
A su antiguo esplendor, dale oficioso.
Tú los conoces, ó á crearlos bastas;
Cual el ardiente sol abre fecundo
El seno en mayo á mil alegres flores.

Tu jenio, tus avisos celestiales,
Tu ejemplo los formó: tras ti treparon
Al despeñado templo de las Musas:
De ti oyeran del Pórtico y Liceo
Los nombres venerados; y les diste
Que dóciles gustasen las lecciones
Del morador de Túsculo elocuente.
Tú de la musa de la historia amantes
Los hiciste tambien; y ante los ojos
De la olvidada Iberia les pusieras
Con docto afan los polvorosos fastos.
Las artes hechiceras con el dedo
Les señalaste; y los encantos nobles
Del cincel, del buril, del engañoso
Animado pincel por ti preciaran.

Cortesano, filósofo, ministro
A un tiempo todo, y para todos fuiste.
¿Quién si no te buscó? ¿quién á tu lado,
Si te escuchó feliz, (siempre en la dicha
Hallándote ocupado de los pueblos,
O en útil ocio con las dulces Musas)
No se inflamó en anhelo jeneroso
Por trepar á la cumbre, do Sofía
Y alma virtud inaccesibles guardan
A los vulgares ojos sus misterios?
¿O quién gozó cual yo de esta ventura?

Tierno muchacho, en su divina llama
Tocado el pecho, te busqué, y tú blando
A mi rudeza descender quisiste,
Y con diestra oficiosa mis dudosos
Pasos guiar en la difícil senda,
Ora alentando mi cobarde musa,
Ora su voz formando á la armonía
Del hispano laud, tan bien pulsado
Del dulce Laso y el divino Herrera;
Y ora inflamando el desmayado aliento
Con el laurel de inmarcesible gloria,
Que en la remota edad por premio justo
Guardado á anhelo tanto me mostrabas.
¿Con qué tornar mi gratitud sencilla
Podrá tales oficios? ¿dónde voces
Hallar, que llenen los afectos tiernos
De mi inflamado corazon? Amigo,
Querido amigo, jeneroso padre,
No tu modestia mi entusiasmo culpe:

Permíteme gloriar, cantar me deja
Tu sencilla bondad: sepan los hombres
Que tu has dignado de llamarme amigo,
Y dirijir mis juveniles pasos;
Que virtud y saber de ti aprendiera.
 ¡Oh! déte el cielo el galardon debido
A tu induljente humanidad: que amado
De tus señores y los hombres seas:
Que tu nombre en los siglos con los nom-
 [bres
De Arístides y Sócrates divinos
En uno se venere, y fausto corra
De boca en boca, y de uno en otro pueblo.
Ministro de la paz, déte que gozes
De tu amor patrio los opimos frutos
En colmada sazon: por ti animado
Brille el hispano injenio, cuanto brilla
Puro el sol en la bóveda esplendente.
 ¡Qué inmensa perspectiva ante tus ojos
De dulce gloria desplegarse veo!
¿Dónde volverlos que estender no puedas
Tu jenerosa mano? La española
Juventud llora en su rudez sumida;
Y la llama feliz que en ella el cielo
Grato encendió, sin pábulo se estingue.
Dale maestros que sus tiernas almas
Formen á la virtud y al amor patrio.
¡Ah! ¡cuánto, cuánto bien se libra en ellas!
 Las casas del saber, tristes reliquias
De la gótica edad, mal sustentadas
En la inconstancia de las nuevas leyes,
Con que en vano apoyadas titubean,
Piden alta atencion. Crea de nuevo
Sus venerandas aulas: nada, nada
Harás sólido en ellas, si mantienes
Una coluna, un pedestal, un arco
De esa su antigua gótica rudeza.
 Torna despues los penetrantes ojos
A los templos de Témis, y si en ellos
Vieres acaso la ignorancia intrusa
Por el ciego favor, si el zelo tibio,
Si desmayada la virtud los labios
No osaren desplegar, en vil ultraje
El ignorante de rubor cubierto
Caiga; y tú, Elpino, de la santa Astrea
Ministro incorruptible, cabe el trono
Sé apoyo firme de la toga hispana.
 Dale, y á ti y á sus amigos caros,
Y al carpentano suelo aquel que en noble
Santo ardor encendido noche y dia
Trabaja por la patria; raro ejemplo

De la alta virtud y de saber profundo.
¡Pueda abrazarle yo! ¡goze estrecharle
Luego, luego en mi seno, y de sus brazos
A los tuyos lanzarme, Elpino mio,
Estático de gozo al verme en medio
De mis mas caras prendas! no, no tardes.
El fausto plazo de tan claro dia.
Débate mi amistad tan suspirada
Justa demanda, y subiré tu nombre
De nuevo, dulce amigo, al alto cielo.
Tú le conoces; y en sus hombros puedes
No leve parte de la enorme carga
Librar seguro, en que oprimido jimes.
 Mientras tu zelo y tu atencion imploran
Los ministros del templo y la inefable
Divina relijion. ¡Oh! ¡cuánto! ¡cuánto
Aquí hallarás tambien!... pero su augusto
Velo no es dado levantar: tú solo
Con respetosa diestra alzarlo puedes,
Y entrar con pié seguro al santuario.
 Vé en él jemir al mísero colono;
Y al comun padre demandar rendido
El pan, querido amigo, que tú puedes
Darle, de Dios imájen en el suelo.
Vé su pálida faz; llorar en torno
Vé á sus hijuelos y su casta esposa.
La carga vé con que espirando anhela,
Mísera carga, que la suerte inicua
Echó sobre sus hombros infelices;
Mientra el magnate con desden soberbio
Rie insensible á su indijencia, y nada
En lujo escandaloso y feos vicios.
 Elpino, aquí tu caridad invoco,
Tu jeneroso corazon: sus ayes
Recoje fiel, sus lágrimas honradas,
Sus justas quejas; y el clemente pecho
Por ti conmuevan del piadoso Cárlos.
Su hollada profesion es la primera,
La mas noble, mas útil: de ti clama
Luces y proteccion; la valedora
Mano le tiende, y sus plegarias oye.
No; ya no es dado recelar: la santa
Humanidad; la relijion, las leyes,
El honor, la verdad, todos te imponen
Tan alta obligacion: habla, importuna,
Clama, y débate el pobre su sustento:
Labren tus velas su dichoso alivio:
Y tus decretos la abundancia lleven
A las provincias, que tu nombre adoren.
 Hélas, hélas á ti vueltos los ojos,
Humildes demandarte su anhelada

Felicidad, á su plegaria unido
El Indio vago en los inmensos climas
De la ignorada América: tu injenio
Su tibiez mueva, su pereza aguije,
Alumbre su ignorancia, poderoso
Débiles las ampare; y feliz llene
De espíritu de vida entrambos mundos.
    Renazca en ellos la virtud amable,
El candor inocente y fe sencilla
De las costumbres sobre el firme apoyo.
Ellas de nuestros padres bienhadados
La herencia afortunada un dia hicieron;
Del honrado Español fueron la gloria.
Consumiólas el tiempo: empresa tuya
Es darles hoy su antiguo poderío,
Y despertar las perezosas almas
Que en sueño indigno y en olvido yacen.
¿Pues qué es, ¡ah! de las leyes el imperio?
¿Qué de las armas la funesta gloria,
La opulencia, el poder, la ciencia, el oro
Sin las costumbres? Enojosa llama
Que brilla devastando, y luego muere.
Costumbres pues, costumbres; y á su
[sombra
Florecerán las leyes olvidadas,
Y ellas solas harán felice al pueblo.
    ¡Cuánto de ti no espera! ¡qué no puedes
Hacer al lado del escelso amigo,
Cuya feliz prudencia acompañando
Tu íntegra fe, tu zelo jeneroso,
Juntos marcharais ya con firme planta
Del aula en los difíciles senderos!
Su noble corazon, exento y puro
De plebeyas pasiones, mas de gloria
Lleno y amor al bien, labre contigo
La ventura comun; y unidos siempre
En santa y útil amistad, que tornen
Haced, amigo, los dorados dias,
Que al suelo hispano mi esperanza anhela.

EPISTOLA IV.

A UN MINISTRO, SOBRE LA BENEFICENCIA.

    ¿Cómo humilde rendir podrá mi Musa
Las gracias merecidas al desvelo,
Con que tu tierno corazon acoje
La virtud infeliz, al ruego mio?
¿Dó acentos hallaré, que á mi oficiosa
Gratitud correspondan? ¿dó palabras
Que al vivo, amigo, repetirte puedan

Las bendiciones justas, con que al cielo
Sube tu humanidad una inocente
Mísera, desvalida, mas felice
Ya en la esperanza con tu sombra ilustre?
    No, mi Musa no basta: y tu sencilla
Modesta probidad huye el aplauso,
Contenta solo en bien hacer, ni menos
La mano presta ofrecer al desvalido,
Que cuidadosa retirarla sabe
Para ocultar sagaz el beneficio.
    Amigo, tu bondad tu premio sea:
Ella te haga gustar de aquel secreto
Vivo placer que la acompaña siempre,
Tu espíritu inundando del mas puro
Dulce contento en las calladas horas,
Cuando las almas insensibles oyen
Entre las sombras de la noche triste
La olvidada piedad que las acusa,
Y sus helados pechos estremece.
Ella tu premio sea; en tus oidos
Sin cesar clame, y poderosa te haga
Poner fin á la empresa jenerosa,
Dando sustento y pan á la viuda,
Al orfanico, tierno y desvalido,
Que á ti convierten sus llorosos ojos.
¡Oh! ponte en medio de ellos, si lo puede
Tu ternura llevar: vé su cuitada
Soledad indijente: vé sus manos,
Sus inocentes manos estendidas
Hácia ti, amparo suyo, sombra suya:
Vé sus tristes semblantes, sus jemidos,
Y la alegre esperanza, que al mirarte
Baja y conforta sus llagados pechos.
¡O dulce, ó celestial beneficencia!
Virtud, que abarcas las virtudes todas,
Tan rico don, cuan poco conocido,
Tú que al débil mortal con Dios semejas,
Cuya esencia es bondad, de cuyas manos
Contino dones mil al mundo bajan;
¡Dichoso aquel que ejercitarte puede,
Sus lágrimas cortando al aflijido,
Y en diestra amiga al abatido alzando,
Del comun Padre imájen en el suelo!
    Tú, ilustre amigo, mis deseos sabes;
Tú, mi amor á la dulce medianía,
Do en ocio blando, en plácido retiro
Gozo el favor de las benignas Musas,
Lejos de la ambicion y el engañoso
Mar de las pretensiones, do á la orilla
En tabla débil por milagro escapa
Algun afortunado, y mil zozobran

En inútil lección; por nada empero
Anhelo alguna vez en la alta cumbre
Mirarme del favor, cual tú te miras,
Sino por enjugar con blanda mano
Su amargo lloro al pobre, y estenderla
Al mérito modesto y desvalido.
Mi tierno pecho á resistir no alcanza
Tan grata tentacion: él fué formado
Para amar y hacer bien; y una corona
Tiene en menos que hacer un beneficio.
  Mil veces tú dichoso, que los puedes
Con larga mano dispensar, y al trono
Subir haces la voz de la miseria,
Gozando cada instante el placer puro,
El íntimo placer de que te miren
Como un padre comun los desvalidos.
  No basta, no, ser justo. El juez severo
Que la vara de hierro alzada siempre
Contra el delito, inexorable el rostro,
Jamás sintió la compasion llorosa
Llenar de turbacion su helado pecho,
Al ver de un reo el pálido semblante,
Y oir el ronco son de las cadenas;
Odioso debe ser. El sabio triste
Que en áridos problemas engolfado,
Por no aquejar su espíritu insensible
Cierra los ojos, y la espalda torna
Al infeliz que á su dureza clama;
Odioso debe ser. Serlo aun mas debe
El héroe sanguinario que se place
Entre el horror de las infaustas guerras,
Sus feas muertes y alaridos tristes,
La sangre, el polvo y el tronante bronce,
Tras un vano laurel. Aquel que sabe
Llorar con el que llora, condolerse
De su suerte cruel, con sus consejos
Hacerle llevaderos sus rigores,
Testificarle la amistad mas viva,
En su seno acojerle compasivo,
Buscarle, hacerle sombra, y en su amparo
Solícito ocuparse; aqueste solo
Es de todos amado; su memoria
Con bendiciones mil corre en las jentes;
Brilla inmortal su gloria; de la tierra
Es delicia y honor, y viva imájen
De la Divinidad entre los hombres.
Así el astro del día sus tesoros
Derrama liberal, el aura pura
Esclarece, la tierra vivifica,
Templa los hondos mares, y es fecundo,
Benéfico motor del universo.

  Mostrarse indiferente á las desdichas,
Doblarlas es; y hacer un beneficio,
De aquel que lo recibe hacerse dueño.
Lo que solo da el hombre, aquello guarda,
Y ni muerte ó fortuna se lo roba.
Salgamos de nosotros: estendamos
A todos nuestro amor; y la suprema
Bienandanza á morar del alto empíreo
Al suelo bajará de angustias lleno.
¡Ah! ¿cómo puede ser que en faz serena,
Ni enjutos ojos el magnate mire
Penar al indijente? El tigre fiero,
Si al tigre ve sufrir, manso se duele:
¡Y el hombre es insensible á la miseria!
¡Y en el lujo dormido al pobre olvida!
  Nuestros dias fugaces, sabio amigo,
De amargos ayes, de cuidados llenos,
Cual hermanos vivamos. Con la carga
De nuestros males encorvados vamos
Por la difícil senda de la vida;
Aliviémonos pues: al que padece
Redimamos del peso; un infelice
Es un justo acreedor á nuestro auxilio.
A un pecho noble y jeneroso basta
Ser hombre y desgraciado. ¿Quién no
                           [debe
Temer contino la cruel desdicha,
Querido amigo? ¿quién vivió hasta ahora
Sin conocer las lágrimas? mil fieros
Enemigos acechan nuestros dias,
Y el hombre á padecer nace en la tierra.
  Ley es sagrada remediar sus males
Segun nuestro poder, y al que en la cum-
                           [bre
Coloca Dios del mando, allí le pone
Para que en él el triste halle su alivio,
El pobre amparo, el mérito un patrono.
  Prosigue pues tu empresa jenerosa,
O dulce amigo; acábala, y mis voces
Olvidadas no sean con los graves
Cuidados que te abruman noche y dia.
Oye á tu alma sensible: da á la patria
Una familia, y sé segundo padre
De un huérfano infeliz: ambos deudores
Le somos y á la madre desgraciada.
Tú piadoso favor, y yo mis ruegos,
Le debo encarecidos. ¡Oh! ¡lograsen
La suerte favorable cabe el trono,
Que á tu benigno corazon merecen!

EPISTOLA V.

AL DOCTOR DON GASPAR GONZALEZ DE CANDAMO, CATEDRATICO DE LENGUA HEBREA DE LA UNIVERSIDAD DE SALAMANCA, EN SU PARTIDA A AMÉRICA DE CANÓNIGO DE GUADALAJARA DE MÉXICO.

¿Huyes, ¡ay! huyes mis amantes brazos,
Dulce Candamo, y entre el Indio rudo,
En sus inmensos solitarios bosques
Corres á hallar la dicha que en el seno,
En el fiel seno de tu tierno amigo
El cielo y la amistad te guardan solo?
Surta en el puerto la atrevida nave,
Ya las velas fugaces libra inquieta
A los alados vientos; ya impaciente
Clama la chusma por levar el ancla:
Lévala; ciega entre confusas voces,
Salvas y vivas á la mar se arroja.
¡Oh! tente, tente, navecilla frájil,
¿Dó te abandonas?... despeñado el noto,
Mira cuál corre la llanura inmensa
Del antiguo océano, infausto padre
De borrascas y míseros naufrajios.
Los ciegos vados, los escollos tristes,
Las negras nubes sobre ti apiñadas,
Y tanto monstruo que las aguas cria,
Miedo y horror al ánimo y los ojos,
Mira desventurada: cauta el puerto
Torná á ganar, y deja de mi amigo
La venturosa carga. Amigo, vuelve,
Vuelve á mis brazos, y con blanda mano
Mis dolorosas lágrimas enjuga.
Tu ciego arrojo á mi sensible pecho
Se las hace verter... ¿y mas contigo
Podrán las leyes de un respeto injusto,
La opinion ciega, el pundonor vidroso,
Que la ley santa de amistad? ¿no tienes
Aquí cuanto te debe hacer felice?
¿Tus hermanas, tu amigo...? ¿y de ellos
[huyes?
Y entre bárbaros dicha hallar esperas?
No, ingrato, no: la sólida ventura
Solo mora en las almas inocentes
Que une amistad con su sagrado lazo.
Solo esta llama celestial los pechos
Hinche de verdaderas alegrías
Y de eterno placer, que en sombra triste
Jamás se anubla de pesar tardío.
Lejos del ciego mundanal tumulto,
Tesoros, honras, dignidades, todo
Estraño le es, y con desden lo mira.
¿Aquellas dulces pláticas, aquellas
Intimas confianzas en que á un tiempo
Nuestra razon con la verdad se ornaba,
Y el pecho en entusiasmo jeneroso
Por la santa virtud movido ardía:
Tantos plácidos dias discurriendo
Del hombre y su alto ser, del laberinto
Oscuro de su pecho y sus pasiones;
Las horas que asentados nos burlaban,
En raudo vuelo huyéndose fugaces,
Ya de un arroyo la márjen, ya perdidos
Por estos largos valles; aquel fuego
Con que tú orabas en favor del pobre,
Víctima triste de enemigos hados;
Y escuchándote yo bañadas vieras
Mis mejillas en lágrimas: las gratas
Disputas nuestras depurando el oro
De la verdad, de las escorias viles
Con que el error y el interés la ofuscan;
Los heroicos propósitos mil veces
Renovados de amarla sobre todo:
Las útiles lecturas, los festivos
Y sazonados chistes... ¿tantas, tantas
Celestiales delicias en mis brazos
Detenerte no pueden? ¿ó es que esperas
Hallar acaso en los remotos climas
Otro amigo, otro pecho como el mio?
¡Ah! que ciego te engañas: ¡ah! qué
[triste,
Solo, aburrido, despechado un dia
En tu abandono y tu dolor perdido,
Me has de llamar; y los turbados ojos,
Turbados de llorar hácia estos valles
Volverás, que ora, ¡ó misero! abandonas.
Sí, sí, los volverás, y en ruego inútil
Demandarás el olvidado nombre,
Mis cariños, mis brazos... ¿mas qué digo?
Yo le ruego; y la nave ya lijera
Con sesgo vuelo por el mar cerúleo,
Atrás dejando la galaica playa,
Hiende las olas espumosas, y huye
Como el viento veloz. Querido amigo,
Mitad del alma mia, compañero
De mi florida juventud, amparo,
Consuelo de mis penas, de virtudes
Y de bondad tesoro inagotable,
Y archivo fiel de mis secretos tristes,
Vé en paz, navega en paz: próvido el cielo
Sobre ti vele; y tus preciosos dias

Fausto conserve para alivio mio.
Consérvelos el cielo; y de su trono
El Dios clemente que en tu pecho puso
El heroico propósito, y te arranca
De la querida patria y mi fiel seno,
Por mil afanes y peligros rudos
Alegre sus delicias conmutando;
Con mano poderosa te sostenga
Salvo del mar en el inmenso abismo.
A su benigno omnipotente imperio
Los raudos vientos su furor enfrenen;
Y aquellos solo blandamente soplen
Que al puerto afortunado te encaminen:
Cual corre al grato albergue la paloma
Buscando fiel su nido y sus hijuelos.

Él puede, y yo le ruego fervoroso:
No mis ardientes súplicas, nacidas
De inocente amistad, de fe sincera,
Vanas, ¡ah! no han de ser; que Dios atiende
Grato al que ruega por el dulce amigo;
Y ante su trono subirán mis voces,
Cual el fragante aroma de las aras
En sacrificio acepto. Y tú que llevas
En mi amigo esta vez, vasto océano,
Mi vida y la mitad del alma mia
Librada á tus abismos; las sonantes
Alzadas olas calma por do fuere
La frájil navecilla, que conduce
Tan sagrado depósito á las playas.
Del opulento mejicano imperio.
¡O padre venerando! ayuda fácil
Su arduo camino: mis plegarias oye;
Y lejos dél la tempestad ahuyenta.
Yo agradecido con sonante lira
Te cantaré por siempre de los mares
Supremo rey; y en himnos reverentes
Subiré á las estrellas tus loores.
Favorable le ampara; que no loca
Presuncion, ni osadía temeraria,
O ciega sed de atesorar, mas solo
La tierna humanidad, el vivo anhelo
De conocer al hombre en los distintos
Climas, do sabio su Hacedor le puso,
Y de ilustrarle el zelo jeneroso,
A tan remotas tierras le arrebatan.

¡Tierras dichosas, que esperais gozarle!
¡Cuál os envidio! ¡cuánto! ¡y qué tesoro
En él os va de probidad sencilla!
¡Ah! ¿por qué este tesoro á mí se roba?
¡Ah! si unidos alientan nuestros pechos,
¿Por qué, mares inmensos nos separan?

¿Cómo, querido amigo, al lado tuyo
Partícipe no soy de tus fortunas?
¿Por qué, por qué mi espíritu angustiado
Su inmenso mal no ha de llorar contigo?
¿Por qué contigo no verán mis ojos,
No estudiarán ese ignorado mundo,
Tantas incultas, peregrinas jentes?
¡Oh! ¡á tu mente curiosa qué de objetos
Van á ostentarse! ¡cuánta maravilla
A ese tu jenio observador aguarda!
Otro cielo, otra tierra, otros vivientes,
Plantas, árboles, rios, montes, brutos,
Insectos, piedras, minerales, todo,
Todo nuevo y estraño; cuán opimos,
Cuán ricos frutos cojerá tu injenio!
Tu injenio conducido á la luz clara
De la verdad en su sagaz exámen.

Sacia la ardiente sed: admira, estudia
La gran naturaleza; y con divina
Mente su inmensidad feliz abarca:
Sus vínculos descubre; y un hallazgo
Sea cada paso que en sus reinos dieres.
Mientras yo, ¡ay Dios! en mi dolor pro-
[fundo
Perdido y solo, de esperar cansado,
Cansado de sufrir, víctima triste
De mil ciegas pasiones, estos valles
Vago sin seso; y despechado imploro
La muerte con los tristes perezosa.
Que de ti lejos, fiel amigo, ¿dónde
Podrá alivio encontrar el alma mia?
¿Dónde aquel zelo de mi bien, aquellos
Saludables avisos que templaban,
Cual un divino bálsamo, las penas
De mi pecho, hallaré?.. mudo y lloroso,
Solitario, aburrido, los felices
Lugares correré, donde solías
Mi gozo hacer un tiempo y mi ventura.
Iré al aula, á tu estancia: el nombre tuyo
Repetiré llamándote; y mi anhelo
Solo hallará por ti dolor y llanto.

¡Ay! ¡en qué amarga soledad me dejas!
¡Ay! ¡qué tierra! ¡qué hombres! la ca-
[lumnia,
La vil calumnia, el odio, la execrable
Envidia, el zelo falso, la ignorancia
Han hecho aquí, lo sabes, su manida,
Y contra mí infeliz se han conjurado.
¿Podré, ¡oh dolor! entre enemigos tales
Morar seguro sin tu amiga sombra?
¿Podré un mínimo punto haber reposo?

¿Gozar un solo instante de alegría?
  Dichoso tú, que su letal veneno
Logras seguro huir, y entre inocentes,
Semibárbaros hombres, las virtudes
Hallarás abrigadas, que llorosas
De este suelo fatal allá volaron.
Disfruta, amigo, sus sencillos pechos:
Bendice, alienta su bondad selvaje,
Preciosa mucho mas que la cultura
Infausta, que corrompe nuestros climas
Con brillo y apariencias seductoras.
¡Oh! ¡quién pudiera sepultarse entre ellos!
¡Quién abrazar su desnudez alegre,
De sí lanzando los odiosos grillos
Con que el error y el interés le ataron!
Entonce la alma paz, el fausto gozo,
El sosiego inocente, el sueño blando,
Y la quietud de mí tan suspirada,
Que hoy de mi seno amedrentados huyen,
A morarle por siempre tornarían.
  Tú esta ventura logras: tú felice
En medio de ellos gozarás seguro
Los mas plácidos dias... Vé sus almas,
Su inocencia, el reposo afortunado
Que les dan su ignorancia y su pobreza.
Vélos reir, y envidia su ventura:
Lejos de la ambicion, de la avaricia,
De la envidia cruel, en sus semblantes
Sus almas nuevas se retratan siempre:
Naturaleza sus deseos mide,
La hambre el sustento, su fatiga el sueño.
Su pecho solo á la virtud los mueve;
La tierna compasion es su maestra,
Y una innata bondad de ley les sirve.
La paz, lo necesario, el grato alivio
De una consorte tímida y sencilla,
Una choza, una red, un arco rudo,
Tales son sus anhelos; esto solo
Basta á colmar sus inocentes pechos.
¡Afortunados ellos muchas veces!
¡Afortunado tú que entre ellos moras!
  Mas, ¡ay! si vieres al odioso fraude,
Al ímpio despotismo el brazo alzado
Sus dias aflijir; si á almas de hierro
De su incauta bondad abusar vieses,
Y espilar inhumanas su miseria;
Opónte denodado á estos furores.
Opón, amigo, el pecho firme: clama,
Increpa sin pavor, insta, importuna;
Y tu elocuente voz suba hasta el trono
Del justo, el bueno, del clemente Cárlos.

Ministro eres de paz; á ti encomienda
El sumo Dios la humanidad hollada.
Ceda todo á este empleo jeneroso.
Quietud, saber... hasta la vida misma:
Que ya próvido el cielo la corona
Teje á tu sien de inmarcesibles flores;
Y despues que hayas sido entre esos pue-
[blos
Claro ejemplo de todas las virtudes,
Te ha de tornar á mis amigos brazos,
Do bajo un mismo techo venturosos,
Juntos gozemos nuestros breves dias;
Y en un sepulcro mismo inseparables
Juntos tambien reposen nuestros huesos.
  A Dios, Candamo, á Dios: la amistad
[santa
Distancias no conoce; y de los mares
Y del tiempo á pesar, tuya es mi vida...
A Dios, á Dios... ¡Amarga despedida!......

EPISTOLA VI.

EL FILÓSOFO EN EL CAMPO.

Bajo una erguida populosa encina,
Cuya ancha copa en torno me defiende
De la ardiente canícula, que ahora
Con rayo abrasador angustia el mundo,
Tu oscuro amigo, Fabio, te saluda.
Mientras tú en el guardado gabinete
A par del feble ocioso cortesano,
Sobre el muelle sofá tendido yaces,
Y hasta para alentar vigor os falta;
Yo en estos campos por el sol tostado
Lo afronto sin temor, sudo y anhelo;
Y el soplo mismo que me abrasa ardiente,
En plácido frescor mis miembros baña.
Miro y contemplo los trabajos duros
Del triste labrador, su suerte esquiva,
Su miseria, sus lástimas; y aprendo
Entre los infelices á ser hombre.
  ¡Ay Fabio! ¡Fabio! en las doradas salas,
Entre el brocado y colgaduras ricas,
El pié hollando entallados pavimentos;
¡Qué mal al pobre el cortesano juzga!
¡Qué mal en torno la opulenta mesa,
Cubierta de mortíferos manjares,
Cebo á la gula y la lascivia ardiente,
Del infeliz se escuchan los clamores!
Él carece de pan: cércale hambriento
El largo enjambre de sus tristes hijos,

Escuálidos, sumidos en miseria;
Y acaso acaba su doliente esposa
De dar, ¡ay! á la patria otro infelice,
Víctima ya de entónces destinada
A la indijencia, y del oprobio siervo;
Y allá en la corte en lujo escandaloso
Nadando en tanto el sibarita rie
Entre perfumes y festivos bríndis,
Y con su risa á su desdicha insulta.
  Insensibles nos hace la opulencia,
Insensibles nos hace. Ese bullicio,
Ese contino discurrir veloces
Mil doradas carrozas, paseando
Los vicios todos por las anchas calles,
Esas empenachadas cortesanas,
Brillantes en el oro y pedrería
Del cabello á los piés; esos teatros,
De lujo y de maldades docta escuela,
Do un ocioso indolente á llorar corre
Con Andrómaca ó Zaida; mientras sordo
Al anciano infeliz vuelve la espalda,
Que á sus umbrales su dureza implora;
Esos palacios y preciosos muebles,
Que porque mas y mas se infle el orgullo,
Labró prolijo el industrioso Chino;
Ese incesante hablar de oro y grandezas;
Ese anhelo pueril por los mas viles
Despreciables objetos, nuestros pechos
De diamante tornaron: nos fascinan,
Nos embebecen, y olvidar nos hacen
Nuestro comun oríjen y miserias.
Hombres, ¡ay! hombres, Fabio amigo,
   [somos,
Vil polvo, sombra, nada; y engreidos
Cual el pavon en su soberbia rueda,
Deidades soberanas nos creemos.
  ¿Qué hay, nos grita el orgullo, entre el
   [colono
De comun y el señor? ¿tu jenerosa
Antigua sangre, que se pierde oscura
Allá en la edad dudosa del gran Nino,
Y de héroe en héroe hasta tus venas corre,
De un rústico á la sangre igual sería?
El potentado distinguirse debe
Del tostado arador; próvido el cielo
Así lo ha decretado, dando al uno
El arte de gozar, y un pecho al otro
Llevador del trabajo: su vil frente
Del alba matinal á las estrellas
En amargo sudor los surcos bañe,
Y exhausto espire á su señor sirviendo;

Mientras él coje venturoso el fruto
De tan improbo afan, y uno devora
La sustancia de mil. ¡Oh cuánto! ¡cuánto
El pecho se hincha con tan vil lenguaje!
Por mas que grite la razon severa,
Y la cuna y la tumba nos recuerde
Con que justa natura nos iguala.
  No, Fabio amado, no; por estos campos
La corte olvida: ven y aprende en ellos,
Aprende la virtud. Aquí en su angusta
Amable sencillez, entre las pajas,
Entre el pellico y el honroso arado,
Se ha escojido un asilo, compañera
De la sublime soledad: la corte
Las puertas le cerró, cuando entre muros
Y fuertes torreones y hondas fosas,
De los fáciles bienes ya cansados
Que en mano liberal su autor les diera,
Los hombres se encerraron imprudentes,
La primitiva candidez perdiendo.
En su abandono triste relijiosas
En sus chozas pajizas la abrigaron
Las humildes aldeas, y de entónces
Con simples cultos fieles la idolatran.
  Aquí los dulces, los sagrados nombres
De esposo, padres, hijos, de otro modo
Pronuncia el labio y suenan al oido.
Del entrañable amor seguidos siempre
Y del tierno respeto, no tu vista
Ofenderá la escandalosa imájen
Del padre injusto que la amable vírjen,
Hostia infeliz arrastra al santuario,
Y al sumo Dios á su pesar consagra,
Por correr libre del burdel al juego.
No la del hijo indigno, que pleitea
Contra el autor de sus culpables dias,
Por el ciego interés: no la del torpe
Impudente adulterio en la casada
Que en venta al Prado sale, convidando
Con su mirar y quiebros licenciosos
La loca juventud; y al vil lacayo,
Si el amante tardó, se prostituye.
No la del ímpio abominable nieto,
Que cuenta del abuelo venerable
Los lentos dias; y al sepulcro quiere
Llevarlo en cambio de su rica herencia.
Del publicano el corazon de bronce
En la comun miseria: de la insana
Disipacion las dádivas; y el precio
De una ciudad en histriones viles.
Ni en fin de la belleza melindrosa

Que jamás pudo ver sin desmayarse
De un gusanillo las mortales ansias;
Empero hasta el patíbulo sangriento
Corre, y con faz enjuta y firmes ojos
Mira el trájico fin del delincuente,
Lívida faz y horribles convulsiones,
Quizá comprando este placer impío,
La atroz curiosidad te dará en rostro.
 Otras, otras imájenes tu pecho
Conmoverán á la virtud nacido.
Verás la madre al pequeñuelo infante
Tierna oprimir en sus honestos brazos,
Mientra oficiosa por la casa corre,
Siempre ocupada en rústicas tareas,
Ayuda, no ruina del marido:
El cariño verás con que le ofrece
Sus llenos pechos, de salud y vida
Rico venero: jugueton el niño
Rie, y la halaga con la débil mano;
Y ella enloquece en fiestas cariñosas.
La adulta prole en torno le acompaña
Libre, robusta, de contento llena;
O empezando á ser útil, parte en todo
Tomar anhela: y gózase ayudando
Con manecillas débiles sus obras.
En el vecino prado brincan, corren,
Juegan y gritan un tropel de niños
Al raso cielo, en su agradable trisca,
A una pintados en los rostros bellos
El gozo y las pasiones inocentes,
Y la salud en sus mejillas rubias.
Lejos, del segador el canto suena,
Entre el blando balido del rebaño
Que el pastor guia á la apacible sombra;
Y el sol sublime en el zenit señala
El tiempo del reposo: á casa vuelve
Bañado en sudor útil el marido
De la era polvorosa; la familia
Se asienta en torno de la humilde mesa:
¡Oh, si tan pobre no la hiciese el yugo
De un mayordomo bárbaro, insensible!
Mas espilada de su mano avara,
De Tántalo el suplicio verdadero
Aquí, Fabio, verías: los montones
De mies dorada enfrente están mirando,
Premio que el cielo á su afanar dispensa,
Y hasta de pan los míseros carecen.
Pero, ¡ó buen Dios! del rico con oprobio,
Su corazon en reverentes himnos
Gracias te da por tan escasos dones,
Y en tu entrañable amor constante fia.

 Y mientras charlan corrompidos sabios
De ti, Señor, para ultrajarte, ó necios
Tu inescrutable ser definir osan
En aulas vocingleras, él contempla
La hoguera inmensa de ese sol, tu imájen,
Del vago cielo en la estension se pierde,
Siente el aura bullir, que de sus miembros
El fuego templa y el sudor copioso,
Goza del agua el refrijerio grato,
Del árbol que plantó la sombra amiga,
Ve de sus padres las nevadas canas,
Su casta esposa, sus queridos hijos:
Y en todo, en todo con silencio humilde
Te conoce, te adora relijioso.
 ¿Y estos miramos con desden? ¿la clase
Primera del estado, la mas útil,
La mas honrada, el santuario áugusto
De la virtud y la inocencia hollamos?
¿Y para qué? Para esponer tranquilos
De una carta al azar ¡ó noble empleo
Del tiempo y la riqueza! lo que haría
Próvido heredamiento á cien hogares;
Para premiar la audacia temeraria
Del rudo gladiador, que á sus piés deja
El útil animal que el corvo arado
Para sí nos demanda; los mentidos
Halagos con que artera al duro lecho,
Desde sus brazos, del dolor nos lanza
Una impudente cortesana; el raro
Saber de un peluquero, que elevando
De gasas y plumaje una alta torre
Sobre nuestras cabezas, las rizadas
Hebras de oro en que ornó naturaleza
A la beldad, afea y desfigura
Con su indecente y asquerosa mano.
 ¡O oprobio! ¡ó vilipendio! La matrona,
La casta vírjen, la viuda honrada
¿Ponerse pueden al lascivo ultraje,
A los toques de un hombre? ¿esto toleran
Maridos castellanos? ¿el ministro
De tan fea indecencia, por las calles
En brillante carroza y como en triunfo
Atropellando al venerable anciano,
Al sacerdote, al militar valiente,
Que el pecho ornado con la cruz gloriosa
Del patron de la patria, á pié camina?
 Huye, Fabio, esa peste. En tus oidos
De la indijencia mísera ¿no suena
El suspirar profundo, que hasta el trono
Sube del sumo Dios? ¿su justo azote
Amenazar no ves? ¿no ves la trampa,

El fraude, la bajeza, la insaciable
Disipacion, el deshonor lanzarlos
En el abismo del oprobio, donde
Mendigarán sus nietos infelices,
Con los mismos que hoy huellan confundi-
[dos?

Húyelos, Fabio: ven, y estudia dócil
Conmigo las virtudes de estos hombres
No conocidos en la corte. Admira,
Admira su bondad: vé cuál su boca
Llana y veraz como su honrado pecho,
Sin velo, sin disfraz, celebra, increpa
Lo que aplaudirse ó condenarse debe.
Mira su humanidad apresurada
Al que sufre, acorrer: de boca en boca
Oirás volar, ó Fabio, por la corte
Esta voz celestial; mas no imprudente
En las almas la busques, ni entre el rico
Brocado blando abrigo al infeliee.
Solo los que lo son, solo en los campos
Los miserables condolerse saben,
Y dar su pan al huérfano indijente.
Goza de sus sencillas afecciones
El plácido dulzor, el tierno encanto:
Vé su inocente amor con qué enerjía,
Con qué verdad en rústicos conceptos
Pinta sus ansias á la amable virjen,
Que en mutua llama honesta le responde,
El bello rostro en púrpura teñido:
Y bien presto ante el ara el yugo santo
El nudo estrechará, que allá forjaran
Vanidad ó ambicion, y aquí la dulce
Naturaleza, el trato y la secreta
Simpática virtud que unió sus almas.
Sus amistades vé: desatendida,
En las altas ciudades do enmudece
Su lengua el interés, solo del rudo
Labio del labrador oirás las voces
De esta santa virtud, gozarás pura
Solo en su seno su celeste llama.

Admira su paciente sufrimiento;
O mas bien llora, viéndolos desnudos,
Escuálidos, hambrientos, encorvados,
Lanzando ya el suspiro postrimero
Bajo la inmensa carga que en sus hombros
Puso la suerte. El infeliz navega,
Deja su hogar, y afronta las borrascas
Del inmenso océano, porque el lujo
Sirva á tu gula, y su soberbio hastío
El café que da Moca perfumado,
O la canela de Ceilan. La guerra
Sopla en las almas su infernal veneno,
Y en insano furor las cortes arden;
Desde su esteva el labrador paciente,
Llorando en torno la infeliz familia,
Corre á la muerte; y en sus duros brazos
Se libra de la patria la defensa.
Su mano apoya el anhelante fisco:
La aciaga mole de tributos carga
Sobre su cerviz ruda, y el tesoro
Del estado hinche de oro la miseria.

Ese sudor amargo con que inunda
Los largos surcos que su arado forma,
Es la dorada espiga que alimenta,
Fabio, del cortesano el ocio muelle.
Sin ella el hambre pálida..... ¿Y osamos
Desestimarlos? Al robusto seno
De la fresca aldeana confiamos
Nuestros débiles hijos, porque el dulce
Néctar y la salud felices hallen,
De que los privan nuestros feos vicios:
¿Y por vil la tenemos? ¿Al membrudo
Que nos defiende, injustos desdeñamos?
Sus útiles fatigas nos sustentan;
¿Y en digna gratitud con pié orgulloso
Hollamos su miseria, porque al pecho
La roja cinta ó la brillante placa,
Y el ducal manto para el ciego vulgo
Con la clara Escelencia nos señalen?

¿Qué valen tantas raras invenciones
De nuestro insano orgullo, comparadas
Con el montón de sazonadas mieses
Que crió el labrador? Débiles niños
Fináramos bien presto en hambre y lloro
Sin el auxilio de sus fuertes brazos.

EPÍSTOLA VII.

AL ESCMO. SR. PRÍNCIPE DE LA PAZ, CON MOTIVO DE SU CARTA PATRIÓTICA A LOS OBISPOS DE ESPAÑA RECOMENDÁNDOLES EL NUEVO SEMANARIO DE AGRICULTURA.

¡Qué ven mis ojos! ¡al augusto Cárlos,
A vos, señor, desde su trono escelso
Del desvalido labrador la suerte
Con lágrimas mirar; y hasta la esteva
Bajando honrada, en su feliz alivio
Con atencion solícita ocuparos!
¡Qué, á la ignorancia desidiosa os veo
Querer lanzar de los humildes lares,
Do abrigada hasta aquí, tantas fatigas,

Desvelos tantos disipando ciega,
Sus infelices víctimas arrastra
De la indijencia al criminal abismo!
  Ya á vuestro mando poderoso corren
Las luces, la enseñanza: tiembla y jime
Azorado el error; de espigas de oro
La madre España coronada encumbra
Su frente venerable; y cual un tiempo
Sobre el orbe domina triunfadora.
Gozad, señor, de la sublime vista
De tan gloriosa perspectiva: afable
Tended los ojos, contemplad el pueblo,
El pueblo inmenso que encorvado jime
Con sus afanes y sudor creando,
Tutelar númen, las doradas mieses,
En que el estado su sustento libra.
Miradlo, oidlo celebrar gozoso
El dia que le dais: alzar las manos
A vos y al trono, y demandar al cielo
Para Cárlos y vos sus bendiciones.
  Seguid, seguid; y nuevo Triptolemo,
Sed el amigo, el protector, el padre
Del colono infeliz : raye la aurora
De su consuelo; y en su hogar sobrado
Por vos ria el que á todos nos sustenta.
Alguna vez con pecho jeneroso
La grandeza olvidad, dejad la corte
Y el fausto seductor: y á él descendiendo,
Ved y llorad. En miserables pajas
Sumida yace la virtud : fallece
El padre de familias que al Estado
Enriqueció con un enjambre de hijos:
Jime entre andrajos la inocente vírjen,
Por su indigna nudez culpando al cielo;
O el infante infeliz transido pende
Del seno exhausto de la triste madre.
Las lágrimas, los ayes desvalidos
Calmad humano en la infeliz familia:
Y vedla en su indijencia aun celebrando
A su buen rey, en su defensa alegre
Ansiar verter su sangre jenerosa:
Vedla humilde adorar la inescrutable
Providencia; y con frente resignada,
Relijiosa en su mísero destino,
Besar la mano celestial que oprime
Tan ruda su cerviz, y le convierte
El pan que coje, en ásperos abrojos.
  Comparad justo, comparad entónces
Su honradez, su candor, su sufridora
Paciencia, su bondad, con el orgullo
Del indolente y rico ciudadano.

Aquel afana, suda, se desvela
Del alba rubia el Véspero luciente:
Sufre la escarcha ríjida, las llamas
Del Can abrasador, la lluvia, el viento:
Cria, no goza; y sin quejarse deja
Que el pan mil veces le arrebate el vicio.
Y el otro, rico, cómodo, abundoso
De regalo y placer en el teatro,
En el ancho paseo, en el desórden
Del criminal festin, siempre al abrigo
Del sol, del hielo, con soberbia frente
Censura, increpa, desconoce ciego
La mano que le labra su ventura;
Y osado acaso..... el ocio y el regalo
Le hacen ingrato, desdeñoso, injusto;
Y su honradez al labrador, paciente.
¿Qué sería, señor, si al cielo alzara
La frente mas holgado? ¿si sobre ella
La palidez, el escualor, el triste
Tímido abatimiento no afeasen
Indignos su virtud? ¿qué si arrastrando
Cual siervo vil, de la pobreza amarga
No llevase do quier los rudos grillos?
  Rompedlos vos ; y le veréis que alegre
Corre á la esteva y al afan: que tierno
La mano besa que su bien procura.
Instruidle, alentadle; y la abundancia
Sus trojes colmará: nuevas semillas,
Nuevos abonos, instrumentos nuevos
A servirle vendrán : las misteriosas
Ciencias el pan le pagarán que cria
Para el sustento de sus nobles hijos.
No será, no, la profesion primera
Del hombre y la mas santa, que honró un
[dia
Ínclitos consulares y altos reyes,
Y aun sonar pudo en el divino labio
Del sumo Autor en el Eden dichoso;
Ruda y mofada en su ignorancia ciega.
  Los anchos llanos de Castilla, ora
Desnudos, yermos, áridos, que claman
Por frescura y verdor, verán sus rios
Utiles derramarse en mil sonantes
Risueños cauces, á llevar la vida
Por sus sedientas abrasadas vegas.
Desplegará sus jérmenes fecundos
La tierra; y alzarán su frente hermosa
Mil verdes troncos su nudez cubriendo.
La Bética será, cual fuera un dia
Entre la docta antigüedad, el suelo
Donde los dioses los Elíseos campos

VL.

Plantaron, premio á las ilustres almas:
Mieses, ganados, perfumadas frutas
Do quier, y paz, y cándida alegría.
Volveránse un jardin los agrios montes:
Todo se animará : sobre la patria
Sus faustas alas tenderá la alegre
Prosperidad; y al indio en largos rios
La industria llevará nuestras riquezas.

El labrador que por instinto es bueno,
Lo será por razon; y el vicio en vano
Querrá doblar su corazon sencillo.
Será su relijion mas ilustrada;
Y el que ora bajo el esplendente cielo,
Abrumado de afan, siente y no admira,
Cual el buey lento que su arado arrastra,
El activo poder que le circunda
De su Hacedor, la diestra protectora,
Ostentada do quier, ya en el milagro
De la jerminacion, ya de las flores
En el ámbar vital, ó el raudo viento,
En el enero ríjido, en la calma
Del fresco otoño, en la sonante lluvia,
En la nieve fecunda: en todo, en todo
Podrá instruido levantar la frente
Llena de gozo á su inefable dueño:
Ver en sus obras su bondad inmensa,
Y en ellas adorarle relijioso:
Ora su mano próvida á sus campos
Envíe la abundancia, y los corone
Su bendicion de sazonadas mieses;
Ora le agrade retirarla, y mande
Al hielo, al viento, al áspero granizo
Talarlos, ¡ay! con ominoso vuelo.

¡Gran Dios! ¡qué perspectiva tan su-
[blime
Para una alma sensible y jenerosa!
¡Con qué ternura estática se place
Mi musa en ella; y se adelanta alegre
En los dias de gloria de mi patria!
¡Cuán dulces bendiciones! ¡qué loores
Os guardan ya sus venideros hijos!
Traspasad con la mente el tardo tiempo:
Vedlos por vos sobrados, virtuosos,
Hombres, no esclavos ya de una grosera
Rudez indigna, ó de miseria infausta.
Ved el plantel de vigorosos brazos
Que en torno de ellos la abundancia cria:
Fruto feliz de vuestro zelo ardiente,
Gozaos en ellos cual su tierno padre.
Oid en sus labios vuestro fausto nombre;
Y á la vejez que al escucharlo, al cielo
Los ojos alza en júbilo inundados.
Ved y gozad, si en los presentes males
Llorasteis hasta aquí; y abrid el seno
Con tantas dichas al placer mas puro.

Sed en el alma labrador... la mia
Se arrebata, señor; habla del campo,
Del colono infeliz: criado entre ellos,
Jamás pudo sin lágrimas su suerte,
Sus ansias ver mi corazon sensible.
Fueron mis padres, mis mayores fueron
Todos agricultores: de mi vida
Ví la aurora en los campos: el arado,
El rudo apero, la balante oveja,
El asno sufridor, el buey tardío,
Gavillas, parvas, los alegres juegos
Fueron, ¡oh dicha! de mi edad primera.
Vos lo sabeis: nuestra provincia ilustre
Héroes y labradores solo cria.
De sus arados á triunfar corrieron
Del Nuevo-Mundo las sublimes almas
De Pizarro y Cortés; y con su gloria
Dejaron muda, atónita la tierra.
Al forzudo Estremeño habréis mirado
Mas de una vez, sobre el monton de mie-
[ses
Burlar de Sirio abrasador los fuegos,
Lanzando al viento los trillados granos
Con el dentado bieldo, ó de la aurora
Los rayos aguardar sobre la esteva.
Pues Estremeño sois, sed el patrono,
El padre sed del labrador: los pasos
De los buenos seguid. Pero ¡ah! no basta
Que le instruyais, que á socorrerle ven-
[gan
A vuestra voz mil útiles doctrinas.
Do quier se vuelve entre cadenas graves,
Sin accion ve sus miembros vigorosos.
Parece que la suerte un muro ha alzado
De bronce entre él y el bien: trabaja y
[suda;
Y en vano anhela despedir el yugo,
El grave yugo que su cuello oprime.

Busca la tierra do afanoso pueda
Sus brazos emplear, y ansia llorando
La dulce propiedad, que una ominosa
Vinculacion por siempre le arrebata.
No tiene un palmo do labrar, y en torno
Leguas mira de inútiles baldíos.
Abierta su heredad, pídele en vano
Los frutos en sazon, y está con ellos
Brindando al buey y la golosa oveja.

Perderse ve las sonorosas linfas
Del claro arroyo; y fecundar no puede
Sus secos campos con su grato riego.
Aislado en su hogar pobre, le circundan
Sendas impracticables: el altivo
Inútil ciudadano le desdeña.
Sus hombros llevan la pesada carga
De los tributos: el honor, los premios
Al artesano, al fabricante buscan,
Mientras él yace en infeliz olvido.
Si la guerra fatal sus ímpias teas
Enciende, él corre á defender la patria;
Y mil y miles tan glorioso empleo
Logran huir á la cobarde sombra
De una odiosa exencion: obras, gabelas,
Duros bagajes... abrumado siempre,
Hollado, perseguido, en vano, en vano
Su dicha anhelaréis, si tantos grillos
Dejais, señor, á sus honradas plantas.
Sin fruto le instruís: el denso velo
Mejor le está de su rudez grosera.
En su ignorancia estúpida no siente
La mitad de su mal: le abrís los ojos
Para hacerle mas mísero; y que llore
De su destino la desdicha inmensa.

Volvedla humano en plácida ventura,
Alzando del buen rey al blando oido
Su justo llanto, su ferviente ruego.
Cortad, romped con diestra valedora
El tronco del error; y amigo, padre
Del campo y la labor, un haz de espigas
Cima gloriosa en vuestras armas sea.

EPISTOLA VIII.
AL ESCMO. SR. DON GASPAR MELCHOR DE
JOVELLANOS EN SU FELIZ ELEVACION
AL MINISTERIO UNIVERSAL DE
GRACIA Y JUSTICIA.

¿Dejaré yo que pródiga la Fama
Cante tus glorias, y que el himno suene
De gozo universal, callando en tanto
Mi tierno amor su júbilo inefable?
Jovino, no: si atónito hasta ahora
No supo mas mi corazon sensible
Que en ti embeberse, en lágrimas bañada
La cariñosa faz, lágrimas dulces
Que brota el alma en su alegría inmensa;
Ya no puedo callar: siento oprimido
El pecho de placer, trémulo el labio
Hablar anhela, y repetir los vivas,
Los faustos vivas de los buenos quiere.

Sí, mi Jovino; por do quier tu nombre
Resuena en gritos de contento; todos,
Todos te aclaman, las amables Musas,
La ardiente juventud, la reposada
Cobarde ancianidad, el desvalido
Y honrado labrador, en su industrioso
Taller el menestral... yo afortunado
Los oigo, animo, y gózome en tu gloria,
Y lloro de placer, y gozo y lloro.

¡Gloria! ¡felicidad! Jovino amado,
Dulce amigo, mitad del alma mia,
Al fin te miro do anhelaba; fueron
Agradables mis súplicas... huyera
La niebla vil que tu virtud sublime
Mancillar intentó; cual la deshace
El dios del dia del zenit, do brilla
Rico de luz en el inmenso espacio,
Tú la ahuyentaste así. CARLOS te llama,
Te acoje afable cabe sí, te entrega
De la alma Témis el imperio, y quiere
Que tú su reino á sus Hispanos tornes,
Reino de paz y de abundancia, y dulce
Holganza y hermandad... Jovino mio,
¡Gloria! ¡felicidad!... sí, volverásle
Este reino del bien: tu zelo ardiente,
Tu patriotismo, tu saber profundo,
Tu afable probidad lábrenle á una.

Todos lo anhelan de tu justa diestra:
La humanidad, la lacerada patria
Con lágrimas te muestran sus amados
Hijos; y todos hácia ti convierten
Los solícitos ojos, de inefables
Esperanzas del bien las almas llenas.
Vélos, vélos, Jovino, en estos dias
De alegría inmortal, vélos llamarte
Padre, reparador; vélos, y goza
El sublime espectáculo de un pueblo,
Un pueblo inmenso y bueno que en ti es-
[pera.

Cayó del mal el ominoso cetro,
Clama, y el brazo asolador: radiante
Se ostente la verdad, si antes temblando
Ante el hinchado error enmudecia.
Fué, fué á sus ojos un atroz delito
Buscarla, amarla, en su beldad augusta
Embriagarse feliz: la infame tropa
Que insana la insultó, como ante el viento
Huye el vil polvo, se disipe, y llore
Su acabado favor: Jovino el mando
Tiene; los hijos de Minerva alienten.

Aliente la virtud: tímida un dia
Si osó al aula llegar, tornó llorosa,
Desatendida, desdeñada, en tierra
Su helada faz, y del favor hollada:
Mas ya le tiende la oficiosa mano
Su ardiente adorador; y el merecido
Lauro decora sus brillantes sienes.
    La misma mano cariñosa enjuga
El sudor noble al arador, y aguija
Su ardiente afan; y la esperanza rie
De espigas de oro coronada á entrambos.
No ya taladas llorará sus mieses,
Ni el ancho rio los sedientos surcos
Verán correr inútil, su rocío
Al sordo cielo demandado en vano.
Vuelve á los campos la olvidada Témis,
Y la igualdad feliz; en pos le rien
La oficiosa hermandad, y los deleites
Del conyugal amor, de atroz miseria.
Hoy cuasi estinta su celeste llama.
Su habitador de sus pajizos lares,
Seguro goze ya, y alze la frente
Al cielo sin rubor: ama Jovino
Los campos y el arado: á vuestro númen
Corred, colonos, y aclamad su nombre.
    Así la voz del bullicioso pueblo:
¿Y á su anhelante ardor negarte osaras,
Sorda la oreja al ruego fervoroso
De la querida desolada patria?
¿Y al yugo hurtabas la cerviz robusta?
¿O de trepar á la elevada cumbre,
Donde la gloria á coronar te lleva
Tu carrera inmortal, cobarde huias?
    Vílo, sí; yo lo ví: (*) pueblos, sabedlo,
Y acatad la virtud: yo ví á Jovino
Triste, abatido, desolado, al mando
Ir muy mas lento, que á Gijon le viera
Trocar un dia por la corte. Nunca
Mas grande lo admiré: por sus mejillas
De la virtud las lágrimas corriendo,
Yo atónito y lloroso le alentaba.
Callaba, y yo tambien: si revolvia
A su albergue de paz los turbios ojos,
De ti me arrancan, suspiraba, ¡ay horas
De delicia inmortal, do en el silencio
Apuré ansioso las sublimes fuentes
Del humano saber! ¡Queridos hijos

(*) Apenas supe la elevacion de mi amigo, corrí á encontrarle y abrazarle hasta mas arriba de Leon.

De mi incesante afan! por mí guiados
Al templo augusto que á natura alzara
Mi constancia y mi amor, do inmensa os-
    [tenta
Su profusion y altísimos misterios,
Mas vuestro padre no os verá; felices
Guardad su amor y eterna remembranza;
Y tornaba á esclamar... Yo enmudecia,
No osando hablarle en su dolor profundo,
Y el coche en tanto rápido volaba.
    No, no era hijo de un cobarde miedo
Tan solícito ansiar: horribles via
Los torpes monstruos que contino asaltan
Al cansado poder, la impia calumnia,
La adusta envidia, el rezelar insomne,
La negra ingratitud que á los umbrales
Del aula espian fieros su inocencia.
El muro via, que á la sombra alzara
De un falaz bien el interés mañoso,
Firme, altísimo, inmenso, que su brazo
Debe por tierra echar; la incorruptible
Posteridad sus hechos reseñando;
Y mil escollos y vadosas sirtes,
Do acaso zozobrar su heroico zelo,
¡Ah! lo que emprende, y lo que deja !
    [cuanto
De un alma al soplo de ambicion helada
Puede la dicha hacer: en su retiro
Brillaba augusto como el sol; no el fausto,
No grandeza ó poder, su escelsa mente,
Su oficiosa virtud eran Jovino.
    ¡Inefable virtud, sagrada hoguera
Que al hombre haces un dios, y ante tu
    [trono,
Cuando su pecho omnipotente inflamas,
Haces que ofrezca en sacrificio alegre
Reposo y vida, y cuanto abarca inmenso
En la tierra su amor, de almas sublimes.
Consuelo, encanto, anhelo, númen, todo!
Hablaste, y dócil se rindió mi amigo,
Y á tu imperio obediente á hacer dichosos
Corrió, infeliz en la comun ventura.
¡Infeliz! no; tus gozos inefables
Sacian el corazon: do quier te ostentas,
Rie altísima paz, se oye el sublime
Grito inmortal de la conciencia pura,
Y los siglos sin fin que en raudo jiro
Eterno el nombre de tus hijos sueñan.
Entre ellos brillará, Jovino, el tuyo,
Y de uno en otro crecerá su gloria.
La humanidad y tus canoras musas

Suyo le aclamarán; dirán que diste
Grandes ejemplos, y que empresas gran-
[des.
Consumaste feliz: la encantadora.
Arte de Apéles lo dirá, el sonoro
Cincel y el jenio del grandioso Herrera,
Y el ancho Bétis, y Madrid, y el suelo
De tu caro Gijon, la antigua cuna
Del cetro hispano en sus riscosas cimas
Sobre las nubes de tu planta holladas,
Infatigable para el bien: diránlo
Cuantos rijes en paz, mansa y süave,
Cual la altísima mano que sustenta
El orbe, y sabe próvida, invisible
Llevarlo siempre al bien: tu así en el
[mando
Afable ordenarás; serán los hombres
Que no es yugo la ley, que es dulce nudo
De feliz libertad, y paz, y holganza.
 Veránlo; y yo les clamaré, inflamado
De un fuego celestial, fuego en que arden
Nuestros dos pechos, inmortal ejemplo
De fino amor y fraternal ternura:
Este es mi amigo, y me crió, y su labio
Me enseñó la virtud, y al lado suyo
A ser bueno aprendí, y amar los hombres.
Él en mi seno el delicioso anhelo
Prendió y la sed del bien, y él me decia
Que una lágrima es mas sobre las penas
Del infeliz vertida, que oro y mando,
Y cuanto escelso prez el mundo adora.
Lloré, y gozé con él: juntos nos vieron
Las prestas horas revolver tranquilos
Los sagrados depósitos, do cierra
Minerva sus riquísimos tesoros,
Fastos sublimes de la mente humana;
Y apurélos con él: al templo augusto
Él me introdujo de la santa Témis,
Y débole su amor; y cuanto abriga
Sentir sublime el corazon, le debo.
 ¡Gloria! ¡felicidad, Jovino amado,
Y eterna gratitud!... pueblos, conmigo
Venid, uníos; y que el himno suene
De perdurable honor, que estienda el eco
Al Zemblo helado, y donde nace el dia;
Y el ancho espacio de los cielos llene.
Tú en tanto afana, lidia, vence, ahuyenta
El fatal Jenio, que su trono infausto
En la patria asentó; caiga el coloso
Del error de una vez, alzando al cielo
Libre el injenio sus brillantes alas.

Un hombre sea el morador del campo:
No los alumnos de Minerva lloren
Entronizada á la ignorancia altiva;
Ni cabe el rico la inocencia tiemble.
Justa la ley al desvalido atienda,
Inalterable, igual, sublime imájen
De la divinidad; y afable ria
La confianza en los hispanos pechos.
Haz su ventura así; lábrala cuanto
Te consume su amor, siempre embargada
La escelsa mente en inefables gozos;
Gozos sublimes, que sin fin florecen;
Que en vano hiere calumniosa envidia;
Fortuna acata; de los siglos triunfan;
Y eterno lauro á la virtud ostentan.
Del individuo líbrase en la dicha
Del todo el bien, y al universo entero.
La inocencia infeliz de duelo llena;
Con tan estrecho vínculo se añuda
El linaje humanal. — Así inflamado
Tú me decias, y en mi blando seno
Tu heroico afan solícito inspirabas.
Llegó el dia feliz: dase á tu diestra
Válida obrar cuanto enseñó tu labio:
A tu injenio asentar el gran sistema
Que dió á los campos tu saber profundo;
Y á tu pecho filántropo embriagarse
En la dicha comun, próvido haciendo
Que do el mal antes, bienes mil florezcan.
 Sí; florezcan por ti, cual en los dias
De mayo el suelo de la blanda llama
Regalado del sol, llama fecunda,
Benéfica, vital; y hasta el remoto
Manilo de tu amor los dones lleguen.
Y gratos él, de América los hijos,
Y los dichosos de tu cara Iberia,
Artistas, sabios, labradores, cuantos
En ella precian, y en el ancho mundo,
Las letras, la virtud, el almo fuego
De la amistad, y un corazon sencillo,
La ansia noble del bien, y la induljente
Solícita bondad; todos te aclamen:
Eterna admiracion á todos seas:
Tu claro nombre en sus idiomas suene;
Y á mi entusiasmo y mi ternura unidos,
Cuando tu mando alegres recordemos,
Tu fausto mando, el grito fervoroso
En júbilo inefable enajenados,
¡Gloria! ¡felicidad! por siempre sea.

EPÍSTOLA IX.

AL DOCTOR DON PLÁCIDO UGENA, PREBENDADO DE LA IGLESIA CATEDRAL DE VALLADOLID, SOBRE NO ATREVERME A ESCRIBIR EL POEMA ÉPICO DE PELAYO.

No, Ugena mio, con rugosa frente
Mas censures mi musa silenciosa:
No perezoso, llámame prudente.

Quisieras que con trompa sonorosa
Ahora cantara, cual ansié algun dia,
Del gran Pelayo la virtud gloriosa;

Y el brazo que á la goda monarquía,
Por tierra hollado el arrogante moro,
Rompió la vil cadena en que jemia.

Digno argumento del Cilenio coro,
De invencible constancia, de altos hechos,
Y patrio honor riquísimo tesoro.

Llano Gijon, los bárbaros deshechos,
Los dardos vueltos en la horrenda cueva
A herir, ¡oh pasmo! sus infieles pechos,

Un monte desplomarse sobre el Deva,
Y el hondo valle, y despeñado rio,
Que armas y huesos aun rodando lleva;

Otro sonoro plectro, Ugena mio,
Piden que iguale la materia el canto;
Que yo mi paz de mi silencio fio.

Tú me conoces bien, tú sabes cuánto
Inflamó al númen la inmortal memoria
De tantas lides, de prodijio tanto.

Cuál de la patria la sublime historia,
El nombre augusto al corazon tocaba;
Hirviendo en gozo al contemplar su gloria.

¡Oh memoria! ¡oh dolor! ya me acechaba
La vil calumnia, y con su torpe aliento
La alma verdad y mi candor manchaba.

Indignéme en su insano atrevimiento.
Indignéme y jemí; y arrebatado
Me ví al furor de un huracan violento.

Sin nombre, sin hogar, proscrito, ho-
[llado
Me viste; empero en sufrimiento honroso
Inmoble, en Dios y en mi virtud fiado.

¿Quién del trueno al estruendo pavoroso
No desmayó? ¿de tal horror testigo,
Quién por sí no tembló y huyó medroso?

Tú y otros raros cariñoso abrigo
Me disteis solo, la clemente mano
Tendiendo do apoyarse, al triste amigo.

¡Honor á la amistad, al soberano
Feliz venero de inmortal ventura,
Que ennoblece y consuela al ser humano!

Pasó el nublado asolador: mas dura,
Aun viva dura en la azorada mente
La infausta imájen de su sombra oscura.

¡Oh si pudiese hablar! ¡oh si patente
Poner la iniquidad, rompiendo el velo
De horror, do esconde su ominosa frente!

Que al fin próvido y justo al santo cielo
Plugo amparar á la bondad hollada,
Tornando en bien mi amargo desconsuelo.

Una mano sagaz cuanto ignorada
Ya en mi poder los monumentos puso,
Blason de mi inocencia inmaculada.

Todo lo hallé feliz: ni es ya confuso
El crímen para mí: la trama infame,
La mano sé que en sombras la dispuso.

No empero aguardes que indignado
[clame:
No, aunque holladas vilmente, que en
[mi ayuda
La relijion y la justicia llame.

Pasóse el tiempo: mi conciencia es muda:
Mi ajado pundonor nada apetece;
Y en su paciencia mi bondad se escuda.

Fortuna en vano su favor me ofrece:
Quiero ignorado, en plácido sosiego,
Mientras voluble á miles embebece,

Gozar mi noble ser, sin que ni el ciego
Favor me deba, ó la ambicion cuidosa
Ni justa queja, ni oficioso ruego.

¡Cuán bien, amigo, oscuro se reposa!
¡Cuán bien del yugo de afanoso mando
Vaga exenta y feliz la mente ociosa!

Y del saber humano contemplando
El tesoro inmortal, que del olvido
Fué en cien siglos el jenio acrisolando:

Ya sobre el sol con cálculo atrevido
El vuelo de un cometa persiguiendo
En los espacios de la luz perdido:

Ya edades y naciones recorriendo,
Con noble ardor en la vivaz memoria
Mil útiles avisos imprimiendo:

Riendo ya los hijos de la gloria;
O repasando en reflexion severa
De errores mil la lamentable historia.

Atesore por mí, mande quien quiera;
Con que en grata inocente medianía
Yo arribe al puerto en mi fugaz carrera.

Pasamos vaga sombra en breve dia;

Y aun ciegos anhelamos: ¡oh culpable
Hidrópico furor, necia agonía!
　Pueda yo, el vuelo alzando á la inagotable
Fuente del bien, en su corriente pura
Ahogar la sed del ánimo insaciable,
　Y embriagado aun beber: de la impostura
Mi bondad pueda y del letal encono
Los fieros golpes contrastar segura.

　De hueca vanidad el necio entono,
De ambicion loca, ó de servil bajeza
La frente vil, el humillante tono

　Desdeñe cruda en su veraz llaneza,
Y lejos de adular al vulgo insano,
Preciando noble de mi ser la alteza,

　Pueda reir al ímpetu liviano
Con que ciego el poder al uno aleva,
Y al otro abate con airada mano:

　Y huyendo alegre tan amarga prueba,
Mi mente ejerza el celestial empleo
Que anhela el gusto y la razon aprueba.

　Logre de un huerto el plácido recreo,
El grato halago de alameda umbría,
De fresco viento el delicioso oreo;

　Do el fácil jiro, la corriente fria
De un arroyuelo murmullante y puro
Vista y pecho me colmen de alegría.

　Y en grata soledad libre y oscuro
Una casilla cómoda, aunque breve,
Asilo ofrezca á mi humildad seguro:

　Do al fuego el ceño del invierno lleve,
Me goze en mayo, el inflamado estío,
Huya, espire de octubre el aura leve.

　Y allí los cisnes de Castalio rio,
El cano Homero, el culto Matüano,
Y el del perdido Eden cantor sombrío:

　Horacio amable siempre, siempre humano,
El que, ó Delia, en tus ojos se abrasaba,
Y el que oyó el Jeta ríjido inhumano;

　El que tu amor frenético pintaba,
Fedra infeliz, ó la clemencia augusta
Que á Cina criminal su diestra daba;

　O el que en Alcira á la opresion injusta,
Vengando, en César, á la audaz grandeza,
Y en su Mahoma al fanatismo asusta;

　Del dulce Laso la feliz llaneza,
Del grave Herrera la sonante lira,
Del gran Leon el gusto y la belleza,

　Vengan, y cuantos Cintio afable inspira,
A acordar con sus números rientes
Los trinos que mi cítara suspira.

　Mi espíritu arrebaten elocuentes
El jenio ardiente que arredró al malvado
Catilina en sus furias inclementes;

　Del gran Benigno (*) el labio, que inspirado
La nada muestra de su orgullo ciego
Al poder sobre el trono sublimado;

　Del cisne de Cambray el suave fuego,
Y tu voz, ó Granada, fervorosa,
Que alza al trono de Dios mi humilde fuego.

　Lleve tras ellos mi razon medrosa
A tus piés, inmortal filosofía,
Del gran Bacon la antorcha luminosa.

　Profundo Newton me dirá, quien guia
Cual ordenado ejército á sol tanto,
Rodando inmenso en la rejion vacía.

　Buffon, natura, tu sublime manto
A alzar me enseñe, y á inflamar mi seno
Platon de la virtud al nombre santo.

　De vicios á Neron y horrores lleno
En Tácito temblar despavorido
Mire, y morir á Séneca sereno.

　Oiga en Livio del foro el gran ruido,
La voz de Bruto que venganza clama,
O de Virjinia el último jemido;

　Y arder á Roma en la gloriosa llama
De patriotismo y libertad, que activa
Mi sangre ajita, y su desmayo inflama.

　Tanta es de la palabra fujitiva
La májica virtud, cuando imperioso
La inspira el jenio, la pasion la aviva.

　Así ocupado viviré gozoso;
Sin que del ocio el insufrible hastío
Mi espíritu atosigue congojoso.

　Cual sueño en tanto de la vida el rio
Se huye fugaz; y hundirse resignado
En él contemplo de mi aliento el brio.

　De la dura desgracia así enseñado,
Me hago mejor, como la encina añosa
Al hierro, el oro al fuego depurado.

　Despareció la juventud fugosa,
Y en pos de obrar el turbulento anhelo,
Y de gloria la llama jenerosa.

　Ya de la edad el perezoso hielo
Mi frente amaga, á decorarla empieza

(*) Bossuet.

La nieve, y miro con desden el suelo.
　Téngase pues su brillo y su nobleza
Orgulloso el favor: llene engreida
El mundo la ambicion de su grandeza.
　Jima en medio su espléndida comida
La opulencia infeliz: pierda insaciable
La gula en ella la salud, la vida;
　Mientras yo, Ugena mio, inalterable
Mi suerte ordeno: silencioso adoro
La alma virtud en su candor amable;
　Y mil altas verdades atesoro,
Ya que no es dado el revocar los años,
Los locos años que perdidos lloro.
　¡Ah si pudiera ser! ¡oh, si los daños
Ora en ellos borrar que amargos veo,
A la luz de mis cuerdos desengaños!
　Otro fuera, ¡oh dolor! otro su empleo.
Sola, ó sublime celestial Sofía,
De inmenso bien llenaras mi deseo:
　Y mientras uno en mísera agonía
Jimiera de medrar; ó tras liviana
Beldad otro en amor sin seso ardía;
　A otro ajitara la codicia insana;
Corriera aquel al funeral estruendo
De Marte; y este tras el aura vana:
　Yo escarmentado de la playa viendo
Ya el Ponto hervir en furia borrascosa,
Su falaz calma sin cesar perdiendo,
　Y al vendaval con ala pavorosa
Cubrir volando de tiniebla oscura
Del desmayado sol la faz lumbrosa,
　A par que el hombre en su fatal locura
Ciego, en los grillos del error se ajita,
Perdiendo entre ellos su fugaz ventura,
　Y mientras mas la tempestad concita
El turbulento mar, mas sin sentido
En medio su furor se precipita;
　En suave paz, en inocente olvido
Solo en atar de la razon cuidara
Al útil yugo el corazon rendido;
　Lo necesario sin afan buscara;
Nunca al ajeno bien contrario hiciera
El bien sencillo que dichoso ansiara:
　Inmoble al mal, al aura lisonjera
Que el cielo á veces favorable envia,
El ciego porvenir igual me viera:
　Con solícito afan la noche, el dia
Para elevarme hasta su escelso Dueño
Su obra inmensa sagaz estudiaria;
　Y sin temblar del poderoso el ceño,
Tras el fausto correr, ó fascinado

Comprar un nombre con mi dulce sueño.
　Tan seguro y veraz cuanto ignorado,
Siempre mi rostro el sol viera gozoso,
Ni de nadie envidioso ni envidiado:
　Que aquel, Ugena mio, es mas dichoso,
Que mas oscuro en su rincon se encierra;
Y el oro y todo el mando de la tierra
Ni un dia valen de feliz reposo.

EPISTOLA X.

LA MENDIGUEZ.

　No en balde, no, si el infeliz jemido
De la indijencia desvalida alzaba,
Príncipe, á vos, para su bien fiaba
Entre el séquito y boato cortesano
Encontrar siempre un favorable oido.
Presto á tender la valedora mano,
Presto á enjugar las lágrimas que vierte
La triste humanidad; de la ominosa
Vil mendiguez, y de la horrible muerte
Que ya sus frentes pálidas cubria,
Mis niños redimís, fijais su suerte;
Y en vez del vicio y la vagancia odiosa
En que su infancia mísera jemia,
Nueva vida le dais, vida que un dia
Util, honrada, laboriosa, el cielo
Fausto bendecirá, y el patrio suelo
Sobre el rico telar verá empleada.
　En vano al hambre ya su desolada
Orfandad temblará, ni el inocente
Cuello abrumado con el yugo odioso
De un mísero abandono, los umbrales
Del rico, aun mas que su indolente oreja,
Conmoverán en tono doloroso.
　Lejos de oprobio vil, de amarga queja,
Del ocio torpe y sus horribles males,
En el sudor que inundará su frente,
Y en el salario de sus diestras manos,
Colmándolos la industria de sus dones,
Su vida librarán y su ventura;
Y hombres serán de hoy mas y ciudadanos.
　Afable recibid de su ternura
Las lágrimas, señor, las bendiciones
De su inocente gratitud, mezcladas
Con las sencillas que mi afecto os debe.
Bendiciones de amor, no inficionadas
Del interés ó la lisonja fea:
Plácida á vos la caridad las lleve;
Y ella sola á bien tanto el premio sea.

Ella os inunde el bondadoso seno
Del júbilo inefable que consigo
Trae la dulce piedad: dar blando abrigo
Al desvalido, y de ternura lleno
Mezclar al suyo el delicioso llanto
De un solícito amor: ¡celeste encanto!
¡Sólido bien divino, inmarcesible!
Que en vano anhela el feble sibarita,
En vano el hielo y las entrañas duras
Del egoista bárbaro, insensible:
Y siempre igual en sus delicias puras
El gozo eterno del olimpo imita.

 ¡Ah! ¡qué á su lado son cuantas el oro
Da de ilusiones, ni el inquieto anhelo
De la hinchada ambicion! cuantos la tierra
Prodiga dones, ó su seno encierra,
¡Cebo infeliz del humanal desvelo!
De delicias riquísimo tesoro,
Jamás se agotará: nunca su hastío,
Nunca de tibia indiferencia el hielo
Ahogan el pecho en inaccion amarga.
Entre el silencio de la noche umbrío,
Las puntas del dolor, la odiosa carga
Del grave mando que sus ansias zela,
Y el crudo afan del velador cuidado,
Su recuerdo feliz plácido vuela
Acariciando el corazon penado:
Bálsamo de salud sus llagas cura,
Y alivio, y paz, y sueño nos procura.

 En él veréis mis niños inocentes,
Príncipe, alguna vez en su asqueroso
Pálido horror de fetidez cubiertos,
Quebrando el pecho en su jemir dolientes,
Solo en andrajos míseros envueltos,
Sin pan ni abrigo; oprobio vergonzoso
Del ser humano, y de la patria afrenta,
Que por sus hijos, ¡oh dolor! los cuenta.
Y en torno luego de ignominia tanta
Redimidos por vos, en el semblante
El vivaz gozo y la salud radiante,
Triscando alegres con lijera planta.
O al obrador llevados por la santa
Humanidad del templo, en su contino
Preciado afan enriqueciendo el suelo,
Que su tumba infeliz sin vos seria,
Bendecir gratos el dichoso dia,
En que á su voz os condoleis benigno,
Trocando en tanto bien su amargo duelo.

 Hoy para un nuevo ser de vuestra mano
En faz alegre y oficioso anhelo
La patria en su regazo los recibe.

VI.

Hoy gozosa en sus fastos los escribe
De vuestro zelo jeneroso, humano,
Señor, por hijos: ¡oh, feliz, si viera
Cumplirle un dia favorable cuanto
La fama anuncia y la razon espera!
Estos asilos próvidos que el santo
Fervor del bien á la vagancia opone;
Que á la indijencia humilde desvalida
Refujio son, y la vejez helada
Implora en el ocaso de la vida:
Puertos sagrados, do en salud se pone
La mísera orfandad, abandonada
A los acasos de la suerte inciertos:
De la alma relijion santificados,
Que es toda amor como su Autor divino:
Por vos, solo por vos lógrense abiertos;
Y al saber cuerdo y la virtud fiados,
Llenen al fin su altísimo destino.

 ¡Oh cuán alegre España aplaudiria,
Príncipe, á tanto bien! ¡cómo el deseo
Lo que ahora anhela, entónces gozaria!
Próvido acelerad tan fausto dia,
Y al ocio dad y la indijencia empleo.
Dádselo; ved cómo do quier se ofrece
Cubierto el vicio de infeliz laceria,
Y erijiendo en virtud su oprobio mismo,
Osado vaga; y se derrama y crece
Impune, embrutecido en su miseria,
Corrompe el pueblo; la nacion infama,
Abriéndole á sus plantas el abismo.

 Ella, señor, á su socorro os llama:
Su nombre augusto vuestro zelo inflame:
Miren mis ojos la vagancia infame
Proscrita de una vez: libre se vea
De tan hórrida plaga el suelo hispano:
Vil el mendigo por sus vicios sea:
Su suerte odiada y de piedad indigna;
Y al que es baldon, no se le llame hermano.
Contra tal peste fervorosa truene
La relijion, y su contajio enfrene.
Sancione en fin la caridad divina
Tan sagrada verdad; y en una mano
La vara... y otra el pan, severa ahuyente,
A par que al pobre verdadero aliente,
Al que en su jesto y flébil alarido,
Sucio, flaco, asqueroso, á un palo asido,
¡Oh descuido! ¡oh vil mengua! ¡oh des-
      [ventura!
Vincula de sus vicios el sustento.
No su indigno gritar hiera mi oido:
Ni espectro tal á mis umbrales mire.

38

Cuente yo, cuente mi salud segura,
Y no en mi propio hogar incauto aspire
La fatal fiebre con su torpe aliento.
　El zelo y la piedad á ambos retire
De la vista comun: á ambos reciba,
Si no el taller, el afanoso arado:
Su pecho inflame la ganancia activa,
Y cada cual solícito, aplicado,
De su noble jornal cual hombre viva.
El zelo y la piedad, que en oficiosa
Santa hermandad los jenerosos pechos
A empress apellidados tan gloriosa,
De patriotismo en vínculos estrechos
Unir sabrán, su llama difundida
Del solio escelso hasta la humilde aldea.
Y una la accion y el fin, los medios unos,
Darle al público amor sublime vida;
Al mal do quier remedios oportunos,
Y harán que obra tan ardua fácil sea.
¿Y por qué no lo harán? ¿podrá el tardío
Bátavo allá en su suelo pantanoso,
El Anglo odiado con su cielo umbrío,
O el áspero Aleman lo que, ¡ay! en vano
El jenio nacional ansie afanoso?
¿Menos grande será, menos humano?
¿Ellos tendrán asilos, do segura
Labor se apreste á la indijente mano,
Do la doncella mísera, inocente,
Gane en su noble dote su ventura;
Do cierto abrigo á su flaqueza cuente
La edad caduca y la niñez cuitada;
Do del saber y la piedad guiada
La aplicacion se instruya, y la pereza
Tiemble del crudo azote la aspereza?
¿Tendránlos, y acá no?... ¿qué estrella
　　　　　　　　　　　　　　[impía
Nos domina, señor? ¿dó está el sagrado
Amor del bien y la virtud? ¿qué fuera
Del noble y gran carácter, algun dia
Digno blason del Español honrado?
¿Su llama jenerosa qué se hiciera?
¿O cuál soplo en las almas le ha apagado?
De vos, solo, de vos remedio espera
La congojada patria en tan continos
Desoladores males cual la oprimen:
En vos la suma está de sus destinos.
En hambre y muertes las provincias jimen
Ahogadas en amargo desaliento,
Y el Anglo avaro, ¡ó ultraje! en ímpia
　　　　　　　　　　　　　　[guerra
Cual vil pirata nuestros puertos cierra,

Déspota infiel del líquido elemento.
Yace el antiguo honor en sombra oscura,
Y del estado la ínclita grandeza:
Gloria, jenio, esplendor, poder, riqueza,
Todo pasó, y en pos nuestra ventura.
Do quiera el dios del mal su cetro estiende,
Cetro de llanto y amargura y duelo;
Mientras la infame mendiguez segura,
De su peste inundando el ancho suelo,
Bajo sus alas fúnebres se tiende.
Cual torrente sin límites; y osada
Luto, horrores y vicios nos presenta.
Firme, firme oponed la diestra airada,
Y acabe en fin proscrita y encerrada.
Medios la patria os prestará abundantes,
Teson en torno y voluntad constantes
Vos consagradle, y redimid su afrenta.
Nuevo Atlante seréis que en hombros lleve
Su suerte incierta y nuestro mal repare:
Que la orfandad y la indijencia ampare,
Y el ser humano á su nobleza eleve.

EPISTOLA XI.

AL PRÍNCIPE DE LA PAZ SIENDO MINISTRO
DE ESTADO, SOBRE LA CALUMNIA.

　En el silencio de la noche, cuando
En profunda quietud el ancho mundo
Sumido yace entre su manto umbrío,
Huye azorado de mis tristes ojos,
Señor, el sueño plácido, acosado
Del monstruo horrible de la atroz calum-
　　　　　　　　　　　　　　[nia.
Ella silbando furibunda anhela,
Su ponzoña fatal vertiendo en torno,
Cubrir de sombras mi inocencia inerme:
Abulta, finje, infama; y á vos osa
Llegar, príncipe amado, por lanzarme
De vuestro noble jeneroso pecho.
　Brama; y ya corren á su infausto grito
El falso zelo y la ignorancia ruda,
Que en vagos ecos su clamor repiten:
Baten las palmas, y á fantasmas vanos
Dar saben forma y menazante ceño.
Su pérfida piedad con voz aguda
Veloz los lleva de uno en otro oido;
Y en todos, ¡ah! con misteriosas voces
Mañosos siembran el infiel rezelo.
Llaman delito mi franqueza honrada,
Mi amor del bien delirio, mi constante,

Inviolable lealtad..... De horror la pluma
De la trémula mano se desliza:
Un sudor frio por mis miembros corre;
Y mi ser todo desfallece y tiembla
De noble indignacion á ultraje tanto.
Sufrir no puede un alma jenerosa
Tan infaustas ideas; ni á alentarme
Mi zelo fiel ó mi inocencia bastan,
Ni tus avisos, ó sublime hija
Del cielo, alma virtud, consoladora.
 Veo, señor, entre dudosas nieblas
Vacilar vuestro espíritu: los gritos
Del error oigo: á la funesta envidia
Sesga mirarme, y retorcer las manos
Lívidas, yertas, sus horribles furias
Llamando contra mí; y al justo cielo
Llorando clamo en doloridas voces.
 ¿Será, le digo, la virtud hollada
Siempre de la maldad? ¿su infausto trono
Sobre mi patria asentará por siempre
El ominoso error, en que sumida
Jimió juguete vil de sombras vanas?
¿Ni á derrocarle de su asiento umbrío
Bastará el zelo, el poderoso brazo
Del ministro feliz, que ardiente anhela
Del desmayado injenio la divina
Llama prender en ella, cual su lumbre
El sol desparce en el inmenso cielo?
Cuantos en pos de esta divina llama
Osen correr con planta jenerosa,
Del comun bien el ánimo inflamado;
¿Beberán tristes el amargo cáliz
De la persecucion? ¿los pensamientos
Se tildarán del que afanoso emprende
De la verdad la ruda áspera senda,
O trepar de la gloria á la alta cumbre?
Y el que su honor mancilla, en ocio infame
Sumido, inútil, ignorante, oscuro,
De olvido solo y de desprecio digno,
¿Con frente erguida, de impudencia ar-
 [mado
Osará demandar el alto premio,
Debido á la virtud que él asesina?
 ¿Qué es esto, justo Dios? Allí entre grillos
A España torna por el mar cerúleo,
El que del mundo el ámbito doblando,
Logró añadir la América ignorada
De Castilla al blason. El que á sus reyes
Dió de la rica Nápoles el cetro,
Si en la gloria inmortal, jime acusado
De la calumnia y de la negra envidia.

Allá doblando el áspero Pirene,
Escapa apénas del hispano suelo
El que en trueque feliz sus agrias sierras,
Antes solo mansion de fieras bravas,
Supo en pensiles convertir, do opima
Rie Pomona y la dorada Céres:
Mientras muere el pacífico Ensenada
Desdeñado en Medina; y su suspiro
Ultimo es por el bien que ardiente anhela.
Allí apartado de los hombres jime
En Bátres Cabarrus; y el noble fuego
Siente apagarse de su escelsa mente.
A par que tú, Jovino, gloria mia,
Honor ilustre de la toga hispana,
De patriotismo y de amistad dechado,
Ves anublada tu virtud sublime:
La envidia vil y la ignorancia ruda
Se armaran contra tí; pero tu nombre
Fausto crece en tu plácido retiro.
Y aquí malgrado que en su diestra lleva
La suma del poder, miro del dardo
Tambien herido de la atroz calumnia
De mi príncipe el seno: da á los pueblos
La dulce paz por que llorando anhelan,
Y esta dichosa paz es un delito,
Que estúpida le increpa la ignorancia.
De la nacion la dignidad sostiene
Que el Italo falaz burlar queria;
Y es otro crímen su constancia noble.
Tienta ilustrado que recobre el César
La parte del poder, que en siglos rudos
De densas nieblas le robó insidiosa
Estraña mano, á su interés atenta:
Tiéntalo solo; y la calumnia clama
Impiedad, impiedad, con grito horrible.
¡O aleve voz! ¡ó pérfida calumnia!
¿Qué es esto, santo Dios? ¡jamás ni un paso
Podrá darse hacia el bien, sin que un
 [delito
Sea en los ecos de su lengua infame?
¿Serán la luz y la virtud opuestas?
El que trabaja y se desvela, y ansia
El bien, recto en sus obras ¿delincuente
En sus pasos será? Yo en mi llaneza,
En mi simple bondad, en el olvido
De mi oscuro rincon, ¿tambien jimiendo,
Y herido y acosado, y hasta el trono
Alzando su clamor la negra envidia?
 ¿Qué es esto, justo Dios? ¿dónde in-
 [dignado
Los hijos llevas de tu amada España?

¿Qué horrible abismo ante los piés les [abres?
¿Por qué destierras de sus nobles pechos
La amistad, la virtud? ¿por qué enemigos
Los haces, y arman sus honrados brazos
En mutua destruccion? Mi ruego humilde
Fué atendido, señor: ante mis ojos
Un resplandor desde el escelso cielo
Parecióme bañar mi humilde estancia:
El aire rutilar mas claro y puro;
Y una divina voz que poderosa,
Sigue, clamó, no temas; sigue y lidia,
Que el dia llega de la luz: la patria
Mira á lo lejos hácia ti las manos
Tender, y el lauro plácida ofrecerte.
Tiempo será, que tu inocencia brille
Pura así como el sol: que tus anhelos,
A término felice al fin llevados,
La ansiada gloria de tu patria veas,
Y de las ciencias el augusto imperio,
Derrocado el error al reino oscuro.
Yo embebecido en la vision divina
Alzé los ojos, que hasta allí caidos
El dolor y las lágrimas tuvieron;
Y os ví, señor, con plácida sonrisa
Oir mis voces, y alentar mis penas:
Bien como cuando de la vil calumnia
Quejándome ante vos, en vuestro seno,
De bondad lleno y de indulgencia afable,
Depositaba mis dolientes ansias.
Tal os viera, señor: así de entónces
Tranquilo aliento, y su clamor insano
Alzará contra mí la envidia en vano.

ODAS
filosóficas y sagradas.

ODA I.
EL INVIERNO ES EL TIEMPO DE LA MEDITACION.

Salud, lúgubres dias, horrorosos
Aquilones, salud. El triste invierno
En ceñudo semblante
Y entre velos nublosos
Ya el mundo rinde á su áspero gobierno
Con mano asoladora: el sol radiante
Del hielo penetrante
Huye, que embarga con su punta aguda
A mis nervios la accion, mientras la tierra
Yerta enmudece, y déjala desnuda
Del cierzo alado la implacable guerra.
Falsos deseos, júbilos mentidos,
Lejos, lejos de mí: cansada el alma
De ansiaros dias tantos
Entre dolor perdidos,
Halló al cabo feliz su calma.
A la penada queja y largos llantos
Los olvidados cantos
Suceden; y la mente que no via
Sinó sueños fantásticos, ahincada
Corre á tí, ó celestial filosofía,
Y en el retiro y soledad se agrada.
¡Ah! ¡Cómo en paz, ya rotas las cadenas,
De mi estancia solícito contemplo
Los míseros mortales,
Y sus gozos y penas!
Quien trepa insano de la gloria al templo,
Quien guarda en su tesoro eternos males
Con ansias infernales
Quien ve á su hermano y su felice suerte,
Y entre pérfidos brazos le acaricia:
O en el lazo fatal cae de la muerte,
Que en doble faz le tiende la malicia.
Pocos sí, pocos, ó virtud gloriosa,

Siguen la áspera senda que á la cumbre
De tu alto templo guia.
Siempre la faz llorosa,
Y el alma en congojosa pesadumbre,
Ciegos hollar con mísera porfía
Queremos la ancha via
Del engaño falaz: allí anhelamos
Hallar el almo bien á que nacemos;
Y al ver que espinas solas abrazamos,
En inútiles quejas nos perdemos.

El tiempo en tanto en vuelo arrebatado
Sobre nuestras cabezas precipita
Los años, y de nieve
Su cabello dorado
Cubre implacable, y el vigor marchita,
Con que á brillar un dia la flor breve
De juventud se atreve.
La muerte en pos, la muerte en su omi-
[noso,
Fúnebre manto la vejez helada
Envuelve, y al sepulcro pavoroso
Se despeña con ella despiadada.

Así el hombre infeliz que en loco anhelo
Rey de la tierra se creyó, fenece:
En un fugaz instante,
El que el inmenso cielo
Cruzó en alas de fuego, desparece
Cual relámpago súbito, brillante,
Que al triste caminante
Deslumbra á un tiempo, y en tinieblas
[deja.
Un dia, un hora, un punto que ha alentado,
Del raudal de la vida ya se aleja,
Y corre hacia la nada arrebatado.

¡Mas qué mucho, si en torno de esta
[nada
Todos los seres jiran! Todos nacen
Para morir: un dia
De existencia prestada
Duran, y á otros ya lugar les hacen.
Sigue al sol rubio la tiniebla fria;
En pos la lozanía
De jenial primavera el inflamado
Julio, asolando sus divinas flores;
Y al rico octubre de uvas coronado
Tus vientos, ó diciembre, bramadores,
Que despeñados con rabiosa saña,
En silbo horrible derrocar intentan
De su asiento inmutable
La enriscada montaña,
Y entre sus robles su furor ostentan.

Jime el desnudo bosque al implacable
Choque; y vuelve espantable
El eco triste el desigual estruendo,
Dudando el alma de congojas llena,
Tanto desastre y confusion sintiendo,
Si el dios del mal el mundo desordena;
Porque todo fallece, y desolado
Sin vida ni accion yace. Aquel hojoso
Arbol, que antes al cielo
De verdor coronado
Se elevaba en pirámide pomposo,
Hoy ve aterido en lastimado duelo
Sus galas por el suelo.
Las fértiles llanuras, de doradas
Mieses antes cubiertas, desparecen
En abismos de lluvias inundadas,
Con que soberbios los torrentes crecen.

Los animales tímidos huyendo,
Buscan las hondas grutas: yace el mundo
En silencio medroso,
O con chillido horrendo
Solo algun ave fúnebre el profundo
Duelo interrumpe y eternal reposo.
El cielo que lumbroso
Estática la mente entretenía,
Entre importunas nieblas encerrado,
Niega su albor al desmayado dia,
De nubes en la noche empavesado.

¡Qué es esto, santo Dios! ¡tu protectora
Diestra apartas del orbe! ¡ó su ruina
Anticipar intentas!
La raza pecadora
¡ Agotar pudo tu bondad divina !
¡ Así solo apiadado la amedrentas !
¡O tu poder ostentas
A su azorada vista! tú que puedes
A los astros sin fin que el cielo giran,
Por su nombre llamar, y al sol concedes
Su trono de oro, si ellos se retiran.

Mas no, padre solícito; yo admiro
Tu infinita bondad: de este desórden
De la naturaleza,
Del alternado jiro
Del tiempo volador nacer el órden
Haces del universo y la belleza.
De tu saber la alteza
Lo quiso así mandar: siempre florido
No á sus seres sin número daría
Sustento el suelo: en nieves sumerjido,
La vital llama al fin se apagaría.

Esta constante variedad sustenta

Tu gran obra, Señor: la lluvia, el hielo,
El ardor congojoso
Con que el Can desalienta
La tierra, del favonio el suave vuelo,
Y del trueno el estruendo pavoroso,
De un modo portentoso
Todos al bien concurren: tú has podido
Sabio acordarlos; y en vigor perenne,
De implacables contrarios combatido,
Eterno empero el orbe se mantiene.

 Tú, tú á ordenar bastaste, que el lijero
Viento que hiere horrísono volando
Mi tranquila morada,
Y el undoso aguacero
Que baja entre él las tierras anegando,
Al julio adornen de su mies dorada.
Así su saña airada
Grato el oido atiende, y en sublime
Meditacion el ánimo embebido,
A par que el huracan fragoso jime,
Se inunda el pecho en gozo mas cumplido.

 Tu rayo, celestial filosofía,
Me alumbre en el abismo misterioso
De maravilla tanta:
Muéstrame la armonía
De este gran todo, y su órden milagroso;
Y plácido en tus alas me levanta,
Do estática se encanta
La inquieta vista en el inmenso cielo:
Allí en su luz clarísima embriagado
Hallaré el bien que en el lloroso suelo
Busqué ciego, de sombras fascinado.

ODA II.
A UN LUCERO.

¡Con qué placer te contemplo
Desde mi estancia tranquila,
O hermosísimo lucero,
Que sobre mi frente brillas!

 ¡Cómo en tu animada lumbre
Parece que de ti envías
Incesante mil centellas,
Con que mas y mas te avivas!

 ¡Cómo en la lóbrega noche
Con dulce violencia fijas
En ti estáticos los ojos,
Y con tu fulgor me hechizas!

 Arde pues, arde: y vistoso
Haz mi inocente delicia,
Ejercicio de la mente
Y ocupacion de la vista.

 Arde, y con tus alas de oro
En incansable fatiga,
Cruza antes que el alba asome,
Esa bóveda infinita.

 Arde; y entre tantos miles
En que atónito vacila
El espíritu y por ella
En rápido vuelo jiran,

 Galan descuella y preside
Por tu beldad peregrina,
Cual los astros señorea
El sol en mitad del dia.

 ¡Oh, con qué inexhaustos fuegos
Brillan todos! ¡cuánto es rica
La vena de luz que ceba
Sus llamas, y los anima!

 ¡Por qué enmarañados rumbos,
Y en órbitas cuán distintas
Hacen sus largos caminos,
Van, vuelven, nacen, se eclipsan!

 Pero sin jamas tocarse;
Siempre en acorde medida
Desde que fué el tiempo, siempre
Llevando las mismas vias.

 Los sabios que desde entónces
Con solicitud prolija
Los contemplan, embriagados
En su belleza divina,

 Como el celebrado Atlante,
Que la fábula nos pinta
Con sus hombros sustentando
Las esferas cristalinas;

 Así en ellos siempre fijos,
Llegaron con atrevida
Profunda mente á alcanzarlos
En la inmensidad do huían:

 Marcándoles con el dedo,
¡O pasmo! las sendas mismas,
Que alumbran desde que el soplo
Les dió del Eterno vida.

 Entónces al Can dijeron:
Tú serás quien la agonía
Del estío al mundo agrave,
Y al seco agosto presida.

 Y tú, al lucero del alba,
Quien amante al sol persiga,
Ya á la tierra en faz riente
Anunciando su venida,

 O bien, héspero radiante,
Si él laso al mar se retira,
Tornad, clamando á los astros,
Que ya las sombras dominan.

Tú, Orion tempestüoso,
Quien las rápidas corridas
De los animosos vientos
Y del mar muevas las iras.

   Y vos, plácidos hermanos, (*)
Cual la aurora matutina
La delicia es de los cielos
Y del campo fausta risa,

   Seréis los que las amainen,
Y en paz cureis, que adormidas
De asustar dejen la tierra,
Y amenazaros impías.

   Los de las plagas eóas,
Los que el polo cerca mira,
Y los que la lente apénas
Por altísimos divisa,

   Todos estudiados fueron,
Y sus órbitas descritas,
Y señalados los puntos
En que ascienden ó declinan.

   ¡O inconcebible delirio!
Súbito la esfera henchida
De dioses que allí forjara
La ignorancia ó la mentira,

   Adoró el hombre á una estrella;
Fué de un cometa maligna
La llama, y tembló su suerte
La tierra en el cielo escrita.

   Luego á un ánjel semejante
Sentó un mortal (**) en su silla
Inmóvil al sol, que en torno
Rodar sus planetas mira.

   Y ya en verdad rey del cielo
Dió cabe sus piés rendidas
Acatarle mil estrellas,
Que su fausta luz mendigan.

   Empero el divino Newton,
Newton fué quien á las cimas
Alzándose del empíreo,
Do el gran Ser mas alto habita,

   De él mismo aprendió felice
La admirable ley que liga
Al universo, sus fuerzas
En nudo eterno equilibra,

   Y hace en el éter inmenso,
Do sol tanto precipita,
Que pugnando siempre huirlo,
Siempre un rumbo mismo sigan.

(*) Castor y Pólux.
(**) Copérnico.

   Los ánjeles se pasmaron
De que humanal osadía
Llegase do ellos apénas
Con arduo afan se subliman;

   Y el inapeable coro
De estrellas, cuya benigna
Fúljida llama en su duelo
Agracia á la noche umbría,

   Ya descifrado á los hombres,
De beldad mas peregrina
Fué á sus ojos, que en pos de ellas
En su etéreo albor se abisman.

   ¡Oh, si con iguales alas
Al ansia en que ora se ajita,
Sobre vosotras lograse
Alzarse mi mente altiva!

   ¡Con qué indecible embeleso
En vuestra luz embebida,
La sed en que se consume,
Saciar feliz lograría!

   ¿Cuál es vuestro ser? ¿en dónde
Arde la inexhausta mina
Que os inflama? ¿qué es un fuego
Que los siglos no amortiguan?

   ¿Sois los soles de otras tierras,
Do en mas plácida armonía
Que aqui, sus débiles hijos
Vivan sin odios ni envidias?

   ¿Por qué en tan distintos rumbos
Todas jirais? ¿por qué unidas
Como un ejército inmenso
No formais sola una línea?

   ¿Por qué...? La mente se ahoga,
Y á par que atónita admira,
Mas y mas que admirar halla,
Y mas, cuanto mas medita.

   ¿Pero mi lucero hermoso
Dónde está? ¿de su encéndida
Vivaz llama qué se hiciera?
¿Quién, ¡ay! de mi amor me priva?

   Mientras yo el feudo á sol tanto
De admiracion le rendia,
De sus celestiales huellas
Toda el alma suspendida,

   Él se hundió en las negras sombras,
Y fué á brillar á otros climas,
Hasta que en su manto envuelto
Lo torne la noche amiga.

   Así las dichas del mundo,
Leve un soplo las mancilla;
O sombra fugaz volaron,

Crédulos corriendo á asirlas.

ODA III.
LA PRESENCIA DE DIOS.

Do quiera que los ojos
Inquieto torno en cuidadoso anhelo,
Allí, gran Dios, presente
Atónito mi espíritu te siente.
　Allí estás; y llenando
La inmensa creacion, so el alto empíreo
Velado en luz te asientas,
Y tu gloria inefable á un tiempo ostentas.
　La humilde yerbecilla
Que huello, el monte que de eterna nieve
Cubierto se levanta,
Y esconde en el abismo su honda planta:
　El aura que en las hojas
Con leve pluma susurrante juega,
Y el sol que en la alta cima
Del cielo ardiendo el universo anima,
　Me claman, que en la llama
Brillas del sol; que sobre el raudo viento
Con ala voladora,
Cruzas del occidente hasta la aurora;
　Y que el monte encumbrado
Te ofrece un trono en su elevada cima:
La yerbecilla crece
Por tu soplo vivífico, y florece.
　Tu inmensidad lo llena
Todo, Señor, y mas: del invisible
Insecto al elefante,
Del átomo al cometa rutilante.
　Tú á la tiniebla oscura
Das su pardo capuz, y el sutil velo
A la alegre mañana,
Sus huellas matizando de oro y grana:
　Y cuando primavera
Desciende al ancho mundo, afable ries
Entre sus gayas flores,
Y te aspiro en sus plácidos olores.
　Y cuando el inflamado
Sirio mas arde en congojosos fuegos,
Tú las llenas espigas
Volando mueves, y su ardor mitigas.
　Si entonce al bosque umbrío
Corro, en su sombra estás; y allí atesoras
El frescor regalado,
Blando alivio á mi espíritu cansado.
　Un relijioso miedo
Mi pecho turba y una voz me grita:
En este misterioso
Silencio mora, adórale humildoso.

　Pero á par en las ondas
Te hallo del hondo mar, los vientos llamas
Y á su saña lo entregas;
O si te place, su furor sosiegas.
　Por do quiera infinito
Te encuentro, y siento en el florido prado,
Y en el luciente velo,
Con que tu umbrosa noche entolda el
　　　　　　　　　　　　　　　　[cielo:
　Que del átomo eres
El Dios, y el Dios del sol, del gusanillo
Que en el vil lodo mora,
Y el ánjel puro que tu lumbre adora.
　Igual sus himnos oyes,
Y oyes mi humilde voz, de la cordera
El plácido balido,
Y del leon el hórrido rujido.
　Y á todos dadivoso
Acorres, Dios inmenso, en todas partes,
Y por siempre presente;
¡Ay! oye á un hijo en su rogar ferviente.
　Oyele blando, y mira
Mi deleznable ser: dignos mis pasos
De tu presencia sean,
Y do quier tu deidad mis ojos vean.
　Hinche el corazon mio
De un ardor celestial, que á cuanto existe
Como tú se derrame,
Y, ó Dios de amor, en tu universo te ame.
　Todos tus hijos somos:
El Tártaro, el Lapon, el Iodio rudo,
El tostado Africano
Es un hombre, es tu imájen; y es mi her-
　　　　　　　　　　　　　　　　[mano.

ODA IV.
A LA VERDAD.

Ven, mueve el labio mio,
Anjélica verdad, prole dichosa
Del alto cielo, y con tu luz gloriosa
Mi espíritu ilumina.
Huya el error impío,
Huya á tu voz divina;
Cual se despeña la tiniebla oscura
Del albo dia ante la llama pura.
　No desdeñes mi ruego,
Que hasta aquí siempre cariñosa oíste,
Tú, que mi númen soberano fuíste,
Y encanto delicioso;
Que deslumbrado y ciego
Se lanza presuroso
Del pestilente vicio en la ancha via

El mortal triste, á quien tu luz no guia,
Mas aquel que clemente
Miras con blanda faz, en su belleza
Absorto alzarse á tu inefable alteza
Ansia con feliz vuelo;
Y hollando osadamente
Cuanto el mísero suelo
Mentido bien solícito atesora,
Su ilusion rie, y tu deidad adora.
   Tu deidad, que tremenda
La mente turba del feroz tirano:
Y hace que el grito que su orgullo insano
Arranca al oprimido,
Despavorida atienda
Su oreja entre el lucido
Estrépito, en que el aula le adormece,
Y un vil incienso por do quier le ofrece.
   Mientras con amorosa
Plácida diestra de los tristes ojos
Limpias el llanto, y calmas los enojos
Del infeliz opreso,
Aliviando oficiosa
El rudo indigno peso
Que oprimir puede la inocente planta,
Que á Dios su ánimo libre se levanta.
   Ven pues, ó deidad bella:
Fácil desciende del escelso cielo,
Do te acojiste, abandonando el suelo
Con vicios mil manchado;
Y cual radiante estrella
Conduce al engañado
Mortal: tu luz su espíritu ilumine;
Y el orbe entero á tu fulgor se incline.
   Yo en tu gloria embebido
Siempre te aclamaré con frente osada;
Y á tu culto la lengua consagrada,
En mi constante seno
Un templo te he erijido,
Do de tu númen lleno
Te adoro, alma verdad, libre si oscuro,
Mas de vil miedo y de ambicion seguro.
   Por ti cuanto en su instable
Inmensidad el universo ostenta,
O el Altísimo en gloria se presenta,
Como posible existe:
Que en su mente inefable
Tú el prototipo fuíste,
A cuya norma celestial redujo
Cuanto despues su infinidad produjo.
   Y eterna precediendo
Del tiempo el vuelo rápido, inconstante,

VI.

Mientras se pierde el orbe en incesante
Deleznable ruina,
Por tí propia existiendo,
Ante tu luz divina
Al sistema falaz el velo alzado,
Y al error ves cual niebla disipado.
   Y centro irresistible
Del humanal deseo, cuanto hallara
Sagaz en la ancha tierra y en la clara
Rejion del alto cielo
Su teson invencible,
Todo al ferviente anhelo
Lo debe, ó pura luz, con que la mente
Te busca inquieta, y tus encantos siente.
   En ellos embebido
A Siracusa el Griego á saco entrada
No ve: y herido de la atroz espada
Da su vida gloriosa:
Y el gran Newton subido
A la mansion lumbrosa,
Cual jenio alado tras los astros vuela,
Y al mundo absorto la atraccion revela.
   ¡O augusta, firme amiga
De la escelsa virtud! Tú al sabio oscuro
Que adora de tu faz el lampo puro,
Cariñosa sostienes
En la ilustre fatiga:
Sus venerandas sienes
De inmortal lauro ciñes; y su gloria
Durar haces del tiempo en la memoria.
   O si el triste nublado
De la persecucion hórrido truena,
Tú le confortas; y su faz serena
Escucha el alarido
Del vulgo fascinado,
Contra sí embravecido;
O á la infame venganza que maquina
En las tinieblas su fatal ruina.
   Así en plácida frente
Pudo el divino Sócrates mostrarse
Al frenético pueblo, y entregarse
A sus perseguidores,
Que la copa inclemente
Le ornaste tú de flores,
Y en su inocente diestra la pusiste,
Y en néctar la cicuta convertiste.
   Mártir él jeneroso
De tu escelsa deidad así decia,
El tósigo mirando: vendrá un dia
Que útil al mundo sea
Mi suplicio afrentoso;

Y la verdad se vea
Con el gran Dios de todos acatada,
La vil superstición por tierra hollada.
 Del punto que propuse
Impávido anunciarla, el error fiero
Alzar contra mi pecho su ímpio acero
Vi con diestra ominosa:
A morir me dispuse
En la empresa gloriosa:
Dócil, mas firme abrazo las cadenas,
Con que hoy me oprime la engañada
[Aténas.
 Si Anito me persigue,
Le perdono, y al crédulo Areopago;
Y muriendo, á la patria satisfago
El feudo que la debo.
Hoy mi virtud consigue
Su prez, el cáliz bebo
Con que me brinda el fanatismo impío;
Y, ¡ó Ser eterno? en tu bondad confío.
 Así dijera el sabio:
Y el tósigo letal tranquilo apura.
Inmóvil le contempla en su amargura
Fedon: Cébes y Crito
Con desmayado labio
Jimen: al vil Melito
Critóbulo maldice ciego de ira,
Y él en los brazos de Platon espira:
 Cual la encendida frente
Hunde escondido en nubes nacaradas
En las sonantes ondas, recamadas
De sus rubios ardores,
El sol resplandeciente:
En pálidos fulgores
Fallece el dia, y su enlutado velo
La noche tiende por el ancho cielo.

ODA V.

LA GLORIA DE LAS ARTES. (*)

¿A dónde incauto desde el ancha vega
Del claro Tórmes, que con onda pura
Y paso sosegado
De Otea el valle fertiliza y riega,

(*) Esta oda fué recitada en la junta pública que celebró la real Academia de S. Fernando el dia 14 de julio de 1781, para la distribucion de premios jenerales de pintura, escultura y arquitectura.

Hoy el númen procura
Su vuelo levantar? ¿De qué sagrado
Espíritu inflamado,
Dejando ya á los tímidos pastores
El humilde rabel, canta atrevido
La gloria de las Artes, sus primores,
Y de la patria el nombre esclarecido?
 Cual el ave de Jove, que saliendo
Inesperta del nido, en la vacía
Rejion desplegar osa
Las alas voladoras, no sabiendo
La fuerza que la guia;
Y ora vaga atrevida, ora medrosa;
Ora mas orgullosa
Sobre las altas cimas se levanta;
Tronar siente á sus piés la nube oscura,
Y el rayo abrasador ya no la espanta
Al cielo remontándose segura:
 Entonce el pecho jeneroso, herido
De miedo y alborozo, ufano late:
Riza su cuello el viento,
Que en cambiantes de luz brilla encendido:
El ojo audaz combate
Derecho el claro sol, le mira atento;
Y en su heroico ardimiento
La vista vuelve, á contemplar se pára
La baja tierra, y con acentos graves
Su triunfo engrandeciendo, se declara
Reina del vago viento y de las aves:
 Yo así saliendo de mi humilde suelo
En dia tan alegre y venturoso
A gloria no esperada,
Dudo, temo, me inflamo, y alzo el vuelo,
Do el afan jeneroso
Al premio corre, y palma afortunada:
Palma que colocada
Al pié de la Verdad y la Belleza,
Quien de divino jenio conducido
Consigue arrebatarla, á ser empieza
En fama claro, y libre ya de olvido;
 Al modo que en la olímpica victoria
El vencedor en la feliz carrera
La ilustre sien ceñía
Del ínclito laurel; y su memoria
Eterna despues era.
Mas tú la voz y plácida armonía,
Noble Academia, guia,
Mi verso al cielo cristalino alzando.
¡Felice yo, si tu favor consigo!
Y el dulce plectro de marfil sonando

ODAS.

Las Artes canto tras mi dulce amigo. (*)
  Desde estos lares, su palacio augusto,
Cual vivaz fénix renacer las veo
Del hondo y largo olvido,
En que la Iberia con desden injusto
Vió un tiempo su alto empleo.
¡O nombre de Borbon esclarecido!
A ti fué concedido
Las Artes restaurar: con tus favores
A nueva gloria y esplendor tornaron:
La fama resonó de sus loores,
Y los cisnes de Mantua las cantaron.
  Ellas alegres en union amiga
La frente levantaron con ardiente
Afan, hasta encumbrarse
A la ideal belleza. A su fatiga
Cede el bronce obediente;
Y el mármol del cincel siente animarse:
Tus seres mejorarse,
¡O natura! en el lienzo trasladados
El carmin puro de la fresca rosa,
Los matices del íris variados,
El triste lirio y la azucena hermosa.
  ¿O divina pintura, ilusion grata
De los ojos y el alma! ¿De qué vena
Sacas el colorido,
Que al alba el velo cándido retrata,
Cuando asoma serena
Por el oriente en rayos encendido?
¿Cómo el cristal bruñido
Finjes de la risueña fuentecilla?
De los alegres prados la verdura?
Tanta varia y fragante florecilla?
El rutilante sol, la nube oscura?
  ¿Cómo en un plano inmensos horizon-
            [tes,
La atmósfera bañada de alba lumbre,
Sereno y puro el cielo,
La sombra oscura de los pardos montes,
Nevada la alta cumbre,
La augusta noche y su estrellado velo,
Del ave el raudo vuelo,
El ambiente, la niebla, el polvo leve,
Tu májico poder tan bien remeda,
Que á competir con la verdad se atreve,
Y el alma enajenada en ellos queda?
  Tú de la dulce poesía hermana,

Cual ella el pecho blandamente ajitas,
Y en amoroso fuego
Con tu espresion y gracia soberana
Le enciendes, ó le escitas
A tierna compasion, á rencor ciego,
A desmayado ruego,
Y amargo lloro. ¡O Sancio! ¡oh! ¡tu admi-
            [rable
Pincel cuál ha mi espíritu movido!
¡Oh! al contemplar tu Vírjen adorable
En su estremo dolor, (*) ¡cuánto he jemido!
  La dolorida madre, arrodillada
Piedad pide á los bárbaros sayones
Para el hijo postrado.
Su rostro está cual la azucena ajada:
Sus humildes razones
Resuenan en mi oido: ¡ay! ¡cuán sagrado
Aspecto, aunque ultrajado,
El del Hijo de Dios! ¡cuál la ternura
De Magdalena y Juan! ¡cuál la fiereza
Del que herirte, ó Jesus, brutal procura!
Y en tu celestial mano, ¡qué belleza!
  ¡O pinceles! ¡ó alteza peregrina
Del grande Rafael! ¡ó bienhadada
Edad, en que hasta el cielo
En alas del injenio la divina
Invencion se vió alzada,
Cuando su alma sublime el denso velo
Corrió con noble anhelo
De la naturaleza, y vió pasmado
El hombre ante sus ojos reverente
El universo estar, y hermoseado
De su mano salir y augustamente!
  Admira, ó hombre, tu grandeza; admira
Tu espíritu creador, y á la estrellada
Mansion vuela seguro,
Donde tu aliento celestial suspira.
La mente allí inflamada
Cruza con presto jiro del Arturo
A do tiene el sol puro
Su rutilante trono; y con brioso
Pincel, guiado de furor divino,
Copia el concento raudo y armonioso
Con que se vuelve el orbe cristalino.
  Que no tú sola, ó música, el ruido
Finjes del arroyuelo trasparente,
O imitas las undosas

(*) El S. D. Gaspar Melchor de Jovellános, académico de honor, que acababa de pronunciar una elocuente oracion sobre las Artes.

(*) El bellísimo cuadro de Rafael, llamado comunmente el PASMO DE SICILIA, y con mas propiedad EL ESTREMO DOLOR.

Corrientes de la mar, ó el alarido
Del soldado valiente
En las lides de Marte sanguinosas.
No ménos pavorosas,
O fiero Julio, en tu batalla (*) siento
Crujir las roncas armas y la fiera
Trompa, estrépito, gritos y ardimiento,
Que si en el medio de su horror me viera.
 ¿ Pues qué, si entre los vientos brama-
  [dores
Nave de airadas olas combatida
Diestro pincel me ofrece?
Yo escucho el alarido y los clamores
De la chusma aflijida;
Y si de Dios los cielos estremece
El carro, y se enardece
Su cólera, y el trueno en son horrendo
Retumba por la nube pavorosa;
De la pálida luz y el ronco estruendo
Mi vista siente la impresion medrosa.
 Pero el mármol se anima, del agudo
Cincel herido, y á mis ojos veo
A Laocoon (**) cercado
De silbadoras sierpes: en su crudo
Dolor escuchar creo
Los jemidos del pecho congojado,
Y al aspirar alzado
Los hórridos dragones con ñudosos
Cercos le estrechan, y su mano fuerte
En vano de sus cuerpos sanguinosos
Librarse anhela, y redimir la muerte.
 ¡ Mira, cómo en su angustia el sufri-
  [miento
Los músculos abulta, y cuál violenta
Los nervios estendidos!
¡ Cuál sume el vientre el comprimido
  [aliento,
Y la ancha espalda aumenta!
Y en el cielo los ojos doloridos,
Por sus hijos queridos
¡ Ay! ¡cuán tarde su auxilio está implo-
  [rando!
En tan terrible afan aun la ternura
Sobre el semblante paternal mostrando,
Cual débil luz por entre niebla oscura.

 (*) Célebre cuadro de la batalla de Majencio, dibujado por el gran Rafael, y pintado por Julio Romano su discípulo.

 (**) El grupo de Laocoonte, obra admirable del arte griega.

Ellos á él vueltos, con la faz llorosa
Y débil jesto al miserable llaman
En quejido doliente,
Rodeados de lazada ponzoñosa.
¡ Oh! ¡ cuán en vano claman!
¡ Oh! ¡cómo el padre por los tristes siente!
¡ Y cuál muestra en su frente
La fortaleza y el dolor luchando ;
Y con las sierpes en batalla fiera,
Sus vigorosos muslos ajitando,
Los fuertes lazos sacudir quisiera!
 Mientra en Apolo (*) la beldad divina
Se ve grata animar un cuerpo hermoso,
Do la flaqueza humana
Jamás cabida halló. Su peregrina
Forma, y el vigoroso
Talle en la flor de juventud lozana,
Su vista alta y ufana,
De noble orgullo y menosprecio llena,
El triunfo y el esfuerzo sobrehumano
Muestran del dios, que en actitud serena
Tiende la firme omnipotente mano.
 Parece en la soberbia escelsa frente
Lleno de complacencia victoriosa
Y de dulce contento,
Cual si el coro de Musas blandamente
Le halagara: la hermosa
Nariz hinchada del altivo aliento:
Libre el pié en firme asiento,
Ostentando gallarda jentileza;
Y como que de vida se derrama
Un soplo celestial por su belleza,
Que alienta el mármol, y su hielo inflama.
 Ni el lugar merecido á ti, ó divina
Vénus, (**) tampoco faltará en mi canto:
¡ Ay! ¡ dó fuiste formada!
¡ Quién ideó tu gracia peregrina!
Tu tierno y dulce encanto
Al ánimo enajena en regalada
Suspension: tu delgada
Tez escede á la cándida azucena,
Cuando acaba de abrir: tu cuello erguido
Al labrado marfil: la alta y serena
Frente al sol claro en el zenit subido.
 ¡ Oh reina de las Gracias, blanda diosa
De la paz y el contento, apasionada

 (*) El Apolo de Belvedere, la mas sublime obra ideal que nos ha quedado de la antigüedad.

 (**) La Vénus de Médicis, una de las mas bellas y graciosas estatuas de la antigüedad.

¡Madre del Niño alado!
Tus soberanos ojos de amorosa
Ternura, tu preciada
Boca, do rie el beso delicado,
Tu donaire, tu agrado,
Tu süave espresion, tus formas bellas.
Del suelo me enajenan: yo me olvido;
Y de cincel en ti no hallando huellas,
Absorto caigo ante tus piés rendido.

Tan divinos modelos noche y dia
Contempla atenta, ó juventud hispana;
Y el pecho así escitado,
La senda estrecha que á la gloria guia,
Emprende alegre, ufana.
El jenio creador vaya á tu lado:
Aquel que al cielo alzado,
Huye lo popular, cual garza hermosa,
Cuando del suelo rápida se aleja,
Al firmamento se levanta airosa,
Y el vulgo de las aves atrás deja.

¡Oh venturoso, el que en las Artes siente
Propicio al cielo, que al nacer le infunde
Su vivífica llama!
Dadme, Musas, guirnalda floreciente
Que su frente circunde;
Mientra el pecho latiéndole se inflama
De noble ardor, esclama
Desvelado en su afan, no halla reposo
Al inquieto furor, teme, suspira
De un númen lleno, y con pincel fogoso,
Odio, miedo, terror y amor me inspira.

Quizá algun jóven al mirar la gloria
De tan augusto dia, y de mi canto
Quizá tambien herido,
Se escita ya á la próxima victoria;
No la duda, y en llanto
Se baña de placer. ¡Oh esclarecido
Premio, muy mas subido
Que el tesoro mas rico! Quien merece
Que tú le enjugues el sudor dichoso,
Inmortal vuela por el orbe, y crece
En cada edad con nombre mas famoso.

Así Fídias, Lisipo, Apéles viven
En eterna memoria; así la rara
Fama de Zéuxis dura;
Y el grande Urbino y Micael reciben
Cual ellos honra clara:
Ni á ti, ó Velázquez, en tiniebla oscura
Sumió la muerte dura.
Sus huellas, noble juventud, sus huellas
Sigue, imítalos, insta; y denodada

Hiere con alta frente las estrellas,
En sus divinas obras inflamada.

Mas de las Musas y el crinado Apolo
Oye tambien la celestial doctrina,
Que á Fidias dió el modelo
El cantor frijio del que el alto polo
Conturba, su divina
Frente moviendo, y estremece el suelo.
Y no en torpe desvelo
Al vicio el pincel dés: la virtud santa,
O artistas, retratad, y disfamado
El vicio huirá con vergonzosa planta,
Cual sombra triste al resplandor sagrado.

Y los que de la noble arquitectura
La ardua senda seguís, los cuidadosos
Ojos volved contino
A la augusta grandeza y hermosura
De los restos preciosos,
Que del griego poder y del latino
Guardar plugo al destino.
Allí estudiad la majestad suntuosa,
Sólida proporcion, sencilla idea,
Que á Herrera hicieron claro, y su di-
[chosa
Edad de nuevo amanecer se vea.

Mas tú, en quien Cárlos de la patria fia
La suerte y el honor, ó esclarecido
Conde, escucha oficioso
Lo que me inspira el cielo en este dia.
Si de ti protejido
Sigue el jenio español, si el lauro honroso
En su afan jeneroso
Galardon fuere que al artista anime;
Ni envidiarémos la Piedad Toscana, (*)
Ni tus estancias, (**) Rafael sublime,
Ni la soberbia mole vaticana.

Feliz entónces el pincel ibero
Del gran Cárlos la imájen gloriosa
Copiará reverente,
Y al príncipe brillando, cual lucero,
A par su augusta esposa.
Brille el valor impreso en su alta frente,
Y el consejo prudente;
Las gracias todas en la amable Luisa,

(*) Insigne grupo de María santísima con su Hijo difunto en los brazos, ejecutado por Miguel Anjel, príncipe de la escuela florentina.
(**) Salas del Vaticano pintadas por el gran Rafael, y bien conocidas de los profesores y aficionados á las Artes.

Y en el real pimpollo, ¡ay! el consuelo
De dos mundos la paz y tierna risa
Con que recrea al venerable abuelo.

ODA VI.

DE LA VERDADERA PAZ.

AL MTRO. FR. DIEGO GONZALEZ.

Delio, cuantos el cielo
Importunan con súplicas, bañando
En lloro amargo el suelo,
Van dulce paz buscando,
Y á Dios la están contino demandando.
   Las manos estendidas
En su hogar pobre el labrador la implora,
Y entre las combatidas
Olas de la sonora
Mar, la demanda el mercader que llora.
   ¿Por qué el feroz soldado,
Rompiendo el fuerte muro, á muerte dura
Pone su pecho osado?
¡Ay Delio! así asegura
El ocio blando que la paz procura.
   Todos la paz desean,
Todos se afanan en buscarla, y jimen;
Mas por artes que emplean,
Las ansias no redimen
Que el apenado corazon comprimen.
   Porque no el verdadero
Descanso hallarse puede ni el oro,
Ni en el rico granero,
Ni en el eco sonoro
Del bélico clarin, causa de lloro;
   Sinó solo en la pura
Conciencia, de esperanzas y temores
Altamente segura,
Que ni bienes mayores
Anhela, ni del aula los favores;
   Mas consigo contenta
En grata y no envidiada medianía,
A su deber atenta,
Solo en el Señor fia,
Y veces mil lo ensalza cada dia:
   Ya si de nieve y grana
Pintando asoma el sonrosado oriente
La risueña mañana;
Ya si en su trono ardiente
Se ostenta el sol en el zenit fulgente:
   O ya si el velo umbroso
Corre la augusta noche, y al rendido
Mundo llama al reposo;
Y el escuadron lucido
De estrellas lleva el ánimo embebido,
   Ensalzado; y le entona
Humilde en feudo el cántico agradable
Que su bondad pregona,
Su ley santa, inefable
Con faz obedeciendo inalterable.
   ¡Oh vida! ¡oh sazonado
Fruto de la virtud! ¡de la del cielo
Remedo acá empezado!
¡Cuándo el hombre en el suelo
Podrá seguirte con derecho vuelo!
   ¡Cuándo será que deje
El suspirar, temer, y el congojoso
Mandar, ó que se aleje
Del oro á su reposo,
Muy mas letal que el áspid ponzoñoso!
   Entónces tornaria
Al lagrimoso suelo la sagrada
Alma paz; y seria
Tan fácil, Delio, hallada,
Cuan ora es, ¡ay! en vano procurada.

ODA VII.

AL SER INCOMPRENSIBLE DE DIOS.

¡Primero, eterno Ser, incomprensible!
Patente y escondido,
Aunque velado en gloria inmarcesible,
De todos conocido:
   Santo Jehová, cuya divina esencia
Adoro, mas no entiendo,
Cuando su influjo y celestial presencia
Dichoso estoy sintiendo:
   En quien existe todo, en quien respira,
Fuerza y virtud recibe;
El ave vuela, el pez las aguas jira,
Y el hombre entiende y vive!
   Mientras mas te contemplo, y con mas
[ansia
Te sigo, mas te alejas,
Y tu bondad inmensa y mi ignorancia
Tan solo ver me dejas.
   ¿Mas cómo, si los cielos de los cielos
No bastan á encerrarte,
De mi flaca razon los tardos vuelos
Llegarán á alcanzarte?
   Ella se pierde en el escelso abismo
De tu lumbre esplendente,

Y te adora, Señor, por esto mismo
Mas ciega y reverente;
   Pues si le fuera comprenderte dado,
Igual á ti seria:
El cetro te quitara, y mal tu grado
Tu trono ocuparia.
   Pero tú, Señor Dios, venças mi ciencia,
Que eternos siglos vives;
Y el primero y el último en esencia,
De nadie ley recibes:
   Tú que mueves los cielos, y al profundo
Mar linde señalaste;
Y con colunas de diamante al mundo
Poderoso afirmaste.
   Tu solio es el empíreo, y de tus leves
Piés alfombra la tierra;
Y hasta el abismo á descender te atreves,
Y ves cuanto en sí encierra:
   De do sobre tus tronos te sublimas;
Y velado en luz pura
Del orgullo del hombre te lastimas,
Burlando su locura.
   Pues siendo tú mayor que el ancho cielo
Y que el mar insondable,
Y ante quien nada es, remonta el vuelo
A tu faz adorable;
   Cuando los serafines acatando,
Señor, tu inmensa alteza,
Los rostros con las alas ocultando,
Publican su bajeza.
   ¡Oh riqueza eternal! ¡oh inmenso
[abismo!
¡Oh ser! ¡oh luz sagrada!
Tan solo comprendida en ti mismo,
Y á mi anhelo eclipsada.
   ¿Quién eres? ¿dónde estás? ¿no me res-
[pondes?
Préstame tus lijeras
Alas, y treparé donde te escondes
En las claras esferas.
   Mas que el viento veloz, al proceloso
Orion, á la aurora,
Al aquilon, al austro sin reposo
Demandaré en una hora.
   Demandaré... Destierra la osadía
De querer comprenderte
De mí, gran Dios, hasta que el alma mia
Llegue en tu gloria á verte:
   Que no es del lodo humilde en cuanto
[vive,
Tanto alzarse del suelo,

Ni con débiles ojos se percibe
La inmensa luz del cielo.
   Ella me ofusca: mas del vil gusano
Del sol al carro ardiente,
Todo tu ser me anuncia soberano
Con lenguaje elocuente.
   Yo lo toco, lo siento, y cuidadoso
En la planta lo admiro,
Lo bendigo en el bruto, respetoso
Lo aliento, si respiro.
   Pero si osada á su inefable altura,
Absorta en su belleza,
La curiosa razon trepar procura
Por la naturaleza,
   Ella misma me grita: ¡Oh ciego! tente
En tu afan importuno,
Que entrar en su sagrario no consiente
El Escelso á ninguno.
   Los objetos mas claros se me mudan,
Y al revés se me tornan;
De todo mis nublados ojos dudan,
Y todo lo trastornan.
   Que el que arder hace al sol, su lum-
[bre ciega
Y una voz en mi oido,
Contempla, dice, adora, admira y ruega;
Y gózame escondido.
   Yo así abismado en tanta maravilla,
Con miedo reverente
Ceso, y humilde inclino la rodilla
Y la devota frente.

ODA VIII.

LA NOCHE Y LA SOLEDAD (*).

Al Sr. D. Gaspar de Jovellanos, del consejo de las órdenes.

   Ven, dulce soledad, y al alma mia
Libra del mar horrísono, ajitado
Del mundo corrompido,
Y benigna la paz y la alegría
Vuelve al doliente corazon, llagado:
Ven, levanta mi espíritu abatido:
El venero crecido
Modera de las lágrimas que lloro,
Y á tus quietas mansiones me trasporta.
Tu favor celestial humilde imploro:

(*) Primera composicion filosófica del autor.
año de 1780.

Ven; á un triste conforta,
Sublime soledad, y libre sea
Del confuso tropel que me rodea.
 ¡Ay! ¿por qué así ajitarse el hombre
       [insano,
Y viendo ya á los piés, ¡oh ciego! abierto
El sepulcro gozarte?
Pon, pon freno á la risa, polvo vano,
Calma de tu anhelar el desconcierto,
Y entra en tu corazon á contemplarte.
¿Qué ves para gloriarte?
¿Qué ves dentro de ti? Vuelve los ojos
A tus míseros dias; de tus gustos
La flor huyó, quedaron los abrojos
Como castigos justos;
Y fugaces las horas se volaron...
¿Qué poder tornará las que pasaron?
 Tú, augusta soledad, al alma llenas
De otra sublime luz; tú la separas
Del placer pestilente,
Y mientras en silencio la enajenas,
A la virtud el ánimo preparas,
Y á la verdad inclinas trasparente
Del cielo refuljente,
Haciendo que nos abra el hondo abismo,
Do esconde sus tesoros celestiales.
El hombre iluminado ve en sí mismo
Las señas inmortales,
Merced á tu favor, de su grandeza,
Del mundo vil hollando la bajeza.
 La mente sin los lazos que detienen
Su jeneroso ardor, en raudo vuelo
Las vagas nubes pasa,
Llegando á do su trono alzado tienen
Al inmenso Hacedor los altos cielos,
Y á su divina norma se compasa:
De su lumbre sin tasa
Gozosa se alimenta y satisface.
El fuego celestial con que se atreve
A las grandes empresas, cuanto hace
Bueno el hombre, lo debe,
¡Oh soledad! á tu silencio augusto,
Donde Dios habla, y se descubre al justo.
 Mas los hombres que ilusos no perciben
Su misteriosa voz, cuyos oidos
A la verdad cerrados,
Y al error son patentes, así viven
Del mundo en el estrépito metidos,
Cual en galera míseros forzados:
Siervos aherrojados
Al antojo liviano y las pasiones,

Sorpréndelos de súbito la muerte.
El sabio, solo el sabio las prisiones
Rompe con mano fuerte:
Intrépido de todo se retira,
Y de la playa la borrasca mira.
 Entónces adormido en paz gloriosa,
Pesa con lo pasado lo presente,
Con remontado vuelo
Al ciego porvenir lanzarse osa,
Y eleva á las estrellas la ardua frente.
¿Puede á tu ser, nacido para el cielo,
Embebecer el suelo?
¿Puede á un alma inmortal, con quien
       [son nada
Esos soles y globos cristalinos,
Tener el bajo suelo así apegada;
O en juguetes mezquinos
Ocuparte, olvidando el alto grado
A que el gran Ser al hombre ha sublimado?
 Ves las esferas de eternal ventura,
Reales mansiones del Señor, labradas
Por su poder divino,
Del sinfin de luceros la hermosura,
Todos jirando en órbitas variadas:
Alzándose en el éter cristalino
La luna, que el benigno
Rayo de su alba luz al mundo envia,
Las pardas sombras y su horror sagrado;
Del fugaz viento por la sombra umbría
El son dulce, acordado:
¿Qué son los pasatiempos do te encantas,
A par, ó ciego, de grandezas tantas?
 Tú, espíritu sublime, que metido
Del mundo en el estrépito, suspiras
Por el retiro al cielo,
Del ser humano para honor nacido;
Tú que los yerros de los hombres miras,
Y á Témis templas el ardiente zelo
Con que hiere en el suelo,
Do cual Jenio benéfico defiendes
Al huérfano y viüda miserables;
Si desde el foro mi cantar entiendes,
Los tonos lamentables
Mira en plácida faz, dulce Jovino,
Si de honor tanto humilde verso es digno.
 La amistad me lo inspira; y pues cono-
       [ces
El valor de las lágrimas, y sabes
Con tu divino canto
Mitigar mi dolor, las tiernas voces
Oye, que el pecho en sus tormentas graves

Solo halla alivio en el amargo llanto.
El celestial encanto
De la dulce armonía, que pusieron
Los cielos en mis labios, y mezquinos
Engaños hasta aquí absorto tuvieron,
Los avisos divinos
Oye de la verdad: los lazos deja:
La virtud canta, y de su error te queja.

¿Cuándo el dia será luciente y puro,
Que en suave soledad contigo unido,
El ánimo cuidoso
Pueda enjugar sus lágrimas seguro?
Do en el bosque mas solo y escondido,
Libres, y al pié del árbol mas frondoso,
En celestial reposo
Tan sublimes verdades contemplemos.
Acelerad, ¡oh cielos! tales dias,
Y la citara fúnebre templemos,
¡Oh Young! que tú tañias,
Cuando en las rocas de Albion llorabas,
Y á Narcisa á la muerte demandabas.

¿Por qué delitos tantos? ¿por qué holladas
Las leyes de los cielos descendidas?
¿Los lechos conculcados,
Los conyugales lechos? ¿y empapadas
De humana sangre manos homicidas?
¿Los padres por sus hijos ultrajados?
¿Los templos profanados?
¿Quién, nuevo Catilina, quién demente
Contra la patria armó tu inicua mano?
El soplo del ejemplo pestilente
Corrompe el ser humano.
¿Pero de dónde los ejemplos nacen?
¡Ay! de las juntas que los hombres hacen.

El vicio, sagacísimo guerrero,
Asalta el corazon, que embelesado
Ni aun acercarle siente:
Adúlanos el mundo lisonjero:
El deleite con soplo envenenado
Nos adormece, y de la sed ardiente
Que hartura no consiente,
El avaro nos toca: ¿quién holgarse
Pudo en loco festin, que entre el lucido
Estrépito saliera sin mancharse?
Y el falaz gozo ido,
¿Quién halla el alma sosegada y pura,
Y la conciencia de afliccion segura?

La cándida virtud, cual pura rosa
Que al rayo de la aurora la cabeza
Levanta aljofarada,

VI.

Da á solas su fragancia deliciosa:
Un soplo ajó su virjinal belleza.
A veces sin cuidado una mirada
Encendió la dañada
Hoguera del amor: tal vez el ciego
Rencor nació por un enojo breve,
Y una ciudad devora con su fuego.
Del mal la causa es leve,
Y de sus flechas pérfido el amago,
Cuanto crudo y sin límites su estrago.

Retiro celestial, tú, ó dulce puerto,
Do exhalado se acoje el pecho mio
De los hombres huyendo,
De tanto mal me pones á cubierto:
A tí seguro mi dolor confio,
Con mis ansias el cielo conmoviendo.
¿Qué lágrimas corriendo
Por mis mejillas van? ¿por qué ajitado
Me late el corazon enternecido,
En los males del hombre malhadado?
¡Oh asilo apetecido!
¡Oh soledad, que en mi dolor imploro,
Benigna, acoje el encendido lloro!

En estas horas, que del raso cielo
Tanto fúljido sol vela guardando
Al mundo adormecido,
Cubiertos, vagos del nocturno velo,
A la virtud los malos acechando;
Tú de tu solio que los ves bruñido,
¿Dónde, ó luna, te has ido?
¿Huyes de maldad tanta horrorizada?
¿Tu faz pálida escondes?... ¡Oh malvados!
Rubor, ruboroso dé su luz sagrada;
Ved, que por vos manchados
Los orbes puros que el Escelso habita,
Su diestra santa á su pesar se irrita.

El justo en tanto reverente alzando
Las inocentes manos, engrandece
La inmensa omnipotencia,
Su enojo con mil lágrimas templando;
Y cuanto al vano mundo desparéce,
Tanto mas cerca siente su presencia.
¡Los cielos!... ¡la conciencia!...
¡Qué augustos compañeros! ¡qué sagradas
Verdades mostrarán á el alma mia;
Ahora que estas aguas despeñadas
Y la acorde armonía
Del triste ruiseñor al manso viento
Despiertan mi adormido pensamiento!

¿Quién puede ver el cielo tachonado
De lumbre tanta, y la beldad gloriosa

40

De la noche serena,
El arboleda umbrosa, el concitado
Batir de la corriente procelosa,
Que allá á lo lejos pavoroso suena,
Y este valle, do apena
El rayo de la luna pasar puede;
Que alegre el seno palpitar no sienta,
Y en suavísimos éstasis no quede?
El alma descontenta,
Divina soledad, por ti suspira,
Do atónita al gran Ser do quier admira.

Yo apenas entro en tu recinto umbroso,
Siento el ánimo libre y descargado
Del peso que me abruma;
Todo ardiendo en un fuego jeneroso
A seguir la virtud me atrevo osado.
El liviano contento ¿qué es en suma
Sino viento y espuma?
Si en la tierra se fija el pensamiento,
Cuanto en el mal feraz en bien mezquina,
¿Para volar al cielo tendrá aliento?
¡Ay! la virtud divina,
Que del vil suelo escelso le levanta,
Solo la debe á ti, soledad santa.

Los hombres siempre en la maldad osa-
   [dos,
Del Señor los altísimos decretos
Sacrílegos burlaran;
Y á sueño vergonzoso el dia dados,
En las tinieblas fúnebres inquietos,
Todo á su libre antojo lo trocaran.
¿Mas porqué tanto osaran?
¿Qué furor los tomó? siendo el traslado
Mejor la noche del poder eterno,
Do el malo entre las sombras ve azorado
Casi abierto el averno;
Y el ímpio á Dios descubre confundido,
Y ante él se humilla de su error corrido.

No así los solitarios que guardaban
En otra edad las selvas pavorosas
En olvido dichoso,
Las silenciosas horas ocupaban
En delitos ó en pláticas ociosas;
Mas antes embriagados en sabroso
Dulcísimo reposo,
Al comun padre ardientes sublimando
Entre inefables éstasis la mente,
Su celestial imájen contemplando
En tanto sol luciente,
Como la alteza soberana muestra
De su bondad y omnipotente diestra.

De noche el Señor reina: los horrores
De su lumbrosa faz sirven de velo
Al Todopoderoso,
Do mas bien que del sol en los fulgores
Al alma alumbra el vagaroso cielo.
Su silencio tranquilo y misterioso
Da á la mente el reposo,
Qué le roba la luz del albo dia.
El estrépito y vanos menesteres,
Las inútiles hablas, la alegría
Y vedados placeres,
Del dulce meditar el alma alejan,
Y en triste error y ceguedad la dejan.

¡O noche! oh soledad! en vuestro seno
Solo hallo el bien, y en libertad me miro.
Entónces las pasiones
Pierden su fuerza, el corazon sereno,
Y al cielo atento, tras sus astros jiro:
O á la razon nivelo mis acciones;
O en mil contemplaciones
Utilmente me ocupo; y desprendido
De los lazos del cuerpo, me levanto
Al supremo Hacedor: ante él rendido
Sus maravillas canto;
Y con los piés hollando lo terreno,
Con él me gozo, alivio y enajeno.

¿Cómo pues insensato el hombre te
   [huye,
Divina soledad? ¿Cómo lamenta
Su venturosa suerte,
Si en tu seno se ve, y al cielo arguye?
¿Por qué en míseras sombras se contenta?
¿Le robarán los hombres á la muerte?
¿Su golpe es menos fuerte,
Si en descuido le hiere? Los agudos
Pesares, la miséria, los dolores
¿No le amenazan sin cesar sañudos,
Aunque duerma entre flores?
Y el hombre triste á padecer nacido,
¿Reposar osa en tal letal olvido?

¿No ha de verle el sepulcro pavoroso
En ciega noche y soledad, comida
De fétidos gusanos,
Hasta que agrade al Todopoderoso
Con su imperiosa voz darle otra vida,
Alzándole del polvo con sus manos?
¿Beldad y años lozanos
No han de parar en esto? ¡ay! ¡qué insu-
   [frible
Te será aquel estado, si no sabes
Vivir en soledad! ¡ay! ¡cuán terrible

Ver que en ansias tan graves
Solo te hace otro polvo compañía!....
Se estremece en pensarlo el alma mia.
   Tú, dulce amigo, que el valor conoces
De la meditacion, y el alma cuánto
Con el retiro gana,
Ven; y esquivadas turbulentas voces,
Al cuidado civil te roba, en tanto
Que el sonrosado manto de oro y grana
Despliega la mañana:
Y con Young silenciosos nos entremos
En blanda paz por estas soledades,
Do en sus noches sublimes meditemos
Mil divinas verdades;
Y á su voz lamentable enternecidos,
Repitamos sus lúgubres jemidos.

ODA IX.

Al Dr. D. Antonio Tavira, capellan de honor de S. M., en la muerte de una hermana.

   ¡Ay! ¡con qué voces en tu amargo duelo
Alentarte podré! ¡dónde palabras
Hallará de consuelo
Mi musa dolorida
Para tan cruda herida!
   De pena mudo, en lágrimas bañado,
Y el pecho en mil sollozos oprimido,
Tú ruegas angustiado
A la muerte inhumana
Por la inocente hermana:
   Por tu hermana, tu amor, mitad pre-
[ciosa
Del alma tuya, sin sazon perdida;
Cual delicada rosa,
Que se agosta y fenece
El dia en que florece.
   ¡Ay! clama en vano tu dolor profundo:
Su candor, su inocencia, sus virtudes
No eran, no para el mundo;
Donde fugaz un hora
Brilló cual pura aurora.
   Es campo de milicia el suelo triste;
Ella ganó la palma en breves dias,
Y en la gloria do asiste,
La goza ya segura
En eternal ventura.
   Deja pues de llorar y enterneserte,
Ni en su anjélico gozo te conduelas;
Que es de Dios oponerte
A la ley adorable
Con voluntad culpable.
   Él alargó la diestra cariñosa,
Para darle su herencia inmarcesible
En la mansion dichosa,
Do nunca fuera oido
Ni queja ni alarido.
   ¡Y tú, que sus consejos con rendida
Frente hasta aquí, Tavira, has adorado,
Jimes hoy sin medida!
¡Oh! lejos tal locura,
Lejos de tu cordura.
   Justo es en golpe tal el desconsuelo;
Mas pon los ojos en la dulce hermana
Coronada en el cielo;
Y en regocijo santo
Se tornará tu llanto.

ODA X.

Vanidad de las quejas del hombre contra su Hacedor.

Al Escmo. Sr. D. Felipe Palafox y Portocarrero, conde del Montijo.

   ¿Es el orgullo, es la razon quejosa
La que airada se vuelve, y cuenta pide
Al Hacedor divino
De esta fábrica hermosa,
Y la grandeza de sus obras mide?
En este todo inmenso y peregrino,
¿Por qué el grado mas digno
Al linaje del hombre no fué dado?
¿Por qué fué echado en el humilde suelo?
¿No es rey universal de lo criado?
Pues suba y more el cristalino cielo.
   ¿La luna plateada para él solo
No recibe la luz que al suelo envía?
¿Las fuljentes estrellas
Del uno al otro polo
Sus esclavas no son? ¿y al albo dia
Por él no baña con sus luces bellas
El sol, cuando huyen ellas?
Una pues, una su grandeza cuanto
Llevan los seres todo repartido:
Sus quejas cesen y su justo llanto,
Y sea en el mundo cual señor servido.—
   El hombre osado en su soberbio pecho

Se queja así de Dios, y romper quiere
Vasallo rebelado
Aquel vínculo estrecho,
Que cada parte á su lugar refiere,
Y ata y sostiene cuanto está creado.
Yo fuí, dice, formado
Por término de todo: el fin primero
Del universo soy: á mí es debida
La luz del sol, el brillo del lucero,
Y la tierra de yerba y flor vestida.
¿Y no se debe al ave el raudo viento,
Presa al lobo rapaz, pasto á la oveja,
Lluvias al verde prado?
¿El líquido elemento
Al pez no se le debe? ¿Dónde deja
El Hacedor ni un átomo olvidado?
Todo está colocado
Cual debe en su gran obra; y nada puede
Del círculo salir que le ha cabido,
Sin que en desórden ciego al punto quede,
Pues todo en ella mueve y es movido.

No, escelso Palafox: si el hombre osa
A el ánjel emular, cuando quisiera
Llenar mas alto grado,
La soberbia orgullosa
Habla en su corazon, no la severa
Razon con que por Dios fué sublimado.
Por el primer pecado
Su pecho está en dos bandos dividido:
El apetito arrastra por la tierra,
Cual humilde reptil; y el atrevido
Animo al cielo mismo pone guerra.

La modesta razon no encumbra el vuelo,
Sino hácia sí se vuelve, y asombrada
Ve la inmensa cadena
Que ata el abismo al cielo.
¿Del infinito en medio y de la nada,
Qué es el hombre ignorante? ¿quién serena
Las borrascas, ó enfrena
Los bravos huracanes? ¿A las aves
Quién enseña á surcar el vago viento,
Y á sus lenguas los cánticos suaves?
¿O quién dió al árbol hojas y alimento?

Entónces cuando el hombre alcanzar
[pueda
Qué es la hoguera del sol; de dónde viene
La lluvia y el rocío;
Qué fuerza impele á la celeste rueda;
Dónde suspenso el universo tiene
De Dios el infinito poderío;
Podrá en su orgullo impío

A los seres decir: á tí te toca
Llenar este lugar, á ti este grado;
Y así adular á su soberbia loca,
En el centro de todos colocado.

Mas no tanto: si el siervo los secretos
Ve del señor, ó si el vasallo sabe
Qué sistemas medita
Y sagrados decretos
El rey en su hondo seno: si en ti cabe
Sondar como tu cólera se irrita,
¡Oh ciego! y quién la escita,
Quién á tu sangre por las venas mueve;
Por qué causa la piedra al centro baja;
Por qué es líquida el agua, el viento leve;
En tachar necio á tu Hacedor trabaja.

¡Hijo del polvo, si elevarla osas,
Alza la vista al cielo, y ve la esfera
De estrellas tachonada,
Todas á par hermosas!
¿Es solo para ti tanta lumbrera?
Acaso cada cual será empleada
En bañar con dorada
Llama, como acá el sol, otro gran suelo;
Y los que el globo de Saturno moran,
Tan lejos como tú miran el cielo,
Y que tú habitas este punto ignoran.

Los ojos vuelve hácia la baja tierra,
Y á sus vivientes llega á tu despecho:
El mas imperceptible
Mil otros en sí encierra.
¡Del mosquito sutil, qué inmenso trecho
Al que apenas la lente hace visible!
¿Y acaso no es posible
Descender aun de aquel? pues él contiene
Dentro en sí otros, que á vivir dispone;
Cada cual movimiento y partes tiene,
Y cada parte de otras se compone.

El hombre comparado, jeneroso
Amigo, al universo es cual el punto
Con la tendida esfera,
O un ola al mar undoso.
Su saber es que empieza y muere junto,
Y menos que un instante su carrera.
Mas años mil viviera,
Jamás otros misterios sondaria.
Las cosas todas en la nada nacen,
Y en lo infinito paran: quien las cria,
Contará solo los guarismos que hacen.

¡Hombre mortal, escucha: al órden mira
De todo; el órden es la ley primera
Del cielo soberano!

La inmensidad admira
Del universo; y gózate en tu esfera,
Que tu felicidad está en tu mano.
Deja de anhelar vano
Por el lugar del ánjel: á él subiendo,
Tambien al tuyo el bruto encendería;
La planta al animal fuera impeliendo,
Y del órden por ti todo saldria.

  La Providencia es justa: á ti te ha dado
En suerte la virtud, y al tosco bruto
El deleite grosero.
No estés, nó, mal hallado
Con la augusta virtud: su dulce fruto
Es del alma la paz, y el verdadero
Gozo su compañero,
Que nada acá en la tierra darte puede.
¿Y qué en ella ó los cielos comparable
Merece ser al justo? ¡quién le escede!
¿O es hechura de Dios mas admirable?

  La grande ley que vivifica todo,
Es el comun amor: ama á tu hermano,
Ama á la patria, y ama
Todo el mundo, de modo
Que antepongas al dueño soberano
Que bienes tantos sobre ti derrama.
Si este ardor bien te inflama,
Ora en la tierra mores largos dias,
O en flor te anuble un ábrego enojoso,
No temas las mortales agonías,
Que como justo acabarás gozoso.

  Así naturaleza al hombre dice:
Y la blanda esperanza hasta él desciende
Que le conforta el pecho;
Y él con ellas es felice.
Mas si su osada vanidad entiende,
Le deja en sus sistemas satisfecho
Trabajar sin provecho.
Su presuncion con risa mira el cielo;
Y él nunca en su locura bien hallado,
Mientras anhela el bien con mas desvelo,
Mas parece que el bien huye su lado.

ODA XI.

LA TEMPESTAD.

¿Oyes, oyes el ruido
Del aquilon que en la selva
Entre los alzados robles
Con rápidas alas vuela?
¡Oh! ¡cuál silba! ¡cómo ajita
Las ramas! sus hojas tiernas
En torbellinos violentos
Desparce con rabia fiera.
Una nube le acompaña
De negro polvo: la niebla
Se lanza en un mar undoso
Del cóncavo de las peñas,
Y cubre el cielo. La llama
Del sol desparece envuelta
En calijinosas nubes,
Y la noche á reinar entra.
Las aves huyen medrosas:
De espanto inmóvil se queda
El tardo buey, y el establo
Azorado á hallar no acierta.
Crece el huracan: del trueno
La imperiosa voz resuena,
Que el Omnipotente anuncia
A la congojada tierra.
Ya llega: otra vez horrible
El trueno la voz aumenta,
Y los relámpagos hacen
Del cielo una inmensa hoguera.
¡Señor! ¡Señor! compasivo
Mi albergue mira: tu diestra
No lo aniquile: perdona
A un ser que te adora y tiembla.
Tú eres, Señor, te descubro
Entre el manto de tinieblas,
Con que misterioso al mundo
Tu faz y tu gloria velas.
Tú eres, Señor: poderoso
Sobre los vientos te llevan
Tus ánjeles: de tu carro
Retumba la ronca rueda:
Tu carro es de fuego.—El trueno,
El trueno otra vez: se acerca
El Señor: su trono en medio
De la tempestad asienta.
La desolacion le sigue;
Y el rayo su voz espera
Prestas las alas: lo manda;
Y el monte abrasado humea.
Arden las nubes: veloces
Los relámpagos serpean
Del Eterno en torno. Impíos,
¡Ay! temblad que Jehová llega.
Jehová la cóncava nube
Retumba, las hondas vegas
Jehová, sonoras responden
Jehová las altas esferas.

Despavorido al estruendo
El libertino despierta;
Y confundido el ateo
Su inefable ser confiesa.
De miedo y horror transidos,
Al Dios que insultaron ruegan.
Temblando; y ante sus iras
Aniquilarse quisieran.
Él entre tanto imperioso
Domina: la frente escelsa
Mueve; la tormenta crece,
Y los montes titubean.
Llama al áspero granizo;
Y que anonade le ordena.
De la vid el dulce fruto,
Y las ricas sementeras.
Le obedece; y con funesto
Estrépito se despeña
Al bajo suelo, y lo tala:
¡Señor! tus iras modera.
Mira al labrador que inmóvil,
De espanto la obra contempla
De tu poder; sus hijuelos
Y su esposa le rodean.
Todos lloran: todos tienden
A ti las manos, y esperan
El pan de ti que hoy les robas.
¡Buen Dios! ¿dó está tu clemencia?
¿Vienes á asolarnos? ¿vienes
A mover al hombre guerra?
¿No hay un justo que te implore?
¿O á las súplicas te niegas?
Tú, en quien un padre oficioso
Hasta el vil insecto encuentra,
Que á millones de vivientes
Abres la mano, y sustentas;
¿Olvidas hoy á tus hijos?
¿O dejarás que perezca
Sin pan el pobre? tus iras
Ya desarma la inocencia.
Del justo el humilde ruego
Prevaleció: Jehová reina
Sobre el trueno; su alto cetro
Pasó sobre mi cabeza.
Ledo pasó: yo asombrado
No osé alzar la frente. ¡Oh! deja,
Señor, que humilde en el polvo
Adore tu providencia,
Que ya la benigna lluvia
De tu bendicion recrea
La árida tierra: ya baja,

Y blanda el aura refresca.
Con júbilo la reciben
Las aves; y en dulces lenguas
Por el mundo agradecido
Tu inmensa bondad celebran.
Pasó el nublado: la mano
Del Señor la ardiente fuerza
Del rayo imperiosa calma,
Y el viento y el trueno arredra.
Quiérelo; y las torvas nubes
Bajo sus piés se congregan:
Mándalo; y rápidas parten
De su trono mil centellas.
Oyónos; y á la montaña
La tempestad voló presta.
¿No veis el horrido estruendo?
¿Y cuál el bosque se anega?
Ya, Padre, ya nos indultas;
Y el íris de paz nos muestras
En señal de la alianza
Que has jurado con la tierra.
Al cielo el Escelso torna:
Mortales, su omnipotencia
Cantad; y que el universo
Un himno á su gloria sea.

ODA XII.

LA TRIBULACION.

¿Por qué, por qué, me dejas?
Señor, Dios mio, Padre, vuelve y mira:
¿De mis ardientes quejas
Tu bondad se retira?
¿Tú cesas, y mi labio á ti suspira?
  De tu nombre en la gloria
Los míseros fiaron; tú les diste
Del opresor victoria:
Sus plegarias oíste;
Y su esperanza y su salud cumpliste.
  La muerte y sus dolores
Rompen mi corazon; en mis oidos
Suenan ya los clamores
De los apercibidos
Monstruos á devorarme y sus bramidos.
  A las fauzes pegada
Mi lengua está; y al polvo me ha lanzado
Del olvido tu airada
Diestra: en torno he mirado,
Y el mar de la afliccion me ha circundado.
  Mi pecho como cera

De dolor se liquida y desfallece:
Cual la llama lijera
Muy mas mi angustia crece;
Y aguija el enemigo, y me estremece.
　　Gusano soy, no hombre,
Oprobio de los hombres y su ira:
Sin que mi mal le asombre,
Me mofa quien me mira;
Y mueve la cabeza, y se retira.
　　A voces dicen: venga,
El Dios venga en que espera neciamente:
Su brazo le sostenga,
O en su solio fuljente
De gloria ciña su abatida frente.
　　Entonce acatarémos
Su mísera orfandad y su inocencia;
En tanto devoremos
Su pan; y la clemencia
De ese su Dios sustente su indijencia.
　　Mas tú sobre las alas
De querubines vas: los montes toca
Tu dedo, y los iguala
Con los valles: tu boca
Sopló, y en polvo vuela la ardua roca.
　　Cual madre compasiva,
En mi débil infancia me has guiado.
Contra la suerte esquiva
En hombros me has tomado;
Y siempre entre tus alas me has guardado.
　　Solo soy, y tú fuiste
Mi padre: enfermo te imploré en el lecho,
Y salud me trajiste.
¡Ay! ven, cubre mi pecho,
Que blanco todos de su saña han hecho.
　　Ven, corre poderoso:
Confúndelos, Señor: no mas dilates
El brazo victorioso
Con que fuerte combates,
Y los cedros altísimos abates.
　　Corre, corre, que crece
Cual ola de la mar el dolor mio,
Y á mis piés se estremece
El averno sombrío:
Ven, Señor; llega, que en tu diestra fio.

ODA XIII.

AL SOL.

Salud, ó sol glorioso,
Adorno de los cielos y hermosura,
Fecundo padre de la lumbre pura,
O rey, ó dios del dia,
Salud: tu luminoso
Rápido carro guia
Por el inmenso cielo,
Hinchendo de tu gloria al bajo suelo.
　　Ya velado en vistosos
Albores alzas la divina frente;
Y las cándidas horas tu fuljente
Corte alegres componen:
Tus caballos fogosos
A correr se disponen
Por la rosada esfera
Su inmensurable, sólita carrera.
　　Te sonrie la aurora,
Y tus pasos precede, coronada
De luz, de grana y oro recamada.
Pliega su negro manto
La noche veladora;
Rompen en dulce canto
Las aves, cuanto alienta,
Saltando de placer tu pompa aumenta.
　　Todo, todo renace
Del fúnebre letargo en que envolvia
La inmensa creacion la noche fria.
La fuente se deshiela;
Suelto el ganado pace;
Libre el insecto vuela;
Y el hombre se levanta
Estático á admirar belleza tanta:
Mientras tú derramando
Tus vivíficos fuegos, las riscosas
Montañas, las llanadas deliciosas,
Y el ancho mar sonante
Vas feliz colorando.
Ni es el cielo bastante
A tu carrera ardiente
De las puertas del alba hasta occidente:
　　Que en tu luz regalada
Mas que el rayo veloz todo lo inundas;
Y en alas de oro rápido circundas
El ámbito del suelo.
El Africa tostada,
Las rejiones del hielo,
Y el Indo celebrado
Son un punto en tu círculo dorado.
　　¡Oh! ¡cuál vas! ¡cuán gloriosa
Del cielo la alta cima enseñoreas,
Lumbrera eterna, y con tu ardor recreas
Cuanto vida y ser tiene!
Su ancho gremio amorosa

La tierra te previene:
Sus jérmenes fecundas;
Y en vivas flores súbito la inundas.
　　En la rauda corriente
Del océano en conyugales llamas
Los monstruos feos de su abismo inflamas.
　　Por la leona fiera
Arde el leon rujiente;
Su pena lisonjera
Canta el ave: y sonando
El insecto á su amada va buscando.
　　¡Oh padre! ¡oh rey eterno
De la naturaleza! á ti la rosa,
Gloria del campo, del favonio esposa,
Debe aroma y colores,
Y su racimo tierno
La vid, y sus olores
Y almíbar tanta fruta,
Que en su feudo el rico otoño te tributa.
　　Y á ti del cáos umbrío
Debió el salir la tierra tan hermosa;
Y debió el agua su corriente undosa;
Y en luz resplandeciente
Brillar el aire frio,
Cuando naciste ardiente
Del tiempo el primer dia:
¡Oh de los astros gloria y alegría!
　　Que tú en profusa mano
Tus celestiales y fecundas llamas,
Fuente de vida, por do quier derramas,
Con que súbito el cielo,
El inmenso océano,
Y el trasparente cielo
Respiran; todo vive,
Y nuevos seres sin cesar recibe.
　　Próvido así reparas
De la insaciable muerte los horrores;
Las víctimas que lanzan sus furores
En la rejion sombría,
Por ti á las luces claras
Tornan del almo dia;
Y en sucesion segura
De la vida el raudal eterno dura.
　　Si mueves la flamante
Cabeza, ya en la nube el rayo ardiente
Se enciende, horror al alma delincuente:
El pavoroso trueno
Retumba horrisonante;
Y de congoja lleno,
Tiembla el mundo vecina
Entre aguaceros su eternal ruina.

　　Y si en serena lumbre
Arder velado quieres, en reposo
Se aduerme el universo venturoso,
Y el suelo reflorece.
La inmensa muchedumbre
Ante ti desparece
De astros en la alta esfera,
Donde arde solo tu inexhausta hoguera.
　　De ella la lumbre pura
Toma que al mundo plácida derrama
La luna, y Vénus su brillante llama.
Mas tu beldad gloriosa
No retires: oscura
La luna alzar no osa
Su faz; y en hondo olvido
Cae Vénus, cual si nunca hubiera sido.
　　Pero ya fatigado
En el mar precipitas de occidente
Tus flamíjeras ruedas. ¡Cuál tu frente
Se corona de rosas!
¡Qué velo nacarado!
¡Qué ráfagas vistosas
De viva luz recaman
El tendido horizonte, el mar inflaman!
　　La vista embebecida
Puede mirar la desmayada lumbre
De tu inclinado disco: la ardua cumbre
De la opuesta montaña
La refleja encendida,
Y en púrpura se baña,
Mientras la sombra oscura
Cubriendo cae del mundo la hermosura.
　　¡Qué majia! ¡qué ostentosas
Decoraciones! ¡qué agraciados juegos
Hacen do quiera tus volubles fuegos!
El agua de ellos llena
Arde en llamas vistosas;
Y en su calma serena
Pinta, ¡oh pasmo! el instante
Do al polo opuesto te hundes centellante.
　　¡A Dios, inmensa fuente
De luz! ¡astro divino! ¡á Dios, hermoso
Rey de los cielos, símbolo glorioso
Del Escelso! y si ruego
A ti alcanza ferviente,
Cantando tu almo fuego
Me halle la muerte impía
A un postrer rayo de tu alegre dia.

=

ODA XIV.

LA NOCHE DE INVIERNO.

¡Oh! ¡cuán hórridos chocan
Los vientos! ¡oh, qué silbos,
Que cielo y tierra turban
Con soplo embravecido!
Las nubes concitadas
Despiden largos rios,
Y aumentan pavorosas
El miedo y el conflicto.
La luna en su albo trono
Con desmayado brillo
Preside á las tinieblas
En medio de su jiro;
Y las menores lumbres,
El resplandor perdido,
Se esconden á los ojos
Que observan sus caminos.
Del Tórmes suena lejos
El desigual ruido,
Que forman las corrientes
Batiendo con los riscos.
¡Oh invierno! ¡oh noche triste!
¡Cuán grato á mi tranquilo
Pecho es tu horror! tu estruendo
¡Cuán plácido á mi oido!
Así en el alta roca
Cantando el pastorcillo,
Del mar alborotado
Contempla los peligros.
Tu confusion medrosa
Me eleva hasta el divino
Ser, adorando humilde
Su inmenso poderío;
Y ante él absorto y ciego
Me anego en los abismos
De gloria, que circundan
Su solio en el empíreo.
Su solio desde donde
Señala los lucidos
Pasos al sol, y encierra
La mar en sus dominios.
¡Oh Ser inmenso! ¡oh causa
Primera! ¿dónde altivo
Con vuelo temerario
Me lleva mi delirio?
¡Señor! ¿quién sois? ¿quién puso
Sobre un eterno quicio
Con mano omnipotente

Los orbes de zafiro?
¿Quién dijo á las tinieblas,
Tened en señorío
La noche, y vistió al alba
De rosa el manto rico?
¿Quién suelta de los vientos
La furia; ó llevar quiso
Las aguas en sus hombros
Del aire al gran vacío?
¡Oh providencia! ¡oh mano
Suave! ¡oh Dios benigno!
¡Oh padre! ¿dó no llegan
Tus ansias con tus hijos?
Yo veo en estas aguas
La mies del blondo estío,
De abril las gayas flores,
De octubre los racimos.
Yo veo de los seres
En número infinito
La vida y el sustento
En ellas escondido.
Yo veo... No sé cómo,
Dios bueno, los prodijios
De tu saber esplique
Mi pecho enternecido.
Cual concha nacarada,
Que abierta al matutino
Albor, convierte en perlas
El cándido rocío;
La tierra el ancho gremio
Prestando al cristalino
Humor, con él fecunda
Sus jérmenes activos;
Y un dia el hombre ingrato
Con dulce regocijo
Las gotas de estas aguas
Trocadas verá en trigo.
Verá el pastor que el prado
Da yerbas al aprisco,
Saltando en pos sus madres
Los sueltos corderillos;
Y en las labradas vegas
Tenderse manso el rio,
Los surcos fecundando
Con paso retorcido.
Los vientos en sus alas,
Cual ave que en el pico
El grano á sus polluelos
Alegre lleva al nido,
Tal próvidos estienden
A términos distintos

Las fértiles semillas
Con soplo repetido.
Las plantas fortifican
En recio torbellino,
Del aire desterrando
Los hálitos nocivos;
Y en la cansada tierra
Renuevan el perdido
Vigor, porque tributo
Nos rinda mas opimo.
¡Oh de Dios inefable
Bondad! ¡oh altos designios,
Que inmensos bienes causan
Por medios no sabidos!
Do quiera que los ojos
Vuelvo, Señor, yo admire
Tu mano derramando
Perennes beneficios.
¡Ay! siéntalos mi pecho
Por siempre, y embebido
En ellos te tribute
Mi labio alegres himnos.

ODA XV.

EN LA ELEVACION DE UN AMIGO.

Rápida vuela por el aura leve,
Musa feliz, hasta el ilustre amigo
En el glorioso dia,
Que ya predijo fiel la amistad mia.
Alza tu voz en lisonjero aplauso
De alegres vivas, que la fama lleve
Por todo el ancho suelo,
Y encumbre presta al rutilante cielo.
Este es el dia de las Musas, esta
La fausta aurora de su triunfo: Apolo
Ve su hijo coronado,
Y la virtud y el mérito ensalzado
Sobre las alas de la dulce Gloria
Por el honor, de jenerosas almas
Anhelo esclarecido,
Y entre trabajos mil tarde obtenido.
¿Mas qué mi pecho atónito me dice
De tus hados, amigo? No, no es este
El galardon postrero,
Si el cielo no me burla lisonjero.
Mayor órden de cosas te destina
Para bien de la Hesperia, nuevas honras
Previene á tus sudores,
Y de Cárlos mas íntimos favores.

Que no fortuna á la virtud contraria
Siempre ha de hollar, ó la voluble mano
Dará su arbitrio ciego
A la sangre, al favor, ó indigno ruego.
Otra es la edad feliz del rey clemente
Que en cetro justo y potestad nos rije;
Por quien la hórrida guerra
Brama aherrojada, y duerme en paz la
[tierra.
Él ve tus claros méritos, la augusta
Prudencia de tu mente y fe sencilla,
Y ese tu honesto seno
De amor del bien y de la patria lleno:
Y cabe sí te llamará algun dia,
¡Dia feliz! y partirá contigo
Los cuidados profundos
Y afan inmenso de rejir dos mundos.
Henchirá entónces la virtud la tierra,
Cual el sol rubio con sus rayos de oro,
Cuando entre nieve y rosa
Las puertas abre al dia el alba hermosa.
Lloverá el cielo de sus almos dones
Con mano larga; y volará atendido
El jenio tras tus huellas
Con sus alas de fuego á las estrellas.
Verá el colono la abundancia opima
Cariñosa reirle, en rubias mieses
La frente coronada;
Y el poder su cerviz verá quebrada
De nuestros padres las costumbres rudas
Renacerán, la probidad austera
Jamás de oro vencida,
Y aquel su honor mas caro que la vida.
Sí, amigo, sí: mis codiciosos ojos
Esto verán, cuando en la cima toques
Del mando afortunado:
¡Ven luego, ven, ó tiempo suspirado!
Ven, y tú, España, de esperanzas llena
Tu seno augusto; y en alegre pompa
Del amigo dichoso
Las glorias canta y hado venturoso.

ODA XVI.

A LAS ESTRELLAS.

¿Dó estoy? ¿qué presto vuelo
De alada intelijencia me levanta
Desde la tierra vil á los reales
Alcázares del cielo?
Parad, soles ardientes,

Lámparas eternales,
Que huís jirando en lijereza tanta,
Las alas esplendentes
Cojed, cojed; y en vuestra luz gloriosa
Abísmese mi vista venturosa.
  Por do quiera fulgores,
Y viva acción y presto movimiento.
El Dios del universo aquí ha sentado
Su corte entre esplendores:
Del infinito coro
De ánjeles acatado,
Grato aquí escucha el celestial concento
De sus laúdes de oro;
Cual alma celestial el orbe alienta;
Y en sola una mirada lo sustenta.
  ¿Qué es de la tierra oscura?
Este átomo de polvo que orgulloso
Devastándolo ajita el hombre insano,
¡Ay! ¿ora en guerra dura?
Despareció; y perdido
Su Sol con ella: en vano
Ansia el ánimo hallarlo cuidadoso.
Entre tanto encendido
Fanal, ni á sus planetas: allí estaba
La blanca Luna, y Marte allá tornaba.
  Sobre ellos sublimado
Corro en la inmensidad: la Lira ardiente,
El Orion, las Pléyadas lluviosas,
Y á ti, ó Sirio, inflamado
En viva, hermosa lumbre
Dejo atrás, y las Osas.
Sobre el fanal del polo refuljente
Del empíreo á la cumbre
Trepo: la mente aun mas allá se lanza,
Y de la creación el fin alcanza.
  ¡Qué digo el fin!... empieza
Otro y otro sistema, y otros cielos,
Y otros soles y globos cristalinos
De indecible belleza.
¿Qué serafin mas glorioso
En sus vagos caminos
Podrá alcanzarlos con sus raudos vuelos?
Mi espíritu congojoso
Por do quier halla mas, si mas desea;
Y el infinito en torno le rodea.
  Sí, sí, que la inefable
Diestra del Hacedor no se limita
Cual la mente humanal á cerco breve.
El mar ancho, insondable
Tan nada le ha costado
Cual la arenilla leve:

Lo propio un claro sol, que esa infinita
Multitud que ha sembrado
Como el polvo en el ancho firmamento,
Y hoy de nuevo encender miles sin cuento.
  Ante él como la nada
Así es la creación, menos que un puro
Rayo solar á su orbe luminoso:
Ni en su mente sagrada
Hay HASTA AQUÍ: su diestra
Jamás yace en reposo,
Del punto que animando el cáos oscuro,
En soberana muestra
De su alto mando le intimó: fenece;
Y á esta ancha, inmensa bóveda aparece.
  ¡Ojalá en ella unido
A algun cometa ardiente su carrera
Rápida, inmensurable acompañara!
En el éter perdido,
Curioso indagaria
Tanta y tanta luz clara.
Ya en su jiro cien siglos me escondiera:
Yá cabe el Sol veria
¿De dó su llama sempiterna viene?
¿Qué brazo así colgado le sostiene?
  ¿Qué es el opaco anillo
Del helado Saturno, y si al radiante
Júpiter los satélites aumentan
Su benéfico brillo?
¿En la cándida zona
Cuántos soles se cuentan?
¿Cuántos en el zodíaco centellante?
¿Quién puso la Corona
Do está, y la Hidra, y el Centauro fiero?
¿Dó la Andrómeda brilla, y dó el Boyero?
  Y á todos demandara
Por su infinito autor; ¿dónde asentado
Entre esplendores y eternal ventura
Su escelso trono alzara?
¿Por cuál feliz camino
La humilde criatura
Puede trepar á su inefable estado?
¿Dó su confin divino
Toca, y qué sol le alumbra? ¿ó dónde
[dijo
De mis obras el término aquí fijo?
  Cesemos: este sea
Postrer lucero, el valladar lumbroso
A la gran obra que yacia acordada
En mi inefable idea:
Coluna majestuosa
Entre el ser y la nada

Alzada por mi brazo poderoso.
Mi bondad ve gozosa
Del postrer mundo al átomo primero;
Y en todo brilla, y mi supremo esmero.
 Decid pues, encendidos
Globos, que ardeis sin número; fanales,
Que ornais el manto de la noche umbría,
Los hombres embebidos
Alzando hasta la altura
Del Ser grande que os guia
Rodando en esas plagas eternales:
Vosotros que segura
Senda al sabio mostrais, que os mira
[atento
Por el tendido, líquido elemento:
 O en voluble semblante
Dierais al labrador en la apartada
Edad lecciones, como fiel partiese.
Su trabajo incesante,
Y la rauda presteza
De los tiempos midiese:
Decid, globos, decid ¿dónde le agrada
De su faz la belleza
Mostrar á ese gran Ser? ¿dónde mi anhelo
La verá de su gloria caido el velo?
 Buscárale cuidoso
Por todo el ancho mundo, á la indistinta
Variedad de los seres demandando
Por su Hacedor glorioso.
El insecto brillante
Me responde sonando:
El que de oro y azul mis alas pinta
Está mas adelante:
Está mas adelante, me responde
La garza que en la nube audaz se esconde.
 Y la mar procelosa,
Mas adelante, rebramando suena,
Y el fiero Leviatan en su hondo abismo:
En la aura vagarosa
Trinando al pueblo alado
Decir oigo lo mismo;
Y el rayo asolador que el mundo llena
En su vuelo inflamado
De horror y pasmo, mas allá, me clama,
Mora el que enciende mi sonante llama.
 ¿Dónde, soles gloriosos,
Está este *mas allá*, que nunca veo?
¿Jamás ni un alma vencerá atrevida
Los lindes misteriosos
De este imperio inefable,
Por mas que enardecida

Avanze en su solícito deseo?
¡Ah! siempre inmensurable
Al hombre agobiará naturaleza,
Abismado en su mísera bajeza.
 Siempre, lumbres sagradas,
Vosotras arderéis: en pos la mente
Vuestro áureo jiro seguirá afanosa
Con alas desmayadas,
Y caerá sin aliento.
La noche misteriosa
Colgará con su velo refuljente
El ancho firmamento;
Y yo en mi amable error luego embria-
[gado
Tornaré inquieto á mi feliz cuidado.

ODA XVII.

EL DESEO DE GLORIA EN LOS PROFESO-
RES DE LAS ARTES (*)

Don grande es la alta fama,
Ínclito premio de virtud, que al cielo
Encumbra envuelto en nube voladora
Desde el afan del circo polvoroso.
Al atleta dichoso,
Que arrebató la oliva triunfadora.
O ya á la muerte, ardiendo en noble
[anhelo,
Entre el plomo tronante, entre la llama
Al ciudadano aclama,
Que impávido obedece á su mandado
Por la brecha trepando con pié osado:
De agudas picas una selva espesa
A su pecho se opone;
Mientra en glorioso fin de la ardua em-
[presa
Su heroica diestra denodada pone
El vencedor pendon firme en el muro,
Y fruto coje de su afan seguro.
 Desde la popa hincharse
Ve el ínclito Colon la onda enemiga:
El trueno retumbar; la quilla incierta
Vagar llevada á la merced del viento:
La chusma sin aliento;
Y una honda cima hasta el abismo abierta:

(*) Leyóse esta oda el dia 14 de julio de 1787,
en la junta jeneral de la real Academia de San Fernando, para la distribucion de premios de pintura,
escultura y arquitectura.

¡Vil galardon á su inmortal fatiga!
Pero él en tanto escribe sin turbarse
La ínclita accion: hallarse
Podrá un dia, esclamando, tan preciado
Depósito, y mi nombre celebrado
De la fama será. Quiso benigno
Darle la mano el cielo;
Y entre las ondas plácido camino
Abrirle fausto hasta el hispano suelo.
El hombre por su arrojo sin segundo
Goza doblado el ámbito del mundo.
 La fama á tanto alienta:
Ella al alma feliz que en luces nace
Rica, del bajo vulgo la retira
Al templo do Sofía es adorada;
Y en su luz embriagada
Sus inmensos tesoros muda admira.
¡Qué vijilia! ¡qué afan le satisface!
¡O en qué invencion su anhelo se con-
 [tenta!
Todo lo ansia sedienta
A par que alcanza mas: la noche, el dia
Son breves á su ardor. Solo ella guia
Del mando en el sendero peligroso
Al varon que eminente,
Mientra el vil ocio duerme perezoso,
Busca profundo y forma en su alta mente
Leyes que hagan el mundo afortunado,
Fruto de su vijilia y su cuidado.
 Mas la gloria lo ordena,
La gloria de almas grandes alimento,
Que á la virtud divina confiada
Peligros y sudores desestima.
Esta llama que anima
El frájil mortal pecho, denodada
Todo lo emprende y tienta, ¿á su ardi-
 [miento
Qué puede huir? la inmensidad terrena
El corazon no llena,
Que aun es su ámbito al hombre espacio
 [breve;
Y en su mente sublime á mas se atreve.
Ya el águila caudal suelto le mira
Partir su señorío,
Cuando en los aires se remonta y jira,
Baja alíjero el rayo á su albedrío;
Y el raudo Sena aun se paró asustado
De hispano, enjuto pié viéndose hollado.
 ¡Oh de injenio divino
Sumo poder! La mente creadora,

Émula del gran Ser que le dió vida,
Hasta las obras enmendar desea
De su alta, escelsa idea.
Así en la llana tabla colorida
Nuevos seres enjendra, y los mejora
De diestra mano el toque peregrino.
Así en feliz destino
El dibujo halló Ardíces contornado:
El color Polignoto variado,
Las líneas otro, y otro los pinceles.
La sabia perspectiva
Los cuerpos ordenó, dejando á Apéles
La gracia celestial, nunca mas viva
Que al admirarla Grecia compendiada
En su COA DEIDAD, aun no acabada.
 ¿Al arte engañadora
Qué entonces resistió? duda la mano
Sombras palpando, si la vista, ó ella
Es la burlada, y torna y se asegura.
Una inmensa llanura
Encierra espacio breve; y por corrella
La planta anhela con ardor liviano:
De Helena infiel la sombra me enamora,
Y aun tierno el pecho llora,
Dido infeliz, tu trance doloroso,
Viendo estático un lienzo mentiroso (*).
¡Oh májico poder! el delicado
Boton, la hórrida nube,
La vaga luz, el verde variado,
El ave que volando al cielo sube,
Solo unas líneas son: y al pensamiento,
Cual la misma verdad, llevan contento.
 Ni los mas escondidos
Movimientos del alma y sus pasiones
Pueden el reino huir de los pinceles.
Sorpréndelos el arte: indaga el pecho;
Y velo un volcan hecho
De turbados deseos, que los fieles
Matices le trasladan. Las razones
Del Itacense escuchan los oidos,
Yelmo y pavés bruñidos,
Y el hasta del gran hijo de Peleo
Al Griego demandando (**). El Jenio veo,
El ateniense Jenio, vario, airado,
Feroz, fugaz, injusto,
Clemente, compasivo y elevado

(*) La muerte de Dido, célebre cuadro del Guido.
(**) Célebre cuadro de Limántes, en que venció á Parrasio.

A un tiempo todo (*); y al mirar me asusto
La faz de la ímpia guerra, que indignada
Al carro brama de Alejandro atada (**).
 Tanto el deseo alcanza
De fama eterna, si su llama prende
En un pecho mortal. Ella al divino
Apéles lleva á Ródas de sus lares
Por los tendidos mares:
Tiene años siete en un afan contino
De Yaliso al autor: el jenio enciende
De Rafael; y el cetro le afianza
Con eterna alabanza,
De la pintura en su TABOR pasmoso:
Várgas, Céspedes, Juánes el reposo
Pierden por ella el Lacio discurriendo:
Y tú, Mengs sobrehumano,
Tú, malogrado Mengs, en ella ardiendo
Los pinceles no sueltas de la mano:
Ve tus divinas tablas envidiosa
Natura; y tu alma grande aun no reposa.
 Pero ¡oh memoria aciaga!
Él muere, y en su tumba el jenio helado
De la pintura yace. La hechicera
Gracia, la ideal belleza, la injeniosa
Composicion, la hermosa
Verdad del colorido, la lijera
Espresion, el dibujo delicado...
¡Ah! ¿dónde triste mi memoria vaga?
Deja que satisfaga,
Noble Academia, á mi dolor: de flores
Sembrad la losa fria: estos honores
Son al PINTOR FILÓSOFO debidos,
Al émulo de Apéles.
Y tú, insigne Carmona, repetidos
En el cobre nos da de sus pinceles
Los milagros; que ¡oh cuánta, oh cuánta
 [gloria
Guarda el tiempo á la suya y tu memoria!
 Mas yo del mármol mudo,
Del mármol espirante arrebatado,
Do volverme no sé. Por cualquier parte
Un númen halla atónito el deseo.
Aquí estasiado veo
Que al mismo Amor amor infunde el
 [arte (***).

Allí del fiero Atleta
Huyo (*); y siento acullá que al golpe rudo
El gladiador forzudo
Cae, agoniza, y lanza por la herida
Envuelta en sangre la infelice vida (**):
Quiero ahuyentar el ave que arrebata
Al barragan troyano (***):
Por el dolor que á Níobe maltrata
Tierno se ajita el corazon liviano (****);
Y en él cual cera cada bulto imprime
El mismo afecto que falaz esprime.
 Émula y compañera
Del májico pincel, tú en el grosero
Mármol con mano diestra vas buscando
La divina beldad que en sí tenia:
Tú á su materia fria
Dar sabes vida y movimiento blando,
Y haces eterno al ínclito guerrero.
Aun de Antonino al sucesor venerá
Presente Roma (*****); aun fiera
La faz del Macedon reina entallada.
Y tú en inmensas fábricas osada,
Con arcos y palacios suntuosos
Tambien, ó Arquitectura,
Sabes eternizar: siempre famosos
Serán Délfos y el Faro: intacta dura
De Artemisa la fama; y de Palmira (******)
La opulenta grandeza el mundo admira.
 ¡Oh Corte suntuosa!
¡Oh muestra eterna del poder humano!
¡De la ínclita Zenobia augusta silla!
¿A quién estrago tanto no estremece?
¿Quién, ¡ay! no se enternece
Al ver el templo inmenso, maravilla
Del arte, desolado, al verde llano
Igual ya la muralla portentosa,
La selva vasta hermosa
De colunas del tiempo destrozada,
Relieve tanto é inscripcion hollada?
Entre escombros y mármoles, los valles
Solitarios la mente
Finje azorada dilatadas calles:

(*) Cuadro de Parrasio, de que hace memoria Plinio, como injenioso.
(**) Escelente obra de Apéles, consagrada por Augusto en su foro, de donde tomó Virjilio su sublime descripcion del Furor bélico.
(***) El bellísimo Cupido de la Academia.

(*) El Atleta combatiendo, obra escelente.
(**) El Gladiador moribundo, estatua sublime.
(***) El hermoso Ganimédes.
(****) El grupo de la Niobe, lleno de espresion y belleza.
(*****) La insigne estatua ecuestre de Marco Aurelio.
(******) Las inmensas ruinas de Palmira aun son hoy el asombro y la lástima de cuantos viajeros las visitan.

Oye el ruido y voces de la jente;
Y á mil sombras gritar: ¡ay! ¡ay Pal-
[mira!
Y entre miedo y horror tambien suspira.
  Pace triste el ganado
Los soberbios salones: son zarzales
Los pavimentos; do el poder moraba,
La mísera indijencia habita ahora.
  ¿La mano asoladora
Del implacable tiempo qué no acaba?
Así del rejio alcázar las señales
Irritan el dolor, y el destrozado
  Obelisco sagrado,
Y el pórtico y escelsos capiteles,
Que á inmenso afan pulieron los cinceles.
  Pero en tanta reliquia venerable
Escrita está la gloria
Del asiano esplendor siempre durable,
Y de Zenobia la ínclita memoria:
  Y así, ó Carlos, tu nombre esclarecido
Fábrica tanta librará de olvido.
  Oh pio, feliz, justo,
Oh comun padre, oh triunfador, amigo
Y amparo de las Artes jeneroso,
Benigno Carlos, tu real largueza
  Las sublimó á la alteza
En que hoy las mira el Español dichoso.
Desde tu escelso trono el blando abrigo,
¡Oh! síguele induljente; y deja, Augusto,
  Deja acercar sin susto
A tus plantas mi musa, y reverente
Ceñir de lauro tu sagrada frente.
  Deja á las Artes, al hispano anhelo
Gozar tu deseada
Forma en estatuas mil: da este consuelo
A tus hijos: tu corte decorada
  Del domador de Nápoles se vea:
¡Oh! ¡alcánzelo mi ruego; y luego sea!
  Y tú que con él partes
Los inmensos cuidados, embebido
En la comun salud, tambien patrono
De las Musas munífico Mecénas,
  Las congojosas penas
Depon del mando, y oficioso al trono
Sube el ferviente voto repetido,
Que hacen conmigo tus amigas Artes.
  Tú que aquí les repartes
Mil dones liberal, tambien al lado
Del Tercer Carlos te verás copiado:
Ya en faz benigna y mano cariñosa
Dando á esta turba ardiente

De jóvenes la palma gloriosa;
Ya oyendo al artesano dilijente;
O ya al triste colono el yugo grave
Lejislador tornando mas süave.

ODA XVIII.

PROSPERIDAD APARENTE DE LOS MALOS.

  En medio de su gloria así decia
El pecador: En vano
Tender puede el Señor su débil mano
Sobre la suerte mia.
  A las nubes mi frente se levanta,
Y en el cielo se esconde.
¿Dónde está el justo? ¿las promesas dónde
Del Dios que humilde canta?
  Hiel es su pan, y miel es mi comida,
Y espinas son su lecho,
¿Con su inútil virtud, qué fruto ha he-
[cho?
Insidiemos su vida.
  A hierro por mis hijos sean taladas
Sus casas y heredades;
Y ellos mi ínclita fama á las edades
Lleven mas apartadas:
  Que el nombre de los buenos como
[nube
Se deshace en muriendo;
Solo el del poderoso va creciendo,
Y á las estrellas sube.
  Caiga, caiga en mis redes su simple-
[za.—
Él habló, yo pasaba;
Mas al tornar, por verle, la cabeza,
Ya no hallé donde estaba.
  Su gloria se deshizo: sus tesoros
Carbones se volvieron:
Sus hijos al abismo descendieron;
Sus risas fueron lloros.
  La confusion y el pasmo en su alegría
Los pasos le tomaron;
Y entre los lazos mismos le enredaron
Que al bueno prevenia.
  Del injusto opresor esta es la suerte:
No brillará su fuego;
Y andará entre tinieblas como ciego,
Sin que á salvarse acierte.
  La muerte le amenaza, los disgustos
Le esperan en el lecho:
Contino un áspid le devora el pecho:

Contino vive en sustos.
    Amanece, y la luz le da temores:
La noche en sombras crece;
Y á solas del averno le parece
Sentir ya los horrores.
    Dará, huyendo del fuego, en las es-
                           [padas:
El Señor le hará guerra;
O caerán sus maldades á la tierra
Del cielo reveladas:
    Porque del bien se apoderó inhumano
Del huérfano y viuda,
Le roerá las entrañas hambre aguda;
Y huirá el pan de su mano.
    Su edad será marchita como el heno:
Su juventud florida
Caerá, cual rosa del granizo herida
En medio el valle ameno.
    Tal es, gran Dios, del pecador la suerte.
Pero al justo que fia
En tu promesa y por tu ley se guia,
Jamás llega la muerte.
    Sus años correrán cual bullicioso
Arroyo en verde prado;
Y cual fresno á sus márjenes plantado,
Se estenderá dichoso.

ODA XIX.

INMENSIDAD DE LA NATURALEZA, Y BON-
DAD INEFABLE DE SU AUTOR.

¡Oh gran naturaleza,
Cuán magnífica eres!
¡Cuánto el Señor te enriqueció de seres
En profusa largueza!
Del musgo humilde al álamo encumbrado,
Del mínimo arador al elefante,
Del polvo vil, hollado,
Del sol al globo inmenso, rutilante,
¿Qué espíritu bastante
Será á contar los hijos que en perenne
Verdor tu seno próvido mantiene?
    ¿Pues qué de ese glorioso
Ejército sin cuento,
Que en viva luz y acorde movimiento
La noche orna vistoso?
¿De esos cometas por la inmensa esfera
Perdidos en la fuga arrebatada
De su vaga carrera?
¿Y esa gran zona, en cuya luz nevada
La mente enajenada,
Cual la arena del mar, así apiñados
Los soles vé? ¿de quién serán contados?
    Del Escelso tan solo:
De aquel que en valedora
Diestra sabio encerró la mar sonora;
Y en uno y otro polo
Asentó los firmísimos quiciales,
Do eterno rueda el orbe, y se sustenta:
Del que los perennales
Veneros de las fuentes alimenta;
Y vuelve y tiene cuenta
Del polluelo del águila en su nido,
Y el pez al hondo piélago sumido.
    Aquel, á cuyo acento
Salieron de la nada;
Y que sustenta próvido alentada
Con su alto mandamiento
Esta máquina inmensa: á cuyo ardiente
Soplo reparador naturaleza
Fecundo el gremio siente,
Y el valle se orna en su fugaz belleza:
Mientra en ruda firmeza
Asienta el monte con su escelsa mano,
Sino, cayera sobre el verde llano.
    Él, de alta ciencia lleno,
Grande en poder, de vida
Fuente eterna, lo quiso; y sin medida
Los seres de su seno
Se lanzaron al punto: el gran vacío
Inundó presurosa
La luz: el sol con noble señorío
Se alzó del cáos umbrío,
Del pueblo alado á ver la aura serena,
Y la ancha tierra de vivientes llena.
    Entónces de sus flores
Galanas se vistieron
Las vegas, y los árboles sintieron
Entre suaves olores
El peso de su fruta perfumada;
Riqueza todo y profusion dichosa.
La tierra coronada
De yerba y mies, que en ala cariñosa
Con inquietud gozosa
Nuevo en volar el céfiro movia,
La bondad suma del Señor decia.
    Su bondad que, velando
Cual madre dilijente
Sus amados hijuelos, blandamente
Lo va todo acordando
Con grata variedad: ella señala,

Natura inmensa, el grado mas cumplido
En tu inefable escala
A tanto ser, del serafin lucido,
¡Oh portento! encendido
En sacrosanto amor, á la bajeza,
Del primer punto que en la nada em-
[pieza.
 ¡Qué mente esta armoniosa
Proporcion y acabados
Contrastes á un gran fin siempre orde-
[nados
En su serie asombrosa
Correrá! Formas, movimientos, vidas,
Especies, climas, estacion, terreno,
Todo en las mas subidas
Felices consonancias. ¡Oh Dios bueno!
¡Dios de consejo lleno,
Y altísimo en poder! en cuanto obraras,
En todo sabio lo mejor buscaras.
 A tu obra convenia
La luz; y de una amable
Sonrisa de tu faz clara, inefable
Procedió luego el dia.
En pos el manto lóbrego medroso
De la noche callada
Debió adormirla en plácido reposo:
Y de soles sin fin súbito ornada
La luna plateada,
Nació á empezar su jiro refuljente
Del ceño augusto de tu escelsa frente.
El tiempo á tu imperiosa
Voz su curso modera.
Hablas, y rie en la luciente esfera
La primavera hermosa,
De do en alas del céfiro templado
Baja á la tierra y puéblala de flores.
El trino regalado
De las aves, sus plácidos amores,
Del viento los olores,
Y un soplo celestial de nueva vida
El universo á júbilo convida.
 Si al estío inflamado
Llamas; y él respetoso
A sazonar el pan que dadivoso
Al hombre has preparado,
Corre á tu imperio tras el Can luciente,
Tu gloria el mundo ve de pasmo lleno:
Ya en el solano ardiente,
Ya en el fragor horrísono del trueno,
Ya en el cristal sereno
Del sesgo rio, en cuya linfa pura

Libra el valle su plácida frescura.
 Tu bondad resplandece
En el opimo octubre;
Y la ancha tierra de sus dones cubre.
¡Oh! ¡cuán rica aparece
En él la creacion! Tus bendiciones
Los frutos son, los frutos regalados
Con que la mesa pones,
Do tus hijos sin número llamados,
En comun sustentados,
Cantan tu mano larga bienhechora
Del pardo ocaso al reino de la aurora.
 ¿Pues qué, cuando volando
Sobre hórridas tormentas
Tu escelso trono entre las nubes sientas;
Y el invierno velando
Su helada faz en majestad umbría,
Oye tu voz, y el aguacero crece;
Y la tiniebla el dia
Roba, y fragoso el viento se embravece?
Ante ti se estremece
Turbado el orbe: atónito te adora;
Y tu clemencia y tu bondad implora.
 Mientra en tu inmensa alteza
De paz una mirada
Lanzando, en ella gózase apoyada
La gran naturaleza;
Y el coro fiel de espíritus gloriosos,
Que en eterna alegría
Tu lumbre acata, en trinos armoniosos
Los himnos misteriosos
Sigue, que el universo reanimado
Suena á tu ardiente paternal cuidado.
 De él la dichosa llama
De inefable amor viene,
Que á cuanto existe, encadenado tiene;
Y vivífica inflama
Del globo luminoso inmensurable,
Que un punto luce en el inmenso cielo,
Al átomo impalpable;
Del gusano que arrastra por el suelo,
Al ave que su vuelo
Sobre las nubes vagarosa tiende,
Y ve do el rayo asolador se enciende:
 Y dél tanta armonía,
Tanta union soberana,
Que no alcanza á sondar la mente humana.
La sombra al claro dia
Se opone; y de su acuerdo misterioso
En blando alivio al laso mundo viene
Tras la accion el reposo.

VI.

El líquido elemento opuesta tiene
La tierra; y en perenne
Dulce acuerdo, en amantes y en amados,
Duran los entes todos separados.
　　Así elevada, umbrosa
La encina ve á su planta,
Que el humilde junquillo se levanta
Bajo su pompa hojosa.
Sobre la flor la mariposa vuela,
Do el tardo insecto reposado yace:
La tortolilla anhela
La soledad; y Progne se complace,
Si el blando nido hace
Entre los hombres; y á su mano impía
El seno inerme y los hijuelos fia.
　　Y en union todos viven,
Y gózanse y se aman:
A tu bondad menesterosos claman,
Y de ella el bien reciben.
Las tinieblas, la luz, el sol dorado,
El ancho mar, abismo de portentos,
El monte al cielo alzado,
El hondo valle, los alados vientos
En místicos concentos
Tu escelso nombre humildes glorifican;
Y en himnos mil su gratitud publican.
　　¡Y el hombre embrutecido,
O en su furor demente,
Osa acusarte, y tu bondad no siente!...
Abre, padre querido,
Su labio á la alabanza; y todo cante
En éstasis de júbilo en el suelo
Tu amor, y lo levante
Sobre la inmensa bóveda del cielo.
Todo en rendido anhelo,
Todo, Señor, del austro á los triones
Resuene de este amor las bendiciones.

ODA XX.

EL HOMBRE IMPERFECTO A SU PERFECTÍSIMO AUTOR.

　　Señor, á cuyos dias son los siglos
Instantes fujitivos, Ser eterno,
Torna á mí tu clemencia,
Pues huye vana sombra mi existencia.
　　Tú, que hinches con tu espíritu inefable
El universo y mas, Ser infinito,
Mírame en faz pacible,
Pues soy menos que un átomo invisible.
　　Tú, en cuya diestra escelsa valedora
El cielo firme se sustenta, ó Fuerte;
Pues sabes del ser mio
La vil flaqueza, me defiende pio.
　　Tú, que la inmensa creacion alientas,
O fuente de la vida indefectible,
Oye mi voz rendida;
Pues es muerte ante ti mi triste vida.
　　Tú, que ves cuanto ha sido, en tu
　　　　　　　　　　　　　　[honda mente,
Cuanto es, cuanto será, Saber inmenso,
Tu eterna luz imploro,
Pues en sombras de error perdido lloro.
　　Tú, que allá sobre el cielo el trono
　　　　　　　　　　　　　　[santo
En luz gloriosa asientas, ó Inmutable,
Con tu eternal firmeza
Sosten, Señor, mi instable lijereza.
　　Tú, que si el brazo apartas, al abismo
Los astros ves caer, ó Omnipotente,
Pues yo no puedo nada,
De mi miseria duélete estremada.
　　Tú, á cuya mano por sustento vuela
El pajarillo, ó bienhechor, ó Padre,
Tus dones con largueza
Derrama en mí, que todo soy pobreza.
　　Ser eterno, infinito, fuerte, vida,
Sabio, inmutable, poderoso, padre,
Desde tu inmensa altura
No te olvides de mí, pues soy tu hechura.

ODA XXI.

EL FANATISMO.

　　Tronó indignado el cielo,
Y sus polos altísimos temblaron
Contra el ciego mortal, que en torpe rito
Mancillara en el suelo
La imájen soberana
De su Autor infinito.
Al Dios del universo abandonaron
Sus hijos por la vana
Deidad, que impíos de su mano hicieran,
Y nuevos cultos crédulos le dieran.
　　Aquí acatar se via
La piedra bruta, mientras allá abrasado
Entre los brazos del helado viejo
El infante jemia.
En el remoto Nilo
Con infame cortejo

Iba en danzas y cánticos llevado
El feroz cocodrilo;
Y la casta matrona incienso daba
Al adulterio que su pecho odiaba.
　Tronó el cielo en oscura
Noche y en tempestad hórrida y fiera,
Y á la tierra el sangriento fanatismo
Lanzó en su desventura.
Las cadenas crujieron
Del pavoroso abismo:
Tembló llorosa la verdad sincera:
Los justos se escondieron,
Triunfando en tanto en júbilo indecente
El fraude oscuro y la ambicion ardiente.
　El monstruo cae, y llama
Al zelo y al error, sopla en su seno,
Y á ambos al punto en bárbaros furores
Su torpe aliento inflama.
La tierra ardiendo en ira,
Se ajita á sus clamores;
Iluso el hombre y de su peste lleno,
Guerra y sangre respira;
Y envuelta en una nube tenebrosa,
O no habla la razon, ó habla medrosa.
　Y él va, y crece, y se estiende
Del suelo en la ancha faz, los altos cielos
Su frente toca, la soberbia planta
Al abismo desciende.
Con su cetro pesado
Los imperios quebranta:
De pálidos espectros, de rezelos
Y llamas rodeado,
El orbe cual un dios ciego le implora,
Y sus leyes de sangre humilde adora.
　Entónces fuera cuando
Aquí á un iluso estático se via,
Vuelta la inmóvil faz al rubio oriente,
Su tardo dios llamando:
En sangre allí teñido
Al bonzo penitente:
Sumido á aquel en una gruta umbría:
Y el rostro enfurecido
Señalar otro al vulgo fascinado
Lo futuro, en la trípode sentado.
　Do quier un nuevo rito,
Y un presajio fatal, que horrible llena
La tierra de mil pánicos terrores.
Confundido el delito
Con la virtud gloriosa:
Coronada de flores
La infeliz vírjen que á morir condena

La cazadora diosa,
Y en medio un pueblo que su zelo admira,
La Indiana alegre en la inflamada pira.
　Así el monstruo batiendo
Las rudas palmas en su trono umbroso,
Rije insolente al orbe consternado:
Cual con fragor tremendo
Su hondo seno estremece
El Vesubio inflamado,
El cielo envuelto en humo pavoroso
Su alba faz oscurece,
Y cubre un ancho mar de ardiente lava
El rico suelo do Pompeya estaba.
De puñales sangrientos
Armó de sus ministros y lucientes
Hachas la diestra fiel: ellos clamaron,
Y los pueblos atentos
A sus horribles voces
Corriendo van: temblaron
Los infelices reyes, impotentes
A sus furias atroces;
Y ¡ay! en nombre de Dios jimió la tierra
En odio infando, en execrable guerra.
　Cada cual le ve ciego
En su delirio atroz: oir le parece
Su omnipotente voz; y armar su mano
Siente del crudo fuego
De su ira justiciera.
Del hermano el hermano,
Del hijo el padre víctima perece;
Y en la encendida hoguera
Lanza el esposo á la inocente esposa:
Ni un ¡ay! su alma feroz despedir osa.
　¿Qué es esto, Autor eterno
Del triste mundo? ¿tu sublime nombre
Que en él se ultraje á moderar no alcanzas?
¿Desdeñas el gobierno
Ya de sus criaturas?
¿Y á infelices venganzas,
Y á sangre y muerte has destinado el
　　　　　　　　　　　　　[hombre?
¿O en tantas desventuras,
Sin que haya un coto á su dominio odioso,
Satan por siempre triunfará orgulloso?
　Vuelve, y á tu divina
Nuda verdad en su pureza ostenta
Al pavorido suelo: el azorado
Mortal su luz benigna
Goze, y ledo respire:
No tiemble desmayado,
No tiemble, no, tu cólera sangrienta,

Cuando tu cielo mire.
Dios del bien, vuelve; y al averno oscuro
Derroca omnipotente el monstruo impuro.
  ¡Ay! que toma la insana
Ambicion su disfraz; y ardiente irrita
Su rabia asoladora y sus furores.
La cuadrilla inhumana,
¡Cuál vaga! ¡qué encendido
El rostro, y qué clamores!
¡Cómo á abrasar, á devastar se incita!
Y en tremendo ruido
Corre vibrando la sonante llama,
Y al Dios de paz en sus horrores llama.
Vedla, vedla rejida
Del fiero Mahomet, cual un torrente
Que ondisonante la anchurosa tierra
Devasta sumerjida,
De la Arabia abrasada
Con la llórosa guerra
Precipitarse en el tranquilo oriente,
En la diestra la espada,
Y el Alcoran en la siniestra alzando,
Muere ó cree, frenética clamando.
  De allí de luto llena
El Africa infeliz, y tu luz clara
En su ira ardiente, ¡oh España! ¡oh patria
                                    [mia!
A esclavitud condena.
El trono de oro hecho
Y rica pedrería,
Que opulenta Toledo un tiempo alzara,
En polvo cae deshecho.
Alcázares, ciudades, templos, todo
Se hunde, ¡oh dolor! con el poder del
                                    Godo.
  El de Ismael domina
Del Indo al mar Cantábrico; y la mora
Llama en el ancho suelo arde lijera.
En medio la ruina
Del orbe amedrentado,
La ominosa bandera
Se encumbra de la luna triunfadora;
Y ¡ay! en tigre mudado,
Ciego el Califa en su sangriento zelo,
Despuebla el mundo por vengar el cielo.
  Súbito en niebla oscura
Sumir se vió la tierra desolada;
Y el jenio y las virtudes se apagaron:
Su divina hermosura
Las ciencias congojosas
Entre sombras lloraron

A manos del error vilmente ajada;
Y de mil pavorosas
Supersticiones la conciencia llena,
Se dobló el hombre su infeliz cadena.

ODA XXII.

EL PASO DEL MAR ROJO,

TRADUCCION DE LA VULGATA.

Cantemos al Señor, que engrandecido
Gloriosamente ha sido,
Y al mar lanzó caballo y caballero.
  Mi fuerza y mi alabanza el Señor fuera,
Y mi salud se hiciera;
Mi Dios es, gloriarélo:
Dios de mis padres fué, y ensalzarélo.
  Apareció el Señor como un guerrero.
El POTENTE es nombrado:
De Faraon los carros y escuadrones
Ha en el mar derrocado;
Y en sus rápidas ondas sepultado
Sus mas fuertes varones.
  Abismos los cubrieron;
Y al profundo cual piedra descendieron.
Con valerosa muestra
Magnificada ha sido,
Señor, tu fuerte diestra;
Señor, tu diestra al enemigo ha herido.
  Con tu gloria infinita despeñaste
Tus contrarios: tus iras enviaste,
Que como paja así los devoraran.
  De tu furor al soplo se juntaran
Las aguas: las corrientes se frenaron,
Y del mar los abismos se estancaron.
  El enemigo dijo: seguirélos;
Partiré sus despojos, cojerélos;
Desnudaré mi espada,
Heriránlos mis manos, y saciada
Se verá el alma mia.
  Tú espíritu sopló, y el mar cubriólos;
Y la corriente rápida sorbiólos,
Como á plomo pesado.
  ¿Cuál, Señor, de los fuertes comparado
Puede á ti ser? ¿ó tienes semejante
En santidad brillante,
Tan laudable y tremendo,
Maravillas haciendo?
  La tu mano estendiste;
  La tierra hálos tragado.

Caudillo al pueblo fuiste
Por tu misericordia rescatado;
Y con tu poderío
A tu morada santa lo has llevado.
    Los pueblos lo supieron,
Y en ira se encendieron.
Al Filisteo impío
Dolores penetraron.
    Los príncipes de Edon se conturbaron:
Los fuertes de Moab se estremecieron;
Y los que habitan en Canaan se helaron.
    Sobre ellos el espanto
Caiga y pavor de muerte;
En la grandeza de tu brazo fuerte
Queden cual piedra inmóviles, en cuanto
Tu pueblo haya salido,
Pueblo que tú, Señor, has poseído.
    De tu herencia en el monte has de po-
[nerlo,
Señor, y establecerlo.
Firmísima morada que has obrado,
Santuario que han tus manos afirmado.
    Del Señor será eterno
Y mucho mas el reino.
    Pues cuando con sus carros se metiera
Y su caballería
En el mar Faraon, él revolviera
Sobre ellos la corriente;
Mientra á pié enjuto y sosegadamente
Su camino Israel por medio hacia.

ODA XXIII.

A LA LUNA.

Deten el presto vuelo
De tu brillante carro luminoso,
O luna celestial; deja á un lloroso
Mortal que lastimado
Te contempla en el suelo,
En tu rostro nevado
Gozarse; y tu alba lumbre
Posada ver del cielo en la alta cumbre.
    Déjame, ó luna bella,
Que con ojos estáticos te mire,
Y al verte torne, y en mi mal respire.
Y mientra en pos la mente
Va de tu escelsa huella,
Cante yo balbuciente
Tu majestad gloriosa,
Plácida reina de la noche umbrosa.
    Ella su pavonado
Fúnebre manto por la inmensa esfera
Volando en torno desplegó lijera,
Con rica bordadura
De luceros ornado;
Y en majestad oscura
Lanzando al rubio dia,
Con negro cetro al mundo presidía.
    Todo al cáos pavoroso
Semejaba tornar, todo callaba.
Su movimiento rápido paraba
La gran naturaleza:
Con un velo nubloso
La divina belleza
Del orbe confundida;
Y entre el horror su inmensidad perdida.
    Cuando tú levantando
La frente clara por las altas cimas,
En tu trono de nácar te sublimas
Con marcha reposada;
Y el velo desgarrando
De la esfera estrellada,
Las tinieblas ahuyentas,
Y el bajo suelo á par plácida alientas.
    ¡Oh! ¡con cuánta alegría
Se baña el cielo en tu esplendor sereno!
¡Oh! ¡cuál renace el universo, lleno
De tu arjentada llama,
Del duelo en que yacia!
¡Cuán presta se derrama
Por el ancho horizonte;
Inunda el valle, y esclarece el monte!
    En el vecino rio
Que sesga ondisonante en la pradera,
Saltando entre sus ondas va lijera.
En centellantes fuegos
Entre el bosque sombrío
Brilla y graciosos fuegos;
Y la vista engañando,
Se pierde al fin mil llamas reflejando.
    Tú sigues coronada
De puros rayos la nevada frente;
Y con la undosa túnica esplendente
El ancho cielo llenas;
En torno acompañada
De las horas serenas
Y tanta estrella hermosa,
Que humilde acata tu deidad gloriosa.
    Mas con escelsa lumbre,
Que el sol tu hermano de su trono de oro
Te presta grato, del fuljente coro

Las llamas oscureces;
Y sola en la alta cumbre
De los cielos pareces,
Do tu beldad divina
Sobre la inmensa creacion domina.
　Así en vuelo incesante
Te arrastra en pos de sí la tierra oscura.
Ya lleno el ancho disco de luz pura
Al sol rojo sucedes;
Ya cual línea radiante
Empiezas; ya precedes
Al alba, circundada
De soles que ornan tu beldad menguada.
　Y siempre saludable
Al bajo mundo, en movimiento blando
Tus rayos van la atmósfera ajitando:
Hasta el profundo seno
Del mar vasto, insondable
Su ardor baja; y él lleno
Se derrama en la arena,
Y luego vuelve y su correr enfrena.
　Cuanto las aguas claras,
Cuanto la tierra próvida sustenta,
Y el aura leve de vivientes cuenta,
Todo, luna, te adora:
Tú las selvas amparas,
Tú engalanas á Flora,
Y tú en grato rocío
Su blonda mies sazonas al estío.
　¡Oh! ¿sin ti qué seria
Del suelo en negras sombras sepultado
Las largas noches del invierno helado?
¿Y qué, cuando el Can arde;
A un inflamado dia
Muy mas sigue la tarde;
El mundo desfallece,
Y la congoja abrasadora crece?
　Mas llena de ternura
Tu deidad sale, y la tiniebla espesa,
¡Oh enero triste! de tus noches cesa.
Vese el hielo punzante
Entre la lumbre pura
Revolar centellante;
Y en calma venturosa
El orbe yerto de su horror reposa.
　O si en voluptuosos
Rayos de Sirio el triste desaliento
Calmar te place, bullicioso el viento
Te sigue; y de la tierra
Con soplos vagarosos
La congoja destierra,

Do el mortal alentado
Respira y goza, en tu fulgor bañado.
　Entónces todo vive:
Tu luz, luna, tu luz clara y suave
Tornar en dia las tinieblas sabe.
Entre la sombra oscura
El soto la recibe:
Goza de la verdura
La vista; y fujitiva
Se pierde en una inmensa perspectiva.
　¡Oh del cielo señora!
¡Del Dios del dia venturosa hermana!
¡De los brillantes astros soberana!
A ti en triste jemido
En alta mar implora
El náufrago perdido;
Y á ti gozoso mira
El caminante, y por tu luz suspira.
　El congojado pecho
Te adora humilde: su afliccion te cuenta;
Y en muda soledad contigo alienta,
Cuando con voz doliente
En lágrimas deshecho
Se lastima; y clemente,
Para templar su duelo,
Tus ruedas paras en el alto cielo.
　En lecho de dolores
Por ti el enfermo desvelado clama;
Y el ferviente amador tambien te llama,
Ya en la inmensa ventura
De sus ciegos favores,
Ya en su triste amargura,
Si jime abandonado,
O arde su pecho en infeliz cuidado.
　Y á todos oficiosa
Acorrer sabes y amainar sus penas;
Y de esperanzas y dulzuras llenas
Los míseros mortales.
¡Consoladora diosa!
¡Luna! calma mis males,
Y vuelve al alma mia
La paz, la blanda paz que antes tenia.
　Horrísona tormenta
Brama: la envidia de su atroz veneno
Hiciera blanco mi inocente seno:
La calumnia me infama:
El poder me amedrenta:
Sopla el odio la llama;
Y en mi duelo profundo
Tú sola me oyes en el ancho mundo.
　Sola tú; ¡mas qué miro!

Una nube fatal salióte al paso,
Te envuelve en sus tinieblas, y al ocaso
Arrastra tu luz pura.
Cesa el brillante jiro,
Cesa: y no tu hermosura
Así infamarse quiera:
Y tú, nube cruel, huye lijera.
 Le hundiste ya, y perdida
Entre su horror el orbe se oscurece,
Y el luto infausto y la tiniebla crece:
¡Ah beldad desgraciada!
Tambien fugaz mi vida
Brilló, y fué sombra y nada;
Tú empero á rayar tornas,
Y de luz nueva el universo adornas.

ODA XXIV.

A MI MUSA.

CONSUELOS DE UN INOCENTE, ENCERRADO EN UNA ESTRECHA PRISION.

Hasta en los grillos venturoso siento
Tu grata inspiracion: el pecho mio,
Mi triste pensamiento
Te reconocen ya; y entre el medroso
Son de los hierros y el clamor lloroso
De miserable tanto, al hado impío
Que mi inocencia oprime,
Contrasta el alma, y mi prision redime.
 Tú, musa, favorable darme sabes
Consuelos y vigor: con tu armonía
Los tormentos mas graves,
Cual brilla el sol tras hórrido nublado
Ledo amainando el piélago ajitado,
Se truecan en pacífica alegría;
Y de mi encierro oscuro
Discurro libre por el aire puro.
 Libre discurro, y libre me imajino,
Libre, libre soy, pues cuando atada
A arbitrio del destino
De mi ser jime la porcion grosera,
Con raudo vuelo por la inmensa esfera
Huyéndose fugaz la mente alada,
Hasta el empíreo cielo
Osa encumbrarse en un dichoso anhelo:
 Do del bien sumo en la perenne fuente
Sacio la hidalga sed, y en un tesoro
De consuelos se siente
La razon abismar. Allí gloriosa
La verdad rie en su nudez hermosa:

La oficiosa piedad enjuga el lloro
Del mísero oprimido;
Y humanidad abraza al desvalido.
 Uno mismo el lugar, igual la suerte
Del siervo vil y el sátrapa orgulloso,
Y en la llorosa muerte
El olvido final: en el de hermanos
Vueltos del mundo ya los nombres vanos;
Y mas claro, ó virtud, que el poderoso,
El que osó en la bajeza
Siempre adorar tu virjinal pureza.
 O bien de eterna paz en claro asiento
Serie de héroes mirando peregrina,
No aquellos que sangriento
Marte corona, y cuyo imperio aciago
Fué azote á la equidad, del mundo estrago,
Jenios de maldicion; su luz divina
Hiere el alma y la inflama,
Su nombre adora, y semideos los llama.
 Allí en sacro laurel la sien ceñida,
Brillan los que á su patria en amor santo
Prodigaron la vida;
Los que las artes útiles hallaron;
Al hombre rudo en sociedad juntaron,
O de Apolo al laud con dulce canto
Relijioso le hicieron,
Y alivio grato á sus fatigas dieron.
 Radiantes ora, y númenes divinos,
De las plagas de luz que faustos moran,
Mirando los destinos
Del ser humano, y con clementes ojos
Condoliendo sus lástimas y enojos;
Mientras mil tristes su favor imploran,
Por norte los elijen,
Y á su norma feliz sus pasos rijen.
 Y allí tambien resplandeciente y pura
Alzan su frente á par los que en la tierra
El cáliz de amargura
Bebieron en la afrenta y las prisiones;
Ora en paz del encono y los baldones
Con que el mundo les hizo cruda guerra,
Cuando viviendo un dia
Con su ciencia y virtud se engrandecia.
 ¡Sublimes jenios, almas venturosas,
Salud, gloria inmortal del nombre hu-
[mano,
Que en ansias jenerosas
Del comun bien vuestra delicia hicistes,
Y astros de luz para la tierra fuistes!
¡Quién en sí vuestro esfuerzo soberano
No siente, cuando os mira!

¡Y quién por emularos no suspira
Con frente y pecho igual, si el vulgo
[necio
Su honor mancilla ó su virtud abate!
Jeneroso desprecio
Que al justo estima su altivez liviana.
¡Qué no sufristeis vos de su ira insana,
Héroes sin par, en criminal combate
Acosados, proscritos;
Y viendo, ¡oh horror! en triunfo los de-
[litos!
¿Serán algo mis penas con los rudos
Trabajos vuestros? con agudo diente
Y alaridos sañudos
La atroz calumnia os atacó viviendo:
Entre los grillos y su ronco estruendo
Pobreza amarga os aflijió inclemente;
Y delito á la lengua,
Y fué á la patria vuestro nombre mengua.

Aun de los brazos la amistad beniguos
Os arrojó cruel: visteis volveros
Cien amigos indignos
La espalda con desden, sorda la oreja
Y helado el pecho á vuestra amarga queja:
Con bárbara impiedad desconoceros;
Y aun al vulgo adunarse,
Y en la vil delacion torpes gloriarse.

Firmes empero cual la añosa encina
Inmoble al soplo de aquilon violento,
O roca al mar vecina,
Que olas ve inmensas á sus piés romperse,
Y en tumbos de alba espuma deshacerse;
Os contempló el gran Ser de su alto asiento
Impávido el semblante,
Y el pecho á la desgracia de diamante.

Y de su seno celestial lanzando
Un rayo de dulcísimo consuelo,
Contra el inicuo bando
Sostuvo vuestro esfuerzo jeneroso,
Dejándoos ver el galardon dichoso
Que allá os guardaba en el escelso cielo;
Do la virtud segura
Rie á los silbos de la envidia impura.

Ligur insigne, que al antiguo mundo,
Inmensos mares sojuzgando osado
Con tu jenio profundo,
Otro mundo añadiste y otros hombres
De estrañas leyes, peregrinos nombres;
Tú volviste cual siervo encadenado,
Émulos te oprimieron,
Y al sepulcro los grillos te siguieron (1).
Tú de alta trompa y tajadora espada
Los arrastraste, ó Cámoes (2). Tú, festivo
Quevedo, en olvidada
Y hórrida cárcel como yo penaste;
Do tú, ¡oh baldon! tus llagas te curaste (3).
Y tu aliviando el padecer esquivo,
Leon, la lira de oro
Bañabas en tú encierro en largo lloro (4).

A él debieron tu fabula sublime
Las Musas, gran Cervántes; ¿el destino
Que inocente te oprime,
Pudo inspirarte tan alegres sales?
Bienhechor de los hombres, de tus males
Corrió de gracias el raudal divino,
Que á todos entretiene:
En el mundo tu ejemplo igual no tiene. (5)
Y otros y otros sin fin, que hoy en hon-
[rosa

(1) El inmortal Cristobal Colon fué enviado á España por el inicuo Bobadilla, cargado de prisiones, desde el Nuevo-Mundo que acababa de descubrir. Los reyes católicos Fernando é Isabel, justos apreciadores de sus grandes servicios, cuidaron mucho de reparar este atentado, colmándole de honores. Pero el almirante, indignado altamente del ultraje, conservó siempre sus honrosos grillos: se mandó enterrar con ellos, y quiso que le acompañasen hasta el sepulcro.

(2) Luis de Camoens, autor de las *Lusíadas*, epopeya, con que se honra la nacion portuguesa, estuvo muy mal preso en la India, donde le llevara su valor, por zelos y envidias de sus compatriotas. Dicen que en un naufrajio salvó su poema en una mano, nadando con la otra: murió despues indijente en un hospital de Lisboa, y hoy es la gloria del Parnaso y las Musas lusitanas.

(3) En la del convento de S. Márcos de Leon, como caballero del órden militar de Santiago. Allí sufrió Quevedo, víctima de la envidia y la calumnia, una prision de muchos años, llegando en ella á tal estremo de miseria, que pedia de limosna una camisa; y tuvo que curarse por sí mismo y cauterizarse unas llagas, nacidas de la escesiva humedad del encierro en que estaba sepultado.

(4) El célebre poeta Fr. Luis de Leon, encerrado por mas de cinco años en la cárcel de la inquisicion de Valladolid, donde padeció (como él se esplica) indecibles trabajos: compuso en ella muchas de sus obras y poesías, y salió al cabo declarado por inocente, y vuelto á sus honores.

(5) Todos saben que nuestro insigne D. Quijote se concibió y compuso en una cárcel de la Man-

Celebridad volais de jente en jente.
¡Raza de héroes gloriosa!
La verdad nos mostró con su luz clara
De vuestras vidas la inocencia rara:
La tierra os da tributo reverente,
Mansion el alto cielo,
Y aquí sois mi esperanza y mi consuelo.
 Musa, no ceses; y en mi mente fija
Tu doctrina inmortal: de la memoria
Tú que eres feliz hija,
Grata me cuenta las ilustres penas,
De cuantos el oprobio y las cadenas
Justa en sus fastos consagró la historia:
Suba yo con su ejemplo
Por la paciencia de virtud al templo.

ODA XXV.

EN LA DESGRACIADA MUERTE DEL CORONEL DON JOSE CADALSO, MI MAESTRO Y TIERNO AMIGO, QUE ACABÓ DE UN GOLPE DE GRANADA EN EL SITIO DE GIBRALTAR.

Silencio augusto, bosques pavorosos,
Profundos valles, soledad sombría,
Altas desnudas rocas,
Que solo precipicios horrorosos
Mostrais á mi azorada fantasía;
Tú que mis ojos á llorar provocas,
Y al hondo abismo tocas
Rodando, ó fuente, de la escelsa cumbre:
Marchitos troncos, que la edad primera
Visteis del tiempo, y á la dulce lumbre,
Con frente altiva y fiera,
De la alba luna, que esclarece el mundo
Cerrais la entrada en mi dolor profundo;
 ¿Vuestra mas triste y fúnebre morada
Dó está, y el laberinto mas umbrío,
Do mi melancolía
Del silencio y el duelo acompañada
Se pierda libre? El sentimiento mio
Huye la luz del enojoso dia,

cha, donde estuvo preso su pobre y desgraciado autor, que perseguido siempre de la adversa fortuna, y mal juzgado de sus contemporáneos, murió en Madrid tan indijente y oscuro, como hoy es celebrado. Es cosa inconcebible que la obra mas entretenida y alegre, toda sales y gracias, se pudiese escribir entre las penalidades y el horror de una cárcel, y por un injenio tan lastimado.

Y el canto y la alegría,
Cual ave de la noche el sol dorado.
Solo este valle lóbrego y medroso
De riscos y altos árboles cercado,
Que en eco lastimoso
El nombre infausto de mi amigo suena,
Mi pecho adula y su dolor serena.
 Aquí algun tiempo en pláticas sabrosas
De Sirio el fuego asolador hurlamos:
Aquí á su lira de oro
Y en sus alas alzándole fogosas
La inspiracion, sus hijos le escuchamos,
De los luceros el brillante coro
Con su cantar sonoro
Cual un Dios suspender; y aquí elevaba
Mi tierno númen á la inmensa alteza
De su inefable autor, ó me enseñaba
A domar la aspereza
De la virtud con esforzado aliento...
¡Cuánto, ¡ay me! cuánto estas memorias
[siento!
 Ya todo feneció: la mano dura
De la muerte cruel, aquella mano
Que de sangre sedienta
Postra al poder, la fuerza, la hermosura,
Cuál débil heno el áspero solano,
Solo en duelos y lágrimas contenta,
Le arrebató violenta
A su negra mansion; y allí cerrado
Con llave de diamante, la espantosa
Eternidad le guarda aprisionado
En noche tenebrosa:
Para él los seres todos fenecieron,
Y fugaz sombra ante sus ojos fueron.
 ¡Terrible eternidad! ¡vasto océano
Donde todo se pierde! ¿qué es la vida
Contigo comparada?
¿Dó no alcanzó tu asoladora mano?
Naturaleza ante tus piés rendida
Al abismo insondable de la nada
Desciende despeñada
Por tu inmenso poder, del sol divino
Apagada la luz, y ese sincuento
De astros, al cielo adorno peregrino,
Ciegos en un momento.
 ¡Y aun llega al hombre, al polvo de-
[leznable
Tu ansia de aniquilar, jamás saciable!
 ¡Pudo el amable, el plácido Dálmiro
Tus iras encender! el virtuoso,
El bueno ¿en qué ofendia,

Para ser blanco al ominoso tiro?
¡Oh mi Dalmiro! ¡oh nombre doloroso,
Cuanto un tiempo de gloria al alma mia!
¡Deten la accion impía,
Oh muerte, oh cruda muerte...! el golpe
[parte,
Retiembla el suelo al hórrido estampido;
Y nada en tu furor basta á apiadarte.
¡Ay! yo le veo tendido,
Fiero, espantable en la abrasada arena;
Y un grito de dolor el campo atruena.

¡Imájen cara! ¡idolatrado amigo!
¡Dalmiro, mi Dalmiro! ¡sombra fria!
Aguarda, espera, tente;
Tu cuerpo abrazaré, le daré abrigo,
Te prestaré mi aliento, el alma mia
Divivida en los dos, tu seno aliente.......
¡Imajinar demente!
¡Vana ilusion...! mis ruegos, mis clamores
Ni al cielo ablandan, ni Dalmiro escucha,
Que en el trance final con los rigores
De la atroz muerte lucha;
Y á mí tornando el rostro desmayado,
Ansia á llamarme, y siente el labio helado.

No, jamás esta imájen desastrada
Mi mente olvidará, ni el lastimoso
Espectáculo horrendo
De herirme acabará. La quebrantada
Frente y trémulos ojos, el hondoso
Rio de hervidora sangre el lago hinchendo
Viendo estoy, el estruendo
Oigo del bronce atroz: y ¡ay! del herido
Tronco la gran ruina y convulsiones
Con que en tierra se vuelve sin sentido,
Los ayes, las razones
No pronunciadas, y el tender la mano
Favor á todos demandando en vano.

¡Mísero! ¿contra el golpe irresistible
Del infernal obus tus peregrinas
Virtudes qué valieron?
El alto pecho, el ánimo invencible,
El profundo consejo, y las divinas
Luces que aplausos tantos le trajeron,
Las sales que corrieron
De su labio feliz, la voz sagrada,
Organo de las Musas, con su muerte
Hoy llorosas y mudas, nada, nada,
¡Desapiadada suerte!
A salvarle alcanzó; de tanta gloria
Durando solo la infeliz memoria:

Durando solo para infando duelo,
Y objeto triste de dolor y espanto.
Estranjero en la tierra
Yo al gozo y á la paz, culpando al cielo,
Siempre en suspiros y bañado en llanto.
Ya si la lumbre matinal destierra
Y el negro ocaso encierra
A la azarosa noche, ya si el dia
Torna á apagar su rayo postrimero,
Y se hunde el mundo en la tiniebla fria,
Imájen del primero
Desierto cáos, do vagó perdido
En hondo sueño y sempiterno olvido.

Y nunca, nunca mi doliente queja
Término alcanzará: ni el malogrado,
Porque le llame tierno,
Grato cual antes prestará su oreja,
Mis lágrimas verá, ni mi cuidado.
Tinieblas, soledad, silencio eterno,
Y un insondable averno
Nos separaron ya: muy mas distantes,
Sin cuento, mas que el que felice mora
Las plagas de la aurora rutilantes,
Y el que aterido llora,
Del polo ansiando entre la inmensa nieve
Del sol un rayo, aunque apocado y breve.

¡Oh fatal Calpe! ó rocas, que rizadas
Subís al cielo la sañosa frente,
Gratas tanto al abrigo
De la altiva Albion, cuanto infamadas
Por ominosas á la hispana jente.
Desde la edad del infeliz Rodrigo
Siempre halló el enemigo
En vosotras favor, gozando abierto
Sus fuertes naos y cargadas flotas,
¡O vil traicion! vuestro seguro puerto.
Siempre sus haces rotas,
Mi patria en luto envuelta vió perdida
A vuestros piés su juventud florida.

¡Y ora á los canos padres qué desvelos
Y honroso afan! ¡qué lágrimas no oprimen
Las madres castellanas!
¡Cuál abismadas en amargos duelos
Por sus amados las doncellas jimen!
Llegando á las provincias mas lejanas
Les nuevas inhumanas
De cuantos siega en vos la muerte impía.
Guardad, guardad, guerreros: no fiados
Corrais en vuestra impávida osadía
A escalar malhadados

Tanto y tanto cañon, que hórrido atruenas
O á España dejaréis de lutos llena..... (*)

ODA XXVI.

AFECTOS Y DESEOS DE UN ESPAÑOL AL VOL-
VER A SU PATRIA.

Benigno en fin el cielo
Mis suspiros oyó: raya fulgente
El dia que mi anhelo
Ansió tan impaciente:
Que en ruegos tantos le imploré ferviente.
 Los huracanes fieros
Y las hórridas nubes que amagaron
Inmensos aguaceros,
Al rayo se ahuyentaron
De un claro sol, y el éter despejaron.
 La discordia ominosa,
Que en su cólera odiosa
Sus teas apagó, y ahogóse el fuego
Soplaba el error ciego;
Y el esplendor, el júbilo, el sosiego
 Te robó, patria mia:
O dulce patria, cuyo nombre santo
Confunde hoy mi alegría
Con el plácido llanto,
En que me anego, si tus dichas canto.
 Ya en perenne bonanza
Tus dias correrán: podrás segura
Reir á la esperanza;
Y á tu augusta hermosura,
Y á tu gloria volver y tu ventura.
 Abriste, madre tierna,
Tu seno al fin á tus dolientes hijos,
Que en orfandad eterna
Tras males tan prolijos
Penaban, siempre en ti sus ojos fijos.
 Lo abriste; y obedientes,
Finos, leales á lanzarse vuelan
En tus brazos clementes;
Tu fausto amor anhelan,
Y en alcanzarlo ahincados se desvelan.

(*) Una enfermedad del autor le estorbó continuar, sin que despues fuese posible ni volver á tomar la serie de imájenes y pensamientos en que hervia su imajinacion, ni ponerse en el grado de sentimiento y de calor en que se hallaba al empezar su oda, que ahora se publica tal como quedó entónces, en memoria y justo tributo de la amistad y la ternura que le unieron con su desgraciado amigo.

 Todos en uno unidos,
Todos en santa paz, todos hermanos,
Lejos ya los partidos,
Lejos los hombres vanos,
Que enconos atizaron tan insanos.
 Así españoles todos,
(Lo fuimos siempre en el amor, lo fuimos,
Bien que en diversos modos;
Allí do á España vimos,
Allí á salvarla crédulos corrimos.)
 Sobre tus aras santas
Serlo sin fin juremos; y postrados
De nuevo ante tus plantas,
Mas y mas inflamados
Vínculos estrechemos tan sagrados.
 Tal, ó patria, lo juro.
Con inviolable fe, si el noble zelo
De un Español oscuro
A él puede de consuelo,
Y acepto ser en su verdad al cielo.
 Españoles, juradlo,
Juradlo todos á la par; contino,
Contino renovadlo;
Uno el ser y el destino,
Y el nombre nuestro, y su blason divino
 Deja, ó patria querida,
Este grito á mi amor; da á mi ternura
Que anhele embebecida,
Que en gloria y en ventura,
Por siempre brilles con la luz mas pura.
 Lejos de ti la llama
De mi fe se avivó, cual se renueva
Mas y mas en quien ama,
Y el hado ausente lleva,
La hoguera dulce en que sus ansias prueba.
 ¡Oh cuánta vez iluso
Con presto vuelo de este amor llevada,
En la cumbre me puso
Del Pirene elevada
Mi fogosa aficion en ti embriagada!
 Gozosa allí en mirarte
Y en llamarme hijo tuyo, me finjia
Tiernamente abrazarte;
Y en mi dulce agonía
Tu nombre apenas pronunciar podia.
 Pero ¡ay! ¡qué de dolores
Me has causado á la par! ¡cuánto he je-
 [mido:
Viendo entre mil horrores
Tu suelo destruido,
Tu yermo suelo en soledad sumido,

Del estranjero odioso
Hollada tu beldad, la vil pobreza
Con su vuelo ominoso
Nublando tu belleza,
Tú derrocada en tu heredada alteza?
 Tus voces escuchaba;
Tu hondo jemir y dolorido llanto
Mi seno desgarraba;
Y aun ahora con espanto
Oigo el eco sonar de tu quebranto.
 Aun ahora el rayo augusto
De tu luz tibio, y pálida te veo,
Y tu inmenso disgusto
Sobre tu frente leo,
Tu manto ajado y tu divino arreo.
 Y, ó madre, el pecho mio,
(Bien, bien mi amor llamártelo merece)
Con tu dolor impio
Mísero desfallece;
Y el llanto mis mejillas humedece.
 Españoles, hermanos,
Sus, á socorrerla rápidos volemos;
Sus trances inhumanos
Solícitos calmemos,
Y en sustentarla en su penar volemos;
 En uno en sus amores
Con el jóven real, que al cetro de oro
Tornó de sus mayores,
Riquísimo tesoro,
Si antes asunto de perenne lloro.
 Vuelva la agricultura
Sus campos á animar: torne el ganado
A holgarse en la verdura
Del ya seguro prado;
Y su hogar sea al labrador sagrado.
 La industria destruida
De esta guerra letal al soplo ardiente,
Descollando florida
El comercio alimente;
Y alze el saber su desmayada frente.
 Nuevos cultos reciba
La olvidada justicia: de las canas
La majestad reviva;
Reinando soberanas
Por su pudor las hembras castellanas.
 Reparados los templos,
Ferviente al cielo la piedad se eleve:
Mil sublimes ejemplos
La moral nos renueve;
Y el patriotismo á la virtud nos lleve.
 No haya, ó Españoles, nada,

Nada que olvide nuestro ardiente zelo,
Que á todos va fiada
La empresa por el cielo;
Y España jimé en ominoso duelo.
 Será nuestra memoria
Con alto nombre entre las jentes clara,
Y oficiosa la gloria
Ya de belleza rara
Su inmortal lauro á nuestra sien prepara.
 Las huellas pues sigamos
De nuestros padres, do sin fin verémos,
Porqué dignos vivamos
Del nombre que tenemos,
Los nobles hechos que emular debemos.—
 Tras su largo camino,
El patrio suelo hollando, así decia
Mísero un peregrino;
Y el júbilo en que hervia,
Para seguir su lengua enmudecia.

ODA XXVII.

A MI PATRIA, EN SUS DISCORDIAS CIVILES.

¿Cuando el cielo piadoso
Te dará fausta paz, ó patria mia,
Y roto el cetro odioso
De la discordia impía
Reirá en tu augusto seno la alegría?
 Tus hijos despiadados,
Alzáronse en tu mal por destrozarte:
¿Cuándo en uno acordados
Correrán á abrazarte,
Y en tu acerbo dolor á confortarte?
 ¡Mísera! ¿dó los ojos
Vuelvas, sin ver allí tu inmenso duelo?
Estériles abrojos
Cubren el yermo suelo,
Que antes de espigas de oro pobló el cielo.
 La llama asoladora,
Igualando el palacio y la cabaña,
Tus entrañas devora;
Y en su implacable saña
En lloro y sangre tus provincias baña.
 ¿Y tú el delirio alientas
Contra ti de tus jentes, y en su seno
Los odios alimentas,
Y del mortal veneno
Tú propia el cáliz les presentas lleno?
 ¿Dó vas, ó qué pretendes?
¿Qué furor te arrebata? ¡cuánta hoguera

¡Ay! en tu estrago enciendes!
¡Ay! ¡cuál la atroz Meguera
Te aguija impía en tu infelis carrera!
  ¡Y con jesto espantable
De su crin las culebras desprendiendo,
Con su diestra implacable
Sobre ti, en son horrendo
Está sus alas fúnebres batiendo!
  Sus alas, que concitan
A mil y miles en delirio insano,
Y pavorosos gritan:
Hiera el hierro inhumano,
El hacha tale de la cumbre al llano;
  No haya paz ni acomodo,
El fatal bronce sin descanso truene;
Y asolándolo todo,
Con sus destrozos llene
El hondo abismo, que bramando suene.
  Caiga, patria querida,
Caiga tanto furor: sobre el arado
El hierro que homicida
La cólera ha afilado,
Y va en tu noble sangre mancillado.
  Hermanos nos herimos,
Y viuda impía nuestra madre hacemos;
Bajo un cielo vivimos,
Y unas aguas bebemos,
Y á emponzoñarlas bárbaros corremos.
  Anjeles, que de España
Fieles guardais la inmarcesible gloria,
Ahogad tan fiera saña,
Robad á la memoria
De horrores tantos la llorosa historia.
  No dure ni en la pluma
Ni en el labio tan bárbara ruina,
Jamás finible suma
De estragos, do mezquina
La patria á hundirse rápida camina.
  ¡Ay! ¡qué plaga, ni jente
De lucha tal ignora los furores,
Y el delirio inclemente,
Y los ciegos rencores
Con que ilusos doblamos sus errores!
  Bastante á nuestros nietos
De lágrimas y amargos funerales,
Espantables objetos,
Memorias inmortales
Dejamos ya de nuestros largos males:
  Hasta allá do entre el hielo
El rudo Escita derramado mora,
Se oyen con grave duelo;

Y el reino de la aurora
La gran caida congojado llora.
  Y todos del divino
Indomable valor que nos inflama,
Pasmados, el destino
Maldicen y la trama,
Que atizar pudo tan infanda llama.
  Ella en la tumba ha hundido
Una jeneracion: tanta grandeza
Cual sombra ha fenecido:
La española riqueza
Cebo fué del soldado á la fiereza.
  Nada, nada quedara
Del antiguo esplendor..... ¡Y aun ciega
                                gritas!
¡Y el puñal se prepara!
¡Y las teas afitas!
¡Y á estragos nuevos el rencor concitas!
  ¡Infeliz! ¡en qué horrendo
Abismo jemirás precipitada
Con funéral estruendo!
Despues yerma, menguada,
Tu error maldecirás desengañada.
  Demandarás tus hijos,
Y ¡ay! perecieron, sonará en respuesta,
Los ojos en ti fijos
En su ausencia funesta:
¡Cuánto, ¡ay! ¡tu engaño de virtud te
                                cuesta!
  ¡Oh, luzca el fausto dia,
Oh, luzca al fin, en que la paz gloriosa
Te abraze, ó patria mia!
En calma deliciosa
Torne el cielo tu cólera ominosa:
  Y en tu amor inflamados
Cual hijos á tus plantas nos postremos;
De errores olvidados,
Hermanos nos amemos,
Y en tu seno felices descansemos.

ODA XXVIII.

A MI MUSA.

  No en tan curioso anhelo
Mas, musa mia, derramada vueles
Por el inmenso cielo,
Ni el abismo del Ser sondar anheles:
  Del gran Ser que en su mano
Sustenta el universo: tú has corrido
Del átomo liviano

Al último lucero, que encendido
 Cabe su trono brilla;
Y del vil gusanillo hasta el ardiente
Serafín, que se humilla,
Temblando ante su faz omnipotente.
 ¿Qué has visto? te perdieras
En tanta inmensidad; y nada, nada,
Musa, alcanzar pudieras:
Cuerda pues coje el ala despeñada.
 Seguir deja, y adora
Las leyes que á la máquina infinita
Puso la protectora
Deidad que por el éter precipita
 Su jiro, y la sostiene
Con valedora accion. En su hondo seno
Todo su lugar tiene;
Y el universo dura de órden lleno.
 Orden que á par se ostenta
En el bullir del cefirillo blando,
Que en la hórrida tormenta,
Que brama el hondo mar al cielo alzando,
 Arder ve á la abrasada
Canícula, y del mundo el desaliento:
Y ve en su mies dorada
A un tiempo dél el próvido sustento.
 Ve al dia rutilante
Cuanto existe, mover: el ave vuela:
Jira la bestia errante;
Y en rudo afan el hombre se desvela.
 Pero la pavorosa
Noche su velo en pos tiende lucido;
Y ya el suelo reposa,
Y el vigor cobra con la accion perdido.
 Sabio así lo dispuso
El grande Ordenador: cuanto ha creado,
Todo en órden lo puso.
Nunca, ¡oh! nunca él por ti jima alte-
 [rado.
 Por ley sentó primera
El bien universal: en él te aplace:
Ley dulce, lisonjera,
Que una familia á cuanto existe, hace.
 Cuando amorosa un alma
La inmensidad abarca de los seres,
Gusta en gloriosa calma
Del cielo anticipados los placeres.
 ¿Jimes en vida oscura,
En soledad y olvido? ¡error insano!
Ve en cada criatura
Un hijo de tu Autor, goza un hermano.
 Sus arcánjeles puros
Cercándote, el bien que obras están vien-
 [do;
De los lazos oscuros
Que el vicio armó, tus pasos defendiendo.
 Y aun á su lado un dia
Sublime sobre el sol, si el órden amas,
La eterna compañía
Podrás gozar de cuanto bueno hoy llamas.
 Allí la sed ardiente
Del bien apagarás que ora te apura,
Cabe la misma fuente
Do el raudal brota de eternal ventura.
 Abrete pues gozosa
A un inmenso esperar, cuanto recojes.
Tu ardor en la llorosa
Tierra; ni combatida te acongojes.
 Si el vil supersticioso
Te roe atroz con viperino diente;
De su trono lumbroso
Dios ve tu pecho, y lo verá inocente.
 Débil, mas fiel siguiendo
Su dulce ley de amor, tierna le amas;
Y por su error jimiendo,
A tu enemigo mismo hermano llamas.
 Cual de tu excelsa altura
El gozar hace próvido, inefable,
Del sol la llama pura
A par al inocente y al culpable,
 Y sin número dones
Al suelo llueven de su larga diestra,
Eternas bendiciones
Con que su amor al universo muestra.
 Él te ve, musa, y esto
Baste á tu dulce paz, firme confia:
Quien en la lid te ha puesto,
Tu sien de eterno lauro ornará un dia.

ODA XXIX.

LA MEDITACION.

Huye, pensamiento mio,
Huye el afanoso estruendo
De la ciudad y los hombres,
Y haz de ti mismo un desierto.
 ¿Qué hallas, díme, en sus caminos
Sino zozobras y duelos,
Y enconos y envidias viles
Tras míseros devaneos?
 Al uno la sed del oro
Engolfa en mares inmensos,

Y otro tras un nombre vano
Pierde la quietud y el sueño:
  A aquel la guerra embriaga,
Y en el estrépito horrendo
Del mortal cañon y el parche
Colocó su bien supremo:
  A este en pos lleva el deleite,
A otro un ominoso empleo,
Y al otro el aura voluble
Del favor le tiene ciego.
  Dejémoslos que deliren;
Y de sus errores lejos,
Para nosotros vivamos
En soledad y sosiego.
  ¿No vale mas estudioso
Gozar en libre comercio
De esa infinidad de seres
Que en sí encierra el universo?
  ¿Correr con ansia dichosa
Desde la tierra á los cielos,
Descender al hondo abismo,
Volar sobre el raudo viento,
  ¿Y preguntarles á todos,
Qué son, dó vienen, qué fueron,
Quién ordenador y grande,
Tal, les dijo, es vuestro puesto:
  Tales leyes os conservan,
Y con tales encadeno
Ese sincuento de soles,
Que enciende eficaz mi aliento,
  Del inmesurable espacio
Velocísimos corriendo
Las sendas, que les marcara
Con mi omnipotente dedo?
  ¿No vale mas, alma mia,
Ofrecer tu humilde incienso
A un Dios que á un mortal? ¿la gloria
No vale mas que el vil suelo?
  ¿Y exhalar tus hondos ayes
En el dulcísimo seno
De tu Hacedor, que importuna
Cansar al poder con ellos?
  Despréndete pues del lodo,
Despréndete, y al Escelso
Por el éter infinito
Trepa con alas de fuego.
  Salud, purísimos seres,
Que de inefable amor llenos,
Ante su sagrario el himno
De loor trinais eterno:
  Entre estáticos ardores

Y humos de un aroma etéreo,
Rindiéndole el feudo antiguo,
Siempre á vuestras arpás nueva.
  Recibid en vuestros coros,
Recibid á un compañero,
Si del polvo la bajeza
Puede de vosotros serlo.
  ¡Oh quién el fervor me diese,
Y el santísimo embeleso
Con que vos servís! ¡quién limpio
De mundanales afectos,
  Postrar pudiera su frente
Bajo el altísimo asiento
Del gran Ser! ¡quién de su gloria
Temblando besar el velo,
  Y con sus nublados ojos
Llevar débil no pudiendo
Luz tanta, precipitarse
Entre ella atónito y ciego,
  Clamándole: un vil gusano
Os adora fiel: mi ruego
No desdeñeis: ved la nada
Cabe vos, padre, Dios bueno!
  Vedla; y dad plácido oido
A mis ayes lastimeros,
Lanzándome una mirada
Que avive mi desaliento.
  Una mirada de aquellas,
En que cual Señor supremo
Sustentais el bajo mundo,
Y de gracia henchís los cielos.
  Y de allá do entre esplendores
De gloria os gozais cubierto,
Tended la clemente mano
Al abismo en que me veo,
  Y alzadme dél amoroso.
Cual del gavilan huyendo
El ave al callado asilo
De su nido aguija el vuelo;
  Así yo ahincado me arrojo
En vuestro adorable gremio,
Y en él mis delicias hallo,
Y en él mi esperanza aliento.
  ¿Me desdeñaréis, Dios mio?
¿Será que el mísero feudo
De mi gratitud rendida
Os pueda encontrar severo?
  ¿Lanzaréis de vuestra casa
Por vil al humilde siervo,
Y las lágrimas de un hijo
Las veréis, Señor, con ceño?

No, no; que sois el amigo,
El protector, el consuelo,
El padre, el Dios, del que jime
En orfandad y desprecio;
 Del que acosado del mundo,
Y blanco á sus tiros puesto,
Solo en su amargura vive
De un pan de lágrimas lleno:
 Vos le alzais en vuestros brazos
Y con solícito empeño
En sus desmayados ojos
Enjugais el llanto tierno;
 Y la calma bonancible
Tornais á su triste pecho,
Y en gozo trocais sus penas,
Y en paz su desasosiego.
 Iris, que aplacais benigno
Con vuestro gracioso aspecto
Las hórridas tempestades,
Y los vendavales fieros,
 Apareceis; y en un punto
Vientos, olas, aguaceros,
Todo atónito enmudece,
Todo os adora en silencio.
 Yo os adoro á par; mis ojos
Fuentes de lágrimas hechos,
La lengua os canta y bendice
Con balbucientes afectos;
 Que la piedad fervorosa,
El alma exhalada entre ellos,
El alma toda, recoje
Con blando oficioso anhelo:
 Mientra el corazon llagado
De amor y santo respeto,
Ante vos, cual grata nube,
Arde de fragante incienso.
 Y asombrado, embebecido
Por do quiera que me vuelvo,
Amoroso padre os hallo,
Y Dios grande os reverencio:
 Que do quier de vuestra gloria
Inagotable el proceso
Se ostenta, de vuestro brazo
Se palpa un nuevo portento.
 Esas bóvedas inmensas,
Ese sinfin de luceros
Que sobre mi frente brillan,
Siglos y siglos ardiendo;
 Y pregonando, aunque mudos,
En el órden estupendo
Con que misteriosos ruedan,

La mano que los ha puesto.
 La tierra, abreviado punto,
De seres tantos cubierto,
Que de vos solo reciben
Orden, ser, vida, sustento:
 Y do en jiro invariable
Raudo en comun bien el tiempo
Alterna del Can las llamas
Con los erizados hielos,
 Sembrando do quier profuso
Los tesoros, que del seno
De vuestro amor inefable
Recoje en alivio nuestro.
 Ese crecer cuanto vive,
Y el insondable misterio
De encerrarse en uno solo
Millones de seres nuevos.
 El mar, el mar que halla dócil,
Obedeciendo el imperio
De vuestra voz poderosa,
En cada arenilla un freno;
 Ora en sus rabiosos tumbos
Asaltar tiente soberbio
Las estrellas, y los montes
Bata con ímpetu horrendo;
 Ora plácido y callado
Semeje á un inmenso espejo,
En que los cielos se pintan,
Y arde y se goza el sol bello.
 Esas pavorosas nubes,
En que retumbando el trueno
Y el alado ardiente rayo,
Me llenan de pasmo y miedo:
 La nieve, el hielo, la lluvia,
Que en largos rios corriendo
Vuelve á la mar los tesoros,
Que el sol le robó y los vientos.
 Yo mismo, abreviado mundo,
Donde en felice compendio
De vuestro universo unidas
Las leyes todas encuentro;
 Que cual la yerba que piso
Me nutro y me desenvuelvo,
Respiro á par del gusano,
Y como el ánjel entiendo:
 Yo que en mí el fuego divino
De la virtud hervir siento,
Y con vos por ella unirme
Desde mi nada merezco.
 Todo á una voz os proclama,
Todo por su inmenso dueño,

Hacedor omnipotente,
Y conservador supremo.
 Alienta, espíritu mio,
Alienta, y con noble empeño
Del ser por la inmensa escala
De este Ser llégate al centro.
 Llega, llega confiado,
Que ese jeneroso esfuerzo
Que en ti sientes, no es del lodo,
Ni de un instinto grosero.
 Tu ambicion es mas sublime:
El polvo apegado al suelo,
Jamás, jamás se desprende
De su miserable cieno.
 Tú eres inmortal: la llama
De tu alado pensamiento
Arderá siempre, aunque acabe
Ese pábulo terreno,
 Do sus brillos se oscurecen,
Como al tajador acero
La vaina guarda, y se esconde
En el pedernal el fuego.
 Arderá; y feliz un dia,
De los ánjeles en medio
Te asentarás, con sus himnos
Mezclando tus ayes tiernos;
 Y llamándoles hermanos,
Y el vestido recibiendo
De inmaculada blancura,
Con que te ornará el Escelso.
 Toma pues las prestas alas
Del querubin: como estrecho
El bajo mundo abandona,
Y trepa cielos y cielos.
 Trépalos; y venturoso
Al inexhausto venero
De la verdad pon el labio,
Y bebe, bebe sediento.
 Raudal de inmensa dulzura,
Donde jamás satisfecho:
Mas ansia cuanto mas goza,
De amor llagado el deseo.
 Allí embriagado en delicias,
Verás con desden y tedio
Cuanto hasta aquí tus sentidos
Fascinó, y preciabas necio.
 Que allí la ilusion fenece:
Allí el bien es siempre el mesmo,
Inmarcesibles las flores,
Y perenne el embeleso.
 Vuela pues, vuela afanoso,

Redobla tu heroico anhelo:
La distancia es infinita;
Pero infinito es el premio.
 La fe por seguro norte,
Y en el suavísimo incendio
De la caridad mas viva
Cual fino amador deshecho,
 Por la airada mar del mundo
Entre huracanes y riesgos,
Condúzcate la esperanza
De eterna ventura al puerto.

ODA XXX.

LOS CONSUELOS DE LA VIRTUD.

 No es sueño, no ilusion: las arpas de
 [oro
Con su armónico trino
Me elevan de los ánjeles: divino,
Divino es el concento;
La esfera se abre al rozagante coro,
Y una fragancia siento,
Con que nada seria
Cuanta goma y copal Arabia cria.
 No ceseis, paraninfos celestiales,
Vuestro inefable canto,
Que ledo acalle mi perenne llanto.
Solo, él solo á ser basta
Salud segura en los horribles males,
Con que el mundo contrasta
A un mísero inocente,
Blanco á sus tiros y furor demente.
 No de tal mundo la impotente saña
Así apocado llores,
Ni á seco tronco le demandes flores;
Y alza, ¡oh ciego! los ojos
A ese inmenso esplendor que el cielo baña,
Que allí de tus enojos,
Allí mora el consuelo:
Sombra y nada los júbilos del suelo.
 Sombra y nada, que leve un soplo eleva
Del menor vientecillo;
Y otro que sigue, róbales el brillo,
Y espuma se deshacen.
Mancíllalos la edad, y en pos los lleva,
Con el uso desplacen,
Y el hastío sus rosas
Torna al cabo en espinas dolorosas.
 Espera pues en tu bondad seguro;
Que al fin pura y triunfante

Saldrá, y hermosa como el sol radiante.
Tu Hacedor soberano,
Que justo sonda el laberinto oscuro
Del corazon humano,
Tus ansias compadece;
Y ya su sombra tutelar te ofrece.
 La virtud brilla con su propia lumbre:
Ni como el vil deleite
Bella se ostenta de mentido afeite,
Mientras con firme planta
De mortal gloria á la sublime cumbre
Modesta se adelanta,
La alcanza vencedora;
Y el vicio mismo á su pesar la adora.
 Dios, el Dios que en su diestra omni-
　　　　　　　　　　　　　[potente
La creacion sustenta,
Con su soplo vivífico la alienta;
Y á su ánjel dió el destino
De la justicia, que do quier presente
Con su escudo divino
La cubra, ante quien vano
Cae de los hombres el orgullo insano.
 Ara es de Dios el corazon del bueno,
De do al cielo incesante
La nube de su amor sube fragante.
La paz y la divina
Ferviente caridad de gozos lleno
A sus piés le avecina;
Y allí sacia, ¡oh ventura!
Su ansia del bien cabe su fuente pura.
 Con santa envidia su inefable suerte
Absortos consideran
Los serafines, que abrazarle esperan.
¿Y qué entónces la impía
Persecucion, la infamia, ni la muerte?
Nube que en medio el dia
Al sol loca se opone,
Que en fugaz niebla á su fulgor traspone.
 Las lágrimas que ansiado á veces llora,
Son de la primavera
Grata lluvia, que esmalta la pradera
De mil galanas flores.
La piedad que su aljófar atesora,
Entre santos fervores
Por feudo las ofrece,
Y una mirada á su Señor merece.
 Los torvas nubes que del bajo suelo
Se alzan en toldo oscuro
Viles á mancillar su lampo puro,
Entre el grito ominoso
De la maldad y su impotente anhelo,
Hacen que mas lumbroso
Con las pruebas se torne
El lauro augusto que su frente adorne.
 Muere en la paz que la virtud da sola:
Todo cabe él se aflije;
Y él ledo al ánjel que sus pasos rije,
Ve ya como á un hermano
Presto á ceñirle la inmortal estola,
Que el dueño soberano
A los suyos prepara,
Y él en lid tanta triunfador ganara.
 Los alcázares suenan estrellados
Y de oro los quiciales,
Abriéndose las puertas eternales
A recibir al justo.
Mientra un coro de espíritus alados
Trina el cántico augusto,
Con que á la compañía
Se aduna celestial desde aquel dia.
 Ven, ven feliz, tú que del ciego mundo
Ya los grillos rompiste,
Y ánjel al centro de tu ser volviste;
Tú, en quien halló un amigo
Siempre el opreso en su jemir profundo,
Del indijente abrigo,
Y en su soledad cruda
Padre al pupilo, amparo á la viüda:
 Tú, en quien ardió con llama inestin-
　　　　　　　　　　　　　[guible
La caridad süave,
Que amar y perdonar tan solo sabe:
A par que la justicia
Contra el crimen tronar te vió inflexible,
De bronce la malicia,
La flaqueza induljente,
Los hombres grato, la amistad ferviente:
 Ven á cojer afortunado el fruto
De tus largos sudores:
Ven á gozar las eternales flores
Que anheló tu esperanza;
A dar ven el dulcísimo tributo
De inefable alabanza
Al que en su inmenso seno
Padre hoy te inclina de ternura lleno.
 Aquí todo es solaz, todo alegría,
Todo inmortal dulzura,
Todo consuelo y paz, todo ventura.
Eterno resplandece
Sin niebla y claro el sol, plácido el dia,
Con rosas mil florece

Perennal primavera,
Sin fin bullendo un aura lisonjera.
　Y sobre nubes de esplendor divino
El Señor asentado,
El himno entiende de eternal agrado,
Que sus loores suena.
Ven, entra, llega á tan feliz destino;
Corre á la inmensa vena
Del rio de la vida,
Y al mundo en su raudal por siempre ol-
　　　　　　　　　　　　　　　　　[vida.
　Luego con cuanto un tiempo honrara
　　　　　　　　　　　　　　[el suelo
En sociedad amante,
De rosas y laurel la sien radiante,
Se estrecha venturoso,
Goza, y renace sin cesar su anhelo,
Y á gozar vuelve ansioso;
Ni mente humana llega
Al bien inmenso en que feliz se anega.
　¿Y jemirás, porque un espacio breve
Penes ora entre grillos,
Sandio anhelando los falaces brillos
De un mundo injusto y loco?
¿Tan poco, ¡oh ciego! la virtud te debe,
Y su esplendor tan poco?
¿O igual se te presenta
Al gozo eterno el que un instante cuenta?
　No así, no así: tu lacerado pecho
Abre, enancha á la rara
Suerte feliz que el cielo te prepara:
Que el premio solo sigue
Al que lidió y venció, y hollar derecho
La ardua senda consigue,
Que lleva hasta la cumbre,
Do arde de gloria la inexhausta lumbre.
　¡Cesais, oh santos ánjeles...! segura
Ya por vos, no suspiro:
Y en manos del gran Ser mi suerte miro;
Mientras con pecho entero
La amarga copa del dolor apuro,
Y constante prefiero
La virtud indijente
Al vicio entre la púrpura fuljente.

ODA XXXI.

LA CREACION, Ó LA OBRA DE LOS SEIS DIAS.

¿Dónde la mente en tus etéreas alas
Se encumbra, el viento impávida surcan-
　　　　　　　　　　　　　　　[do,

Inspiracion divina?...
Ya las nubes hollando
Al valle el monte escelso ante ella igualas;
Ya el sol contigo altísima domina.
A Urano, ese invisible
Lucero, y cuanto por la inmensa esfera
Arde sol claro al lente inaccesible,
Atrás los deja en su fugaz carrera,
　Hasta tocar los últimos confines
Del reino de la luz, donde velado
En majestad gloriosa,
Yace el Señor sentado
En trono de inflamados serafines.
Allí en gozo inefable asistir osa
Al solemne momento,
Cuando imperioso le intimó á la nada,
Acaba; y á su escelso mandamiento
Esta máquina inmensa fué ordenada.
　Ostentar quiso de su augusta mano
La infinita virtud, el inefable
Saber de su honda mente,
Y allá en su perdurable
Quietud contempla el tipo soberano
Del universo su bondad clemente.
¡Cuánto plan en un punto
Anhela su eleccion! Este prefiere
De su insondable amor feliz trasunto,
Do en larga vena derramarlo quiere.
　Súbito en vuelo rápido se lleva
Sobre el abismo solitario, ansioso
De trazar obra tanta;
Y en torno el cáos medroso
El muro eterno con su vista eleva
Fijo á la creacion. La escuadra santa
De espíritus, que dichosa
Acata su deidad, enmudecia
Atónita ante el trono y respetosa;
Cuando en potente voz Jehová decia:
　Que la luz sea; y de arreboles llena
Resplandeció la luz, saltó exhalada
De entre aquel yermo oscuro
Una llama dorada,
Que inundó en rauda trasparente vena
De la lóbrega noche el reino impuro.
Los jérmenes primeros
Por la fecunda voz á unirse empiezan,
Ciegos jirando en vértices lijeros
Que en su incesante vuelo se tropiezan.
　Y alzándose entre etéreos resplandores
Un pabellon magnífico, suspenso
A la voz soberana

Por el ámbito inmenso,
Ornólo de vivísimos fulgores.
La esmeralda, el azul, el oro y grana,
Mezclados altamente,
Tejen sus ricos trasparentes velos;
Y arde en vistosos fósforos lucientes
La infinidad, do rodarán los cielos.

 Ya al feliz mando del Autor divino
La hermosa luz existe, noble muestra,
Espléndido portento
De su sagrada diestra,
Si material de altísimo destino;
Pues las mansiones de inmortal contento
Orna, do él mismo mora.
Resuena en inefable melodía
El anjélico coro, y fiel le adora:
Él cesa, y hubo fin aquel gran dia.

 Con él súbito el tiempo que en olvido
Yacia y sueño eterno, despertando
Asió su rueda instable;
Y el vuelo desplegando,
Vió ya á sus piés cuanto será, rendido.
Cesó la eternidad inmensurable,
Que su diestra imperiosa
En sombra y luz su duracion divide;
Y hundiéndose en la nada silenciosa,
El fugaz curso de los seres mide.

 La luz empero el término no fuera
De la virtud vivífica infinita;
Ni el celestial venero
A tan nada limita
De su amor el Señor, y aunque igual viera
La flor del valle, el brillo del lucero,
Del ave el matutino
Canto, y del serafin que en llama pura
Arde de amor, el inefable trino,
En sí gozando su eternal ventura;
 Vuelve, y hallando en su divino seno
Ser tanto que su voz ansia obediente,
Las aguas se dividan,
Ordena omnipotente,
Y el firmamento estiéndase sereno.
Las rápidas corrientes se retiran
Sobre el cielo lumbroso,
En torno en ancha bóveda afirmado,
Muro inmenso al abismo proceloso
Del eterno á la voz súbito alzado.

 Inmenso muro en su labor divina,
De su largueza y su poder trasunto,
Do alzará su morada.
 ¡Qué armonioso conjunto

De eterno albor que en torno lo iluminas,
Orden, belleza, variedad estremada!
Cuanto encumbrarse puede
Mente humanal, ó de mayor riqueza
Idear feliz á el ánjel se concede,
Nada es con su magnífica grandeza.

 Sienta en medio su trono; y, ¡oh
       [consuelo!
Bienes allí sin número atesora
Su inefable clemencia.
La piedad que le implora,
Tierna á él se vuelve en su ferviente anhelo,
Y á él se acoje exhalada la inocencia.
Ve el Señor complacido
Por alfombra á sus piés el firmamento,
Mas que el oro purísimo lucido;
Y á mandar torna en divinal acento.

*Las aguas se unan, que á la tierra impiden
Aparecer.* En tumbos espumantes
Por entre el aire vano
Las ondas resonantes
Dóciles parten, rápidas dividen
Su inmensa madre con furor insano.
Ya hay mar: ruje y se humilla
Rendido ante el Señor; y en grato es-
       [truendo
Su gloria anuncia, y nacarado brilla
De ola en ola su nombre repitiendo.

 En su incesante anchísima carrera
Con misterioso círculo dél nacen
Ya los eternos rios,
Y á él vueltos se deshacen.
Tiéndese el Indo en su feliz ribera:
Reina inmenso entre páramos sombríos
El Amazona undoso:
Nilo en sus aguas la abundancia lleva;
Y el Rin, que hoy guarda al Bátavo indus-
       [trioso,
Del Ponto inmenso las corrientes ceba.
Él rueda en su hondo abismo y se con-
       [mueve;
Llega, huye, torna, apártase; y bramando
De hórridos vientos lleno,
Las rocas desgarrando,
Ya el cielo en sierras de agua á herir se
       [atreve;
Ya su azul pinta plácido en su seno:
¡Oh pasmo! en leve arena
Por siempre atada la voluble planta,
Hirviendo entre alba espuma el paso en-
       [frena,

Y hermosa ante él la tierra se adelanta,
  Cual de inocencia y rosicler teñida
En su fiesta nupcial brilla esplendente
La virjinal belleza,
Alzan su augusta frente
Los altos montes enriscada, erguida;
Rudas colunas de eternal firmeza
Contra los elementos
Que el tiempo asolador en vano ofende;
Y en paz segura de fragosos vientos
El ancho valle entre sus piés se tiende.
  Allí abreviados, en la mina oscura
Siglos de ardua labor, fúljido crece
El oro en vena rica:
Sus brillos esclarece
El hermoso diamante, y la luz pura
Ya en prismas mil aun tosco multiplica,
La faz de ella inundada,
La hora á la tierra de animarse llega,
Y en su calor prolífico empapada,
Fecunda brota, y su vigor despliega.
  El bosque sacudió la cima hojosa
De sus escelsos hijos: los collados
De yerba se matizan;
Los árboles, cargados
De flor á un tiempo y fruta deliciosa,
La mano que los viste, solemnizan;
Y tú, ó rosa, rompiste
Tu cáliz virjinal, y los favores
Del nuevo vivaz céfiro sentiste,
Bañándolo en balsámicos olores.
  Ufana en sus racimos deleitosos
La vid los largos vástagos derrama,
Ya el néctar preparando
Que en gozo el pecho inflama;
Y los pensiles de Pancaya umbrosos,
Al firmamento en galas emulando,
Exhalan una nube
De etérea suavidad, feudo agradable
Que el ánjel de Sabá volando sube, (*)
Y aceptó en faz de amor el Inefable.
  Mientras siguiendo plácido decia:
Reinen en los altísimas esferas
Los astros esplendentes;
Y en sus vagas carreras
Formen la umbrosa noche, el claro dia,
Y tiempos y estaciones diferentes.
Súbito á la imperiosa

(*) Segun la opinion que da á cada rejion, reino ó provincia por custodio ó protector un ánjel.

Voz de Jehová los astros se inflamaron,
Y á dar su vuelta eterna, silenciosa,
Cual ordenado ejército empezaron.
  Tú entonces, claro Erídano (1), vertiste
Tu luz en urnas de oro: sus divinos
Fuegos prender sintieron
Los soles matutinos;
Y tú, Aquilon, los tuyos recibiste:
A sus inmensas órbitas corrieron
Los cometas brillantes;
Y en su inmóvil quicial el polo viera
Miles en derredor de astros brillantes,
Que contar solo su Hacedor pudiera.
  Las Osas, el Dragon, el Canoro fiero,
El lóbrego Orion, ese lumbroso
Largo surco nevado,
Cinto del cielo hermoso (2),
Y cuanto esmalta fúljido lucero
El manto de la noche pavonado,
A una voz fué: con ella
Poblóse de esplendor el gran vacío;
Y en pos del alba y su riente estrella
Se ostentó el sol en noble señorío.
  Salve, ignífero sol, fuente abundosa
De sempiterna luz, del rubio dia
Padre, señor del cielo,
Tú que hinches de alegría
Su ámbito inmenso, y con tu faz gloriosa
Fecundas creador el bajo suelo;
De tu Hacedor divino
Lumbroso trono en la fuljente altura,
Salve, y su brillo apaguen peregrino
Los astros todos con tu lumbre pura.
  Salve, y próvido inunda en suave llama
Tu hermana celestial, que en paso lento
Ya en el zenit domina,
Y al mundo soñoliento
De su alba rueda tu esplendor derrama.
¡Deidad siempre á los míseros benigna!
¡Luna consoladora!
De tu lóbrega noche el manto estiende
Ante quien de ella te aclamó señora,
Y á un tiempo tanto sol profuso enciende.
  Pero, ¡ah! que él vuelve á su inefable
          {mando:
Silencio, astros lucientes. — *El profundo*
Golfo animado sienta,
Dando de sí fecundo

(1) La constelacion de este nombre.
(2) La via láctea.

Cuanta ave el aire diáfano cortando,
Cuanto pez raro en sus abismos cuenta.—
De escama aquel bruñida
Deslízase fugaz: cual perezoso
Se arrastra incierto de su nueva vida;
Cual á la presa lánzase furioso.
    Y á par que inmóvil en las ciegas rocas
En trémaro falaz (1) su presto fuego
Eléctrico despide,
El incesante juego
Salta el rebaño de las mansas focas.
Cruza el salmon, y el piélago divide
Tras la dulce corriente,
Do en paz deponga sus fecundas ovas;
Y un vulgo inmenso espárcese impaciente
A morar libre entre cerúleas tobas.
    Vió el glacial polo á la ballena fiera
Señora de las olas, cual un dia
La Grecia fabulosa
Su Délos ir decia
Sobre el piélago Ejeo, y la lijera
Dorada anteceder la onda espumosa.
Al tiburon aleve
Con el manso delfin: al ave iguales
Vagar sus hijos por el viento leve (2);
Y á mil gozarse en selvas de corales.
    Selvas, que ornando de purpúrea alfom-
[bra
Las llanuras del mar, en su galana
Espesura repiten
La alta tierra, lozana
Con bosques, prados y agradable sombra.
En formas y matiz allí compiten
Sin cuento los vivientes,
En paz rodando su crustáceo manto;
Y feliz cuaja en perlas esplendentes
La ostra del alba el cristalino llanto.
    Todo es vida y accion: por los menores
Rios revuelven con fugaz presura
Sus nadantes hijuelos:
Mientras el aura pura
Se ve inundar de alados pobladores.
Alzase audaz el águila á los cielos,
Do al sol sus ojos prueba,
Del pueblo volador reina se aclama,

A una altísima roca el nido lleva,
Y en fiero canto á su consorte llama.
    Allí el pavon de su lumbrosa cola,
Tornasolada de esmeraldas y oro,
La rueda ufano tiende;
Y alegre su canoro
Pico soltando por los vientos sola
La alondra, cual un punto inmóvil, pende.
Desplega arrebatada
Sus alas la fragata vagarosa (*);
Y pule al sol el ave celebrada
De Eden las sedas de su pluma hermo-
[sa (**).
    Miles se pierden por el bosque espeso,
Y al ciego encanto del amor se entregan;
O en los floridos prados
Van, vuelven, saltan, juegan.
Cuanto jime en dulcísimo embeleso
Sus ayes filomena lastimados,
Sesga el cisne pompudo
Con alto cuello por el ancho rio;
Y el pavoroso buho en grito agudo
Suspira ya por el silencio umbrío.
    Y todo el pueblo alijero vagando
Se estiende, y goza de su nueva vida;
Y en canora garganta
Con salva repetida
De valle en valle el eco resonando,
Su divino Hacedor alegre canta.
Con paternal ternura
Él los oye y bendice; en arpas de oro
Himnos trinando de inmortal dulzura,
De querubines el radiante coro.
    Vivífica entre tanto su voz suena:
¡Sus! bestias de la tierra. Y de repente
Animándose, lanza
De sí cuanto viviente
Su faz no bien sabida alegre llena.
De las selvas el rey feroz se avanza,
El cuello vedijoso
Con orgullosa pompa sacudiendo;
Y de Eden por el valle deleitoso

---

(1) La raya tremela, especie de raya, cuyas emanaciones eléctricas adormecen cuanto se les presenta. Oppian. Alietic. lib. 2. v. 36.

(2) Los peces volantes, que se hallan así en nuestros mares como en los del ecuador: la *golondrina del mar*, el *milano marino*, etc.

(*) Ave de vuelo tan rápido como incansable, que suele hallarse por los navegantes á 200 leguas de la tierra, á donde vuelve á reposarse y dormir.

(**) El *pájaro del sol*, del *paraiso*, la *manucordiata*, el *ave de Dios*; de la cual se han contado mil fábulas. Sus colores son muy vistosos, y sus plumas cubiertas de unos hilos como de seda delicada, muy buscadas en la India y de gran precio.

Pausado jira, y hórrido rujiendo.
   Un collado cabe él siente y se ajita,
Y hélo súbito vuelto un elefante:
Bullicioso su brio
Muestra el potro en sonante
Casco, y rápido el paso precipita:
Anhela el ciervo por el bosque umbrío,
La cabeza ramosa
Alzando al cielo: mansa la cordera
Bala y pace: la liebre rezelosa
Párase, acecha, escucha en la pradera.
   Vagan por ella en muchedumbre in-
                   [mensa
Las bestias cuantas son, aun de su instinto
Cual despues, ¡ay! no esclavas;
Y aunque en breve recinto
Cabra y lobo hermanados, sin ofensa
Juegan, en grata union mansas con bravas.
Todas ¡oh malogrado
Tiempo! ¡suerte feliz! ¡santa armonia!
En paz gozando del glorioso estado,
En que inocente el mundo se adormía.
   Así impaciente con su frente ruda
Por juego el bravo toro el aire hiere:
Sin daño el tigre fiero
Sus garras probar quiere:
Brama el rinoceronte en voz sañuda;
Y tras la pista el can cruza lijero.
Mientras con la cabeza
Las copas de los árboles tocando,
Entre ellas con gallarda lijereza
La pintada jirafa (*) huye saltando.
   Cuanto vive y alienta del florido
Mas hondo valle hasta la cima helada
Del Ande, que en el cielo
Desparece encumbrada,
Todo, todo el vivir ha recibido
De Jehová, que lo esparce por el suelo
Con diestra valedora.
Los hijos de la tierra en grato acento
Del aquilon lo anuncian á la aurora,
Jehová, gloria á Jehová, sonando el viento.
Cuando hubo un gran silencio, misterioso
Su obra mayor el Hacedor ordena:
Cielo y tierra asombrados
Escuchaban: se llena
Atónito de un pasmo respetuoso
El bando fiel de espíritus alados,

   (*) El mas alto, gallardo y bien manchado de los cuadrúpedos, cuya estatura pasa de 15 piés.

Y todo enmudecia.
Jehová entonces, *al hombre*, en su hondo
                        [seno
A imájen nuestra hagamos, se decia,
Y el barro el hombre fué de beldad lleno:
   Ardua labor de perfeccion sublime,
Con que inefable su universo sella.
En su saber profundo
Complaciéndose en ella,
Su aliento celestial vida le imprime,
Y aclámale señor del ancho mundo.
Ya en él hay, ¡oh portento!
Quien del clavel los ámbares aspire,
Oiga al ave su armónico concento,
Y la hoguera del sol absorto admire.
   Hay quien feliz del acabado enlace
De la divina creacion anhele
Sondar las perfecciones;
Quien los cielos nivele;
Quien, aunque inmenso, al universo abra-
                        [ze,
Y en prez alcanze de tan altos dones.
Que hasta allí todo mudo,
Ciego, insensible á maravilla tanta,
Jiró en las sombras de un instinto rudo:
Él solo á lo infinito se levanta.
   ¡Qué augusta majestad! ¡Qué jentileza!
¡Qué acuerdo en movimientos y figura!
¡Qué gracia encantadora!
Sí: todo le asegura
Que es para el infinito. Su belleza
Cuanto do quier hay bello, en sí atesora.
Albo trono la frente
De inocente cándor, escelso mira
Con faz al cielo plácida, riente;
Y del vago horizonte en torno jira.
   Desplégase la rosa delicada
En su risueña boca, que sentido
Dar sabe al aura leve,
El material sonido
Fácil tornando en plática ordenada,
Que útil enseña, apasionada mueve;
Los ojos retratando
Fiel, vivo espejo, do se pinta el alma,
Ya su ternura ó su dolor llorando,
Ya en mas benigna luz su alegre calma.
   Mientras la mente con el ánjel vuela,
Y á su inmenso Hacedor alzarse osa;
Y del brillo encantado
De la virtud gloriosa,
Otra patria mejor gozoso anhela.

A su inefable posesion llamado,
Allá en dulce fatiga
Lánzase en alas de oro la esperanza;
Nada su ser y noble ansiar mitiga;
Ni el mismo Eden á que la olvide, alcanza.
    Eden feliz, que la atencion divina
Le plantó liberal, de almo reposo
Fausta mansion, que encierra
Cuanto mas deleitoso
Hubo, y de encantos y pompa peregrina,
Rico verjel del dueño de la tierra,
¡Qué de fuentes y flores,
Qué de frutas suavísimas guardabas!
En tus vitales céfiros ¡qué olores,
Qué amable sombra á la inocencia dabas!
    Allí floridas las alegres sienes
De eterna juventud gozar debia,
Sin penas ni desvelo,
Santísima alegría;
Bosquejo fiel de los inmensos bienes
Que en perenne raudal le guarda el cielo,
Cuando en nueva dulzura
Súbito se inundó, viendo á la amable
Eva á su lado, que inocente y pura
Formó de él en su ayuda el Inefable.
    Hermosísimo don, milagro raro
De gracia y perfeccion, do resplandece
Muy mas la escelsa idea:
Mira tierna, y parece
Que en sus ojos se anima un sol mas claro.
Su aliento, cual el céfiro, recrea:
Si rie, la mañana
Nace en su frente, y sus mejillas dora:
Marcha, y se inclina á su esveltez lozana
La alta palma, del Líbano señora.
    De los vivientes el inmenso bando
Por reina la aclamó, mientra en la cumbre
Del cielo respetuoso
El sol de su áurea lumbre
Sus miembros va castísimos bañando.
Gratamente á su rayo delicioso
Su cuerpo se estremece:
La embriaga su nariz de ámbar suave:
Ve absorta el cielo: el trino la embebece
Del colorin: y dó atender no sabe.
    Que ya en su seno la celeste llama
De afectos mil purísimos se enciende;
Ya sensible palpita;
Admira, y se sorprende:
Vese tan bella, y cariñosa se ama;

Y entre donosa timidez se ajita.
La mano á una flor llega,
Y á cortarla dudosa aun no se atreve:
La encanta el ave que volando juega,
Y ansia seguirla por el aura leve.
    El comun padre estático la admira,
Y Eva se inunda en virjinal ternura.
Desciende el amor santo
De la estrellada altura,
Y en mutuo ardor su corazon suspira,
Ya en lazo atados de divino encanto.
¡Ser de mi ser querido!
Adan esclama: en tu inocencia hermosa
Hallo el bien sumo al embeleso unido;
Y ella en su seno inclinase amorosa.
    ¿Oh sombra! ¡oh bien fugaz! ¡fatal deseo
De vedado saber! La compañera
De tan alto destino
Cayó en el mal lijera,
Sedujo al infeliz..... ¡Cielos! ¡qué veo!
En faz sañuda un querubin divino,
Y espada centellante
Les cierra el santo Eden: la pena aguda
De Adan anubla el varonil semblante;
Y Eva á su lado va llorosa y muda.
    Huyen los brutos su dañado imperio:
Sorda la tierra su favor les niega;
Y su frente culpable
Hiere la muerte ciega.....
¡Oh culpa felicísima! ¡ó misterio!
¡Víctima! ¡redencion! ¡precio inefable!
Ya es gloria la caida.
Llover el claro Empíreo al Deseado
Miro, á su mismo Autor mi carne unida,
Y al polvo sobre el ánjel sublimado.
¡Lenguas del universo, criaturas
De Dios, almos espíritus! cantemos
Bondad tan infinita;
Y el loor que le demos,
Suba cual grato incienso á las alturas,
Do en pura luz inaccesible habita
Su celestial grandeza.
Ordenador de mundos soberano,
En cuanto obró de tu saber la alteza,
Brilla en gracias magnífica tu mano.
    Tus obras son cual tuyas, acabadas,
Buenas, próvidas, sabias, y te admiro
Do quier omnipotente.
Sobre los cielos jiro,
Cruzo del mar las bóvedas saladas,

De las heladas zonas á la ardiente;
Y todo es un portento.
¡Sublime creacion! al bosquejarte,

Falta al númen atónito el aliento:
Jamás la mente acaba de admirarte.

LA CAIDA DE LUZBEL,
Canto épico.

LA CAIDA DE LUZBEL.

Dí, musa celestial, de dónde pudo
Subir de Dios al trono luminoso
La atroz discordia, de Luzbel el crudo
Infiel tumulto, el brazo poderoso
Que su frente postró, cuando sañudo
Fijar quiso triunfante y orgulloso
Junto á la silla de Jehová su silla,
Negándose á doblarle la rodilla.

Por qué el anjel de luz fué trasformado
En sombra horrible en el fatal momento
Que cayó al hondo abismo derrocado,
Mansion de luto y fúnebre lamento,
Con la hueste precita do aferrado
Con frente audaz en su nefario intento,
Sufre sin fin bajo la diestra airada
Del Señor, para herirle siempre alzada.

Tú que allá en Pátmos revelar quisiste
Tan gran misterio á tu profeta santo;
Y el Cordero sin mancha ver le hiciste,
Por quien ganado fuera triunfo tanto;
Tú que el trono á sus ojos descubriste,
Ante quien siempre el inefable canto
Se tributa de altísima alabanza,
Que humano oido á percibir no alcanza:

Tú, Espíritu de Dios, que el Dragon
[fiero
Le mostraste y la lid ardua, dudosa,
En que triunfó Miguel, cayó el Lucero,
Y á Dios subió la humanidad dichosa:
Ven, fácil, ven, que con tu auxilio espero,
Si es mortal voz á tanto poderosa,
Las venganzas decir del Invencible,
Y del soberbio el precipicio horrible.

En el principio, el brazo omnipotente

Los cielos estendido acaso habia,
Y en su ancho espacio el escuadron luciente
De soles ya ordenado discurria;
En la nada tal vez confusamente
La inmensa creacion se contenia,
Silenciosa aguardando el dulce acento
De su eficaz divino mandamiento.

Quiso en sus ricos dones deslumbrado
Luzbel al monte del Señor subirse;
Y allí en silla de luz ante él sentado,
Con su inmenso Hacedor loco medirse.
Sonó su aleve orgullo, y fué aclamado
De mil ciegos espíritus, que á unirse
Corrieron al infiel, y en guerra impía
El reino de la paz turbado ardia.

Entendió que en el tiempo (así en su
[seno
Lo acordó el Padre) cabe Dios subido
Seria el Hijo del hombre de honor lleno,
Y el polvo vil en él ennoblecido.
Lo entendió: vióse; y de consejo ajeno,
Igual se quiso hacer con el Unjido,
Gritando arrebatado y orgulloso
Así en medio el ejército glorioso:

¡Otro ser sobre mí!... ¡leyes tan duras
Sufrirá mi nobleza! ¡colocarse
La baja humanidad sobre las puras
Anjélicas sustancias! ¡humillarse
Debe Luzbel! ¡Luzbel! ¡oh desventuras!
¡Oh eterna infamia! No, no ha de jactarse
De que se doble en servidumbre odiosa
Ante el polvo mi esencia luminosa.

Anjeles, querubines, ¿entendido
Lo habeis? ¿ó yo me engaño? ¿Nuestra
Gloria y nuestro ser eterno esclavecido
De qué nos sirven ya? la ejecutoria

VI.

De dioses dónde está? ¿dónde se han ido
Los timbres de que hacemos vanagloria,
Si el lodo, el lodo vil se nos prefiere,
Y el tirano en su antojo así lo quiere?
¡Oh confusion! ¡oh mengua! ¿la debida
Merced es esta del servir contino
Su deidad impotente? Merecida,
Merecida es la ley, pues el camino
Le abrió á mandar la voluntad rendida.
Mas crédulo se engaña: de su indino
Imperio huyamos ya; y aquel le adore,
Que su afrentosa tiranía ignore.
    Iguales somos en la esencia, iguales
En luz y potestad: ¿qué le debemos?
¿Acaso el don odioso de inmortales
Para acatarle esclavos? ¿llevarémos
En vil silencio abatimientos tales
Por siempre, invictos príncipes?.. hollemos
El pacto de alianza y vituperio;
Y lejos dél alzemos otro imperio.
    Al aquilon corramos; y divida
La inmensidad del suyo nuestro estado.
Firmes, firmes duremos, y en renda
Súplica le veréis. El principado
Debido es á Luzbel: mi planta mida
Las cumbres de su gloria; en el sagrado
Monte hollaré la luz á él semejante,
Mayor que ese su Hijo, y dél triunfante.
    Yo reinaré... Clamaba el altanero
Apóstata, y la turba de precitos
Su ímpia furia con plauso lisonjero
Loca celebra, y sediciosos gritos.
No así el vasto océano, cuando fiero
Los lindes rompe por su autor prescritos,
Derramándose horrísono, espumoso
Retumba entre las rocas espantoso.
    Suena el reino de Dios confusamente
Con la execrable sedicion turbado;
Y el ánjel fiero se sublima, y siente
Crecer su orgullo viéndose aclamado.
En un punto y mas suelto que la mente
Del bando del Altísimo apartado,
Corre mil veces mas con fugaz vuelo,
Que dista del abismo el alto cielo.
    Tan rápido se huyó, porque á la activa
Presteza de un espíritu la inmensa
Estension es un punto: en pos la altiva
Proterva hueste como nube densa
Su lado infiel circunda fujitiva;
Y aprestándose firme á la defensa,
Reine, gritaba con bramido insano,
Reine el que nos redime del tirano.
    Del hórrido tumulto el alarido
Vaga en el ancho espacio; y se renueva
Por encontrados ecos repetido,
Que al solio escelso la justicia lleva:
De las sonantes armas el ruido
Dobla el triste fragor; y en furia ciego
Clamando libertad la turba loca,
A cruda lid á su Hacedor provoca.
    Reverente entre tanto y silencioso,
Lleno de un pavor santo, se estrechaba
Ante el trono el ejército dichoso
De los justos, y á Dios firme adoraba;
Temblando que su brazo poderoso
Contra la turba vil que le insultaba,
De su inmenso furor el dique abriese,
Y en un punto á la nada los volviese.
    Mas el Escelso su jactancia impía
Burlando en el sagrario rutilante,
Do entre nubes altísimas yacia,
De su trono de gloria, con semblante
De inalterable majestad, oia
Los fieros del arcánjel arrogante,
Revolviendo su inmensa justa pena
En la honda mente de consejos llena.
    Y al Hijo vuelto, con la faz bañada
En amor é inefable complacencia,
Hijo, le empezó á hablar, en quien se
                                [agrada
Tu almo padre, figura de mi esencia,
Por los siglos y mas á ti fué dada
La plenitud del cetro y la potencia.
Todo se postre á ti, delicia mia,
Y consorte en mi escelsa monarquía.
    Así en mi eternidad lo he pronunciado
Con firme, irrefragable juramento,
Luzbel va con los suyos despeñado
Por la senda del mal: yo les consiento
Guardar su obstinacion: helo entregado,
Cual leve arista al ímpetu del viento,
A su vano sentido, en él se afirme;
Y ose, pues que lo quiere, resistirme.
    Mas tema, tema de mi diestra el brio.
Yo Dios de las venganzas, ¿del torrente
De mi furor dó huirá? su cuello impio
Conculcará tu planta: y reverente
Vendrá: te adorará como á igual mio,
Y confundido en su furor demente,
Dios, aunque tarde, clamará, Dios era;
Y por ti jurará su lengua fiera.
    Que yo te suscité y armé del trueno

De mi cólera; allá cuando en la cumbre
De mi asiento real te unjí en mi seno.
Y vosotros en justa servidumbre
Al Verbo confesad de gloria lleno,
A la Lumbre nacida de la Lumbre,
Anjeles; y aclamad mi augusto Hijo
En himnos de alabanza y regocijo.—
 Habló el Señor; y el Verbo reclinado
En su seno divino con amable
Aspecto, lleno de bondad y agrado,
Se complació en su plática inefable.
Atónito y rendido el pueblo alado,
Empezó al punto el cántico aceptable
De eterna adoracion, las arpas de oro
Armónicas siguiendo el almo coro.
 ¡Señor, Dios Sabaot! reiné cumplida
Tu inmensa voluntad: tú poderoso,
Tú dador inefable de la vida,
Tu Verbo de su asiento alto lumbroso
Mire su feliz tropa ante él rendida,
Que ensalza fiel su nombre glorioso;
Y tu deidad y su deidad confiesa:
Y el santo coro en su cantar no cesa.
 Todo era gozo y salvas: el gran dia
En que en órden se puso el cáos oscuro,
Cuando á la voz de Dios el sol nacia
Como en carro triunfal, ni fué tan puro,
Ni semejó su altísima alegría.
Aquel solo que vió, vencido el duro
Infierno, entrar á Cristo en la alta esfera
De justos rodeado, igual le fuera.
 Cuando en medio del júbilo imperiosa
Tronó la voz del Padre; y de repente
Cesó el aplauso en la mansion gloriosa,
Y él mirando á Miguel: resplandeciente
Paraninfo, mi escuadra numerosa
Guia, le manda, y rinde al impotente
Enemigo de Dios: ríndelo; y muestra
La fuerza en él de mi sagrada diestra.
 Tu zelo fiel he visto con agrado,
Y por él de mi ejército invencible
Príncipe te escojí: yo he confortado
Tu brazo: nada temas: mi terrible
Rayo fulmina, y caiga derrocado
Rujiendo el bando pérfido al horrible
Abismo, donde el fuego eterno arde;
Y que temple mi cólera no aguarde.
 Los montes turba: los collados huella:
Y espárcelos cual polvo.—Así decia
La Justicia inefable: humilde ante ella
Con sus doradas alas se cubria

Silencioso el arcánjel, la faz bella
Poner no osando al fuego que salia
A manera de un rápido torrente
Del rostro del airado Omnipotente.
 Ardia en llamas vivas la montaña:
Y en nubes de humo el trono luminoso
Se oscureció: tronó su inmensa saña
Tres veces con son hórrido, espantoso;
Y el escuadron que cerca le acompaña
De puros serafines, pavoroso
Se postró ante su faz, clamando: gloria,
Gloria á ti, Señor Dios de la victoria.
 Parte Miguel al punto rodeado
De miles de millares de escojidos,
Que en el reino de paz tienen guardado
Su eterno galardon, esclarecidos
Hijos de luz con el blason sagrado
Del Cordero en la frente distiguidos,
En fuerza confirmados invencible,
Y en las manos el rayo irresistible.
 Las olas que sin fin rompe en la tierra
La mar, cuando sus playas bate airada,
La inmensa arena que su abismo encierra,
Suma hicieran bien leve, comparada
Con la fiel turba que á la sacra guerra
Se apresta, corre, llega acelerada:
Ni por esto el Señor solo se via,
Que otra hueste aun mayor corte le hacia.
 ¡Oh musa celestial, tú que asististe
Al alarde glorioso, y las hileras
De los fuljentes querubines viste
Tendidas ya las ínclitas banderas;
Los nombres díme que en el cielo oiste
De tanto campeon, que en duraderas
Láminas guarda el libro de la vida:
Honra á sus altos triunfos bien debida!
 Callarlos el Altísimo ha querido;
Ni un humilde mortal, aunque tocado
Fuese su labio audaz del encendido
Carbon con que el profeta fué abrasado,
A contarlos bastara: el merecido
Tributo de loor á ellos negado,
Sagrada musa, á los caudillos demos;
Y sus ínclitos nombres celebremos.
 En alas cuatro el batallon divino
De fondo impenetrable parecia
La ciudad, que de jaspes y oro fino
El águila de Dios labrada un dia
Vió del cielo bajar. Cual matutino
Sol, al frente Miguel resplandecia,
Y de oriente á occidente cobijaba;

Cuando sus anchas alas desplegaba.
  Menos temible entre la zarza ardiente
Le vió en Oreb el mayoral sagrado,
O el grande Josué con el luciente
Acero en Jericó desenvainado:
Su aspecto un fuego vivo, en la alba
[frente
¿Quién como Dios? impreso, el brazo al-
[zado
Con firme accion á combatir dispuesto
Y un rayo en él á fulminarlo presto.
  Gabriel, fuerza de Dios, la diestra guia:
No cual despues pacífico y rendido
Trajo el *Ave* suavísimo á María,
Nuncio feliz; mas del furor tendido
Ahora el arco potente, parecia
Su voz la voz del trueno, el encendido
Rostro un horno ferviente, el recio aliento
Cual huracan del aquilon violento.
  Rije Uriel el contrapuesto lado,
Espíritu á Dios fiel, de una nevada
Estola y faja de oro circundado,
Y en la alta diestra la fulmínea espada.
Con loriga de fuego el pecho armado
Y en rubia luz la frente coronada,
Tremendo Rafael la marcha cierra;
Y él solo basta á fenecer la guerra.
  Tales fueran los grandes jenerales,
Que al ejército el Todopoderoso
De sus furores dió, todos iguales
En zelo y en lealtad, del ambicioso
Luzbel y sus sacrílegos parciales
Enemigos sin fin; y el pecho honroso
Ardiendo en comunal alto deseo
De hacer sus frentes de su pié trofeo.
  Unense en líneas, mil y mil se ordenan
Y millares sin cuento; blandamente
Sus grandes alas al plegarse suenan;
Y en rededor el delicado ambiente
De olor de gloria y mil esencias llenan:
Sigue á una voz el himno reverente
De loor al Escelso: y acabado,
De un vuelo el gran caudillo en medio
                     alzado,
  Cual un cometa hermoso: campeones,
Les habla, en quien su honor el Señor fia,
Y alistó la lealtad en sus pendones,
De Luzbel la sacrílega osadía
Visteis; y por sus locas sujestiones
La tercer parte de astros que servia
Obsequiosa ante el trono, deslumbrada

De su inefable autor mofar osada.
  ¡Insensatos! ¿ignoran que su mano
Los sacó de la nada, y que si aleja
De sobre ellos su aliento soberano,
A nada tornarán? ¿Burlar se deja?
¿O el rayo asolador enciende en vano?
Este rayo nos da su justa queja
Venguemos; y en nosotros el impío
De Dios sienta el inmenso poderío.
  Hijos suyos, esclavos venturosos
Somos de su bondad: serlo queremos,
Y estos son nuestros timbres mas glorio-
[sos.
Él con nosotros va: ¿de qué tememos?
¿Quién como Dios?—Los vítores gozosos
No le dejan seguir; y á los estremos
Del infinito el eco los llevaba:
Dios, Dios, ¿quién contra Dios? solo so-
[naba.
  Las prestas alas súbito deplegan
Entre salvas de bélica armonía;
Y mas veloces que los rayos llegan
Del solar globo hasta la tierra umbría,
Con sesgo vuelo rápidos navegan
Del vasto espacio la rejion vacía,
Con quien el ancha tierra fuera nada,
Toda en sola una línea prolongada.
  No llega en resplandor á los radiantes
Paraninfos la nube mas hermosa,
Que al mar cayendo el sol de mil cam-
[biantes
Riquísimos matiza, ó tan vistosa,
Boreal aurora en ondas centellantes
Se descubre al Lápon: solo medrosa
En el medio una nube amenazaba,
Que las plagas eternas encerraba:
  Plagas que allá en el hondo tenebroso
Pozo del ciego abismo á su mandado
Prestas el brazo apremia poderoso.
¡Mas ay! que el dia del furor llegado,
Las soltaré otra vez: el sol lumbroso
Irá tinto de sangre y eclipsado:
Arderá el vasto mar; arderá el suelo;
Y á pedazos caerá deshecho el cielo.
  Llega del aquilon á los distritos
La milicia invisible, donde habia
El apóstata terco en sus delitos
Fijado la nefanda tiranía.
Allí una banda inmensa de precitos
Ufana á todas partes le seguia,
Creyéndose por él libre y segura:

CANTO ÉPICO.

Ciega, inflexible en su infernal locura.
　La execracion blasfema, el insolente
Escarnecer de Dios son sus canciones,
Sus mas gratos saludos. Quién demente
Se jacta de escederle en los blasones:
Quién a arrastrar el solio refuljente
Llevar quiere los fieros escuadrones:
Quién se finje un Jehová: quién al im-
　　　　　　　　　　　　　　　　[pío
Medita ya usurpar el poderío.
　Él entre tanto un trono levantado
Del monte del Oprobio en la alta cumbre,
Con mentido fulgor, y en él sentado
Concita la confusa muchedumbre.
Satan se jacta indómito á su lado,
Casi con él igual; aunque la lumbre
De su faz apagado antes se hubiera,
Cuando con Dios airado contendiera.
　Síguele Belzebut en ira ardiendo,
A una gran torre igual en la estatura,
A quien la guerra y sanguinoso estruendo
Siempre agradó: con majestad oscura
Del gran Nesroch, que príncipe tremendo
Es de los principados, la segura
Frente entre las lejiones se sublima;
A todos su soberbia dando grima.
　De otra parte Moloch está horroroso,
Biforme, en sangre tinto, en la montaña
Creyéndose de Dios frente al glorioso
Solio, Dagon, de su tremenda saña
Triste ejemplo, Fegor torpe, asqueroso,
Remon y Belial que le acompaña,
Espíritu sin ley, protervo, osado,
A Luzbel cercan de uno y otro lado;
　Y otros príncipes mil que allá nacieron
En las plagas de luz pura inefable,
Y eternos bienes disfrutar pudieron;
Mas su dureza los perdió execrable.
Del libro santo de la vida fueron
Con sentencia justísima inmutable,
Arrancados sus nombres, y una impía
Blasfemia el pronunciarlos hoy seria.
　Pero él soberbio en todo remedando
Del sumo Altitonante el señorío,
Su forma vasta, desmedida alzando,
En medio está cual un planeta umbrío
Que á todos amenaza; y señalando
Con el cetro silencio á su albedrío
La confusion blasfema sosegada,
Así empieza con furia despeñada:
　¿Del antiguo tirano la indolencia

No veis? ¿venir á combatirnos osa?
¿Dónde está su aclamada omnipotencia?
Yo le veo temblar; y á su medrosa
Turba de serafines la clemencia
Implorar de Luzbel... ¡Memoria odiosa!
Viles, viles esclavos le servimos;
Mas la torpe cadena al fin rompimos.
　Invictas potestades, conozcamos
Nuestra nobleza clara; ignominioso
Todo imperio nos es: libres seamos.
¿Cómo servir el ánjel?... Tan glorioso
Teson á todo trance mantengamos.
¿Es mas ese Jehová, que al yugo odioso
Rendirnos quiere? Puros, inmortales,
Somos dioses cual él, y en todo iguales.
　Su luz mentida deslumbrarnos pudo,
Porque entre rayos escondió la frente;
Temblamos ciegos, y á su mando crudo
Se abatió humilde la cerviz paciente.
Yo, yo os lo descubrí; vedle desnudo
De su falso poder; en el fuljente
Reino que indigno obtuvo, le asaltemos,
Y sus tímidas haces debelemos.
　Su silla ocuparé... ¡Jactancia impía!
El gran Miguel de súbito asomando,
Clama con voz de trueno: ¡tu osadía
Bastó á decirla! Pérfido, ¿hasta cuándo
Con tu Dios pugnarás? ¿en qué confía
Tu maldad loca á tu Hacedor juzgando?
¿Querrán tus pensamientos execrables
Penetrar sus consejos insondables?
　Tan lejos de ti van, cual de la senda
Tú del bien, y en tu réprobo sentido
Abandonado corres: mas tremenda
Su indignacion santísima ha venido
De lleno sobre ti, cual plaga horrenda
De eternal perdicion: apercibido
El arco está en su mano: tú el primero
Caerás, estrago de su golpe fiero.
　¡Ay protervo! ¡ay de ti! ciegos par-
　　　　　　　　　　　　　　[ciales,
Que su demencia deslumbró orgullosa,
Y falaz precipita á inmensos males,
¡Ay de vosotros! ¡ay! ¿por la dichosa
Obediencia al Señor sus infernales
Imperios conmutais? ¡oh lastimosa
Ceguedad! ¿vuestro dueño soberano
Dejais por la obra infame de su mano?
　Al Unjido del Padre, á su Hijo augusto,
Igual con él, que en su divina mente
Sin principio enjendró, ¿negais el justo

Feudo de adoracion? él vuestra frente
Hollará triunfador, y tan injusto
Teson disipará. Luzbel demente,
¡Hollarme! ¡hollarme á mí! ¡blasfemia!
[clama,
Y presto rayo en cólera se inflama.

Sus pérfidos parciales á él unidos
Claman tambien: ¡blasfemia! y con tre-
[mendo
Tumulto y discordantes alaridos
A batallar se aprestan, repitiendo:
¡Blasfemia, audaz blasfemia escandecidos.
Este fué el grito del combate horrendo,
En que el dragon postrado y sus secuaces,
Triunfó el Señor y sus potentes haces.

¡Quién contarlo sabrá! ¡cómo en hu-
[mano
Sentido caber puede! ¿dónde ciego
Voy? ¿qué estrépito se oye? Del tirano
Los golpes son, el centellante fuego
Del rayo de Miguel. Ven, soberano
Espíritu, ven pio al tierno ruego
De un mortal que de Dios las iras canta:
Oid todos, y temblad su diestra santa.

Ordénase de presto el feroz bando,
Y al ejército fiel su inmensa frente
Toda de fuego opone, como cuándo
Arde un antiguo bosque, y refuljente
La llama al cielo sube rechinando;
Que el trueno y rayo, y torbellino ar-
[diente,
Si de temple inferior, tambien llevaba,
Y su soberbia misma los forjaba.

Cada cual se imajina un Dios terrible
Lleno de majestad y poderío;
Y con furor avanza irresistible.
Los gritos y humo y resplandor sombrío
Los trances doblan del encuentro horrible;
Y la infernal discordia con impío
Soplo las líneas corre, enciende, incita,
Y á todos mas y mas los precipita.

Luzbel, cual el relámpago lijero
Vaga por todas partes, lo mas rudo
Del combate buscando, insta severo;
Alienta fervoroso, y firme escudo
De las lejiones es; gritando fiero:
Cargad, dioses, cargad, que de este crudo
Punto el quedar en libertad gloriosa
Pende; ó volver á la cadena odiosa.

Del sumo Rey el tercio numeroso
No así se ajita audaz, ni en furor tanto,
Sino firme, paciente, silencioso.
El órden sigue del caudillo santo:
Semejante á un nublado tempestoso,
Que inmóvil á la vista pone espanto;
Pero en todos bien claro Dios se via,
Y el inmenso poder que los rejia.

El choque llega al fin, el choque hor-
[rendo.
Estréchanse las líneas, los veloces
Rayos chispeando cruzan, el estruendo
Del trueno brama entre discordes voces.
Gabriel, el gran Gabriel vibra un tre-
[mendo
Huracan, que derriba los atroces
Parciales de Asmodeo, y pasa osado,
Hollando invicto el escuadron postrado.

La confusion los turba, la rabiosa
Discordia á unirlos corre, y con demente
Furia los lanza entre la lid dudosa,
Va delante, y les presta el rayo ardiente;
Mas del ánjel la banda victoriosa,
Cual duro escollo opuesto al impotente
Proceloso batir del oceano,
Firme, inmóvil resiste el choque insano.

Todo con él se estremeció medroso;
Solo el monte en que fija la morada
Tiene el Escelso, en eternal reposo
Duró quieto, de donde en su emcumbrada
Silla velado en esplendor glorioso,
Su ejército en la accion ruda obstinada,
Con faz de gloria inalterable via,
Y la victoria ante sus piés yacia.

Así el ciego conflicto y teson crece,
El relámpago presto centellea,
Y el reino de las luces se oscurece
En nubes de humo negro: aquí guerrea,
Línea con línea firme; allí se ofrece
Un nuevo choque y órden de pelea:
Dos lejiones se ven en alto alzarse;
Y una con otra crudas aferrarse.

Y cual dos vastas nubes que en su seno,
La desolacion llevan, impelidas
De huracanes contrarios, el sereno
Cielo con llamas turban repetidas,
Y en sus cóncavos jime ronco el trueno;
Así en sus raudas alas sostenidas,
Violentas chocan y discordes claman;
Y en ráfagas de luz todo lo inflaman.

Las plagas del Señor, sus eternales
Plagas entónces hórridas resuenan:
Azóranse las huestes infernales,

Y de atroz rabia y confusion se llenan.
Mas tornan fieras de sus crudos males
Y otra vez y otras mil se desordenan:
Hiere el fiel bando, hiere, y el impío,
Mas ciego, carga en su impotente brio.

Ni hay ceder por ningunos: los dañados
Anjeles cada vez mas inflexibles
Y en su letal orgullo mas cerrados:
Los altos paraninfos de invisibles
Esfuerzos sostenidos, y abrasados
Por la causa de Dios. ¡Cuántos terribles
Trances y encuentros, y batallas fieras,
Sacra musa, en un punto entónces vieras!

Que cada cual á derrocar bastaba
Este nuestro universo al cáos oscuro,
Solo al Señor menor; y batallaba
Contra otra igual virtud. Si en su ser puro
La sustancia del ánjel fuese esclava
De la muerte fatal, con cada duro
Golpe de un querubin mil fenecieran,
Y al primer choque todos ya no fueran.

Porque así se cargaban, como cuando
Consumados los siglos, en el cielo
La pavorosa trompa resonando,
Se hundan los montes al abismo, el suelo
Se suba á las estrellas, fluctuando
Los astros choquen entre sí, de duelo
Se vista el dia; y caiga despeñada
Naturaleza al seno de la nada.

Por todas partes ínclitas acciones
Se obran á par: con ímpetu invencible
Postra de Belzebut los batallones
De Rafael la diestra irresistible:
Al trueno asolador los campeones
Mas obstinados ceden: el horrible
Caudillo ante sus piés ciego, perdido
Cae; empero sin darse por rendido.

Satanás vuela á darle presta ayuda
Seguido de millares; mas la mano
De Uriel le detiene; de su aguda
Centella herido, y en rencor insano
Ardiendo Moloch yace: la ceñuda
Frente de Belial, que el soberano
Esfuerzo de Gabriel probar queria,
Tambien hollada ante su pié yacia.

Y tú, almo jeneral, ¿en cuánto hor-
[rendo
Trance te viste? ¿á cuántos debelaste?
¿Quién decirlo podrá? con tu tremendo
Rayo devastador á mil cargaste,
Rendiste á miles: de Jehová luciendo
La inefable virtud atrás dejaste;
Al rápido huracan del impío bando
Las largas filas súbito arrasando.

Otro blason mas ínclito te espera:
Ser el impuro príncipe debia
Víctima de su diestra: en rabia fiera
Viendo desórden tal sin seso ardia;
Y entre mil rayos de una en otra hilera
Dando á todos aliento discurria:
A quien cubre, á quien hiere, incita, clama;
Y á singular combate á Miguel llama,

Gritando: Anjel cobarde, vergonzoso
Ministro del Tirano, á quien mas gusta
Que ser libre y ser Dios, su imperio odioso,
Mercenario cantor, siempre en injusta
Adoracion rendido, temeroso
No huyas de mi furor, si no te asusta
La escelsa diestra que invencible osa
A el ánjel dar su libertad gloriosa.

Ven; no te aplaudas ya, porque han
[cejado
Tal vez mis campeones inflexibles:
En rebelion tan justa despeñados,
Nuestros odios serán inestinguibles:
Opondré al de tu Dios un nuevo estado;
Y Luzbel reinaré. Guerras, horribles
Guerras levantaré: tema en su trono,
Tema mi eterno, mi implacable encono.

Cesa, nefario, apóstata atrevido,
Autor del mal, que la discordia impía
En el reino de Dios has encendido:
Su maldicion te oprima; y tu osadía
De su siervo reciba el merecido
Galardon esta vez. — Así decia,
Respondiendo Miguel; y el brazo alzaba,
Que el Altísimo mismo confortaba.

Uno para otro parten mas veloces
Que va la vista rápida: el estruendo
Del trueno los seguia: á los atroces
Golpes tiembla el espacio en son horrendo
Y arde el tirano en ímpetus feroces.
Pero el ánjel de luz, fiel repitiendo
¿Quién como Dios? un rayo agudo vibra,
Al que el estrago del protervo libra.

Ibale á despedir sobre él cargado,
Cuando el cordero súbito se ofrece
En su trono de gloria, y circundado
Del íris entre nubes resplandece,
Que así el Padre en su seno lo ha orde-
[nado;
Y á él solo el alto triunfo pertenece.

Diez mil miles delante armados vuelan,
Y otros y mas en su servicio velan.
  Los pasos le allanaba un mar de fuego;
Y el terror y el espanto le seguian.
Cesó al verle la accion: perdido y ciego
Tembló Luzbel: sus fuertes se cubrian
Deslumbrados la faz, mientras en juego
Plácido recibiéndole corrian
Las seráficas huestes: Santo, Santo,
Repitiendo delante en dulce canto.
  A ti solo victoria, ó Poderoso,
Pues se alza sobre todo tu grandeza.
¿Quién se opondrá á tu brazo glorioso,
De los siglos Señor? la fortaleza
A tu derecha está, tú, belicoso,
Tú eres grande y escelso: empieza, empieza
Tus venganzas, ó rey; y la traidora
Turba ahuyente tu diestra triunfadora.
  Él se alzó sobre el trono, y de su asiento
Corrió otro mar de fuego; el detenido
Rayo el ánjel fulmina, y sin aliento
Cae bramando el Dragon ante él vencido.
Disipóse cual humo al raudo viento,
Seguida del ejército escojido
Su infiel tropa; y la altísima morada
La echó de sí al abismo despeñada.

ELEJIAS MORALES.

ELEJIA I.

EL DELEITE Y LA VIRTUD.

¡Oh loca ceguedad! ¿será que rompa
Las cadenas que me atan con la tierra?
¿Oh dejaré que el ocio me corrompa?
  ¿Rebelaréme al vicio, y cruda guerra
Le haré con firme pecho? ¿ó comunero
Con el vulgo seré, que siempre yerra?
  ¿Osaré declararme compañero
Del bando vencedor, que heroico pisa
De la virtud el áspero sendero?
  ¿Seré del pueblo la cancion y risa?
¿O su malsana vanidad siguiendo,
Correré á mi despeño aun mas aprisa?
  Las altísimas cumbres que estoy viendo,
Van del honor al templo... Allí me llama,
Allí el deleite plácido riendo.
  Sus vinos, cebo al paladar, derrama
En trasparentes copas, con su fuego
El ya movido corazon me inflama.
  ¡A quién no arrastrarán el blando ruego,
La música y balsámicos olores,
Y de tanto amador la trisca y juego!
  Toda es gala la tierra y lindas flores,
Del céfiro adormece el manso aliento,
Los trinos de las aves son amores.
  Irme mal grado yo tras ellas siento:
La razon me detiene: el apetito
Aguija, y corre mas veloz que el viento.
  ¿Será, me dice, disfrutar delito
Los frescos valles que á la vista tienes?
¿O yerro entrar en tan feliz distrito?
  ¿No ves los lisonjeros parabienes,
Con que la alegre turba solicita
Que á gozar corras sus inmensos bienes?
  Naturaleza próvida te incita,
Y su abundante mesa te prepara:
¿Sordo serás, cuando placer te grita?
  Escúchala; y no necio tan avara
La juzgues con el hombre que ha criado
A que sus dones como rey gozara.
  El pesar sigue al gozo; el abrasado
Estío á la apacible primavera;
Y al abundante otoño el cierzo helado.
  El tiempo vuela; la ocasion no espera;
Goza tu edad lozana; y los oidos

Tapa, y no escuchen la razon severa.
Corre, corre estos prados que floridos,
Son viva imájen de tus verdes años;
Y á la vejez remite los jemidos.

Así me disimula sus engaños
Con halagüeña voz; así procura
Ciego arrastrarme á sempiternos daños.

Mas luego la razon que á su luz pura
Del ánimo la niebla desvanece,
De la virtud me muestra la hermosura.

Ella dolida de mi error, me ofrece
Su diestra celestial; y la gloriosa
Palma me ostenta que jamás perece.

¿Qué los placeres son, con amorosa
Boca me acusa, y el fugaz contento,
Sino envuelta en espinas frájil rosa?

Que apénas abre entre fragante aliento
De suave aroma el seno delicado,
La agosta el sol, ó la deshoja el viento.

Evita, evita el lazo do enredado
Vas mísero á caer; y la engañada
Tropa desdeña y su falaz cuidado.

Presto verás cuál la vejez helada
Trueca su risa en lágrimas, y en mudo
Silencio el canto y música acordada.

El pesar y el temor con diente agudo
Su infeliz pecho romperán, las flores
Lozanas vueltas en invierno crudo.

Y en pos la enfermedad y los dolores
A aquejarlos vendrán con mil insanos
Recuerdos y fantásticos pavores.

Hasta el sepulcro tenderán las manos,
Buscando asilo entre su horror: ¡ay! huye,
Huye, y no atiendas los clamores vanos.

No los atiendas, necio.—Así me arguye;
Y la razon con su favor deshace
El ciego ardor que el corazon destruye.

Y yo, como el enfermo á quien desplace
En fiebre ardiente amarga medicina,
Y odioso el que la sirve, se le hace;

Así de la razon la luz divina
No puedo resistir, mirar no osando
La virtud en su alteza peregrina.

Y en encendidas lágrimas bañando
Las pálidas mejillas, aun suspiro
Por el mentido bien que voy dejando:
¡Tan dulce es la prision en que me miro!

ELEJIA II.

A JOVINO: EL MELANCÓLICO.

Cuando la sombra fúnebre y el luto
De la lóbrega noche el mundo envuelven
En silencio y horror, cuando en tranquilo
Reposo los mortales las delicias
Gustan de un blando saludable sueño;
Tu amigo solo, en lágrimas bañado,
Vela, Jovino, y al dudoso brillo
De una cansada luz, en tristes ayes
Contigo alivia su dolor profundo.

¡Ah! ¡cuán distinto en los fugaces dias
De sus venturas y soñada gloria
Con grata voz tu oido regalaba!
Cuando ufano y alegre, seducido
De crédula esperanza al fausto soplo,
Sus ansias, sus delicias, sus deseos
Depositaba en tu amistad paciente,
Burlando sus avisos saludables.
Huyeron prestos como frájil sombra,
Huyeron estos dias; y al abismo
De la desdicha el mísero ha bajado.

Tú me juzgas feliz... ¡Oh si pudieras
Ver de mi pecho la profunda llaga,
Que va sangre vertiendo noche y dia!
¡Oh si del vivo, del letal veneno,
Que en silencio le abrasa, los horrores,
La fuerza conocieses! ¡Ay Jovino!
¡Ay amigo! ¡ay de mí! Tú solo á un triste,
Leal, confidente en su miseria estrema,
Eres salud y suspirado puerto.
En tu fiel seno, de bondad dechado,
Mis infelices lágrimas se vierten,
Y mis querellas sin temor piadoso
Las oye, y mezcla con mi llanto el tuyo.
Ten lástima de mí: tú solo existes,
Tú solo para mí en el universo.
Do quiera vuelvo los nublados ojos,
Nada miro, nada hallo que me cause
Sino agudo dolor ó tedio amargo.
Naturaleza en su hermosura varia
Parece que á mi vista en luto triste
Se envuelve umbría; y que sus leyes rotas,
Todo se precipita al cáos antiguo.

Sí, amigo, sí: mi espíritu insensible
Del vivaz gozo á la impresion süave,
Todo lo anubla en su tristeza oscura,
Materia en todo á mas dolor hallando:
Y á este fastidio universal que encuentra

En todo el corazon perenne causa.
La rubia aurora entre rosadas nubes
Plácida asoma su risueña frente
Llamando al dia; y desvelado me oye
Su luz modesta, maldecir los trinos
Con que las dulces aves la alborean,
Turbando mis lamentos importunos.
El sol velando en centellantes fuegos
Su inaccesible majestad, preside
Cual rey al universo, esclarecido
De un mar de luz que de su trono corre.
Yo empero huyendo dél, sin cesar llamo
La negra noche; y á sus brillos cierre
Mis lagrimosos fatigados ojos.
La noche melancólica al fin llega
Tanto anhelada; á lloro mas ardiente,
A mas jemidos su quietud me irrita.
Busco angustiado el sueño: de mí huye
Despavorido; y en vijilia odiosa
Me ve desfallecer un nuevo dia,
Por él clamando detestar la noche.
　Así tu amigo vive: en dolor tanto,
Jovino, el infelice de ti lejos,
Lejos de todo bien sumido yace.
¡Ay! ¿dónde alivio encontraré á mis penas?
¿Quién pondrá fin á mis estremas ansias?
¿O me dará que en el sepulcro goce
De un reposo y olvido sempiternos?....
Todo, todo me deja y abandona.
La muerte imploro; y á mi voz la muerte
Cierra dura el oido: la paz llamo,
La suspirada paz que ponga al menos
Alguna leve tregua á las fatigas
En que el llagado corazon guerrea:
Con fervorosa voz en ruego humilde
Alzo al cielo las manos: sordo se hace
El cielo á mi clamor; la paz que busco,
Es guerra y turbacion al pecho mio.
　Así huyendo de todos, sin destino,
Perdido, estraviado, con pié incierto,
Sin seso corro estos medrosos valles:
Ciego, insensible á las bellezas que ora
Al ánimo do quiera reflexivo
Natura ofrece en su estacion mas rica.
Un tiempo fué que de entusiasmo lleno
Yo las pude admirar; y en dulces cantos
De gratitud holgaba celebrarlas
Entre éstasis de gozo el labio mio.
¡Oh cómo entónces las opimas mieses,
Que de dorada arista defendidas
En su llena sazon ceden al golpe

Del abrasado segador! ¡oh cómo
La ronca voz, los cánticos sencillos
Con que su afan el labrador engaña,
Entre sudor y polvo revolviendo
El rico grano en las tendidas eras,
Mi espíritu inundaran de alegría!
Los recamados centellantes rayos
De la fresca mañana, los tesoros
De llama inmensos que en su trono ostenta
Majestuoso el sol, de la tranquila
Nevada luna el silencioso paso.
Tanta luz como esmalta el velo hermoso
Con que en sombras la noche envuelve el
　　　　　　　　　　　　　　　[mundo,
Melancólicas sombras, jamás fueran
Vistas de mí, sin bendecir humilde
La mano liberal que omnipotente
De sí tan rica muestra hacernos sabe:
Jamás lo fueran sin sentir batiendo
Mi corazon en celestial zozobra.
　Tú lo has visto, Jovino, en mi entusiasmo
Perdido dulcemente fujitivas
Volárseme las horas..... Todo, todo
Se trocó á un infeliz: mi triste musa
No sabe ya sino lanzar suspiros,
Ni saben ya sino llorar mis ojos,
Ni mas que padecer mi tierno pecho.
En él su hórrido trono alzó la oscura
Melancolía; y su mansion hicieran
Las penas veladoras, los jemidos,
La agonía, el pesar, la queja amarga,
Y cuanto monstruo en su delirio infausto
La azorada razon abortar puede.
　¡Ay! ¡si me vieses elevado y triste,
Inundando mis lágrimas el suelo,
En él los ojos, como fria estatua
Inmóvil y en mis penas embargado,
De abandono y dolor imájen muda!
¡Ay! ¡si me vieses, ¡ay! en las tinieblas
Con fugaz planta discurrir perdido,
Bañado en sudor frio, de mí propio
Huyendo, y de fantasmas mil cercado!
　¡Ay! ¡si pudieses ver..... el devaneo
De mi ciega razon, tantos combates,
Tanto caer, y levantarme tanto:
Temer, dudar, y de mi vil flaqueza
Indignarme afrentado, en vivas llamas
Ardiendo el corazon al tiempo mismo!
¡Hacer al cielo mil fervientes votos;
Y al punto traspasarlos..... el deseo.....
La pasion, la razon ya vencedoras.....

Ya vencidas huir !.... Ven, dulce amigo,
Consolador y amparo, ven y alienta
A este infeliz, que tu favor implora.
Estiende á mi la compasiva mano;
Y tu alto imperio á domeñar me enseñe
La rebelde razon: en mis austeros
Deberes me asegura en la escabrosa
Difícil senda que temblando sigo.
La virtud celestial y la inocencia
Llorando huyeran de mi pecho triste,
Y en pos de ellas la paz; tú conciliarme
Con ellas puedes; y salvarme puedes.
No tardes, ven; y poderoso templa
Tan insano furor: ampara, ampara
A un desdichado que al abismo que huye,
Se ve arrastrar por invencible impulso;
Y abrasado en angustias criminales,
Su corazon por la virtud suspira.

ELEJIA III.

DE MI VIDA.

¿Dónde hallar podré paz? el pecho mio
¿Cómo alivio tendrá? de mi deseo
¿Quién bastará á templar el desvarío?
Cuanto imajino, cuanto entiendo y veo
Todo enciende mi mal: todo alimenta
Mi furor en su ciego devaneo.
Se alza espléndido el sol, y el mundo
[alienta
De vida y accion lleno: á mí enojosa
Brilla su luz, y mi dolor fomenta.
Corre el velo la noche pavorosa,
Bañando en alto sueño á los mortales;
Y en plácida quietud todo reposa.
Yo solo, en vela, en ansias infernales
Jimo, y el llanto mis mejillas ara;
Y al cielo envio mis eternos males.
¡Ay! ¡la suerte enemiga cuán avara
Desde la cuna se ostentó conmigo!
Jamás el bien busqué, que el mal no hallara.
En cuitada orfandad, niño, de abrigo
Falto, solo en el mundo, quien me hiciese
No hallé un halago, ó me abrazase amigo.
¿Justicia pudo ser que así naciese
Para ser infeliz? ¿que de mi seno
Nunca el gozo señor ni un punto fuese?
¿Nacen los hombres á penar? ¿ajeno
Es el bien de la tierra? ¿ó me castigas
A mí tan solo, Dios clemente y bueno?

Perdona mi impaciencia, si me obligas
A tan míseras quejas: ¿por qué el crudo
Dolor en breve punto no mitigas?
¿Por qué, por qué me hieres tan sañudo?
¿Quieres, justo Hacedor, romper tu he-
[chura?
El polvo, ¡ay padre! ¿en qué ofenderte
[pudo?
Da paz á este mi pecho; de la oscura
Tiniebla en que mis piés envueltos veo,
Lléxame por tu diestra á la luz pura.
El íluso y frenetico deseo
Rije, Señor, con valedora mano;
Y haz la santa virtud mi eterno empleo.
Yo de mí nada puedo: que liviano
Si asirle quiero, escapa: si frenarle,
De mi flaco poder se burla insano.
¡Cuántas, oh cuántas veces arancarle
Del abismo do está! ¡cuántas del puro,
Del casto bien propuse enamorarle!
¡Oh si alcanzase en soledad seguro
Vivir al menos! esclamé llorando:
Mi estado fuera entónces menos duro.
Ferviente hasta el gran Ser la mente al-
[zando,
La quieta noche, el turbulento dia
Pasara yo sus obras contemplando.
Con el alba la célica armonía
De las aves del sueño me llamara;
Y á las suyas mi lengua se uniria
A adorar su bondad: cuando vibrara
Mas sus fuegos el sol, del bosque hojoso
La sombra misteriosa me guardara.
Si tu pendon la noche silencioso
Alzara, y en su trono la alba luna
Bañara el mundo en esplendor gracioso;
Yo sus pasos siguiendo de una en una
Recordara, seguro de mas daños,
Las vueltas que en mí usara la fortuna.
Allí alegre riera sus engaños,
Su falaz ofrecer, el devaneo
De mis perdidos juveniles años.
Amé, y hallé dolor: volví el deseo
A las ciencias, creyendo que serian
Al alma enferma saludable empleo:
Las ciencias me burlaron, me ofrecian
Remedios que mis llagas irritaban;
Y á la hidalga razon grillos ponian.
Dejélas y corrí do me llamaban
La oficiosa ambicion y los honores.
Entre mil que sus premios anhelaban.

Mas fastidiéme al punto; y á las flores
Me torné del placer tras un mentido
Bien, que á mi pecho causa mil dolores.

¡Oh! ¡hubiese siempre en soledad vivido!
¡Siempre del mundo al ídolo cerrado
Los ojos, y á su voz mi incauto oido!

Y hubiera tantas ansias escusado,
Tanto miedo, y vergüenza, y cruda pena,
Vijilia tanta en lágrimas bañado.

Pero el cielo parece que condena
Los hombres al error; y que se place
En que arrastren del vicio la cadena.

Nunca el seguro bien nos satisface:
El placer nos fascina: la paz santa
Morada nunca entre sus flores hace.

¿Quién hay que huelle con segura planta
La ardua senda del bien? ¿y quién, perdida,
La torna á hallar, y en ella se adelanta?

Toda es escollos nuestra frájil vida:
Tiende el vicio la red; y la dañosa
Ocasion por mil artes nos convida.

El deseo es osado, cuan medrosa
Y flaca la razon. A quién el oro,
A quién mirada encanta cariñosa:

Otro al son corre del clarin sonoro
Tras la gloria fatal; y en grato acento
Le suena el bronce horrible, el triste lloro.

Aquel con ímpia audacia al elemento
Voluble se abandona en frájil nave;
Y los monstruos del mar mira contento.

Nadie se rije por razon, ni sabe
Qué codicia, qué teme, qué desea,
Cuál cosa vitupere, y cuál alabe.

Así el hombre infelice devanea,
Sin que jamás el justo medio acierte:
Y el mal de todos lados le rodea,
Hasta que da por término en la muerte.

ELEJIA IV.

DE LAS MISERIAS HUMANAS.

¡Con qué silencio y majestad caminas,
Deidad augusta de la noche umbrosa,
Y en la alta esfera plácida dominas!

Llena de suave albor tu faz graciosa,
Ver no deja el ejército de estrellas,
Que sigue fiel tu marcha perezosa,

Mientras el carro de cristal entre ellas
Rijiendo escelsa vas; y el hondo suelo
Ornas y alumbras con tus luces bellas.

Salve, ó brillante emperatriz del cielo
Y reina de los astros; salve, hermana
Del almo sol, de míseros consuelo.

A ti me acojo en la tormenta insana
Que me abisma infeliz, á ti, que amiga
Oirme sabes, y acorrerme humana.

Que en ti de alivio cierto, su fatiga
Descarga el triste; y el que en grillos llora,
Con tu presencia su penar mitiga.

Perdido el rumbo, el náufrago te implora
Contra la tempestad en noche oscura;
Y el solitario tu deidad adora.

Y á todos tu solícita ternura
Acoje y cura su llagado seno,
Lanzando de sus rostros la amargura.

¡Luna! ¡piadosa luna! ¡cuánto peno!
No, jamás otro en tu carrera viste,
A otro infeliz cual yo de angustias lleno.

Un tiempo en lira de marfil me oiste
Cantar insano mi fugaz ventura;
Y envidia acaso de un mortal tuviste.

¡Oh! ¡cómo iluso en juvenil locura
El mundo ante mis ojos parecia
Risueño y de la vida el aura pura!

Crédulo yo á los hombres ofrecia
Mi llano inerme seno: entre sus manos
Cual simple corderillo me metia.

Injenuos siempre, fáciles, humanos,
Y la alma paz pintada en el semblante,
Hermanos los creí; y hallé tiranos.

De oido sordo y pecho de diamante,
Cuando en su amparo el infeliz los llama;
Y en solo el mal su corazon constante.

A quién ciego furor el pecho inflama;
Quién en muelle placer se aduerme ciego;
Y quién en ira atroz sangriento brama.

Sopla la envidia su dañado fuego,
Mientras de oir hinchada se desdora
La vanidad de la indijencia el ruego.

¡Ay! ¡ay de aquel que abandonado
[llora;
Y vil ultraje de enemigos hados
Crédulo en ellos fia solo un hora!

Burlado jemirá, cual disipados
Al puro rayo del naciente dia
Los palacios del sueño fabricados:

El que iluso en su ardiente fantasía
Cuanto anheló, gozaba, congojoso
Maldice despertando su alegría.

Apénase burlado; y sin reposo
Del bien soñado, que cual sombra vana

Huye, en pos corre, y llámale lloroso.
 Cada cual solo en adorar se afana
El ídolo que alzó su devaneo;
Y al cielo su aficion lo encumbra insana.
 ¿Quién hace, quién de la virtud su
  [empleo?
¿Quién busca osado la verdad divina?
¿O al aura del favor cierra el deseo?
Llorosa al suelo la inocencia inclina
Su lastimada faz, y tiembla, y jime;
Y el vicio erguido por do quier camina.
 Fiero el poder con ruda planta oprime
La sencilla bondad, que desolada
Ni aun huyendo su vida al fin redime.
 La lumbre del saber yace eclipsada
En brazos del error, que omnipotente
Oprime la ancha tierra sojuzgada.
 Y el mortal ciego, cuya escelsa mente
Sublimarse debiera en raudo vuelo
Sobre el trono del sol resplandeciente,
 Y allí fijar en el confin del cielo
Su mansion inmortal; siempre en llorosa
Pena, en mísero afan jime en el suelo.
 Jime, y adoracion rinde afrentosa
A otro mortal cual él; ó si se aíra,
Mudo, azorado, ni aun quejarse osa.
 Muy mas que si en su cólera le mira
Indignado el Señor, cuando su mano
Vibra el rayo, ministro de su ira;
 El rápido huracan con vuelo insano
Trastorna el bajo mundo; y de la sierra
El roble erguido precipita al llano.
 Yo ví correr la asoladora guerra
Por la Europa infeliz: á su bramido
Jemir el cielo, retemblar la tierra;
 Y un pálido esqueleto sostenido
Sobre ella y sobre el mar, con mano airada
Miles hundir en el eterno olvido:
 El fuego asolador la mies dorada
Aniquilar, la mies, ¡oh saña impía!
Del dueño inerme en lágrimas regada;
 Y á un pueblo en solo el círculo de un dia
Desparecer de sobre el triste suelo,
Que el temblon viejo y la niñez huia.
 En tal devastacion ciego el anhelo
Del humanal orgullo complacerse;
Y en locos himnos insultar al cielo.
 Tanto el hombre infeliz embrutecerse
Puede, ¡oh dolor! el hombre que debiera
De una gota de sangre estremecerse;
 Y en fraternal union en tanta fiera
Peste, como su ser mísero amaga,
Tierno acorrerse en su fugaz carrera.
 Si como atiende la ilusion aciaga
De la pasion que su razon fascina,
Y el blando fuego de su seno apaga,
 Dócil supiese oir su voz divina,
Su voz que entonce incorruptible suena,
Y á la mansa piedad siempre le inclina.
 El daño universal mi propia pena
Me hizo, luna, olvidar: miro á mi her-
  [mano,
Al hombre miro en infeliz cadena;
Y aunque grave mi mal, ya me es liviano.

ELEJIA V.

MIS COMBATES.

¡Qué sedicion, oh cielos, en mí siento,
Que en contrapuestos bandos dividido,
Lucha en contra de sí mi pensamiento!
 Ora flaco el espíritu y rendido,
La espalda vuelve y parecer no osa:
Ora carga triunfante y atrevido.
 La razon huye tímida y medrosa:
Síguela el sentimiento denodado;
Y cual hambriento lobo así la acosa.
 El confuso tropel, el lastimado
Alarido, la queja y vocería
Tiene al cobarde corazon helado.
 Gruesa niebla á mis ojos roba el dia;
Y en tinieblas me deja y sin consuelo,
Llorando de la muerte en la agonía.
 Una parte de mí se encumbra al cielo,
Otra entre crudos hierros jime atada
Al triste, oscuro, malhadado suelo.
 Busco en vano la paz en la sagrada
Lumbre del albo dia; y el sombrio
Fúnebre imperio de la noche helada
 No es poderoso á dar al pecho mio
La tregua mas liviana, ó de mis ojos,
¡Ay! modera de lágrimas el rio.
 ¿Qué causa he sido yo de estos enojos?
¿No rezelé y temí, y al escarmiento
Dí ya en mi error los últimos despojos?
 ¿No resolví con jeneroso aliento
Jamás, jamás rendirme? ¿pues qué guer-
  [ra,
Qué cruda guerra, ¡cielos! en mí siento?
 ¿A qué ignorado clima de la tierra
Para librarme huiré, si el enemigo

Dentro en el corazon la carga cierra?
¿Por qué paz, ¡ay! no he de tener con-
[migo?
¿No será en sus locuras ya templado
De la virtud el sentimiento amigo?

¿Qué es el hombre infeliz, si contrastado
Siempre de la ocasion ó del deseo,
Una vez entre mil es coronado?

¿Será de la razon el noble empleo.
Vencida ser del polvo?... Ensalze ahora,
Ensalze aquel divino, escelso arreo

Con que las ciencias todas atesora,
Y con alas de fuego se levanta
Sobre el inmenso espacio que el sol dora.

Fuérele mas seguir la virtud santa,
Que ante el vicio llorando estar rendida,
Y besar sierva vil su inmunda planta.

El eterno saber no nos dió vida
Para el cielo medir ó el mar salado,
Sino para á él labrarnos la subida.

Y el hombre en el error enajenado
Clama llorando lejos del camino,
Cual barco de las olas azotado,

Que sin timon ni velas, al contino
Batir de hórridos vientos, va lijero.
A fenecer en mísero destino.

Un mentido placer; un lisonjero
Halago de la suerte, el vil encanto
Del ocio, un nombre vano y pasajero,

Le tendrán siempre con desden ó llanto:
¡Y la augusta virtud ni una mirada
Podrá deberle entre desvelo tanto!

¡Ay! la frente serena y elevada,
La gallarda estatura, el alto pecho,
De tan escelso espíritu morada,

¿Dicen acaso al hombre que fué hecho
Para este suelo humilde, deleznable,
Do apenas se halla el bruto satisfecho?

¡Hombre! ¡ser inmortal! ¿tan desprecia-
[ble
¿Quieres hacerte? el corazon levanta;
Y sé una vez en tu ambicion laudable.

Lo que mas ciego anhelas, lo que en-
[canta
Tus fascinados ojos, ¡cuán mezquino
Es mirado á tu luz, oh virtud santa!

Esa bóveda inmensa, do el divino
Poder sembró los astros, el lumbroso
Sol en su trono, el rápido camino

Que hace en torno la tierra, el pavoroso
Abismo, y cuanto puede de la nada

Sacar de Dios el brazo poderoso,
¿No lo abarcas con sola una mirada.
De la presta y ardiente fantasía.
Y te creas mil mundos, si te agrada?

¡Y en la tierra tu fin y tu alegría
Fijas, partiendo con el vil gusano
La suerte de gozarla un solo dia!

Puedes al querubin llamar hermano;
Y á las arpas anjélicas unido
Seguir feliz el coro soberano,

Con que ante el trono del Señor ren-
[dido,
El pueblo celestial alegre suena
En himno de loor no interrumpido;

¡Y el oro te deslumbra y enajena,
O por el mando y el favor suspiras,
Y del placer arrastras la cadena!

Corre con mente alada cuanto miras,
Esos globos de luz que en la callada
Noche en sus orbes rápidos admiras:

El ancho mar, do en vano fatigada
La vista busca un término: la tierra
De tanto bruto y árboles poblada:

Las pavorosas nubes, do se encierra
La grata, fértil lluvia entre el lijero
Rayo que al mundo en su fragor aterra:

Del supremo poder el lisonjero
Encanto: y luego finje en tu albedrío
Otros mundos, y en todos sé el primero;

Y amontona con ciego desvarío
Los bienes á los bienes, que lloroso
Has de hallar siempre el corazon vacío.

¿No es inferior el oro al luminoso
Sol, que lo forja con su vista ardiente
De la tierra en el seno tenebroso?

¿No es menos el placer que el indecente
Idolo que te arrastra? ¿y la fortuna,
Que el gran pueblo á quien sirve reve-
[rente?

¿Y acaso de estas cosas puede alguna
Con tu divino espíritu igualarse,
Que brilla ya inmortal desde la cuna?

¿Un inmundo carbon podrá preciarse
Cual el claro crisólito? ¿y al cielo
El vil lodo que huellas, compararse?

Pues menos, menos es el ancho velo
Contigo de su bóveda sagrada
Con cuanto cubre en el humilde suelo.

Tiempo vendrá que al seno de la nada,
La cadena del ser por Dios rompida,
Caiga naturaleza despeñada.

Fenecerán los astros, desunida
Su masa de cristal: en el medroso
Cáos la tierra vagará perdida;
 Y el luminar del dia del reposo
Saldrá de tantos siglos, impelido
Del brazo de un arcánjel glorioso.
 Mas tu ser inmortal al alarido
Y universal ruina preservado,
Brillará á par del querubin lucido.
 La eternidad le abrazará; y pasmado
Verá siglos á siglos sucederse,
Mas y mas que olas lleva el mar airado.
 ¿En qué entónces podrá reconocerse
Este barro caduco, ahora espuesto,
Cual humo á un débil soplo, á deshacerse?
 ¡Oh eternidad! ¡eternidad! ¡cuán presto
Mi espíritu en tu morada tenebrosa
Entrará, sin que aun nada haya dispuesto!
 ¡Acaso en plazo breve la medrosa
Campana sonará! ¿Qué es, ¡ay! la vida
Sino nave en las aguas presurosa?
 ¿Dó están los años de la edad florida?
¿Dónde el reir? ¿el embeleso insano
De los placeres? ¡ilusion mentida!
 Todo pasó: la asoladora mano
Del tiempo en el abismo de la nada
Lo despeñó con ímpetu inhumano.
 Cuanto fué, feneció: la delicada
Beldad que ayer idolatré perdido,
Hoy sin luz yace del solano ajada.
 Al que de un pueblo ante sus piés ren-
 [dido
Ví aclamado, en la casa de la muerte
Le hallo ya entre sus siervos confundido.
 Al que oí con envidia de tan fuerte
Jactarse, un soplo de lijero viento
Súbito en polvo su vigor convierte.
 El sabio que con alto entendimiento
Señalaba al cometa su ardua via,
Cual él se esconde, si brilló un momento.
 Y el que en sus cofres encerrar queria
Todo el oro fatal del rubio oriente,
Desnudo baja á la rejion sombría.
 Perecen los imperios: grave siente
El peso del arado el ancho suelo,
Do la gran Troya se asentó potente.
 Desierto triste la ciudad de Belo
De fieras es guarida: en la memoria
Esparta dura para eterno duelo.
 ¿Dó blason tanto y célebre victoria,
Dó se han hundido? ¡oh suerte miserable

Del ser humano! ¡oh frájil, fugaz gloria!
 ¡Alma inmortal! ¿qué es esto? ¿en qué
 [durable
Ventura anhelas? ¿la esperanza vana
Limitas ciega al barro deleznable?
 Hija del cielo, ¿tras el vicio insana
Así te prostituyes?... el camino
Emprende de tu patria soberana.
 Empréndele, no tardes; tu destino
Es la virtud aquí; y en las mansiones
De gloria el premio á tus victorias digno.
 No jactes, no, tu ser, si las pasiones
Te han degradado: ¿el mundo te recrea?
Bestia te torna; olvida tus blasones.
 Un alma que se afana, que se emplea
En nadas de la tierra, es un lucero
Caido del cielo al lodo que le afea.
 La virtud, la virtud: este el primero
De tus conatos sea, de tu mente
Estudio, de tu pecho afan sincero,
De tu felicidad perenne fuente.

ELEJIA VI.

LA VIRTUD: EN LA TEMPRANA Y DOLO-
ROSA MUERTE DE UN HOMBRE
DE BIEN.

Virtud, alma virtud, don inefable,
Que Dios al hombre en su bondad envia;
Y al puro serafin gloriosa igualas
Su humilde y flaco ser, mis ruegos oye:
Llena mi pecho de tu escelso fuego,
Y mis pasos sosten. Por ti respiro:
Por ti soy libre; y traspasar me es dado
Muy mas presto que el águila las cimas
Del claro empíreo, hasta llegar felice
A la altísima corte del Eterno.
 Canto; y mi voz tus alabanzas suena,
Y el coro de los ánjeles sus himnos
Une á los mios, y al Señor loamos.
Ceso; y callando el ánimo te goza.
Suspiro tierno; y la oracion ferviente
Con presto vuelo estática sublima
Mis blandos ayes al escelso trono.
Cuando mas grato el Inefable escucha
Con solícito amor las ansias tristes
Del polvo vil, que su bondad implora,
O jimo y lloro del ansiar contino,
Y entre mil sombras de mentidos bienes
Errar perdidos los mortales ciegos.

¡Oh! ¡cuántos dias mi esperanza anduvo
Colgada de un cabello! ¡cuántos, cuántos
Cubierto el pecho de horrorosas nubes,
Temblé del trueno el pavoroso estruendo;
Y el rayo asolador mi frente heria!
Busqué la dicha, y abrazé un fantasma:
Torné á buscar, y hallé míseras penas;
Y jemí triste de mi hallazgo infausto,
Aquí y allí, como la arista leve,
Entre el temor y la inquietud perdido.
   Tú lo has visto, Faní, sublime amiga
De la virtud, idólatra de cuanto
Honesto y bueno las delicias hace
De las almas sensibles, cuyo seno
Vence en candor á la brillante aurora,
Vence á la nieve inmaculada, siempre
Del pobre abierto al clamoroso labio
Y del triste á las lágrimas amargas.
Tú lo has visto, Faní: ¡míseros dias
De horror y luto, y de zozobra y llanto!
Que ya pasaron; y á mis ojos lucen
Otros mas claros de inefable calma,
De constante placer, jamás habidos
Del que á la tierra vil la mente apega.
Tu oficiosa amistad sostuvo entónces
Mi desaliento; y cual benigna lluvia
De primavera tus palabras fueron
Al agostado corazon, que aromas
Y flores goza do llevara abrojos.
Quísolo el cielo: y á curar mis llagas,
Y á sustentarme con potente diestra
Plácida la virtud corrió á mi ruego.
   Ella que al sabio á la rejion sublima
De quietud eternal, donde no alcanzan
Ni los cuidados, ni las torvas nubes
En que jemimos en la tierra oscura,
Batidos siempre de sañosos vientos.
Igual su pecho sin zozobra mira
Rodar los dias; y al profundo abismo
Hundirse del no ser, en sombra y humo
Vidas, triunfos, blasones disipando.
La paz le rie afable, la sencilla,
Sublime paz del bien obrar: sus plantas,
Mas que á altísima roca el mar soberbio,
Baten en vano las alzadas olas
De las pasiones: inmutable espera
A el almo cielo fuertemente asido;
Y del Eterno en el inmenso seno
Arrojándose fiel, cual hijo amado
Goza feliz sus próvidas caricias.
   Él solo, él solo en inexhausta fuente
Sabe embriagarse de delicias puras,
De verdaderos gozos: sombra y nada
Los gozos son del turbulento mundo.
Siempre el cuidado, la inquietud medrosa,
La inconstancia fatal el alma aflijen;
Y al fin la risa en lágrimas convierten.
Anhela hoy loca, y exhalada vuela
Tras lo que al punto insípido le cansa:
Lánzase ciega á asir la rosa; y jime
No hallando en ella sino agudas puntas,
Que mil y mil el corazon le hieren.
Y cual las flores fúnebres que exhalan
Un cansado fetor, si en ricos tintes
Brillan, engaño á los incautos ojos,
Tal en mil formas al deseo iluso
El contento falaz su imájen vana
Muestra, encubriendo la fatal ponzoña.
   No así, virtud, tus inefables gozos;
Eternos como tú, siempre son nuevos.
Sobre la impura atmósfera encumbrados
De las pasiones y el voluble antojo,
El alma siempre regalarse puede
En su inmortal dulzor; y siempre gratos,
Tiempo, penas, hastío, nada el gusto
Del sabio apaga que á gozarlos llega.
Su ilustrada razon tranquila rije
Su vida igual; y su conciencia llama
De la noche en el fúnebre silencio,
En que su voz mas imperiosa truena,
Sus pensamientos á imparcial exámen.
Mira un deseo: y si traspasa indócil
El alto valladar con que el Escelso
Próvido encierra su vagar liviano,
Al punto en pos lanzándose, las alas
Le rompe locas; y en el cerco estrecho
De su inefable ley torna á encerrarle.
   Ante él sin fruto su engañosa rueda
Tiende la vanidad, que al cielo encumbra
La frente necia; y en el lodo hundida
Lleva en el suelo la disforme planta.
Sin fruto ostenta sus cadenas de oro
El funesto poder; mas soberano
Que los que el mundo silencioso adora
En sus brillantes y caducas sillas,
Sobre sí mismo reina: los sentidos,
El corazon sus leyes obedecen.
Y mientras ve la adulacion astuta,
La mentira, el error que en torno espian
Las coronadas frentes, mil fatales
Sutiles lazos á sus piés tendiendo;
Él recojido y en silencio escucha

La augusta voz de la verdad divina;
Y corre en pos de su brillante antorcha,
Que fiel le guia al paraíso eterno.
　　Mira á esta luz cuanto liviano el mundo
Mas precia; y rie en sus juicios vanos.
Ve en la beldad un fósforo agradable
Que al quererle tocar, se apaga, y deja
Solo dolor y funerales sombras.
En las grandezas un fantasma de humo
Formado y nombres bárbaros, que esconde
Dudoso el tiempo: en la ambicion funesta
De la infeliz humanidad el duelo:
Y al orbe en sangre y lágrimas bañado.
Y en la elacion el impotente ahinco
Del pigmeo que alzándose, la helada
Cima del Atlas igualar pretende.
　　Su mente alada jenerosa vuela
Sobre soles y soles, que sin cuento
Rodando pueblan el inmenso espacio.
Dios solo para su carrera ardiente:
Vélo, y se postra ante el escelso trono;
Y allí en deleite altísimo embriagado,
Le adora y goza, y en su luz se anega,
Mientras su seno en lágrimas se inunda
De etérea suavidad, que en largo rio
Plácidos brotan sus felices ojos.
O si tal vez hácia la tierra triste
De allá los vuelve, con desden burlando
Su inmensa pequeñez, ¿do está, pregunta,
Dó está la Europa? ¿los imperios dónde,
Que así ciegan los míseros mortales?
Dios y su pecho ocupacion le prestan
Larga y sabrosa; y la virtud benigna
Despierta en él mil altos pensamientos.
　　Contino en ellos embebido, aprende
Su nobleza á preciar: obra estremada
Del gran Dios, hijo suyo y heredero
Del reino eterno de la luz, hermano
Feliz del ánjel, su nobleza es esta,
Estos sus timbres y ascendencia augusta.
De ella glorioso las congojas tristes
Tu pecho ignora de la torva envidia;
Ama tierno á su hermano: y en sus bienes
Se abre sensible al inocente gozo,
Cual al rayo solar fragante rosa.
　　Buen padre, amigo fiel, buen ciudadano,
Cuantos su lado afortunados ciñen,
Cuantos su claro nombre lejos oyen,
Todos cual númen tutelar le adoran.
Inclina reverente el vicio mismo
La frente ante sus piés; y si en su altura

Osa mirarle, atónito enmudece.
Él entre tanto en afecciones tiernas,
Inmenso cual su autor, á cuantos existe,
Se derrama solícito, inflamado
De esta llama de amor, que eterna arde
Por la infinita creacion, dichosa
Cadena que al gran Ser la nada enlaza,
Corre sus milagrosos eslabones
Del polvo al querubin, y en todos viendo
El propio bien en el comun librado,
Mas y mas vivos sus afectos arden.
　　Perseguiréle con sus negras teas
La atroz venganza; la calumnia aleve
Le lanzará sus invisibles dardos,
O la injusticia de su hogar sañuda
Le arrojará, sin que el enojo un punto
Nuble su corazon, que vuelto al cielo,
Mi amigo, esclama, es Dios, y alegre rie.
Plácida acaso le pondrá la suerte
Sobre su instable rueda; los honores
Coronarán su mérito sublime;
Y el bajo orgullo encontrará cerrado
Siempre su pecho; rejirá un imperio:
Y jemirá en la púrpura importuna
Por el retiro y su feliz llaneza;
Mientra á Dios casi igual, próvido entiende
En la dicha del último vasallo.
　　Su continente es firme: débil caña
Bulle el vicioso al ímpetu del viento,
Que va, dóblase, y vuelve en jiros vagos.
No el justo así, mas cual robusta encina
Dilata firme sus pomposas ramas;
Y en vano el huracan su planta bate.
Pálida enfermedad, vejez caduca,
Nada le turbará: la muerte llega,
Y cual su amiga plácido la abraza.
Lidié, canta, y vencí: la mano beso
Que á sí me llama. La virtud sostiene
Su cuello en la ardua lid desfallecido;
Y el claro empíreo á recibirle se abre.
　　Faní, así vive el virtuoso y muere:
Así brilló tu malogrado esposo,
Tu Belardo infeliz, mi noble amigo,
Mi protector, mi padre. Su nobleza
Fué sola su virtud, no de su cuna
El escelso esplendor, los largos bienes
Amó viviendo el bien: amó los hombres,
Y en ellos al gran Ser con tierno pecho.
La hora sonó; y asido al hilo de oro
De esperanza inmortal, por siempre á
　　　　　　　　　　　　　　　　　unirse,

Cual á la palma jeneroso atleta,
Voló seguro á su Hacedor inmenso.
Todos lloraron en su muerte: él solo
La vió el dardo lanzar con faz serena,
De ti cercado y de sus dulces hijos;

Y alentó afable vuestro amargo duelo.
Su vida un dia fué cándido y puro:
Su fin, cual sol que en el cerúleo ocaso
Se hunde de llamas y arreboles lleno.

DISCURSOS.

DISCURSO I.

LA DESPEDIDA DEL ANCIANO. (*)

Por un valle solitario,
Poblado de espesas hayas,
Que á la silenciosa luna
Cierran el paso enramadas,
Un anciano venerable,
A quien de la dulce patria
Echan el odio y la envidia,
Con inciertos pasos vaga.
De cuando en cuando los ojos
Vuelve hácia atrás, y se para;
Y ahogársele el pecho siente
Con mil memorias aciagas.
 ¡Oh! ¡ quiera el cielo benigno,
En voz dolorida esclama,
Que sobre ti patria ciega,
Mi persecucion no caiga!
Tú te ofendes de los buenos;
Y de tus hijos madrastra
Sus virtudes con oprobios,
Con grillos sus luces pagas.
Si la calumnia apadrinas,
La desidia y la ignorancia,
¿Dónde los varones sabios
Podrás hallar que hoy te faltan?

(*) Este discurso se imprimió antes de ahora en el número ciento cincuenta y cuatro del *Censor*, periódico tan útil como conocido.

La verdad ser gusta libre,
Y con el honor se inflama:
El no preciarla, la ahuyenta,
Las cárceles la degradan.
Nunca el saber fué dañoso;
Ni nunca ser supo esclava
La virtud. Si ciudadanos
Quieres, eleva las almas
¡Qué carrera tan inmensa,
Se te descubre! labranza,
Poblacion, letras, costumbres,
Todo tu atencion aguarda.
Aduladores te pierden,
Que tus dolencias regalan:
Cierra el pecho á sus consejos
Y el oido á sus falacias.
Las virtudes son severas;
Y la verdad es amarga:
Quien te la dice, te aprecia;
Y quien te adula, te agravia.
Contempla la edad augusta,
Cuando en tu seno brillaban
Mil héroes, dichosa envidia
De las naciones estrañas;
Siglo de oro de tus glorias,
En que á la tierra humillada
Enseñoreaste á un tiempo
Con las letras y las armas.
¿Qué se hiciera de tus timbres?
¿De la sangre derramada
De tus valerosos hijos
¿Cuál fruto, díme, sacáras?

¿Por qué al menos no los premias,
Y su virtud no consagras
En honrosas inscripciones
Y en inmortales estatuas?
A tu juventud presentas,
Cuando aun no sabe imitarlas,
Las venganzas y adulterios
De las deidades paganas;
¿Y un Pelayo, y un Ramiro,
Y otros mil que con su lanza
Quebrantaron las cadenas
Do jemias aherrojada,
En olvido sempiterno
Será que sumidos yazgan?
¡Oh mengua! ¡oh descuido! ¡oh siglo!
¡Cuán mal el mérito ensalzas!
Vieran sus débiles nietos
En sus venerables canas
Las virtudes, que les dieron
Nombre eterno, retratadas.
En esto, en esto debieras
Gastar los montes de plata
Que de las remotas Indias
Traen las flotas á tus playas.
El labrador, descendiente
De aquellos que por su espada
Te las dieron, con jemidos
Tristes el pan te demanda,
Su miserable familia
Por lecho tiene unas pajas,
¿Y tú en locas vanidades
Sumas inmensas derramas?
¡Guarte que á tu fin caminas!
El velo fatal arranca
De tus ojos, y contempla,
Contempla, ¡infeliz! tus llagas.
Esos superfluos tocados,
Esos airones y gasas
Que te ofrece el estranjero,
Venenos son que te acaban.
Con la virtud de tus hijos
Los compras: tus recatadas,
Antiguas fembras, ¡oh tiempos!
Del vicio mismo hoy se jactan.
Míralas la frente erguida,
Que altaneras y livianas,
Cual vano pavon provocan
La juventud castellana.
Un tiempo fué, cuando apenas
En lo interior de su casa
Como deidad la matrona

A sus deudos se mostrara.
Las labores y los hijos,
Entre dueñas y criadas,
Del alba á la media noche
Santamente la ocupaban;
Y hoy del adúltero al lado,
Sin seso calles y plazas
Corre impudente, y abona
Las mas viles cortesanas.
Vé tus jóvenes perdidos;
Y díle á su degradada
Naturaleza, que al Moro
A la Libia volver haga.
Sus rizadas trenzas mira,
Entre polvos y fragancia,
Mentir del sesudo anciano
La cabellera nevada,
Cuando del femenil sexo
Usurpan dijes y galas;
Y de fatiga incapaces,
Un sol, un soplo los aja.
¿Dó están los brazos velludos,
De cuyo esfuerzo temblaran
Un tiempo la Holanda indócil
Y la discorde Alemania?
¿Dónde aquellos altos pechos,
Que en las Cortes de la patria
Su dignidad sostenian,
Y sus sanciones dictaban?
¿Dónde aquellos de virtudes
Dechado augusto, en la Italia
Elocuentes defensores
De las vacilantes aras?
¿Dónde el candor castellano,
La parsimonia, la llana
Fe, que entre todos los pueblos
Al Español señalaban?
Faltó el entusiasmo honroso;
La jenerosa crianza
Faltó, que un héroe algun dia
De cada hidalgo formara.
El hijo del padre al lado
Aprendió de sus palabras
La prudencia, y de su diestra
El manejo de las armas.
Rejir un bridon indócil
Supo, la cota acerada
Sufrir, y de sus vasallos
Responder á las demandas.
Vivió en sus campos entre ellos:
Vió del cultivo las ansias;

Y apreciar supo la espiga
En triste sudor regada.
Ni se desdeñó á su mesa
De admitirlos, que á la usanza
Española los aliños
Peregrinos ignorara.
Con ellos partió sus bienes:
Entró á la humilde cabaña
Del pobre; y trató las bodas
De la inocente aldeana.
Mas hoy todo se ha trocado:
Las ciudades desoladas
Por su nobleza preguntan,
Por sus ricos-hombres claman;
Mientras ellos en la corte,
En juegos, banquetes, damas,
El oro de sus estados
Con ciego furor malgastan.
Y el labrador indijente
Solo llorando en la parva
Ve el trigo, que un mayordomo
Inhumano le arrebata.
¿Son para aquesto señores?
¿Para esto vela y afana
El infelice colono,
Espuesto al sol y la escarcha?
Mejor, sí, mejor sus canes
Y las bestias en sus cuadras
Están. ¡Justo Dios! ¿son estas,
Son estas tus leyes santas?
¿Destinaste á esclavos viles
A los pobres? ¿de otra masa
Es el noble que el plebeyo?
¿Tu ley á todos no iguala?
¿No somos todos tus hijos?
Y esto ves; ¿y fácil callas?
¿Y contra el déspota injusto
Tu diestra al débil no ampara?
¡Ah! sepan que con sus timbres
Y sus carrozas doradas
La virtud los aborrece,
Y la razon los infama.
Solo es noble ante sus ojos
El que es útil, y trabaja,
Y en el sudor de su frente
Su honroso sustento gana.
Ella busca, y se complace
Del artesano en la hollada
Familia; y sus crudas penas
Con jemidos acompaña.
Allí el triste se conduele

Del triste; y con mano blanda
Le da el alivio, que el rico
En faz cruda le negara.
Allí encuentra las virtudes:
Allí la mujer es casta;
Y los obedientes hijos
Cual un Dios al padre acatan;
Mientras en los altos techos
La discordia su ímpia rabia
Sopla, y tras la vil codicia
A todos los vicios llama.
La madre al hijuelo tierno
Echa del pecho inhumana,
Partiendo su nombre augusto
Con la triste mercenaria.
En vano las vivas fuentes
Del dulce néctar la sabia
Providencia le abre; en vano
La enfermedad le amenaza.
Otros gustos la entretienen:
Salga el tierno infante, salga,
Que sus débiles jemidos
Los adúlteros espantan.
¡Ministros de Dios! ¿qué es esto?
¿Cómo no clamais? ¿La espada
Del anatema terrible
Por qué ha de estar en la vaina?
Ciérrese, ciérrese el templo;
Nótese de eterna infamia
A quien cierra á un inocente
Insensible las entrañas.
De aquí el mal, la peste toda
De las familias, que abrasa
El cuerpo entero, y anuncia
La ruina mas infausta.
El padre busca otros lechos:
El hermano de la hermana
No es conocido; y la madre
Es para entrambos estraña.
El ciego interés completa
La desunion: él consagra
A Dios la vírjen, ó al necio
Vicioso y rico la enlaza.
Llore la infelice, llore:
Y víctima desdichada
El cuello al yugo someta,
Que cual dogal ha de ahogarla.
Llore, llore; que al hermano
La ley de su alta prosapia
Pasó las rentas; y á ella
La destinó á ser esclava.

¡Justo Cárlos! ¿á tu trono
Sus vivas quejas no alcanzan?
Si les prestas blando oido,
¿Por qué el remedio nos tardas?
¿Porqué estos bárbaros usos
Que á naturaleza ultrajan,
Y á los que ella iguales hizo,
Tus leyes no los igualan?
¡Oh interés! tú solo eres,
Tú de tantos males causa;
Y en su cólera los cielos
En los pechos te sembraran.
Tú forjaste las cadenas
Del hombre: inhumano armas
Contra el padre al hijo; y soplas
De la sedicion la llama.
Tú del mérito modesto
Mofas: al ruin ensalzas;
Y de la verdad divina
El labio anjélico callas.
Tú al avaro mercadante,
Sin que muerte ni borrascas
Pavor en su pecho infundan,
Al vasto océano lanzas.
Tú de dañosas preseas
Su nave en las islas cargas;
Y con ellas rica en vicios
Tornas con su peste á España.
¡Ay! ¡que á las orillas llega,
Y en ellas suelta entre salvas
Su ponzoña! ¡ay! que la plebe
Bate viéndola las palmas,
Corred, corred, ciudadanos,
Hundid en las ondas bravas
Esos aromas y joyas,
Que lloros mil os preparan.
Perezcan por siempre en ellas;
Y eterno anatema caiga
Sobre el que á fiar tornare
Su vida á una frágil tabla.
Mas tú, siglo corrompido,
Que hasta los cielos levantas
Este interés, y lo adoras
La frente en tierra inclinada,
¿Tu instruccion es esta? ¿el fruto
Este de tus luces sabias?
¡O ciego! el abismo mira
Que bajo los piés te labras.
Imajina, inventa medios
De agotar toda la plata
De las minas: con tus naos
Inmensos piélagos pasa.
Los talleres multiplica:
Manchen la cándida lana
Ricos tintes: el capullo
Con prolijo afan trabaja.
Sustituye cada hora
Trajes á trajes, que ufana
La beldad vista en oprobio
De su inocencia y sus gracias,
Pon premios á quien descubra
Un placer nuevo: proclama
Su fatal nombre; y altares
Al lujo execrable alza.
El oro tu afan, el oro
Solo tu afan sea: nada
Sinó oro suene; él la guerra
Sople, la dulce paz haga.
Al taller tus hijos lleve:
De la tierra en las moradas
Hondas los suma: corone
Sus mas heroicas hazañas.
Mas entre ellos ciudadanos
No busques, que sobre el ara
De la patria á morir corran
Con voluntad denodada:
No el pudor busques antiguo,
No el candor en las palabras,
Ni en sus corrompidos pechos
La inocencia, la paz alma.
El disfraz de las virtudes,
Un honor ciego, una falsa
Probidad, la vil lisonja,
La sencillez afectada,
La astucia alzada en prudencia,
Las ceremonias en franca
Amistad, de Dios el nombre
Mofado con ímpia audacia:
Hé aquí los letales frutos
De la riqueza; á esto arrastra
Al corazon el culpable
Ciego ardor de atesorarlas.
Su falaz brillo los pechos
Fascina: del alto alcázar
A la choza humilde á todos
Devora su sed insana.
Todo es menos que ellas: letras,
Virtud, ascendencia clara,
Mérito, honor, nobles hechos,
Todo humilde las acata.
Las leyes yacen: sucede
Al amor del bien la helada

Indiferencia: en la sangre
Del pobre el rico se baña.
Los estados no se precian
Por razon: quien mas estafa,
Es mas honrado: la esteva
El labrador desampara;
Vuela á la corte, y vilmente
La libertad aldeana
Vende al rico, y sus virtudes
Con todos los vicios mancha.
El maestro de ellos, bien presto
Mil familias asoladas
Con su industria pestilente,
En oro y grandezas nada.
Elévase, y tiraniza:
Funda un estado, y traspasa
Con él sus pérfidas artes
A su projenie bastarda.
Las fortunas son de un dia:
El que es hoy señor, mañana
Mendiga: nada hay estable:
Todos trampean y engañan.
En medio en su trono de oro
La opulencia atroz, con vara
De hierro y sañuda frente,
Al pueblo agobia tirana.
Y tras ella, sí, tras ella....
¡Ah España infeliz!.... en agua
Mi faz se inunda en tan cruda
Memoria, y la voz me falta.
¡Dios bueno! los ojos torna
Compasivo á mi plegaria;
Y echa de mi patria lejos
Los desastres que la amagan.
Y vosotros, Castellanos,
Aun hay tiempo; las infaustas
Riquezas rendid gozosos
A la virtud sacrosanta.
Tantos ínclitos abuelos
Recordad, no hagais que baja
Su projenie sierva sea
De superfluidades vanas.
Tengan vuestros enemigos
Su fatal lujo; mas haya
Honradez y ciudadanos,
Cual hubo un tiempo en España.
　Así el anciano decia
Entre lágrimas cansadas;
Y triste á caminar vuelve,
Viendo que rie ya el alba.

DISCURSO II.

EL HOMBRE FUÉ CRIADO PARA LA VIRTUD: Y SOLO HALLA SU FELICIDAD EN PRACTICARLA.

¿Nació, Amintas, el hombre
Para correr tras la apariencia vana,
Cual bestia, del placer? ¿ó en sed insana,
Por las riquezas míseras ardiendo
Del alto Potosí, sin que le asombre
El inmenso océano,
Turbará en frájil pino.
La paz del inocente Americano?
El roto muro impávido venciendo,
Cubierto el pecho fuerte
De acero y saña, ¿afrontará la muerte
Con faz leda, el camino
Creyéndola engañado
De una gloria sin fin? ¿abandonando
Al ocio muelle, en torpe indiferencia
De su alto ser, de su destino augusto,
Su frájil existencia
Dejará fenecer en sueño injusto?
　Esta llama divina,
Pura, inmortal, que en nuestro pecho
　　　　　　　　　　　　　　　[arde,
Del supremo Hacedor plácido aliento,
Tampoco al vano alarde
De congojosa ciencia se destina.
Bien puede con osado pensamiento,
De tanto sol luciente
Como ornando su velo trasparente
Jira en la noche lúgubre callada,
Medir el velocísimo camino
Solícito el mortal: del mas vecino
Planeta al mas lejano
Pesar la mole inmensa: separada
Ver la luz en el prisma; ó de liviano
Ardor herido por el aura leve
Trepar, do apena el águila se atreve:
Puede al lóbrego abismo de la tierra
Calarse; y cuidadoso,
Cuanto ser raro y misterioso encierra
Su ancho seno, esplorar: de las edades
Con ardor fastidioso
Los fastos revolver, vicios, maldades,
Errores mil entronizados viendo;
Y á ti, santa virtud, siempre oprimida,
Pobre, ajada, llorosa;
O bien al pueblo indómito rijiendo

En vela triste, en inquietud medrosa,
De su arbitrio la vida
De miles ver colgada:
¿Qué es tanto afan al cabo? amigo, nada.
  No, la augusta grandeza
Del hombre no se debe
Fijar sobre apariencias esteriores,
Que á par del justo el delincuente lleve.
Si iluso de la tierra en la bajeza
Se anonada su espíritu, mejores
Las bestias son; y el Padre soberano,
Avaro con la muestra milagrosa
Que en su escelso consejo producia
A su imájen gloriosa,
Y á quien rey sumo de la tierra hacia,
Pródigo en su bondad abrió la mano
Para dotarlas, sometiendo injusto
A los medios el fin. Jamás se daña
El bruto en sus deseos,
O vanidad, ó míseros empleos
Le acibaran el gusto:
El hombre solo en su anhelar se engaña.
  A fin mas alto el númen le destina,
La virtud celestial es su nobleza;
El lodo vil por ella se avecina
A su inefable Autor: su inmensa alteza
Participa dichoso;
Y al ánjel casi igual, con planta pura
Entre sus coros de laurel glorioso
Ceñida en torno la serena frente,
El alcázar de estrellas esplendente
En eterna ventura
Sublime hollará un dia.
¿Y habrá quien tenga en mísera agonía
Su pecho? ¿habrá quien vele?
¿Y por el cetro ó por el fausto anhele?
  El heredero, el morador del cielo,
De allá al reino del llanto desterrado,
¿De su alma patria, de su ser se olvida?
¿El augusto traslado
Del Dios del universo no alza el vuelo
A contemplarle, en la apariencia vana
Fascinado del bien? ¿con sed ardiente
De ser feliz, de la insondable fuente
Huye de eterna beatitud? ¡Oh insana,
Culpable ceguedad! jime sumida
Del vicio el alma en el infame lodo;
Y su nobleza ilusa,
Menos en lo que debe, busca en todo:
Búrlase, y luego á su Hacedor acusa.
¿Mas qué? ¿tus graves yerros, ser liviano,

Harán trocar el órden soberano
Que dió el gran Ser á su acabada obra?
No, no; ni en ella tu locura sobra.
Todo en órden está: solo tu pecho
Trastornarlo sacrílego porfia,
Cuando una fragua de pasiones hecho,
Anhela, teme, espera, desconfia.
  De no meditar nace
Nuestro mísero estado. La alta mente,
A quien se dió pesar con ley severa
El bien y el mal, ó soñolienta yace,
O en fútiles objetos se derrama,
O del placer llevada suavemente
Del aura lisonjera,
En su imájen falaz ciega se inflama:
El bien mentido, cual verdad recibe,
Y de esperanzas y de sombras vive.
  A la llorosa puerta de la vida
Nos acecha el error, con faz doblada
Riendo adulador, en aparente
Mentida luz su túnica esplendente:
Y una ancha senda de otros mil hollada
Con la siniestra mano señalando,
De su diestra fatal la nuestra asiendo,
A ir en pos de la turba nos convida.
Luego el vicio nos hacen,
El pecho inocentillo al mal torciendo,
Entre la leche y el arrullo blando
Nuestros padres beber; y se complacen,
Si en ellos el hijuelo los remeda.
Vanidad loca, envidia pestilente
De su labio imprudente
Oye el niño; y estudia cuidadoso
Sin saberlo, á ser vano y envidioso.
Viene el maestro, y en borrar se afana,
Si del primer candor aun algo queda,
Y aplausos coje por su ciencia vana.
De voces sin sentido
Del viejo Lacio nuestra mente abruma;
Y de autores haciendo larga suma,
En su estéril saber desvanecido
Grita, contiende, opina,
De ignorados errores nos instruye,
Nada edifica, cuanto mas destruye:
¡Oh instruccion saludable y peregrina!
  La sociedad, fecunda enjendradora
De culpas, de su mano nos recibe,
Y el veneno mortífero nos dora
Con ilustres ejemplos.
En trono de oro al vicio nos presenta,
Que jactancioso sus victorias cuenta

De la inocencia ó la virtud mofada;
Consagra el interés; erije templos
Al placer indecente:
Y por ley el delito nos prescribe
Con firme voz de miles aclamada.
　Gritan luego irritadas altamente
Las infaustas pasiones, cual rabiosos
Opuestos huracanes,
Del mar en las llanuras despeñados;
Y el triste pecho en míseros cuidados
Dividen, y en anhelos congojosos.
Crece la edad, y crecen los afanes:
Trepar es fuerza á la escarpada cumbre
Del fastidioso deleznable mando;
Y fuerza atesorar, por mas que jima
El infelice que el hogar me cede.
Quede la tierra, quede
De miles de cadáveres sembrada,
Y brille de laurel mi frente ornada.
¡Oh! ¡con qué ciega furia se desvela!
¡Cuál trabaja en su daño el miserable
Mortal! cuanto suspira, cuanto anhela,
Cuanto á gozar llegó tras mil sudores,
Para su mal lo quiere.
Espinas en su seno son las flores:
Un instante agradable
De fujitivo dia
Luengos años le cuesta de agonía,
Si de sus vicios víctima no muere.
Del deseo al dolor, de otro deseo
A otro nuevo dolor sin cesar veo
Correr al hombre triste,
Sin que de tanto error, de tanto daño
Le corrija jamás un desengaño.
¿En qué desórden tal, en qué consiste?
¿El cielo en verle mísero se place?
¿O libre solo para el vicio nace?
　Siguen los seres todos el camino
Por el dedo divino
Del Hacedor marcado. En raudo vuelo
Rodea la tierra al luminar del dia
Con ley igual por la rejion vacía.
Miles de soles el inmenso cielo
Sin tropezarse cruzan: crece hojoso
Con ornato florido y verde pompa,
El árbol en el valle; y sabe diestro
Su alimento escojer, sin que le engañe
Un jugo estraño: en jiro bullicioso
La abeja sin maestro
Juega en el prado, y con la débil trompa
Tambien sabe librar sus dulces mieles,

Sin que la flor mas delicada dañe.
Las avecillas fieles
De amor el blando impulso, cuando llega
El ordenado plazo,
Unirse saben en felice lazo;
Y cuando al aire tímido se entrega
De su ternura el fruto, ya instruido
De cuanto saber debe, surca el viento:
¿Y solo el racional, siempre perdido,
Cual ciego entre tinieblas, irá á tiento
¿Él solo, esclavo de fantasmas vanos;
De funestos errores
Que abortó el interés, siempre en temores
Sus sueños mismos adorando insanos,
Dará en la tumba con su triste vida,
Contando en cada paso una caida?
¿El fugaz punto que infeliz alienta,
Él solo, él solo en cólera sangrienta,
En torpe gula, en avaricia infame,
En hinchada altivez y envidia triste
Jemirá aherrojado,
Por mas que austera la razon le clame?
¿En qué trastorno tal, en qué consiste?
　Tú, Amíntas estudioso, que apartado
Del liviano furor con que la corte
Ora se ajita, en meditar te empleas
Tranquilo el ser humano al cierto norte
De la alma celestial filosofía;
Y á un tiempo te lastimas y recreas
Con su inconstancia y ceguedad: ¿cuál,
　　　　　　　　　　　　　　　　[dime,
Del abismo de penas en que jime,
La causa puede ser? ¿qué estrella impía
Su suerte va de la llorosa cuna
Hasta el sepulcro mísero rijiendo?
¿Por qué el mal sigue siempre, el bien
　　　　　　　　　　　　　queriendo?
En vano acusa la cruel fortuna,
Hacer pretende cómplices en vano
El hombre de su suerte á las estrellas.
El grande Ordenador dejó en su mano
El bien y el mal: las huellas,
Cual el alado poblador del viento,
Que en él se pierde á su placer esento,
Torna libre do quiera que le agrada;
Y si triunfante rie el apetito,
Y jime la razon abandonada,
Suyo ha sido el querer, suyo el delito.
　No infame pues á la verdad, si yerra;
Si en pago de una osada confianza
Se ve del mar sorbido con la nave,

Que fué ocasion á su desdicha grave:
Si á desastrada guerra
Le arrebató la voz de la venganza;
O si en lecho de espinas los ardores
De un loco amor espía entre dolores.
   Presta, iluso mortal, presta el oido,
Si de verdad anhelas ser dichoso,
De la razon al grito repetido,
Y sus avisos sigue relijioso.
Firme le cierra al seductor acento
De las pasiones: ni el antojo vano
Tu pecho ajite en soplo turbulento;
O des la rienda á un desear insano.
En tu fugaz carrera
Deja al cuidado de tu Autor divino,
Pues él solo lo alcanza, tu destino,
Y de su diestra tu ventura espera.
No á ajena potestad tu suerte fies,
Ni del vicio en las sendas te desvies,
Porque no gozarás ni el alto empleo,
Ni el fresco rosicler de la hermosura,
Tras quien tan loca tu pasion se afana,
Si lidia en ciega guerra tu deseo;
Que á la rosa mas pura
De su ámbar dulce y delicada grana
Priva el delito, y pavoroso abismo
Hacer puede de horror al cielo mismo.
   Entra pues, entra en ti: con detenida
Observacion estúdiate á la lumbre
De la augusta verdad; y cuerdo aprende
Los altos fines de tu presta vida.
Que quien su pecho enciende,
Quien su divino ser, no la grandeza,
Siervo de vil costumbre,
Fija en el bajo, miserable suelo,
Ni á los piés jime de la infiel belleza;
Y libre en el oprobio y las prisiones,
Con frente escelsa en contemplar se place
Su faz torva al tirano sin rezelo,
Por mas que muerte indigna le amenace.
   Rico en sublimes dones,
Del Padre soberano
La omnipotencia sabia
Te dió á la comun luz: cuanto debiera
Para hacerte feliz, tanto pusiera
Pródigo en sus bondades á tu mano.
Tu labio querellándose le agravia
Con necedad sacrílega, y pidiendo
Al ser tuyo atributos no debidos,
La severa razon desatendiendo,
Se fatiga en inútiles jemidos.

   A esta razon divina ¿qué prefieres
De cuanto el cielo inmensurable encierra,
Y la ancha faz adorna de la tierra?
Todo á tu bien con ella no refieres?
¿Su luz basta el gran Ser no te encamina,
De ente tanto la escala peregrina
Siguiendo? ¿no le ves en el lumbroso,
Ardiente sol sentado?
¿De la nube en el rayo arrebatado?
¿De la noche en el velo misterioso?
   Cultiva pues esta razon, si anhelas
Al verdadero bien: á su luz pura
Solícito nivela tus acciones,
Y la ardua senda de virtud emprende,
Que en tu esfuerzo se libra tu ventura.
La pompa por que insano te desvelas,
Jeneroso abandona; y cuerdo entiende
Que el grande, siervo vil de las pasiones,
Por mas que en su palacio suntuoso,
Do inmensas sumas su fastidio encierra,
El oro le deslumbre, y lisonjero
Aparato de tímidos clientes;
Inútil á la tierra,
Si la verdad lo juzga, es el postrero
De todos los vivientes;
Y el pobre, cuanto oscuro virtuoso,
Que el pan divide en su sudor regado
En mesa humilde á un escuadron de
                              [hijuelos,
De mísera fortuna ultraje triste,
Honor del ser humano; y de los cielos
Por los ánjeles mismos acatado,
Con ellos en dichosa compañía,
Por mas, Aminta, que en la tierra asiste,
Goza del claro empíreo la alegría.

DISCURSO III.

ÓRDEN DEL UNIVERSO, Y CADENA ADMI-
RABLE DE SUS SERES.

   DESFALLECE mi espíritu, la alteza
De tu ordenada fábrica admirando,
¡O inapeable, ó gran naturaleza!
   Los ojos subo al cielo; y centellando
Soles sin cuento en tronos de oro veo
Sobre mi frente atónita jirando.
   Loco anhela alcanzarlos el deseo,
Sus pasos acordar, hallar curioso
Su final causa y soberano empleo.
   Afánase sin fruto; y silencioso

Solo adora al gran Ser que bastó á echarlos,
Cual polvo, en el espacio luminoso.

Su escelsa diestra alcanzará á pesarlos:
Su dedo á demarcarles el camino;
Y su inmenso saber podrá contarlos.

¡Sirio! ¡brillante Sirio! ¿mas vecino
Cómo no estás á mí? ¿por qué no siento,
Cual el del sol, tu resplandor benigno?

Y tú, sol, rey del dia, ¿dó alimento
Para tu luz recibes? quién, dí, guia
La tierra en torno de tu inmoble asiento?

La blanca luna en la tiniebla fria
Rije su rueda en esplendor velada,
Cual diosa augusta de la noche umbría.

¡Oh! ¡cuál va silenciosa! ¡cuán callada
Con cetro igual la esfera enseñorea,
Aunque á la negra tierra torne atada!

Vénus allí graciosa se pasea;
Y á distancia sin fin entre sus lunas
Tibio el cano Saturno centellea.

¿A qué le alumbran cinco? acaso algunas
Vanas le son? ¿á tu pausado jiro
Por qué siempre, astro infausto, las adu-
[mas?

Mientras mas lo medito, mas me admiro:
La mente en calcular se desvanece;
Y entre horror santo ciego me retiro.

Mas todo hubo su fin, do resplandece,
Jovino, sabio el númen: concertado
Todo está: el orbe una cadena ofrece

De inmensos eslabones al callado
Meditador: estúdiala, y humilla
La frente ante el Señor que la ha formado.

Ni en el átomo tenue menos brilla
Que en el disco del sol: si mas subieres,
Tu pasmo crecerá en su maravilla.

Do quier te vuelvas, por do quier que
[fueres,
Un órden has de hallar; pero abarcarle
Jamás, jamás con la razon esperes.

Acuérdome que el cielo (aun no mirarle
Supiera bien ni en mi pueril rudeza
Con la atencion de un sabio contemplarle)

Un tiempo me elevaba en su belleza,
Y las horas absorta entretenía
Del alma alada la fugaz viveza.

¡Cuán ledo en medio de la noche umbría
Sobre la muelle yerba reclinado
Sus lámparas sin fin contar queria!

Por el éter inmenso estraviado,
De astro en astro vagando, aquel forjaba

Mayor, el otro en luz mas apagado.

Las tiernas flores que mi cuerpo hollaba,
En ámbar me inundaban delicioso:
De lejos triste el ruiseñor trinaba.

La soledad augusta, el misterioso
Silencio, las tinieblas, el ruido
Del aura blanda por el bosque hojoso

Me llevaban en éstasi embebido;
Y un supremo poder engrandecia
Mi espirtu del vil lodo desprendido.

En medio yo impaciente me decía:
¿Que no haya de alcanzar, cómo á moverse
Bastan? ¿qué reglas guardan? ¿quién los
[guia?

¡Señor! ¡Señor!.. la esfera esclarecerse
Sentí; y alada Intelijencia pura
A mis curiosos ojos ví ofrecerse.

Con un cendal de celestial blancura
Los tocó; y sonriendo cariñosa,
Mi helado pecho plácida asegura.

Alza, dijo, á la bóveda lumbrosa
La vista; y los milagros considera,
Do se estremó la diestra poderosa.

Alzéla, y ver logré la inmensa esfera,
Y el paso de las lumbres eternales
En su perenne rápida carrera.

¡Qué de globos ardientes! ¡qué raudales!
¡Qué océanos de luz! ¡qué de ostentosos
Soles, del claro empíreo altos fanales!

De maravilla tanta codiciosos
Mis atónitos ojos se perdian
Del espacio en los términos dudosos.

Mas alcanzar aun ciegos no podian,
Por qué en órbita tanta diferente
Tan desiguales todos discurrian.

Tocó otra vez mi vista su clemente
Divina diestra; y considera, ó ciego,
Tornó á decir, la bóveda esplendente,

Que el Escelso atendió tu humilde ruego,
Y en este punto el velo ha levantado;
Y envuelta desparece en santo fuego.

Yo ví entónces el cielo encadenado,
Y alcancé computar por qué camina
En torno el sol Saturno tan pausado.

¡O traicion! ¡ó lazada peregrina,
Con que la inmensa creacion aprieta
Del sumo Dios la voluntad divina!

Tú del crinado, rápido cometa
Al átomo sutíl el móvil eres,
La ley que firme ser á ser sujeta.

Recorre el globo: al cielo volar quieres

Trepa pues: sonda el mar: la mente activa
Cala al abismo de ignorados seres:

La hallará siempre estar obrando viva:
La atmósfera apremiar: llevar riendo
El aura por los valles fujitiva.

Los ciegos senos de la tierra hundiendo
Labrar lagos anchísimos, las fuentes
De los eternos rios disponiendo;

Y con brazos tajando omnipotentes
Rocas y abismos, próvido camino
Dispensar á sus rápidas corrientes,

Hacer que suba en modo peregrino
La sabia, erguido roble, á tu corona;
Y alzar su helada frente al Apenino.

Muy mas activa en la abrazada zona
La espalda al mar ondísono ajitando,
En grillos de arenillas lo aprisiona.

El trono al sol asienta descansando.
En sus planetas, y ellos en él á una
La mas subida proporcion guardando.

Mientras de otro sistema este es coluna,
Y firme á un tiempo en otro se sostiene,
Y otro sobre otro sin mudanza alguna:

Hasta llegar al Númen de quien tiene
Su ser el universo; y la balanza
En su potente diestra igual mantiene.

¡O inmensa sucesion, á que no alcanza
Saber mortal! ¡ ó variedad estable,
Grande aliento á la tímida esperanza!

Sí, sí, Jovino; el bueno, el inmutable
El poderoso, el sabio cuanto hiciera,
Lo enlazó en nudo y órden inefable.

Todo es union, la parte mas lijera
De impalpable materia al sol luciente
Sostiene, y carga en su inexhausta hoguera.

Nada hay que no sea efecto, y juntamente
Causa no sea: igual el vil insecto
Cabe el gran dueño al querubin ferviente.

En su inmenso saber no hay mas perfecto:
Vió, quiso, obró; y á cada ser ha dado
Virtud con relacion á su alto objeto.

Esas mínimas formas que ha creado
Al parecer sin fin, ruedas son leves
Que altamente en las otras ha engastado.

Tal en lago sereno cercos breves
Forma al caer la piedra; van creciendo;
Y atónito á contarlos no te atreves.

Quita la mas sutíl; y estoy temiendo
Ya el todo en desunion: una le aumenta;
Y un órden diferente voy sintiendo.

Esa que en nada tu ignorancia cuenta,
En nudo firme á otra mayor se unia;
Y otra aun mayor sobre las dos se asienta.

¿Qué? ¿el granillo de arena que corria
No ha nada en el torrente cristalino
De sus ondas á arbitrio, un fin tendria?

¿Solo tampoco está? No: del vecino
Monte al llano bajo: si él no existiera,
Tampoco el monte, ni el favor benigno

Que útil dispensa á una provincia entera
Con la nevada frente y fértil rio,
Que dél nace sesgando en la pradera.

Cuando las aguas que el dicienbre frio
Tornó en blancos vellones, mas clemente
Desata abril en líquido rocío,

Él bullendo entre peñas mansamente
Se apresura por dar frescor y vida
Al valle desmayado en sed ardiente.

Besa las florecillas de corrida;
Y en su cristal el álamo pomposo
Dobla por verla su corona erguida.

Turbio tal vez y con rumor fragoso,
Arboles, chozas, mieses arrebata,
Anegando los surcos espumoso.

Rompe puentes, aceñas desbarata;
Hasta que en brazos del antiguo oceano
Se hunde, y su húmeda planta humilde
[acata.

Próvido empero con abierta mano
De fértil limo hinchó su señorío,
Que el suelo vivifica comarcano.

¿Mas al cabo granillo?.... Al poderío
Del rubio sol en tierra trasformado
Lo veré espiga algun tostado estío,

Y pan despues de un sabio, que al estado
Leyes dé acaso; y rija virtuoso
Un pueblo á sus vijilias confiado.

¡O Jovino! ¡Jovino! ¡qué asombroso
El universo es! ¡oh! ¡quién pudiera
Lince indagar su abismo tenebroso!

Vé la materia inánime, grosera
Ajitándose activa, hasta encumbrarse
De su nobleza en la superna esfera;

Cocerse el oro, el talco organizarse,
La sensitiva de la mano huyendo;
Y el pulpo tras la presa audaz lanzarse.

Llega al reino animal, si en su estupendo
Orden, su graduacion, sus perfecciones
Un relijioso horror no estás sintiendo.

¡Oh cuántos! ¡cuán trabados eslabones
Desde el sutíl, incalculable insecto
Al crustáceo encerrado entre prisiones:

De este al torpe reptil ya mas perfecto,
O al mudo pez en sus familias raras,
Bruñida escama y portentoso aspecto!

¿Qué? ¿en el inmenso Leviatan te paras
De horror lleno? Un ejército volante
Turba ya el aire en trinos y algazaras.

Ven, no fugaz escape: del jigante,
Libio avestruz al mosca matizado,
De la tórtola al buitre devorante,

Del cuervo al colorin, del tachonado
Pavon al triste buho, ¿á quién la suma
De especies tantas recorrer fué dado?

En índole, color, grandeza, pluma,
Organos, fuerzas, voz, ¡cuán sabiamente
Ostentó el númen su largueza suma!

¿Y habrá quién no la admire? ¿quién
 [demente
Los fines niegue, ó que su diestra santa
Cuanto él pudo tener, dió á cada ente?

De Filomena el trino su garganta
Pide, y húbola en dote: ala ligera
La garza audaz, que al cielo se levanta.

Tal tuvo, y demandara la onza fiera
Suelta garra; y la liebre temerosa
Vencer al viento en su fugaz carrera.

Ni si en familia menos numerosa
Cede en órden el bruto, ni hermosura
A la turba en las auras vagarosa.

Crece la perfeccion, y en su estructura
Va la sustancia orgánica en el suelo
Feliz rayando en su mayor altura.

Jenio inmortal, que con sublime anhelo
Su abismo tenebroso has indagado,
Alzando un tanto al universo el velo,

Ven; ¿ dí las perfecciones que has ha-
 [llado,
Buffon, en cada cual? ¿ díme el destino
Que en escala animal le has señalado?

¿ Cuál órden la materia, qué camino
Desde el feo murciélago asqueroso
Sigue hasta el pongo, al hombre tan ve-
 [cino?

El sagaz elefante, ese coloso
Animado, y tras él, Jovino, mira
El raton en su nido cavernoso.

Del rujiente leon, que ciego en ira
Por los desiertos de la Libia ardiente
Con grave paso cernejudo jira;

Baja del corderillo á la clemente
Mansedumbre, que lame la impia mano
Que alza el cuchillo á herirle ferozmente.

Sube del asno rudo al soberano
Instinto del castor, en ser dudoso,
Sabio arquitecto á un tiempo y ciudadano.

Compara ser á ser: maravilloso
Cualquiera en sí, con el inmenso todo,
Jovino, aun lo hallarás mas milagroso.

¿ Cuál divino saber bastó á dar modo
A tanta relijion? ¿Quién tan distinto,
Quién tornar pudo un mismo inerte lodo?

Desde el órden supremo del instinto
Va lenta la materia descendiendo
En vario sinuoso laberinto

Al primer elemento: ¿cómo siendo
Una en sí misma, á distinguirse empieza,
La primitiva sencillez perdiendo?

¿ Cuál es su último grado de rudeza?
Y si el fuego es su esencia, ¿en pura nieve
Cómo se torna?... inapeable alteza!

¡Abismos del gran Ser, si á ello se atreve;
Mientras yo reverente vos adoro,
El puro querubin sondaros pruebe!

En el ojo y la luz, entre el sonoro
Aire y mi oido fines ciertos veo:
Cómo obrar puedan, asombrado ignoro.

Solo ofrécese un ser: sagaz rastreo
Su esencia y calidades; ya le admiro
En relacion cumplida con su empleo.

Cada cual es un centro, de do tiro
Líneas á los demás: ninguno existe
Sin que otro exista en finible jiro.

El árbol que de pompa el mayo viste,
Debe al hombre su fruto perfumado;
Y antes á seres mil próvido asiste.

Da en sus hojas un pueblo alimentado
De insectos, de aves otro con la fruta;
Y hé allí el punzante erizo aun va cargado.

De la tierra el humor su pié disfruta;
En torno empero en su agostada hoja
Calor noviembre y sales le tributa.

La undosa lluvia apaga la congoja
De la tierra; y del monte en la agria frente
Benéfica la nube á par se aloja.

Su seno esconde el mineral luciente,
De la insomne avaricia vil cimiento;
Y allí bajó á labrarle el sol ardiente.

¿Dónde hallarémos fin, do tome asiento
Tan vasta sucesion? Acaso el hombre.....
Un noble orgullo en tu interior ya siento;

Apénas resonó tan alto nombre;
Y solo para ti crédulo esperas
Que mayo en flores mil el campo alfombre;

Los vientos surque el ave con lijeras
Alas; discurra por la selva el bruto;
Y alumbren soles tantos las esferas;
 De todo escelso fin, justo tributo
Todo al hombre dará, que ha merecido
La divina razon en atributo.
 Sí, sí, que él solo, ¡oh dicha! es admitido
A la inmortalidad: solo en su seno
El númen su alto ser dejó esculpido.
 Lo demás es vil lodo: él ve lo bueno,
Adora la virtud, lidia, merece,
Y á su autor se unirá de gloria lleno.
 ¿No es, Jovino, verdad? ¿no se en-
 [grandece
Tu jenio á cima tan gloriosa alzado?
Mas ya otra nueva escala aquí se ofrece.
 Ven; subámosla á par. El hombre atado
El espíritu al barro nos presenta
Con nudo estrecho, sí, mas ignorado.
 Él crece con la planta, y se alimenta:
Se mueve cual el bruto, siente y vive;
Y en querer y entender ánjel se cuenta.
 Goza el alma el deleite que recibe
La nariz en la rosa: el alma ordena;
Y el brazo á obedecerla se apercibe.
 Si la mente se angustia, desordena
Del cuerpo las funciones: si él padece,
Siente el ánimo á par su acerba pena.
 ¡Qué de misterios un misterio ofrece!
¿Dónde se obra esta union? ¿cuándo? ¿al
 [formarse
El hombre? ¿y cómo con su fin fenece?
 En ciegas conjeturas fatigarse,
Sabios gritar, escuelas reñir veo;
Y tercos, no entendiéndose, impugnarse.
 La causa ocasional colma el deseo
Del uno: la armonía á aquel agrada;
Y otro al físico influjo de este empleo.
 Natura en tanto en majestad velada
Sigue en nuevos milagros; y escarnece
Del saber vano la arrogancia hinchada.
 Uno es el hombre; pero cual le ofrece
El Senegal ardiente, el bezo alzado,
Llana la faz que al ébano oscurece.
 ¿Qué hay entre este comun y el bien
 [formado
Rubio Aleman? El Patagon compara
Al Samojedo torpe y abreviado:
 Vé el feo Albino; y la belleza rara
Que á un vil serrallo en tráfico afrentoso
Vende en Bizancio la Jeorjia avara.

Del Hotentote indócil, asqueroso,
Pasa al Francés social y delicado,
Del Indio inerte al Bátavo industrioso.
 ¡Qué estraña variedad! ¿dónde ha
 [empezado?
¿Cuántas sus formas son? ¿dónde natura
Pone el primero, fija el postrer grado?
 Corre de pueblo en pueblo: la estatura,
Color, aspecto, voz, uno se ofrece;
Y á hallar vienes al fin otra figura.
 El mismo el tipo, sí, ¿mas lo parece
Al que á un tiempo sagaz el hombre mira
Que bajo el polo y cabe el Gánjes crece?
 Aun mas estraña variedad se admira
En la forma mental. ¡Oh! ¡qué desprecio!
¡Oh! ¡qué respeto celestial me inspira!
 Contémplo al gran Newton; y no hallo
 [precio
Para la humanidad: torno la mente
Al rudo Huron, y aun mas la menosprecio.
 De la patria en el ara heroicamente
Se ofrece el gran Leonídas; Catilina
Corre á incendiarla en su furor demente.
 Sustituyo Lucrecia á Mesalina;
Y á Tito, las delicias de la tierra,
El monstruo parricida de Agripina.
 Aquí el hombre en sus cálculos encierra
La fuga del cometa en el vacío;
Y contando allí seis, perdido yerra.
 Mientra en el mármol rudo el poderío
Sentir del Pitio númen me parece,
Estático en su augusto señorío;
 El Africano estúpido me ofrece
De informe lodo la deidad mas fea,
Y en su arte igual á Fídias se envanece.
 Un fútil vidrio al Iroques recrea,
Si absorto Galileo en su injeniosa
Lente en el cielo inmenso se pasea.
 Ora en paz blanda, en sociedad dichosa
Este ser libre de comun concierto
Rinde á la ley su independencia odiosa;
 Negándose ora al yugo con pié incierto
Vaga en las anchas selvas, y de un oso
A distinguirle en su rudez no acierto.
 Ya la diestra bendice relijioso
Que ordenó el universo, allá elevado
Do alzó el Señor su trono misterioso;
 Y corre de su lumbre encaminado
Cual fijo norte al lauro inmarcesible,
Que en el Eden eterno le ha plantado.
 Ya sumido en tiniebla inconcebible,

Doblando la vil faz al bajo suelo,
Al grito de su ser, sordo, insensible,
El Dios que le pregonan tierra y cielo,
Desconoce; ¡oh dolor! ¡y cuál la fiera
La fatal hora afronta sin rezelo!
¿Es este el hombre mismo? ¿tu severa
Profunda reflexion, al contemplarle
Tan desigual, tan vario, lo dijera?
He aquí el órden, Jovino: el que al
[formarle
Rey le alzó de la tierra en su nobleza,
Sabio acordó á sus climas apropiarle:
Perfecto aquí, del polo en la aspereza,
Le vistió su rudez, en el ferviente
Congo la tizne con que el sol le ateza.
El mismo siempre, y siempre diferente:
Del placer y el dolor á par movido,
El bien ansia, y á obrarlo es impotente,
Compasivo en su ser corre á un jemido:
Culpado tiembla, y con severo acento
La olvidada razon truena en su oido.
Este es el hombre, en su inmortal
[aliento
Imájen de su autor, que la estructura
Del orbe abarca en su hondo pensamiento.
¿Y quién desde él la inmensurable altura
Que corre hasta el gran Ser, trepará osado,
Y de una en otra intelijencia pura?
¿Quién desde la inferior al abrasado
Mas alto serafin las perfecciones
Intermedias dirá?... ¿quién lo ha tentado?
Un santo velo sus sublimes dones
Envuelve misterioso á nuestra mente,
Ciega en mil insondables opiniones.
Mas iguales no son; ¡quién diferente
Formó un átomo y otro recojiera
Con el ánjel su diestra omnipotente!
Acaso alguno absorto considera,
¡Suerte inefable! del Señor el seno;

Y en él la creacion abarca entera.
Otro tal vez de encojimiento lleno,
Menos verá sin desigual ventura,
En paz eterno de zozobra ajeno:
O á par que otro de un mundo se apre-
[sura
La suerte á moderar, otro al destino
De mil puede rejir en paz segura.
Todos cantando en arpas de oro el trino,
Con que al Santo de santos, de esplendores
Velado, acata el escuadron divino:
Bebiendo entre purísimos amores
De eternal vida en la inexhausta fuente,
Sin ver jamás templados los ardores.
¡Oh dicha! ¡oh pasmo! ¡oh diestra om-
[nipotente!
¿Quién bastará á ensalzarte? ¿quién la alteza
Jamás vió de tus obras dignamente?
¿Quién ¡oh! de tanta, tan distinta pieza
Sintió la proporcion? ¿quién la armonía
De ser tanto, sus fines, su belleza?
Me confundo, me abismo: el alma mia
Se pierde, una flor sola contemplando,
Una de cuantas mayo alegre cria.
¿Qué será? ¿qué? si al cielo el vuelo
[alzando,
Ve tanto sol y mundo allá esparcido
Sobre un centro comun sin fin jirando;
Y este y ellos, y todo dirijido
Por una sola ley, y acaso en ellos
Millones de entes... ¿dónde voy perdido?
¿Mas qué? ¿el gran Ser no es poderoso
á hacellos?
¿Es de su saber sumo acaso indigno?
¿A qué ese cuento de luceros bellos?
Solo á la tierra don tan peregrino,
Inexhausto fulgor... Pues que no alcanza,
Jovino, la razon su alto destino,
Ansieles otro al menos la esperanza.